義大利文藝復興時代的文化
一本嘗試之作

Die Kultur der Renaissance in Italien
Ein Versuch

雅各‧布克哈特（Jacob Burckhardt）◎著
花亦芬◎譯注

國科會經典譯注計畫

義大利地圖

圖 1　巴塞爾市政廳
©攝影／花亦芬

圖2 巴塞爾大教堂（*Basler Münster*）內部
小祈禱堂
©攝影／花亦芬

圖3 巴塞爾市政廳內部庭院
©攝影／花亦芬

圖4　瑞士巴塞爾市政廳
©攝影／花亦芬

圖5　位於雅典衛城（**Acropolis**）上的古希臘帕德嫩神廟（**Parthenon, 447-438 B. C.**）
©攝影／花亦芬

圖6　《古羅馬皇帝著軍裝雕像》
c. 150-175 A. D.
British Museum, London.
©攝影／花亦芬

圖7　梅迪西家族徽章
（攝於 **Palazzo Medici Riccardi**）
©攝影／花亦芬

圖8　梵蒂岡教廷
©攝影／花亦芬

圖9　聖方濟遺骸安厝處（Basilica of San Francesco, Assisi）
©攝影／花亦芬

圖 10　Desiderio da Settignano（c. 1430-1464）
《戴桂冠男子（凱撒大帝？）側面像》
(Profil d'homme lauré. Jules César?)
Marble. Musée du Louvre, Paris.
©攝影／花亦芬

圖 11　十一世紀羊皮紙手抄本繪圖福音書（禮拜儀式用），繪製於 Trebizond
Byzantine and Christian Museum, Athens.
©攝影／花亦芬

圖 12　梅迪西家族在佛羅倫斯的豪宅（**Palazzo Medici Riccardi, Florence**）
©攝影／花亦芬

圖13　米開朗基羅之墓（Michelangelo Buonarroti, 1475-1564）
Santa Croce, Florence.
©攝影／花亦芬

圖14　伽利略之墓
（Galileo Galilei, 1564-1642）
Santa Croce, Florence.
©攝影／花亦芬

圖15　梵蒂岡教廷周邊迴廊
©攝影／花亦芬

圖16　巴塞爾大教堂內部彩色玻璃
©攝影／花亦芬（上左圖）

圖17　巴塞爾大教堂內部彩色玻璃
©攝影／花亦芬（上右圖）

圖18　Michelangelo，《聖母哀子像》（*Pietà*）
1498-99. Marble, height 174 cm, width at the base
195 cm. St. Peter's, Rome.
©攝影／花亦芬（右圖）

圖19 瑞士巴塞爾街景
©攝影／花亦芬

圖20 巴塞爾市立美術館（Kunstmuseum, Basel）
（這裡是布氏授課之餘經常對巴塞爾市民演講的地方）
©攝影／花亦芬

圖 21　Raphael，《聖喬治屠龍》
(*Saint George and the Dragon*)
c. 1504. oil on panel, 32 x 27 cm.
Musée du Louvre, Paris.
©1990. Photo Scala, Florence.
（在十字軍東征時代，聖喬治被視為基督教騎士的
楷模。相傳他為了拯救一位公主而與惡龍搏鬥。在
基督教藝術裡，龍是邪惡的象徵。有關布氏解釋拉
斐爾繪製本圖的歷史背景參見 §1.4.1.）

圖22　Raphael，《將赫略多洛逐出聖殿》
(*Expulsion of Heliodorus from the Temple*)
c. 1512. fresco, width at the base 750 cm. Stanza di Eliodoro,
Vatican.
©1990. Photo Scala, Florence.
（這是根據天主教聖經《瑪加伯下卷》第三章所繪的舊約
故事。赫略多洛是西元前二世紀的一名官員，受國王之命
前往收刮耶路撒冷聖殿的金銀財寶。雖然大司祭告訴他，
聖殿財庫的財寶大多是寡婦孤兒寄存的，赫略多洛仍執意
將之沒收。正當他與衛兵走近寶庫時，一位充滿威儀的騎
士疾衝而來，馬的前蹄用力踐踏赫略多洛；當此之際，又
出現兩位天使般的俊美少年，不斷鞭打他。最後，身受重
傷的赫略多洛在毫無招架之力的情況下，被抬出聖殿。有
關布氏對這幅畫的解說參見§1.4.1.）

圖 23　Raphael，《埋葬基督》（*Disposizione*）
1507. Oil on wood, 184 x 176 cm. Galleria Borghese, Rome.
©2005. Photo Scala, Florence － courtesy of the Ministero Beni e Att. Culturali.
（參見 § 1.4.2）

圖 24　Bonifacio Bembo
《法蘭邻斯柯・史佛薩畫像》
（*Portrait of Francesco Sforza*）
c. 1460. Tempera on panel, 40 x 31 cm.
Pinacoteca di Brera, Milan.
©1990. Photo Scala, Florence courtesy of the Ministero
Beni e Att. Culturali.
（參見§ 1.5.3）

圖 25　Antonio and Piero del Pollaiuolo
《葛蕾阿佐・瑪莉亞・史佛薩的畫像》
（*Portrait of Galeazzo Maria Sforza*）
c. 1471. Tempera on panel, 65 x 42 cm.
Galleria degli Uffizi, Florence.
©1990. Photo Scala, Florence－courtesy of the Ministero
Beni e Att. Culturali.
（參見§ 1.5.4）

圖 26　Leonardo da Vinci
《依莎貝拉・艾斯特素描畫像》
（*Portrait of Isabella d'Este*）
c. 1500. Black and red chalk, yellow pastel chalk on
paper, 63 x 46 cm.
Musée du Louvre (Cabinet des Dessins), Paris.
©1990. Photo Scala, Florence.
（參見§1.5.5）

圖 27　Piero della Francesca
《菲德里高・蒙特斐特畫像》
（*Portrait of Federigo da Montefeltro*）
c. 1465. Tempera on panel, 47 x 33 cm.
Galleria degli Uffizi, Florence.
©1992. Photo Scala, Florence－courtesy of the
Ministero Beni e Att. Culturali.
（參見§1.5.6）

圖 28　艾斯特家族城堡（**Castello Estense, Ferrara**）
©攝影／花亦芬

圖 29　斐拉拉主教座堂
©攝影／花亦芬

圖30 Leonardo da Vinci，《抱白鼬的仕女，可能是羅德維科・史佛薩的情婦 Cecilia Gallerani》（*Lady with an Ermine, probably Cecilia Gallerani*）c. 1490. Oil on walnut, 54.8 x 40.3 cm. Czartorysky Museum, Cracow, Poland. Photo Credit: Nimatallah / Art Resource, NY.

圖31 Donatello，《友弟德與敖羅斐乃銅像》（*Judith and Holofernes*）1455-1460. Bronze, height 236 cm. Palazzo Vecchio, Florence. ©攝影／花亦芬

圖32 威尼斯外海 Burano 島上的運河與房舍 ©攝影／花亦芬

圖33 佛羅倫斯主教座堂（Cathedral of Santa Maria del Fiore, Florence）©攝影／花亦芬

圖 34　佛羅倫斯市政廳（Palazzo Vecchio, Florence）
©攝影／花亦芬

圖 35　Filippo Brunelleschi
佛羅倫斯主教座堂穹窿頂，1420-1436
©攝影／花亦芬

圖36　Filippo Brunelleschi
《帕齊家族禮拜堂》（*The Pazzi Chapel*）
設計於 c. 1429, 開始建造於 c. 1442.
Santa Croce, first cloister, Florence.
ⓒ攝影／花亦芬

圖37：馬基亞維里之墓
（Niccolò Machiavelli, 1469-1527）
Santa Croce, Florence.
ⓒ攝影／花亦芬

圖38　比薩主教座堂（Pisa Cathedral, begun 1063）
ⓒ攝影／花亦芬

圖39：比薩主教座堂內部
©攝影／花亦芬

圖40　位於法國亞維農的十四世紀教廷宮室
©攝影／花亦芬

圖41 西班牙畫派（Spanish School）
《教宗亞歷山大六世畫像》
（*Portrait of Pope Alexander VI*）
Pinacoteca, Vatican.
©1990. Photo Scala, Florence.
（參見§1.11.8）

圖42 Anonymous，《凱撒・伯爾嘉畫像》
（*Portrait of Cesare Borgia*）
16 th century.
Palazzo Venezia, Rome.
©1990. Photo Scala, Florence—courtesy of the Ministero
Beni e Att. Culturali.
（參見§1.11.10）

圖43　Raphael，《朱利安二世畫像》
（*Portrait of Pope Julius II*）
1511-12. Oil on wood, 108 x 80.7 cm. *National Gallery, London.*
Photo Credit: Art Resource, NY.

圖44 聖彼得大教堂（St. Peter's, Rome）
©攝影／花亦芬

圖45 Giorgio Vasari 及助手（16世紀）
《教宗克萊門七世與法王查理五世對談》
（*Pope* Clement VII Talking to Charles V）
Sala di Clemente VII, Palazzo Vecchio, Florence.
©1990. Photo Scala, Florence.
（參見§1.11.21）

圖46：Titian，《查理五世畫像》(*Portrait of King Charles V*)
Museo di Capodimonte, Naples.
©2003. Photo Scala, Florence — courtesy of the Ministero Beni e Att. Culturali.
（參見§1.11.23）

圖 47　Leonardo da Vinci
《聖母、聖嬰與聖安娜》（*Madonna and Child with Saint Anne*）
c. 1510. Oil on wood, 168 x 130 cm. Musée du Louvre, Paris.
©1990. Photo Scala, Florence.
（參見 § 2.2.2）

DOMINVS FRANCISCHVS PETRARCHA

圖48　Andrea del Castagno（1410-1457）
《佩托拉克畫像》
（*Portrait of Francesco Petrarca*）
Galleria degli Uffizi, Florence.
©1990. Photo Scala, Florence — courtesy
of the Ministero Beni e Att. Culturali.
（參見§2.3.2）

圖49　佛羅倫斯聖十字教堂（Santa
Croce, Florence），教堂外左手邊是但丁
雕像。
©攝影／花亦芬（下圖）

圖50　Titian，《彼得・阿瑞提諾畫像》（*Portrait of Pietro Aretino*）
1545. Oil on canvas, 108 x 76 cm. Galleria Palatina (Palazzo Pitti), Florence.
©1990. Photo Scala, Florence — courtesy of the Ministero Beni e Att. Culturali.
（參見§2.4.9）

圖 51　Michelangelo，《最後的審判》(*Last Judgment*)
1536-1541. Fresco, 1370 x 1220 cm. Sistine Chapel, Vatican.
©1990. Photo Scala, Florence.
（參見§2.4.11）

圖52 啟發十三、四世紀義大利雕刻家重新掌握人體表情之美的古羅馬石棺 Hippolytus sarcophagus。
2nd century A. D. Campo Santo, Pisa.
©攝影／花亦芬

圖53 Nicolo Pisano
《比薩洗禮教堂講道壇》
（Baptistery Pulpit, Pisa）1260
©攝影／花亦芬（左圖）

圖54 Giovanni Pisano
『力量』與「謹慎」寓意人物雕像》
1302-1311. Cathedral Pulpit, Pisa.
©攝影／花亦芬（右圖）

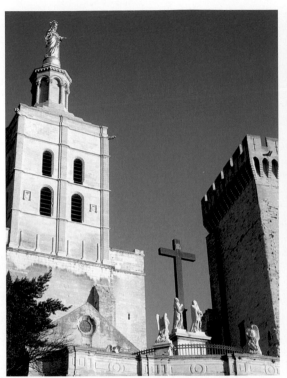

圖55 十四世紀亞維農教廷（Palais des Papes, Avignon）
©攝影／花亦芬

圖56 Pintoricchio
《教宗庇護二世、三世家族紀念圖書館屋頂壁畫》
1504. Ceiling fresco of the Piccolomini Library
(Liberia Piccolomini), Cathedral of Siena.
©攝影／花亦芬

圖 57　Canaletto（1697-1768），《威尼斯聖馬可廣場》（*Piazza San Marco*）
Musée Jacquemart-Andre', Paris.
©1999. Photo Musée Jacquemart-Andre'/Inst. de France/ Scala, Florence.
（背景建築即為聖馬可教堂，參見§ 3.3.3）

圖 58　佛羅倫斯羅倫佐圖書館所藏亞理斯多德《物理學》手抄本題獻頁
(Preface to Aristotle's Physics. Dedication page to Cosimo the Elder de'Medici by John Argyropulos Bizantius).
Biblioteca Laurenziana (Laurentian Library), Florence.
©1990. Photo Scala, Florence — courtesy of the Ministero Beni e Att. Culturali.
（參見§ 3.3.3）

圖 59　施洗約翰洗禮教堂（**Baptistery, Florence**）
◎攝影／花亦芬

圖 60　Desiderio da Settignano
《卡羅·瑪素琵尼墓碑》（Carlo Marsuppini, 1399-1453）
1453-1464. Marble, height 613 cm. Santa Croce, Florence.
©攝影／花亦芬

圖 61　Bernardo Rosellino
《李奧納多·阿瑞提諾墓碑》
（Leonardo Bruni, 1369-1444）
1444-1447. Marble, height 610 cm. Santa Croce, Florence.
©攝影／花亦芬

圖 62　Giorgio Vasari
《「輝煌者羅倫佐・梅迪西」畫像》
(*Portrait of Lorenzo de' Medici il Magnifico*)
Commissioned in 1534. Oil on panel, 90 x 72 cm.
Galleria degli Uffizi, Florence.
©1990. Photo Scala, Florence─courtesy of the Ministero Beni e Att. Culturali.
（參見§3.6.2）

圖 63　佛羅倫斯「雇傭兵警衛柱廊」
(**Loggia dei Lanzi**)
©攝影／花亦芬
（參見§3.8.2）

圖 64　Giovanni Bellini
《眾神的饗宴》(*Feast of the Gods*)
1514. Oil on canvas, 170 x 188 cm. National Gallery of Art,
Washington, D.C.
©Francis G. Mayer/ CORBIS.
（本畫是根據古羅馬詩人奧維德 Ovid 所寫的長詩《年節曆》(*Fasti*)
的故事而來。酒神 Bacchus──左邊前景頭戴葡萄葉冠的小男孩──
──舉辦宴會招待眾神，山林小仙女 Lotis 不小心喝醉，躺臥在畫面
最右邊小憩，沒想到卻引起男性雄風之神 Priapus 覬覦，趁著大家
酒酣耳熱之際，偷偷彎腰欲掀開 Lotis 的裙擺。沒想到畫面最左邊
的驢子卻在此時嘶鳴起來，驚醒了 Lotis，Priapus 也成為眾人訕笑
的對象。有關布氏對此畫的看法參見 § 3.12.5。）

圖65 佛羅倫斯市政廳
（**Palazzo Vecchio**）入口大
門上的徽飾
©攝影／花亦芬

圖66 《聖方濟對鳥傳教》
（*Preaching to the Birds*）
1291. Fresco, 270 x 200
cm.
Upper Church, Basilica of
San Fancesco, Assisi.
©1990. Photo Scala,
Florence.
（這一幅描述聖方濟對鳥
傳教的畫一方面說明，聖
方濟藉著熱愛大自然裡各
種受造物來感謝上帝創造
宇宙的美好，如布氏在§
4.3.1所言；另一方面也
隱喻聖方濟一生傳教的熱
情。他的獻身呼應了馬可
福音（**16: 15**）記載耶穌
升天前最後的叮嚀：往普
天下去，對一切受造物宣
揚福音。）

圖67　Hubert and Jan van Eyck，《根特祭壇畫》(*Ghent Altarpiece*)
1432. oil on wood, 350 x 461 cm. Cathedral of St. Bavo, Ghent.
©1994. Photo Scala, Florence.
（參見§4.3.3）

圖 68　Donatello
《舊約先知哈巴谷》（*Habbakuk*）
1427-35. Marble, 195 x 54 x 38 cm. Museo dell`Opera del Duomo, Florence.
©攝影／花亦芬
（哈巴谷是舊約十二位小先知裡的一位，根據
〈哈巴谷書〉記載，他對人間充滿不公不義的
事常感憂憤不平，因此一再向上帝申訴。
Donatello 將他雕刻成一位飽嚐風霜、卻仍風骨
傲岸的先知。在聽過哈巴谷的質問後，上帝親
自啟示他：「惟義人因信得生」。親耳聽到上
帝的安慰與鼓勵，哈巴谷醒悟到，一心倚靠上
帝行走公義的路，才是永活之道：「雖然無花
果樹不發旺、葡萄樹不結果、橄欖樹也不效
力、田地不出糧食、圈中絕了羊、棚內也沒有
牛，然而，我要因耶和華歡欣、因救我的神喜
樂。主耶和華是我的力量，他使我的腳快如母
鹿的蹄，又使我穩行在高處。」）

圖 69　Luca della Robbia，《唱詩壇浮雕》（*Cantoria*）
1431-1438. Museo dell`Opera del Duomo, Florence.
©攝影／花亦芬

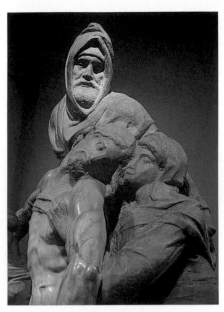

圖 70　Michelangelo，《聖母哀子像》（*Florentine Pietà*）
c. 1547-1555. Marble.
Museo dell'Opera del Duomo, Florence.
©攝影／花亦芬

圖71　Giorgio Vasari 所設計的烏菲茲美術館
　　　（Galleria degli uffizi）
　　　©攝影／花亦芬

圖72 Benvenuto Cellini
《斬首蛇髮女妖的英雄伯爾修斯》（*Perseus*）
Bronze, height 320 cm. Loggia dei Lanzi, Florence.
©攝影／花亦芬

圖73 Benvenuto Cellini
《天神朱比特 Jupiter》
（Perseus 底座小雕像，原件在 Bargello, Florence）
Bronze, height 98 cm. Loggia dei Lanzi, Florence.
©攝影／花亦芬

圖74　聖阿波里那芮教堂（St. Apollinare Nuovo, Ravenna）
©攝影／花亦芬

圖76　Andrea del Verrochio
《耶穌與不信的多馬》
（*Christ and the unbelieving St. Thomas*）
*1467-83. Bronze, height: 230 cm (Christ)
and 200 cm (St. Thomas).*
Orsanmichele, Florence.
©攝影／花亦芬

圖75　聖阿波里那芮教堂內柱廊上方馬賽克壁畫《東方三智者朝聖》（*The Adoration of the Three Magi*）
St. Apollinare Nuovo, Ravenna.
©攝影／花亦芬

圖 77　Domenico Ghirlandaio，《聖母馬利亞的誕生》（*Birth of the Virgin*）
1486-90. Capella Tornabuoni, Santa Maria Novella, Florence.
©1990. Photo Scala, Florence.
（這間禮拜堂的捐獻者之女 Ludovica Tornabuoni 以左邊仕女群領銜者之姿出現在此畫裡。參見 4.8.1.）

圖78　Sandro Botticelli，《維納斯與美惠女神贈禮給一位即將結婚之仕女》
（*Venus and the Three Graces Presenting Gifts to a Young Lady*）
c. 1484. Fresco transferred to canvas, 211 x 284 cm. Musée du Louvre, Paris.
©1990. Photo Scala, Florence.（參見§4.8.3）

圖 79 喬托（Giotto）為佛羅倫斯主教座堂設計的鐘樓（Campanile）
©攝影／花亦芬

圖 80 Andrea Pisano
《佛羅倫斯婦女紡織銅雕像》（*Lanificium*）
1336-43. Museo dell'Opera del Duomo,
Florence.
©攝影／花亦芬

圖 81 Andrea Pisano
《佛羅倫斯醫師看診銅雕像》（Medicina）
1336-43. Museo dell'Opera del Duomo,
Florence.
©攝影／花亦芬

圖 82　Giambologna，《柯西莫大公騎馬銅像》
（*Equestrian Statue of Cosimo I de' Medici, Grande Duke of Florence*）.
1587-93. Bronze. Piazza della Signoria, Florence.
©攝影／花亦芬

圖83　Titian，《依莎貝拉・艾斯特畫像》
（ *Portrait of Isabella d'Este, Margravine of Mantua* ）
c. 1534/36. Oil on canvas, 102 x 64 cm. Kunsthistorisches Museum, Vienna.
©2006. Photo Austrian Archive/ Scala Florence.
（參見§5.4.3）

圖 84　Raphael，《卡斯堤吉歐內畫像》(*Portrait of Baldassare Castiglione*)
1514-15. Oil on canvas, 82 x 67 cm. Musée du Louvre, Paris.
©1990. Photo Scala, Florence.
（參見§5.5）

圖 85 Raphael,《帕那薩斯》(*Parnassus*)
1509-10. Fresco, width at base 670 cm.
Stanza della Segnatura, Vatican, Rome.
©1990. Photo Scala, Florence.

（這幅畫與《雅典學派》〔彩圖90〕都被畫在梵蒂岡的教宗
璽印室。《雅典學派》描述的重點是「哲學」,本畫描述
的重點是「詩」。拉斐爾以希臘的帕那薩斯山為場景,因
為在希臘神話裡,這座山是阿波羅眼中的聖山。對古羅馬
詩人而言,這座山上的水泉也是靈感的活水源泉。拉斐爾
在本畫中間畫出正在彈奏絲絃的阿波羅,他的左右兩側站
著九位繆思女神。圓拱的左方站著九位古代詩人,比較容
易辨認出來的是:左後方戴著桂冠的是但丁,但丁身旁的
盲眼詩人是荷馬,荷馬身旁是維吉爾。圓拱右方畫了九位
近現代詩人,比較容易辨認出來的是:靠近繆思女神樹下
站著的是佩托拉克與薄伽丘、樹下最右邊禿頭鬍鬚灰白的
是 Ariosto,有關布氏對此畫的說明參見 § 5.5.5）。

圖86　Francesco Laurana（1430-1502）
《屋比諾公爵夫人芭緹斯塔・史佛薩》
(*Bust of Battista Sforza*, wife of Federigo da Montefeltro).
Museo Nazionale del Bargello, Florence.
©1990. Photo Scala, Florence – courtesy of the Ministero Beni e Att.
Culturali.
（參見§5.6.2）

圖87 Giotto，《嫉妒的寓意人物》（*The Allegory Figure of Envy*）
Scrovegni Chapel, Padua.
©1990. Photo Scala, Florence.
（參見§5.8.3）

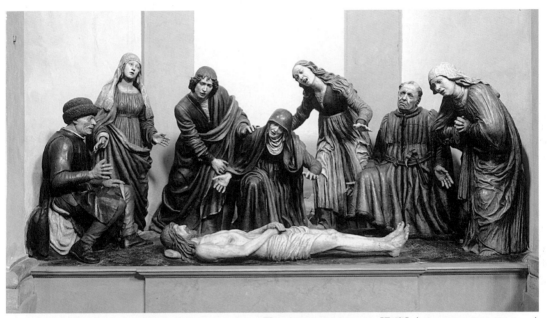

圖 88　Guido Mazzoni，《聖殤》(*Deposition from the Cross*)
1477-80. Terracotta, life-size. San Giovanni Battista, Modena.
©1990. Photo Scala, Florence.
（參見§5.8.5）

圖89　Francesco del Cossa
《斐拉拉詩凡諾雅宮有關四月的壁畫：維納斯與占
星術符號》
（detail of the fresco of Month of April, triumph of
Venus and astrological symbols）
1469-70. Palazzo Schifanoia, Ferrara.
©1990. Photo Scala, Florence.
（參見§5.8.10）

圖90　Raphael，《雅典學派》（*The School of Athens*）
1509. Fresco, width at the base 770 cm.
Stanza dellea Segnatura, Vatican, Rome.
©1990. Photo Scala, Florence.
（這是一幅強調「哲學」理性、思辨的畫，因此拉斐
爾將場景放在人世的建築空間，藉以彰顯哲學屬於
人類理性的活動，與宗教信仰有別。兩位站在中間
的主題人──左邊是柏拉圖，一手指天、一手拿著
他的名作 **Timaeus**；右邊是亞理斯多德，一手指著
週遭的世界、一手拿著他寫的倫理學。坐在台階上
斜露出肩膀的是戴奧吉尼斯 **Diogenes**，右前方手拿
圖規在地上講學的是歐基理德，左前方正低頭寫書
的側面人物是畢達哥拉斯。有關布氏對此畫的闡釋
參見 § **5.8.10.**）

圖91 Michelangelo，《摩西像》(*Moses*)
1513-16. Marble, height 235 cm. Tomb of Julius II,
San Pietro in Vincoli, Rome.
©攝影／花亦芬

圖92 Anonymous（15 th century），《薩佛那羅拉在佛羅倫斯執政廣場上被處以火刑的景象》
(*Autodafé of Girolamo Savonarola*, May 23, 1498, in front of the Palazzo Vecchio, Florence)
1498. Tempera on panel. Museo di San Marco, Florence.
Photo credit: Nicolo Orsi Battaglini/ Art Resource, NY

圖93 Donatello，《聖母抱子像與三個天使》
（*Madonna and Child with Three Angels*）
1457-58. Marble with green marble inlay, height 89
cm, width 95 cm.
Museo dell'Opera del Duomo, Siena.
©攝影／花亦芬

圖94 安厝聖方濟遺骸的聖方濟教堂（Basilica di San Francesco, Assisi）
©攝影／花亦芬

圖95 中世紀拜占庭聖母抱子聖像
Mosaic. Byzantine and Christian Museum, Athens.
©攝影／花亦芬

圖96 Michelangelo，《聖母哀子像》（*Pietà*）
1498-99. Marble, height 174 cm, width at the base 195 cm.
St. Peter's, Vatican, Rome.
©攝影／花亦芬

圖97　前景是古代雅典市集所在地，過去是蘇格拉底與
人討論哲學之處；殘破的列柱（**stoa**）是斯多噶學派
（**Stoicism**）的發源地。遠景山丘是有許多著名古希臘神
廟的雅典衛城（**Acropolis**），中景是一座十一世紀興建的
「聖使徒教堂」（**Church of Holy Apostles**）。
©攝影／花亦芬

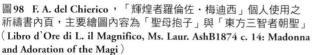

圖98　F. A. del Chierico，「輝煌者羅倫佐・梅迪西」個人使用之
祈禱書內頁，主要繪圖內容為「聖母抱子」與「東方三智者朝聖」
（Libro d'Ore di L. il Magnifico, Ms. Laur. AshB1874 c. 14: Madonna
and Adoration of the Magi）
Biblioteca Laurenziana (Laurentian Library), Florence.
©1990. Photo Scala, Florence－courtesy of the Ministero Beni e Att.
Culturali.（參見 § 6.5.7）

圖99　Michelangelo，《聖母哀子像》
（*Florentine Pietà*）
c. 1547-1555. Marble, height 226 cm.
Museo dell'Opera del Duomo, Florence.
©攝影／花亦芬

目次
CONTENTS

義大利文藝復興時代的文化

第 1 卷　　視「國家」如同藝術品

譯者謝辭

感謝國科會人文處2002－2005連續三年鼎力支持，讓譯者可以實現譯注本書的心願；也有足夠的研究經費可以親履布克哈特生命足跡烙印之處，讓本譯注在文字之外還有豐富的圖像可以輔助說明。感謝王汎森院士與兩位譯注計畫審查人在譯注工作上給我的鼓勵，這些精神上的支持都將長存我心。後續出版事宜上，十分感謝國科會人文處陳東升處長與魏念怡女士的協助，他們對提昇台灣社會深入了解歐洲古典藝術文化的胸懷，我要致上深摯的謝意。

感謝我的父母、我的先生、我的家人，他們讓一個曾經長年離家、恣意在世界探索尋覓的人，一直享有世界上最溫馨的親情。此外，也要感謝德國科隆大學古典語文學系Clemens Zintzen教授打開我認識佛羅倫斯文藝復興文化的眼睛；也要感謝我的德國好友Frau Dr. Anne-Marie Frese, Jochen Frese伉儷與Lucia Obi女士在本書資料收集上的協助，他們的友誼超越了私人情誼，默默為本譯注的一切付出令人感佩的熱心。還要感謝李達嘉教授與張珍琳學姊總是以最快速度幫我在中研院圖書館找到急需的資料。最後，還要深摯感謝過去所有教導過我、提攜過我、幫助過我的師長、前輩與朋友，包括所有在無意間啟發了我、讓我看到生命亮光、知識亮光的人。

離鄉十年返鄉後，我選擇暫時給自己一段獨自沉吟的歲月。在一個過去不曾認識的地方，靜靜地將布氏這本書譯注導讀出來，獻給我的故鄉。返鄉七年有餘，這份微薄的心意是一個不再離家的人以既謙卑、又虔敬的心獻給故鄉的禮物。這本譯注如果不夠完美，責任在我，尚祈方家學者不吝教我。如果它能啟發我們以更多求真的熱情與無私的善意，共同去思考有關人與人、人與文化、人與鄉土、人與世界、人與宗教的問題，讓我們感念布克哈特在眾聲喧囂鼎沸的十九世紀，勇敢又淡泊地走上一條寂寂長路！

　　　　　花 亦 芬
　　　　　　　　　2006年6月30日於汐止蔣碧山房

寫給故鄉的書

——《義大利文藝復興時代的文化》緒論

花 亦 芬

對故鄉痴心頌讚之餘，

另有一樁本質完全不同、但任重道遠的國民義務：

就是將自己培養成有見識的人，

以追求真理與親近熱愛文化為人生第一要務〔……〕。

——Jacob Burckhardt[1]

基本上，不論身在何處，我們都是陌生的訪客。

真正的故鄉是由我們土生土長的地方、精神上的故鄉，

以及遙遠思慕之處奇妙揉合而成的綜合體。

——Jacob Burckhardt[2]

這些人都是存著信心死的，並沒有得著所應許的。

卻從遠處望見、且歡喜迎接；又承認自己在世上是客旅、是寄居的。

說這樣話的人是表明自己要找一個家鄉。

他們若想念所離開的家鄉，還有可以回去的機會。

他們卻羨慕一個更美的家鄉，就是在天上的。

——《新約·希伯來書》11: 13-16a

1. 離家

　　最先在《義大利文藝復興時代的文化》一書登場的歷史人物是神聖羅馬帝國皇帝腓特烈二世（Friedrich II./ Frederick II, 1194-1250），這位被布克哈特（Jacob Burckhardt, 1818-97）評為「以近現代人之姿登上王位的第一人」（本書§1.1.2）生平最獨特的事蹟就是放棄德意志王位，在基督教

1　Jacob Burckhardt, *Über das Studium der Geschichte*, Altes Schema. *JWB* X, p. 314.

2　*Briefe* VI, Nr. 717 (letter to Robert Grüninger, 4. Sep. 1876).

Jacob Burckhardt 像，攝於 1892 年。
引自：René Teuteberg, *Wer war Jacob Burckhardt?* (Basel, 1997).

深深紮根歐洲的時刻，獨自在義大利西西里島打造一個積極與異教文明對話的王國。因為離家，腓特烈二世掙脫了傳統封建勢力對君王政權的牽制，看到了無限的可能，也學會在穆斯林環伺的處境裡，擁有審慎客觀面對廣大世界變遷的能力。

從文化史的角度來看，真正開啟義大利文藝復興精神的文化巨擘卻非但丁（Dante Alighieri, 1265-1321）莫屬。但丁也是一個離家的人。布克哈特在本書第一次提到但丁時便說：

1300 年佛羅倫斯政治鬥爭最大的犧牲者就是文豪但丁。這位政治家真是在故鄉加給他的磨難與放逐裡成熟起來的！他透過堅毅不屈的詩句，表達對佛羅倫斯政壇不斷更改典章制度的嘲諷。這些詩句日後都成為大家譏諷類似政治亂象最愛引用的句子。但丁以既批判又渴慕的語氣寫了許多給故鄉的詩文，深深打動佛羅倫斯人的心。但他的思考格局其實遠超過義大利以及整個世界的侷限。（§ 1.8.1）

離家，不一定出於心甘情願，卻可能因此讓一個人打造出完全不一樣的人生。有了新的眼光、更寬闊的人生體悟、以及可以獨力在異鄉生活的自信，部分懷鄉的戀慕也會轉化為在自己心靈建構出一個無可挪移的精神上的故鄉，一如布氏觀察但丁一生漂泊異鄉所下的結論：

他不時以各種不同表現形式說出歷經許多傷痛後內心深深的

醒覺：地理的家鄉之外，在文學創作以及自我文化內涵的提
升上，還有新的精神故鄉，這是誰都無法從他身上奪走的。
（§1.8.2）

　　布克哈特本人也是一個離家的人。作為瑞士巴塞爾（Basel）地位最
崇高牧師的長子，從他與父親（Jacob Burckhardt, 1785-1858）同名便可看
出父親對這個兒子獨特的情感與寄望，布克哈特卻在21歲時毅然決定放
棄研讀神學，改為前往創校不到三十年的柏林大學攻讀歷史，自此展開他
離家的生命歷程。

　　離家之前，布克哈特原遵從父命安排，於1837 年進入瑞士巴塞爾大
學修讀神學。布克哈特家族是巴塞爾的世家望族，自1520年起便定居於

巴塞爾市政廳
◎攝影／花亦芬（參見彩圖1）

此；十七世紀起，逐漸以成功的
絲織貿易發展為巴塞爾重要的家
族。布克哈特的祖父、父親均為
相當有名望的牧師：祖父約翰‧
布 克 哈 特 （ Johann Rudolf
Burckhardt, 1738-1820）為巴塞爾
彼得教會（Petersgemeinde）之駐
堂牧師；父親自1838年起更擔任
巴塞爾大教堂（Basler Münster）
的主任牧師（Antistes）長達二十
年。布克哈特的父親於1858年過
世時，便安葬在大教堂內，成為
最後一位安葬在這座大教堂庭院
的主任牧師。然而，就在父親神

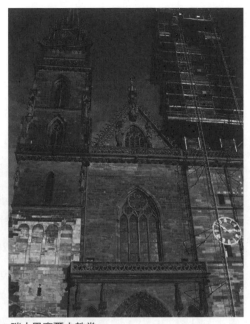

瑞士巴塞爾大教堂
◎攝影／花亦芬

職生涯達到顛峰之際，布克哈特卻清楚意識到自己並不適合繼承父業走上
牧會這條路，因為他內心深處對超自然宗教經驗與抽象的教義並沒有堅實
的領受[3]。

　　儘管學業與人生面臨重大轉折，對自幼領受的宗教信仰也開始萌發格
格不入的質疑，布氏心裡深知，他之所以選擇轉學與離家，其實都是因為
在巴塞爾大學接受的神學教育裡，他年輕的生命受到徹底而強烈的撼動。
在他晚年（根據當時瑞士人的習慣）為自己葬禮所寫的〈生平自敘〉
（" Der selbstverfasste Lebenslauf "）[4]裡布氏特別提到：

3　*Briefe* I, Nr. 22 （28. Aug. 1838, 致Johannes Riggenbach 函）。

4　Nachlass Jacob Burckhardt, Staatsarchiv Basel-Stadt, PA 207, 1, 1884-1897.

筆者此生對曾經跟隨德韋特（de Wette）與哈根巴赫（Karl
Rudolf Hagenbach）這幾位老師研讀過神學這件事從未感到
後悔、或覺得浪費光陰；反之，筆者覺得這是邁向學問之路
前最難能可貴的準備工作。

德韋特（Wilhelm Martin Leberecht de Wette, 1780-1849）出身牧師家
庭，中學時期受教於德意志浪漫主義健將赫德（Johann Gottfried von
Herder, 1744-1803）門下，是十九世紀德意志聖經批判的重要代表。德韋
特本來在柏林大學神學系任教，因為對「學生聯合會」（Burschenschaft）
成員桑德（Karl Ludwig Sand, 1795-1820）在1819年3月行刺一位反對學
生運動的喜劇作家寇澤布耶（August von Kotzebue, 1761-1819）被處死表
示同情，寫信安慰桑德之母，而遭到普魯士政府解職[5]。失業賦閒三年
後，自1822年起，德韋特受聘任教巴塞爾大學神學系，後來還五次被選

---

5 維也納會議（Wiener Kongress, 18. Sep. 1814-9. June. 1815）後，耶納（Jena）大
　學的學生由於深感德意志統一之路在奧相梅特涅(Klemens Fürst von Metternich,
　1773-1859）的蓄意阻撓下，更加迢遙無期，於是組成「學生聯合會」鼓吹建國
　意識。1819年3月，「學生聯合會」成員 Karl Ludwig Sand（1795-1820）在曼
　海姆（Mannheim）暗殺了一位反對學生運動的喜劇作家 August von Kotzebue
　（1761-1819），因為他被視為是間諜，是「祖國的叛徒」（Verräter des
　Vaterlandes）。雖然調查結果證實這純粹是一件單獨行刺的行動、沒有其他共
　謀，仍然讓害怕革命動亂的普魯士皇室大為緊張。因此，全普魯士開始大規模
　鎮壓帶有自由主義色彩的知識分子之行動（Demagogenverfolgungen）。許多教
　授與大學生不是被逮捕、便是住家遭到搜索。熱烈鼓舞學生運動的耶納大學教
　授 Lorenz Oken 遭到解職；而柏林大學著名的神學教授 Friedrich Schleiermacher
　遭到監視，Wilhelm Martin Liebrecht de Wette 則因對 Sand 被處死表示同情，寫
　信安慰 Sand 之母而遭到解職。隨著普魯士官方大力整肅眼中具有反政府傾向
　的知識分子之行動，有些受迫害的教授便開始逃往法國或巴塞爾等地。因此，
　原本相當沉寂的巴塞爾大學，自1822年起，反而有 de Wette 等幾位重量級的學
　者開始在此坐鎮講學。

為巴塞爾大學校長，力圖將這個暮氣沉沉的大學塑造為具有崇高學術聲望的名校[6]。由於收容了普魯士官方眼中的異議份子，巴塞爾大學自此成為普魯士政府敵視的對象。1824年，普王下令禁止臣民前往巴塞爾大學就讀[7]。

德韋特的神學成就之所以受到布氏終生肯定，與他跳脫傳統神學難以捉摸的玄思，企圖以康德（Immanuel Kant, 1724-1804）哲學強調的「理性」為基礎，將神學建立在「人本」（相對於「神本」）的觀點上密切相關。正如二十世紀重要的神學家卡爾‧巴特（Karl Barth）在《十九世紀新教神學》（*Die protestantische Theologie im 19. Jahrhundert*）一書所言，德韋特企圖從「人學」（Anthropologie）的角度重新建立神學的基礎[8]。換言之，德韋特主張以歷史批判法來解經，將《聖經》的記載置於歷史時空下來理解。在這樣的思維下，「歷史上的以色列民族史」與「歷史上的耶穌」成為《聖經》研究主要關切的問題，而凡是人的理性、人世的經驗無法理解、詮釋不通的《聖經》記載與超自然宗教經驗都不包含在具有學術水準的神學討論中。在聖經研究上，德韋特相當重要的貢獻便是證明過去被認為是「摩西五經」[9]之一的《舊約‧申命記》並非出自摩西之手，而是在猶太國王約西亞 （647-？608 B.C.）就任初期才成書，其主要功能是作為儀典書與律法書之用。

上帝的啟示是透過人的理性來認知、而人與耶穌基督的關係是透過人

6　Thomas Albert Howard (2000), *Religion and the Rise of Historicism: W. M. L. de Wette, Jacob Burckhardt and the Theological Origins of Ninteenth-Century Historical Consciousness*, p. 119.

7　Howard (2000), *Religion and the Rise of Historicism*, pp. 71-77; Lionel Gossman (2000), *Basel in the Age of Burckhardt: A Study in Unseasonable Ideas*, pp. 52-53.

8　Karl Barth (1961), *Die protestantische Theologie im 19. Jahrhundert*, p. 434.

9　指《舊約聖經》開頭的前五卷經書：〈創世記〉、〈出埃及記〉、〈利未記〉、〈民數記〉、〈申命記〉。

所處的歷史背景來理解——從德韋特的角度來看,只有人的認知能力可以經驗到的、經得起學術理性驗證的聖經詮釋,才能跳脫千百年來教會與文化傳統任循己意不斷層累的解經迷障與不敢反抗教會權威的錯誤解釋。德韋特認為自己所做的工作如同宗教改革時期新教徒「唯聖經是從」("sola scriptura")的信念一樣,都是在教會傳統威權的執迷與頑固中,力主重返《聖經》原始教義的奮力改革[10]。

　　具有這般高度批判性格的解經方式並非所有受過高等教育的基督徒都可以接受。有趣的是,在布克哈特接受德韋特教導前,布氏自己的父親便曾在海德堡(Heidelberg)大學短期跟過當時只是年輕講師的德韋特學習過,卻完全無法接受這樣嶄新的研究觀點。在給父親的家書上,老布克哈特寫道:

> 德韋特開設「舊約導論」的演講課,他的研究方向完全是自己獨創的。例如,他認為摩西五經並非出自摩西之手,而聖經裡宣稱出自所羅門王筆下的經文也非所羅門所寫。摩西、大衛、所羅門都只是集合代稱,只要精神內涵相仿,著述者便將這些人的時代所成就的事都歸在他們名下。此外,他並不認為他們都是歷史上實存過的人物。他認為約拿只是一個用來作為宗教教化用的神話人物[11]。

　　相對於自己父親無法認同德韋特大膽的質疑與批判,所以當年沒多久就離開這位年輕講師的課堂,布克哈特卻在德韋特影響下,經歷了生命最

10　Wilhelm Martin Leberecht de Wette (1815), *Über Religion und Theologie*, p. 108.

11　Letter of 8. May 1807, reprinted in Ernst Staehelin (ed), *Dewettiana: Forschungen und Texte zu Wilhelm Martin Leberecht de Wette*, pp. 65-66.

關鍵的改變。 1838年8月28日他寫給好友瑞根巴赫（Johannes Riggenbach）
的信上，談到自己對基督信仰態度的大轉折：

> 就我目前所堅信的——如果我能這麼稱呼這些東西——我這
> 輩子是無法心安理得當個牧師，至少從我目前對所謂「神的
> 啟示」之體悟來看，這在短時間內也不會有所改變。〔……〕
> 德韋特講述的神學詮釋系統對我的影響日益強烈，我完全被
> 他的說法說服，只能相信他這樣詮釋是對的。如此一來，過
> 去教會教給我的信念便一天一天隨著他的教導解體。今天我
> 終於明白，對德韋特而言，基督降生說穿了只是一個神話
> （Mythus），我也接受他的看法[12]。

　　與其說布氏完全被德韋特的歷史批判神學懾服，不如說德韋特帶領他
走向信仰的不確定之地——一個布氏從未親履的未知之境[13]。布氏決定靠
自己的力量重新認識這個世界以及重新定位自己與這個世界的關係，不論
結果為何。這樣獨立空茫的心境正如他四年後對自己身處的十九世紀所作
的深刻剖析：

> 上世紀末全盤否定了過去傳統對國家、教會、藝術與生活的
> 認知，這樣的變動在思想敏銳的人心中或多或少激起了（或
> 說得更明確：啟發了）無可限量對外在世界客觀認知的覺
> 醒，以致於任何想讓過去那些經不起時代考驗的舊把戲重新
> 死灰復燃的努力都成為徒勞無功。〔……〕從各方面來看，

12　*Briefe* I, Nr. 22.

13　Howard (2000), *Religion and the Rise of Historicism*, pp. 132, 140-141.

十九世紀真是像一張完全抹去舊跡的白板（*tabula rasa*）那樣全新開始[14]。

這樣的轉折，與其說是布氏個人的，不如說是不少十九世紀牧師之子或與教會關係深厚家庭的子嗣都經歷過的信仰危機，只看他們願不願意公開誠實面對而已。而這些來自信仰色彩濃厚家庭的青年作為近現代學術文化反對教會傳統的先鋒，更是十九世紀學術史、文化史的一大特色：力主歷史批判解經的德韋特、強調近現代文化是從教會束縛解放出來的布克哈特、與宣布上帝死亡的尼采（Friedrich Wilhelm Nietzsche, 1844-1900）都是牧師之子，而俄國著名的文學家托爾斯泰（Leo Tolstoy, 1828-1910）則在1901年與東正教徹底決裂，被教會解除教籍。當然，使當時情況雪上加霜的，還有宣講進化論的達爾文（Charles Darwin, 1809-82）與主張「宗教是人民的鴉片」的馬克思（Karl Marx, 1818-83）。

從學術研究的角度來看，一直要等到宗教心理學、比教宗教學、宗教社會學、人類學等新式研究學門興起，西方知識界與基督教的裂痕才擺脫康德的理性主義以及十九世紀大行其道的科學主義之羈絆，重新找到能夠進一步溝通的基礎。

1839年秋，布克哈特轉學到柏林大學，改讀歷史。如同布氏晚年對好友普瑞（Friedrich von Preen）所說，這個轉折主要是出於職業良知的考量：

> 我曾興致高昂地主修過四學期的神學，但後來發現我的信仰內涵無法支撐我日後站上講道壇，所以我轉行唸歷史[15]。

14　*Briefe* I, Nr. 61（1842 年 6 月 13 日致 Gottfried Kinkel）。
15　*Briefe* VI, Nr. 777 （1878 年 7 月 7 日）。

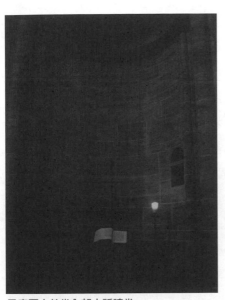

巴塞爾大教堂內部小祈禱堂
©攝影／花亦芬（參見彩圖2）

柏林大學是十九世紀初德意志人追求民族文化主體性的學術堡壘。建校原因正是因為普魯士眼見剛稱帝沒多久的拿破崙（Napoléon Bonaparte, 1769-1821）開始強力介入德意志地區的政治權力運作，又於1806年6月解散存在八百多年的「神聖羅馬帝國」，轉眼間德意志主體性似乎就要崩潰無存。在這樣危急存亡之秋的歷史情境下，知識份子於是興起「以法為師」的改革運動，希望將德意志建立成一個充滿啟蒙主義色彩的主權國家。1810年，柏林大學便在當時著名的新人文主義（Neuhumanismus, Neo-Humanism）學者以及重量級政治家威廉・洪堡（Wilhelm von Humboldt, 1767-1835）主導下創校，不到三十年的時間便成為歐洲首屈一指的名校。當布氏前往就讀時，柏林大學有2000名學生；相較之下，布氏原來就讀的巴塞爾大學只有50-60名學生。

所謂「新人文主義」主要是在柏林大學創校校長威廉・洪堡引領下所倡導出來的新文化論述。面對法國大革命後歐洲人民經歷的恐怖血腥與社會動亂，德意志啟蒙思潮的擁護者開始嚴肅思考什麼才是真正能帶領德意志社會朝向更理性、更文明方向發展的道路？對威廉・洪堡而言，國家本身不應單獨成為追求的目標，國家主權之值得奮力爭取與維護，乃是為了維護個人以及文化的獨立自主性。相對於法國人希望透過政治革命的方式立即解放封建傳統的桎梏，德意志「新人文主義」強調透過文化教養培養個人獨立自主的心靈，希望藉此達到逐步轉化社會體質的終極目標。由於強調獨立自主的個人心靈，新人文主義者在十八世紀中葉著名的藝術史學

者溫克爾曼（Johann Joachim Winckelmann, 1717-68）對古希臘藝術文化的
闡述裡找到許多靈感與啟發。古希臘城邦的生活方式、文化典範成為「新
人文主義」大力宣揚的理想。為了達成此教育理想，威廉・洪堡積極推動
「新人文主義中學」的成立，這種新式中學不以實用的職業訓練為尚，而
是加強學生古希臘文與拉丁文的語文教育，希望學生紮實掌握古典語文
後，能自在優游於歐洲古典文化傳統的薰陶，藉此培養出健康自主的個人
主體意識，並以追求自我生命實現為個體存在的目標。

　　在柏林，布氏跟隨的歷史學名師包括蘭克（Leopold von Ranke, 1795-
1886）與多義森（Johann Gustav Droysen, 1808-84），這兩位名師也像布氏
一樣都是出身牧師家庭，在走上史學研究之路前，都主修過神學[16]。布氏
形容親聆柏林大學名師的教導「讓我睜大了雙眼〔……〕我下定決心，此
生要全心奉獻學術，也許不惜犧牲享受家庭的幸福」[17]。在上述的名師
中，又以蘭克給他的震撼最大。蘭克在當時被視為史學奇才，二十九歲出
版的處女作《1494至1514年拉丁民族與日耳曼民族史》（*Geschichten der
romanischen und germanischen Völker von 1494 bis 1514*）打響了他在德意
志史學界的名號；隔年（1825）便以三十歲英年受聘為柏林大學教授；
1841年又被賜封為「普魯士王室御封史家」（Historiograph des preussischen
Staates），1865年正式被普魯士王室封為貴族。蘭克一生寫出54本書，真
可稱得上著作等身。

　　蘭克的史學觀與基督新教的神學息息相關，主張從人類歷史紛雜多元
的發展體察上帝造人的深邃意旨。他認為史學研究不應帶有任何先入為主
的偏見，應以追求不偏不倚的「真相」、「真實」為尚（wie es eigentlich
gewesen）[18]，否則無法明瞭上帝引領人類歷史的用心。正如他在其名著

16　Wolfgang Hardtwig (ed), *Geschichtskultur und Wissenschaft*, p. 15.
17　*Briefe* I, Nr. 40.

《宗教改革時代的德意志歷史》（*Deutsche Geschichte im Zeitalter der Reformation*, 1839-47）一書前言開宗明義寫道：「真理只有一個」（die Wahrheit kann nur Eine sein）[19]，歷史學者的任務亦如傳道的牧師一般，都應超越一己好惡，在錯綜複雜的人世現象裡潛探幽微地思尋、闡明上帝的真理，如他在1873年5月25日寫給長子奧圖·蘭克（Otto von Ranke）的信上所言：

> 史學研究與著述的職志只有牧師從事的工作可與之相提並論，這兩項工作都必須認真面對、處理塵俗中的人與事[20]。

　　如此深切地將歷史研究放在神學思維的架構下來探索，認為上帝的意旨在冥冥之中牽動人類歷史的發展，其實是柏林大學創校的主流思潮。包括在哲學系任教的黑格爾（Georg Wilhelm Friedrich Hegel, 1770-1831）與費希特（Johann Gottlieb Fichte, 1762-1814）、在神學系任教的史萊爾瑪赫（Friedrich Schleiermacher, 1768-1834）、以及在歷史系任教的多義森也都是從基督新教神學觀點出發來思考歷史研究的本質問題[21]。而在此風氣影響下所衍生出來的新的史學方法論或文獻史料研究法，基本上也是希望藉由不帶個人偏見的「客觀」學術研究方法，更深入了解、彰顯上帝不受人性私念影響的旨意在世間的作為[22]。

18　Leopold von Ranke, *Geschichten der romanischen und germanischen Völker von 1494 bis 1514* (Leipzig 1824), I: vi.

19　Leopold von Ranke, *Deutsche Geschichte im Zeitalter der Reformation*, Leopold von Rankes Werke. Gesamt-Ausgabe, 6 vols, Munich 1925-26, vol. I, p. 6.

20　收錄於：Leopold von Ranke, *Das Briefwerk*, ed. Walther Peter Fuchs, Hamburg 1949, p. 518.

21　有關此問題參見：Howard (2000), *Religion and the Rise of Historicism*, pp. 1-22.

22　Thomas Noll (1997), *Vom Glück des Gelehrten: Versuch über Jacob Burckhardt*, pp. 48-107.

從另一方面來看，蘭克史學之所以強調「可證的真實」，也與柏林大學歷史系希望將史學研究獨立成為正式研究學門(autonomous "Wissenschaft")密切相關。過去在德意志地區的大學裡，歷史學被視為神學的「輔助學科」（Hilfswissenschaft）[23]；然而，隨著十八世紀末、十九世紀初德意志地區「歷史主義」（Historicism）風潮興起，歷史學開始想要取代神學，成為解釋人類文化發展進程的主要學問。就當時的學術認知而言，歷史學若想成為獨立自主的學門，便要擁有一套經得起「客觀」驗證的研究方法論[24]。因此蘭克承襲其師倪布爾（Barthold Georg Niebuhr, 1776-1831）之遺緒，特別強調歷史學與語言學的關聯。當然，如此絕對化歷史研究可以獲致的學術客觀性，似乎有意無意地將史學研究視為另一種宗教[25]；就像科學主義對宗教超自然現象的絕對否認，其實也在不自覺當中將自己高舉為另一種宗教——萬事萬物必須歸於可驗證的科學通則才能稱為「知識」。當時的學術之所以會走上如此樂觀「信仰」知識絕對客觀化的可能，與當時知識份子不願再亦步亦趨跟從教會傳統權威與教會極力捍衛的「正統教義」，因此轉而高舉學術、科學（德文都稱為 Wissenschaft）的大旗，以作為趨近至高真理的「可靠」憑依有密不可分的關係[26]。

除了歷史學名師的啟發外，布氏到柏林大學就讀時始料所未及的豐富收穫，是接觸了當時才正萌芽的藝術史。1822-1830年著名的建築師旬克爾（Karl Friedrich Schinkel, 1781-1841）在柏林大學附近興建了國立古典美術

---

23 Hardtwig (ed), *Geschichtskultur und Wissenschaft*, p. 15.

24 O. Vossler, "Humboldts Idee der Universität," *Historische Zeitschrift* 178 (1954): 251-268; Felix Gilbert (1990), *History: Politics or Culture?—Reflections on Ranke and Burckhardt*, pp. 20-21. 黃進興（2003），〈「歷史若文學」的再思考——海頓・懷特與歷史語藝論〉，頁82-91。

25 參見 Howard (2000), *Religion and the Rise of Historicism*, pp. 12-17.

26 Hans Rosenberg (1972), "Theologischer Rationalismus und vormärzlicher Vulgärliberalismus".

館（das Alte Museum）。該館一開始便收藏了九百幅名畫，並以完全免費
的方式提供民眾自由參觀學習，這裡也就成為布氏上課、讀書之餘常來的
地方[27]。有好的美術館，布氏又幸運遇上一流良師庫格勒（Franz Kugler,
1808-58），由於年紀差距不大，兩人終生締結了亦師亦友的情誼。布氏對
庫格勒的感念清楚表現於他第一本有關義大利藝術史的專著《義大利藝術
鑑賞導覽》（*Cicerone*, 1855）的「獻辭」（"An Franz Kugler in Berlin"）：

> 我希望將這本書獻給你，因為在柏林四年的求學生涯裡，你
> 將我視為自己的孩子般接待，也將重要的工作交給我來處
> 理；此外，我更要感謝從你那兒接受到我所擁有最好的薰陶
> 與教育（Bildung）。但是藉著這篇獻辭我最想表達對以下美
> 好記憶的感念——在夏天的飛沙與陰雨濛濛的冬雨冬雪裡，
> 我們常常一齊悠閒地散步[28]。

1843年春天，學術思維逐漸邁向成熟的布克哈特要準備回家了。回
家前，他寫給好友金克爾（Gottfried Kinkel）一封信，提到自己這一生的
志念：

> 我默默許下心願：此生將以清晰易讀的文筆來從事歷史著
> 述，並且寧可為對歷史感興趣的人來寫；而非寫一些枯燥、
> 只求史實完備的著作[29]。

---

27 參見：*Briefe* I, Nr. 45.
28 *Cicerone, JBW* II, p. 1.
29 *Briefe* I, Nr. 59. Berlin, 1842 年 3 月 21 日。

2. 回家

1843年5月19日布氏以「鐵鎚查理」為題（*Quaestiones aliquot Caroli Martelli historiam illustrantes*）取得巴塞爾大學博士學位；同年十二月通過大學授課資格審定（Habilitation）；並於次年以不支薪方式在巴塞爾大學歷史系講授「建築史」（Geschichte der Baukunst）[30]。回家的路顯然並不好走，當時在巴塞爾大學註冊的學生只有三、四十名，所以這所「大學」主要是靠私人捐款

巴塞爾市政廳內部庭院
©攝影／花亦芬（參見彩圖3）

來維持[31]。為了生計，布氏同時擔任《巴塞爾日報》（*Basler Zeitung*）的編輯與《科隆日報》（*Kölnische Zeitung*）的通訊撰稿人，直到1845年年底。《巴塞爾日報》與《科隆日報》都是政治立場保守的報紙，做為編輯與通訊撰稿人，布氏必須天天對時事發表合乎報社立場的政治評論，對喜愛自在沉思的他而言，為了生計被迫對時事作出即時回應，心中感受到的促迫可想而知。而在另一方面，回鄉的布克哈特卻開始進行一場內心革命。1844年1月14日他告知童年好友白許拉格（Willibald Beyschlag）：

30　參見：Paul Roth (ed), *Aktenstücke zur Laufbahn Jacob Burckhardt*, p. 14.

31　參見：Paul Burckhardt (1942), *Die Geschichte der Stadt Basel von der Trennung des Kantons bis zur neuen Bundesverfassung*.

我已經永遠與教會脫離關係了，完全出於個人因素所致，因
為我已經沒辦法再亦步亦趨順從教會了。〔……〕教會對我
不再具有任何操控力，就像他們已經無法繼續操控其他成千
上萬的人一樣[32]。

不是尼采式的反基督教、宣布上帝死亡，對布氏而言，毋寧說，他是
十九世紀德意志「聖經批判」所持「人本神學」影響下的產物。他在同一
封信裡繼續寫的，不是對基督教的否定或敵視，而是對「理性」與基督教
超自然部分的教義無法順利溝通的無力感：

唉！真希望我能活在拿撒勒人耶穌在猶太各地行腳傳道的時
代！如果能，我一定作跟隨他的門徒，在對他的愛裡，將我
所有的自豪與狂妄都放下。〔……〕我相信，在所有人當
中，他是最偉大的。〔……〕我一點都不在乎耶穌基督是不
是上帝，硬要將他塞進三位一體的神學架構有什麼意義？作
為一個人，耶穌基督的風範潔淨了我的靈魂，因為他是人類
史上最完美的典範[33]。

＊　＊　＊　＊　＊　＊

由於教職一直無法順利安定下來，1846年布氏展開他的義大利之
旅。當時的義大利是八個小國各自獨立的局面，各國有自己的貨幣、行政
體系以及高築的關稅壁壘；在文化風貌上也各自堅持自己的特色。 1832

32　*Briefe* II, Nr. 103.

33　ibid.

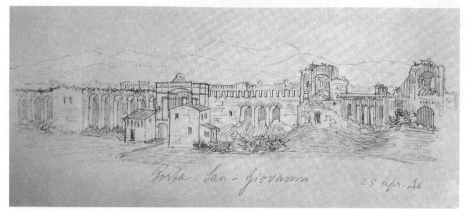

布氏於1846年義大利之旅沿途所作風景素描（**Porta San Giovanni, 1846**）
引自：**Werner Kaegi,** *Jacob Burckhardt. Eine Biographie III* **(Basel, 1956), Abb. 3**。

年馬志尼（Giuseppe Mazzini, 1805-72）鑑於1820年與1831年兩次統一義
大利的革命行動失敗，義大利始終擺脫不了外國勢力（主要是奧地利）的
控制，於是創立青年義大利黨（Giovine Italia），追求一統義大利。當布氏
於1846年踏上義大利的土地時，正是義大利各地大力追求改革，但也是
政治社會衝突連連、各種聲音喧嘩並起的不安年代。

在庫格勒（Franz Kugler）的召喚下，布氏中斷了在義大利的旅行，
前往柏林幫助庫格勒修訂《繪畫史辭典》（*Handbuch der Geschichte der
Malerei seit Konstantin dem Grossen ,* ¹1842, ²1847）。重回柏林，布氏原本希
望自此能離開當時他眼中狹隘、市儈的巴塞爾，在柏林謀得專職工作，並
構想利用普魯士政府提供的藝文經費，在柏林編輯一套普及國民知識的
《文化史文庫》（*Bibliothek der Kulturgeschichte*）。雖然布氏後來並沒有如
願得到期盼中的穩定工作，但《文化史文庫》的構想卻在日後激發布氏寫
下三本重要名作——《君士坦丁大帝的時代》（*Die Zeit Constantins des
Großen,* 1853）、《義大利文藝復興時代的文化》（1860）與《希臘文化史》
（*Griechische Culturgeschichte,* 1898-1902。身後由Jacob Oeri結集出版）。

1847年10月結束《繪畫史辭典》的修訂工作，布氏再度前往義大

布氏於1848年義大利之旅沿途所作風景素描
（Narni, 16. April 1848）
引自：Werner Kaegi, *Jacob Burckhardt. Eine Biographie III* (Basel, 1956), Abb. 25。

利。根據布氏後來寫給當時著名的教宗史學者帕斯佗（Ludwig Freiherr von Pastor）的信所言[34]，在羅馬停留期間，他開始讀十五世紀初佛羅倫斯古籍書商彼斯提奇（Vespasiano da Bisticci, 1421-98）所著的《十五世紀名人傳》（*Le Vite di uomini illustri del secolo XV*），就在這個時候，他興起了寫作《義大利文藝復興時代的文化》這本書的念頭。1852年底，在完成《君士坦丁大帝的時代》一書、等待上市出版時，他已開始思索如何處理1500年左右義大利文化史的問題[35]。1853年3月底至1854年4月中旬，布氏以一年的時間遍遊義大利各地；並在返回瑞士後，完成了一本厚厚的《義大利藝術鑑賞導覽》（*Cicerone: eine Anleitung zum Genuss der Kunstwerke Italiens*, 1855）。

　　在庫格勒力薦下，布氏於1855至1858年任教於新成立的蘇黎世聯邦工科大學（Polytecknikum, Zürich）。這段時間便成為他有系統地鑽研義大利文藝復興史料文獻的靜謐歲月，一如布氏自己所言：

34　Ludwig Freiherr von Pastor, *Tagebücher, Briefe, Erinnerungen*, ed. Wilhelm Wuhr (Heidelberg, 1950), p. 273; *Kaegi* III, p. 170 (Anm. 34), pp. 647f.
35　參見他於1853年1月23日寫給Hermann von Liebenau的信。*Briefe* IV, Nr. 260a.

在這種地方，像我們這種人就
可以靜靜躲在一旁做自己的
事，例如埋首於鑽研文藝復
興，我隨手寫下的筆記摘錄已
經塞滿一抽屜了 [36]。

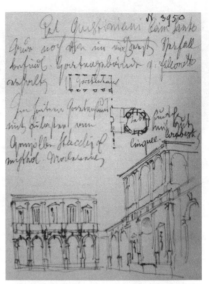

3. 回家的人埋首做的事

1848年柏林「三月革命」的失敗，
刺激布氏重新省思柏林（充滿征服企圖
心的普魯士首都）與巴塞爾（介於德、
法、瑞士的邊界城市，遠離擴張帝國的
權力核心與政治風暴）在德意志歷史上
不同的意義。對當時的巴塞爾而言，布

1853-54年布氏在義大利旅行時為《義大利
藝術鑑賞導覽》一書所寫的札記。
引自：Werner Kaegi, *Jacob Burckhardt. Eine Biographie III* (Basel, 1956), Abb. 29.

氏的省思其實是相當具有時代性的。位居三國交界的巴塞爾原是古羅馬人
建立的城市（當時名為 Augusta Raurica）。在中古時代，巴塞爾與當時萊
茵河畔最大的城市科隆（Köln, Cologne）一樣，同為德意志王朝神聖羅馬

布氏寫作《義大利文藝復興時代》初版
時住的房子（最左邊第二層樓）
St. Alban-Vorstadt 41
©攝影／花亦芬

瑞士巴塞爾市政廳
©攝影／花亦芬（參見彩圖4）

帝國的帝國直轄自由城市（Freie Reichsstädte, Imperial Cities）。這些貿易昌盛的帝國直轄自由城市自神聖羅馬帝國皇帝處得到高度城市自治權，因此在經濟與文化發展以及城市的自我認同上，相當堅持維護城市的自主性。如同高斯曼（Lionel Gossman）一針見血指出，歐洲急遽變動的政治情勢對當時的巴塞爾人而言，他們在意的不是恪守「英雄〔指法國〕與征服者〔指普魯士〕的強勢觀點，而是以反英雄（anti-hero）的務實態度，小心翼翼、誠惶誠恐、不敢抱持信任地在數個巨人環伺下，求取安身立命之道。因為這些強鄰所玩的權力遊戲，隨時可讓他們擁有的一切蕩然無存。」[37]對布克哈特而言，僻處邊境的巴塞爾可以讓他在動亂的世代保持獨立、冷靜的判斷。但是，巴塞爾成為瑞士聯邦一員的變化——也就是說，瑞士由鬆散的邦聯結盟（Staatenbund）轉變成具有正式中央政府的聯邦國家（Bundesstaat）——也讓他深深憂心國家化（nation-state）終將迫使巴塞爾喪失原有的「城邦」（city-state）文化特殊性[38]。

親眼目睹十九世紀歐洲急遽變動的歷史環境，布克哈特深切關懷在人類社會裡，「國家」（state）與「文化」（culture）之間的關係究竟應該如何，是其來有自的。國家在提供人民國防安全與社會安全之際，是否應跳

36　參見他於1856年11月2日寫給 Wilhelm Henzen 的信。*Briefe* III, Nr. 309.

37　Lionel Gossman (1984), "Basle, Bachofen and the Critique of Modernity in the Second Half of the Nineteenth Century," p. 136.

38　Gossman (2000), *Basel in the Age of Burckhardt*, pp. 1-17.

位於雅典衛城（Acropolis）上的古希臘帕德嫩神廟（Parthenon, 447-438 B. C.）
（這是 Pericles 執政時代最重要的文化建設工程，帕德嫩神廟的建築與雕刻也是希臘古典時期的藝
術經典之作，整個工程的藝術總監是名雕刻家 Phidias）。
◎攝影／花亦芬（參見彩圖5）

脫政治對文化發展的操控，讓文化獨立自主，
以便讓生活在其中的公民可以真正涵養出自由
的心靈？這個課題可說是布氏最深刻關切的問
題之一。儘管布克哈特在教學上自始至終都有
開設政治史課程；在著述上，他終其一生卻只
專注於文化史與藝術史之著述，而沒有為政治
史書寫過任何專書[39]。而從布克哈特沒有遵循

《古羅馬皇帝著軍裝雕像》
c. 150-175 A. D. British Museum, London.
◎攝影／花亦芬（參見彩圖6）

他的老師庫格勒建構德意志藝術史的志
念，轉而投身《君士坦丁大帝的時代》、
《義大利文藝復興時代的文化》以及《希
臘文化史》的著述，更可讓人看出，他希
冀以泛歐共享的「歐洲文化」來與普魯士
軍國主義相抗衡的心念[40]。

梅迪西家族徽章（攝於 **Palazzo Medici Riccardi**）
©攝影／花亦芬（參見彩圖7）

　　挑選歐洲史上幾個特別光輝燦爛的時
期來作系統的歷史探討，最著名的是法國
啟蒙主義健將伏爾泰（Voltaire, 1694-
1778）。在《路易十四時代》（*Le siècle de
Louis XIV*, 1751）第一章的導論，他提出
世界史上有四個足為後世典範的時代：第
一是古希臘文化全盛時期柏里克里斯（Pericles）的時代，第二是古羅馬
凱撒（Caesar）與奧古斯都（Augustus）在位的時代，第三是佛羅倫斯在
梅迪西（Medici）家族統治的時代，第四是法王路易十四的時代。而梅迪
西掌權的盛世，伏爾泰是以君士坦丁堡（Constantinople）陷落土耳其人之
手、東羅馬帝國壽終正寢的 1453 年為開端。由於伏爾泰並沒有對梅迪西
治下的佛羅倫斯與義大利歷史文化進一步著墨，因此對文藝復興研究的啟

39　唯一與政治史較有關聯的著作便是他身故後，才由他上課講稿集結而成的文集
　　《歷史之省思》（*Weltgeschichtliche Betrachtungen*, 1905）。
　　《歷史研究導論授課手稿》（*Über das Studium der Geschichte*）原為布氏於 1869-
　　1872 年冬季學期的講課手札，布氏退休後，將這些講稿束之高閣，在紙袋上寫
　　「燒掉！」但他身後，他的外甥 Jacob Oeri 仍將這些手稿整理出來，並以《歷史
　　之省思》為書名出版，成為繼《義大利文藝復興時代的文化》之後，另一本深
　　受二十世紀西方史學界重視的著作。但就布氏個人而言，這本書並非他心目中
　　會出版的書，因此新出版的 *JBW* X 特將《歷史研究導論授課手稿》原稿出
　　版，取代大家熟知的《歷史之省思》，以回歸布氏原本書寫的樣貌。

40　Gossman (2000), *Basel in the Age of Burckhardt*, pp. 251-259.

發性比較停留在對其時代性格初步的定位而已。

　　而最早將中古過渡到近代的階段視為必須獨立處理的歷史段落，是法國的米雪磊（Jules Michelet, 1798-1874）提出的。米雪磊所著長達十一冊的《法蘭西史》（*Histoire de France*, 1855-1867）的第七冊《法蘭西十六世紀史》（*Histoire de France au XVIième siècle*, 1855）有一個副標題「文藝復興」（Renaissance），這是第一本歷史著作將「文藝復興」當作一個時代的稱號來使用。然而，在《法蘭西十六世紀史》裡，米雪磊只處理法國十六世紀的歷史文化，而且他心目中真正具有文化典範轉移的時代是啟蒙時代，所以不論是文藝復興或是宗教改革，對米雪磊而言，都只是啟蒙運動的前奏而已。因此，儘管米雪磊在《法蘭西十六世紀史》已提到文藝復興時代（及十六世紀）具備「發現外在世界」（la découverte du monde）與「發現人類自我」（la découverte de l'homme）之特質（但全書提到的義大利人只有哥倫布與伽利略），真正開啟大格局、且影響歷久不衰的文藝復興研究奠基之作仍要歸在布克哈特《義大利文藝復興時代的文化》名下[41]。也是幸虧靠布氏敏銳地將米雪磊五年前提出的「文藝復興時代」這個分期概念轉化為深具歷史意義的學術用語，才使得「文藝復興」成為十九世紀下半葉以降歐洲史研究不可或缺的概念。繼布氏之後的重量級文化史家賀伊清哈（Johan Huizinga, 1872-1945）便清楚指出，將「文藝復興」建構成大家耳熟能詳的學術名詞與文化創造概念，布氏實有舉足輕重的貢獻：

　　　　如果說布克哈特是從米雪磊那裡借用到他心中這個文化大轉
　　　　變的看法，他其實是將米雪磊所說的，完全轉到其他的事物

41　有關布克哈特之前「文藝復興」一詞的概念源流參見：Johan Huizinga (1920), "The Problem of the Renaissance," reprinted in *Men and Ideas: History, the Middle Ages, the Renaissance*.

上來闡述。他將米雪磊給文藝復興貼上的標籤「對世界的發現與對人的發現」轉到一些米雪磊不太看重的歷史現象來討論。〔……〕如果說米雪磊提出文藝復興這個概念充其量只是作為一個標語，他其實並沒有能力讓這個標語成為滿載特定意涵的歷史圖像，並能藉此啟發人對歷史有進一步的認知。說實在的，米雪磊所創的這個標語原本像深夜裡的一聲呼號，如果不是剛好被布克哈特聽見，可能早就消翳無蹤、無人知曉了[42]。

1858年的秋天至1860年4月[43]是布氏埋首寫作《義大利文藝復興時代的文化》的歲月。

本書中譯雖然將書名譯為《義大利文藝復興時代的文化》，但 "Renaissance" 一詞在布氏的語意應用裡，其實包含三種意義：(1)文藝復興作為時代分期的名稱，(2)文藝復興作為特定的價值觀，(3)文藝復興作為人文學運動的代稱。

從時代分期來看，布氏並沒有在本書清楚定義所謂「文藝復興時代」起迄時間究竟為何。我們只能從書中內容歸結出，布氏是以神聖羅馬帝國皇帝腓特烈二世（1194-1250）定都於西西里為開端，而以教宗里奧十世（Pope Leo X）過世（1521）以及「羅馬浩劫」（the Sake of Rome, 1527）這兩個重大事件的發生為結束。對布氏而言，這段時期如同第三世紀末、第四世紀初歐洲全面被基督教化的過程一般，是歐洲史在本質上起根本變化的大時代。誠如布氏在本書〈導論〉（Einleitung）開宗明義所言，義大利文藝復興文化應被視為「對我們仍極具影響力的近現代西方文化之

42　Ibid., pp. 255-256.
43　*Kaegi* III, p. 671.

母」，或如他在1858年寫給巴伐利亞國王
麥西米里安二世 （König Maximilian II.
von Bayern）的信上清楚所言：

> 文藝復興應被視為近現代人的
> 母親與原鄉。在想法上、感知
> 上，在典範的創造上，我們深
> 受文藝復興文化的影響[44]。

也是在《義大利文藝復興時代的文化》影
響下，歐洲史分期的大架構開始被定型為
古代（Altertum）、中古（Mittelalter）與
近現代（Neuzeit），而近現代的源頭便是
文藝復興。

布氏為《義大利文藝復興時代的文化》
做第二版修訂時住的房子（最右邊第二
層）
St. Alban-Vorstadt 64.
©攝影／花亦芬

　　本書共分為六卷：第一卷，〈視「國
家」如同藝術品〉；第二卷，〈個人的發
展〉；第三卷，〈復興古代希臘羅馬文
化〉；第四卷，〈發現外在世界與人類的自我〉；第五卷，〈社交聚會與
節慶〉；第六卷，〈倫理道德與宗教〉。在布克哈特論述的架構下，「國
家」（第一卷）提供近現代個人才性向外發展的舞台，而倫理道德與宗教
（第六卷）則提供近現代人心靈視野與內省深度的精神力量。這一前一後
兩個主幹又支撐起第二卷到第五卷所述義大利文藝復興文化不同發展面向
的活動場域[45]。

44　*Briefe* IV, Nr. 325, (letter to König Maximilian II., 25/27 May 1858).

45　Noll (1997), *Vom Glück des Gelehrten: Versuch über Jacob Burckhardt*, p, 155.

　　《義大利文藝復興時代的文化》於1860年初版時，並不是一本立即得
到熱烈迴響的書[46]；反之，第一版印行了750本，卻花了整整九年才賣
完。真正為布氏在文化史研究上帶來永垂不朽聲譽的，其實是1869年的修
訂版（第二版）。第二版也是布氏最後親自校訂過的版本，他還特別為此寫
了序言（第一版沒有序言）。而且，嚴格來說，布氏親自修訂的這本《義
大利文藝復興時代的文化》第二版也是他生前正式出版的最後一本書，因
此本譯注是根據第二版來翻譯[47]。自第三版起[48]布氏就將《義大利文藝復
興時代的文化》所有修訂工作交給路易・蓋格（Ludwig Geiger）負責，從
此對本書各種出版情況不聞不問。布氏對後續出版情況的淡然，其實早在
他1863年10月10日寫給蓋貝爾（Emanuel Geibel）的信上就已現出端倪：

　　　　我不再出版新書，我相信自己寧可把時間花在備課上，因為
　　　　我要講的是我自己的所思所見，而非當別人的應聲蟲[49]。

　　1871年1月18日德意志帝國在鐵血宰相俾斯麥（Otto von Bismarck,
1815-1898）的努力下終於建國了。 1872年普魯士文化部特別委託柏林大
學教授庫提伍斯（Ernst Curtius）前往巴塞爾，邀請布克哈特到柏林大學
接任蘭克（Leopold von Ranke）退休後遺留下來的教席。對於注重學術實
質成就的德國大學而言，在德意志國族意識最高漲的時刻，被邀請去擔任
當時德意志帝國首席歷史家的講席繼任者，這是至高的肯定與榮譽。然
而，布克哈特卻拒絕了[50]。對此，即使面對自己最親愛的家人，他都說得

46　布氏應該預想到這個結果，所以沒有要求出版商付給他任何稿費。
47　採取的版本是 *Jacob Burckhardt. Gesammelte Werke* III (*GW* III), 1978年由
　　Schwabe & Co. Verlag 出版。
48　3rd edition: 1877, 4th edition: 1885, 5th edition: 1896.
49　*Briefe* IV, Nr. 397.

很輕描淡寫：

> 我這種土法煉鋼作學問的方式，還是比較適合待在不起眼的
> 小學校，不適合到規模大的大學去任教[51]。

回家的人真的不再離家了。

4. 在土生土長的地方思考人之所以爲人的問題

瑞士籍諾貝爾文學獎得主斯彼德勒（Carl Spitteler, 1845-1924）於1912
年追憶布克哈特時說：「我最常聽他嘴裡冒出來的話是：『這是一個邪惡
的世界』。他每次都說得那麼認真、那麼斬釘截鐵，有時甚至不是針對特
定的事，他也不斷重複這句話，聽起來就像在不停地嘆息。這是他人生觀
裡不斷迴旋的韻律。」[52]但是，對人性這種脫離不了了「原罪」的認知[53]，
卻也讓布氏滿懷人性關懷地省視歷史舞台上進進出出的各種人物，一如他
在《歷史研究導論授課手稿》（1869）開宗明義所言：

> 歷史研究唯一永久的目標與可能達成的宗旨，是以人為出發
> 點：在患難中忍耐的人、奮力向上的人、與正在行動中的人

---

50 在此之前布氏回絕的教職邀約還包括：蘇黎世聯邦工科大學（1865）、
Tübingen與海德堡大學（1867）、Karlsruhe技術學院（1868）；回絕柏林大學
後，他又於1874年回絕Straßburg大學（當時屬於德意志帝國）的聘任邀約。
回絕的理由都是巴塞爾這個偏僻的地方比較適合他這種不太專業研究歷史的態
度（Dilettantismus）。參見：David Marc Hoffmann (ed), *Jacob Burckhardt 1818-
1897. Geschichte‧Kunst‧Kultur*, p. 70.

51 *Briefe* V, Nr. 588 (Letter to Jacob Oeri, Sohn, 17 May 1872).

52 轉引自：David Marc Hoffmann (ed), *Jacob Burckhardt 1818-1897. Geschichte‧
Kunst‧Kultur*, p. 28.

53 Howard (2000), *Religion and the Rise of Historicism*, pp. 124-129, 157-159.

——以他們過去之所是、現在之所是、與將來之所是，如實
地來省察。因此我們的檢視在某個程度上是「病理學式的」
（pathologisch）[54]。

在本書六卷中，最著名的是第二卷〈個人的發展〉，但其實這也是全
書篇幅最小的一卷。儘管如此，整本《義大利文藝復興時代的文化》要闡
述的中心主題仍環繞在個人主體意識覺醒這個重要議題上。作為開啟近現
代社會文化的最早階段，成熟國家需要的社會制度、法律與道德框架都是
猶待披荊斬棘的荒漠。布氏筆下刻劃的文藝復興個人主義者在自我生命完
成的追求上，既不受國家機器阻撓、也不在意是否逾越了宗教與倫理規範
允許的範圍。從文藝復興時代的歷史來看，不論是義大利僭主罔顧法理、
不顧人民死活的爭權奪位，或是人文學者力求晉身顯達、名滿天下的汲汲
營營，說穿了，內心的欲求都扮演了相當關鍵的角色。從文藝復興時代的
人所留下的歷史足跡來看，布氏顯然並不認為文化全然是理性與人類形而
上精神（Geist）高度發展出來的結果；在相當層次上，他毋寧將文化看成
是人性欲求（Durst）與本能驅力（Trieb）所創造出來的成果[55]，一如他
在§2.3.9所言：

> 我們有時也可看到，有些人索性丟開表面惺惺作態的規矩形
> 象，不管他們從事何事、或究竟希望達成什麼目標，他們都
> 以令人瞠目結舌的旺盛企圖心與不顧一切的饑渴，奮力爭取
> 向前。

54 Jacob Burckhardt, *Über das Studium der Geschichte*, Neues Schema. –*JWB* X, p.134.
55 參見：Wolfgang Hardtwig (1988), "Jacob Burckhardt. Trieb und Geist — die neue Konzeption von Kultur"; Ernst Schulin (1994), "Kulturgeschichte und die Lehre von den Potenzen," p. 90.

　　既然《義大利文藝復興時代的文化》全書是以討論「國家」開始，而非廣受重視的「個人主義」，那麼，布氏如何刻劃當時「國家」的狀況，以舖陳「個人主義」興起的時空背景，值得進一步深入探討。

　　布氏在本書開頭的第一卷是從「國家」讓人民難以安居樂業的黑暗面談起。換言之，文藝復興文化不是政治黃金時代的產物，反而是從無止盡政治動盪中奇蹟般煥發出來的似錦繁花。罔顧道德、罔顧法理的事層出不窮，人性的惡不斷張狂，這些都是這個時代義大利人不時經歷到的家常便飯。

　　布氏在本書第一卷便首先刻劃出十四世紀的人如何深刻體認到，絕大部分僭主政權都是短暫、不可靠的。基於當時政治運作的認知，掌控的疆域愈廣，政權穩定性愈高，所以強大的僭主便時時想吞併較為弱小的。當時被米蘭公爵威斯孔提（Visconti）吞併的小國便數以百計！而在另一方面，統治者面對內憂外患的夾擊，個人性情幾乎都會隨之腐化：一方面虛矯地自以為無所不能、縱欲享樂、自私自利到極點；另一方面卻又飽受敵人與陰謀叛變者的威脅——凡此種種，都讓專制僭主最終走上無所不用其極的不歸路。吉珥伯特（Felix Gilbert）認為，布氏如此強調個人意志在近現代政治文化發展上烙印下的重重痕跡，其實是受到十九世紀歷史的深切影響——也就是拿破崙個人所帶來的影響——所致：

　　　　拿破崙留下來的最深遠影響是讓大家耳目一新地意識到，人
　　　類的個人性具有的能量與種種可能。〔……〕拿破崙的霸業
　　　可說是讓大家看到「個人」的意向、洞見與意志可以左右事
　　　件的走向，也因此讓大家開始懷疑歷史預定論的有效性[56]。

56　Felix Gilbert (1990), *History: Politics or Culture?—Reflections on Ranke and Burckhardt*, p. 8.

　　現代民主政治要求從政者的職業道德以及廣施全民的社會福利，對文藝復興的專制僭主而言，是完全不存在的。而在當時，政治之惡最極致的表現見於教宗的統治（Papstum）。哈特維（Wolfgang Hardtwig）也指出，布氏在本書之所以將教宗亞歷山大六世（Pope Alexander VI, 在位 1492-1503）及其私生子凱撒・伯爾嘉（Cesare Borgia, 1475/6-1507）統治時期視為文藝復興統治者濫用統治權力的典型代表（§ 1.11.8～§ 1.11.15），並非出於德意志新教對梵蒂岡教廷的反感，而是希望藉此凸顯：當宗教力量被濫用去合法化世俗權力操作時，或者換句話說，如果世俗權力披上宗教的外衣、不再有任何力量可加以制衡時，所會引發的罪惡可以到令人不忍卒睹的地步[57]。另一方面，從十九世紀後期的歷史來看，布氏之所以花費相當多筆墨討論教宗國治權的問題，也與十九世紀義大利統一運動（Risorgimento）希望教宗國（the Papal States）不要成為讓外國勢力不斷侵入義大利、阻撓義大利統一的議題有關。1870 年 9 月 20 日義大利軍隊趁駐守在羅馬的法軍為了增強普法戰爭兵力暫時撤離的良機，進軍攻占羅馬，正式結束教宗國在義大利超過 1100 年（756-1870）的運作[58]，也促使梵蒂岡教廷自二十世紀起走上政教分離的道路。雖然布氏不曾表明過自己對義大利統一運動的看法，但是當時的政治現勢顯然是他寫作本書時深切觀照的。

　　從布氏的眼光來看，所謂近現代文化意義下的「個人」（Individuum），說穿了，便是在教會與國家內在結構急遽變動的失序環境裡誕生的。如果說中古與文藝復興社會文化有什麼根本差異，其實也就是人性的本能欲求

57　Wolfgang Hardtwig (1994b), "Jacob Burckhardt und Max Weber: Zur Genese und Pathologie der modernen Welt," p. 165.

58　當時的教宗 Pius IX（1846-1878）及其繼任者拒絕接受教廷失去世俗掌控權的政治現實，直到 1929 年義大利政府與教廷簽訂 Lateran Pact，雙方才共同接受梵蒂岡（the Vatican City）為教廷獨立管轄之地。

梵蒂岡教廷
©攝影／花亦芬（參見彩圖8）

到了布氏所謂的文藝復興時代，不再受宗教規範與傳統倫理觀念牽制了。
義大利進入政治混亂、社會失序、傳統價值崩解、群雄並起的時代。中古
心靈對上帝救贖的渴望，隨著教會與神職人員的腐化沉淪，對新時代的人
不再具有任何說服力。從這個觀點出發，布氏寫下本書最著名的一段文
字，而「文藝復興」一詞在此也被塑造成一種特定的文化價值觀、意識價
值觀：

　　中古時代，人類自我意識的兩個層面——對外在世界的意識
　　與自我內省的心靈——似乎同時被一層薄紗籠罩住，以致自
　　我意識顯得如在酣夢中、或處在半睡半醒的狀態。這層薄紗
　　是由宗教信仰、兒童期接受的制式教養、以及被灌輸的淺薄
　　偏見、還有虛幻的妄想所織成。隔著這層薄紗往外看，外在

世界與過往歷史都染上了神奇迷離的色彩，個人只能透過種族、民族、黨派、組織、家庭以及其他集體形式的框架來理解、認同自我的存在。在義大利，這層薄紗最早被吹搖落地。他們最早以客觀的眼光來看待及處理國家及現實世界所有的事物；但同時，在個人主觀性的尊重上也有強力的發展。人成為具有精神意義的「個人」（geistiges Individuum），而且也以這樣的方式自我認知。（§2.1.1）

　　在此，布氏指出具有近現代精神的個人具有雙重生命面向——以理性客觀的態度面對外在世界，同時也十分重視個人主觀的感受。因為不再受傳統集體意識牽絆，所以勇於運用自己的獨立批判力重新省視現實世界的一切。傳統的禁忌、教條、政治威權不能再驅使有自我主體意識的人盲目屈服其下。過去的成規、偏見也無力繼續左右具有獨立思考能力的個人重新檢視塵世萬物運行的規則。從這個線索發展下來，我們不僅可以看到近現代西方理性主義抬頭、就事論事務實精神的崛起，我們也可以看到科學研究因為掙脫了宗教與傳統思維的桎梏，開始蓬勃發展。相對於這種不帶情感、冷靜審度外在世界的客觀冷靜，在另一方面，布氏也強調，對個人主觀感受的重視促使有自主意識的個人願意重新感受、探問這個世界與自我認知之間的關係，這也進一步促

Donatello，《聖喬治》（*St. George*）。
c. 1416-7. Marble. H. 209 cm.
Museo Nazionale del Bargello, Florence.
©攝影／花亦芬

佛羅倫斯文藝復興雕刻大師 **Donatello** 創作的《抹大拉的馬利亞》（*Mary Magdalene*）與一尊約於
1330年代完成的木刻《耶穌受難像》（原藏於佛羅倫斯洗禮禮拜堂）。
Museo dell'Opera del Duomo, Florence.
◎攝影╱花亦芬

成傳統偏見與成規的破除。文藝復興文化正是在「客觀的眼光」與「對個
人主觀性的尊重」這兩股看似互相矛盾的潮流一齊衝激下，掙脫了中古傳
統主義、集體意識的牢籠，以解放的姿態朝向不可知的未來大步邁進。

雖然堅守人本主義的信念，但將塵世生活視為「流淚谷」（Jammertal）[59]
的布克哈特並非藉著闡述個人主義的源頭來頌揚自私自利、無所忌憚的
「個人」。反之，他深切看到，失去道德終極關懷、宗教終極關懷的近現代
人與近現代文化，如果不能以更高的智慧與寬容來解決價值崩解、關懷失
喪這些問題，勢必要面臨人性之惡恣意氾濫的嚴重後果：

59　Howard (2000), *Religion and the Rise of Historicism*, pp. 158-160.

當時義大利人性格的基本缺點看來也是使他們偉大的先決條件：也就是發展成熟的個人主義。這樣的個人主義首先肇始於內心抵制反抗君主專政、或非法取得政權的國家權威。而現在個人主義者之所思所為，不管大家理解得對、或理解得錯，反正都會被看成是叛變。看到別人因自私自利而占盡便宜，個人主義者也要挺身出來捍衛自己的權益，所以就會鋌而走險用報復的手段與陰狠的暴力，來讓自己的內心取得平衡。〔……〕因為藉著擯斥客觀的倫理規範、禮教束縛、與法律限制，他獲得一種絕對自主的感覺，也因此要求在任何事上都要自己作主——看當時自己的腦袋是被榮譽感、利益考量、明智的深思熟慮，還是被激情、淡泊、或亟思報復的心念所主宰，並用這樣的思考所得作為當下行事的根據。如果從廣義或狹義來看所謂的「自私自利」是一切罪惡之源，那我們大概可以說，當時自我意識強烈的義大利人的確比其他族群的人更接近惡（das Böse）。（§6.1.13）

撇開政治人物不談，如果從普遍社會文化的角度來看本書所討論的「具有高度主體意識的個人」，那麼，最值得注意的便是當時新興的知識份子——「人文學者」（Humanist）。在布氏筆下，這些靠古典語文專業知識發跡的知識份子是一群「常為了要在社會上一直享有一席之地，不惜踐踏別人」的人（§3.13.1），他們之所以成為布氏筆下文藝復興時代「人類追求主體意志開展過程裡最值得注意的範例與犧牲者」（§3.13.1），根據布氏的看法，可以歸結出以下原因：

從三方面可以看出——也許也可以使我們諒解——當時人文學者如何違背基督徒應謹守的美德：第一，當他們得勢的時

候，那副盛氣凌人、自以為是天之驕子的嘴臉；第二，他們
得勢與否可說全然沒有定數，一則要看他們所跟從的主子的
臉色，一則也可能因為死對頭耍手段，一下子就被害成永不
得翻身；第三，因為鑽研古代希羅異教文化，反而誤入歧
途。最後這一點也就是說，因受希羅古典文化影響，不再懷
有基督徒應有的敬虔之心，但卻沒有吸收到古典文化的精髓
裡，另有一套敬天畏人的理想準則。面對宗教，這樣的人文
學者所持的態度大體上也是質疑與否定，因為要他們相信人
之外還有「神」，那是不可能的。正因他們將希羅古典文化
絕對教條化，也就是說，將之視為所有思考與行為的準則，
所以最後終要自食惡果。當然，過去一整個世紀，古典文化
是在這麼片面的知見下被高舉、被神化，這絕非某個人獨力
所能造成的；而是文明往更高層次發展的過程中，無巧不巧
產生的結果。自此以降，所有高層次的文化教養都奠基於對
希羅古典文化如此片面的認知，並且認為生命的目標就是實
現這些理想。

基本上，人文學者的一生看起來就是如此。如果自己內心深
處沒有堅毅的道德人格，都是反受自己所學、所長之害。
（§3.13.1）

　　在「個人的發展」這個議題上，雖然布克哈特點出義大利文藝復興文
化最重要的特質是個人意識的覺醒，並由此發展出西方文化獨樹一幟的個
人主義傳統，但值得注意的是，在整本書裡布氏並沒有以哪一位著名的
「文藝復興時代的人」（Renaissance Man）[60]為例，具體說明個人意識是如

60　參見：Agnes Heller (1978), *Renaissance Man.*

何覺醒的。布氏在乎的，其實是將這樣類型的人物推到歷史舞台的聚光燈下，讓現代讀者清楚看到，西方史上一種新型的人類存在方式誕生了！但是這些代表性人物在當時如何突破時代藩籬、走向獨立歷史頂峰之路，對布氏來說，其實已超越史學論著可以據實論析的範圍。從他對本書最具文藝復興神秘風采的達文西（Leonardo da Vinci, 1452-1519）之評述便可清楚看出：「達文西的傲世奇才我們永遠只能在歷史的遙望裡略窺一二。」（§2.2.2）

　　當然，布氏在本書裡討論的，並非都只是一些只憑動物本能、不管他人死活的凡俗之輩；布氏也不是藉由點出人文學者可悲可憐的處境來貶低知識份子的價值。由於藝術史不在本書探討範圍內，因此除了統治者與上述庸庸碌碌的人文學者外，在本書敘述裡，視完成自我高尚生命為此生職志的人，首推詩人但丁（Dante Alighieri）。雖然他是佛羅倫斯政黨惡鬥下的頭號犧牲者，卻在離鄉背井後，忍受世人訕笑，將一生奉獻給文學創作（§2.1.5），結果反而點亮了義大利文藝復興文化震古鑠今的長明燈——「以他深刻的個人特質為自己的時代發出最具民族特色的先聲」（§2.1.2），並且成為塑造義大利民族文化最重要的巨人，如布氏所言：

> 中古詩人不曾探問過自己賴以存在的自主意識何在，而但丁是第一位尋找自我獨立存在意義的詩人。在他之前有無數結構嚴謹的詩作，但是但丁卻是第一位在全面意義上可稱之為藝術家的詩人，因為他以充滿自我意識的眼光將不朽的內容以不朽的形式表達出來。但丁的詩作是主觀意識之作，卻具有客觀觀照的宏偉格局。他的思想如此澄澈，超越了時空限制，所以成為大家可以共感的曠世傑作。（§4.5.3）

支撐這樣一位文化巨人在人生的風霜顛躓裡昂首闊步的，不是世俗的

利益、也不是生物的本能欲求,而是出於對「人性尊嚴」、「精神自由」
與「藝術永恆」高度的追求與嚮往。布氏在第二卷特別提到但丁儘管思鄉
情切,卻寧可老死異鄉,不願與佛羅倫斯政府達成扭曲人格的妥協:

> 但丁曾說,在語言文字與義大利文化內涵裡,他找到了新
> 的、〔精神上的〕故鄉。但他還進一步說:「整個世界都是
> 我的故鄉!」此外,當佛羅倫斯提出頗為羞辱的條件希望但
> 丁結束放逐生涯重返家鄉時,他回信說:「我難道就無法隨
> 處讚嘆陽光之燦爛與星光之閃耀嗎?難道就無法隨處沉思至
> 高真理之浩瀚廣闊,而必須毫無尊嚴地,唉,甚至忍受百般
> 羞辱地站在佛羅倫斯人與佛羅倫斯城面前嗎?我餓不死!」
> (§2.1.5)

相較起俯仰由人、趨炎附勢的凡俗人文學者,布氏心目中理想的學者
是什麼模樣呢?在第三卷論到幸福學者的典範,布氏藉著一位內心敬虔、
敢說真話、卻被教會大大誤解的學者孔塔理尼(Gasparo Contarini, 1483-
1542)之口,說出他內心真正的嚮往:

> 孔塔理尼說,他心中幸福學者的典範是貝魯諾籍(Belluno)
> 的修士瓦雷瑞亞諾(Fra Urbano Valeriano),他長年在威尼
> 斯教授希臘文,也造訪過希臘與東方,到了晚年還喜歡到世
> 界各國遊歷,從沒有騎乘過任何動物當交通工具,從不為自
> 己私藏任何錢財,拒絕接受任何榮銜或高官厚祿。除了有一
> 次從樓梯上摔下來以外,他真是一生無病無災,安享84歲
> 高壽辭世。他的一生與其他人文學者相較,有何不同?人文
> 學者擁有更多自由意志、更多個人主觀想法,好像隨時都想

緊緊抓住到手的機會。反之，瓦雷瑞亞諾這位托缽修士從小就在修道院長大，在飲食睡臥方面，從來不曾享受過想要什麼就可以得到什麼，所以一般人眼中的束縛，對他而言，根本算不上束縛。這種隨遇而安的性格讓他遭遇各種憂患都能保持怡然自得之心，而這樣的修養與風範也讓所有聽過他演講的人深受啟發與感動。身教所能達到的功效遠超過言教所講授的希臘文知識。與他接觸過的人都因看到他立下的典範而深信，我們一生命運的乖舛順適，最終還是取決於我們自己的抉擇。（§3.13.3）

同樣是自由意志的運用，在布氏心中，有宗教修持支撐（§3.13.3）的風骨之士所抉擇出來的人生，與在紅塵裡隨波逐流、結黨營私、唯利是圖之輩所開展出來的人生顯然有天壤之別。雖然布氏選擇作「誠實的異端」，但他內心深蘊的淡泊謹守與對生命的敬虔是布氏研究者應該細心體察的。

此外，在第二卷的闡述中，布氏也提出「全才」型的人物是文藝復興文化追求的理想典範：

自我期許促使一個人盡可能發展自己的人格特質，如果這與自己天生多才多藝的優異稟賦以及深入涉獵當時所有文化素養的內涵相結合，便可以產生「全才型」的人物 （der "allseitige" Mensch, *l'uomo universale*）——當時這只有在義大利才可能。具有百科全書般廣博學識的人在中世紀歐洲到處可見，因為當時的知識分類彼此緊密相關。同樣地，直至十二世紀都還可見到全能型的藝術家，因為當時建築遭遇到的問題比較單純且類似，而雕塑與繪畫比較重視主題的敘

述、不太講究形式的美感。反之，在義大利文藝復興時期，我們可以見到個別的藝術家不僅在藝術各領域都有不同凡響的創新，能以深具個人風格的方式創造極為完美的作品，而且身為一個個體，他們也讓人留下深刻的印象。除了藝術家外，在人文領域裡也有許多全才型的人物。（§2.2.1）

布氏不是從「技能」、「知識」的角度來闡釋「全才」的意義；而是認為，「全才」是對萬事萬物充滿熱愛的個人，藉由多才多藝地各方經驗學習，「全才」不僅讓自己的生命潛能得到充分的開展，而且還游刃有餘地將對萬事萬物的熱愛轉化為個人生命本質的風采與優雅。因此，「全才」不是自以為是的萬事通，而是如哈特維（Wolfgang Hardtwig）所言，「全才」是「絕對的個人」（das "absolute Individuum"）[61]，透過廣泛地學習了解各種知識技能、對各種專業學問充滿興趣與尊重，「全才」跨越了知識分類的限制以及為人所役的困境，他們成為真正追求自我精神完成的典範。「全才」不再以成為御用文人自喜、更不可能是不得志或失意的知識份子。在第五卷第五章一開頭討論「朝臣」（courtier）這個問題時，布氏進一步闡釋「全才」是追求自我完成之個人的意義：

> 如卡斯堤吉歐內（Baldassare Castiglione）所說，朝臣應接受良好的訓練，不只是因為在宮廷服務所需，更是出於朝臣自發的意願。朝臣其實是最理想的社交人才，是當時人文教養理念裡不可或缺的極致精粹。朝臣決定他所服侍朝廷的格調，而不是朝廷決定朝臣該作些什麼。一個對所有事情都深

61　Wolfgang Hardtwig (1994b), "Jacob Burckhardt und Max Weber: Zur Genese und Pathologie der modernen Welt," p. 169.

思熟慮的朝臣，說實在的，沒有那個朝廷配得上聘用他來服
務，因為他具有的才幹與外在的形象其實與完美的君王無
異；而他對各種事物（不論世俗或心靈層次）的應對進退，
又顯得如此安詳、練達而自然，展現出相當獨立的自在。驅
使朝臣追求完美的心靈力量，筆者雖然無由探知，但並非為
了服侍君侯，而是為了追求個人的完成。

　　從普羅大眾文化來看，布氏也深知，想要將眾聲喧嘩的社會現象用單
一的概念──例如，個人主體意識的覺醒──來解釋，其實是不可能的任
務。畢竟，社會的組成充滿了研究者無法一一盡探的殊異心態與結構，布
氏在本書也清楚表明：「筆者論述的正確性畢竟是有限的，因為考察的對
象多以中上流社會為主，因為不論是優是劣，有關他們的文獻資料的確比
歐洲其他民族多得多」（§6.1.1），因此，在面對文藝復興時代一般社會生
活如何展現個人意識，布氏主要從兩方面來刻劃：(1)對世俗聲譽的追求，
(2)熱衷冷嘲熱
諷。

　　對中古時代
的人而言，想要
永垂不朽唯一的
途徑就是成為聖
徒。隨著對塵俗
人、事的推崇肯
定益增，個人對
世俗聲譽的嚮往
成為大家一窩
蜂追求的新趨

聖方濟遺骸安厝處（**Basilica of San Francesco, Assisi**）
◎攝影／花亦芬（參見彩圖9）

勢。名人出生地與墳墓取代聖徒安息處成為新式「聖地」，名人傳與個人
傳記也成為新興的歷史書寫內容。對注重「門面」的義大利人而言，凡俗
之輩表現「自我」的方式卻淪為回過頭去緊抓中古時代大家十分在意的虛
浮頭銜：

> 佛羅倫斯人追求浮誇頭銜的狂熱尤其荒誕可議。這股潮流正
> 與當地極力提倡藝術與人文教養才是社會文化發展新方向的
> 主張大相逕庭。佛羅倫斯人汲汲營營想得到的虛銜就是騎士
> 頭銜，儘管當時騎士尊榮早已聲名掃地，不再具有任何實質
> 意義，但有些佛羅倫斯人仍死命地想要，這真是當時新興的
> 時髦蠢事。（§5.1.7）

更等而下之的，還可見於有人為了出名，不惜做出讓人咬牙切齒的
事。布氏雖然認為這是無可抵抗的時代潮流，仍再一次提出他個人對過度
放縱私欲、只求凸顯自我的道德批判：

> 謹慎的撰史者會指出，有些歷史人物之所以那麼做，並不只
> 想在一時之間驚世駭俗；他們真正的動機在於極想做出令人
> 永誌難忘的事。在這一點上，我們不只看到心高氣傲者的扭
> 曲墮落，也看到邪惡狠毒之人被自己的決心所綑綁，以至於
> 受轄制而無所不用其極。（§2.3.9）

與追求世俗名聲並駕齊驅的是熱衷冷嘲熱諷。布氏認為喜歡冷嘲熱諷
正是要與別人有所區隔，想要表現出高人一等、不想與之混為一談的心
態，藉此來凸顯自己的不同流俗。熱衷冷嘲熱諷基本上就是一種想藉著否
定別人來凸顯自我的作法。

5. 在土生土長的地方追本溯源

　　雖然布氏深知「『文藝復興』這個斷代的稱謂其實正是從復興古典文化這個歷史面向得來的名稱」（§3.1.1），但在本書六卷內容的安排上，對古希臘羅馬文化的討論卻是放在比較不顯眼的第三卷，接在對「國家」與「個人發展」的討論之後；而且布氏還開宗明義坦言：

> 　　說實在的，沒有希臘羅馬古典文化的影響，本書至今所闡述的歷史實況已足以震驚義大利人的心靈，並促使他們往更成熟的方向發展；而且稍後本書所要繼續闡述的文化發展新貌即使沒有古典文化影響，大概也不會有太大不同。（§3.1.1）

　　也就是說，雖然復興古代希臘羅馬文化讓義大利文藝復興有更燦爛輝煌的風貌，但是古典希羅文化並非促成義大利文藝復興藝術文化蓬勃發展的真正原因，更非可以獨撐起這個壯闊文化大局的關鍵。布氏之所以將復興古典希羅文化視為構成義大利文藝復興文化必談的要素，主要是鑑於義大利與古羅馬無以切割的血緣與文化臍帶關係。換言之，如果將中古基督教化歐洲看成一個追求普世合一的整體，那麼，義大利是唯一可以說明，歐洲近現代文化為何會走向「解放」與注重「個人獨特性」的地區，因為只有這裡的人一直生活在異教古典文化遺緒與基督教權力核心運作的直接對話中。因此，希羅古典文化與義大利文藝復興文化之間的關係，不在於後者（文藝復興新文化）需要前者（古典文化大傳統）的激發方能成其大，而在於欲了解義大利文藝復興在世界史上究竟具有何種獨特價值，觀察它與希羅古典文化之間的對話過程，是最有啟發性的切入點，如布氏所言：

如果略過古典文化對義大利文藝復興文化的深遠影響不談，義大利文藝復興文化在世界史上的意義其實不會那麼重大、不可忽視。（§3.1.1）

Desiderio da Settignano (c. 1430-1464)，
《戴桂冠男子（凱撒大帝？）側面像》。
（*Profil d'homme lauré. Jules César?*）
Marble. Musée du Louvre, Paris.
©攝影／花亦芬（參見彩圖10）

從上述的闡釋我們也可明白，為何布氏會違反現代思潮強調的多元文化觀，不僅以「歐洲中心主義」（eurozentrisch）、而且是以相當「西歐中心主義」的方式來限定《義大利文藝復興的文化》探討的範圍：他除了以聚光燈強力照亮的方式凸顯義大利在文藝復興文化創造上無可取代的先鋒地位外，兼及論述的地區就只限於法國、西班牙、德意志地區、尼德蘭地區以及瑞士。今天的英國、北歐以及東歐完全被忽略不談。因為就布氏所想討論的問題而言，「歐洲其他地區可以自己決定要抗拒、還是要半推半就、或是全盤接受源自義大利的這股強大文化動力」（§3.1.1），但是義大利無論如何必須親自解決這塊土地上時時迸發的思想傳統衝突與文化尖銳對話。

要理解布氏的「文藝復興」，讀者心裡要有三個時間座標對照組：(1)文藝復興自身掙脫出來的中世紀，(2)與基督教化的中古相對應的古希臘羅馬「異教時代」，(3)布氏自己身處的十九世紀。

從上述前兩項來看可以得知，古希臘羅馬文化對義大利文藝復興之具有意義，不僅肇因於地理位置與文化根源帶來的影響（布氏其實忽略了中

古民族大遷徙對所謂「義大利民族」造成的本質改變），在更重要的意義上，也肇因於它是相對於中古基督教文化的「異教」傳統。在布氏筆下，文藝復興時代的義大利人如何「有意識地」藉著復興古代「異教」傳統來與當時日趨僵化腐敗、無法回應新時代需求的教會文化對抗，其實才是文藝復興文化力倡「復古」（all'antica）的真正原因。換句話說，「復古」是因為客觀情勢亟欲「求新」，而不是出於情感上的「思古懷舊」。「復古」其實是策略運用，是為了要脫離教會傳統束縛，特別為文化創新尋繹出來的正統化依據；也是為了凸顯改革者、創新者與長期利益壟斷者最根本不同，而打造出來的簡易辨識標章。在這個意義下，「文藝復興」成為有識者奮力推動的新文化運動，如布氏在本書寫道：

> 這個主要的潮流就是在教會之外——至今將歐洲整合在一起的力量（但勢力不會再撐太久了）——興起了另一股新的文化創造力量。這股力量由義大利發出往外擴散，成為所有受過良好教育的歐洲人接受的主要精神薰陶。（§3.1.1）

在政治意識層次上，這股新的文化創造力量也形成與教廷統治對立的思維——建立有別於羅馬教廷掌控的義大利國族文化。布氏清楚點出，但丁與佩托拉克在提倡復興古代希臘羅馬文化時，心中潛藏的國族意識：

> 十四世紀羅馬的斷垣殘壁吸引著另一種類型的人來朝聖。不再是那些滿腔敬虔的尋求神蹟者以及期待好運臨頭的挖寶者，取而代之的是歷史學家與國族主義者。只有在這個層次上我們才能真正瞭解但丁所說的：「羅馬城牆上的石頭值得尊崇，而羅馬城所安立的這塊土地更值得我們致上最高敬意。」〔……〕佩托拉克則將古羅馬的氛圍清楚區分為「異

教的古羅馬文化」與「基督教的古羅馬文化」。（§3.2.1）

當然，不是所有十四世紀鼓吹古典文化復興的知識份子都懷有佩托拉克那般的國族意識。當時盛行的城邦政體其實正在經歷城市生活蓬勃發展、市民階層快速興起、與最早期資本主義經濟的濫觴。有關十四世紀擁有自治權的城邦公民與古典文化再生的關係，布氏是從他們希望打造具有公民意識的社會文化說起的：

> 義大利人鄭重、而且全面地吸納古典文化始於十四世紀。因為這個發展需要有成熟的城市生活為後盾，而此時也只有義大利具備這個條件——不分貴族與市民大家共同居住在一起，一齊打造這個社會有可以共享的文化教養（Bildung）。而且要對文化教養有渴慕，並且有足夠的閒暇與能力來享受、學習這些文化教養。當他們下定決心掙脫中古以神為主、不以人為主的形而上思維，確實建立屬於人世層面可以習得的文化教養（Bildung）時，他們也知道這非短時間內一蹴可及，馬上就可以使大家不論從直覺上或從理性認知上都願意欣然接受——他們需要典範，而古希臘羅馬文化務實、通達地面對人世生活的態度正提供他們仿效的楷模。所以他們興奮且感恩地接納、採用古典文化各種形式與內涵。曾經有一段時期他們所說的文化薰陶（Bildung）就是學習古典文化的各種風貌。（§3.1.5）

隨著對古典語文、文化的學習日益增多，也產生了一批以此為業的新型知識份子。在本書裡，布氏稱呼這些新興的古典語文學者為"Humanist"，而與他們專擅的學問相關的知識領域則稱為"Humanismus"。在本書翻譯

上，譯者將 "Humanismus" 翻成「人文學」，而非「人文主義」；同樣地，也將 Humanist 翻成「人文學者」，而非「人文主義者」。之所以如此選擇的原因，主要著眼於布氏對文藝復興的闡述裡，"Humanist" 指的是精通古典語文的學者、甚至是以教授古典語文為業的人，這個稱號在本書裡有時也與 "Poet-Philolog"（詩人—語文學者）或 "Philolog"（語文專家）相通互用。所以一言以蔽之，"Humanist" 其實就是通曉古典語文的文人／知識份子。在此意義下，布氏所稱的 "Humanismus" 並非十九世紀以後才興起的、含有特定文化理想的「主義」（如上述由 Wilhelm von Humboldt 所提倡的「新人文主義」Neuhumanismus, Neo-Humanism），而是泛指文藝復興時代透過古典語文而重新認識到的古典文化知識。

「人文學」（Humanismus, Humanism）一詞原是衍伸自中古以來廣泛被接受的人文教育之統稱 "studia humanitatis"（也就是相對於神學與自然科學的人文學科，在十五世紀主要是文法、詩、修辭學、歷史、倫理學）。這個詞彙並非文藝復興時代就有的，而是十九世紀才新創的。從時代先後來看，首先提出這個概念的，是德意志哲學與神學學者倪特哈默（Friedrich Immanuel Niethammer, 1766-1848），他在 1808 年所寫的一篇〈從當代中小學教育與課程理論談應用學科教育與人文學教育何者為重的爭議〉（"Der Streit des Philanthropinismus und Humanismus in der Theorie des Erziehungs-Unterrichts unserer Zeit"）文章裡，提出一套有別於自然科學與技職教育的人文教育課程規劃，成為後來德意志新人文主義中學（das neuhumanistische Gynasium）據以建立的基本雛形。在史學研究上，德意志歷史學者佛伊格特（Georg Voigt, 1827-1891）則於 1859 年出版的《古典文化的復興／抑或：人文學的第一個世紀》（*Die Wiederbelebung des classischen Alterthums oder das erste Jahrhundert des Humanismus*）一書裡，首先將「人文學」視為具有時代文化指標意義的概念。在本書中，佛伊格特以佩托拉克（Petrarca）為典範，暢談古典語文教育及其深遠影響。在佛伊格

特的詮釋裡，人文學的興起是帶動文藝復興脫離中古文化最關鍵的要素。

布氏緊接佛伊格特之後也花費許多筆墨探討文藝復興「人文學」與「人文學者」之種種。但很顯然地，就像他不認為義大利文藝復興文化是單靠復興希羅古典文化撐起來的文化大局，他也不認為人文學是如佛伊格特所言，決定了文藝復興與中古文化最本質的差異。如上一節所引述，布氏其實在人文學者衣冠楚楚、頭頭是道、引經據典的背後，看到趨炎附勢、隨人俯仰的可悲存在。對布氏而言，這些文藝復興時代「人類追求主體意志開展過程裡最值得注意的範例與犧牲者」（§3.13.1）是否真有能耐激越出文藝復興文化壯闊盛大的波瀾，是必須好好打上問號的。對這個問題，布氏認為應清楚區分：在這個新文化運動裡，哪些人是深切覺醒、真正盡心盡力在播種耕耘的奉獻者？哪些人只是一味追趕流行新潮、想趁機撈點好處的附庸風雅者？此外，布氏認為，就像絕大部分還未有能力讓國民享有優質人文藝術教育的發展中社會一樣，我們也不應忽略，義大利文藝復興社會底層的芸芸眾生在追求溫飽之餘，其實並沒有多餘的心力與能力去關心知識界、文化界究竟發生了哪些大事：

> 在文藝復興時代的義大利，古希臘羅馬哲學以及在佛羅倫斯興盛起來的新柏拉圖主義並沒有在全體國民認知的建構上產生什麼影響。〔……〕整體而言，古典文化並非與一般民眾的文化教養有關，而是與個別的人或知識界有關。因此，我們應詳細分辨誰真正將古典文化的精髓內化到自己的生命，誰又只是趕流行、附庸風雅的追隨者？因為對許多人而言，古典文化真的就只是一種流行風潮，這其中包括不少對古典文化認識頗深的人。（§3.11）

誰是真正在內心深處聽到「文化」的召喚，願意生命以之，無怨無悔

地盡心撒種，相信在某個自己無法親見的未來，松樹長出可以取代蒺藜、活泉湧現可以滋潤旱地？在本書裡，布氏以相當感念的史筆為十五世紀一些默默以文化開展為生命職志的人寫下令人緬懷的時代身影。為蒐羅古籍不惜傾家蕩產的佛羅倫斯學者尼可羅（Niccolò Niccoli, 1364-1437）出於一己對文化的熱愛，為後世隨時可以親近經典文化預鋪了一條影響深遠的道路：

> 今天我們能讀到古羅馬歷史家瑪卻立努斯（Ammianus Marcellinus, c. 325/30-after 391）完整的著作以及西塞羅（Cicero）的《論演說家》（De Oratore）與其他著作，都應感謝他的貢獻。他也說動老柯西莫‧梅迪西向呂北克（Lübeck，位於今德國北部）一間修道院蒐購蒲里尼（Plinius, Pliny）著作的最佳抄本。他大方地將自己的藏書借給別人，也歡迎大家經常到他那兒看書，他也喜歡與前去看書的人討論他們所閱讀的內容。他所藏的八百冊書值 6000 金幣，在他身故後，這些藏書在老柯西莫‧梅迪西的安排下收藏於聖馬可修道院（San Marco），對社會大眾開放。（§3.3.3）

　　圖書之外，重要的是要有閱讀這些古籍、消化吸收這些古籍智慧的靈魂。如果沒有寬容開放的心靈、敬天愛人的悲憫胸懷，一個輝煌偉大文化需要的恢弘格局是不可能僅僅靠著讀書成形的。布氏特別以喬凡尼‧琵蔻‧米蘭多拉（Giovanni Pico della Mirandola, 1463-94）——在 24 歲便寫出《論人的尊嚴》（De dignitate hominis, 1487）這本不朽經典的奇才——為例，來刻劃十五世紀末人文學研究本身產生了典範轉移，不再亦步亦趨唯時人心目中認定的希羅古典文化是從：

他〔喬凡尼‧琵蔻‧米蘭多拉〕是唯一一位重量級學者大聲疾呼各時代的學術研究與真理探求都有值得重視之處，反對只是片面崇尚古典文化的價值。他對阿維羅斯（Averroes）[62]與其他猶太學者的推崇如同他對中古士林哲學（Scholasticism）寶貴內涵的重視一樣。他說，他可以聽到各種學問在相互對談：「我們將永垂不朽，但不是在那些食古不化的人嘴裡，而是在智者的歡聚中。只有在他們那兒，不會有人去爭論誰是安卓瑪克（Andromache）的母親，或是誰是尼歐北（Niobe）的兒子。他們關心的是如何真正地與神同在、與人和好。真正能深入智慧之境的人才會明白，即使是野蠻人也都有高尚的精神──不是掛在嘴巴上，而是真正發自心底。」（§3.3.7）

喬凡尼‧琵蔻‧米蘭多拉的文化理想其實深刻反映出文藝復興文化與十九世紀最根本的差異：如果說尼采宣判上帝死亡是十九世紀企圖斷然切割宗教與學術文化連結所詠唱出的最高音，文藝復興文化可說是在批判教會傳統文化之餘，將基督教文化與世俗文化、希羅異教文化以及部分東方古老文化徹底融合的最顛峰，並由此開創出交融宗教情懷與世俗悲歡的似錦繁花。整體來看，文藝復興文化真正成就的是在批判的覺醒裡兼容並蓄、廣納百川，奠定了歐洲近現代文化波瀾壯闊、勇邁前進的盛大格局──雖然就後來宗教改革或哲學純正主義（purism）的眼光來看，這也可以稱為蕪雜不正、思慮不純。喬凡尼‧琵蔻‧米蘭多拉雖然英年早逝，但對注重實踐的文藝復興文化而言，他的文化理想並非只是書生高論。早在他出生前，曼圖瓦（Mantova）宮廷特聘的家庭教師維特林諾（Vittorino da Feltre, 1378-1446）便極有遠見地為教育真正身心靈和諧的人付出一生

---

62 阿維羅斯（Averroes, 1126-98）：阿拉伯哲學家與星象家。

的心力：

> 維特林諾屬於那種終生就只為「一個」目標努力獻身的人，
> 因此他能傾畢生之力以高瞻遠矚的視野將自己終生奉獻的事
> 業帶向極致的高峰。〔……〕維特林諾還教育另一批性質完
> 全不同的學童──也許維特林諾將此視為他最重要的使命
> ──也就是教育清寒的資賦優異兒童。在他自己家裡，「出
> 於對上帝的愛」（per l'amore di Dio），他一肩擔負起養育、
> 教導這些家境清寒慧童的重責大任，並讓權貴子女習慣與這
> 些除了優異的天賦外、家裡真是一無所有的貧童共處一室學
> 習。〔……〕約翰‧法蘭卻斯柯‧龔查加知道，維特林諾為
> 了實現教育理想真是罄其所有；他也確知，讓這些清寒子弟
> 一齊受好的教育是這位性情中人一直願意為他效勞的真正主
> 因。維特林諾的家裡充滿高格調的宗教氣氛，甚至遠超過修
> 道院能做得到的。（§3.5.3）

斐拉拉（Ferrara）宮廷
聘請的家庭教師适里諾‧維
羅納（Guarino da Verona,
1374-1460）在教育與學術上
的貢獻，亦是令人追懷的典
範：

十一世紀羊皮紙手抄本繪圖福音書（禮拜儀式用），繪
製於 Trebizond。
Byzantine and Christian Museum, Athens.
◎攝影／花亦芬（參見彩圖11）

> 他的家裡也收容一些
> 資賦優異的貧寒子
> 弟，有些他是部分、

有些他則全額負起教養的費用。每天晚上他都幫助學生溫習
白天所學直到深夜。他的教育也充滿高格調的宗教清規。跟
他們同時代的人文學者不注重宗教虔敬之心的養成相較，這
是适里諾・維羅納與維特林諾特別令人欣賞之處。而适里
諾・維羅納在繁重的教育工作之外，還撥出那麼多時間從事
古希臘文經典翻譯以及撰述自己的著作，這真是很不容易的
事。（§3.5.4）

　　除了這些默默努力的「個人」外，心胸開闊、對文化具有高瞻遠矚願
景的高級神職人員與教宗，在優質文化傳承上的建樹，也值得著史者為他
們記上一筆：

　　出於對上古先人輝煌成就的追慕，知名希臘樞機主教貝撒里
　　昂（Bessarion, c. 1395-1472）不惜任何代價蒐購了六百卷古
　　籍──上古異教文化與基督教的都有。他還努力尋找一個安
　　全的地方放置他捐出來的這些書，以便有一天希臘重新脫離
　　回教掌控時，這批古書能再重返故土。威尼斯的執政者聽聞
　　這個消息後，立刻表示他們願意為這些藏書建造合適的建築
　　來收藏保管，所以至今仍有一部分貝撒里昂主教的藏書是威
　　尼斯聖馬可（San Marco）圖書館所珍藏。（§3.3.3）
　　當教宗尼古拉五世（Pope Nicholas V, 在位 1447-55）還只是
　　個普通教士時，便為了購買古卷或請人謄寫古籍而負債累
　　累；當時他便對文藝復興文化菁英最感興趣的兩件事──古
　　書與建築──投注許多心力。當上教宗之後，他也兌現了自
　　己的承諾，聘請許多人手抄寫複製古籍，也讓人到處為他尋
　　訪各種古籍的下落。〔……〕尼古拉五世身後為教廷留下一

個藏書五千冊〔……〕的圖書館，這就是梵蒂岡圖書館的前身。（§3.3.2）

教宗庇護二世（Pope Pius II, 在位1458-64）好古成癖，雖然他對羅馬古典文化談得不多，但他對義大利各地古蹟都悉心鑽研，而且是第一位能清楚解說羅馬城方圓數十里古蹟的人。〔……〕正因庇護二世在當時是如此罕見的古典文化欣賞者與維護者，他的秘書布隆篤斯（Flavius Blondus）才會將自己所寫的《輝煌的羅馬》（*Roma triumphans*）獻給他，這本書是第一本全面性闡述古羅馬文明的偉大著作。（§3.2.3）

朱利安二世（Pope Julius II, 在位1503-13）在位時，考古發掘又有另一波豐收──例如，著名的《拉歐孔雕像》（*Laocoön*）雕像、梵蒂岡的維納斯像、以及埃及豔后的雕像殘塊。貴族與樞機主教的豪宅裡開始擺滿古代雕像與破損雕像的殘塊。拉斐爾（Raphael）或卡斯堤吉歐內（Baldassare Castiglione）信裡曾提到，教宗里奧十世（Pope Leo X）如何絞

希臘神話象徵愛與美的女神艾芙羅黛緹（*Aphrodite*）2nd century, A. D. The National Archaeology Museum of Athens.
©攝影：花亦芬

盡腦汁希望讓羅馬城盡可能得到完善的修復。（§3.2.8）

　　舉了那麼多樞機主教與教宗醉心古典文化而付出的努力，布氏當然也不會忘記為他心目中文藝復興燦爛文化真正的搖籃——佛羅倫斯——在梅迪西（Medici）家族統治下享有的文化盛況說上幾句話：

　　如果有人想要深入觀察十五世紀的梅迪西家族——尤其在老柯西莫·梅迪西（Cosimo d'Medici il Vecchio/ Cosimo de'Medici the Elder, 1389-1464）與「輝煌者羅倫佐·梅迪西」（Lorenzo de'Medici il Magnifico, 1449-92）執政期間——如何影響佛羅倫斯與當時代的人，就必須在政治之外也要能看到，梅迪西家族引領時代風潮的竅門正在於他們高度重視文化教養（Bildung）。老柯西莫·梅迪西身兼富商與地方政黨領導人，卻積極網羅各種思想家、研究者、與文人來為他效力。誰能同時被佛羅倫斯人視為人中翹楚、又能藉淵博的人文素養被尊為最偉大的義大利人，這個人其實已是不折不扣的君王了。老柯西莫·梅迪西享有特別聲望，深知柏拉圖哲學是古代思想極致的精華，他將此認知貫徹在他周遭的環境，所以讓當時的人文學為古典文化真正的復興以及更高境界的新生點亮了明燈。（§3.6.2）

　　不只是熱心贊助文藝、獎掖學術，梅迪西統治者在義大利文藝復興史上之所以比其他統治者享有更多閃耀光芒的原因，其實更在於他們懂得扮演文化界、藝術界、知識界「伯樂」的角色。那些很容易在市儈的現實與人生的險阻裡跌跌撞撞、甚至粉身碎骨的不世出奇才，因為有他們慧眼識英雄的大膽起用，生命能量得以充分發揮在文化藝術創新的推動開展上；

梅迪西家族在佛羅倫斯的豪宅（**Palazzo Medici Riccardi, Florence**）
©攝影／花亦芬（參見彩圖12）

佛羅倫斯也因此成為整個十五世紀文藝復興文化驚濤拍岸捲起千堆雪的動
能中樞：

> 聚集在「輝煌者羅倫佐・梅迪西」身邊的著名學者聯盟正是
> 希望透過調和希臘哲學與基督教義以開創出更符合時代理想
> 的哲學才結合在一起的，他們也以此傲視當時其他同性質的
> 學術組織。只有在「輝煌者羅倫佐・梅迪西」組織的這個團
> 體裡，像喬凡尼・琵蔻・米蘭多拉（Giovanni Pico della
> Mirandola）這樣的千里馬才真正遇見他的伯樂。（§3.6.2）

當然，如前所述，在某個層次上，有意識地復興古典文化其實隱喻著

義大利「民族文化」與教廷普世文化的對抗，文藝復興時代的義大利人希望透過凸顯古羅馬文化——基督教之前歐洲真正的「普世文化」——這個泛歐文化更早的文化根源來正統化他們開創俗世文化的合理性。但是，這種打擂臺、互比高下的作法其實也付上無可估量的慘痛代價。也就是說，原本安然存在於義大利各地的地方文化，在古典希臘羅馬這個大傳統浪潮的侵襲下，本土性、地方性幾乎隨之蕩然無存。布氏似乎借古喻今地為本土文化主體性遭到如此無可挽回的斲喪而哀悼：

> 1400 年以後，隨著人文學發展的浪潮愈益高漲，在佛羅倫斯本地興起的文化主體性卻慘遭壓抑。因為此後對所有的問題大家都只靠古人提供的方式來解決，文學創作也只剩下賣弄古文知識。說實在的，開創新文化亟需的自由精神卻因此逐漸凋零，因為所謂「有學問」（Erudition）其實就是只會引經據典。原有的民法為了要施行羅馬法而被棄置一旁，這正是為了要方便獨裁者專政才特別安排的。
>
> 在下面的論述中，我們還會不時讀到大家對本土文化主體性的斲喪所發出的哀悼，屆時我們再來探討人文學運動真正的影響力到底有多大多深？而其得失究竟如何？這裡只想明確指出，十四世紀原本蓬勃發展的本土文化難逃被人文學浪潮吞噬的厄運，而十五世紀大力鼓吹古典文化復興的人又恰好是那些在義大利文化界深具影響力的人。（§3.4.1）

「那些對義大利文化界深具影響力的人」其實就是文藝復興文化史上那些大家耳熟能詳的文化巨人——但丁、佩托拉克、薄伽丘以及他們有名有望的追隨者。面對所謂引領時代風騷的「文化巨人」，布氏似乎是以相當矛盾的心情來面對他們在歷史上烙印下的深深步伐：

薄伽丘認為初代基督教會必須與異教徒對抗是可以理解的，
但現在的情勢已完全不同。感謝基督的救恩，現在是真正的
宗教得勝，所有異教文化均已被剷除，戰果輝煌的教會已戰
勝過去異教所有的勢力，我們現在大可用寬闊的胸懷重新審
視異教文化，不必有什麼顧慮。到了文藝復興時代，人們還
是用薄伽丘的觀點來為復興上古文化辯護。

簡言之，世界上產生了一個新事物，也有一個新族群擁護這
個新事物。我們無庸費心去爭論：如果當時人文學運動在如
日中天發展時稍微收斂一下，讓各地本土文化自主意識也有
抬頭發展的空間，義大利是否會因此有更好的文化成果？因
為當時大家都一致認為，古典文化才是義大利民族文化最極
致的成就。（§3.4.3）

如果人世終究難以求全，可堪安慰的也許是，歷史的發展未必會一直
朝著大家眼睜睜看到的大方向前進。歷史著述本身雖然逃不過人文學大舉
壓境帶來的桎梏，但真正心有所感的不世出菁英終究還是會設法跳脫時代
環境設下的重重藩籬，大步往自己聽到的鼓聲響起處奮力邁進：

將人文學影響下的史學著作與之前的年鑑記載——例如，像
喬凡尼・維朗尼（Giovanni Villani, c. 1276-1348）那生動鮮
明、充滿地方色彩、活力四散的年鑑——作一粗略比較，我
們不禁要為文藝復興史學著作的成果深深哀嘆。就拿早期佛
羅倫斯人文學者布魯尼（Leonardo Bruni, c. 1370-1444）與
柏丘（Poggio Bracciolini, 1380-1459）所寫的歷史書為例來
與中古年鑑相比，人文學者寫的史書顯得多麼貧乏無趣、墨
守成規！他們不斷用古代典故來疲勞轟炸讀者，〔……〕而

使得作者原來具有的個人特質與本土色彩、以及著史者對萬
事萬物充滿好奇的觀照減色許多。〔……〕直到十六世紀
初，用義大利文寫出一連串精彩至極的史學傑作，文藝復興
的史學高峰才正式開啟。（§3.10）

什麼是布氏心目中「史學高峰」的評斷判準？那是深具公民意識的有
識之士為自己家鄉同胞寫下自己鄉土應該打開耳朵用心聆聽的良知之音：

這些十六世紀的史學家不再是人文學者，而是超越了「人文
學」的侷限，吸納更多古希臘羅馬史學著述的精髓。他們不
再像那些只知模仿李維（Livius）文體的拉丁文專家──他
們是公民，如同上古的史學大師，為同胞寫下自己的嘔心瀝
血之作。（§3.10.4）

6. 在土生土長的地方懷想永恆

布氏在晚年所寫的〈生平自敘〉[63]一開頭就提到，喪母的哀痛讓他自
年少起就深覺世事無常：

年少喪母讓筆者從未識人世時便深刻感到，所有塵世萬物都
是相當脆弱且不穩定的。

這樣善感多愁的人雖然堅決切斷與教會的關聯，卻不表示布氏不關心
人在飄搖動盪、脆弱多變的生命裡與宗教的關係。相反地，個人在不同生
命階段對宗教確定或不確定的感知、以及一生中起起伏伏所走過的信仰歷

63　Nachlass Jacob Burckhardt, Staatsarchiv Basel-Stadt, PA 207, 1, 1884-1897.

程，反而成為布氏學問成熟後一直深切關懷的課題。布氏對宗教的態度其實正如艾理亞德（Mircea Eliade）在《聖與俗：宗教的本質》一書中所言：

> 拋棄宗教信仰的人其實原是信仰相當虔誠的人（homo religious），不管他願不願意承認，他也是被信仰相當虔誠的人所教養出來的，他整個長大成人的過程最先是被父祖定下來的基調所形塑。簡言之，他後來的轉折其實是經歷一連串「去聖化」（desacralization）之後的結果[64]。

　　儘管布氏後來與教會保持距離，並不表示他連帶認為宗教在史學研究上不具備價值；相反地，他在1868年底的《歷史研究導論授課手稿》便清楚寫下：「宗教是人類天性裡，對永恆以及完全不會被摧毀的形而上需求之表達。」[65]宗教，其實自始至終都是布氏史學論述思維裡最深層底蘊的關注，因為人正是藉由對抽象形而上存在的理解來定義自己一生塵世之旅的意義與價值。

　　布克哈特第一本文化史著作是1853年出版的《君士坦丁大帝的時代》（*Die Zeit Constantins des Großen*）。在這本書的前言布氏表明自迫害基督徒的羅馬皇帝戴克里先（Diocletian; Caius Aurelius Valerius Diocletianus，在

64　Mircea Eliade (1957), *The Sacred and the Profane: The Nature of Religion*, tr. Willard R. Trask, p. 203. 有關這段話亦請參見布氏在本書第六卷第三章前言所寫的：「具有近現代性格的人——也就是當時義大利文化素養的代表性人物——他們是在充滿宗教氣氛的環境裡成長起來的，一如中古時代所有的歐洲人一樣。但是他們旺盛的個人主義，卻讓他們在有關宗教以及其他事物上，完全以個人主體意識為依歸；而外在世界與內心精神世界的發掘，對他們而言，充滿了吸引力，也因此讓他們積極朝向現世主義的方向前進。」

65　Jacob Burckhardt, *Über das Studium der Geschichte*, Neues Schema.— *JWB* X, p. 168.

位 284-305）即位以迄最早承認基督教的君士坦丁大帝（Constantine the Great，在位 306-337）過世為止，這段轉變時期（Übergangsepoche）之政治與宗教是該書主要探討的課題。更深入來說，在這本書裡，布氏嘗試完全從「俗世」的觀點來解釋，基督教如何成為泛歐最重要的宗教？基督教對歐洲歷史文化究竟具有哪些意義？

在這本洋溢個人見解的著作裡，布克哈特不是從上帝的救贖與恩典來解釋基督信仰如何成功取代古羅馬異教文明；反之，他認為西元第三世紀的古典異教社會本身充滿了對死後世界的焦慮（"dunkle Sorge um das Jenseits"）與對靈魂不朽（die Unsterblichkeit）的渴盼。因此，即使沒有基督教出現，古希臘羅馬的宗教本身也必然會產生質變。職是，在布氏的詮釋裡，基督教不是從一開始便藉著較為高超的教義以及基督徒崇高的道德人格征服了希羅古典文明、並藉此強勢地將古羅馬異教多神文化徹底翻轉為一神信仰；而是在第三世紀末、第四世紀初，因為基督教願意虛心與當時歐洲存在的許多宗教以及文化傳統懇切對話，同時也在這個過程裡，逐漸將自己開闊為更博大精深的普世宗教，終而深切回應了泛歐社會廣大的宗教心理需求。布氏認為，從這個角度才能真正深刻地解釋，何以基督教最終能被整個歐洲——包括古羅馬文化所統領以及未統領的地區（例如部分日爾曼地區）——所接受。因為在與各種文化、宗教對話的過程中，基督教慢慢涵養出一種胸襟寬大的包容力，可以接納不同政治制度、文明發展程度、以及不同類型的文化想像與傳統需求。對布氏而言，基督教的興起與其說是摧毀了古希臘羅馬文化，不如說是適時地拯救了這個已經搖搖欲墜、不知所終的古典異教文明。藉由所有基督徒不分時代、地域、民族、階層都屬於神的子民（Gemeinde）這樣的思維，以及人人均可共享基督教文化果實的教義，基督教將古希臘羅馬文化轉化為人類精神文明遺產裡極具普世價值的重要支柱之一。

在布克哈特心目中，寫作《君士坦丁大帝的時代》最大的宗旨正在於

跳脫上帝救贖是超理性、難以用人類知見來確切討論的神學框架，回到歷史研究應具備的學術理性，從可見的歷史現象裡，為古希臘羅馬古典文化與基督教文化搭起一座可以互相溝通、對話的橋樑[66]。

《義大利文藝復興時代的文化》則企圖處理另一個同樣難以捉摸的歷史問題——也就是探討近現代西方人的心靈與思維為何想要脫離基督教、轉向現世性與世俗化？與《君士坦丁大帝的時代》探討歐洲文化由異教文明邁入基督教化的過程相較，《義大利文藝復興時代的文化》其實是問了剛好相反的問題。由於布氏是從人性本能的角度來看個人自我意識覺醒後產生的問題，以及連帶引發的政治、社會亂象，因此在他心目中，這整個現象產生的原因以及過程，不僅是史學研究應該加以重塑的，對這個「對我們仍極具影響力的近現代西方文化之母」「病理式的」瞭解，也有助於我們為現代文化何去何從這個重大問題尋繹出比較寬容開闊的出路：

> 個人主義本身無善無惡，只是必然的發展。從個人主義出發，才發展出近現代文化對善、惡的定義，成為倫理道德規範新的判準，與中世紀文化相較，這是本質上最大的不同。文藝復興時代的義大利人是通過這波新世紀巨浪衝擊，且能挺立住的人。他們以自己的才華與熱情，為這個新時代煥發出最具時代意義的博大精深。在道德淪喪之外，人類的心靈卻與光輝燦爛的藝術成就一起交織出最高貴的整體，並藉此更進一步彰顯、歌頌了個人生命的成就，這是上古希羅文化或中古基督教文化不想、也沒有辦法達到的輝煌境界。（§6.1.13）

66　Noll (1997), *Vom Glück des Gelehrten: Versuch über Jacob Burckhardt*, pp. 128-141.

米開朗基羅之墓（**Michelangelo Buonarroti, 1475-1564**）
Santa Croce, Florence.
©攝影／花亦芬（參見彩圖**13**）

　　《義大利文藝復興時代的文化》第六卷的標題是「倫理道德與宗教」
（Sitte und Religion），但布氏絕大部分的筆墨卻是用來描述當時義大利社
會充滿了傳統倫理道德崩解後的亂象——劫掠、謀殺、婚姻不忠，以及表
面上無違於教會的信仰，骨子裡卻充斥著民間巫術與迷信。透過呈現、剖
析這些騷亂不安，布氏企圖栩栩如生刻劃出潛藏於一般民眾以及社會菁英
內心深處的焦慮恐懼、與潛意識受到的壓抑綑綁，因為「如果我們對義大
利當時那個沸沸揚揚的年代認識不夠，我們對歐洲人走過的心路歷程其實
認識就不完全」（§6.5.2）。在布氏眼裡，這些亂象在義大利之所以特別嚴
重，不應全然歸咎於世俗化帶來的影響，教會本身的腐化沉淪，更是難辭
其咎的禍因：

十六世紀初，當文藝復興文化發展至顛峰盛期，也是義大利政治衰敗到不可逆轉的時期。此時，義大利並非沒有一流的思想家在思考：這樣的政治亂象與社會普遍的道德墮落有關。這些一流的思想家不是那些各地、各時代都有的勸善佈道家（Bußprediger）──因為這些勸善佈道家總以斥責每個時代都是頑劣背逆、人心沉淪為己志。一流的思想家是像馬基亞維里（Niccolò Machiavelli）這樣的人，他在自己一本最重要的著作裡公開疾呼：「是啊！我們義大利人是特別不虔敬、沒道德。」也許另外有人會說：「我們是發展地更有個人主體意志。我們已經跳脫倫理道德與宗教加諸我們的規範，我們也藐視外在的法律條文，因為我們的統治者都是不當取得政權，而他們所任命的官員與法官都是一些爛人。」馬基亞維里自己也還加上一句：「因為教會的神職人員自己作了最壞的榜樣。」（§6.1.2）

教會為何會腐化沉淪？不是因為教會跟隨新興的人文學風潮接受了古典文化所致，因為早在教會企圖將古希臘羅馬文化吸納為基督教文化的一部分之前，教會已經有了重大的危機──也就是說，當時的教會丟棄了本應擔負的靈魂牧養工作，卻汲汲營營於將自己轉化為「世俗化」的機制，以為上帝國的來臨有賴世俗權力版圖的擴張。因此，是神職人員的沉淪腐化引發了後來僭主的為所欲為與知識份子的無行無德：

當時教會的沉淪已到基督教史上教會蒙受最多批判的時刻了：教會以各種手段將暴力合理化、也將繼續維護他們絕對威權的學說講成絕對真理。為了維持他們不可侵犯的尊嚴，他們作盡各種傷風敗俗之事。而且為了合理化他們的處境，

不惜對老百姓的心靈感受與良知予以致命一擊；並迫使許多
受過良好教育、但與教會劃清界線的菁英最後只好選擇脫離
基督信仰或因此絕望沮喪。（§6.2）

讓大家對靈魂不朽信仰產生質疑的最主要動機來自於，不少
人打從內心深處希望藉此對眾人憎惡、卻無力使之改善的教
會不再有任何關聯。（§6.5）

　　在解釋當時天主教會的腐敗墮落時，布氏自然須要處理一個《義大
利文藝復興時代的文化》論述邏輯上必然產生的問題：「義大利人既然才
識如此超卓，為何他們不強悍地與神職統治集團對抗？為何義大利不能與
德意志同時、甚或更早掀起宗教改革的波瀾？」（§6.2.1）在布氏的判斷

裡，宗教改革之所以無法在義大
利產生，與義大利人習慣依賴教
會舉行的聖禮聖事（sacraments）
以 及 教 士 的 祝 禱 有 關 （ §
6.2.7）。在這一點上，布氏指出
人與宗教習慣之間的關係其實深
蘊到潛意識的最底層，不是理智
可以隨意斬斷的：

但是思想已經解放的人
如果還繼續依賴教會為
他們作這些事，這只能
證明一個人年少時根深
蒂固接受的教條如何牢
不可破，而代代相傳的

伽利略之墓（**Galileo Galilei, 1564-1642**）
Santa Croce, Florence.
©攝影／花亦芬（參見彩圖14）

梵蒂岡教廷周邊迴廊
©攝影／花亦芬（參見彩圖15）

　　符號象徵具有何等神秘不可破除的魔力。臨終的人──不管
是誰──都會要求神父為他作最後的告解赦罪，這在在顯
示，大家對地獄還是存有一些恐懼。（§6.2.7）

此外，義大利不時出現極具個人傳道魅力的佈道家，不論市井小民或高級
知識份子都很容易一下子就被某位充滿「恩膏」，具有預見、預言、行神
蹟能力的佈道家所吸引（§6.2.8），因而沉迷於一時的宗教狂喜中，結果
反而忽略了積極去提出可與教廷威權相抗衡的正面教義（如「因信稱義」）
（§6.2.1）。

　　在討論充滿個人魅力之傳道者亟思改革封閉守舊的教會時，布氏是以
一整個章節（§6.2.9）敘述影響佛羅倫斯十五世紀末政治文化至鉅的佈道
家薩佛那羅拉（Girolamo Savonarola, 1452-1498）的生平事蹟。作為一位
充滿建立「神權國」使命感的改革派教士，布氏指出，薩佛那羅拉最終會

走向悲劇的根本原因，在於過度偏狹、而且太自以為是：「薩佛那羅拉對自己感知到的與所見到的異象（vision）並不加以批判，但對別人預知與預見的異象卻嚴加撻伐。」（§6.2.9）薩佛那羅拉雖有滿腔熱情想將基督教帶回原來清靜無欲的聖潔境界，卻因不具備與當時百家爭鳴的思想、百花齊放的藝術文化正面對話的見識與能力，最終只有落得「對於不信上帝的星象家他就準備火刑伺候，就像他後來也被火刑伺候一般。」（§6.2.9）

信仰的混亂並不意謂許多人在失去正信信仰後成為無神論者。離開正信道路的信徒其實更常透過各種眩目的途徑，轉向不同形式的巫術、占星卜卦與民間神靈信仰。在布氏筆下，文藝復興時代基督教信仰極度混亂的情形與正統教會在亂世之中無力帶領信徒領受基督的愛、重拾心靈平安有直接的關係：

> 由於義大利人是最先具有新時代精神的歐洲人，他們不受任何拘束全力思索自由的意義及其必要性。而他們之所以如此做，正因為他們處於專制暴力與沒有法治的政治動盪中。在這樣的時局裡，惡的力量長久以來都是站在輝煌勝利的那一邊，所以人們對上帝的信仰就受到動搖，而對人世的看法有時就顯出宿命論取向。由於他們不希望自己探索的熱情受到時局無常這種不確定因素阻撓，所以有些人就索性把古代希臘羅馬、東方與中古的迷信湊合起來，當作另一種參考指標：這些人就變成了星象家與術士。（§6.3）

面對這樣的狀況，布氏在接下來的論述裡幾乎是以呼籲的口吻希望基督教界正視信徒出走的現象背後，其實是信仰活力無所依靠的無奈，而非信仰不虔誠的問題。這樣苦心詣旨的筆調不禁讓人想起布氏當年在信中寫下「教會對我不再具有任何操控力，就像他們已經無法繼續操控其他成千

上萬的人一樣」之時[67]，他的內心必然也經歷到對教會拘泥制式教條與形式深沉的哀感與無奈：

> 上述情況之所以成為如此，與影響義大利人最鉅的想像力（*Phantasie*）密切相關。如果不是想像力導致的結果、就是因想像力作祟而心生迷惘。如果我們可以瞭解這一點，就多多少少能對當時人的精神與心態（Geistesbild）有比較貼近實情的瞭解，而非以不著邊際的方式一味斥責近現代文化被異教文化污染。而且當我們越深入探討當時人之所思所想，我們愈能清楚看到，隱藏在當時歷史表象下的，其實是一股更旺盛強烈的活力想要追尋真正的宗教虔敬（echte Religiosität）。（§6.3）
>
> 當教會的教誨變得愈來愈荒腔走板而且專制獨裁時，宗教不可避免再度被轉化為個人主觀意識所能感受到的情狀，而且每個人有他自己對宗教的看法。這樣的現象也顯示出，歐洲人的精神活動並沒有枯萎衰竭。當然，上述的情況以各種不同的面貌呈現出來：阿爾卑斯山北方的密契主義者與苦修者很快地為他們新的感知世界與思維方式建立了新的規範；但義大利人卻各走各的路，並讓成千上萬的人因為對宗教變得淡漠而迷失在人生險惡的波濤洶湧裡。而在比較高的層次上，我們不要忘記，還有一些人不斷探尋個人化的宗教，並且畢生謹守不渝。（§6.3.1）

上述所引的兩段文字其實充滿了布氏自我告白的色彩。在論述宗教的

---

67 *Briefe* II, Nr. 103.

巴塞爾大教堂內部彩色玻璃（左圖）
©攝影：花亦芬（參見彩圖16）

巴塞爾大教堂內部彩色玻璃（上圖）
©攝影：花亦芬（參見彩圖17）

部分，讀者可以不時見到布氏跳脫著史者就史實論述研究主題的身分，直接藉文藝復興義大利人的宗教困境，表達個人對十九世紀基督教的批判與對未來的期許。

　　從本書第六卷的結尾來看，布氏認為歐洲基督教的未來在何方？說實在的，布氏並沒有提供任何明確的答案，他舉出幾種宗教思維同時並存的可能性，但也指出它們其實難以獨撐大局（§6.5.7）。在全書的結尾布氏唯一確切表明的是，「愛」是人類最終可以與上帝以及這個塵世連結的憑依。基本上，這位有自己觀視歐洲歷史獨特幽默眼光的史家在莞爾寫下「西歐各民族可以彼此互相虐待，所幸無法互相宣判誰才真正擁有真理」（§6.1.1）之際，也呼籲應以更寬容的心胸來面對近現代人與宗教之間或悖離、或疏離、或緊張衝突、或過度狂熱的不穩定關係：

　　　　對具有近現代性格的人而言，不受任何阻擋去研究人與世間

萬物，並將此視為畢生職志，這是崇高、不可放棄的使命。
至於這些研究要花多長時間、會以什麼方式重新歸向上帝、
以及這些研究與個人化的宗教信仰如何產生關聯，都是無法
以制式的規定來解決的。（§6.3.2）

7. 文化史書寫的問題

　　如果說布氏研究義大利文藝復興主要是想探討西方近現代文化逐漸脫
離基督教信仰的「世俗化」（secularization）過程，那也意謂著歷史研究對
布氏而言，是從過去以神學為基調的「普世史」（Universalgeschichte）轉
變為人在世俗生活裡的「塵世史」（Weltgeschichte）。布氏筆下所寫的
"Weltgeschichte"這個詞彙常被英譯為world history，重譯為中文後，往往
成為不帶任何價值判斷的「世界史」，這其中喪失了"Welt"一詞在德文語
意上原有「塵世」的隱喻意涵，而布氏所稱的"Weltgeschichte"其實與韋伯
（Max Weber）強調西方近現代人在宗教上經歷的「去神秘化／除魅化」
（Entzauberung der Welt）[68]過程、上節引述艾理亞德（Mircea Eliade）所說
的「去聖化」（desacralization） 過程、或如德國當代布氏研究學者哈特維
（Wolfgang Hardtwig）闡述德意志歷史主義在學術思維上是走向「去神學
化」（Enttheologisierung）[69]的論點，有相同的論述關懷。

　　上述所言也就是說，布氏在思考西方近現代文化時，將自己討論的範
圍侷限在與宗教超自然現象無關的層面上。儘管布氏宣稱為了做個「誠實
的異端」而脫離教會，但並不表示他認為「神的國度」是虛妄的幻想；

68　Max Weber, "Wissenschaft als Beruf"，中譯參見：錢永祥編譯，《韋伯選集（Ⅰ）
　　學術與政治》，〈學術作為一種志業〉，頁131-239。

69　Wolfgang Hardtwig (1974), *Geschichtsschreibung zwischen Alteuropa und moder-
　　nen Welt*, p. 106.

他其實是就十九世紀對「學術」的認知——是人類理性可以認知、檢驗的——將「人的國度」與「神的國度」清楚切割開來。這樣的為學態度直接牽涉到,什麼是布氏心目中的「文化史」?在提筆寫作《義大利文藝復興時代的文化》前,布氏曾於1858年的課堂上論及「文化史」研究與「一般歷史」研究的差異:

> 文化史是指人類以其存有之狀況在塵世創造出來的歷史,而一般歷史是各種事件發展歷程中所有相關因素之統稱[70]。

由於在意的是「人類存有之狀況」,而非歷史事件所有相關的前因後果,因此,《義大利文藝復興時代的文化》雖然表面上看起來並沒有完全脫離傳統歐洲史學「發展史」(Entwicklungsgeschichte)的史觀,但實際上,布氏並沒有將歷史進程看成一脈相承持續流變的遞嬗。吉珥伯特(Felix Gilbert)便指出,十九世紀歐洲人之所以開始認為歷史不是連綿不斷的發展,主要是受到法國大革命帶來的影響所致:

> 如果法國大革命開啟了一個與過去大不相同的新時代,人們便可質問,過往的歷史經驗是否還具備任何價值?而革命之前與革命之後的時代是否還存在必然的關聯?[71]

歷史並不一定是以綿延不斷發展的方式向前邁進,而是會在大家意想不到的時刻,倏地蹦裂出某些特殊的斷裂面,新時代的人、事便以迅雷不

---

70 轉引自:*Kaegi* III, p. 693.

71 Felix Gilbert (1990), *History: Politics or Culture?—Reflections on Ranke and Burckhardt*, p. 3.

及掩耳的速度自這些斷裂切縫蜂擁而出，清楚標誌著與剛轉身走過、餘溫猶存的時代截然不同的性格。從這樣的角度可以看出，在布氏心目中，史學研究對現代人之所以具有獨特啟發性，並不在於史學研究者是對過往事蹟如數家珍的專家，而在於他們有敏銳的洞察與深刻的史識，來點明不同時代的人如何在他們自己的時代環境限制、或變動裡，開創出具有新時代意義的生命道路。

從現代學術講究田野普查式的歷史研究來看，如Peter Burke所言，所謂文藝復興時代「個人主義」的興起與「世俗化」的浪潮，都不應被視為當時社會文化真正主流的趨勢，而應將之視為新興的、與之前時代有明顯區隔作用的歷史現象[72]。然而，對布氏而言，這些特殊的新時代人事現象之所以值得費心探索，正在於，從「個人主義」與「世俗化」這兩個特殊的切面切進去，他相信可以看到「對我們仍極具影響力的近現代西方文化之母」最本質性的改變。換句話說，對布氏而言，西方近現代文化特質——不論好與壞、善與惡——真正的濫觴不是米雪磊（Michelet）主張的法國啟蒙運動、更不必等到拿破崙捲起的狂亂風潮，而是根植於義大利文藝復興時代那些鄙視成規、我行我素、語不驚人死不休的新式族群。

在史學著述裡，布氏真正感興趣的，便是將特定時代具有里程碑式意義的人、事風貌栩栩如生地刻劃出來，從歷史的故紙堆裡讓這些人、那些事站到文字聚光燈下重新發聲說話。他真正關心的不是個別人物的生平經歷，而是一個特殊時代會產生何種特殊人群？這些特殊的人又會做出哪些只有這個特殊時空背景才可能的事？布氏對具有特殊時代意義人、事的興趣在他寫第一本重要的著作《君士坦丁大帝的時代》「前言」（Vorrede, 1853）時，就已表露無遺：

72　Peter Burke (1986), *The Italian Renaissance: Culture and Society in Italy*, p. 25.

本書不想闡述君士坦丁大帝的生平以及他的統治史，也不是
一本提供各種與君士坦丁大帝相關之史事、與他相關時代歷
史知識的大全。本書希望能以生動的史筆將那個歷史時空裡
具有時代特色、特別值得一書的人與事，作提綱挈領式的綜
合刻劃[73]。

從現代專業史學研究的眼光來看，當然可以批評布氏著作呈現出來的
歷史圖像並非廣大民眾的生活實相。他所闡述的，與其說是貼近生活大
地、默默為時代基調打底的「普羅大眾」，不如說是對當時人而言也相當
前衛的「文化菁英」。正如德國哲學家海德格（Martin Heidegger, 1889-
1976）所說：

> 布克哈特不從流俗的作法，有時並不符合專業歷史研究者應
> 遵守的矩度，卻充滿以寫作來從事教育的熱忱與雄心。因
> 此，他不應被視為一般的「歷史學者」（Historiker），卻是
> 一位徹頭徹尾的「歷史思想家」（*Geschichtsdenker*）。對他
> 而言，歷史學與語言學都只是輔助工具而已[74]。

也只有當我們真正認識到布氏在《義大利文藝復興時代的文化》努力要凸
顯文化菁英在亂世之中如何憑藉個人才情馳騁飛越出一個前所未有的新天
新地這個用心，我們才能真正理解，何以在布氏筆下伴隨藝術文化高峰盛
況的同時，義大利卻又是一個充滿報復、謀殺、迷信、巫術，在高度標舉
人類理性與創造力的同時又是想像力與私欲無端氾濫成災，令人既瞠目驚

---

73 *Die Zeit Constantins des Grossen, GW* I, p. IX.

74 Martin Heidegger, "Vorlesung über Grundfragen der Philosophie (1937/38)."

嘆又迷亂無所適從的年代。

如此不按牌理出牌，《義大利文藝復興時代的文化》全書又充斥如此之多「世風日下、人心不古」的怪異行徑，布氏究竟想藉史學著述來達成何種教育目的？如果在歷史書寫上，克羅齊（Benedetto Croce）所說「一切歷史都是當代史」果然為真，那麼，布氏想要傳達給十九世紀下半葉的讀者什麼訊息？如果所謂經典之作在時代性之外，亦有不隨時代物移的普世性，那麼，布氏這本書又想對後世讀者說些什麼？

Michelangelo，《聖母哀子像》（*Pietà*）。
1498-99. Marble. St. Peter's, Rome.
◎攝影：花亦芬（參見彩圖18）

在舖陳文藝復興時代政治動盪黑暗、國家定位不明、宗教不振、傳統價值崩解、社會民生不安的同時，布氏其實有旺盛的企圖心希望由此說明，藝術文化的創造活力可以超越時代大環境限制，自成一格發展。但是，如果想支撐出這樣的格局，則有賴知識份子／文化菁英自己覺醒，不受惡劣時代環境騷動干擾、不隨一時利益擺盪，而以堅持文化主體性為生命的志業。在這一點上，我們也可以說，如果要從「後設史學」（Metahistory）的角度來討論布氏史學的問題，其實面對文藝復興時代專制僭主霸道濫權以及十九世紀下半葉歐洲國族主義、軍國主義聲勢甚囂塵上的黑暗不安，提倡不受政治干擾、不為政治服務的「文化主體性」才是布氏寫作《義大利文藝復興時代的文化》真正的「後設」思維，這是他獻

身文化史寫作的終極關懷，也是他心裡真正懷抱的理想。

在這一點上，我們必須注意到「文化」對布氏另一個較為窄義、但有深刻教育關懷的意涵──亦即新人文主義追求「人文化成」的教育理想：透過優質高尚的文化涵養將個人培育成具有獨立自主心靈、不為現實所役、充滿人文情懷與人道關懷的知識份子。在這個部分，布氏最常使用的德文詞彙是"Bildung"。在《義大利文藝復興時代的文化》一書的翻譯上，筆者根據上下文文意將"Bildung"翻成「人文涵養」、「人文素養」或「文化素養」。因為就布氏而言，他使用"Bildung"這個詞彙主要是強調高尚心志、熱愛精緻文化的精神涵養，這與追求營生實利的專業技職教育（Ausbildung）有本質上的不同。在布氏的剖析裡，文藝復興時代的人開始重視培養這種不求現實利益的「人文素養」是有深刻時代意義的。因為正是「人文素養」打破了過去以血緣繼承為依歸的「貴族階級」以及男尊女卑的父權傳統，重新定義了近現代西方文化認定的「高貴」（§5.1.3）──不論男女，「有文化素養的階層」（§5.1.1）才是願意超越現實利害枷鎖，真正擁有自由心靈，歡喜為打造優質人類社會奉獻付出的「人類貴族」：

> 所謂富裕是將畢生心力奉獻於人文涵養（Bildung）上，而且為與文化相關的事物慷慨大方地付出。（§5.1.9）

正是在上面討論的層次上，繼布氏之後最有思想啟發力──也是對布氏論述弱點提出最有力反擊──的文化史家賀伊清哈（Johann Huizinga）在〈文藝復興的問題〉一文，寫下他對《義大利文藝復興時代的文化》在文化理想宣揚上具有獨特貢獻的看法：

> 布克哈特的成就在史學研究領域是極為希有的：他的著作結

合了智慧與思想深度，也透過耐心與勤勉的治學功夫蒐集了
龐大多樣的資料，並將之爬梳消化。尤其值得一提的是，他
以高貴的矜持不願隨俗去應和當時震天價響的主流意見。布
克哈特也沒有跟著當時風行的庸俗進步史觀起舞，因此他的
史識比米雪磊（Michelet）深刻許多。他是第一位將文藝復
興研究與啟蒙時代以及進步史觀切斷關係的學者，不再將文
藝復興視為啟蒙時代的前奏或是作為啟蒙時代這個輝煌的時
代一種天使報喜般的前導而已，布氏是將文藝復興視作一個
獨樹一格的文化理想[75]。

* * * * * *

1860年8月1日布氏寫信給他的老友史萊伯（Heinrich Schreiber）告知
《義大利文藝復興的文化》在印刷廠快要印好上市的消息，他寫道：

> 你這位親愛的老友大概要對這本書不太符合專業學術要求的
> 模樣邊笑邊搖頭，但還是會承認，寫書的人的確不辭辛勞、
> 相當賣力。這本書完全像一棵野地裡自己長出的植物，不是
> 靠任何可以撿現成的東西茁壯起來的。我滿想從你嘴裡聽到
> 一句讚美的話：這位作者擁有相當的自由，可以讓想像力慢
> 慢流淌出來，他強有力地抗拒了他不想接受的潮流，而且也
> 讓史料透露出來的訊息相當優雅確實地傳達了出來[76]。

75　Huizinga (1920), "The Problem of the Renaissance," reprinted in *Men and Ideas: History, the Middle Ages, the Renaissance*, p. 256.

76　*Briefe* IV, Nr. 344.

　　布氏既自豪於自己能在野地裡成長茁壯的堅毅生命力與獨創力,也欣喜於精神上的自主性沒有受到壓抑扭曲,同時也對自己能讓史料背後隱藏的訊息流露出來感到安慰。從這個角度來看,我們便可明白,為何他要給《義大利文藝復興時代的文化》一個副標題:「一本嘗試之作」(ein Versuch)[77]。對布氏而言,這本書正是他對自己提出的問題試圖尋找答案後留下來的足跡與成果。面對十八世紀理性主義抬頭以及十九世紀科學實證主義大舉入侵人文領域,致使歷史學、神學、甚至新興的藝術史研究都面臨「科學化」的困境,布克哈特應是歷史領域第一位拒絕附和這股時代潮流的巨擘。針對布氏不屈從時代主流、學術權威的勇氣,彼得·岡慈(Peter Ganz)也說:

> 布氏真正的獨創性——這是應該好好強調的——不在於他對文化的批判以及陰鬱的預言果然成真。他其實一點都不像許多保守的德國讀者所想像的那麼悲觀。這位偉大的瑞士獨行俠最令人欽佩的地方在於,他能在當時德意志歷史主義的滔滔洪流中卓然獨立,自己用心去思考歷史書寫的問題,在刻意與歷史學研究同儕保持距離的情況下,找到完全屬於他個人的方法[78]。

　　不像「科學式史學之父」蘭克(Leopold von Ranke)相信史學研究者

77　北京商務印書館出版的何新譯本附上齊思和所寫的「中譯本序言」(頁1-19,1978年撰),其中討論到這個副標題的德文中譯以及其確切意涵,齊思和寫道:「德國人所謂Versuch,即是英國人所謂Essay,〔……〕布克哈特這裡所謂Versuch,是指對某一問題發表一些作者獨特見解的著作體裁而言的。」(頁4)這樣的說法,忽略了布氏對歷史研究與著述不同於當時主流思潮的堅持與謙卑,並不能算是精確的理解。

78　Peter Ganz (1994a), "Jacob Burckhardt: Wissenschaft-Geschichte-Literatur," p. 19.

可以摒除個人好惡，尋繹出最終的歷史真相；布氏認為史學研究者的主觀意識免不了會影響到主題的選定以及史料的選擇與詮釋；而且所謂文獻史料本身既是刻意留下的文字紀錄，文獻撰寫者當時的主觀意志就已影響到史料本身的客觀性。因此，在布氏的想法中，歷史研究真應該與科學研究分開來看，不應相提並論，一如他在1871年5月4日授課時所說：

> 在所有學科裡，歷史學是最不科學的，因為在史料的選取上，它幾乎沒有一個稱得上是確定、能夠獲得大家共識的可靠方法。也就是說，對史料的批判研究是有一個非常確切可依循的方法，但在歷史撰述上卻找不到任何確切可依循的方法[79]。

在《希臘文化史》第一卷的導論（Einleitung）布氏也特別提到：

> 我們是「不科學的」，而且毫無方法可言，至少不是別的學科意義下的方法[80]。

史學研究對布氏而言如果是一次又一次的探險，對他來說，要緊的便不是特定研究方法的建立或論述大體系的完成，他在乎的是如何保有純粹求知的單純快樂與始終保持360度探問式「觀視」（Anschauung）的新鮮眼光。一生如此堅持「初心」，與其說布氏走的路像十九世紀學術大師所走的路，不如說像是十九世紀下半葉歐洲前衛藝術家所走的忠於自我、不

---

79 Jacob Burckhardt, "Geschichte des 17. und 18 Jahrhunderts," in *Historische Fragmente, GW* IV, p. 336.

80 *Griechische Culturgeschichte* (*GW* V), p. 7: "Wir sind »unwissenschaftlich« und haben gar keine Methode, wenigstens nicht die der anderen."

畏孤寂、大破大立的路。這樣的生命之路、學術之路，最後之所以能走出
時代的寂寞，可以從布氏早年談及自己投身史學研究的「驅力」，不是出
於想躋身廟堂知識份子之列的想望，而是緣於自身對省視世間萬物的熱愛
可見其端倪：

> 我對史學研究的整個熱情就像我熱愛旅行、喜愛對著風景作
> 畫、以及對藝術的鑽研一樣，都是發自內心深處對「觀視」
> （Anschauung）無與倫比的強烈渴望（Durst）[81]。

直到1888年，已經七十歲、而且學術地位早已深受各方推崇的他，仍以
像是跟前衛藝術家對話的口吻，對當時不清楚自己研究方向、後來卻成為
藝術史方法論重要奠基者的沃爾芙林（Heinrich Wölfflin）說：

> 在學術研究上，您要保持業餘愛好者的熱情（Bleiben Sie
> dilettantisch）。您大可放心相信，讓人口齒留香的東西，一定
> 是好東西。如果我們能對一件事物始終感到樂此不疲、內心
> 充滿愉悅，我們就有辦法帶領別人去感受這件事物的樂趣所
> 在，這比我們做枯燥無味的所謂學術研究有意義多了。因為
> 所謂的學術研究，只要求我們不知所終地蒐集史料、壓抑我
> 們自己內心的感受。光從這種令人一點做學問快樂都沒有
> 的角度來看，保持自己作為業餘愛好者的立場就十分值回
> 票價[82]。

---

81 *Briefe* I, Nr. 62 (Juni 14, 1842).

82 見 Heinrich Wölfflin 於 1888 年 11 月 15 日寫給父母親的信，收錄於：*Jacob
Burckhardt und Heinrich Wölfflin Briefwechsel und andere Dokumente ihrer
Begegnung 1882-1897*, ed. Joseph Gantner, pp. 56-57.

8. 似蘭斯馨：走出時代的寂寞

布氏的一生見證了巴塞爾最
急遽變化的一段發展歷程：當他
出生時，巴塞爾只是一個擁有一
萬六千名居民的城市，但在他
1897年過世時，居民數已超過
十萬。1848年，布氏從初返鄉
時，覺得自己快被巴塞爾的狹隘
與市儈窒息[83]、因而忿忿不平地
抱怨「我一輩子都不可能受得了
巴塞爾，希望在這裡不要待超過
兩年」[84]；到後來決心留在瑞士
發展，卻在沒多久之後，就碰上
巴塞爾從具有強烈獨立自主性格
的「城市」變為瑞士聯邦這個

瑞士巴塞爾街景
©攝影／花亦芬（參見彩圖 19）

「國家」其中一員的命運。1854年，當布氏的教職仍然沒有確定著落、正
在為「國家定位」喧囂爭鬧的義大利旅行時，巴塞爾整個中古城牆、城
樓、城門在剎那間被夷為平地，準備往更具現代工商業規模的城市邁進。
個人在這風起雲湧、變動不居的大時代裡所經歷到的一切，不僅讓布氏對
「人類存在的狀況」有更切身的感受，這些經歷、感受也激發他更貼近生
命質感地去省視義大利文藝復興時代的推陳出新與惶惶不安。

83　參見 *Briefe* II, Nr. 134（1844 年 12 月 23 日）；*Briefe* III, Nr. 187（1846 年 9 月 11
　　日）。

84　*Briefe* II, Nr. 98（1843 年 11 月 24 日）。

巴塞爾市立美術館（**Kunstmuseum Basel**）──布氏授課之餘
經常對巴塞爾市民演講的地方。
◎攝影／花亦芬（參見彩圖**20**）

雖然布氏在《義大利文藝復興時代的文化》裡指出，動盪時代的才識之士傾向「四海為家」（§2.1.5），但他卻除了在蘇黎世聯邦工科大學任教的三年（1855-58）外，將自己一生的教書生涯全都奉獻給巴塞爾大學。面對後來其他德意志大學的邀聘，他甚至認

為，如果自己離開家鄉到其他城市任教，無異是讓巴塞爾被掠奪[85]。這一點除了顯示布氏是德文所稱的 "bodenständig"（愛鄉戀鄉）之人外，也讓我們看到，當布氏眼見巴塞爾日益面臨強鄰壓境與喪失地方文化自主性的窘境時，決心從提昇家鄉同胞普遍認知素養、文化見識的方向來為巴塞爾的未來尋找另外一條出路。這條路不是一條被片面政治意識窄化的路，而是以教育「人」為職志，期待整個社會文化能逐漸朝向個人醒覺、思想獨立、文化自主的道路邁進。換句話說，也就是培養具有良好認知思考能力的「個人」，以讓整個社會懂得尊重個人自由意志、也懂得尊重人類存在無限神聖的價值。儘管當時巴塞爾大學是一所小到不起眼的學校，但正如布氏在晚年所寫的〈生平自敘〉所言，他始終以竭盡心力的態度來為每一堂課做準備，直到七十五歲才因哮喘嚴重申請退休。此外值得注意的是，在這篇為自己未來葬禮所寫的〈生平自敘〉裡，布氏沒有提及自己寫過的任何一本書、任何一篇文章、更沒有自豪於自己在文藝復興研究上深受推

85 *Briefe* V, Nr. 528（1869 年 11 月 3 日）。

崇的貢獻，他只感謝過去教過的學生以及聽過他演講的聽眾帶給他生命愉快的回憶：

> 筆者一直竭盡全力奉獻教職，也因此甘心樂意不追求學術著作上的成就。靠著教職的固定收入足以讓筆者後來過著簡樸知足的生活，不必為賺稿費而汲汲營生，更不必屈服於出版商的差遣。

Hans Lendorff，《布克哈特畫像》，畫於1895年。
引自：René Teuteberg, *Wer war Jacob Burckhardt?* (Basel, 1997), p. 155。

上述這段話清楚表露出，一如布氏在《義大利文藝復興時代的文化》裡所刻劃的「絕對的個人」，在學術論著上，布氏也努力讓自己成為「絕對的作者」，不為利益聲名、亦不為地位權勢而寫。當然，在另一方面，這也反映出布氏不以學問傲人的淡泊。在他心目中，如果追求學問是為了滿足想探索人之所以為人的種種可能，那麼畢生獻身學術其實也只是在走一條自我完成的路，並沒有什麼好以此自恃的。正如他藉本篤會修士斐蘭佐拉（Agnolo Firenzuola, 1493-1543）之口讚美那些敬虔的隱修士，懂得在那個動盪的時代裡過著喜愛知識、但也追求身心靈恬靜和諧的生活：

> 他們不讓自己的心神耗竭在過度鑽研苦讀上，以免知識讓人墮入撒旦式的狂傲（Lucifershochmut），折損了隱修人應有的謙卑簡樸。（§6.2.6）

回顧布氏一生在學術上受到的關鍵影響——不論是德韋特（de Wette）的「人本神學」或是蘭克的「科學史學」——說穿了，都是柏林大學創校

之初，企圖以學術理性將人文學科打造成可以與自然科學平起平坐對話的
時代產物。布氏親眼見識了這兩位「學術巨人」如何在科學主義日益昌盛
的時代潮流裡，積極改造神學與史學研究的內涵，好讓它們成為大學裡
「有尊嚴的」"Wissenschaft"（學術、科學）；但也因此，讓布氏深切反省
人文學研究在這樣的風潮下所受到的斲害。因此，當布氏的學術成就獲得
高度肯定之際，他反而不斷強調人文研究者最重要是保有對文化的「熱
愛」。寧可像業餘愛好者始終享有與現實利益無關的（disinterested）的熱
情，而不要成為高舉學術大旗、人文大旗，實際上卻是拘泥狹隘觀視、宰
制他人創新的學術獨裁者。布氏的人文堅持讓哲學家尼采在《偶像的黃昏》
（*Götzen-Dämmerung*, 1888）一書裡，充滿感情地寫下：

> 最罕見的例外之一是我在巴塞爾的朋友布克哈特，這個城市
> 最應對他無可比擬的人性關懷表示感念之意。

隔年1月4日，尼采又在寫給布氏的信上，直接表明對他深摯的崇敬與愛
戴：

> 可敬的您、可親的你是我們最偉大的老師[86]！

　　能讓孤傲不群的尼采屢次發出由衷讚美，布克哈特不論為學、為人所
散發出的生命馨香是可以想見的。1893年5月6日，當巴塞爾市政府不得
不同意年邁、又深受哮喘所苦的他退休時，同意函是以充滿感激之情寫出
的，十分迥異於一般官式文書：

86　Friedrich Nietzsche, *Sämtliche Briefe*, Ausgabe dtv de Gruyter, Berlin 1975-1984,
　　vol. VIII, Nr. 1245.

在同意您離開教職的同時，我們必須為您長年為此教席所貢
獻的一切致上謝忱。您的人格風範以及您所帶來的影響，為
我們過去享有聲望的大學添上煥然一新的榮耀，所以我們今
天致上的謝忱不只是市政府想要向您表達的，更是我們整個
城市想要向您致意的[87]。

而以《中世紀之秋》（*Herfsttij der middeleeuwen; The Autumn of the
Middle Ages*, 1919）強力與布氏建立的文藝復興概念相抗衡、後來卻遭到
納粹迫害的荷蘭文化史家賀伊清哈（Johan Huizinga, 1872-1945）也在他最
後一本著作《槍聲不再響的時候：對我們的文化重獲健康之期盼展望》
（*Wenn die Waffen schweigen: Die Aussichten auf Genesung unserer Kultur*,
1945年於布氏的家鄉Basel出版） 肯定布克哈特是「十九世紀最有智慧的
心靈。」

《義大利文藝復興時代的文化》雖不是一本考證詳繕、符合現代學術
要求客觀持平的著作，但也不是一本只借古人酒杯、澆自己心中塊壘的單
純「後設」之作。正如海頓・懷特（Hayden White）所說：

> 布氏獨力打造了一個文化繁花似錦的時代，這個歷史圖像一
> 直影響到現代歷史研究[88]。

《義大利文藝復興時代的文化》的確是開創現代文藝復興研究格局與
視野最重要的經典之作。閱讀本書的過程裡，讀者將會發現自己經常與在

87　Paul Roth (ed), *Aktenstücke zur Laufbahn Jacob Burckhardt*, Nr. 105: "Nun sind Sie
　　— bist du — unser größer Lehrer!"

88　Hayden White (1973), *Metahistory*, p. 236.

紛亂龐雜歷史線索裡苦思、不斷與自己想法奮戰搏鬥的布克哈特相遇。他的思維在眾多詮釋的可能間跳躍，有時也坦率表示對史事論斷的分寸該如何拿捏，心裡不是沒有掙扎猶疑的。而在字裡行間，布氏也率直留下一些混亂思想走過的痕跡，如同現代藝術家刻意保留創作過程手跡（handwriting）那般。這樣的著史方式乍讀之下，有時會讓人覺得他思慮不夠清楚徹底；但從另外一方面來看，卻也讓讀者有機會透過這些纏繞糾結的思想痕跡，深切去體會歷史現象本來就很難只從「單一明確」的角度加以論斷剖析。而布氏寧可坦陳自己徘徊在眾多思慮之中，也不願以「唯一真相」發現者的「學者」姿態，為時代的錯綜複雜，有說出、沒說出的人情悲歡遽下結論。類似的情況也發生在布氏寫本書前一百年，溫克爾曼（Johann Joachim Winckelmann, 1717-65）——開創現代希臘藝術文化研究的先驅，也是德意志新人文主義最重要的啟蒙者——所寫的《對仿摹古希臘繪畫與雕刻之我見》（*Gedanken über die Nachahmung der griechischen Werke in der Malerei und Bildhauerkunst*, 1755）一書上。在《歌德對話錄》裡，年輕的艾克曼（Johann Peter Eckermann）記下歌德（Johann Wolfgang Goethe）跟他解釋如何讀這種類型的經典作品，其中包含一段相當耐人尋味的提示：

> 我〔Eckermann〕告訴歌德，自己最近正在讀溫克爾曼的《對仿摹古希臘繪畫與雕刻之我見》這本書，而我必須承認，自己常覺得溫克爾曼在寫這本書時，對他所討論的主題並不是掌握得那麼透徹。
>
> 歌德說：「你說得一點都沒錯。要真正懂他這本書可貴之處，你要抓到讀它的竅門。這本書真正偉大的地方其實在於，如果抓對讀它的竅門，它將指引我們一條新路。溫克爾曼是類似哥倫布（Columbus）那樣的人，在他尚未發現新大陸之前，已經敏銳地嗅到新大陸的存在。從閱讀溫克爾曼

所寫的這本書裡，你學不到什麼四平八穩的知識，但你會變成跟以前大不相同的人。[89]」

不以龐大、難以撼動的論述體系取勝，布氏卻以熱愛「觀視」的眼光細膩體察人性在人與人、人與鄉土、人與文化、人與世界、人與上帝之間種種可能的形式、作用與境界，但他也不諱言，學術研究畢竟有其有限性。在科學主義與資本主義益形勃發強勢的年代，他獨排眾議不以進步史觀、時代精神（Zeitgeist）、或唯批判理性是從的觀點，來詮釋人類的歷史與文化。此外，在他眼中，資源的掠奪與政治權力的攫獲也不屬於推動人類生活更向上提升的要素。他知道政治或多或少會影響文化，但在軍國主義、國族意識高漲的十九世紀下半葉，仍選擇重視文化史遠高於政治史。

對寧可選擇做「誠實的異端」的布氏而言，史學研究是他與世界以及與自己曲折心路歷程對話的最主要媒介。在《義大利文藝復興時代的文化》這本書裡，布氏帶領讀者尋訪近現代西方文化的故鄉。透過他對這趟歷史時空之旅的引領闡述，我們也越來越清楚看見，他一步一步向我們揭示屬於他自己內心深處、想望深處、不可探知的密契深處、隱藏在文字背後終生思慕的故鄉。

---

89 Johann Peter Eckermann, *Gespräche mit Goethe*（1827年2月16日）。

引用書目

A. 縮寫

Briefe Jacob Burckhardt. *Jacob Burckhardt Briefe*. 10 vols. with Gesamtregister. Vollständige und kritische Ausgabe von Max Burckhardt. Basel & Stuttgart: Schwabe, 1949-1986.

GW Jacob Burckhardt. *Jacob Burckhardt Gesammelte Werke*. 10 vols. Basel/ Stuttgart: Schwabe, 1978.

JBW Jacob Burckhardt. *Kritische Gesamtausgabe*. 27 vols. Basel/ Stuttgart: Schwabe, 2000ff.（陸續出版中）

Kaegi Werner Kaegi. *Jacob Burckhardt. Eine Biographie*. 7 vols. Basel/ Stuttgart: Schwabe: 1949-1982.

B. 其他引用外文書目

Barth, Karl (1961). *Die protestantische Theologie im 19. Jahrhundert*, 3rd edition (1st edition 1946). Berlin: Evangelische Verlagsanstalt.

Burckhardt, Paul (1942). *Die Geschichte der Stadt Basel von der Trennung des Kantons bis zur neuen Bundesverfassung*. Basel: Helbing & Lichtenhahn.

Burke, Peter (1986). *The Italian Renaissance: Culture and Society in Italy*. Cambridge: Polity Press.

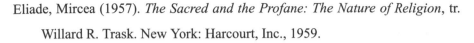

Eliade, Mircea (1957). *The Sacred and the Profane: The Nature of Religion*, tr. Willard R. Trask. New York: Harcourt, Inc., 1959.

Gantner, Joseph (ed). *Jacob Burckhardt und Heinrich Wölfflin Briefwechsel und andere Dokumente ihrer Begegnung 1882-1897*. Leipzig: Koehler & Amelang, 1988.

Ganz, Peter (1994a). "Jacob Burckhardt: Wissenschaft-Geschichte-Literatur," in *Umgang mit Jacob Burckhardt*, ed. Hans R. Guggisberg, pp. 11-35.

—— (1994b). "Jacob Burckhardts *Kultur der Renaissance in Italien*: Handwerk und Methode," in *Umgang mit Jacob Burckhardt*, ed. Hans R. Guggisberg, pp. 37-78.

Gilbert, Felix (1990). *History: Politics or Culture?— Reflections on Ranke and Burckhardt*. Princeton, N.J.: Princeton University Press.

Gossman, Lionel (1984). "Basle, Bachofen and the Critique of Modernity in the Second Half of the Nineteenth Century," *Journal of Warburg and Courtauld Institutes* XLVII: 136-185.

—— (2000). *Basel in the Age of Burckhardt: A Study in Unseasonable Ideas*. Chicago and London: the University of Chicago Press.

Hardtwig, Wolfgang (1974). *Geschichtsschreibung zwischen Alteuropa und modernen Welt*. Göttingen: Vandenhoeck & Ruprecht.

—— (1988). "Jacob Burckhardt. Trieb und Geist—die neue Konzeption von Kultur," in *Deutsche Geschichtswissenschaft um 1900*, ed. Notker Hammerstein, Stuttgart: F. Steiner Verlag.

—— (ed). *Geschichtskultur und Wissenschaft*. Munich: Deutscher Taschenbuch-Verlag, 1990.

—— (1994a). *Nationalismus und Bürgerkultur in Deutschland 1500-1914*. Göttingen: Vandenhoeck & Ruprecht.

—— (1994b). "Jacob Burckhardt und Max Weber: Zur Genese und Pathologie der modernen Welt," in *Umgang mit Jacob Burckhardt*, ed. Hans R. Guggisberg, pp. 159-190.

Heller, Agnes (1978). *Renaissance Man*, tr. Richard E. Ellen. London: Routledge & Kegan Paul Ltd.

Hoffmann, David Marc (ed). *Jacob Burckhardt 1818-1897. Geschichte · Kunst · Kultur*. Katalog zur Ausstellung aus Anlass des 100. Todestages. Basel: Schwabe & Co. AG Verlag, 1997.

Howard, Thomas Albert (2000). *Religion and the Rise of Historicism: W. M. L. de Wette, Jacob Burckhardt and the Theological Origins of Ninteenth-Century Historical Consciousness*. Cambridge: Cambridge University Press.

Huizinga, Johan (1920). "The Problem of the Renaissance," reprinted in *Men and Ideas: History, the Middle Ages, the Renaissance*, tr. James S. Holmes and Hans van Marle. Princeton, N. J.: Princeton University Press, 1959.

Noll, Thomas (1997). *Vom Glück des Gelehrten: Versuch über Jacob Burckhardt*. Göttingen: Wallstein Verlag.

Ranke, Leopold von (1824). *Geschichten der romanischen und germanischen Völker von 1494 bis 1514*. Leipzig.

—— (1839-47). *Deutsche Geschichte im Zeitalter der Reformation*, reprinted in: *Leopold von Rankes Werke*. Gesamt-Ausgabe, 6 vols, Munich 1925-26.

—— (1949). *Das Briefwerk*, ed. Walther Peter Fuchs. Hamburg 1949.

Rosenberg, Hans (1972). "Theologischer Rationalismus und vormärzlicher Vulgärliberalismus," in *Politische Denkströmungen im deutschen Vormärz* (Göttingen: Vandenhoeck & Ruprecht), pp. 18-50.

Roth Paul (ed). *Aktenstücke zur Laufbahn Jacob Burckhardt*, in *Basler*

Zeitschrft für Geschichte und Altertumskunde 1935.

Schulin, Ernst (1994). "Kulturgeschichte und die Lehre von den Potenzen: Bemerkungen zu zwei Konzepten Burckhardts und ihrer Weiterentwicklung im 20. Jahrhundert," in *Umgang mit Jacob Burckhardt*, ed. Hans R. Guggisberg, pp. 87-100.

Staehelin Ernst (ed). *Dewettiana: Forschungen und Texte zu Wilhelm Martin Leberecht de Wette*. Basel: Helbing & Lichtenhahn, 1956.

Vossler, O. (1954). "Humboldts Idee der Universität," *Historische Zeitschrift* 178: 251-268.

Wette, Wilhelm Martin Leberecht de (1815). *Über Religion und Theologie: Erläuterungen zu seinem Lehrbuche der Dogmatik*. Berlin: Realschulbuchhandlung.

White, Hayden (1973). *Metahistory: The Historical Imagination in Nineteenth-Century Europe*. Baltimore and London: Johns Hopkins University Press.

譯注相關事項說明

1.布氏原書只將全書文字區分為六大卷（Abschnitt），各卷之下的章節區分又再採取兩種系統並行：在目錄頁之章節，於各「卷」之下，以兩個階層區分出「章」與「節」的關係（但沒有使用「章」與「節」的字眼，也沒有數字標號）。在正文行文中，則不區分「章」與「節」的關係，全部以頁緣小標題的方式呈現。因此，有時也會出現在「節」之下還有更細分的小標題。這就是為何目前市面上所見各種早期譯本章節分段、標號不一致的主因。為了閱讀及查索方便，本譯者依照布氏原著目錄頁之章節區分，將各卷之下的文字再細分為「章」與「節」（「節」以§符號代表），並加以數字標號。「節」以下的小標題則直接在本文中以粗體字方式強調。因此，讀者在閱讀過程中，若看到「第一章」或§2.3.2等標記，請記得，這只是本譯注為方便讀者閱讀所採取的權宜之計，而非布氏原書所有。

2.由於在過去華文世界閱讀本書德文原著的人不多，因此 S. G. C. Middlemore 之英譯本成為研究者相當仰賴的譯本；本譯注之前的兩本中譯本也都參考此英譯本甚多。然而，Middlemore 之英譯本出版於1878年，事隔百餘年之後，其實一本更好的英譯本來修正 Middlemore 部分有失德文原意的翻譯[1]，應值得英語世界期待。至於過去兩本中譯本因為是從義大

---

1 參見本譯注第一卷注1、注5、注121，第三卷注195，第五卷注1，第六卷注

利文譯本（羅漁譯本，1979年）以及英譯本（何新譯本，1979年）轉譯而來，德文原文語意掌握的精準度[2]難免會有失真之處。然而，譯者想說的是，前人翻譯的成果雖然有改善空間，但譯者仍深深感謝他們過去所做的努力。《義大利文藝復興時代的文化》不是一本容易譯注的書，如果我們今天能擁有一本更貼近布氏原文（夾雜著十九世紀瑞士德文、再加上義大利文與拉丁文）的譯本，前人走過的足跡，仍值得我們在此一併追念。畢竟，有歷史深度與思想深度的文化藝術交流需要時間、人才、與好的機緣。從嚴謹的學術立場來看，轉譯雖然隔了一層，但在初步文化交流與知識傳播上，仍有不可抹煞的貢獻。義大利文藝復興之所以能廣泛融匯希羅古典文化菁華，也是要感謝一開始時人文學者透過轉譯所付出的心血。連續三本《義大利文藝復興時代的文化》之中譯本如果讓我們清楚看到，能夠生根發芽茁壯的文化交流需要付出耐心、信心與決心，這將是本書譯注之餘，令人欣喜與感恩的收穫。

（續）————————————

112。

2 參見本譯注緒論〈寫給故鄉的書〉注77，第一卷注5，第三卷注195，第六卷注73（此處請與何新譯本之頁461注3比較）。

義大利文藝復興時代的文化
一本嘗試之作

Die Kultur der Renaissance in Italien
Ein Versuch

雅各‧布克哈特（Jacob Burckhardt）◎著

獻給

Luigi Picchioni [1]

我年邁的老師、同事以及好友

1　〔譯者注〕本獻辭出現於本書第二版。Luigi Picchioni（1784-1869）為布氏中
　　學的義大利文老師。維也納會議（Wiener Kongreß, Congress of Vienna, 1814-
　　1815）後，北義大利淪為奧地利統治，Picchioni多次參與反抗奧地利統治隆巴
　　底（Lombardy）的解放運動，1821年避難至瑞士。五年後，他開始在Basel擔
　　任義大利語文以及文學的老師。1848年，在布氏幫忙代課的情況下，
　　Picchioni又前去參加隆巴底解放運動，事後才又重返Basel。參見：Lionel
　　Gossman (2000), *Basel in the Age of Burckhardt*, p. 206.

1869年第二版前言[1]

本書第二版所做的變動只限於修訂正文部分文字與增加一些註解，雖然筆者很希望能對全書作全面改寫。遺憾的是，由於時間不允許，加上筆者沒有機會再一次赴義大利作較長期的停留，所以只能就個別文句作更動以及增加一些新的闡述。謹以此新貌誠惶誠恐地將過去那本頗受大家歡迎的書重新付梓出版。對筆者而言，也許過去有些看法與批判現在看起來太稚嫩了些；從今天的角度來看，大家不一定都會贊同。

正值文化史研究蓬勃發展之際，尚望這本新修訂的書對各位方家同好仍是一本具有新意、值得一讀的書。

---

1 〔譯者注〕本書第一版（1860）並沒有前言。而布氏親自修訂的這本《義大利文藝復興時代的文化》第二版，嚴格來說，也是他生前正式出版的最後一本書，因此本譯注是根據第二版來翻譯。自第三版起，布氏就將修訂工作交給Ludwig Geiger負責，從此對本書出版情況不聞不問。

視「國家」如同藝術品
Der Staat als Kunstwerk

第一章
導論

....

　　本書書名在標題上便開宗明義指明，這是一本「嘗試之作」[1]，因為筆者深知，自己是以極有限的資源與才識來從事一項艱鉅的工作。儘管筆者對自己的研究具有相當的信心，卻不敢奢望能獲得這個領域其他專家的讚賞。因為對文化史上任何時期精神層面的概述，會因切入角度不同而獲得不同歷史圖像。尤其是當探討的課題是對我們仍極具影響力的近現代西方文化之母，不論是詮釋者或者是讀者都免不了會以自己主觀的判斷與感受來論斷與此文明（Zivilisation）相關的種種。放眼我們即將駛進的浩瀚

─────────────

1　〔譯者注〕本書德文原書名為 *Die Kultur der Renaissance in Italien: ein Versuch*，全名翻譯應為《義大利文藝復興時代的文化：一本嘗試之作》。Middlemore 的英譯本只譯為 *The Civilization of the Renaissance in Italy*，刪去副標題，也將德文的" Kultur"（文化）以英文的"civilization"翻譯。「一本嘗試之作」（Ein Versuch）為布氏原書之副標題，但 Middlemore 之英譯本與台北黎明公司出版之羅漁譯本以及北京商務印書館出版的何新譯本在書名翻譯上都將之省略，這是很可惜的。因為布氏附上此標題有點明寫作本書以探索歷史研究本質、彰顯歷史書寫應有之謙卑態度的深意，詳情請見本譯者為本書所寫的緒論〈寫給故鄉的書──《義大利文藝復興時代的文化》緒論〉第七節「文化史書寫的問題」。齊思和在何新譯本附上的「中譯本序言」(頁 1-19)討論到這個副標題的德文中譯及其確切意涵時說：「德國人所謂 Versuch，即是英國人所謂 Essay。〔……〕布克哈特這裡所謂 Versuch，是指對某一問題發表一些作者獨特見解的著作體裁而言的。」（頁 4）這樣的說法，忽略了布氏對歷史研究與著述不同於當時主流思潮的堅持與謙卑，並不能算是精確的理解。有關布氏此書書名"Kultur"（文化）所指涉的正確意涵亦請參照〈寫給故鄉的書〉第七節「文化史書寫的問題」。

6

歷史之海，遍是各種不同的航道與方向：相同課題的研究不只會因研究取徑不同而有不同的史料運用與解讀，同時也很容易得出南轅北轍的結論。有鑑於此，筆者希望這麼重要的研究課題能有更多學者從不同立場出發來參與討論。此刻，如果讀者願意耐心理解本書的闡述，並將此書敘述的各章節合而觀之、視為彼此緊密關聯的整體，筆者將感到心滿意足。文化史論述有一項逃避不了的困難，即為了闡釋方便必須將一個廣闊宏大的文明進程切割為許多單一、片斷的概念。為了彌補本書在敘述上最大的缺憾——無法將文藝復興藝術史囊括進來——筆者曾希望藉著另寫一本《文藝復興的藝術》（*Die Kunst der Renaissance*）來填補此漏缺；但這個心願到目前為止可惜只粗淺地完成了一小部分[2]。

§ 1.1.1　十三世紀[3]義大利政治實況

教宗與霍恩斯陶芬王朝（Hohenstaufen）長期鬥爭的結果，給義大利留下了與西歐其他國家大不相同的政治情勢。法國、西班牙、英格蘭等國由於有發展完備的封建制度，所以當此制度壽終正寢時，這些國家仍可順利轉化為統一的君權國家。在德意志地區，封建制度至少在表面上還撐住了神聖羅馬帝國一統的門面。只有義大利幾乎完全擺脫封建制度的影響。即使在最得勢之時，十四世紀的神聖羅馬帝國皇帝已不再被義大利視為最

2　Franz Kugler 所編的《建築史叢書》（*Geschichte der Baukunst,* 1867）第四冊的上半部討論建築與建築裝飾部分為布氏所寫。

〔譯者加注〕上述之書為《建築史叢書》最後一冊，書名為《近現代建築史》（*Geschichte der neueren Baukunst*）。全書由布氏與 Wilhelm Lübke (1826-1893) 合寫。根據本書序言，布氏負責撰寫義大利文藝復興的建築與建築裝飾；Lübke 則負責撰寫文藝復興時期義大利以外地區的建築以及其後的建築史。1878 年，布氏將他所寫的部分重新修訂，並以獨立的單書出版，書名為《義大利文藝復興建築史》（*Baukunst der Renaissance in Italien*）。

3　〔譯者注〕本節小標題根據目次之寫法翻譯為十三世紀。原文旁邊所加的小標題寫為十二世紀，恐為誤植。

高封建領主，因為義大利人是將他們視為某些既存勢力的可能領導者或支持者來接待或表示敬意。教宗雖然沒有能力將整個義大利變成一個國家，但是，藉著他所掌控的聯盟勢力與地盤，卻也足以阻撓義大利成為統一的國家[4]。因此，介於上述兩種政治情勢之間，義大利產生了各式各樣**不同的政治型態**——城市政體（Städte）以及專制君主政體（Gewaltherrscher）[5]。有些是先前便已存在，有些則是新興的。無論如何，它們的的確確是存在著[6]。從這些政體的運作中，近代歐洲國家的精神（der moderne europäische Staatsgeist）第一次毫無拘束地迸發出原生的活力。這樣的原生活力經常見於他們在肆無忌憚的自利主義（Selbstsucht）驅使下，做出種種恐怖至極之事：罔顧法理、扼殺剛萌芽的優質文化教養。然而，只要他們知道及時從這種不良的發展方向回頭是岸，或至少以任何方式加以矯正，那麼他們將以另一種嶄新、活潑的姿態呈現在歷史舞台上：國家作為一種精心規劃、有自覺意識的創造物——也就是視國家的創生如同藝術品的創生（der Staat als berechnete, bewußte Schöpfung, als Kunstwerk）。這種新的創造意識以千百種不同的風貌展現在城邦共和國（Stadtrepublik）與專制君主國（Tyrannenstaat），它也決定了該國的內在結構與外交走向。以下我們將以發展軌跡較為清楚完備的專制君主國為例，仔細觀察國家形成的過程。

§ 1.1.2　腓特烈二世在位時的諾曼人王國

義大利南部與西西里島上由諾曼人（Normannen）所建立的王國經神

---

4 Macchiavelli, *Discorsi*《史論集》，第一卷，第十二章。

5 〔譯者注〕Middlemore 將此直接英譯為"republics and despots"，羅漁譯本則譯為「共和國」與「王國」，何新譯本譯為「共和國」與「專制君主國」。本譯注依照布氏德文原文在本處先行翻譯為城市政體（Städte）與專制君主政體（Gewaltherrscher）。

6 統治者及其臣屬統稱為「國家」(義大利文：lo stato)，後來這個名稱便被用來指稱某個特定疆域內所有的存在（das gesamte Dasein eines Territoriums）。

聖羅馬帝國皇帝腓特烈二世（Friedrich II./
Frederick II, 1194-1250）改造後的情況，可作為
我們瞭解專制君主統治地區內部政治結構的最佳
範例[7]。 在鄰近的回教徒撒拉翠人[8]環伺下，腓
特烈二世自幼生長於叛變與危難中，所以很早就
養成處理事情時絲毫不帶個人喜惡的客觀態度
（eine völlig objective Beurteilung und Behandlung
de Dinge），因此，他也成為以近現代人之姿登上
王位的第一人。此外，他對撒拉翠人內政組織、
行政管理也透過近距離的觀視，得到極為深入的
瞭解。他也能運用所有想像得到的謀略來與歷任

1994年德國紀念神聖羅馬帝
國皇帝腓特烈二世八百歲生日
發行的郵票。圖樣是根據梵蒂
岡圖書館所收藏的手抄本馴鷹
書籍（c. 1260）而來，其中
將腓特烈二世表現為馴鷹高
手。

教宗進行你死我活的殊死爭鬥。腓特烈二世的政策（尤其自1231年起）
主要在於徹底摧毀國內封建勢力，將人民塑造為沒有個人意志、卸除武
裝、卻具有高度繳稅能力的群眾（Masse）。他以高度中央集權的手腕將司
法權與行政權掌控在自己手裡，這是西歐國家從來不曾有過的情況。自
此，沒有一官半職可經由人民選舉而產生，違者該地區將遭受蹂躪，公民
降為農奴（Hörigen）。稅收方面，依照官方戶政與地籍普查結果來徵收，
並採取回教國家慣用的殘酷手法。因為如果不這樣，很難指望從這些東方
人的口袋裡要到錢。藉著這些手段的實施，這個國家可說已經沒有國民
（Volk）了，有的只是一群唯唯諾諾的順民（Untertanen）而已。如果沒有

---

7 Höfler: *Kaiser Friedrich* II., S. 39 ff.

8 〔譯者注〕撒拉翠人（Sarazenen，希臘文字源：sarakenoi；英文：Saracens）：
古羅馬帝國時代指的是居住在阿拉伯半島西北部，以及西奈（Sinai）半島上的
阿拉伯人。中世紀初期在拜占庭以及用希臘文所寫的早期基督教文獻裡，泛指
所有的阿拉伯人。回教興起以後，專門指稱地中海地區的回教徒，尤其在十字
軍東征時代指的是義大利南部與西西里島的回教徒。

特別許可，老百姓不准與外地人通婚，更不准到外地求學——拿波里大學便是第一所實施這種嚴格規定的學校。相較之下，東方國家至少在這類事情上，還讓他們的人民有自由選擇的空間。比回教國家更回教的地方還有，腓特烈二世積極拓展自己在地中海地區的貿易勢力。為了完全掌握貿易優勢，他將許多商品列為專賣，並阻撓臣民從事貿易活動。綠衣大食法提瑪王朝 [9] 哈里發 [10]（die fatimidischen Khalifen）雖然堅持自己的神秘教義因而成為基督徒眼中的異教徒，但至少在他們早期的統治裡，對臣民的宗教信仰是抱持開放容忍的態度。相反地，腓特烈二世卻藉著異端審訊來強化自己的威權統治。如果我們願意相信，他曾藉異端罪名來迫害那些倡言城市生活應享有思想自由的意見領袖，那他的異端審訊真應被指控為惡貫滿盈。他雇用從西西里島遷居到露卻里亞（Luceria）與諾卻拉（Nocera）的撒拉翠人來擔任國內的警察以及對抗外敵的軍隊核心武力。這些阿拉伯回教徒對老百姓的怨聲載道完全充耳不聞，對教會的禁令亦視若無睹。他自己的臣下由於長年不習武備，只能坐視腓特烈二世的私生子曼弗雷德（Manfred, 1232-66）的王位被安茹王室（Anjou）推翻，毫無抵抗地讓人輕取社稷。江山易代之後，安茹王朝亦蕭規曹隨地繼續用同樣的方式來統治這個地區。

§ 1.1.3 駙馬爺愛澤林諾

在腓特烈二世這位集大權於一身的皇帝身旁還有一位極具個人特色的

---

9 〔譯者注〕法提瑪王朝（die Fatimiden，英文：the Fatimid Dynasty, 909-1171）是在北非突尼西亞（Tunisia）所建立的回教王朝，即是中國史書上所稱的「綠衣大食」。十世紀末，法提瑪王朝遷都開羅，成為北非、西亞的強國，勢力範圍亦及義大利西西里島。

10 〔譯者注〕哈里發（Kalif，英文：Caliph，阿拉伯文 khalifah，原意為穆罕默德的繼承者）為回教政治兼宗教領袖。

篡位者，也就是腓特烈二世的攝政王以及女婿：愛澤林諾（Ezzelino da Romano, 1194-1259）[11]。他並不是出身於政府官員或行政事務系統，因為他的發跡主要是靠在義大利東北部的政權爭奪戰而來。然而，作為政治上重要代表性人物來看，他對後世的影響並不亞於腓特烈二世。在他之前，所有中古時代的征服與篡位不是以合法或偽托的繼承權作藉口，便是宣稱因為之前的統治者不信上帝或已被驅逐出教，所以可以正正當當取其位而代之。但是愛澤林諾卻首創用大屠殺以及無數血腥手段來建立自己的政權。也就是說，他可以不惜祭出各種手段只為了達到自己的目的。其殘酷的程度，在他之後無人能及。即使兇狠殘暴如凱撒・伯爾嘉 亦自嘆弗如[12]。但是惡例一開，往往大家有樣學樣。即使後來愛澤林諾慘遭推翻，人民應重新獲得的公義並沒有因此獲得重建，而後來的篡奪者也沒有因此引以為戒。

11　〔譯者注〕Ezzelino da Romano 為義大利保皇黨（Ghibellines）之首領。自 1232 年後，成為腓特烈二世與教宗對抗的堅定支持者。1237 年，當腓特烈二世擊敗隆巴底軍隊後，Ezzelino da Romano 成為北義大利最強的統治者。1238 年，迎娶腓特烈二世的私生女為妻。由於經常與教宗黨（Guelphs）作戰，所以於 1254 年被教宗 Innocent IV 開除教籍。Ezzelino da Romano 被詩人但丁（Dante）寫入《神曲》的〈地獄篇〉，成為暴君的象徵。

12　〔譯者注〕伯爾嘉（Borgia）原為西班牙貴族的姓氏，十五世紀初移民義大利。凱撒・伯爾嘉（Cesare Borgia, 1475-1507）義大利軍事將領，為教宗 Alexander VI 私生子。在其父安排下，1492 年受封為大主教，1493 年晉封為樞機主教，但在 1497 年因其兄弟之慘死，凱撒・伯爾嘉放棄神職，轉向軍旅發展。最後成為教廷軍事統帥（Gonfaloniere）。他的目標是在義大利中部建立一個王國，但隨著其父過世（1503），他的權勢也跟著泡沫化。著名畫家達文西（Leonardo da Vinci）曾短期擔任過凱撒・伯爾嘉的軍事防禦工程監督官，但沒有為他繪製任何畫作。
Machiavelli 在《君王論》（Il principe, 1532）一書裡，將當時人心目中兇殘無恥的凱撒・伯爾嘉視為文藝復興君王的典範，因為他具有攻擊性、反應快、做起事來六親不認、而且十足是個機會主義者——這些都是 Machiavelli 認為他自己時代的政治人物不具備的政客特質。

在這樣的時代，神學泰斗聖托瑪斯・阿奎那（Thomas Aquinas, 1224-74）[13]雖然生為拿波里王國的子民，卻只能徒勞無功地空談君主立憲的理論。在他的理想中，君主應得到他所任命的上議院以及人民選出的下議院之支持。然而，在當時，這只能算是書生空談。對十三世紀的義大利政治現實而言，腓特烈二世與愛澤林諾始終是**最有實質影響力的人物**。他們留在歷史上的影像，雖然部分來自稗官野史的渲染，卻仍構成《古代傳說故事百則》（*Cento novelle antiche*）的主要內容[14]。這部書的原稿無疑是在十三世紀寫成的，因為作者還帶著戒慎恐懼之心來描寫愛澤林諾所作所為帶來的震撼。從親眼見證的年鑑記載到半具神話性質的悲劇作品，為數不少的作品都圍繞著愛澤林諾這個主題來撰寫[15]。

---

13 〔譯者注〕Thomas Aquinas（義大利文：Thomas d'Aquino）生於西西里王國的 Roccasecca（在 Aquino 附近），為道明會神學家，也是中世紀最重要的士林哲學家（Scholasticist），重要的代表作有《神學總論》（*Summa Theologica*）以及《反不信上帝者大全》（*Summa contra gentiles*）。

14 *Cento novelle antiche*, Nov. I, 6, 20, 21, 22, 23, 29, 30, 45, 56, 83, 88, 98.

15 Scardeonius, *De urbis Patav. antiqu.*, im *Thesaurus des Grävius* VI., III., p. 259.

第二章
十四世紀的僭主政治

　　十四世紀各種大大小小的僭主統治由於為數眾多，讓人不得不對此現象印象深刻。而他們所犯下的種種罪行，也在歷史上留下詳盡的紀錄。然而，本文更感興趣的是，去探討一些完全靠自己力量興起的僭主以及由此建構起來的國家。

§ 1.2.1　財政基礎與教育文化的關係

　　懂得在精心規劃下善用所有資源、並結合對領土內所有臣民近乎絕對威權的統治，這樣的作法在當時只有義大利統治君主想得出來。這也造就了當時一種獨特的人物典型與生活方式[16]。比較明智的僭主主要的治國秘訣在於：盡可能依照原先固有的徵稅項目、或依照他最先規定的項目來徵稅——也就是依照納稅義務人的帳冊（Kataster）[17]來徵稅，以及徵收特定

16　Sismondi, *Hist. des rép. italiennes*, IV, p. 420; VIII, p. l.s.
　　〔譯者加注〕Jean Charles Léonard Simonde de Sismondi（1773-1842）：瑞士著名的總體經濟學家與歷史家。Sismondi在經濟學上思想反對毫無限制的市場競爭，這一點對Karl Marx產生不少影響。在歷史學方面的重要著作有：*Histoire des républiques italiennes du moyen âge*, 16 vols.(1809-1818; *History of the Italian Republics in the Middle Ages*)，在此鉅著中，他將義大利中古自由城市視為近現代歐洲文明的根源；此外另著有 *Histoire des Français*, 31 vols.(1821-1844, *History of France*)。

17　〔譯者注〕Kataster（字源：capitastrum，原意：人頭稅徵收名冊；英／法文：cadastre）在中世紀指的是義務交稅人的名冊。

的消費稅與進出口關稅。此外,增加**財政**收入的來源還有統治家族私有財產所得的收入。唯一可以加稅的機會是當民生經濟普遍繁榮與貿易往來也興盛的時候。自由城市裡發行的政府公債則不曾出現在這種君主專政地區。反之,當一個思慮周密、精打細算的僭主需錢孔急時,他會在不動搖民心的情況下,仿效東方獨裁者慣用的手法,技巧性地罷免最高財經首長,並將其財產收刮一空[18]。

僭主希望從上述這些收入來支付**朝廷**、貼身侍衛、雇傭軍隊、公共建築、弄臣以及恩庇的各種才識之士所需的各種費用,因為這些都是統治君主身邊少不了的人才。然而僭主因其取得政權不是經由合法途徑,為了謹防各種不測,不免使自己陷於孤立的困境。唯一可以讓他結盟的忠實盟友只剩下具有各種優異稟賦的才識之士,不論其家世背景如何。十三世紀阿爾卑斯山北方的君侯只懂得對自己麾下的騎士、隨侍在身旁的侍從與在自己跟前彈琴作樂的貴族慷慨大方。義大利的僭主則企圖心大得多,他們渴求聲望,因此也懂得認真對待才識之士。當他與詩人或學者相處時,他感到自己真的是跨進一個新的境界,猶如他的政權有了新的法理根據。

§ 1.2.2　理想的專制君主

在這方面,最著名的例子便是維羅納(Verona)的統治者岡・格郎德(Can Grande della Scala, 1291-1329),他的朝中聚集了全義大利被放逐的秀異之士。騷人墨客都對他十分感恩。佩托拉克(Francesco Petrarca, 1304-74)因為出入這種人的宮廷而遭受責難,但他仍寫下自己理想中十四世紀君侯應有的形象[19]:他對自己在該文中所傾談的主角——帕多瓦(Padua, Padova)的統治者——有許多深切的期待,而他行文的方法卻讓

18　Franco Sacchetti, *Novelle*.(61.62).

19　Petrarca, *De rep.optime administranda*, ad Franc. Carraram (*Opera*, p. 372, s.).

人感覺到，好像他真的相信帕多瓦的統治者一定辦得到：

> 你不應以人民的統治者自居，而應是一國之父（Vater des Vaterlandes）[20]、愛你的臣民如同自己的子女、如同你的親骨肉。武器、貼身侍衛、雇傭兵——這些是你用來對付敵人的工具，但是面對你自己的子民，你只需要善意就夠了。當然，我所說的善意只能釋放給「真正的」子民（die Bürger），也就是那些願意一齊落地生根的人（welche die Bestehende lieben）；至於那些一天到晚見異思遷的人，那是叛徒與全民公敵，應以嚴格的公義來管束他們。

此外，佩托拉克還對國家公權力應及之處作了符合近現代想像的規劃：統治君侯應周全地照管國境內的一切；建造並維修教堂與公共建築；警察應負責維護巷道的安全與公共景觀[21]；沼澤應疏浚；酒類與穀物的供輸應合法進行；稅賦的負擔要符合社會公義；弱勢團體及傷病者應得到足夠的社會福利照顧；傑出的學者應得到君王的保護與款待，因為君王的後

---

20 一百年之後，君侯的妻子才被稱為「國母」（Landesmutter），參見「Crivellis 在 Bianca Maria Visconti 安息禮拜上的致詞」（Hieron. Crivellis Leichenrede auf Bianca Maria Visconti, bei Muratori），ⅩⅩⅤ, Col. 429. 一個嘲諷式的借用例子見於 Jac. Volaterranus 稱呼教宗 Sixtus IV 的一位姊妹為「教會之母」（mater ecclesiae）（Murat. ⅩⅩⅢ. Col. 109）。

〔譯者加注〕「國父」（pater patriae）的榮銜源自古羅馬共和時代，當時對國家有卓越貢獻的人在元老院的同意下，可以獲頒此殊榮。第一位得到這項榮譽的是西塞羅（Marcus Tullius Cicero），第二位獲得的是凱撒（Julius Caesar）。在義大利文藝復興史上被稱為「國父」的最著名代表是佛羅倫斯的 Cosimo de'Medici (1389-1464)。

21 佩脫拉克在此還附帶提出一個請求，希望帕多瓦能禁止在巷道內養豬，一方面因為這樣妨礙觀瞻，一方面這也會讓行經過的馬匹害怕不敢前進。

世聲名有賴這些學者筆下的評斷。

§ 1.2.3 境內與境外的危險

然而，上述的史實只談到個別僭主某些值得稱頌的事蹟及部分執政的光明面。十四世紀的人其實更深刻看到或意識到，絕大部分僭主政權都是短促而不可靠的。基於政治運作的常理，所掌控的疆域愈廣政權穩定性愈高，所以強大的僭主便時時想要吞併較為弱小的。當時被米蘭公爵威士孔提（Visconti）吞併的小國便以百計！這種外來的危險對內部情勢帶來的紛擾可想而知。而統治者面對內憂外患的夾擊，個人性情都免不了要隨之腐化：一方面虛矯地自以為無所不能，縱欲享樂，自私自利到極點；另一方面卻因飽受敵人與陰謀叛變者的威脅，所以不可避免地成為一個令人深惡痛絕的暴君。

如果僭主最親近的血親至親還值得信賴，可能還不會那麼悲慘！但光從他們取得政權的過程完全不合法這點來看，麻煩也就在他們**無法確立合法繼承權**——不管是在王位繼承順位的安排上、或是財產分配的原則上。往往在最後關頭，眼見君侯的接班子嗣不是未成年就是不成材，堂兄弟或叔伯便會自己跳出來，發動鬩牆奪權之爭，以繼續鞏固家族原有的政治勢力。此外，私生子的驅逐或認祖歸宗也往往是爭執的焦點。所以，許多這類的政治家族最後落得被心懷怨恨、亟思報復的親戚所害。他們怨懟的親族關係經常可見於公開的背叛與對自己族人的謀害上。有些人被放逐在異鄉生活，也會以耐心與審慎冷靜的態度來觀察局勢的變化。例如當被放逐的威士孔提（Visconti）在義大利北部加達湖（Lago di Garda）畔垂釣時[22]，面對他政敵的使者直率地問他，打算何時回米蘭，他回答道：「直

---

22 Petrarca, *Rerum memorandar.* Liber Ⅲ. p. 460. 本處指的是 Matteo I. Visconti 與當時米蘭的統治者 Guido della Torre。

到我的死對頭所犯的惡行比我還多的時候。」有的時候，當統治僭主實在作惡太甚，激起人民強烈的公憤，也會被自己的親人消滅，以挽救整個家族的統治勢力[23]。通常統治權是落在統治者的整個家族手中，所以統治者必須配合身邊出主意的人所提供的意見行事。在這種情況下，權勢與財富的分配也往往容易引起激烈爭執。

§ 1.2.4　佛羅倫斯人對僭主的批判

凡此種種，都讓當時佛羅倫斯的文人感到相當反感。光是這些專制獨裁者奢侈的排場與華麗的裝扮——與其說是為了滿足自己的虛榮心，不如說是為了讓百姓目瞪口呆——凡此種種，都讓他們忍不住要冷嘲熱諷一番。唉！如果有任何政治暴發戶落在他們的筆下，例如，「剛出爐的」比薩總督安尼耶羅（der neugebackene Doge Agnello da Pisa, 1364）常常喜歡拿著金色的權杖騎馬外出，返家後又喜歡前倚在窗邊、後靠著畫毯與錦繡抱枕，「如同受人朝拜的聖人遺骸般」被仰望著。服侍他的人必須像服侍教宗或皇帝般雙膝跪地[24]。但是佛羅倫斯老一輩的人卻用相當謹肅的態度來批判這些行徑。但丁（Dante）[25]看穿這些政治新貴想要表現貪婪與統治慾的噱頭，一針見血地將之評為低俗、平庸：「你們這些吹號的、響鈴的、吹號角的與鳴笛的在喧鬧些什麼呢？不就只是在說：劊子手來吧！鷹犬來吧！」人們描繪僭主所居的城堡都是孤伶伶地高高在上，其中滿佈地牢與監聽器[26]，是罪惡與悲慘的淵藪。有些人則預言，為專制僭主服務的

23　Matteo Villani, V, 81 寫道：Matte II.Visconti 就是因此被他的兄弟密謀殺害的。

24　Filippo Villani, *Istorie* XI, 101. 佩托拉克也認為這些僭主把自己塑造成「像是宗教紀念日時供大家膜拜的祭壇」（wie Altäre an Festtagen）。Lucca 的統治者 Castracane 所舉行的盛大遊行參見其傳記作家 Tegrimo 詳細的記載，收錄於：Murat. XI, Col. 1340.

25　*De vulgari eloquio*, I, c.12: ...qui non heroico more, sed plebeo sequuntur superbiam etc.

人都會遭到不測[27]；而獨裁者最後也必須面對悲慘的命運，因為他終將被所有正人君子與真正具有實力的才智之士所唾棄；他無法真正相信別人，心裡也清楚他手下的人正冷眼等著看他下台的那一天。「隨著這些獨裁者一路冒出頭、得勢、以迄處心積慮鞏固自己的權位，他們的內心也跟著滋長後來讓他們永劫不復的禍因。[28]」與此相對的最佳反例至今還未被深刻探討過——在當時，佛羅倫斯（Firenze, Florence）已經開始高度重視個人特質的發展。相較之下，專制獨裁者除了自己及其親信外，絲毫不能容忍其他人有自己的想法與作法，為了完全控制個人的行動，他們甚至徹底執行護照制度[29]。

除了僭主過著陰森恐怖、離棄上帝的生活外，某些僭主還因為醉心占星術、不願相信上帝，而讓當時的人帶著異樣的眼光看他們。當卡拉拉（Carara）家族最後一位君王無法繼續統領被瘟疫肆虐的帕多瓦時，只能眼見威尼斯人包圍這個城市，他的貼身近衛不時在夜裡聽到他向魔鬼呼求快來殺死他。

§ 1.2.5 威士孔提家族：直到倒數第二位掌權者

最道地、也最富啟發性的十四世紀僭主政權，當數喬凡尼大主教（Erzbischof Giovanni）去世後接掌米蘭政權的威士孔提家族。這個家族的

---

26 雖然相關的記載直到15世紀才出現，但無疑地這是出自更早之前的想法所做出來的。參見：L. B. Alberti, *de re aedif.* V, 3; Franc.di Giorgio. *Trattato*, bei Della Valle, *Lettere sannesi*, Ⅲ.121.

27 Franco Sacchetti, *Nov.* 61.

28 Matteo Villani, VI, 1.

29 帕多瓦的護照署於十四世紀中葉稱為 quelli delle bullette，參見：Franco Sacchetti, *Nov.* 117. 腓特烈二世（Friedrich II.）在位最後十年，也是他對人民管控最嚴的時期，國內所執行的護照制度（譯者加注：應指國民身分證）應已到相當發達的地步。

貝恩那博・威士孔提（**Bernabò Visconti**）與羅馬最殘暴的皇帝不相上下[30]。對這位統治者而言，最重要的國之大事是狩獵野豬。誰要是敢阻撓他，必受酷刑而死。他將五千隻獵犬交給老百姓豢養，誰要是沒將獵犬照顧好，就會受到最嚴酷的刑罰，因此老百姓都提心吊膽。他也想盡辦法橫徵暴斂。他有七個女兒，每個都得到十萬金幣豐厚的嫁奩以及一大批珠寶收藏。在他的夫人過世時（1384），他頒佈一道「給臣民的敕令」，其中說道，臣民過去分享他所賜的歡樂，如今也必須分擔他的憂傷，因此他們必須服喪一年。令人更不可置信的是，1385年他在自己姪子姜葛蕾阿佐・威士孔提（Gian Galeazzo Visconti, 1351-1402）所策動的陰謀襲擊下喪生，這是一件讓後世史家仍感到驚心動魄的事[31]。

　　僭主專政好大喜功的特質在**姜葛蕾阿佐・威士孔提**[32]在位期間淋漓盡致地開展出來。他耗費了三十萬金幣建造巨大的堤壩，以便高興的時候就可將曼圖瓦（Mantova）的敏秋河（Mincio）與帕多瓦的布蘭塔河（Brenta）引流改道，讓這些城市失去防禦能力[33]。依此，如果他說他想抽乾威尼斯所有潟湖（Lagune）的海水，也沒什麼好大驚小怪的。他將帕威亞（Pavia）的闕托莎（Certosa）修道院修建地美輪美奐，成為「最令人讚嘆

30　Corio, *Storia di Milano*, Fol. 247, s.

31　Paolo Giovio, *Viri illustres*, Jo. Galeatius.

32　〔譯者注〕Gian Galeazzo Visconti 在其父過世後，逐漸將米蘭統治權全部收歸到自己手裡，將威士孔提王朝帶向鼎盛時期。他以極大的賄賂慫恿波西米亞國王溫澤（Wenzel）頒給他米蘭公爵世襲頭銜。1399 年，他取下 Pisa 與 Siena, 1400 年又取下義大利中部 Perugia 以及鄰近的 Umbria 城鎮，1402 年再與北義大利的 Bologna 結盟。當時整個義大利北部與中部幾乎都落入他的掌控，只有佛羅倫斯保持獨立。他企圖將自己統領的區域建立成一個國家，因此鼓勵臣屬到 University of Pavia 接受教育。在他即任的第二年，開始興建米蘭主教座堂；1396 年，他又成立 Carthusian monastery。他深受佩托拉克影響，佩托拉克也曾在他的宮廷住過，並主持 Visconti Library 的典藏規劃。

33　Corio. Fol. 272, 285.

的修道院」[34]；米蘭主教座堂也被稱頌為「其雄偉壯麗凌駕所有基督教的教堂建築」。而位於帕威雅的宮廷——這是在他父親葛蕾阿佐‧威士孔提（Galeazzo Visconti）生前開始興建、在他手中竣工的——大概可算的上是當時歐洲最富麗堂皇的宮室。他除了將自己著名的圖書館遷移到那兒外，也在彼處藏置了大批的聖人遺骸，以供自己特殊宗教禮拜之所需。

　　性情如此爭強好勝的一位君王，如果說他不想在政治上登上最高寶座，那才怪呢！1395年他被波西米亞國王溫澤[35]封為米蘭公爵，他卻一心一意想要成為整個義大利的國王[36]！甚至在他1402年臨終垂危時，還念念不忘想要戴上皇帝的冠冕。他所統治的所有疆土據說一年除了常規的稅賦有一百二十萬金幣的進帳外，還有八十萬金幣的其他貢金。這個藉著各種武力統轄的王國，在他死後，也陷入分崩離析。他的繼承人甚至連幾個固有的領疆都差點守不住。如果他的兩個兒子約翰‧瑪麗亞‧威士孔提（Giovan Maria Visconti）與菲利普‧瑪麗亞‧威士孔提（Filippo Maria Visconti）是在其他地方出生，而對這種家庭的種種毫無所悉，會不會有不一樣的結局呢？這是很難論斷的。但至少我們看到，作為這個家族的後代，他們完完全全繼承了這個家族世世代代以來所累積的無惡不作的血統。

34　Cagnola, im *Archiv. stor.* II [III] p. 23.

35　〔譯者注〕溫澤（Wenzel，英文：Wenceslas, 1361-1419）：盧森堡（Luxemburg）人，1363-1419擔任波西米亞國王（即Wenzel IV），1376年被選為羅馬國王，於1378年繼承其父查理四世（Karl IV.）之位擔任神聖羅馬帝國皇帝；1400年被四位萊茵河地區的選帝侯（Kurfürsten）罷黜帝位。但在波西米亞王國境內，他支持胡斯教派（Hussiten）的宗教改革理念，頗受人民愛戴。

36　Corio, Fol. 286 & Poggio, *Hist. Florent.* IV, bei Murat. X X., Col. 290. 有關他想成為皇帝參見：Cagnola, im *Archiv. stor.* II [III], p.23 以及收錄於 Trucchi, *Poesie ital. inedite II*, p.118 之十四行詩：
　　　　Stan le città lombarde con le chiave
　　　　In man per darle a voi...etc.

約翰・瑪莉亞・威士孔提還因狗而聞名。他所豢養的狗不是獵犬，而是專門用來把人咬得稀爛的惡犬，所以這些惡犬的名字都如古羅馬皇帝瓦倫亭安一世（Valentinian I, 364-375）所養的惡熊一樣，全部流傳了下來[37]。1409年5月，當飽受戰火摧殘而飢饉不已的百姓當街向他呼求：「和平！和平！」時，他卻派雇傭兵下去鎮壓，屠殺了兩百人；此外他還下令要是有誰敢再說出「和平」和「戰爭」兩個字眼，一律絞刑伺候。甚至於神父也被命令必須用「賜給我們安寧」（tranquillitatem）來取代「賜給我們和平」（dona nobis pacem）！最後一群密謀造反者利用這個瘋狂統治者所聘用的雇傭兵大統帥法其諾・卡內（Facino Cane）在帕威亞病篤垂死的大好時機，在米蘭的聖歌塔多教堂（S. Gottardo）附近將約翰・威士孔提殺害。而在同一天，這位病危的法其諾・卡內也命令他手下的軍官立誓，幫助菲利普・瑪麗亞・威士孔提順利登上王位。此外他還親自勸告自己的妻子，在他死後下嫁給菲利普・瑪麗亞・威士孔提[38]。他的妻子貝雅翠（Beatrice di Tenda）果真照他的遺言而行。有關菲利普・瑪麗亞・威士孔提的事蹟容後再敘。

而在此時期，尼可拉・羅倫佐（Cola Rienzi, 1313-54）[39]想靠著羅馬城頹廢墮落的居民寄望在他身上吹彈可破的熱情來建立一個統一的義大利政權。與我們之前討論過的統治者相比，尼可拉・羅倫佐這樣的統治者只是一個徹頭徹尾癡人說夢的可憐蟲。

37　Corio, Fol. 301 u.ff. 比較 *Ammian. Marcellin.* XXIX, 3.

38　Paul. Jovius: *Viri illustres*, Jo.Galeatius, *Philippus*.

39　〔譯者注〕Cola Rienzi 正式名字應為 Nicola di Lorenzo（意為 Lorenzo 之子 Nicola）。Nicola 被縮寫為 Cola，Lorenzo 被縮寫為 Rienzi 或 Rienzo。在此布克哈特將此名寫為 Cola Rienzi，在其他文獻上有時則被拼為 Cola di Rienzi 或 Cola Rienzo。

第三章
十五世紀的僭主政治

‧‧‧

　　十五世紀的僭主專政具有不同的特質：許多小的僭主政權以及若干勢力較龐大的——如斯卡拉（Scala）與卡拉拉（Carara）——都已相繼衰頹，經過一番整併所出現的強盛政權因此在內部組織上更具備獨有的特色。例如拿波里（Napoli）王國就因新的亞拉岡王朝（die aragonesische Dynastie）之統治而朝向更富活力的方向發展。

　　然而十五世紀最有特色的，應以雇傭兵統帥（condottiere）企圖建立屬於自己獨立的王國最為重要——也就是說，雇傭兵統帥希望自己能登上王位。這種各憑本事（rein Tatsächliches）的態度將西方文明往追求實利的路上又推進了一步。而才幹之士在其中所深深受益的，亦不遑多讓於那些無所不用其極的政客。勢力較薄弱的僭主為了有靠山撐腰，紛紛向勢力強大的國家投靠、輸誠納貢，希望能靠擔任這些大國的雇傭兵統帥賺取一些酬勞，或在犯下惡行時不至於遭到懲處報復，有時甚至還可指望擴張一些疆土。整體而言，不論是大國還是小國，都必須比以前更加小心，在行事上要更懂得慎思明辨、精打細算，避免使用慘無人道的暴虐手法。他們還能使壞的界限已被縮減到表面上必須讓大家覺得是情勢所迫、不得不然的範圍——如此一來，旁觀者也不會說太難聽的話。過去西歐合法登基的君主享有臣民近乎宗教虔敬般的誓死擁戴，如今早已煙消雲散；十五世紀的僭主至多還能享有類似於首都居民給予他們的愛戴而已。真正能讓義大利統治者在急遽時代變遷下，仍能繼續有效掌控政權的，是他們領導統御的

真材實料與小心冷靜審度時勢的能耐。像「**魯莽者查理**」[40]那般，一心一意只想靠血氣之勇去實現一些不切實際的妄想，對義大利人而言真是無法想像的事：

> 瑞士人只不過是一些不折不扣的鄉下農夫，即使把他們全殺了，也無法抵償可能在此征戰中喪命的勃根底貴族；縱使勃根底大公能在完全沒有抵抗的情況下輕取瑞士，他的年收入也不會因此多出5000杜卡金幣[41]；以下類推[42]。

如果我們說在「魯莽者查理」身上還殘存一些中世紀的認知方式，指的就是他還死守著中世紀騎士的幻想（或者說理想），而十五世紀的義大利人早就對此不存任何空想了。尤其是當他眡了下階軍官耳光後[43]，還把他們留在身邊；在打敗仗後用酷刑懲處將士，還當著眾兵士之面讓自己的親信謀士出醜，這些都讓來自阿爾卑斯山南部（即義大利）的外交官不再對他抱持任何希望。法王路易十一（Louis XI, 在位1461-83）的施政手腕雖然比當時義大利各君主都要高明，而且他又以米蘭公爵法蘭卻斯柯・史佛薩（Francesco Sforza）的崇拜者自居，但是就文化教養而言，他的草莽性格（vulgäre Natur）終究還是讓他遠遠落後給義大利的統治者。

十五世紀義大利各國正是以這種同時摻雜善與惡的奇特方式塑造出來。而統治者的人格特質也在因應時勢變遷的特殊需求下，徹底改頭換

---

40 〔譯者注〕「魯莽者查理」（Karl der Kühne／英文：Charles the Bold, 1433-77, duke of Burgundy 1467-77）為勃根底末代大公（the great Duke of Burgundy）。

41 〔譯者注〕杜卡金幣（Dukaten）：自中世紀末期至十九、二十世紀歐洲通用的金幣，原先在威尼斯鑄造，1559年起成為神聖羅馬帝國境內的官方貨幣。

42 De Gingins, *Dépêches des ambassadeurs milanais*, II, p. 200 (N. 213). Vgl. II, 3 (*N*.114) und II, 212 (*N*. 218).

43 Paul. Jovius, *Elogia*.

面，具有高度時代象徵性，讓人很難只從道德評判（das sittliche Urteil）的角度來論斷他們[44]。

§ 1.3.1 神聖羅馬帝國皇帝的干預與義大利之旅

政權取得的理由與途徑依舊是在不合法理的基礎上進行，因此隨之而來的是一連串逃都逃不掉的災難。神聖羅馬帝國皇帝的核可與封賞都無法改變這種命運，因為老百姓對他們的統治者為了得到一張可以用錢買來的羊皮紙文件，不惜遠行異邦、或與一個周遊列國的掮客接觸等等令人不屑的訊息，根本就擺出一副嗤之以鼻的樣子[45]。說實在的，連那些沒受過什麼教育的人用一般常識都可以判斷，如果神聖羅馬帝國皇帝還能爭點氣，根本就輪不到這些非法登基的統治者到處耀武揚威。自從查理四世（Karl IV., 英文：Charles IV, 1316-78, emperor 1355-78）駕臨義大利接受教宗加冕以來，神聖羅馬帝國皇帝對義大利境內的事只剩下「認可」（sanktionieren）他們完全管不了的非法登基之事；而且他們除了頒佈敕令等文件外，完全無力保證這些僭主政權能有什麼作為。查理四世在義大利表現的一切，只能被看作一齣拙劣的政治鬧劇，一如馬太歐‧維朗尼（Matteo Villani）所述：查理四世怎樣在統治米蘭的威士孔提家族簇擁下繞境巡視其轄地，然後被奉送出境[46]。他如同沿街叫賣的小販，一心只想著藉著兜售手上的貨物（即出賣特許狀 "Privilegien"）來換取金錢。他在羅馬時的言行舉止真是令人搖頭。最後他卻可以完全不必使用任何武力，就將錢袋

---

44 這種力量（Kraft）與才能（Talent）的結合正是 Macchiavelli 所稱的「才智膽識」（virtù），它可以與「為非作歹」（scelleratezza）相容並蓄。參見：Macchiavelli，《史論集》（Discorsi），I, 10 談到 Sept. Severus 的部分。

45 Franc.Vettori, Arch. stor., VI, p. 293, s 寫道：「一個居住在德意志、從神聖羅馬帝國皇帝手裡得到一個虛榮頭銜的人，是沒能力將自己從一個惡棍轉變為一個城市真正的執政者。」

46 M.Villani, IV, 38, 39, 56, 77, 78, 92；V, 1, 2, 21, 36, 54.

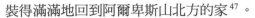

裝得滿滿地回到阿爾卑斯山北方的家[47]。

相較之下，神聖羅馬帝國的另一位皇帝西吉斯蒙底[48]至少在1414年第一次到義大利時還滿懷誠意，希望能勸動教宗若望二十三世[49]前去主持由他所召開的宗教大會。回程中，當皇帝與教宗一同登上克里蒙納（Cremona）的高塔眺望義大利北部隆巴底（Lombardia）全景時，不料出面款待他們的東道主——克里蒙納城的專制僭主封多羅（Gabrino Fondolo）——竟突發惡念，想將他們一齊從高塔推下去。而西吉斯蒙底第二次到義大利的經歷像是不折不扣的冒險犯難[50]。超過半年的時間他只能像欠債被關的人那樣呆坐在西耶納（Siena），後來費了好大的勁終於到達羅馬接受加冕。

對**腓特烈三世**（**Friedrich III./ Frederick III**, 1415-93）[51]我們又該給予什麼樣的評價呢？他造訪義大利如同花別人的錢去度假一般。甘心幫他出

47　Fazio degli Uberti 在《世界大觀》（*Dittamondo*, c. 1360）第六卷第五章裡還鼓勵查理四世發動一次聖地十字軍東征。

48　〔譯者注〕西吉斯蒙底（Sigismund, 1368-1437）：盧森堡人，查理四世（Karl IV）之子，1387年起擔任匈牙利國王，1410年起擔任羅馬國王，1419年起擔任波西米亞國王，1433年起擔任神聖羅馬帝國皇帝。西吉斯蒙底當政時，正值西歐教廷大分裂時期（the Great Schism, 1378-1417），1414-1418年他在今天德國南部的孔茲坦（Konstanz）召開第十六屆大公會議（Konzil, the Ecumenical Council）希望能結束長達39年的教會分裂。

49　〔譯者注〕若望二十三世（Johann XXIII., John XXIII, c. 1370-1419, antipope 1410-1415）：在教宗史上被稱為「偽教宗」（antipope）。在西歐教廷大分裂時期因不耐煩遲遲達不成共識，他另行在Pisa召開一場大公會議（March-August 1409），並立樞機主教Pietro Philarghi為教宗Alexander V (antipope, 26. June 1409-3 May 1410)。當Alexander V上任不久後過世，他便繼位為教宗。

50　〔譯者注〕西吉斯蒙底於1431年11月第二次前往義大利，主要是為了到羅馬加冕為皇帝（1433年5月）。

51　〔譯者注〕腓特烈三世：1440年在Fankfurt / M選上國王，1452年在羅馬加冕為神聖羅馬帝國皇帝。

錢的，不是想要得到他出具的書面證明來合理化自己的特權、就是想要獲
取虛名表示自己曾以盛大的排場款待過皇帝。例如，拿波里「寬宏大量的
亞豐索」[52]為了招待他，就花了十五萬金幣[53]。腓特烈三世第二次從羅馬
返鄉的途中，在斐拉拉（Ferrara）便曾有一整天完全足不出戶，只是忙於
頒發八十種大大小小的爵位──他冊封了騎士、博士、伯爵、公證人等頭
銜[54]。光是伯爵（conte）就分為好幾個等級：例如可以在自己領地內擁有
與王權同樣權力、可行使最高司法權的「王權伯爵」（conte palatino; count
palatine）；至多有權頒授五個博士頭銜的伯爵；可以賦予私生子合法地位
的伯爵；可以派定公證人的伯爵；有權將非婚生的公證人宣布為合法婚生
的伯爵等等。直到他的總理大臣提出，想要這些冊封證明的人必須繳交佣
金時，斐拉拉人才覺得他實在有點要求過度了。 至於斐拉拉的伯爾索‧
艾斯特公爵（Borso d'Este）眼見這位仁兄賜給自己小小朝廷滿朝文武百官
各式各樣的頭銜，心中究竟作何感想，可惜史籍沒有記載。而當時作為意
見領袖的人文學者（Humanisten）對神聖羅馬帝國的皇帝蒞臨羅馬城的看
法，則因個人立場不同而頗見分歧。有些依循古代詩人的作法，將之歌頌
為猶如古羅馬帝國時代皇帝君臨羅馬城一般；有些人如柏丘[56]則大表不

---

52 〔譯者注〕亞豐索一世（德文著作通常稱為 Alfonso I., 英文著作通常通為
   Alfonso V, 1396-1458）：1416-1458 年擔任亞拉岡（Aragon）國王，稱為亞豐
   索五世（Alfonso V），1442-1458 年擔任拿波里國王，稱為亞豐索一世。為避
   免翻譯衍生出來的困擾，本書依據其別號「寬宏大量的亞豐索」（Alfonso the
   Magnanimous）來翻譯其名號。

53 比較詳盡的記載參照：Vespasiano Fiorent., p.54。

54 *Diario Ferrarese*, bei Murat. XXIV, Col. 215. s.

55 Haveria voluto scortigare la brigata.

56 〔譯者注〕柏丘（Poggio Bracciolini, 1380-1459）：佛羅倫斯人文學者。1403 年
   起擔任教宗秘書，因此也參與了在孔茲坦（Konstanz）召開的第十六屆大公
   會議，但他主要利用這次機會四處發掘藏在西北歐修道院裡的上古典籍。
   1453-59 年擔任佛羅倫斯總理大臣。

解，究竟神聖羅馬帝國的王冠還能代表什麼？在古羅馬時代，只有當皇帝戰勝凱旋歸來時，才會得到桂冠的加冕。

§ 1.3.2　神聖羅馬帝國風光不再

從麥西米里安一世（Maximilian I., 1459-1519）起，神聖羅馬帝國開始全面涉入其他國家的政治，此時神聖羅馬帝國對義大利的政策也展開新的一頁。剛開始的時候，麥西米里安一世用的策略是將別號「摩爾人」的羅德維科・史佛薩（Lodovico Sforza il Moro，1452-1508）[57]拱上米蘭統治者的寶座，而罷黜其姪。但這種不正當的手法無法帶來善果。根據現代干涉他國內政的理論（Interventionstheorie），當兩強想要割據一國時，如果加進第三者來湊一腳，第三者也有權分一杯羹，所以神聖羅馬帝國皇帝也想藉干預他國內政得到他應分得的好處。但在此政治運作下，公理與其他相關的道德思維都被拋諸腦後。當法王路易十二世（Louis XII）於1502年駕臨熱內亞（Genova）之際，人們將公爵所居的宮殿大廳正前方原先擺飾的帝國巨鷹像移開，改以到處繪滿象徵法國王室的百合花。史書作者塞那瑞佳（Senarega）便曾到處探詢[58]，經過這麼多次改朝換代，這個代代相傳的鷹徽究竟還代表什麼意義？神聖羅馬帝國究竟還能要求熱內亞聽命什麼？這些問題都沒有人回答得上來。大家只知道一句老話：「熱內亞是

57　〔譯者注〕Lodovico Sforza il Moro 為 Francesco Sforza 次子。當其父於1466年過世後，他留下來輔佐他的哥哥 Galeazzo Maria Sforza。1476年，Galeazzo Maria Sforza 被謀殺，由年僅七歲的幼子 Gian Galeazzo Sforza 繼位，經過一番宮廷鬥爭，Lodovico Sforza il Moro 於1480-94年任攝政王（regent），1494年自命為米蘭公爵(1494-1498)。當他在位期間，正值達文西在米蘭宮廷擔任宮廷畫家（1482-1500）。由於膚色與髮色相當黝黑，所以 Lodovico Sforza 自幼便被稱為「摩爾人」（il Moro, the Moor）。「摩爾人」指的是非洲西北部的柏柏人（Berber）與阿拉伯人混血所生的回教徒，八世紀時征服西班牙。

58　Senarega, *De rep. Genuens*., bei Murat.XXⅣ, Col. 575.

神聖羅馬帝國的屬地之一」。上述的問題在義大利其實沒有人知道正確的
答案到底是什麼。直到查理五世（Karl V., Charles V）同時統領西班牙與
神聖羅馬帝國，他才有能力藉西班牙的軍力來貫徹他作為神聖羅馬帝國皇
帝的號令。在此情況下，查理五世能夠掙得的所有好處當然也是歸西班牙
所有，而非神聖羅馬帝國所有。

§ 1.3.3 合法繼承權付之闕如──私生子的繼承問題

　　與十五世紀經由非法途徑登上統治者寶座這個問題相關的是，對合法
婚生這個議題的漠視。這個現象讓外國人──如孔民內斯[59]──感到相當
不尋常。這個現象在義大利卻似乎不費吹灰之力就被大家所接受。在阿爾
卑斯山北方──例如在勃根底[60]──私生子在有條件限制的情況下可以獲
得一些封地、主教教區、或類似的賞賜；而在葡萄牙，私生子如果想要登
上王位，非得卯盡全力不可。而在義大利的貴族世家，家家的嫡系血脈都
會有非婚生的子嗣，所以大家也學會用平常心視之。拿波里的亞拉岡王室
就是私生子所建立的，而其王位又由其弟「寬宏大量的亞豐索」[61]所繼任。
而屋比諾（Urbino）的統治者菲德里高‧蒙特斐特（Federigo da Montefeltro,
1422-82）[62]也許根本就不是蒙特斐特（Montefeltro）這個家族的後代。當
教宗庇護二世（Pope Pius II, 在位 1458-1464）前往曼圖瓦（Mantova）參
加宗教會議時，統治斐拉拉（Ferrara）的艾斯特（Este）王室派出這個家
族八個私生的子嗣騎馬前去迎接[63]，其中包括現任的執政者伯爾索公爵

59　〔譯者注〕孔民內斯（Philippe de Comines 或拼為 Commynes, c. 1447-1511），法
　　蘭德斯（Flanders）人，為勃根底政治家與年鑑史家。他所寫的回憶錄
　　（*Mémoires*, 1524）為重要史學典籍。

60　〔譯者注〕勃根底（Burgund, Burgundy）：法國東南部的公國，1477 年併入法國。

61　〔譯者注〕參見本卷注 52。

62　〔譯者注〕Federigo da Montefeltro 為 Guidatonio da Montefeltro 的私生子，先擔任
　　雇傭兵統帥建立戰功，1474 年由教宗 Sixtus IV 封他為屋比諾公爵。

（Borso d'Este）本人；此外，還有兩位姪子——他們是在伯爾索公爵之前執政的哥哥里奧那羅‧艾斯特（Leonello d'Este, 本身也是私生子）所生的私生子。里奧那羅‧艾斯特的正室也是拿波里「寬宏大量的亞豐索」與一位非洲女性所生的私生女 [64]。往往在合法婚生的子嗣尚未成年、或正當情勢危急之際，私生子便容易獲得大家首肯登上王位；這種情況如同接受長子繼承制，不管其出身嫡庶為何。不看出身背景，只看能否切合實際情況所需（Zweckmäßgkeit）、而且在意的是個體價值（die Geltung des Individuums）與個人才智（Talent），這幾點對當時義大利人而

傳為 Giancristoforo Romano（c. 1465-1512）*所刻*，《菲德里高‧蒙特斐特半身側面雕像》（*Federigo da Montefeltro*）。**Museo Nazionale del Bargello, Florence.**
©攝影／花亦芬

言，遠比西歐其他地區對法統與習俗的講究來得重要。的確，這正是教宗的私生子們建立自己王朝的時代呢 [65]！

到了**十六世紀**，由於受到外來思潮與開始進行反宗教改革（Gegenreformation, Counter-reformation）等因素的影響，對私生子這個議題的討論便從比較嚴格的觀點來進行。人文學者瓦爾齊（Benedetto Varchi, 1503-65）認為，合法婚生子依序繼承是「合於理性思維的要求，亦是上

---

63 *Diario Ferrarese*, bei Murat. XXVI [XXIV], Col. 203. Vgl. *Pii II. Comment*, II, p. 102.

64 Marin Sanudo, *Vita de' duchi di Venezia*, bei Murat. XXII, Col. 1113.

65 〔譯者注〕有關私生子在義大利政治舞台與一般社會民間所能享有的權利，現代研究者應仔細分辨，不要以為文藝復興時代義大利已全面放棄合法婚生子嗣與私生子的差異。著名畫家達文西為私生子，他可以享有的教育內容與就業範圍便受到不少限制。

蒼永恆的旨意」[66]。樞機主教依波利托・梅迪西（Ippolito de'Medici, 1509-35）據此要求他對佛羅倫斯合法的統治繼承權，因為他也許是合法婚生子、或至少是貴族後裔，不像當時佛羅倫斯的統治者亞歷山卓・梅迪西公爵（Alessandro de'Medici, 1511-37）乃是女僕所生[67]。此時興起一種貴族男子與下階層女子出於感情因素而門不當、戶不對的婚姻（die morganatischen Gefühlsehen），這對十五世紀的統治家族而言，不論是出於道德思維或政治考量，都不會被認為是有意義的。

§ 1.3.4 雇傭兵統帥成為國家創建者

不合傳統習俗或法統的事，在十五世紀最極致、也最為人稱道的，就是與雇傭兵統帥（condottiere）有關的發展——這些人不管出身為何，卻能建立自己的侯國（Fürstentum）。其實，這種情況早在十一世紀便見於北方諾曼人（Normannen）對南義大利的占領；但十五世紀層出不窮的頻率為這個趨勢加溫，也將義大利半島帶向長年的政治動盪。

雇傭兵統帥要取得統領某地的統治權，有時並不一定要靠篡位來達成。當雇主因缺錢而必須用土地與人民來償還積欠他的軍費時，他自然而然就取得某個地區統治者的身分[68]。不論如何，雇傭兵統帥即使暫時解散大部分的官兵，他還是需要一個相對安全的地方作為駐紮冬營之需，同時還能儲藏必備的軍需。最早享有這種待遇的，是英籍雇傭兵統帥約翰・霍克武德（John Hawkwood c. 1320-94），教宗格里哥十一世（Pope Gregory XI, 1370-78）賜給他邦尼亞卡瓦羅（Bagnacavallo）與蔻提尼歐拉（Cotignola）二地。在義大利的軍隊及統帥與巴爾比雅諾（Alberico da

---

66　Varchi, *Stor. Fiorent.* I , p. 8.
67　Soriano, *Relaz. di Roma 1533*, bei Tommaso Gar, *Relazioni*, p. 281.
68　以下所敘述請比較：Canestrini, in der Einleitung zu *Tom.* XV des *Archiv. stor.*

Barbiano, active 1370s-1409）[69]聯袂登上政治舞台前，這些雇傭兵統帥可以建立自己國家的機會是大得多；如果此時他們已有自己的國家，也比較有機會擴張原先的領土。第一場憑著匹夫之勇企圖滿足旺盛統治慾的大車拼在1402年於米蘭展開：在姜葛蕾阿佐（Gian Galeazzo Visconti）死後，他的兩個兒子[70]很希望能剷除米蘭境內軍事強人的勢力，所以他們特將頭號雇傭兵大統帥法其諾（Facino Cane）的產業——許多城市的統領權以及四十萬金幣——還有他的遺孀一齊併入自己的家業。此外，法其諾的遺孀貝雅翠（Beatrice di Tenda）還將第一任丈夫的軍隊一齊帶了過去[71]。自此，統治者與雇傭兵統帥之間不斷發生各種不合道德矩度的事情，成為十五世紀政治史的一大特色。

　　有一個古老的傳說[72]，說不清是從哪裡流傳出來的，也許頗有放之四海皆準的普遍有效性吧·故事大約如此：曾有一位將官把一個城市——就算是西耶納（Siena）吧——從敵人的威脅中解放出來。每一天這個城市的居民都在討論該如何酬謝這位將官。最後他們得到的結論是，即便他們致上所有報酬、或請他當這個城市的統治者，都無法表達他們衷心的謝忱於萬一。最後有人起來提議說：「我們乾脆把他殺了，然後當成我們這個城市的主保聖徒來膜拜。」據說這個將官果真遭到這樣的對待。這種下場與

69　〔譯者注〕Alberico da Barbiano，：布氏本文將此名寫為Alberigo da Barbiano，是依照Machiavelli在《君王論》（*Il Principe, The Price*）的拼法（參見該書第十二章）。Alberico da Barbiano被稱為義大利第一位偉大的雇傭兵統帥（the first great Italian condottiere），參見大英線上百科全書 "Braccio da Montone" from Encyclopadia Britannica Premium Service〈http://www.britannica.com/eb/ article-9002744〉。

70　參見§ 1.2.5。

71　Cagnola, *archiv. stor.* III, p. 28："et（Filippo Maria）da lei（Beatr.）ebbe molto texoro e dinari, e tutte le giente d'arme del dicto Facino, che obedivano a lei."

72　*Infessura*, bei *Eccard, scriptores* II, Col. 1911. Machiavelli對這位戰功輝煌的雇傭兵統帥之不同敘述參見《史論集》（*Discorsi*），I, 30。

古羅馬元老院對待羅馬城創建者羅慕祿士（Romulus）[73]幾乎沒什麼兩樣。

§ 1.3.5 雇傭兵統帥與雇主的關係

其實，雇傭兵統帥最要小心防範的人，就是出錢雇用他的雇主。他如果凱旋而歸，會因此被視為具有威脅性的危險人物而慘遭殺身之禍。例如羅伯特‧瑪拉帖斯塔（Roberto Malatesta, 1468-82）為教宗西斯篤四世（Pope Sixtus IV）打完勝仗後就慘遭不測。但是只要他們一打敗仗，有時也會立刻遭到報復，如同卡瑪尼歐拉（Francesco Bussone Carmagnola, 1390-1432）[74]在1432年遭到威尼斯人處死一樣[75]。

從道德的角度來看雇傭兵統帥所處的情勢，實在頗為艱難：他們往往要將自己的妻小獻作人質，而且儘管如此，還是得不到、也感受不到應有

---

73 〔譯者注〕Romulus 是羅馬城的創建者。他的死因有兩種說法，一是他在大雷雨中消失，二是他被元老院的元老謀殺並且剁成肉塊慘死。

74 〔譯者注〕Francesco Bussone Carmagnola 生於杜林（Turin）附近的 Carmagnola，十二歲就隨著 Facino Cane 展開軍旅生涯，之後成為米蘭公爵 Gian Galeazzo Visconti 的雇傭兵統帥。隨著 Gian Galeazzo Visconti 與 Facino Cane 相繼過世，Francesco Bussone Carmagnola 繼續成為 Filippo Maria Visconti 的雇傭兵統帥。但由於戰功彪炳、功高震主，終被褫奪軍權、只獲得熱內亞（Genova, Genoa）作為封地。Francesco Bussone Carmagnola 一氣之下於 1425 年投效威尼斯。

75 在此我們也可思考，是否威尼斯人在1516年也毒死了 Alviano？而他們宣稱這些人的死因是否可以當真？參見：Prato im *Archiv. Stor.* III, p. 348。威尼斯共和國要求雇傭兵統帥 Colleoni（1400-1475）將共和國本身作為他財產的繼承人，在他死後，他所有的財產的確也被沒收。參見：Malipiero, *Annali Veneti*, im *Archiv. stor.* VII, I, p. 244。如果雇傭兵統帥願意將錢存在威尼斯，這是比較令他們安心的。參見：同上引書，p. 351。
〔譯者加注〕Colleoni 於 1423-1454 年間同時為米蘭與威尼斯工作，最後被 Filippo Maria Visconti 以間諜罪監禁；1451 年他轉而完全效忠威尼斯。在他死後，威尼斯政府沒收他所有的財產，但也在 1496 年由達文西的老師 Andrea del Verrocchio 為他鑄造了一座騎馬銅像立在威尼斯。

的信任。為了避免惹禍上身，他們其實應讓自己成為不求名利的英雄，就像歷史上著名的東羅馬帝國大將貝利撒（Belisar, c. 505-565）[76]一樣，不要讓刻骨銘心的怨憎一直縈繞在自己心頭。因為只有內心最可貴的良善才能使他們免於成為不知廉恥的「痞子」（Frevler）。因為人一旦變成無可救藥的惡棍，便會對所有神聖的事加以冷嘲熱諷、對人充滿暴虐之心與無情的背叛。從史籍上我們不難讀到這些例子。這些人都因作了一些必須被教宗革除教籍的惡事而死。但是，這些雇傭兵統帥也有可能因為不顧人情道義而將自己的才能發展到極致，結果反而在這個層面上受到手下的敬重與愛戴。在近現代歷史上，新型的軍隊正是以將領個人所立下的功蹟來奠定他帶軍的威信，至於其他因素是不納入考量的。

§ 1.3.6　史佛薩家族

最為人稱頌的例子便是米蘭公爵法蘭卻斯柯・史佛薩（Francesco Sforza）的生平[77]。雖然出身貧微，但沒有任何先入為主的階級意識可以阻撓他往上爬，只憑他個人特有的領袖魅力便贏得大家的愛戴；而他也總能在危急的時刻，將這些愛戴化為有力的資源加以運用。曾經有過敵軍只被他看了一眼，就趕快放下手上的武器並脫帽向他致敬，因為他已被大家尊為「軍人之父」了。

大家都看得出，史佛薩家族一直對一件事懷有高度興趣──他們從一開始就積極希望建立自己的王國[78]。這個家族之所以能夠興旺主要在於多子多孫（Fruchtbarkeit）。法蘭卻斯柯・史佛薩享有盛名的父親亞蔻波・史

---

76 〔譯者注〕Belisar：日耳曼人，Justinian I（527-565）的將領，戰功彪炳，卻在542年第一度失寵，自562年起完全失寵。

77 Cagnola, im *Archiv. stor.* III, p. 121. s.

78 有關他的生平至少可參見下面這篇極有吸引力的家族傳記：Paul. Jovius, "Vita magni Sfortiae" (*Viri illustres*).

佛薩（Jacopo Sforza）有二十個兄弟姊妹，每個都是在法恩札（Faenza）
附近的孔提尼歐拉（Contignola）胡亂被帶長大，因為他們常處於自己家
族與仇家帕索里尼（Pasolini）家族無止盡仇殺的陰影下，整個住屋活像
是個軍械庫和警衛室，連母親和女兒都十分好戰。亞蔻波・史佛薩十三歲
時就騎馬離家，先到帕尼卡內（Panicale）投靠教宗的雇傭兵統帥伯德里
諾（Boldrino）。當伯德里諾過世時，亞蔻波・史佛薩隱瞞此事，藉著把屍
體塗滿香膏、而軍令從一個周圍遍插軍旗的營帳遞出，繼續統領伯德里諾
的軍隊，直到找到一個值得託付的接班人為止。經歷在不同人麾下效勞的
歷練，當亞蔻波・史佛薩逐漸受到大家的注目時，便將自己的親屬接了過
去，並像許多王朝的君王一樣，享受眾多臣子自願獻上的慇勤以及親屬幫
他打點一切的種種好處。當他在拿波里的「新堡」[79] 作階下囚時，他的家
眷就負責幫他照管軍隊。他的妹妹則親手將國王的特使扣下，作為交換他
性命的人質。

§ 1.3.7 亞蔻波・史佛薩的遠見與琵沁倪諾被害

從一件事情上就可看出亞蔻波・史佛薩多麼深謀遠慮去規畫建立自己
王國的種種事宜：在與人金錢往來這件事上，他表現出極為信用可靠，所
以即使戰敗，銀行仍願意貸款給他。不論走到哪裡，他都要求士兵不准傷
害農民、不准蹂躪征服來的城市。尤其令人注意的是，為了能與名門貴族
聯姻，他不惜叫自己心愛的寵妾露西亞（Lucia）——即法蘭卻斯柯・史佛

---

79 〔譯者注〕「新堡」（Castel Nuovo）於 1279-1282 年在 Charles I d'Anjou 命令下
　　興建，原名 Castel dell'Ovo（此為布氏在原書稱為 Castel dell'Oovo 之故），當地
　　人稱為 Machio Angioino（the Angevin Keep）。十四世紀時，King Robert 曾在
　　此招待佩托拉克與薄伽丘，並請著名的畫家 Giotto 在此繪製壁畫（已不存
　　在）。1443 年「寬宏大量的亞豐索」將之重新整修，並在入口處加上凱旋門，
　　故名「新堡」。

薩（Francesco Sforza）的生母——改嫁。同樣地，在安排自己親人的婚姻上，也都有類似的政治考量。他遠離一些與他同行、但目中無神的荒淫之輩。在他讓自己的兒子法蘭卻斯柯·史佛薩出來做事時，他交代了三條誡命：「千萬不要碰別人的老婆；不可動手打你自己的人馬，如果一旦動手，速速將他發派到八百里外；最後，千萬別騎頑強不馴的馬，或是很容易脫落蹄鐵的馬。」最值得稱道的是，他有相當好的人格特質，即使說不上是個偉大戰將的格局，至少稱得上是一個偉大軍人的格局。他將自己的身體鍛鍊得非常魁梧有力，也有一張頗受大家喜愛的農夫臉龐。他還有驚人的記憶力，即使事隔多年，他都還一一記得自己統帥過的兵士、他們乘騎過的馬、以及當時他們的生活境況。他受的教育僅止於義大利文，但只要一有空就勤讀歷史；並根據自己所需，請人將希臘文和拉丁文的作品翻譯給他。

亞蔻波的兒子**法蘭卻斯柯·史佛薩**比他更有名。法蘭卻斯柯自出道以來便立志建立一個強大的政權。憑著他優越的軍事韜略以及不厭欺詐，終於成為勢力強大的米蘭統治者。

法蘭卻斯柯·史佛薩立下的榜樣不禁讓人心生仿效之念。如同當時的人文學者伊尼亞斯·西維烏斯（Aeneas Sylvius, 1405-1464）[80]所言：「在我們義大利，大家對改朝換代樂此不疲。既然沒什麼是永遠不變的，也不會有什麼政治百年老店，所以很容易從一個無名小卒搖身一變成為國王。」[81]另一個自稱「時運之子」（Mann der Fortuna）的人——尼可羅·琵沁倪諾（Nicolò Piccinino）之子**嘉可莫·琵沁倪諾（Giacomo Piccinino）**——在當時也成為整個義大利談論的焦點。當時的人很感興趣地談著，不

---

80 〔譯者注〕Aeneas Sylvius 為 Enea Silvio Piccolomini 的拉丁文名字，他就是後來的教宗庇護二世（Pope Pius II, 在位 1458-64）。

81 Aen. Sylvius : "De dictis et factis Alphonsi", *Opera*, Fol. 475.

知他是否也能順利創建自己的國家？當時的大國都清楚表示，他們將阻止
此事發生；而法蘭卻斯柯‧史佛薩也認為，如果這一連串由雇傭兵統帥建
立國家的浪潮能到自己為止就不再繼續下去，對他是比較有利的。當嘉可
莫‧琵沁倪諾想要拿下西耶納（Siena）時，被派去攻打他的軍隊及將官
卻因自身利益考量向他倒戈，他們心想：「如果他沒戲唱了，那我們正好
可以解甲歸田，重新務農。[82]」所以當他們把嘉可莫‧琵沁倪諾包圍在歐
北帖羅（Orbetello）時，他們甚至還供養他，讓他以最尊榮的方式脫困。
但是，嘉可莫‧琵沁倪諾最終還是逃不掉厄運的擺佈。1465年當他在米
蘭拜謁法蘭卻斯柯‧史佛薩後，想要繼續轉往拿波里拜謁斐朗特
（Ferrante）國王時，整個義大利都在猜，他會有什麼下場？儘管他一再得
到擔保，也儘管他有良好的權貴關係，拿波里國王還是在法蘭卻斯柯‧史
佛薩的默許下，將他謀殺於拿波里的「新堡」（Castel Nuovo）[83]。

即使是透過合法繼承而擁有自己王國的雇傭兵統帥也一直有著不安全
感。1482年當羅伯特‧瑪拉帖斯塔（Roberto Malatesta, 1468-82）[84]在羅
馬、而菲德里高‧蒙特斐特（Federigo da Montefeltro）在波隆那（Bologna）
於同一天過世時，竟然發生他們在臨終前都想把自己的國家託付給對
方[85]！因為把國家交給一個自以為是的人，只會被肆無忌憚地糟蹋掉而

---

82 *Pii II.Comment.* I, p. 46, cf. p. 69.

83 Sismondi X, p. 258.— *Corio*, Fol. 412. 在這件事上法蘭卻斯柯‧史佛薩也難逃其
咎，因為嘉可莫‧琵沁倪諾戰功彪炳，頗受愛戴。法蘭卻斯柯‧史佛薩擔心這
會阻礙他自己兒子的發展。參見：*Storia Bresciana*, bei Murat. XXI, Col. 902。
參照1466年Colleoni在威尼斯如何受到懲惡，見：Malipiero, *Annali Veneti,
arch. stor.* VII, p. 210.

84 〔譯者注〕Roberto Malatesta是Sigismondo Malatesta（1417-1468）的私生子，在
其父死後占領Rimini為王。Malatesta家族為十四、五世紀義大利Romagna地
區的貴族世家，奠基者為Malatesta da Verrucchio（died 1312），統領地區包括
Rimini（until 1500）以及Pesaro（until 1446）。

85 Allegretti, *Diarii Sanesi*, bei Murat. XXIII, p. 811.

已。法蘭卻斯柯‧史佛薩年輕時曾與一位義大利南部卡拉布利亞
（Calabria）的富家女繼承人——蒙塔特（Montalto）女公爵珀里塞娜‧魯
芙（Polissena Ruffo）——結婚。她也為他生了一個女兒。但母女卻被一
位姑嬤（aunt）毒死，並霸占她所有的家產[86]。

§ 1.3.8 雇傭兵統帥後期的嘗試

自從嘉可莫‧琵沁倪諾慘死後，很明顯地，大家已經不想再任由雇傭
兵統帥放肆地各憑己意建立新國家了。由拿波里、米蘭、教宗國與威尼斯
共組的「四強」成為一個勢均力敵的政治結構，他們並不希望有人來破壞
這樣的均勢。教宗國裡過去充斥著許多由雇傭兵統帥統領的小僭主政權，
在教宗西斯篤四世在位時（Pope Sixtus IV, 1471-84），他規定這些特權只
有他自己的親戚（Nepoten）[87]才能享有。但是，只要有些風吹草動，這些
雇傭兵統帥就又摩拳擦掌、躍躍欲試。

在教宗英諾森八世（Pope Innocent VIII, 1484-92）軟弱無能的統治
下，曾有一位之前在勃根底服役過的軍官波卡里諾（Boccalino）差點兒將
自己所統領的歐西摩城（Osimo）拱手讓給土耳其人[88]，幸好佛羅倫斯梅
迪西家族的「輝煌者羅倫佐‧梅迪西」[89]插手，付錢給波卡里諾，讓他取
消原來的計畫。1495年雇傭兵統帥維多威羅（Vidovero da Brescia）[90]利用
法王查理八世（Charles VIII）把義大利搞得動盪不安之際，也小試了一番
身手。他之前便透過屠殺許多貴族與百姓占領了闕塞娜（Cesena）的城

---

86 參見Francesco安息禮拜的致詞：*Orationes Philelphi*, Fol. 9.

87 〔譯者注〕此即指有「裙帶關係」的人（「裙帶關係」，義大利文：Nepotismo）。

88 Marin Sanudo, *Vite de' Duchi di Ven.*, bei Murat. XXII, Col. 1241.

89 〔譯者注〕「輝煌者羅倫佐‧梅迪西」（Lorenzo de'Medici il Magnifico，英文：
　　Lorenzo the Magnificent）即Lorenzo de' Medici（1449-1492）。

90 Malipiero, *Ann. Veneti, Archiv. stor.* VII, I, p. 407.

鎮，但是要塞駐軍負隅頑抗，迫使他只好放手。接著他又從另一個惡棍——也就是羅伯特・瑪拉帖斯塔[91]之子潘多佛・瑪拉帖斯塔（Pandolfo Malatesta, 1482-1528）[92]——那裡接手一批軍隊，並率領他們從拉維納（Ravenna）大主教處強奪了新堡城（Stadt Castelnuovo）。威尼斯人唯恐維多威羅繼續坐大，再加上受到教宗唆使，便裝出一副好像很好心的模樣，命令潘多佛・瑪拉帖斯塔找機會將他的好友逮捕起來。潘多佛・瑪拉帖斯塔雖然口頭上說「心中充滿悲痛」，但是的確照做了。不久後，又下令將維多威羅送上絞刑台。無論如何，潘多佛・瑪拉帖斯塔多少還說得上有點兒體貼，他先在牢房裡將好友絞死，然後才拖出去示眾。最後一位比較值得一提的篡奪者是卡司帖朗（Kastellan da Muso）。他趁著1525年米蘭在帕威亞（Pavia）戰敗後民心騷動之際，倉促地在科摩湖畔[93]建立自己的王國。

---

91 〔譯者注〕參見本卷注84。
92 〔譯者注〕Pandolfo Malatesta是威尼斯雇傭兵統帥，繼承其父對Rimini的統治權，但於1500年被Cesare Borgia逐出Rimini. 經過瑪拉帖斯塔家族幾次復辟失敗，Rimini於1528年正式納入教宗國版圖。
93 〔譯者注〕科摩湖（Lago di Como）位於北義大利，阿爾卑斯山腳下。

第四章
小型僭主政權

....

　　基本上可以從十五世紀僭主政權看出，最糟糕的事情通常會層出不窮地發生在規模比較小、或非常小的國家。尤其在這些小國裡，有為數眾多的家庭成員都想過符合階級身分的生活，所以免不了要爭奪繼承權。1434年卡美林諾（Camerino）的博那多・法拉諾（Bernardo Varano）便殺害兩位親兄弟[94]，以讓自己的兒子可以繼承他們的遺產。一般而言，施政能實事求是、溫和不採暴力、也有令人稱道的政績、並能積極推動藝術文化的統治者，是出自豪門巨族、或有豪門巨族作靠山的統治者。有這種格局的人例如培撒若（Pesaro）的公爵亞歷山卓・史佛薩（Alessandro Sforza, 1409-1473）[95]，他是米蘭公爵法蘭卻斯柯・史佛薩的弟弟以及屋比諾（Urbino）統治者菲德里高・蒙特斐特（Federigo da Montefeltro）的岳父。經過長年戎馬生涯，他藉著賢明的施政、公正親民的統治，安享一段國泰民安的太平歲月。此外，他還成立一座藏書豐富的圖書館，閒暇時便與有學養或有宗教修持的人相互切磋琢磨。此外，喬凡尼二世（Giovanni II）——即波隆那的班提佛吉歐（Bentivoglio da Bologna, 1462-1506）——他的施政是跟著統治斐拉拉（Ferrara）的艾斯特（Este）王室與米蘭的史佛薩（Sforza）王室走，所以也算是上述這類的統治者。

94　*Chron. Eugubinum*, bei Murat. XXI, Col. 972.
95　Vespasiano Fiorent., p. 148.

反之，血腥暴力的故事不斷發生在卡美林諾的法拉諾（Varano）家族、芮米尼（Rimini）的瑪拉帖斯塔（Malatesta）家族、以及法恩札（Faenza）的曼斐地（Manfreddi）家族。醜事傳千里的還有佩魯加（Perugia）的巴吉歐尼家族（Baglioni）。上述這些統治家族在十五世紀末所發生的種種醜聞，我們可以在葛拉器阿尼（Graziani）與瑪塔拉佐（Matarazzo）[96]各人所寫的編年史讀到豐富的史料。

§ 1.4.1 佩魯加的巴吉歐尼家族

佩魯加的巴吉歐尼家族（Baglioni）屬於那種沒有成為正式侯國（Fürstentum）、只可以左右該城政治運作的地方勢力。這股勢力之所以興起，主要靠他們龐大的家產以及對各種公職委任的操控。這個家族有一位共主作為檯面上的最高代表，但是家族各支系的成員間卻彼此懷有許多嫌隙。與巴吉歐尼家族敵對的是一個由貴族組成的黨派，領導者是歐迪家族（Oddi）。約在1487年，雙方陷入火拼，每天都有暴力事件發生，權貴之家都必須靠許多武勇（Bravi）來自衛。在一個被殺害的德意志學生葬禮上，兩個分屬不同陣營的人又火拼起來。有時不同權貴之家豢養的武勇也在公共廣場上互相廝殺。做生意的商人和手工業者再怎麼怨聲載道都不管用。教宗派來的督察與自己的親戚也不敢多吭一聲，不然就想辦法速速離去。最後，**歐迪家族戰敗**，被迫離開佩魯加，而這個城市因此變成巴吉歐尼家族絕對專政下的武裝要塞，甚至連主教座堂都變成軍營。密謀造反與突襲都遭到殘酷的報復。1491年他們砍殺了130位歐迪家族策動的侵入者，並懸屍在皇宮前示眾。之後，他們在廣場上擺了35個祭壇，連續作了三天的彌撒、並抬著神像繞境祈福，希望能將這些沾滿血腥地方的厄運除掉。英諾森八世（Pope Innocent VIII, 在位1484-92）的私生子光天化日

96　*Archiv. stor.* XXI [XVI], Parte I. et II.

之下在巷道裡被暗殺，教宗亞歷山大六世（Pope Alexander VI, 在位1492-1503）派遣自己的私生子來此，希望平息風波，結果不但無功而返，還被公開嘲諷了一番。為了這件暴行，巴吉歐尼家族兩位當家的人——圭多·巴吉歐尼（Guido Baglioni）與利多佛·巴吉歐尼（Ridolfo Baglioni）——經常造訪一位有聖德、能顯神蹟的道明會科隆芭修女（Suor Colomba da Rieti, 1467-1501）。她常警誡他們會有更大的災厄，希望他們能夠和解，當然這也被當作耳邊風。

面對如此混亂的政治情勢，年鑑作者卻注意到，在這段腥風血雨的歲月裡，比較良善的佩魯加人更積極從事宗教靈修與表達宗教虔敬的活動。1494年當法王查理八世（Charles VIII）率兵迫近佩魯加城，巴吉歐尼家族正與駐紮在阿西西（Assisi）城內外的流放之徒進行一場爭鬥。戰況之烈，山谷裡所有屋舍全被夷為平地、田地荒蕪到無法耕種，農民只好淪為殺人越貨的匪徒與兇手，樹林裡蒺藜遍地，滿是鹿群與狼群。狼群尤喜大嚼被諷稱為「基督徒之肉」（Christenfleisch）的陣亡者屍體。1495年當法王查理八世從拿波里北返途中，教宗亞歷山大六世（Pope Alexander VI）撤退到翁布理安地區（Umbria），在佩魯加[97]教宗突然想到如何將巴吉歐尼家族永遠剷除。他向圭多·巴吉歐尼（Guido Baglioni）提議舉辦一個慶典——例如像是騎士馬上競武或類似的活動——以便邀集所有巴吉歐尼家族全部到場。但圭多·巴吉歐尼很警覺地說：「最精彩的盛典還是將佩魯加所有具備戰鬥武力的勇士集結在一起來檢閱」，教宗只好悻悻打消原來的念頭。不久後，歐迪家族又策動一次突襲，這次巴吉歐尼家族只能靠個人非凡的英勇打敗來軍。結果年方十八的西蒙納多·巴吉歐尼（Simonetto Baglioni）只憑極少的人馬便與敵方數百人廝殺，跌落在地、深受二十餘處創傷，仍屢仆屢起。當雅司妥瑞·巴吉歐尼（Astorre Baglioni）前來助

97　Perugia 是 Umbria 地區重要的大城。

他一臂之力時，他一躍上馬，穿著金色的鐵甲頭頂鷹盔，「風采如戰神馬爾斯（Mars），勇於任事，毫不退縮。」

當時畫家拉斐爾[98]才十二歲，正在其師貝魯其諾（Pietro Perugino）門下當學徒。也許拉斐爾早年所畫的一些《聖喬治》（*St. George*，彩圖21）或《聖米迦勒》（*St. Michael*）[99]的小畫，正是藉著繪畫將自己對這段動盪歲月的鮮明印象永遠保存下來；也許某些感受也被永恆化在他後來所畫的大幅聖米迦勒（St. Michael）[100]畫中。如果說雅司妥瑞（Astorre Baglioni）有被不朽地刻劃在圖像中，那一定是拉斐爾將他畫成梵蒂岡《將赫略多洛逐出聖殿》（*The Expulsion of Heliodorus*，彩圖22）壁畫中那位從天而降的騎士。

§ 1.4.2　巴吉歐尼家族的紛爭與1500年沾滿血腥的婚禮

被巴吉歐尼家族擊退的敵軍一部分被殺、一部分落荒而逃，自此他們的對手再也沒有能力策動類似的攻擊。一段時日之後，巴吉歐尼家族與歐迪家族也稍微修復了彼此的關係，歐迪家族也被允許返回佩魯加。但是佩魯加並未因此變得比較可以安居樂業，因為統治的巴吉歐尼家族擺不平**內部的紛爭**，爆發了許多令人震驚的慘事。巴吉歐尼家族裡兩個較年長的子姪葛蕾豐內（Grifone）與卡羅（Carlo）[101]為了對抗圭多（Guido）與利多

98　〔譯者注〕拉斐爾（Raffaello Sanzio／英文：Raphael, 1483-1520）：出生於Urbino，其父Giovanni Santi是當地著名畫家，與Montefeltro宮廷關係良好，奠定了拉斐爾日後擅長與宮廷權貴交往的性格。拉斐爾8歲喪母（1491），11歲喪父（1494）。他約於1495年前往佩魯加跟隨Perugino學畫（但不是如布氏所言，可以截然斷代於1495年）；1504年前往佛羅倫斯學習當地前輩大師名作；1508年到羅馬發展。1514年在Bramante過世後，拉斐爾成為聖彼得大教堂建築總監。

99　〔譯者注〕例如：Raphael, *St. Michael*. c. 1503-1504. Louvre, Paris.

100　〔譯者注〕Raphael, *St. Michael and Satan*. 1518. Museo del Prado, Madrid.

佛（Ridolfo）眾多的兒子——姜保羅（Gian Paolo）、西蒙納多（Simonetto）、雅司妥瑞（Astorre）、吉斯蒙多（Gismondo）、簡提雷（Gentile）、瑪康圖尼歐（Marcantonio）以及其他在此無法一一列舉的人——兩人便結盟起來。西蒙納多有極為不祥的預感，因此跪請伯父圭多同意他殺了潘那（Jeronimo dalla Penna）[102]，但被圭多拒絕。葛蕾豐內與卡羅終於在雅司妥瑞（Astorre Baglioni）與拉斐尼雅·蔻隆納（Lavinia Colonna）於1500年仲夏的婚禮上，找到了下手的良機。

　　從一開始接連好幾天婚禮的慶典都有一些令人沉鬱不安的跡象。年鑑作者瑪塔拉佐（Matarazzo）對這些越來越清楚的跡象有極為精彩的描寫。在場的博那多·法拉諾（Bernardo Varano）[103]擔任整個行動的總策劃。出於極險惡的心機謀算，他以事成之後可獨享統治權、而且又誣陷葛蕾豐內的妻子與姜保羅有染，來唆使葛蕾豐內參與這項密謀；另一方面他讓每個造反者選定自己想要殺害的人（巴吉歐尼家族各自住在不同的房子裡，大部分都在現在的城堡舊址上）。每個參與謀反行動的人都根據現有的戰力分配到十五個武勇（Bravi），其他的武勇則留下來看守。在7月15日的深夜，他們破門而入，把圭多、雅司妥瑞、西蒙納多、與吉斯蒙多全部殺害，其他的人則落荒而逃。

　　當雅司妥瑞與西蒙納多雙雙陳屍在巷道內，圍觀的人群「尤其是那些外國大學生」看到雅司妥瑞尊貴的容貌，紛紛將他比作古羅馬人。而西蒙納多所煥發出來的沉著無畏，更讓人覺得，即使是死神也無法將他制服。戰勝者到處拜訪這個家族的故舊，希望大家接納變局後新的情勢，沒想到卻看到故舊們淚眼盈眶，忙著打理行李，準備搬到鄉間產業居住。而那些

101　他也是Bernardo Varano da Camerino 的外甥，以及一個早期被流放的Jeronimo dalla Penna 的姻親。

102　〔譯者注〕請參見上一條注釋。

103　〔譯者注〕參見本卷注101。

脫逃的巴吉歐尼家族成員則在外召集兵勇，並於隔天在姜保羅的率領下攻進城內。當其時，正有一些被巴區吉亞（Barciglia）以死相逼的人急急忙忙向姜保羅這邊投靠過來。當葛蕾豐內在聖艾可拉諾教堂（S. Ercolano）附近落網時，姜保羅便任由手下決定看要用什麼方法把他剁成肉醬。巴區吉亞及潘那則逃到卡美林諾去找這樁叛變的主謀博那多・法拉諾。結果在轉瞬之間，姜保羅成為佩魯加的統治者。

葛蕾豐內・巴吉歐尼（Grifone Baglioni）年輕貌美的母親**雅塔蘭塔**（**Atalanta Baglioni**）在事發好幾天前便帶著媳婦讚諾比雅（Zenobia）與姜保羅的兩個孩子搬到鄉下住。葛蕾豐內曾努力追趕上母親，但都被雅塔蘭塔斥責回去。現在，雅塔蘭塔必須帶著媳婦來尋找垂死的兒子。所有人都閃到一邊去，因為沒有人想讓這對婆媳認出是他殺死了葛蕾豐內，免得這位母親的毒咒應驗到自己身上。但大家都搞錯了，雅塔蘭塔反而告訴垂死的兒子要原諒最後給他致命幾刀的那些人，葛蕾豐內照辦了，然後在母親的祝福下溘然辭世。當雅塔蘭塔婆媳一身沾滿血跡離開現場時，所有人都以肅穆敬畏之心目送他們離去。數年之後，拉斐爾即根據雅塔蘭塔的樣貌將她畫成《埋葬基督》（*The Entombment*, 1507，彩圖23）[104] 這幅名作裡的聖母。藉著委託拉斐爾畫這幅畫，雅塔蘭塔將自己親身經歷的悲痛轉化為用最虔敬、最神聖的心情去體悟聖母喪子的哀痛。

這整齣悲劇主要是在主教座堂附近發生，所以事情告一段落後，人們用酒將整個主教座堂徹底清洗過一遍，還舉行大彌撒將教堂重新祝聖過。當年為雅司妥瑞與拉斐尼雅婚禮所建的凱旋門如今仍聳立在那裡，上面繪有雅司妥瑞英勇的事蹟以及史家瑪塔拉佐（Matarazzo）為這些事的來龍

104　〔譯者注〕即拉斐爾於1507年——葛蕾豐內死後數年——受雅塔蘭塔（Atalanta Baglioni）所託繪製的油畫。原先放在Perugia的S. Francesco al Prato教堂，現收藏於羅馬的Borghese Gallery。

去脈所寫的頌詩。

　　有關巴吉歐尼家族的過往，有這麼一個傳說可以看作是大家對這個家族之所以厄運連連的猜想：過去這個家族所有的人都曾在某個災厄中慘死，也就是一次有27人死於非命。有一回他們各人的住屋還被夷為平地，佩魯加的巷道就是用這些斷垣殘壁舖成的，諸如此類等等。在教宗保祿三世（Pope Paulus III，在位1534-49）在位時，巴吉歐尼家族的宮室才被拆毀。

§ 1.4.3　巴吉歐尼家族的衰落

　　曾有一段期間，巴吉歐尼家族似乎下定決心好好整頓自己的黨羽，讓官員不受為非作歹的貴族騷擾。但是才沒一陣子，這個家族所受的詛咒卻像是暫時被蓋住的火焰，最後還是熊熊燃燒起來。1520年，姜保羅‧巴吉歐尼（Gian Paolo Baglioni）被教皇里奧十世（Leo X）用計誘到羅馬斬首。而他的一個兒子——歐拉其歐（Orazio）——曾經短時間做過佩魯加統治者，而且是以非常暴虐的手段得到權力；也就是說，他自甘成為同受教宗威脅的屋比諾（Urbino）公爵之黨羽，並用極為狠毒的手段殘害自己的族人。當他殺害了一位叔父及三位堂弟後，屋比諾公爵派人傳話給他：「這樣做夠了[105]。」他的弟弟瑪拉帖斯塔‧巴吉歐尼（Malatesta Baglioni）是佛羅倫斯的雇傭兵統帥，1530年卻因出賣佛羅倫斯而遺臭萬年。因此瑪拉帖斯塔之子——利多佛‧巴吉歐尼（Ridolfo Baglioni）——便成為這個家族最後一位接班人。1534年利多佛在佩魯加謀殺了教宗的特使與其他官員，結果被教廷處死，結束了一個短暫、但恐怖的血腥統治。

105　Varchi, *Stor. fiorent.* I, p. 242, s.

§ 1.4.4 瑪拉帖斯塔、琵蔻、佩圖奇家族

《西吉斯蒙多・瑪拉帖斯塔雕像》（*Sigismondo Malatesta*）
15th century, Cathedral, Rimini.
引自：Jacob Burckhardt, *The Civilization of the Renaissance in Italy* (Vienna, [1937]), Plate 8.

有關芮米尼（**Rimini**）獨裁僭主的事蹟史籍有許多相關記載。在歷史上很少人像西吉斯蒙多・瑪拉帖斯塔（Sigismondo Malatesta, 1417-68）這樣同時結合了許多互相矛盾的人格特質：肆無忌憚（Frevelmut）、藐視神明（Gottlosigkeit），卻也驍勇善戰、並有不錯的文化素養。但是，像瑪拉帖斯塔家族這樣多行不義，再出色的才能也沒用——施暴者終有一天會淪入罪惡的淵藪。上面提過的威尼斯雇傭兵統帥潘多佛・瑪拉帖斯塔（Pandolfo Malatesta da Rimini）即西吉斯蒙多・瑪拉帖斯塔的孫子，他之所以屢犯惡行還能不動如山，主要是威尼斯還不想撤換這位大將。但是當他的手下實在看不過他的惡形惡狀，而在1497年砲轟他位於芮米尼的城堡、卻被他脫逃時[106]，這位謀殺親兄弟、無惡不作的壞人最後還是被威尼斯一位警長遣送回鄉。三十年後，瑪拉帖斯塔家族已淪落為窮困不堪的流放之徒。

發生於1527年的「洗劫羅馬」[107]事件，如同凱撒・伯爾嘉（Cesare

106　Malipiero, *Ann. Veneti, Archiv. stor.* VII, I, p. 498.

107　〔譯者注〕「洗劫羅馬」（the Sack of Rome）：1525年神聖羅馬帝國皇帝查理五世（Charles V）在Pavia之役活捉法國國王Francis I，當時教宗國、米蘭、威尼斯與佛羅倫斯便想組成聯軍阻止查理五世進犯義大利。1527年5月6

Borgia）[108]過去囂張跋扈的行徑一般，對當時這些小國而言，簡直就像是經歷一場可怕的瘟疫，很少人能從中倖免，更別說這可以帶來什麼好運。

由**琵蔻**（**Pico**）家族幾個小公爵所統治的米蘭多拉（Mirandola）於1533年接待了一位清貧的學者立理歐・吉拉蒂（Lilio Gregorio Giraldi, 1479-1552）[109]。立理歐・吉拉蒂之所以從羅馬逃到米蘭多拉來投靠年事已高、但殷勤待客的喬凡・法蘭卻斯柯・琵蔻・米蘭多拉（Giovan Francesco Pico della Mirandola），正是因為羅馬在1527年已被洗劫一空了。喬凡・法蘭卻斯柯・琵蔻・米蘭多拉就是著名的人文學者喬凡尼・琵蔻・米蘭多拉[110]的姪子。由於喬凡・法蘭卻斯柯・琵蔻・米蘭多拉正打算著手撰寫自

（續）————————

日，查理五世的軍隊攻進羅馬，義大利聯軍潰敗，但在此時Charles V卻無法支付軍餉，造成他的軍隊在羅馬城到處洗劫，為時超過一個月。此舉讓Charles V一方面覺得難為情，一方面卻也竊喜於教宗Clement VII被亂軍所俘，因為此後Clement VII在面對與神聖羅馬帝國相關的事務上，都不希望得罪神聖羅馬帝國。「洗劫羅馬」可說為羅馬的文藝復興盛世劃下句點，教宗威權從此大受折損；而查理五世也可以比較從容不迫地對付德意志境內的新教徒。當時人對「洗劫羅馬」的歷史著作可參見：Luigi Guicciardini, *The Sack of Rome* (*Il Sacco di Roma*), tr. James H. McGregor。

108　〔譯者注〕參見本卷注12。

109　〔譯者注〕Lilio Gregorio Giraldi所寫的 *De Deis Varia et Multiplex Historia*（1548於Basel出版）是文藝復興時代在古代神祇歷史研究上最有學術價值的論著，強調神話研究應擺脫神學的影響而有其自主性，對現代神話學的興起貢獻卓著。

110　〔譯者注〕喬凡尼・琵蔻・米蘭多拉（Giovanni Pico della Mirandola, 1463-94）：文藝復興時代著名哲學家。1486年他撰寫了九百條討論聖經教義的題綱（此為後來馬丁路德Martin Luther提出「九十五條題綱」的先驅），並邀請歐洲各地學者前往羅馬討論，這九百條題綱後來被集結成文藝復興最著名的哲學論著《論人的尊嚴》（*De hominis dignitate oratio*）。然而，羅馬教廷審查這九百條題綱後認為其中十三條含有異端思想，因此原先要召開的研討會便被教宗Innocent VIII禁止。喬凡尼・琵蔻・米蘭多拉在逃往法國途中被逮捕；監禁一段時間後，他前往佛羅倫斯，在「輝煌者羅倫佐・梅迪西」（Lorenzo de'Medici il Magnifico）保護下，與當地新柏拉圖主義學者過從甚密。1492年教宗Alexander VI解除他被控告為異端的罪名。在他生命的最後幾年，受到佛羅倫

己墓碑的碑銘，立理歐・吉拉蒂此時加入，也就因緣際會為這番際遇寫了一篇文章[111]。該文的獻詞落款於當年4月，但在後面的跋文裡，立理歐・吉拉蒂卻悲痛地寫下：「1527年10月這位不幸的公爵被自己的親姪子所殺害，並篡奪其位。我自己則差一點也跟著喪命。」

另一種不足稱道的半僭主專政，例如自1490年陷於派系惡鬥的西耶納（Siena）乃由**潘多佛・佩圖奇**（**Pandolfo Petrucci**）掌政，實在不值得一提。他人微言輕又心思不正，只能靠一個法學教授與一個占星家的協助來決定國之大事，此外還不時用謀殺來鎮壓民心。他夏天最喜愛的消遣就是讓人從阿米雅塔山（Monte Amiata）上將巨大的石塊滾下，根本不管會傷到何人何物。雖然他有辦法逃過凱撒・伯爾嘉（Cesare Borgia）種種奸計——很多極為狡詐的人都逃不過，但最後他還是在眾人不齒與唾棄的淒涼晚景中離世。他的兒子們則仍維持了相當多年半僭主專政的統治。

（續）————————————

斯道明會教士Girolamo Savonarola不少影響。
有關《論人的尊嚴》之英譯本參見：Giovanni Pico della Mirandola, *Oration on the Dignity of Man*, tr. A. Robert Caponigri。現代相關研究請參考：Ernst Cassirer, Paul Oskar Kristeller, John Herman Randall, J. (eds), *The Renaissance Philosophy of Man*.

111　Lil. Greg. Giraldus, *De vario sepeliendi ritu*. 1470年Pico家族已發生過一次小型的慘劇，參見：*Diario Ferrarese*, bei Murat. X X IV, Col. 225.

48

第五章
大型統治王室

....

§ 1.5.1　拿波里的亞拉岡王朝

　　比較重要的統治王朝首先應提出亞拉岡（Aragonen）王朝來討論。自
諾曼人（Normannen）統治時代起，拿波里便依照封建制度（Lehnswesen）
原則建立了一些男爵（Baronen）封區，並且繼續存在相當長的時期[112]。
這個制度讓拿波里王國與義大利其他地區相形之下顯得十分特殊，因為當
時義大利除了教宗國（Kirchenstaat）南部與少數幾個地區外，幾乎都只允
許土地持有權，但並不允許將國家傳之子孫。接著我們來看亞拉岡王朝第
一位統治君王──「寬宏大量的亞豐索」（Alfonso the Magnanimous, 1396-
1458）[113]。他自1435年即位以來[114]，行事作風與他的後代──不管是真

112　〔譯者注〕十二世紀初諾曼人勢力進入拿波里，1130年Roger II統一了南義大
　　　利與西西里島上所有諾曼人的勢力，自稱為King of Sicily and Apulia。這個王
　　　國的成立最先受到教宗與神聖羅馬帝國的反對。十二世紀末這個王國落入神
　　　聖羅馬帝國霍恩斯陶芬（Hohenstaufen）皇室手裡，其中最有名的皇帝就是腓
　　　特烈二世（Friedrich II./ Frederick II），他於1198-1250年同時擔任拿波里國
　　　王。在霍恩斯陶芬皇室前幾位統治者手裡，拿波里成為當時最中央集權的國
　　　家，文化上也成為當時希臘文化與阿拉伯文化進入西歐最重要的窗口。
113　〔譯者注〕參見本卷注52。
114　〔譯者注〕「寬宏大量的亞豐索」於1442年6月2日取得拿波里統治權，成為
　　　King of Naples (1442-1458)，1443年正式將他的朝廷搬到拿波里。布氏在
　　　此將他即位的年代寫為1435年，應是誤寫。 1435年的拿波里在安茹

正的血親或攀附的小輩——截然不同。他神采奕奕、極具魅力，在民眾面前流露出勇敢無畏的自信，卻又以相當平易近人的態度贏得大家的愛戴。受到這樣的擁護，儘管他後來熱戀露葵琪雅（Lucrezia d'Alagna），卻沒有因此受到批判，反而還贏得讚賞。他生性奢華，在此埋藏下後來一切災難的禍源[115]。無恥的財政官員先是權傾一時，直到破產的國王將他們不義收刮來的家產充公為止。他又倡議發動十字軍東征，並以此為藉口大舉向神職人員收稅。在阿本儒城（Abruzzen）發生大地震後，他規定倖存者必須為罹難者繼續繳稅。因為有這樣的收入來源，「寬宏大量的亞豐索」成為當時能擺出最奢華排場款待貴客的主人；而且他也喜歡毫無節制地賞錢給人，對敵人也不吝嗇。對文化的獎勵他更是在所不惜[116]。柏丘（Poggio Bracciolini）只是把塞諾芬（Xenophon, 427-335 B. C.）的《論居魯士大王所受的教育以及留下來的訓誨》[117]翻成拉丁文，便得到五百金幣的賞金。

　　「寬宏大量的亞豐索」之接班人**斐朗特**（**Ferrante**, 1423-94）[118]被看成

（續）——

　　（Anjou）王朝掌控下，當時拿波里王后 Joanna II 為了打贏安茹王朝 Louis III 對拿波里的侵略戰爭，宣布「寬宏大量的亞豐索」為拿波里王位繼承人。但是，當這場政治危機解除後，Joanna II 又反悔了，並在 1435 年臨終前宣布 Louis III 之子 René of Anjou 才是正式的王位繼承人，所以「寬宏大量的亞豐索」最後是靠自己的征戰才贏得拿波里政權。

115　Jovian. Pontan.: *De liberalitate*, and *De obedientia*, I, 4. Cf. Sismondi X, p. 78, s.

116　〔譯者注〕「寬宏大量的亞豐索」對文化的獎掖在當時受到人文學者相當多的讚揚。他在位時的拿波里宮廷是義大利文藝復興文化與西班牙中古末期文化重要的融匯處。

117　〔譯者注〕《論居魯士大王所受的教育以及留下來的訓誨》（*Cyropaedia*, "The Education of Cyrus"）是一本虛構的傳記，講述波斯的居魯士大王（Cyrus the Great）——上古時代在亞歷山大帝之前最有名的征服者——受教育的歷程以及他留給古波斯人的訓誨。主要是討論政治人物應有的才德與社會組織。在書中，居魯士大王認為應放棄對單純德行與公義的追求，也應講求軍事上的事功。古代此書被視為是 Xenophon 對 Plato《理想國》政治理論的挑戰，在文藝復興時代因此受到相當多的重視。

是亞豐索國王與一位西班牙婦女所生的私生子，但也有可能真正的生父其實是瓦倫西亞（Valencia）的摩爾人。斐朗特陰沉殘酷的性情也許是因為受到大家懷疑他的出身所迫、或者是因為男爵聯合起來密謀要逼他下台所致。總之，他是當時統治者中最暴虐無道的。他非常勤於政事，被視為當時少數幾位真正有政治頭腦的領袖。他不耽於淫逸，集中全力（包括有仇必報的決心以及深藏不露的功夫）徹底消滅跟他作對的人。君主可能面臨的羞辱他都親身經歷了：那些男爵的首腦一方面跟他聯姻、一方面卻又私通外敵來對付他，所以，對斐朗特來說，祭出非常手段來剷除異己真是家常便飯[119]。為了應付**內憂外患**，他必須籌措足夠的資金，因此他也效法東方回教國家積聚財富的方法，例如學習腓特烈二世（Friedrich II.）的專賣制度，將穀物與橄欖油收為專賣。斐朗特還將貿易大權中央集權化，全權交給一位鉅商大賈科波拉（Francesco Coppola）來掌管，所得利潤兩人平分。所有海運船東都必須聽命於他。其他的惡行還包括：強迫性貸款、隨意判處死刑以及沒收財產、明目張膽出賣教會聖職（Simonie）、洗劫教會團體等等。除了打獵時完全不管別人死活外，斐朗特最喜歡的另一種娛樂方式就是把跟他唱反調的人抓到跟前來：還活著的，就關在牢籠裡；已經死掉的，就把屍體塗上防腐劑、穿上生前的衣服[120]。當他與親信談到那些

118　Tristano Caracciolo: *De varietate fortuae*, bei Murat. XXII.—Jovian. Pontanus: *De prudentia*, 1. IV; *De magnanimitate*, 1, I; *De liberalitate*, *De immanitate*.—Cam. Porzio, *Congiura de'Baroni*, passim.—Comines, *Charles VIII*, chap. 17則泛述了亞拉岡王室成員的普遍性格。

〔譯者加注〕斐朗特於1458年繼承「寬宏大量的亞豐索」留下來的王位，封號為 Ferdinand I（1458-1494）。

119　〔譯者注〕Ferrante 剛即位時便遭到 René of Anjou（參見本卷注114）的奪權攻擊，1464年才擺平。但接著又面臨鄂圖曼土耳其（Ottoman）帝國的擴張侵略、義大利諸國的侵略以及拿波里王國境內男爵的叛變等等困境。

120　Paul. Jovius. *Histor*. I, p. 14有關米蘭使節談話的紀錄參見：*Diario Ferrarese*, bei Murat. XXIV, Col. 294.

被關在牢籠裡的，自己就會嗤嗤笑起來，而且他毫不諱言，自己將反對者
的屍體製成木乃伊來收藏。被他謀害的人幾乎都死於他的陰謀之下，有些
甚至就是在他擺設的王室宴席上被逮捕的。最慘無人道的事發生在為他效
勞到年邁多病的總理大臣沛楚其（Antonio Petrucci）身上。由於沛楚其越
來越害怕自己會遭到不測，所以不斷答應斐朗特的需索，送他各種禮物。
但是最後斐朗特還是說，有跡象顯示沛楚其參與了上次男爵的密謀造反，
所以將他與科波拉一齊逮捕並處死。這類的史實在卡拉喬羅（Tristan
Caracciolo）與蒲其歐（C. Porzio）所寫的史著上都有記載，讀來令人毛骨
悚然。

斐朗特的長子**亞豐索二世**（**Alfonso II**, 1448-95; King of Naples 1494-
95）被錫封為卡拉布利亞（Calabria）公爵，在其父執政後期也享有一些
共治權。亞豐索二世是個粗野殘暴的好色之徒，只比其父坦率一些。他也
與父親一樣明白表示自己藐視宗教與宗教習俗。當時的專政政權如果還具
有一些比較正面、有活力的特質——例如喜好藝術與講究人文涵養
（Bildung）——這些特質在斐朗特與亞豐索二世身上卻毫不見蹤影，他們
只喜歡奢華和排場。說實在話，西班牙人在義大利的表現只能用「荒腔走
板」（entartet）來形容。這個被迫改信基督教的猶太人（德文：Marranen
／西班牙文：marranos）[121] 所建立的王室最後的下場（1494年以及1503

---

121 〔譯者注〕Marranen是十五、六世紀被逼改信天主教的西班牙猶太人，Middlemore
的英譯將之翻成cross-bred house並沒有確實傳達布氏原文的意思。Marranen源
自於西班牙文的marranos，即是「豬」（複數）的意思。這個污辱性的稱謂起
因於當時有些在西班牙的猶太人雖然被迫改變宗教信仰，但他們只是表面順
服，內心並沒有真正接受基督信仰、也與教會保持相當距離，而且私底下仍過
著猶太教規定的宗教生活，因此後來受到宗教審判法庭不少的迫害。
當然，此處值得注意的問題是，布氏是否在此認為斐朗特與亞豐索二世系出被
逼改信天主教的西班牙猶太人？這個問題很難有明確的答案。在上一段開頭的
敘述中，布氏已談到斐朗特的親生父母不詳，也許有可能是摩爾人的後代。

年）[122]更讓我們清楚看到，他們真是品種不純（Mangel an Rasse）。

斐朗特死於過度焦慮，亞豐索二世則把自己的親兄弟菲德里高（Federigo）——這個家族唯一善良的人——冠上叛國罪，並用最屈辱的手段羞辱他。雖然亞豐索二世一直被視為義大利最能幹的軍事領導人才，但最後也只能落荒逃到西西里，讓他的兒子斐朗特二世淪為法國人和所有叛變他的人的俎上肉。像這樣一個統治王朝，如果他的後代子孫想要恢復失去的江山，大概得拼老命才行。但正如孔民內斯（Comines）對此雖有些偏激、但整體而言卻相當一針見血所指出的：「殘暴的人不曾真正有種」（Jamais homme cruel ne fut hardi）。

§ 1.5.2　米蘭威士孔提王室最後幾任在位者

真正道地的十五世紀君侯國（Fürstentum）非米蘭莫屬。自姜葛蕾阿佐・威士孔提（Gian Galeazzo Visconti）時代起，米蘭在各方面可稱得上是一個發展成熟的君主專制政體（die absolute Monarchie）。威士孔提家族最後一位統治者菲利普・瑪莉亞・威士孔提（Filippo Maria Visconti, 1412-47）尤其是一位相當值得探討的人物[123]；幸運的是，史籍對他的記載也頗詳盡。

內心的憂懼可以使一個位居高位、而且天資聰穎的人活成什麼樣，菲利普・瑪莉亞・威士孔提讓我們看到一個不折不扣的範例。王國內所有的資源與施政都只用來保護他個人的人身安全，我們只能說，幸虧他那殘酷的利己思維還沒發展到嗜血的地步。他只盤桓在米蘭的城堡內，享受其中

122　〔譯者注〕布氏在此應是指1494年亞豐索二世登上王位後一年（1495）便因失去民心而讓位給幼子Ferdinand II，然後自己遠避西西里憂悶而死。而Ferdinand II亦於次年（1496）過世，王位落入其叔之手。1503年拿波里王國終於淪為西班牙所有，直至1707年。

123　Petri Candidi Decembrii, *Vita Phil. Mariae Vicecomitis*, bei Murat. X X.

米蘭史佛薩王室城堡（**Castello Sforzesco, Milan**）
©攝影／花亦芬

繽紛美麗的花園、綠葉繁茂的林蔭小徑、以及各種遊戲競賽場，好多年都
不願踏進米蘭城內一步。如果要外出踏青，他也只到自己華麗行宮所在的
鄉鎮。用飛馳的駿馬沿河托縴的淺水艦隊奔馳在為他個人而建的運河上，
這些都是為了讓他誇耀王室的排場。要進入他居住的城堡，一定會受到百
般監視——誰都不准站在窗邊，以免向外傳遞任何暗號。被挑選為在他身
邊服侍的人都必須忍受一套沒有人性的檢查制度。他們要嘛會被授與最高
外交職權，不然就在他身邊作奴才，反正兩種職位都是一樣「光彩」。菲
利普・瑪莉亞・威士孔提還長年發動艱苦的戰爭，花許多時間處理政治要
務，也就是說，經常必須派遣全權特使來回穿梭傳達他的旨意。他穩固自
己地位的方法就是讓他的臣屬彼此互相猜忌：雇傭兵統帥受到刺探的監
視，談判代表及政府高官被刻意挑撥離間。也就是說，他常將一個正直的

Pisanello (1395-1455)，《菲利普・瑪莉亞・威士
孔提塑像銅幣》(*Portrait medal of Filippo Maria
Visconti*)。
Museo Nazionale del Bargello, Florence.
©1990. Photo Scala, Florence — courtesy of the
Ministero Beni e Att. Culturali.

人與一個惡棍湊在一起，讓他們搞不清他心裡到底在想什麼，以使二人絕不會勾結在一起。

菲利普・瑪莉亞・威士孔提打從心底深處相信，這個世界就是在兩個對立的極端中激盪、運轉。他相信占星術以及迷信宿命論，緊急的時候也喜歡向所有神明求助。他喜歡閱讀古代經典以及法國中古騎士小說。他不准任何人在他宮中提到「死亡」二字[124]，即使是他的寵臣瀕死也會被送出城堡，以免死亡的陰影使他的無憂之堡失色。在他受傷必須放血治療時，他寧願蓋住自己的傷口，也不讓人為他放血以加速自己的死期。最後他果真以相當體面、很有尊嚴的姿態辭世。

§ 1.5.3　法蘭卻斯柯・史佛薩及其好運

他的女婿以及真正的接班人──幸運的雇傭兵統帥法蘭卻斯柯・史佛薩（Francesco Sforza, 1401-66, 在位1450-66，彩圖24）[125]──可說是最能代表義大利十五世紀時代特色的人（參見§1.3.6）。沒有人能像他那樣淋漓盡致地發揮自己的天才以及個人獨具的潛力，即使有人不贊同這個說

124　這種事情說出來會驚嚇到他：quod aliquando »non esse« necesse esset。

125　〔譯者注〕Francesco Sforza 與 Bianca Maria Visconti 結婚，自此成為 Sforza 王室的開創者。

法，也不得不承認他真是命運的寵兒。很明顯地，米蘭深感光榮能擁有一位這麼著名的統治者。當年他要到米蘭主教座堂宣誓就職時，簇擁的民眾多到他根本無法下馬，所以是從馬上直接被抬進教堂裡面的[126]。我們來看看教宗庇護二世（Pope Pius II）——一位熟知當時政情的專家——對他的一生是如何評價的：

> 1459年當米蘭公爵要前往曼圖瓦（Mantova）參加君侯會議時，年約60歲（實則58）。他騎馬的英姿與年輕小伙子比起來毫不遜色，體態高挺魁梧，容儀肅謹，言談卻平和親切，頗具王者之姿。放眼當今之世，其身心秉賦無人能比。而在疆場上，亦是攻無不克。這是一個雖然出身卑微卻貨真價實君臨天下的王侯。他的夫人美麗嫻淑，小孩教養得談吐優雅，猶如天使下凡。他很少生病，心裡抱持的願望也都得以實現。但他也遭遇一些厄運：出於嫉妒，他的夫人殺死了他的情婦；他的戰友及好友特依婁（Troilo）與布魯儂若（Brunoro）離開他投向拿波里「寬宏大量的亞豐索」的身邊。他自己的弟弟亞歷山卓（Alessandro）也曾與法國勾結，唆使他們來攻打他。他的一個兒子密謀反他，結果被監禁起來。他征戰得來的安可納邊區（Mark Ancona）不幸在另一次戰役中失去。天下沒有人可以永遠一帆風順、不必與命運的波折周旋。憂患少的人，其實就是幸福的人[127]。

這位博學的教宗從反向思考的角度給幸福下了這樣一個定義後，就沒

126　Corio, Fol. 400; Cagnola, im *Archiv. stor.* III, p. 125.

127　*Pii II. Comment.* III, p.130. Vgl. II. 87.106. 對 Francesco Sforza 經歷過更不幸的遭遇之描述見：Caracciolo, *De varietate fortunae*, bei Murat. XXII, Col. 74.

有繼續再闡述了。如果他能夠看到這個家族後來的下場，或者願意對君主專政享有絕對權力會引發的結局做更徹底的探討，他必然會嚴肅看待一個不爭的事實——這種王室家庭的前途是很渺茫的。他們那些天使般美麗的子嗣儘管受到各種細心周到、樣樣俱全的教育，在長大成人後，一個個都還是沾染到這種家族對人對事無所不用其極的自私習氣。

§ 1.5.4　葛蕾阿佐・瑪莉亞・史佛薩與羅德維科・史佛薩

葛蕾阿佐・瑪莉亞・史佛薩（**Galeazzo Maria Sforza**, 1444-76, 在位 1466-76，彩圖25），一個極懂得打點自己裝扮的人，自豪於有雙漂亮的手。他也沾沾自喜於自己付得出高薪、可以借到鉅額貸款、寶庫裡有兩百萬條金塊、身邊圍繞著各種知名人物；他也為自己所豢養的軍隊以及他喜歡的獵鳥活動感到自豪。他還喜歡聽自己說話，因為他頗善於言辭，尤其當他可以用言語刺傷別人——例如威尼斯使節[128]——時，他更顯得辯才無礙。但是有時他也會胡搞一番，有一次就叫人連夜將一個房間全畫滿人物。對身旁親近的人他可以做出十分殘暴的事，也會肆無忌憚地縱慾。在一些不明現實、空懷理想的人的想法裡，葛蕾阿佐・瑪莉亞・史佛薩是個不折不扣的專制獨裁者，所以他們殺了他，將國家交給他的其他兄弟來治理。其中一位兄弟——別號「摩爾人」的羅德維科・史佛薩（Lodovico Sforza il Moro）[129]——便將其姪關進監牢，自己獨掌大權。這個篡位的事件造成法軍攻打義大利，也為整個義大利帶來災難[130]。

128　Malipiero, *Ann veneti, Archiv. stor.* VII, I, p. 216, 221.

129　〔譯者注〕參見本卷注57。

130　〔譯者注〕法王Charles VIII於1494-1495年攻打拿波里，全義大利都對此提高警戒。Lodovico Sforzail Moro與Charles VIII的關係所以受到高度重視，主要是因為Machiavelli指控說，Charles VIII就是在他的「敦促」下進犯義大利，從此讓義大利面臨外敵進逼之窘境。

Cristoforo Solario，《「摩爾人」
羅德維科・史佛薩及其妻墓石
刻像》（*Effigies of Lodovico
Sforza and his wife Beatrice
d'Este*）。
c. 1497. Marble, length: 185 cm.
Certosa di Pavia.
引自：Jacob Burckhardt, *The
Civilization of the Renaissance
in Italy* (Vienna, [1937]), Plate
26.

　　羅德維科・史佛薩可說是當時最具君王特質的人，而且他的所作所為
看起來就像是領導人天生會做的事，大家很難有什麼不滿。儘管他使用的
手段相當不道德，但他在運用時卻完全沒有心理障礙。如果有人要他瞭
解，不僅行為的目的要合乎道德、就是使用的手段也應符合道德原則，他
大概會搞不懂對方在瞎掰些什麼。他可能會以為自己盡量不去濫用死刑已
經算是很有德行了。義大利人以近乎崇拜神明的方式來崇拜他的政治長
才，他自己一點兒也不覺得擔當不起[131]。 1496年他甚至還誇稱教宗亞歷
山大六世（Pope Alexander VI）是他私人的神父，神聖羅馬帝國皇帝馬克
斯（Max）是他的雇傭兵統帥，威尼斯是他的財庫管理員，法王是他的傳
令兵──這些人能否安坐其位，就看他爽不爽[132]。在最後一次大難臨頭時
（1499年），他還能以驚人的沉著冷靜想出脫困之道，並在最後很有尊嚴地
將一切交由人性的良善來解決。他拒絕了親弟弟阿斯卡尼歐（Ascanio）
樞機主教的建議，希望他堅守在米蘭城堡內。由於他們兄弟過去曾有過激
烈的爭吵，他對弟弟說：「先生，別見怪，我不信任您，即使您是我弟

131　*Chron. Venetum*, bei Maurat. XXIV, Col. 65.
132　Malipiero, *Ann.Veneti, Archiv.stor.* VII, I, p. 492. Vgl. 481, 561.

弟。」他自己其實早已命令一位司令來看守城堡，這是他為了確信自己日後「必會重返米蘭」而特別挑選的人，羅德維科・史佛薩對他向來只有恩寵，沒有不義。但卻是這個人後來出賣他的[133]。

　　在內政作為上，羅德維科・史佛薩是一個賢明幹練的人，所以到最後他還奢望靠他在米蘭與科摩（Como）的人氣來扳回一城。但是他在位的後期（1496年起）大舉增加稅賦，當克里蒙納（Cremona）一位頗有聲望的公民出來反對新稅制時，他為了貫徹自己的意志，秘密派人把他勒死。自此，接見訪客時，他都必須用柵欄將訪客隔在遠遠之外[134]，搞得前去找他的人都必須大聲說話才能跟他磋商事情。他的宮廷是勃根底（Burgundy）王室滅亡以來歐洲最顯赫輝煌的，但是其中也充斥著許多極不道德的事：父親出賣女兒、丈夫出賣妻子、兄弟出賣姊妹[135]，凡此種種不勝枚舉，只有他一直埋頭苦幹。作為一個務實認真的人，他也喜歡跟與他相似的人——即靠著自己才識頂天立地的人——接近，例如那些踏實的學者、詩人、音樂家、藝術家等等。他所贊助成立的「學會」（Academia）[136]主要是為了他個人的需求而存在，而非為了教育學生。對於那些圍繞在他身旁的知名學者與藝術家，他也不是想要沾他們的名氣，而是希望與他們交往，並讓他們貢獻所長。可以確信的是，建築師布拉曼帖（Bramante）剛開始只拿到微薄的薪水[137]，而達文西（Leonardo da Vinci）則到1496年都還有相當不錯的薪水。達文西這位藝術大師為何一直選擇待在米蘭宮廷，除了說是他自己心甘情願外，真的很難理解。作為這個時代最多才多藝可

133　*Senarega*, Murat. XXIV, Col. 567.

134　*Diario Ferrarese*, bei Murat. XXIV, Col. 336, 367, 369.

135　Corio, Fol. 448. 這種敗壞的風氣對米蘭造成的後續影響參見Bandello所寫的故事集及其導論。

136　Amoretti, *Memorie storiche sulla vita ecc.di Lionardo da Vinci*, p. 35, s. 83, s.

137　參見Trucchi所寫的十四行詩，*Poesie inedite*。

以四處遊走的天才，達文西卻選擇長期待在米蘭，這只能說，在羅德維科‧史佛薩身上達文西看到一種異於常人的特質，所以這位謎樣的藝術天才願意長期留在他身邊。日後，當達文西選擇為殘暴的凱撒‧伯爾嘉（Cesare Borgia）與法王法蘭西斯一世（Francis I）效勞時，也有可能是被這些人與眾不同的情性所吸引。

羅德維科‧史佛薩垮台後，他的兒子被外人胡亂養長大。長子瑪西米里阿諾‧史佛薩（Massimiliano Sforza）長得跟他一點兒都不像；次子法蘭卻斯柯‧史佛薩（Francesco Sforza）總算多少還可調教。這個時期的米蘭屢易其主，因此災禍連連。在此情況下，米蘭人只好盡可能作些可以在最低限度內保障這個城市安全的事，以免受到更多劫難。1512年法軍在西班牙軍與瑪西米里阿諾面前撤退時，曾被說動為米蘭背書，說明米蘭人並沒有參與這次驅離他們的行動、沒有發動任何叛變，因為他們願意向任何攻占這座城市的征服者臣服[138]。在政治層面上也值得注意，當新舊政權更迭的過渡時刻，這些被征服的城市——例如之前拿波里在亞拉岡王室被推翻後——很容易受到一群惡棍（也有來自上流社會的）的掠奪。

§ 1.5.5　曼圖瓦的龔查加王室

曼圖瓦（Mantova）的龔查加（Gonzaga）家族與屋比諾（Urbino）的蒙特斐特（Montefeltro）家族是十五世紀下半葉兩個在行政組織與領導管理上特別傑出的王室。龔查加家族本身就是一個相當融洽的家族，自古以來不曾有過親人彼此相殘的事發生，所以能代代壽終正寢。約翰‧法蘭卻斯柯‧龔查加（Gian Francesco Gonzaga, 1466-1519）[139]侯爵及其夫人依莎

138　Prato, im *Archiv. stor.* III, p. 298, vgl. 302.

139　約翰‧法蘭卻斯柯‧龔查加於1480年與當時年僅6歲的依莎貝拉‧艾斯特訂婚，1484年即位，1490年成婚。他們共有二子——Federigo Gonzaga（1519-1540，1530年升為公爵）以及著名的Ferrante Gonzaga。以下的敘述根據依莎

貝拉‧艾斯特（Isabella d'Este, 1474-1539，彩圖26、83）雖然不會老是擺出正經八百的樣子，但他們一直維持十分有尊嚴、兩人同心的婚姻。雖然他們這個戰略地位相當重要的小國經常在危難中飄搖，但他們仍教養出成就非凡、性格快樂良善的子嗣。不論是當時神聖羅馬帝國皇帝、法國國王、或是威尼斯共和國都不會有人認為約翰‧法蘭卻斯柯‧龔查加──不論作為統治君侯或作為雇傭兵統帥──為人處事應該要更正直才對。至遲到1495年佛諾芙之役（the Battle of Fornovo, on the river Taro）[140]之後，約翰‧法蘭卻斯柯‧龔查加對他所建立的戰功都表現出這是他這位義大利愛國者應有的作為，而他的妻子也持同樣的想法。他的妻子更進一步認為，約翰‧法蘭卻斯柯‧龔查加以英勇的戰功來表現忠誠的行為──例如協助法恩札（Faenza）對抗凱撒‧伯爾嘉（Cesare Borgia）──都應被視為拯救義大利的榮譽之舉。

約翰‧法蘭卻斯柯‧龔查加之妻依莎貝拉‧艾斯特是一位美麗的藝術贊助者，她贊助過不少藝術家與文學家，然而我們對她的評價不需要以這些藝文界人物對她的歌頌為依據，因為她自己留下來的書信就足以讓我們看到這位沉著冷靜、觀人觀事有時喜歡插科打諢、卻又相當受人愛戴的女性真正的模樣。雖然這是一個小規模而且沒什麼政治份量的宮廷，國庫又常空虛，文學家班博（Pietro Bembo）、邦德羅（Matteo Bandello）、雅瑞歐斯特（Ludovico Ariosto）、以及塔索（Bernardo Tasso）卻仍喜歡將自己的作品寄給他們。因為自從1508年屋比諾舊宮廷解體以來，就沒有一個

（續）───────────

　　貝拉‧艾斯特所寫的信函來撰寫，參見：*Archiv. stor*. Append. Tom. II.

　　〔譯者加注〕布氏在此處不論是在本文或注解，其實都是寫成 Francesco Gonzaga，按實際所指之人應為 Gian Francesco Gonzaga。

140　〔譯者注〕佛諾芙之役：由教宗 Alexander VI、羅馬國王 Maximilian I、米蘭、威尼斯，以及 Ferdinand II 與西班牙的 Isabella I 於 1495 年 3 月 31 日合組的聯軍（the Holy League）於同年 7 月 6 日擊敗法王 Charles VIII，迫使他退出對義大利的掌控。

宮廷能夠提供如此深富文化氣息的文人交遊環境。龔查加宮廷在這方面甚
至還勝過斐拉拉（Ferrara）宮廷，因為它允許更多往來的自由。依莎貝
拉‧艾斯特具有相當高超的藝術鑑賞力，她那個小而精美的藝術典藏目錄
真讓喜愛藝術的人看了動容[141]。

§ 1.5.6　屋比諾公爵：菲德里高‧蒙特斐特

菲德里高‧蒙特斐特（Federigo da Montefeltro, 1422-82, 在位1444-
82，彩圖27）不管是不是真正系出蒙特斐特家族，這位偉大的屋比諾
（Urbino）統治者作為君侯的楷模真是當之無愧[142]。當他還是雇傭兵統帥
時，就謹守雇傭兵統帥應有的職業道德分際。所以如果他曾做出有爭議的
事，那也是在此分際下不得不然的結果，不能全怪他。作為屋比諾這個小
王國的領導人，他遵循一項政策，就是把在外征戰所得的贏收化為國內財
政收入，以盡量減少人民稅賦負擔。大家對他以及他兩個兒子的評價是：
「他們建造了許多建築，促進了農業發展，讓大家在國內安居，提供許多
就業機會，深深受到人民愛戴。」[143]

在菲德里高‧蒙特斐特統治下，不僅國家被視為一個應周全思慮、用
心經營的藝術品（der Staat war ein wohlberechnetes und organisiertes
Kunstwerk），而且他的宮廷從各方面來看也都符合這個要求。他的宮廷共
有五百人在服侍，這些人位階職等的劃分相當清楚完備，連規模大的王國

141　〔譯者注〕現代相關的藝術史研究參見：Alison Cole (1995), *Art of the Italian
　　Renaissance Courts.

142　〔譯者注〕菲德里高‧蒙特斐特在位時，將屋比諾打造成一個文化重鎮，他不
　　僅熱心贊助藝文，他的宮廷也吸引了當時傑出的藝術家前來，例如建築師
　　Donato Bramante，畫家Piero della Francesca，以及人文學者兼建築師Leon
　　Battista Alberti。

143　Franc. Vettori, im *Archiv. stor.* Append.Tom. VI, p.321. 有關Federigo da
　　Montefeltro個人的論述參見：Vespasiano Fiorent. p.132.s.

也看不到這樣完善的人事組織；但是，並沒有浪費任何人力。所有的人事資源都充分發揮功能，並受到良好控管。宮廷裡不可嬉戲、無端造謠生事、或放言妄論。因為這個宮廷也讓其他君侯將他們的子嗣送來接受軍事訓練[144]。對菲德里高公爵而言，能讓這些年輕人在此接受良好教育是一件非常光榮的事。他為自己所建的宮室雖然不是當時最富麗堂皇的，但就結構規劃而言，卻深富古典之美。他還在裡面建立了此宮殿最有價值的寶庫——就是那個聲名遠播的圖書館。在他的治下，人民都安居樂業、而且有建立功績的機會。沒有人在街頭行乞，連他自己也覺得國內的安全是無虞的，所以經常在沒有武裝、甚至沒有隨從相伴的情況下巡訪各地。沒有人能像他這樣在開放的庭園裡遊憩，在開放的廳堂簡單用餐，一旁還有人朗誦古羅馬歷史家李維（Livius）的作品（在齋戒期間則是宗教靈修的作品）。同一天下午他還會去聽一場有關希臘羅馬古典文化的演講，然後到聖迦拉女修道院（Kloster der Clarissen）隔著格子門與女修道院長討論一些有關宗教的問題。

傍晚時刻，菲德里高‧蒙特斐特喜歡在聖方濟教堂邊的草坪上親自帶領那些在他宮廷接受軍事教育的年輕人做鍛鍊體力的活動。在那麼優美的風景裡，他會仔細觀察他們是否在擒拿與奔逐的競賽中確實練就一身矯健的身手。他十分用心讓民眾感受到他親民與平易近人的特質。他常造訪手下的工作場所。請求他接見的人總是能在最短時間內如願，而且他也會盡力在當天就將他們請願的事情解決完畢。無怪乎民眾看到他走在街上，都

---

144 〔譯者注〕菲德里高‧蒙特斐特在位時大力提倡人文與藝術。他邀請人文學者 Vittorino da Feltre（1378-1446）為他創建了一所學校「歡樂之家」（Casa Giocosa, "House of Joy"）來教養自己的子嗣，也兼收各國貴族的子弟來此就學。他長年贊助畫家 Andrea Mantegna（1431-1506），也邀請人文學者兼建築師 Leon Battista Alberti（1404-1472）為屋比諾建造聖安得烈教堂（Basilica of Sant' Andrea）。

會跪下請安：「公爵大人，願上帝保佑您！」（Dio ti mantenga, Signore!）
而有識之士則稱他為「義大利之光」[145]。

§ 1.5.7 屋比諾宮廷最後的餘暉

菲德里高・蒙特斐特之子圭多巴多・蒙特斐特（Guidobaldo da
Montefeltro）雖有極好的才能，可惜被許多疾病與災難所困，但總算在
1508年將政權順利交給外甥法蘭卻斯柯・瑪莉亞・羅維瑞（Francesco
Maria della Rovere）[146]，他也是教宗朱利安二世（Pope Julius II）的姪
子。在法蘭卻斯柯・瑪莉亞・羅維瑞治下，屋比諾至少還能免受外人統
治。值得注意的是，當圭多巴多・蒙特斐特為閃躲凱撒・伯爾嘉（Cesare
Borgia）的侵略以及法蘭卻斯柯・瑪莉亞・羅維瑞為閃躲教宗里奧十世
（Pope Leo X）的侵略而暫時逃離屋比諾時，他們對自己的國家還是深具
信心。他們知道，讓自己的國家少受無謂犧牲抵抗所帶來的災難，以後想
要重掌政權就越容易，也越能得到人民歡迎。但當別號「摩爾人」的羅德
維科・史佛薩（Lodovico Sforzail Moro）想如法炮製時，他卻忽略了有許
多舊怨趁此機會反制他。在卡斯堤吉歐內（Baldassare Castiglione）筆下，
圭多巴多・蒙特斐特的宮廷被永恆化為當時精緻社交文化的典範。卡斯堤
吉歐內第一篇頌揚屋比諾的文章是1506年他在屋比諾宮廷當眾朗讀的田
園詩《提爾西》（*Tirsi*）。1528年[147]他又在代表作《朝臣》（*Il Cortegiano*）
一書裡，藉著侯爵夫人依麗莎貝塔・龔查加（Elisabetta Gonzaga）所主持

---

145 Castiglione, *Il Cortigiano*, L. I.

146 〔譯者注〕Guidobaldo da Montefeltro是蒙特斐特家族最後一位執政者，1502年
政權被Cesare Borgia搶去，雖然後來又贏回政權，但由於沒有子嗣，所以1508
年將政權傳給自己的外甥Francesco Maria della Rovere，自此Urbino成為della
Rovere家族的轄地。

147 〔譯者注〕有關《朝臣》一書之研究參見：Peter Burke (1995), *The Fortunes of
the Courtier: the European Reception of Castiglione's Cortegiano*.

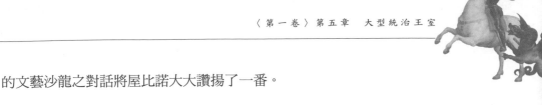
的文藝沙龍之對話將屋比諾大大讚揚了一番。

§ 1.5.8　斐拉拉的艾斯特王室

　　艾斯特（Este）家族在斐拉拉（Ferrara）[148]、蒙德納（Modena）與芮喬（Reggio）的統治很獨特的地方是，他們在暴政與受人民愛戴兩個極端中求取平衡[149]。艾斯特宮廷裡總有令人驚悚的事發生：1425年某位公爵夫人因被誣告與自己的繼子發生不倫關係而被斬首；嫡庶子嗣相繼逃離宮

艾斯特家族城堡（**Castello Estense, Ferrara**）
©攝影／花亦芬（參見彩圖**28**）

148　〔譯者注〕艾斯特家族在1264-1597年統治Ferrara，這段期間他們將Ferrara打造　　　為一個藝文氣息濃厚的城市。

149　以下敘述主要是根據 *Annales Estenses* bei Muratori, XX 以及 *Diario Ferrarese*, bei　　　Murat. XXIV．．

65

廷，但即使逃到國外，仍然被派去的刺客威脅（最後一次發生在1471年）。此外還有來自境外接連不斷的陰謀、私生子所生的私生子想要搶奪唯一合法繼承人——艾爾柯雷一世（Ercole I d'Este, duke 1471-1505）——的王位。在聽說妻子受自己的親兄弟——拿波里的斐朗特（Ferrante）國王——之託毒害親夫時[150]，艾爾柯雷一世索性於1493年先下手為強，毒死了自己的妻子。這椿悲劇最後以終身監禁兩位私生子[151]收場，因為他們在1506年想要謀害兩位具有嫡子身分的兄弟——艾爾柯雷一世之子亞豐索一世（Alfonso I, duke 1505-34）以及樞機主教依波利托（Ippolito）——此事幸而及早被發現。

此外，這個國家的**財稅制度**十分完備，因為它不得不如此，因為義大利各大國及中型國家都很覬覦斐拉拉，所以它必須有充足的軍備防禦設施。當然，繳稅能力如果可以提升，理論上就表示民生富裕的情況也是相對提高的，就如同艾斯特王室的尼可羅侯爵（Marchese Niccolò）[152]曾明白表示過，他希望他的臣民比其他國家的國民富裕。如果民生高度富裕繁榮可從人口迅速增加這件事上看出，則1497年斐拉拉（Ferrara）首都已無屋可租，的確是一個值得重視的指標[153]。

斐拉拉是全歐洲第一個具有近現代精神的都市。在統治者指示下，這兒每隔一段時間就有一個大規模的市區開發計畫，這在歐洲是首見的。斐拉拉也首先實施一種都市規劃，將政府公職人員與工業區從業人員的居住地分開來。來自全義大利的富裕逃亡者——尤其是佛羅倫斯人——都歡迎到此定居，建造他們自己的華麗宅第。但光是間接稅就已經多到讓人快受不了的地步。如同義大利其他專制獨裁政者（例如米蘭的葛蕾阿佐・瑪莉

---

150 〔譯者注〕Ercole I 的妻子 Leonora 是拿波里國王的女兒。
151 〔譯者注〕指的是 Giulio 與 Ferrante。
152 〔譯者注〕指的是 Nicolò III（1393-1441）。
153 *Diario Ferr*. l. c. Col. 347.

斐拉拉主教座堂
©攝影／花亦芬（參見彩圖29）

亞・史佛薩Galeazzo Maria Sforza）一般，斐拉拉的統治者也實施一些社
會福利措施，例如飢荒時他會從外地買糧賑災 [154]，從史料來看，還是完全
免費的。在承平時期，他就透過專賣制度將賑災付出的錢平衡過來：即使
不是壟斷穀物買賣，他也壟斷許多其他民生物資，例如鹹肉、魚、水果、
蔬菜（這是在斐拉拉城牆邊細心栽種所得）。

§ 1.5.9　販售官職、制度與建築物

　　最讓人爭議的收入卻是每年販售新的政府公職，雖然在義大利這是司
空見慣的事，但在斐拉拉卻留下最豐富的史料。例如1502年新年，各式

154　Paul Jovius: *Vita Alfonsi ducis*, in den *viri illustres*.

斐拉拉亞豐索一世之子 Francesco d'Este 為妻子所蓋的宮室（Palazzina Marfisa d'Este）
©攝影／花亦芬

各樣的官職——稅吏、王室領地管理人、公證人、市鎮長官、法官、乃至於公爵鄉區領地的行政首長（capitani）——絕大部分都是高價售出。一些人因用重金購得官爵而成為人民恨之入骨的「吃人惡魔」，其中有一位是提特・史陀薩（Tito Strozza），希望不是那位有名的拉丁詩人。大約就在每年這個時候，公爵本人都會親自在斐拉拉境內到處巡視，這就是所謂的「抽查」（andar per ventura），他希望藉此獲得各區富豪的餽贈。但他不收取金錢，而是一些天然物產。

斐拉拉公爵自豪的是，全義大利皆知以下的事：斐拉拉的軍人與大學教授都能準時領到薪餉，軍人不敢擅自讓市民和農民招待，這個城市難以攻下，城堡裡藏有巨額金幣。由於財

Bastianino，《斐拉拉公爵亞豐索一世畫像》
（*Portrait of Alfonso I d'Este*）。
c. 1563. Oil on linen. 154.7 x 123.3 cm.
Galleria Platina di Palazzo Pitti.

政大臣即是宮廷總管大臣，因此國家並不需要兩套帳目。伯爾索・艾斯特（Borso d'Este, 在位1450-71）、艾爾柯雷一世（Ercole I d'Este, 1471-1505）與亞豐索一世（Alfonso I d'Este, 1505-34）三位公爵所興建的建築雖多，但絕大部分規模很小——雖然一眼可認出這是君侯宅第，但絕不流於揮霍浪費。在表現華麗的部分，例如伯爾索・艾斯特就只喜愛黃金材質與珠寶而已。亞豐索一世也許在建造那些精緻小巧的鄉間別墅時——麗景宮（Belvedere）濃蔭的庭園，蒙塔納（Montana）有美麗的壁畫及噴泉——已想到它們未來可能遭到的命運。

§1.5.10　領袖人格的養成

　　長年受威脅的情勢讓統治斐拉拉的君侯鍛鍊出相當強悍的治國能力。正因凡事都需小心因應，只有有才幹的人才能闖出一番事業，每個人也都必須為自己的所作所為辯護、並能證明自己夠格擔任國家領導人。綜觀斐拉拉統治者的性格，有許多地方藏著人性陰暗面；但是，每個人身上又有一些特質可以共同匯成義大利君侯的理想性格。在當時的歐洲有哪一位君侯像亞豐索一世這樣致力於教育自己？他的法國、英格蘭、尼德蘭之旅其實是求知之旅，因為這些遊歷讓他對各國的貿易與手工業有更深刻的認識。譏嘲他將自己閒暇的時間花在旋工勞動（Drechslerarbeit）上，其實是很沒見識的。因為他把對旋工的熟稔轉化到鑄造大砲上。也因為他不分職業貴賤，所以聚集各種不同專長的人在他身邊。

　　義大利君侯不像當時阿爾卑斯山北方的君侯那樣只願意跟貴族階層來往、也只將自己侷限在特定階層活動，而且還將這種妄自尊大的傲慢傳染給其他君侯。義大利君侯可以、也必須認識各行各業的人，而且也要懂得重用他們。即使是貴族，雖然出身背景是生來註定的，但是在與人交往上，還是必須從人與人之間的關係、而非社會階層的關係來運作，有關這一點，以下還會深入探討。

§ 1.5.11 忠誠

斐拉拉人對艾斯特（Este）統治家族的感覺奇妙地混合著不敢作聲的恐懼、義大利人善於權衡利害得失的老練、以及作為臣屬絕對的忠誠。對統治者個人的崇拜被轉化成新時代臣民應有的國民義務情感（ein neues Pflichtgefühl）。1451年斐拉拉人在廣場上為1441年過世的尼可羅侯爵（Niccolò, 1393-1441）豎立了一尊騎馬銅像。伯爾索・艾斯特於1454年也毫無顧忌地將自己的銅像擺在附近。此外，在他執政之初，斐拉拉市政府還立刻下令為他建造一個大理石勝利紀念柱。如果有斐拉拉人在國外——例如在威尼斯——敢公開說伯爾索・艾斯特的壞話，返國後就會被告發，然後被法庭判決驅逐出境、並沒收財產。唉！還有那種想藉機表現自己忠誠的臣民差一點沒把他從審判席前撞倒呢！然後這個被告者頸上圈著粗麻繩，走到侯爵面前，懇求他饒命。

§ 1.5.12 警政署長張潘德

總之，斐拉拉整個國家是受到密探嚴密的監視。旅社老闆每天必須呈上外國旅客名單，因為侯爵每天都要親自審查。在伯爾索・艾斯特執政時代，這個規定還與他的好客有關[155]，因為他不希望有任何貴客受到冷漠款待而離境。但是到了艾爾柯雷一世（Ercole I, 1471-1505）[156]這個作法就完全只為安全防護的原因而存在。這種作法在波隆那（Bologna）喬凡尼二世（Giovanni II. Bentivoglio, 1443-1508）執政時，也同樣被運用。每一個通過波隆那境內的外國旅客都必須在城門購買一張憑證，以便從另一個城門出境[157]。

155　Jovian. Pontan., *De liberalitate.*
156　Giraldi, *Hecatommithi*, VI, Nov. I.

立即撤換壓迫百姓的官員是最受民眾感戴的作為：當伯爾索・艾斯特親自逮捕他的首席樞密顧問，當艾爾柯雷一世將一位長年強奪民脂民膏的收稅官員治罪罷黜時，民眾都放起慶祝的煙火、敲響教堂的鐘聲。但是，艾爾柯雷一世卻讓他的警政署長（capitaneo di giustizia）囂張至極，大家稱他「來自路卡（Lucca）的張潘德（Gregorio Zampante）」，因為斐拉拉當地找不到適合的人來擔任這個職位。即使是侯爵自己的兒子與兄弟都對這個傢伙敬畏三分。他判的罰金往往高達數百、甚至數千杜卡金幣[158]，而且還沒審訊完畢就對人施以酷刑。然而，張潘德卻接受罪大惡極之徒的賄賂，而且擅於用謊言幫他們弄到侯爵的赦免狀。大家都很希望能付給斐拉拉侯爵一萬杜卡金幣，只要他能把這位「上帝與萬民之敵」免職！但是艾爾柯雷一世反而請他作自己孩子的教父，並封他為騎士。而這位張潘德每年都能積存兩千杜卡金幣。由於不得民心，他當然只吃自己家裡種的葡萄，出門時身邊帶著一大群弓弩射手與警衛。可以除掉他的機會終於還是來了：1496年有兩名大學生以及一名受洗的猶太人——他們都曾被他重重羞辱過——趁他午睡時跑到他家把他殺了，然後他們騎上等候在外的馬環城高呼：「大家出來吧！快跑去看，我們把張潘德殺了！」聽到這件事發生才被派去追趕的兵士終究來不及追上兇手，這三人早就越過邊界逃到安全的地方。張潘德死後，冒出很多嘲諷他的文章，有些是十四行詩，有些則是用歌謠體寫的。

§ 1.5.13 為臣屬送葬

另一方面，艾斯特王室特有的精神也表現在對有貢獻的臣屬都會表示尊敬之意——無論是在宮廷裡、或是在群眾面前。當伯爾索・艾斯特的樞

157　Vasari XII, 166, "Vita di Michelangelo".
158　〔譯者注〕杜卡金幣（Dukaten）：參見本卷注41。

密顧問卡塞拉（Lodovico Casella）於1469年過世時，他下令葬禮的當天
法院休庭、市集休市、大學停課，每個人都必須送殯到聖道明教堂（S.
Domenico），因為侯爵本人也會加入送殯行列。作為「艾斯特家族第一位
為臣屬送葬的人」，伯爾索‧艾斯特穿著黑衣哭泣地跟在棺木後面，尾隨
在他後面的是卡塞拉的親屬，每一位都由宮廷護衛引領著。卡塞拉這位平
民的遺體由貴族抬出教堂，走向修道院的拱廊安葬。總之，君侯對臣下之
死的哀痛透過國葬的方式來表現，在義大利首先發生在艾斯特家族統治的
這個國家[159]。這種作為的本質流露出相當良善的人性價值，但是對此事的
文字表述──尤其是詩人所寫的──卻顯得意義曖昧不清。詩人雅瑞歐斯
特（Ludovico Ariosto）[160]年少時曾為艾爾柯雷一世之妻麗雅諾拉[161]之死
寫過一首輓詩，其中除了引用一些代代相傳的悼詞外，還有一些相當符合
近現代精神的文句：

> 她的故去帶給斐拉拉沉痛的一擊，在未來許多年裡，都難以
> 抹滅。斐拉拉過去那位樂善好施的女主人如今已成為在天國
> 為他們祈福的人，因為塵世的一切已配不上她。這次死神並
> 不像平常接近我們凡人那般，帶著大鐮刀來到我們面前，而
> 是溫和有禮、臉上帶著友善的笑容，所有讓人驚恐的事都渺
> 無痕跡[162]。

159　另一個例子見：Bernabò Visconti, p. 8。

160　〔譯者注〕雅瑞歐司特（Ludovico Ariosto, 1474-1533）：義大利著名詩人，出
　　　生於Reggio，1503-1517年受到樞機主教Ippolito d'Este 的贊助，接著他投靠斐
　　　拉拉的 Alfonso I，成為 Garfagnana 的特派官，1527 年退休後住在斐拉拉直至
　　　老死。

161　〔譯者注〕麗雅諾拉（Leonora of Aragon／或拼為 Eleonaora of Aragon，1450-
　　　1493）為拿波里國王 Ferrante 之女，於 1473 年嫁給 Ercole I，她就是著名的
　　　Isabella d'Este 之母。

除此之外，我們還讀到完全不同的感受。那些依附在統治王室之下、靠君侯恩庇來生存的傳奇故事作家（Novellisten）寫了不少**君侯的風流韻事**，有些在統治者生前便出版了[163]。從後世的眼光來看這些風流韻事，有些真是荒唐至極，但在當時卻被視為無傷大雅的逢場作戲。抒情詩人為他們已婚的主子一時興起的熱情作詩填詞：波里祈安諾（Angelo Poliziano）歌頌「輝煌者羅倫佐·梅迪西」（Lorenzo de'Eedici il Magnifico），而彭塔諾（Giovanni Pontano）為卡拉布利亞（Calabria）「寬宏大量的亞豐索」所作的詩更值得一提。這些詩並

Leonardo da Vinci，《抱白鼬的仕女，可能是羅德維科·史佛薩的情婦 Cecilia Gallerani》（*Lady with an Ermine, probably Cecilia Gallerani*）。
ca. 1490. Oil on walnut, 54.8 x 40.3 cm. Czartorysky Museum, Cracow, Poland.
Photo Credit: Nimatallah / Art Resource, NY.（參見彩圖 30）

---

162 Als Capitolo 19, und in den *opera minori*, ed. Lemonnier, Vol. I, p. 425 als Elegia 17 betitelt。對這位當時只有十九歲的詩人而言，他無疑地並不清楚麗雅諾拉真正的死因。參見§ 1.5.8。

163 Giraldi, *Hecatommithi*, I, Nov. 8 und VI, Nov.1, 2, 3, 4, 10是有關 Ercole I, Alfonso I，以及 Ercole II 的故事，這是當後兩者還在世時便發表的。亦可參見Bandello 所寫的相關故事。

沒有依照「寬宏大量的亞豐索」之意願來寫，反而將這位亞拉岡統治者醜惡的心靈用白紙黑字寫出來[164]——在情場上他也要事事占上風，如果有人敢與他爭鋒，下場鐵定悲慘！此外，偉大的藝術家如達文西必須為他所服侍的主子身邊的情婦畫像，也就不足為怪了[165]。

§ 1.5.14　宮廷華麗的排場

艾斯特王室並不等著別人來歌功頌德，他們自己很知道怎樣自我宣傳：伯爾索·艾斯特（Borso d'Este）派人在他的詩琪凡諾雅宮（Palazzo Schifanoja）畫了一系列有關自己政績的壁畫；艾爾柯雷一世（Ercole I）在1472年首次舉辦繞境大遊行慶祝自己即位屆滿週年，這個遊行還特別與基督聖體節（Fronleichnamsfest, Feast of Corpus Christi）的大遊行一別苗頭。這一天，市集關閉，就像星期天過安息日一樣。所有艾斯特家族的成員都參與遊行行列，連私生子也在其中，每個人都穿上繡著金線的錦袍。對這個家族而言，所有榮耀與威權都集中在執政君侯的身上，個人傑出的成就只能由他來肯定。對艾斯特王室而言，君侯的威權是利用一個黃金馬刺的勳章來象徵[166]，但是這個勳章的圖像源流與中古騎士的傳統完全無關。在艾爾柯雷一世執政時，又在這個馬刺勳章上加了一支寶劍、一件繡金斗篷、以及一筆賞金。無疑地，這是提醒受勳的人定期要有功勳表現。

艾斯特王室對藝文的贊助舉世聞名。他們的贊助方式有一部分與大學相結合（其大學組織之完備，為義大利少見）；有一部分則與宮廷或國家公務員系統相結合。因此他們並不需要為此另行準備預算開銷。詩人柏雅多（Matteo Maria Bojardo）[167]之所以能成為富裕的鄉紳與高官即肇因於

164　*Deliciae poetar. italor.*

165　〔譯者注〕參見達文西為 Lodovico Sforza 的情婦 Cecilia Gallerani 所作的畫像（彩圖 30）。

166　在1367年已出現，參見：*Polistore*, bei Murat. XXIV, Col. 848。

詩琪凡諾雅宮（**Palazzo Schifanoja, Ferrara**）
©攝影／花亦芬

此。當雅瑞歐斯特（Ariosto）[168]想要開始嶄露頭角時，說實在話，當時的米蘭、佛羅倫斯、或稍後的屋比諾都已經沒有所謂的「宮廷」了，更遑論拿波里。所以他只好先委屈自己在樞機主教依波利托·艾斯特（Ippolito d'Este）身邊與彈奏音樂及雜耍的人為伍。直到亞豐索一世錄用他為止。

後來特括多·塔索（Torquato Tasso）[169]的情況就大不相同，各宮廷無不爭

167　〔譯者注〕柏雅多（Matteo Maria Bojardo, 1441-1494）先後擔任斐拉拉侯爵 Borso, Ercole I，以及 Sigismondo d'Este 的朝臣，以及 Modena 與 Reggio 的行政首長。

168　〔譯者注〕參見本卷注160。

169　〔譯者注〕Torquato Tasso (1544-95)為 Bernardo Tasso 之子，1561 年投效樞機主教 Luigi d'Este, 1572 年被斐拉拉公爵 Alfonso II d'Este 任命為宮廷詩人。1577 年，特括多·塔索由於精神狀況不穩，在公開場合與 Lucrezia

相邀請他來服務。

（續）

d'Este 發生爭執。經過短期監禁後，逃到義大利南部，接下來兩年在義大利各處浪跡，之後才又回到斐拉拉。1579 年又與公爵發生嚴重衝突，所以被送進療養院 Sant'Anna (1579-1586)。在 Alfonso II 批准下離開療養院，他又到義大利各處浪跡，受到許多豪門貴族、學者與修會的款待。他最後老死在羅馬的修道院 Sant'Onofrio，來不及接受教宗 Clement VIII 想頒發給他的詩人桂冠。

第六章
專制僭主的反對者

....

§ 1.6.1　教宗黨與保皇黨的後期發展

　　面對這些中央集權的君侯政權，各國國內的反抗活動都是徒勞無功。
建立城邦共和政體必需的種種要素早被摧毀殆盡，所有政治運作都以權力
集中與威權施展為導向。已無政治實權的貴族儘管仍享有封建制度遺留下
來的領地，他們及其手下的武勇可選擇有時支持教宗的教宗黨[170]、有時支
持神聖羅馬帝國皇帝的保皇黨，在禮帽上插上羽毛或將褲子弄成鼓鼓的樣
子[171]，或以其他奇裝異服的打扮出現。但是有識之士如馬基亞維里[172]看
得十分透徹：米蘭或拿波里已經太「腐化」（korrumpiert）[173]，想轉化為
共和政體早已無望。

　　有不少關於上面所提兩個黨派的法律判決十分有趣。大家早已不再認

170　〔譯者注〕教宗黨（Guelfen，英文：Guelph）：源自德文 Welf（巴伐利亞的家
　　　族，十二世紀至十三世紀初與霍恩斯陶芬 Hohenstasufen 王室爭奪神聖羅馬帝
　　　國的皇位）；保皇黨（Ghibellinen，英文：Ghibelline）：源自德文 Waiblingen
　　　（霍恩斯陶芬王室一個城堡的名號）。原為佛羅倫斯的兩個對立的黨派的名稱，
　　　在神聖羅馬帝國皇帝腓特烈二世與教宗發生爭端期間（1227-1250），Guelfen
　　　支持教宗，拒絕承認神聖羅馬帝國皇帝對義大利的管轄權，而 Ghibellinen 起來
　　　支持皇帝，所以變成廣泛意義下的「教宗黨」與「保皇黨」。

171　Burigozzo, im *Archiv. stor*. III, p. 432.

172　〔譯者注〕馬基亞維里（Niccolò Macchiavelli／或拼為 Machiavelli, 1469-1527）。

173　*Discorsi* I, 17.

為這兩個黨派「具有深厚的歷史傳統」，他們只是各家族永無止境的冤冤相報所用的藉口罷了。德意志神學家阿格利帕（Agrippa von Nettesheim, 1486-1535）[174] 曾勸過一位義大利君侯徹底解決這兩黨的惡鬥，但沒想到這位君侯說：「他們的惡鬥每年還可以多為我增加 12,000 杜卡金幣的罰款！」1500 年當別號「摩爾人」的羅德維科・史佛薩暫時重掌他曾統領過的米蘭公國時，圖透納（Tortona）地區的教宗黨為了一勞永逸剷除保皇黨勢力，不惜將鄰近的法軍引進城。法軍進入後到處燒殺劫掠，甚至連教宗黨的勢力範圍也不放過，直到將整個圖透納變為廢墟才罷手 [175]。

而在羅馬尼阿（Romagna）[176]——這個放任血氣之勇到處點燃復仇活動的地方——與這兩個黨派相關的事早就不再具備任何政治實質內涵。對政治無知的老百姓誤以為教宗黨與法國同一陣線，保皇黨則與西班牙掛勾在一起。法國在多次侵入義大利後，最終還是必須撤離；而西班牙在肆虐義大利後，自己把自己搞成什麼樣，大家有目共睹。

§ 1.6.2　密謀叛變者

讓我們把話題再拉回文藝復興的君侯政治。當時也許有人會單純地認為，所有統治威權都來自上帝，如果每個人能出自良善的本性支持這些君侯，他們總會慢慢走向正道，而且「必定」會擺脫他們原有的兇殘本性。但我們其實不能奢望這些做事通常只憑一時熱情、信誓旦旦卻滿腦子空想的人能解決什麼問題。他們看起來就像庸醫一樣，以為把疾病的表象去除就是把病治好了；以為把君侯殺了，人民就享有自由了。或者他們根本沒想這麼遠，只想到發洩大家心中的怨氣，或是為某個家庭的不幸或個人的

174　*De incert. et vanitate scientiar.* cap. 55.

175　Prato, im *Archiv. stor.* III, p. 241.

176　〔譯者注〕"Romagna" 是義大利中部山區的區域名。

羞辱報復。就像獨裁政權不受任何限制、可以蔑視所有法律的限制，所以
反抗者對抗獨裁君侯的手段也不受任何約束。薄伽丘（Giovanni Bocaccio,
1313-75）早就講明了：

> 要我稱呼這些獨裁者為國王、君侯，而且要我像對待自己主
> 子那樣對他們獻上我的忠誠嗎？辦不到！因為他們是全民公
> 敵。為了對抗他們，我不惜使用武力、密謀叛變、間諜、圈
> 套、詭計，這是一項神聖而且必須去做的事。沒有祭品比獨
> 裁者流出來的血更令人心動[177]。

我們不必在個別事例上多費唇舌。馬基亞維里在其名著《史論集》
（*Discorsi*）第三卷便探討了自古希臘僭主時代以來古今各種密謀叛變的手
法，而且不帶任何感情地將這些手法在當時情勢下如何被施展出來，做了
客觀的分析。在此我們只能花些筆墨談一談如何利用教會作彌撒時下手謀
殺、以及古代謀殺手法對文藝復興的影響。

§ 1.6.3 在教堂走道上謀殺

對受到嚴密防衛的獨裁統治者而言，對他下手最好的地方莫過於正在
舉行宗教儀式的教堂走道，因為沒有更好的機會可以一次見到他們整個統
治家族聚在一起。1435年法布里雅諾（Fabriano）人便藉著做彌撒時，殺
了統治者奇亞維利（Chiavelli）全家[178]。他們正是趁大彌撒時，也就是當
念到信經（Credo, Creed）的經文：「聖靈感孕」（Et incarnatus est）[179]時

---

177 *De casibus virorum illustrium*, L. II, cap. 15.

178 Corio, fol. 333. 以下的敘述根據 ibid. fol. 305, 422, s. 440。

179 〔譯者注〕這是出自「尼西亞信經」的句子。

下手。1412年在米蘭，約翰・瑪麗亞・威士孔提（Giovan Maria Visconti）在聖歌塔多教堂（S. Gottardo）的入口，1476年葛蕾阿佐・瑪莉亞・史佛薩（Galeazzo Maria Sforza, 1444-76）在聖司提反教堂（S. Stefano）被謀殺。而羅德維科・史佛薩（Lodovico Sforza il Moro）在1484年要進聖盎博教堂（S. Ambrogio）時，幸好是走另一個門，所以逃過了一劫，否則他寡居的大嫂波娜（Bona）的黨羽正在另一個門口等著要刺殺他。上述這些行為並不是故意要褻瀆神明。謀殺葛蕾阿佐・瑪莉亞・史佛薩的人在下手前，還先向該教堂的主保聖徒禱告，而且還參加了第一堂彌撒。但有關帕齊（Pazzi）家族於1478年密謀殺害梅迪西家族的羅倫佐・梅迪西（Lorenzo de'Medici）與吉里雅諾・梅迪西（Giuliano de'Medici）[180]之所以失敗的部分原因正在於，原本安排好的主要刺客蒙特賽科（Bandit Montesecco）突然改變心意不願在宴席上行刺、但又不敢在佛羅倫斯主教座堂下手，只好讓幾位神職人員代替他行事：「因為他們對主教座堂很熟悉，所以無所顧忌。」[181]

§ 1.6.4　上古僭主政治造成的影響

希臘羅馬古典文化對文藝復興時代道德與政治的影響，可用統治者為例來說明。文藝復興的統治者不論治國理念或行為作風都以古羅馬帝國為典範。同樣地，當他們的反對者想要將紙上談兵的謀反計畫具體落實時，

---

180 〔譯者注〕「帕齊家族的謀反」（Pazzi conspiracy, 1478）：與梅迪西家族競爭的另一佛羅倫斯銀行家族Pazzi所發起的謀反行動，由Francesco Pazzi與Girolamo Pazzi共同策劃，參與密謀的還有比薩大主教，教宗Sixtus IV也在暗中支持。Lorenzo de'Medici與Giuliano de'Medici兄弟在4月26日於佛羅倫斯主教座堂遭到暗殺，結果Giuliano de'Medici身亡，而Lorenzo de'Medic受到輕傷。此次謀反想要藉機策動佛羅倫斯民眾反抗梅迪西政權，結果失敗，反而讓梅迪西家族更加強他們對佛羅倫斯的統治。

181 轉引自Gallus, bei Sismondi XI, 93.

也以仿效古代謀殺獨裁者的手段為尚。

　　我們很難具體說明這些謀反者在做重要決策、以及下定決心付諸行動時，如何遵照古人留下來的楷模進行。但所謂向古人借鏡對他們而言絕非空洞的口號（Phrase）與表面的依樣畫葫蘆（Stilsache）[182]。在這一點上，最有啟發性的例子可用想要謀殺葛蕾阿佐・瑪莉亞・史佛薩的三個人──藍普尼亞尼（Gian Andrea Lampugnani）、吉羅拉摩・歐佳提（Girolamo Olgiati）與卡羅・威士孔提（Carlo Visconti）──為例來說明[183]。這三個人各有自己參與這場謀殺的理由，但決定真的要下手的動機卻可能是相同的。人文學者及修辭學教師蒙塔尼（Cola de'Montani）曾鼓動一群年紀輕輕的米蘭貴族子弟奮勇去追求光榮，並為祖國增添榮耀。此外他更對藍普尼亞尼與歐佳提談起自己想要解放米蘭的心願。沒多久，他就因罪嫌被驅逐出境，而讓這些年輕人隨著被激起的狂熱自生自滅。約在事發前十天，這些小伙子一板一眼地在聖盎博修道院密謀，歐佳提說：「在一個僻靜的房內，我跪下來仰望聖盎博的畫像，祈求他幫助我們，也幫助他所有的子民。」他們認為這個城市的**主保聖徒**應該保佑他們順利完成此事，如同稍後他們在聖司提反（S. Stefano）教堂殺害米蘭公爵得手[185]，應是受到聖司提反的庇佑。現在他們又拉更多人進來參與此事，每天晚上他們都把

182　〔譯者注〕"Stilsache"這個詞彙應是布氏自創的。就上下文的意思來看，指的應是相對於文藝復興藝術復古／仿古（all'antica）風格，文藝復興政治史上仿效上古反抗者謀殺獨裁者亦有一種all'antica的意味在，但布氏認為這不只是形式上依樣畫葫蘆，所以形容這不只是一件「形式風格的事情」。

183　Corio, fol. 422.──Allegretto, *Diarî Sanesi*, bei Murat. XXⅢ, Col. 777.──S. oben S.27.
　　　〔譯者加注〕這是指1476年Gian Andrea Lampugnani, Girolamo Olgiati與Carlo Visconti連手殺害Galeazzo Maria Sforza這件事。

184　〔譯者注〕聖盎博（St. Ambrogio／Ambrose, 339-397）：曾任米蘭主教，為羅馬公教早期四位教父之一，也是米蘭的主保聖徒。

185　〔譯者注〕即指1476年殺害Galeazzo Maria Sforza之事。

藍普尼亞尼家當作他們的訓練總部，練習用匕首的刀鞘刺人。這件謀殺案最後果然成功，但藍普尼亞尼也當場被葛蕾阿佐‧瑪莉亞‧史佛薩的隨從殺死，其他人也被逮捕。卡羅‧威士孔提表現出有悔意的樣子；吉羅拉摩‧歐佳提則任憑各種酷刑的煎熬，仍堅持他們做了一件讓上帝喜悅的犧牲之舉。當劊子手就要把他的胸膛打爛時，他自己還說：「吉羅拉摩，你要振作啊！人們將永遠懷念你。死亡雖苦，但榮耀是永恆的！」

1.6.5 效法古羅馬的謀反者

發動這些謀殺的動機與目的雖然帶有理想主義色彩，但執行這些謀反行動的手段卻因受到古羅馬最惡名昭彰的謀反者卡提理納[186]之影響而沾染上政治陰謀裡最卑劣的陰影，結果與自由精神完全違背。西耶納（Siena）的年鑑記載記錄得很清楚，這些密謀叛亂者曾仔細讀過古羅馬作家撒魯斯特（Sallust）所寫的書《卡提理納的謀反》，而且歐佳提的自白也間接表明了這一點[187]。在其他地方我們還會提到卡提理納這個可怕的名字。除開他所要達成的目的不談，在密謀造反這件事上，他實在是一個深具吸引力的代表。

§ 1.6.6 佛羅倫斯人對暗殺僭主的看法

對佛羅倫斯人而言，當他們想要進行除去梅迪西（Medici）家族的勢力時，暗殺獨裁者便成為大家公認的理想作法。在1494年梅迪西家族被

---

186 〔譯者注〕卡提理納（Lucius Sergius Catilina, c. 108-62 B. C.）：羅馬共和末期的貴族，西元前63年企圖推翻羅馬共和國，結果失敗。有關此政變最有名的歷史著作參見：Sallust，《卡提理納的謀反》（*De coniuratione Catilinae*）。

187 參見Corio所引述的證詞：Quisque nostrum magis socios potissime et infinitos alios sollicitare, infestare alter alteri benevolos se facere coepit. Aliquid aliquibus parum donare; simul magis noctu edere, bibere, vigilare nostra omnia bona polliceri, etc.

Donatello，《友弟德與敖羅斐乃銅像》（*Judith and Holofernes*）。
1455-1460. Bronze, height: 236 cm. Palazzo Vecchio, Florence.
◎攝影／花亦芬（參見彩圖31）

驅逐出境時，原先擺置於他們豪宅裡東拿鐵羅（Donatello）雕塑的《友弟德與敖羅斐乃銅像》（*Judith and Holofernes*）[188] 便被搬走，移到市政廳（Palazzo Vecchio）廣場（Piazza della Signoria）現在放置米開朗基羅《大衛像》（*David*, 1501-04）的地方。他們還在《友弟德與敖羅斐乃銅像》的底座加刻一行銘文：「佛羅倫斯市民立於1495年，作為增進共和國福祉之表率」（Exemplum salutis publicae cives posuere 1495）。

但是，特別值得注意的是，此事之後，佛羅倫斯人更喜歡提到刺殺凱撒大帝的布魯土斯（Brutus）[189]。雖然但丁在《神曲》的〈地獄篇〉（*Inferno*）裡，因著布魯

188　Vasari, III , 251, Nota zur "Vita di Donatello".
　　〔譯者加注〕友弟德是猶太女性，她帶領猶太人戰勝亞述王的司令敖羅斐乃，並智取他的頭顱，成為天主教次經裡著名的女英雄。

189　*Inferno* XXXIV, 64.
　　〔譯者加注〕49 B.C.在龐培（Pompey）與凱撒（Julius Caesar）發起的內戰中，布魯土斯（Marcus Junius Brutus, 85-42 B.C.）原效忠在龐培麾下，但在次年龐培過世後，獲得凱撒原諒，並於其後數年獲得凱撒拔擢。但由於他視凱撒為獨裁者，所以參與謀反陣營，並在44B.C.刺殺凱撒大帝。布魯土斯的名言是：「我愛凱撒，更愛共和。」

土斯犯了叛國罪而將他與同黨的卡西烏斯（Cassius）以及出賣耶穌的猶大
一齊送進地獄最底層，但是佛羅倫斯的伯斯科立（Pietro Paolo Boscoli）
卻對仿效布魯土斯的行徑充滿高度興趣，希望採取類似的行動。因此，他
希望也能找到一個像卡西烏斯那樣的人幫他一齊謀殺梅迪西家族的吉里雅
諾・梅迪西（Giuliano de'Medici）、喬凡尼・梅迪西（Giovanni de'Medici）
以及朱理歐・梅迪西（Giulio de'Medici）。後來卡波尼（Agostino Capponi）
就是在這樣的因緣下成為他的同夥，只是1513年他們所策動的暗殺事件
沒有成功。伯斯科立在獄中最後幾篇供詞[190]——赤裸裸地表現出當時的宗
教氛圍——清楚談到，他如何對古羅馬人留下的典範感到著迷，希望藉此
能像基督教殉難者那樣慷慨赴義。他的一位朋友兼告解神父因此必須向他
清楚表明，神學泰斗阿奎那（Thomas Aquinas）譴責所有謀反的暴行。但
稍後這位神父還是偷偷告訴他，阿奎那對密謀造反的看法是有區別的，起
來謀反以暴力壓制人民意志的獨裁暴君是他可以認同的。

　　1537年當羅倫其諾・梅迪西（Lorenzino de'Medici, 1514-48）暗殺佛羅
倫斯亞歷山卓・梅迪西公爵（Alessandro de'Medici, duke of Tuscany, 1511-
37）後逃亡，有一篇可能由他親手撰寫、或至少是由他授意的〈申辯書〉
（Apologia）[191]公開流傳，為他主導的這件謀殺案提出說明。他在文章裡
高倡謀殺獨裁者是最有功德的事。羅倫其諾・梅迪西在〈申辯書〉還說，
如果亞歷山卓・梅迪西真的是梅迪西家族的嫡系子孫——也就是他真正的
親戚（即使是遠房的）——那麼他真可以將這件出於愛國心而策動的大義
滅親行為拿來與古希臘的提摩里奧（Timoleon）謀殺自己的親兄弟相提並
論。其他人也將此事比擬為像是布魯土斯行刺凱撒一樣。就連米開朗基羅

190　由當時在場的 Luca della Robbia 記錄，收於：*Archiv.stor.* I, p. 273. Cf. *Paul Jovius, Vita Leonis X*, L. III. in den *Viri illustres*.

191　Roscoe, *Vita di Lorenze de'Medici*, vol. IV, Beilage 12.

到了晚年，還對布魯土斯的作法深思低迴，這可從他所雕的《布魯土斯半身像》看出。這件雕像如同米開朗基羅絕大部分的作品一樣並沒有完成，但這絕非因為米氏對凱撒之死感到難過，因為從雕像下端所刻的銘文我們可以清楚得知米氏創作這尊雕像的想法[192]。

近代專制王朝在民眾心裡激起的集體激進主義（Massenradikalismus）[193]在文藝復興時代的專制政權裡是沒有的。在每個人的內心也許都對君侯專制政權感到反感，但他們大

Michelangelo，《布魯土斯半身像》（*Brutus*）。
1540. Marble, height 95 cm. Museo Nazionale del Bargello, Florence.
©2003. Photo Scala, Florence — courtesy of the Ministero Beni e Att. Culturali.

多是想辦法讓自己在這種結構下湊合著過日子、不然也從中得到一些好處，而非自覺到要以集體力量來與這種政權對抗。除非這些專制政權已經做到太過分——如在卡美林諾（Camerino）、在法布里雅諾（Fabriano）、

---

192 〔譯者注〕銘文如下：DUM BRUTI EFFIGIEM SCULPTUR DE MARMORE DUCIT／IN MENTEM SCELERIS VENIT ET ABSTNUIT（當雕刻家正從大理石塊雕鑿布魯土斯人像時，突然有了想跟他犯下同樣罪過的念頭，所以就停手不再繼續雕刻了）。

193 〔譯者注〕布氏在此有可能指像法國大革命之類的舉動。

在芮米尼（Rimini）[194]——逼得人民只好起來剷除或驅逐當權的王室。當然，這些人民心裡也深知，趕走了舊的專制王室，只是換來另一個新的專制政權。因為共和國的氣數早已日薄西山了。

194　參見：§1.4.4。

第七章
共和國：威尼斯

在很早的時候，義大利各城已表現出具有將自己由城市（Stadt）轉化為國家（Staat）的高度潛力。這個轉化其實只須要各城市互相結合為大的聯盟即可。這樣的想法不斷出現在義大利，只是有時以甲形式、有時以乙形式出現。在十二、三世紀與神聖羅馬帝國的對抗過程裡，的確產生過一個規模龐大、武力壯盛的城市聯盟，甚至連瑞士史家西思蒙第在他的名著《義大利中世紀共和國史》[195]第二卷174頁也提到，隆巴底人自1168年起聯合對抗神聖羅馬帝國皇帝「紅鬍子」[196]的軍事同盟差一點就成為統一義大利的聯盟。

然而，在另一方面，也因為勢力強大的城市已經具有一些利己主義的性格，反而因此成為共同邁向統一的絆腳石。在貿易競爭上，這些勢力強大的城市為達目的無所不用其極，也壓迫較弱的鄰邦向他們俯首稱臣。也就是說，勢力強大的城市有信心可以用自己的能力解決所有難題，不須要依附在一個大聯盟裡以求存活。這樣的想法也讓專制政權有了發展的溫

195　〔譯者注〕Jean Charles Léonard Simonde de Sismondi（1773-1842）：瑞士著名的總體經濟學家與歷史家。歷史學方面的重要著作有：《義大利中世紀共和國史》（*Histoire des républiques italiennes du moyen âge*, 16 vols. 1809-1818; *History of the Italian Republics in the Middle Ages*），在此鉅著中，他將義大利中古自由城市視為近現代歐洲文明的根源。有關Sismondi的其他資料參見：第一卷注16。

196　〔譯者注〕神聖羅馬帝國皇帝「紅鬍子」（Barbarossa）：即腓特烈一世（Friedrich I., Frederick I, 1122-1190）。

床。因為貴族間不斷內鬥，讓人民更加渴望擁有一個強有力的政府；另一方面，各黨派領袖長期以來也都看出，市民組成的軍隊根本不堪使用，而雇傭兵軍團卻隨時願意為出高價雇用他們的主子賣命[197]。專制僭主剝奪了大部分城市原先享有的自由，所以人民也想驅逐他們，但即使是真的驅逐他們，為期都很短；或者只是部分地削弱他們極度威權的統治方式。專制威權政府之所以能一直死灰復燃的原因正在於：當時政治的內在結構傾向於期待這種統治模式，其他異議思潮自然很難有發展的空間。

只有兩個義大利城市自始至終堅守自己的獨立性，對人類史而言真是意義非凡：第一是佛羅倫斯，一個不斷變遷的城市，也因此為我們留下豐富的史料，訴說著三世紀以來，在急遽的變動中不同的個人理念或群體思潮如何引領時代的風氣。第二是威尼斯，一個表面上看起來停滯不前、政治上亦無波瀾的城市。佛羅倫斯與威尼斯這兩個城市在性格大異其趣，真是令人深思；而這兩個城市的輝煌成就在人類史上亦是無與倫比。

威尼斯人認為自己的城市是神奇又神秘的創造物，非藉由人力可成。有一個傳說與威尼斯的莊嚴誕生有關：西元413年5月25日中午，從帕多瓦（Padova）來此避難的移民在利雅多橋（Ponte di Rialto）[198]旁舉行威尼斯城的奠基儀式，自此飽受蠻族侵擾的義大利誕生了一個不可侵犯的聖地。後世的文人在敘述威尼斯建城史話時都會加上一筆，說明這些早初的建城者已預感到這個城市將有遠大的未來。例如，撒貝里蔻（Marc Antonio Sabellico, 1436-1506）便以六音步雄偉詩篇頌揚威尼斯的建城史事。在描寫祭司在奠基典禮上向上蒼禱求的時刻，他寫道：「如果未來的偉大是可期盼的，現在就賜給我們繁榮昌盛吧！此刻我們雖然只能跪在寒

197　Jac. Nardi, *Vita di Ant.Giacomini*, p. 18.

198　〔譯者注〕利雅多橋是威尼斯市中心最著名的橋，建造在大運河（Grand Canal）最窄的地方，是16世紀末著名的橋樑建築。

酸的祭壇前，但如果我們的禱求蒙
受垂聽，上天啊！請讓這塊土地聳
立起成千成百大理石與黃金打造的
堂皇廟殿！」[199]

　　十五世紀末威尼斯這個潟湖之
城看起來真像人間希有的珠寶盒。
撒貝里蔻在上述的文章裡仔細描述
了威尼斯古老的穹窿頂教堂、斜
塔、用彩色大理石裝飾的建築物正
門牆面；富麗堂皇的建築裝飾如何
緊挨在一起；鑲金的天花板下，屋
主還毫不浪費地把每一個小空間租
出去做生意[200]。撒貝里蔻還細述
了利雅多橋邊的聖賈可梅多（S.
Giacometto）廣場前人潮如何擁

靠近威尼斯聖馬可廣場（San Marco）的亞德里
亞海景觀
©攝影／花亦芬

擠。在那兒，來自全世界的貿易不是靠大聲交談與講價而成，而是許多人
壓低嗓門輕聲交易[201]。廣場四周以及櫛比鱗次的巷道裡坐著許多兌換外幣
以及開金舖的商人，他們的頭頂上是另一層建築，裡面有許多商店與大型
商場。

　　橋的另一邊是德語商業區，著名的「德意志商棧」[202]的各廳室裡，說

199　Genethliacon, in seinen *carmina*. Vgl. Sansovino, *Venezia*, fol. 203. 最早的威尼斯
　　年鑑參見：Pertz, *Monum*. IV, p. 5. 6.

200　*De situ venetae urbis*.

201　這樣的市容隨著十六世紀初新式建築的興建而有所改變。

202　〔譯者注〕「德意志商棧」(Fondaco dei Tedeschi)："fondaco"源自阿拉伯文 fun-
　　duq（意為住宿處），「德意志商棧」提供在威尼斯經商的德意志商人買賣、住
　　宿與倉儲的場所。在漢撒同盟興盛期間，「德意志商棧」有相當重要的地位。

威尼斯「德意志商棧」（Fondaco dei Tedeschi, Venice）
©1990. Photo Scala, Florence.

德語的商人囤放他們的貨物、也寄宿於此。在這棟堂皇建築的門前，一艘
接著一艘船停泊在運河旁。由此往上航行，有載著酒與橄欖油的船隊。而
與船隊平行、擠滿挑夫的岸上，有許多貨棧。介於利雅多橋與聖馬可廣場
（S. Marco）間，聚集了許多賣香水與化妝品的商店以及客棧。撒貝里蔻接
著一區一區介紹威尼斯的名勝，甚至還介紹了兩間具有高度社會福利功能
的軍醫院，以當時的水準來看，設備的專業性真是相當高。威尼斯對社會
福利的重視在當時是首屈一指的。無論平時還是戰時，即使是對敵軍都提
供相當完善的醫療照顧，真是讓外人感到驚嘆[203]。說到各種社會福利，威

（續）————————————

　　歷史文獻有關「德意志商棧」的記載最早出現於1228年，「德意志商棧」於
　　1806年關閉。

203　Benedichtus, *Carol*. VIII, bei Eccard, *Scriptores*, II, Col.1597, 1601, 1621. 在 *Chron.*
　　Venetum, Murat. XXIV, Col. 26 提到威尼斯人具有的美德：善良、純真、對慈善

尼斯當之無愧可作為當時的典範。甚至於退休金制度，包括本人死後對遺孀的照顧，都有一套完善的措施。由於經濟富庶、政治安定、又有國際觀，所以上述這些福利措施都是經過深思熟慮、完整配套後才付諸實施。

§ 1.7.1　威尼斯居民

這些纖瘦金髮的威尼斯人踩著輕緩悠閒的步伐，言語謹慎，從衣著與外貌上看來，他們彼此間沒有太大差別。裝飾品——尤其是珍珠項鍊——專供仕女使用。雖然當時因為土耳其人的緣故，威尼斯蒙受不少商業損失；但整體而言，還是一片輝煌榮景。整個威尼斯蓄積起來的能量以及歐洲對它的偏愛也讓它雖然經歷下列各種嚴酷考驗後仍能延續下來——地理大發現，埃及馬梅魯克政權[204]的垮台以及坎布雷同盟[205]發動戰爭帶來的影響。

§ 1.7.2　威尼斯共和國以及落魄貴族帶來的危機

撒貝里蔻（Marc Antonio Sabellico）出身於提佛利（Tivoli）附近，有著當時人文學者喜歡放言高論的習氣。他曾在其他地方頗表不解地寫

（續）

工作熱心、虔誠、慈悲。

204　〔譯者注〕馬梅魯克（Mamelucken）政權：Mamelucken 字源 Mamluken（阿拉伯文原意為「奴隸」），原來是指土耳其、高加索以及斯拉夫籍的軍中奴隸，自九世紀起這些奴隸在埃及與敘利亞屢建戰功，此後幾個世紀更統治以開羅為中心的疆域直至 1516/7 年。

205　〔譯者注〕坎布雷同盟（Liga von Cambrai，英文：League of Cambrai）：眼見 Gian Galeazzo Visconti 大舉征服義大利各地，威尼斯也展開對外擴張行動。1410 年威尼斯幾已攻下整個 Venetia 地區（包括 Verona 與 Padova），而且在控制 Romagna 地區的問題上，也與教宗起了爭執。這導致 1508 年 12 月 10 日教宗 Julius II、神聖羅馬帝國皇帝 Maximilian I、法國國王 Louis XII 與西班牙亞拉岡王室 Ferdinand II 共同組成坎布雷軍事同盟，目的是摧毀威尼斯，並一起瓜分它。

下[206]，年輕的貴族子弟聽過他好幾場上午的講演課後，對思索與政治相
關的問題依然一點興趣也沒有。他說：「當我問他們，人們可能對義大利
發生的這個或那個運動怎麼想、怎麼評論、或抱有什麼期待時，他們都異
口同聲對我說，不知道！」儘管這個國家有審訊制度，但從某些德行墮落
的貴族身上還是可以得到一些情報，雖然代價並不便宜。在十五世紀最後
的二十五年，便可看到最高當局有**洩密者**出現[207]；教宗、義大利各國統治
者、甚至於為威尼斯服務的一些二流雇傭兵統帥都有幫自己通風報信的
人，有些人甚至領有固定薪水。小道消息四處傳播的情況嚴重到威尼斯政
府的十人委員會[208]為了杜絕後患，決定不將重要的政治訊息告知六十人議
院[209]，因為他們聽說米蘭的羅德維科・史佛薩（Lodovico Sforza il Moro）
掌握了其中一些票數。我們很難確知，在洩密防制工作上，將洩密者在夜
裡處以絞刑或頒給告密者高額獎金（例如終生犒賞每年60杜卡金幣），是
否真能獲得奇效？

　　國家機密會被洩漏出去的主要原因是因為許多貴族變得窮困潦倒，而
這個問題一時之間也無法解決。1492年曾有兩位貴族提議，國家每年應
撥70,000杜卡金幣安撫那些沒有公職的窮貴族。這個提案差一點就到了貴
族掌握多數票的六十人議院手裡，幸好十人委員會及時插手，將這兩個提

206　*Epistolae*, lib. V, fol. 28.

207　Malipiero, *Ann.Veneti, Archiv. stor.* VII, I, p. 377, 431, 481, 493, 530. II, p. 661, 668,
　　679.—*Chron. Venetum*, bei Murat. XXIV, Col. 57.—*Diario Ferrarese*, ib. Col.
　　240.

208　〔譯者注〕十人委員會（Rat der Zehn，英文：Council of Ten）：1310年由
　　Baiamonte與其他貴族組成，後來主要職掌與國家安全相關的事務，例如秘密
　　警察、間諜與反間諜工作。也因掌控國安事務，所以在財政與外交方面有相當
　　大的影響力。

209　〔譯者注〕六十人議院（Pregadi）：威尼斯的參議院（senate）原由六十位議
　　員組成，稱為Pregadi，但至1450年已增加至三百名議員。

案人終身放逐到塞普勒斯島（Cypern）的尼可西亞（Nicosia）[210]。約在此時，有一位索朗佐（Soranzo）家族的人在國外因偷竊教堂聖物被絞死；孔塔理尼（Contarini）家族的一人因闖空門被關進監牢，另一人向政府陳情，他已有多年沒有公職，每年只有16杜卡金幣的收入，但有九個孩子要養，而且還有60杜卡金幣的負債。因為不懂其他營生之道，最近已經開始流落街頭了。由此我們可以瞭解，為何有些有錢的貴族會蓋房子讓窮人免費居住。這些出於宗教慈善精神蓋的房子為數不少。在這些善心貴族的遺囑裡，這些為慈善目的所奉獻出來的房子也會被算作奉獻人生前所做的善功而被一一列舉出來。

§1.7.3　威尼斯屹立不搖的原因

如果威尼斯的敵人看到這些弊端而以為自己有了可乘之機，那就搞錯了。也許有人會以為，威尼斯光憑興旺的貿易活動就可讓貧困的人有豐厚的勞動收入，而且地中海東岸殖民地為他們帶來的商機也可轉移國內政治不滿份子的注意力。但是，熱內亞（Genova）[211]不也具有類似的優勢，政治卻始終充滿各種驚濤駭浪？威尼斯的政局之所以能如此穩固，是奇特地結合了許多原因所致，這是在其他地區見不到的。

作為一個外力難以攻擊的城市，威尼斯可以用最沉著冷靜的態度處理所有對外關係，也可以無視於義大利其他地區的黨派鬥爭。與人結盟只是出於一時需要，而且一旦結盟就要努力獲得最大利益。因此威尼斯人的基本性格是傲然孤立，外交上不理睬周邊各國，但在國內則要求穩固的團結意識——尤其是義大利其他地區對它的敵視更加強他們內部團結的意識。面對殖民地與威尼斯人在內陸乾地地區（terraferma）所掌控的領地，威尼

210　Malipiero, im *Arch. stor.* VII. II, p. 691. vgl. 694, 713 und I, 535.
211　〔譯者注〕義大利西北部著名的港口。

斯城的居民都以強烈的意識維護他們共同的利益。也就是說,他們所統管的內陸城市(直到貝加蒙Bergamo)之居民如果要進行買賣,一律要到威尼斯來辦理。

　　用這樣小心的態度來維持他們的優勢,只有在內政平靜祥和的情況下才有可能建立。而正因絕大部分民眾覺得威尼斯內政修明,使得想造反的人無機可乘。即使有不滿之徒,也因貴族與平民間有所區隔,彼此被遠遠隔開,因此雙方難有機會互通聲息。在貴族方面,原本無所事事的貴族最容易成為密謀造反的禍因,但這個問題也因貴族需要經商、旅行、不斷參加對土耳其人的戰爭,而被消弭於無形。在戰爭中,統帥總是特別寬縱這些貴族,有時甚至到觸犯軍法的地步。有一位類似古羅馬監察官加圖(Cato, 234-149 B. C.)的威尼斯人曾預言,如果貴族之間還繼續官官相護、罔顧國家法理,威尼斯遲早會沉淪[212]。 然而,貴族們光天化日之下互相包庇的行徑仍讓他們在威尼斯安然度日。如果有人一時嫉妒或出於好勝心想與貴族對抗,就會淪為官方祭品,而相關的管理機制與法條也會隨時伺候。威尼斯總督(Doge)法蘭卻斯科・佛斯卡歷(Francesco Foscari)[213]長年以來當著全威尼斯人面前所受到的道德懲戒,真是只有貴族政體下才可能發生的恐怖報復。

212　*Chron. Venetum*, Mur. ⅩⅩⅣ, Col, 105.

213　〔譯者注〕Francesco Foscari (1373-1457, doge 1423-1457):領導威尼斯與佛羅倫斯聯手對抗米蘭 Gian Galeazzo Visconti 企圖征服全義大利的戰役,但是他們的聯軍最後仍敵不過Francesco Sforza的軍隊而宣告失敗。但米蘭旋即與佛羅倫斯締結和約,威尼斯卻遭到冷落。1445 年,Francesco Foscari 之子 Jacopo Foscari 因貪污賄賂遭到十人委員會放逐,接著在 1450 年與 1456 年的審判中,又將 Jacopo Foscari 判處監禁於克里特島(Crete),導致他最後魂斷他鄉。Jacopo Foscari 的死訊讓 Francesco Foscari 不再理會政事,1457 年 10 月十人委員會逼他辭職。辭職後一週,Francesco Foscari 憂憤而死。他身故的消息引起民眾譁然,所以政府最後以國葬處理。

§ 1.7.4　十人委員會與案件的審判

　　十人委員會對威尼斯境內所有事務都有裁決權、所有人生死都掌握在他們手裡，他們也同時控管所有財庫與軍隊，而他們的成員也包括宗教法庭審訊官（Inquisitoren）。他們像過去推翻一些當權者般將法蘭卻斯科·佛斯卡歷推翻了。十人委員會每年由威尼斯主要的執政機構——大議會（Gran-Consiglio）——選舉出來，因此直接代表大議會的意志。每年對十人委員會所進行的選舉不太會發生圖謀不軌的事端，因為任職期限很短，而且還要承擔事後相關的責任，所以不是很吸引人。

　　儘管十人委員會和其他機構有時會採取令人難測的激烈手段，但真正在地的威尼斯人並不逃避他們的裁判，反而會選擇直接面對。原因不是在於共和國力量無遠弗屆、或抓不到本人時會抓他的家人來頂罪，而是十人委員會通常會根據事情的真相來審判，不會被嗜血的掌權者所操控[214]。整體而言，大概沒有其他國家像威尼斯這樣，對在國外的臣民還有強大的道德操控力。例如，參議院[215]裡要是有人想當叛徒，也有巧妙的方法可以平衡。也就是說，每個在國外的威尼斯人都會充當政府的密探。對在羅馬活動的威尼斯樞機主教而言，把教宗秘密會議的協商內容密告威尼斯政府是天經地義的事。樞機主教格利瑪尼（Domenico Grimani）於1500年在羅馬附近攔截阿斯卡尼歐·史佛薩（Ascanio Sforza）密傳給其弟羅德維科·史佛薩（Lodovico Sforza）的信函，並將之送回威尼斯。當時正值格利瑪尼的父親被控訴，他的父親便將自己兒子的作為當作功績般在大議會面前宣揚，其實也就是向全世界宣揚[216]。

214　*Chron. Venetum*, Murat. XXIV, Col.123, s.und Malipiero, a.a.O. VII, I, p. 175. s.

215　〔譯者注〕參見本卷注209。

216　*Chron. Ven.* l.c. Col. 166.

1.7.5　與雇傭兵統帥的關係

　　威尼斯如何處理雇傭兵統帥的問題，上文已簡述過（§ 1.3.5）。當威尼斯人希望這些雇傭兵統帥能多盡點力時，他們的方法就是雇用大量的雇傭兵統帥，不讓權力集中在少數人身上，這樣就不容易發生政變，而且也比較容易察覺到風吹草動。看看威尼斯的軍籍冊，真讓人疑惑，編制如此複雜的軍隊如何發揮統一戰力？以1495年的戰役為例[217]，共派遣15,526位騎兵分成許多小隊參戰：來自曼圖瓦（Mantova）的法蘭卻斯柯‧龔查加（Francesco Gonzaga）分到1,200人，喬夫瑞多‧伯爾嘉（Gioffredo Borgia）分到740人，另有六位統帥各分到600至700人，十位統帥各分到200至400人，十四位統帥各分到100至200人，九位分到各80人，六位分到各50至60人等等。這些騎兵部分來自威尼斯政府自己的軍隊，部分來自威尼斯城或者鄉間貴族的私人武力。而大部分統帥則是義大利各地的君侯或城市行政首長或上述這些人的親戚。此外還有24,000名步兵，有關他們的來源以及組織沒有史料可查。另外可能還有3,300名是特殊武裝軍隊。

§ 1.7.6　過於樂觀地對外擴張

　　承平時期，內陸地區的城鎮幾乎不用（或只限極少數）派兵衛戍。這不表示威尼斯可以靠臣民的忠誠高枕無憂，而是它對民心之所向有清楚的洞察。眾所周知，在1509年坎布雷同盟戰爭[218]時，威尼斯政府解除人民必須對威尼斯效忠的桎梏，讓他們自己去比較：寧願被外來政權占領？還

217　Malipiero, l. c. VII, I, p. 349. 其他相關資料參見：Marin Sanudo, *Vite de' Duchi*, Mur. XXII, Col. 990 (von Jahr 1436), Col. 1088 (vom Jahr 1440), bei Corio, fol. 435-438 (von 1483), bei Guazzo, *Historie*, fol. 151, s.

218　〔譯者注〕參見本卷注205。

是被自己的政府溫和統治？由於人民不必擔心曾經背叛聖馬可（S. Marco,
St. Mark）而遭到懲處，因此無不急急忙忙奔回自己舊政府的懷抱。

　　在此附帶說一句，上述這場戰爭其實是對威尼斯百年來不斷企圖擴張
領土的一個大聲抗議。就像所有自以為聰明的人都會犯的錯誤一樣，自以
為他們的敵人不會輕舉妄動地做出魯莽的行為[219]。正可能是被這種貴族易
犯的盲目樂觀所惑，威尼斯人完全漠視穆罕默德二世正準備以武力攻打君
士坦丁堡、以及查理八世正在整頓軍備這些事，直到他們受到意外的一
擊[220]。

　　同樣的情況也發生在坎布雷同盟戰爭這件事上。正因威尼斯對發動這
場戰爭的兩位主要策動者——法王路易十二（Louis XII）以及教宗朱利安
二世（Pope Julius II）——所明白表示的願望完全不屑一顧。教宗方面則
代表全義大利對威尼斯人不斷征服擴張的連年怨恨，所以當外軍開進威尼
斯境內，教宗決定袖手旁觀。而威尼斯人應早該看穿法國樞機主教昂布阿
斯（Amboise）及法王對義大利所採取的政策是不懷好意，而應及早防
備；但事實剛好相反。大部分參與這個同盟的成員其實是出於羨慕，希望
藉此鞭策自己追求同樣的財富與勢力。但其實他們得到的只是一些悲慘的
後果。威尼斯雖然最後光榮脫險，卻必須承受持續性的內傷。

§ 1.7.7　威尼斯是財政主計制度的發源地

　　像威尼斯這樣一個奠基於眾多不同根源而立國的強權，又有相當開闊
的活動場域供它馳騁與賺取利益，他們必定要有相當開闊的整體觀以及對
穩固的資產、負債、利潤與虧損結算制度。作為近代國家財政主計制度的

219　Guicciardini（*Ricordi*, N. 150）可能是最早提出以下論點的人：政治復仇的激
　　　情可能讓人搞不清楚真正的利益何在。

220　Malipiero, l. c. VII, I, p. 328.

發源地，威尼斯可當之無愧。可以與它分庭抗禮的是佛羅倫斯。而在他們之下的，是義大利一些正在發展中的君侯國。中世紀封建國家頂多針對封建領主的權益及財富建立清點帳冊，生產力只被理解為與土地／農地生產作物相關的固定收入。相較之下，所有西歐城市從相當早的時候，便將工商業產值算進生產力當中。他們也認清，工商業產值經常變動，因此需要隨時加以因應。但是即使在漢撒同盟（Hansa）[221]最鼎盛的時代，留下的也只是一些商業上的結算明細記錄。艦隊、軍隊、政治壓力與影響力在商人的帳簿上，只被簡化為借方與貸方的關係而已。直至義大利的國家開始將清醒的政治自覺、回教國家的行政管理制度、以及自古以來對生產與貿易的豐富經驗結合起來，國家主計制度才真正誕生[222]。對南義大利腓特烈二世（Friedrich II.）統領下的君主專政國家而言，奮鬥的目的只是想要證明絕對王權的存在。但對威尼斯而言，最終的目的是要享受權力與生活、將祖先遺留下來的產業繼續擴充、吸引高獲利的工業前來投資生產、以及不斷開拓新的貿易通路。

上述這些事情，當時的著作討論十分詳盡[223]。從其中可以得知，1422年威尼斯城有190,000居民。相較起過去以家庭數、可以上戰場作戰

---

221 〔譯者注〕漢撒同盟：中世紀北德城市組成的商業同盟，興起於十一世紀，領導城市是呂北克（Lübeck）。隨著地理大發現的影響，漢撒同盟從十六世紀起勢力漸衰，十七世紀便徹底解散。

222 *Manipulus Florum*（bei Murat. XI, 711, s.）收錄了米蘭1288年的統計資料，項目雖然不多，但相當重要。其中包括：房子的大門、居民、可以當兵的人數、貴族的豪宅、水井、鍋爐、酒店、肉店、漁夫、穀物需求量、狗、獵鳥、柴薪價格、乾草、酒與鹽，此外還包括法官、公證人、醫生、教師、抄書人、製作武器的鐵匠、打造馬蹄的鐵匠、醫院、修道院、捐贈給教會的產業、以及各種教會組織。還有一份史料記載著更早年代的統計資料，參見：*Liber de magnalibus Mediolani, bei Heinr. de Hervordia*, ed. Pottbast, p. 165. [— Vgl. auch die Statistik von Asti um 1280 bei Ogerius Alperius (Alfieri), *de gestis Astensium, Histor. patr. monumenta, Scriptorum* Tom. III, Col. 684, ss.].

223 Marin Sanudo, in den *Vite de'Duchi di Venezia*, Murat. XXII, passim.

威尼斯外海**Burano**島上的運河與房舍
©攝影／花亦芬（參見彩圖**32**）

的人數、或成年經濟獨立的人口來計算，威尼斯以「每個具有靈魂的生命」（anime）來**計算人口**的方式，在義大利可說是創舉，自此也奠定了國家其他統計項目最中立的計量單位。當此時，佛羅倫斯希望與威尼斯結盟一齊抵抗米蘭的菲利普‧瑪莉亞‧威士孔提（Filippo Maria Visconti），結果遭到拒絕。威尼斯根據詳盡的貿易數字提出有力的說詞，說明米蘭與威尼斯開戰無異於買主與賣主開戰，這麼愚蠢的事他們是不做的。更何況米蘭為了作戰必須為軍費的增加而加稅，這勢必讓他們減少對威尼斯的貿易採購，所以更不可行：

> 最好讓佛羅倫斯人吃敗仗，這樣那些享受慣自由城市居民生活的人就會像可憐的路卡（Lucca）人一樣，帶著他們的絲織業與羊毛紡織業來投靠我們。

尤其值得注意的是，1423年命在垂危的威尼斯總督牟全尼哥（Mocenigo）對到他床邊來探病的參議員所說的話[224]。這個談話提到與威尼斯整體國力最相關的一些因素。我不知道這些繁瑣的公文帳目是否已有

人做過清楚解析，在此只能將它當作珍貴的史料略做說明：在償還四百萬杜卡金幣戰債後，國家還有六百萬杜卡金幣的負債（il monte）。從帳面上看來，貿易總額有一千萬，而根據文獻記載，這一千萬中的實際獲利是四百萬。3000艘可在運河中航行的小船（navigli）、300艘中型船（navi）、以及45艘大型船（義大利文：galera；英文：galley）船上各有17,000名、8,000名以及11,000名水手（一艘大型船通常超過200名水手）。此外，還有16,000名造船工人。威尼斯的房屋總值約為七百萬，可以獲得租金約五十萬[225]。約有1000位貴族年收入70至400杜卡金幣。在其他地方還提到，同年威尼斯國庫常規收入是一百一十萬杜卡金幣，由於戰爭引發貿易的不穩定，到了本世紀中葉，國庫收入只剩下八十萬杜卡金幣[226]。

§ 1.7.8　遲來的文藝復興

這種精打細算以及務實治國的作法雖然讓威尼斯在近代國家精神的開展上呈現高度開創性，然而，對當時的義大利而言，文化乃是國家最高的精神表現，威尼斯在這一點上不得不承認有所不及。威尼斯人對文藝活動普遍缺乏興趣，尤其在熱烈追求古典文化上更缺乏有力的誘因[227]。撒貝里蔻（Marc Antonio Sabellico）曾提到，威尼斯人在哲學與辭令方面的天賦不下於他們對貿易與政治的天分。1459年，希臘學者喬治・特比松（George of Trebizond）[228]將柏拉圖的《法學》翻成拉丁文獻給威尼斯總

224　Sanudo. l. c. Col. 958.

225　這裡所指的應是所有房屋，而不只限於國家所有的。參較：Vasari, XIII, 83. V. d. Jac. Sansovino。

226　Sanudo, Col, 963. 1490年的國家歲收參見：Col. 1245。

227　威尼斯人對古典文化的反感可從教宗保祿二世（Paul II, pope 1464-1471）對古典文化的憎惡看出，他甚至於稱呼所有人文學者為異端。參見：Platina, *Vita Pauli*, p. 323。

228　〔譯者注〕George of Trebizond, (c.1395-c.1486)：生於克里特島（Crete, 1206-

督，自此受聘為年薪150杜卡金幣的哲學教師；此外他又將自己寫的的修辭學[229]獻給威尼斯這個國家。翻閱法蘭卻斯柯・桑頌維諾（Francesco Sansovino）的名著《威尼斯》[230]一書後面附錄的威尼斯文學史便可以看出，十四世紀威尼斯在神學、法學、以及醫學的專門著作之外，就只有史學著作。

而十五世紀，在巴巴羅（Ermolao Barbaro, 1453/5-1493）及馬努其（Aldo Manucci）之前，人文學在威尼斯被注意的情況真是微乎其微。樞機主教貝撒里昂[231]捐贈給威尼斯的圖書館，在戰亂與戰火中完全沒有受到絲毫保護。如果想追求有學問深度的事物，應該去帕多瓦（Padova），在那兒醫學家與法學家（對國家法權問題尤為專精）可以得到極為豐厚的待遇。

在義大利詩詞文學的創作上，威尼斯也遙遙落後。直到十六世紀初，情況才獲得改善。文藝復興追求新的藝術創作精神，對威尼斯而言，其實也是靠外塑的。直到約十五世紀末，它才開始發展自己獨特的面貌。在文化藝術方面，威尼斯的確有一些不利成長的因素。

§ 1.7.9　落後的聖徒遺骸崇拜

威尼斯政府雖然完全掌控神職人員，也將重要神職的任命權掌握在自

（續）————

　　1669為威尼斯屬地），是最早來到義大利的希臘學者之一。Vittorino da Feltre
　　（1378-1446）教他拉丁文，而他則以在曼圖瓦宮廷的學校教授希臘文來回報。
229　Sanudo, l. c. Col. 1167.
230　〔譯者注〕Francesco Sansovino, *Venetia, città nobilis et singolare, descritta in XIIII libri* (Venice, 1581). 中文書名譯為：《威尼斯：高貴而獨特的城市，共十九卷》。
231　〔譯者注〕貝撒里昂（Bessarion, c. 1395-1472）：拜占庭人文學者，希望能調停東正教與羅馬教會使之合一，但遭到東正教拒絕，所以他便到義大利，1439年成為樞機主教。他收藏的珍貴希臘文手抄本是威尼斯聖馬可圖書館的鎮館之寶。

己手中，並一次又一次與羅馬教廷對抗，但官方的宗教氣息卻有自己獨特的色彩[232]。他們不惜用天價從被土耳其占領的希臘買來許多聖徒遺骸與遺物，並在盛大的慶祝遊行中由總督親自接駕[233]。1455年為了一件沒有車縫的聖袍，他們願意以10,000杜卡金幣高價蒐購，卻沒有如願。威尼斯政府之所以如此做，與民間宗教熱情無關，而是官方自行決策的結果。有一天不繼續這麼做，也不會引起什麼注意。如果這樣的情況發生在佛羅倫斯，他們早就不做了。在此我們就省略民間熱衷的宗教靈修與對教宗亞歷山大六世（Pope Alexander VI, 在位1492-1503）頒發贖罪券的信靠。這個國家雖然比其他國家對教會的控制更嚴，卻發展出獨特的宗教特質：國家最高的代表──威尼斯總督（Doge）──以半帶宗教性的姿態參加了十二次盛大的繞境遊行（andate）[234]。這些遊行幾乎都是為了紀念政治事件而舉辦的，規模足以媲美宗教慶典。其中最盛大的，就是在耶穌升天節所舉辦的著名的「與海結婚節」。

232　Vgl. Heinric. de Hervordia ad a. 1293 (pag. 213, ed. Potthast).

233　Sanudo, l.c. Col. 1158, 1171, 1177.

234　Sansovino, *Venezia*, Lib. XII.

第八章
共和國：十四世紀以來的佛羅倫斯

佛羅倫斯緊密地結合了高度的政治意識與最多元的政治發展型態。從這個角度來看，佛羅倫斯可稱得上是全世界第一個具有近現代性格的國家。

過去君侯國所盛行的家族統治，現在由全體國民共同分擔。佛羅倫斯令人讚嘆的精神在於它同時兼具敏銳的邏輯推理以及深具人文素養的藝術性。所以在政治與社會上，它不斷創造新氣象，也能以推陳出新的方式闡述並指正這些創新的得失良窳。因此，佛羅倫斯成為政治理念與政治理論的發源地、政治實驗與政治改革的故鄉；也與威尼斯並駕齊驅成為國家主計制度的發源地；而且它還以新的眼光與精神開展了近現代歷史撰述的新風貌。

對古羅馬的仰慕以及對古羅馬史家的熟稔深遠地促進了這個新發展。喬凡尼・維朗尼（Giovanni Villani）曾說[235]，1300年的「禧年」

佛羅倫斯主教座堂
（Cathedral of Santa Maria del Fiore, Florence）
© 攝影／花亦芬（參見彩圖 33）

佛羅倫斯市政廳（**Palazzo Vecchio, Florence**）
◎攝影／花亦芬（參見彩圖**34**）

（Jubiläum）正是刺激他寫下名作《佛羅倫斯年鑑》[236]的動力，因為他去羅馬參加禧年的朝聖後，回到佛羅倫斯就開始提筆寫作。那一年到羅馬朝聖的二十萬名信徒中，應該也有人具有與他相似的才性，但為何只有喬凡尼‧維朗尼為自己的城市寫出一部歷史？因為其他人很難像他一樣，可以信心滿滿地附上一筆：「羅馬正在衰落，我家鄉的城市卻在興起，而且蓄勢待發要完成偉大的事業。所以，我立志要寫下它過去全部的歷史，並希望一直寫到當代最新的發展，只要我還能看得到它們發生。」藉著自己家鄉歷史家的撰述，佛羅倫斯除了記錄過去生命的軌跡，也還有其他收穫——在義大利所有城市之上享有遠播的聲名[237]。

235　G..Villani, VIII, 36. 1300 年也是但丁《神曲》開始記述的第一年。
236　〔譯者注〕Giovanni Villani, *Nuova Cronica* (Florentine Chronicle).

§ 1.8.1　客觀的政治意識

本節不是要敘述佛羅倫斯的歷史，而是要說明佛羅倫斯人如何從歷史經驗裡醒悟到，獨立自主的心靈與就事論事的客觀態度（die geistige Freiheit und Objektivität）是發展近現代國家不可或缺的要素。

狄諾・孔帕尼（Dino Compagni, c. 1255-1324）約在1300年寫下當時佛羅倫斯人彼此惡鬥的歷史[238]，其中敘述該城政治生態、各黨派內在的發展動力、以及黨派領袖的性格。可以說，本書把構成佛羅倫斯政治生態的各種歷史因素以及其後所造成的影響都翔實地記述了出來。從這一點就能明白，為何佛羅倫斯的歷史撰述與評論遠勝於其他地方史家的成就。1300年佛羅倫斯政治鬥爭最大的犧牲者就是文豪但丁（Dante Alighieri, 1265-1321）。這位政治家真是在故鄉加給他的磨難與放逐裡成熟起來的！他透過堅毅不屈的詩句，表達對佛羅倫斯政壇不斷更改典章制度的嘲諷。[239]這些詩句日後都成為大家譏諷類似政治亂象最愛引用的句子。但丁以既批判又渴慕的語氣寫了許多給故鄉的詩文，深深打動佛羅倫斯人的心。但他的思考格局其實遠超過義大利以及整個世界的侷限。

§ 1.8.2　政治家但丁

如果不要把但丁對「帝國」（Imperium）的認知與宣揚看成一樁錯事的話，我們必須說，他把年少時改革政治的理想轉化為磅礡壯闊的詩

237　這樣的想法在1470年左右已見於 Vespasiano Fiorent., p. 554。

238　〔譯者注〕Dino Compagni, *Cronica delle cose occorrenti ne' tempi suoi* （"Chronicle of Contemporary Events"）. 本書自1310年起動筆，主要記載當時教宗黨與保皇黨之間的黨爭、以及教宗黨白派與黑派在1280至1312年間的鬥爭。本書直至1726年出版後才得到比較多的重視。由於記述相當詳實，成為研究十四世紀初佛羅倫斯政治史最重要的史料。

239　〈煉獄篇〉（*Purgatorio*），VI，最末。

篇[240]。他相當自豪於自己是第一位開闢這條蹊徑的人[241]，雖然《論君王國》的理念源自於亞里斯多德（Aristotle），但卻是但丁苦思之所得。他理想中的帝國皇帝是一位公正、充滿人道關懷、內心只順服上帝意旨的統治者；他也是法律、自然與上帝都認可的羅馬帝國繼承人。在但丁眼中，征服世界是合乎法理的，因為在羅馬與世界其他地方之間，一切都歸上帝來裁決。上帝承認了羅馬帝國，所以祂才會以人的形象誕生在奧古斯都皇帝治下、死於羅馬駐猶太總督彼拉多（Pontius Pilatus）的判刑中。雖然我們很難完全掌握但丁論述帝國理念的文句，但他字裡行間對帝國的熱切期盼卻是躍然紙上。

從但丁的書信也可看出，他可說是少數幾位最早的媒體人（Publizist），也許更稱得上是第一位業餘媒體人，因為從他開始才有用書信形式發表的時事評論[242]。他很早便開始從事這項工作，也就是說，自他的心上人貝雅翠（Beatrice）過世後，他便到處寄發一本討論佛羅倫斯現況的小冊子「給世上重要的人物」；後來他在放逐期間也寫了不少公開信給神聖羅馬帝國皇帝、各國君侯以及樞機主教。在這些信裡以及他所著的《論鄉土母語豐富的表達力》（De vulgari eloquentia）[243]一書裡，他不時以各種不同表現形式，說出歷經許多傷痛後，內心深深的醒覺：地理的家鄉（Vaterstadt）之外，在文學創作（Sprache）以及自我文化內涵的提升

---

240 〔譯者注〕這是談到但丁最有爭議的著作《論君王國》（De monarchia, c. 1313, "On Monarchy"），這是一本討論神聖羅馬帝國與教宗普世教權的書，在書中，但丁擁護神聖羅馬帝國皇帝政權。

241 De Monarchia I, 1.

242 Dantis Alligherii epistolae, cum notis C. Witte.

243 〔譯者注〕Dante, De vulgari eloquentia(c. 1304, "On eloquence in the vernacular"). 本書通常被譯為《論方言》（"On the vulgar tongue"），布氏在此亦德譯為《論鄉土母語》（"Von der Vulgärsprache"），但考諸拉丁文書名本意，本書譯為《論鄉土母語豐富的表達力》。

（Bildung）上，還有新的精神故鄉（eine neue geistige Heimat），這是誰都無法從他身上奪走的。對這個問題我們還會繼續討論。

§ 1.8.3 佛羅倫斯作爲主計制度的發源地

喬凡尼・維朗尼（Giovanni Villani, c. 1276-1348）與馬太歐・維朗尼（Matteo Villani, c. 1285-1363）這對兄弟的史著對當時政治情勢有深入的觀察及清新務實的評論，並引述了不少國家重要資料以及佛羅倫斯政府的統計資料。在政治思想外，貿易與工業對國家總體經濟有十分重要的影響。

整體而言，在金錢往來上，佛羅倫斯人可說是最善於理財的。從教廷遷到亞維農（Avignon）後[244]，佛羅倫斯人更是表現出他們在這方面的長才。根據可靠史料的記載[245]，教宗若望二十二世（Pope John XXII, 1316-34）過世時，教廷的財庫存有二千五百萬金幣。但是當時的人如果想借到鉅項貸款，只能找佛羅倫斯人商量。例如，英格蘭國王曾向佛羅倫斯巴第（Bardi）與佩魯其（Peruzzi）兩個家族開設的銀行借款，後來卻讓他們在1338年蒙受1,365,000金幣的鉅額虧損。然而，這兩個銀行世家後來仍度過這個難關[246]。

最重要的還是與當時政治實況相關的資料[247]：國家歲入300,000金幣以及相關細目，城中居民約有90,000人（這項資料並不準確，因這是依據

---

244 〔譯者注〕Avignon papacy（1309-1377）：由於羅馬的黨派鬥爭與法王 Philip IV 的壓迫，教宗 Clement V（1305-1314）將教廷由梵蒂岡遷到法國南部的 Avignon（當時附屬於教宗國，1348年直接成為教宗國正式產業）。教宗 Gregory XI（1370-1378）於1377年重新將教廷搬回羅馬，但留在 Avignon 的樞機主教自行選出另一位亞維農教宗，自此展開天主教史上教廷大分裂時期（the Great Schism, 1378-1417）。

245 Giov. Villani XI, 20. Cf. Matt. Villani IX, 93.

246 Giov. Villani XI, 87, XII, 54.

247 Giov. Villani XI, 91, s. -Machiavelli 的記載有出入，參見：*Stor. Fiorent. lib.* II.

麵包消耗量，即按照平均每張嘴的消耗量 "in bocche" 來計算）以及整個領邦內的人口數；每年受洗的新生嬰兒在5,800-6,000人之譜，其中男孩比女孩多300至500人[248]；學齡兒童有8,000至10,000人學習閱讀；1,000至1,200名學童分散在六個算數學校學習算數技能；另有約600名學童在四所人文學校學習拉丁文及邏輯等科目。

此外，還有教堂與修道院的統計數字，醫院（全部加起來超過一千個病床）的統計數字；羊毛紡織業的統計數字，其中包含許多寶貴的細目資料；還有關於鑄幣、城市糧食供應以及公務員的種種資料[249]。有時也可見到其他的史料，例如，1353年要建立新的國民年金制度（monte）時，方濟會在講道表態支持此制度，而道明會與奧古斯丁修會則明白表示反對[250]；當**黑死病**襲捲歐洲造成嚴重的經濟重創時，也只有佛羅倫斯對受創情況相當重視，並詳加紀錄。有一個佛羅倫斯人對下列諸事留下了清楚的史料記錄[251]：當時人們看到人口遽減，原期待物價變得物美價廉；但事與願違，生活必需品的價格與工資上漲了兩倍。剛開始時，一般民眾以為可以不必再工作，只要享樂就好——尤其在城裡，男僕與女傭只有高價才雇得到；農民一心只想在最肥沃的田地耕作，比較差的田地根本沒人要理睬。瘟疫肆虐時捐贈大筆奉獻用來救濟窮人，如今看來一點意義都沒有，因為有些窮人要嘛死了，要嘛再也不是窮人了——曾有一筆鉅額的慈善捐贈是一個沒有子嗣的慈善家留給城裡每個乞丐六銀幣（denare）的善舉，為此佛羅倫斯還特別針對所有乞丐做了全面的普查[252]。

248　每次行洗禮時，如果是男嬰教士就放一顆黑豆，如果是女嬰就放一顆白豆，用這種方法來計算。

249　當時佛羅倫斯已有消防隊員，參見：ibid. XII, 35。

250　Matteo Villani, III, 106.

251　Matteo Villani, I, 2-7, cf. 58. 薄伽丘在《十日談》的開頭對黑死病在佛羅倫斯肆虐的情形有詳細描述。

252　Gio. Villani X, 164.

§ 1.8.4　對量化數據的高度興趣

從統計數字的角度來觀察事物的變化，後來在佛羅倫斯得到相當完善的發展。令人尤其讚賞的是，計量觀察也與宏觀的歷史觀察結合在一起，而且透過量化數據也讓大家對文化藝術的發展有更全面的了解。1422年一個史料[253]記載著新市集（mercato nuovo）周邊的七十二家兌幣所現金交易金額高達二百萬金幣（Goldgulden），當時新興的工業如金織業、絲織業興盛的情形，布魯內斯其（Filippo Brunelleschi, 1377-1446）的建築如何復興古代建築之美，共和國的總理大臣布魯尼[254]如何喚起大家對古典文學與修辭學的興趣，最後還提到當時佛羅倫斯如何安享政治修明以及成為義大利唯一擺脫雇傭兵困擾的幸運兒。

從上文（§1.7.7）提到有關威尼斯的統計數字（幾乎出自同一年代）可以清楚看出，威尼斯遠比佛羅倫斯擁有更多財富、利潤與勢力範圍。當佛羅倫斯於1422年首次派遣自己的艦隊出海時（航向亞歷山大港Alessandria），威尼斯人已經稱霸海上多時。但是從佛羅倫斯史料來看，大家卻都看得出，佛羅倫斯具有更高度發展的格局。如上述所引或其他史料所顯示，佛羅倫斯有系統地將每十年間的變化做全盤的整理，而其他地區頂多是對個別項目做記錄而已。

§ 1.8.5　十五世紀的帳冊

從佛羅倫斯的史料我們也可以清楚看到梅迪西（Medici）家族最初幾

253　Ex annalibus Ceretani, bei Fabroni, *Magin Cosmi Vita*, Adnot. 34.

254　〔譯者注〕布魯尼（Leonardo Bruni, c. 1370-1444）出生於Arezzo，所以又名Leonardo Aretino。他是Salutati的學生，也在佛羅倫斯跟隨Manuel Chrysoloras學習希臘文。他原為教宗秘書，1415年返回佛羅倫斯，後來就像他的老師Salutati一樣，長年擔任佛羅倫斯的總理大臣（1427-1444）。

Filippo Brunelleschi，佛羅倫斯主教座堂穹窿
頂，1420-1436。
©攝影／花亦芬（參見彩圖35）

Filippo Brunelleschi，《帕齊家族禮拜堂》（*The
Pazzi Chapel*）。
設計於 c. 1429，開始建造於 c. 1442. Santa
Croce, first cloister, Florence。
©攝影／花亦芬（參見彩圖36）

代的資產與事業情況。1434至1471年間，他們為慈善事業、公共建築、
以及應繳的稅款至少付出了663,755金幣，其中柯西莫・梅迪西（Cosimo
de'Medici, 1389-1464）支付超過400,000金幣[255]。但「輝煌者羅倫佐・梅
迪西」（Lorenzo de'Medici il Magnifico）仍自豪地認為錢花得很值得。

　　1478年後，還有一份關於當時佛羅倫斯貿易與手工業的重要全面性紀
錄[256]，其中包括不少與藝術相關的資料，例如，金織業、銀織業與錦緞，

255　Ricordi des Lorenzo, bei Fabroni, *Laur. Med. magnifici vita*, Adnot. 2 und 25.—
　　　Paul. Jovius: *Elogia, Cosmus*.
256　Benedetto Dei, bei Fabroni, ibid. Adnot. 200. 持同樣看法的史料參見 Varchi III,
　　　p.107。

木刻業與彩色木材鑲嵌細工業（intarsia），大理石與砂岩的紋飾雕刻，蠟像，金匠業與珠寶業。

此外，佛羅倫斯人對物質世界精密計算的天賦也表現在家庭帳冊、營業帳冊與農產品貿易帳冊裡──在十五世紀，這些獨特的表現都超前當時歐洲其他地區。有人開始將這些帳冊的資料擷取其中一部分出來發表[257]，這是相當有見識的作法。當然，要從中歸結出有通觀的具體結論，還需要更深入的研究。無論如何，在佛羅倫斯可以看到性命垂危的父親在遺囑[258]中請求政府，如果他的兒子不務正業，政府應罰他繳納一千金幣的罰鍰。

Titian，《瓦爾齊畫像》（*Portrait of Benedetto Varchi*）。
c. 1540. 117 x 91cm. Kunsthistorisches Museum, Vienna.
引自：Jacob Burckhardt, *The Civilization of the Renaissance in Italy* (Vienna, [1937]), Plate 240.

瓦爾齊（Benedetto Varchi, 1503-65）所著的《佛羅倫斯史》（*Storia fiorentina*）[259]可說是十六世紀上半葉全世界對特定城市所書寫的最詳盡紀錄。在佛羅倫斯喪失共和國的自由與偉大之前，這本書不論在統計資料的運用以及其他方面都樹立了良好的典範[260]。

257　例如 *Archivio stor.* IV 。

258　Libri, *Histoire des sciences mathém.* II, 163, s.

259　Varchi, *Stor. fiorent.* III, p. 56, s.

260　〔譯者注〕瓦爾齊受 Duke Cosimo I de'Medici 之託撰寫《佛羅倫斯史》，這項委託與 Cosimo I de'Medici 想藉歷史撰述正統化佛羅倫斯的霸權政治有關。

§ 1.8.6　歷史撰述

　　除了對外在物質世界縝密的描述與估算外，瓦爾齊的《佛羅倫斯史》
還有關於政治生活長期的觀察。佛羅倫斯不僅經歷過許多政治型態以及與
此相關的種種變遷，而且與義大利及歐洲其他國家相比，佛羅倫斯人對這
些政治變遷有高度的省察反思。佛羅倫斯是一面最好的鏡子，清楚映照出
不同社會階層與個人面對不斷變動的大環境時，會有哪些不同的反應。福
拉薩（Jean Froissart, c. 1333-1400/1）[261] 對法國與法蘭德斯地區（Flanders）
民眾起義的歷史紀錄或是十四世紀德意志年鑑的記載在史學上都相當重
要；但是，佛羅倫斯的**歷史著作**不論在史觀的完備性以及從多元角度探討
歷史事件上，都遠勝其他地區的著作。佛羅倫斯史家對各種政治型態的描
述——例如貴族統治，僭主政治，中產階級與無產階級的抗爭，正式、半
正式、以及表面的民主政治，薩佛那羅拉（Girolamo Savonarola）所帶領
的神權政治[262]，以及梅迪西家族獨裁操控下衍生出的各種混合形式——都
會將實際參與其事者內心真正的想法明白攤在陽光下來檢驗[263]。

　　馬基亞維里（Niccolò Machiavelli, 1469-1527）所著的《佛羅倫斯史》
（*Storie fiorentine*, 1532. 敘述至1492年）讓我們看到他生動地將自己的母
國描述為一個活潑的有機體。從自然法則發展的角度闡述佛羅倫斯的歷
史，這是近現代第一部從這種角度書寫歷史的經典之作。

　　有關馬基亞維里是否扭曲史實、或在特定部分扭曲史實——如眾所周

261　〔譯者注〕Jean Froissart 所著的《年鑑》（*Chronicles*）主要紀錄英法百年戰爭的
　　　歷史，是瞭解十四世紀宮廷歷史與騎士文化的重要史料。

262　〔譯者注〕參見§6.2.9。

263　佛羅倫斯史家卻對 Cosimo de'Medici（1433-1465）及其孫「輝煌者羅倫佐‧梅
　　　迪西」（Lorenzo de'Medici il Magnifico, 1449-1492）任內的內政作為不作任何
　　　評判。Gino Capponi 對此沉默現象提出了抗議之聲，參見 Arch. Stor. I, p. 315, s.

知，他寫的卡斯塔卡內（Castruccio Castracani）僭主傳[264]真是加油添醋
——但這不在本文探討範圍內。我們也可從這本《佛羅倫斯史》的每一行
論述裡找到可議之處，但在更高層次上，這本經典的價值是不可動搖的。
與馬基亞維里同時代或稍後的史家還有亞蔻波・琵提（Jacopo Pitti）、圭恰
迪尼（Francesco Guicciardini）[265]、賽尼（Bernardo Segni）[266]、瓦爾齊
（Benedetto Varchi）[267]以及維多利（Pietro Vettori），佛羅倫斯的史學真是
江山代有才人出！而這些人所書寫出來的，又是讓人深深沉思的歷史啊！
它們完完整整揭露了佛羅倫斯共和國最後幾十年裡各種令人難忘的歷史事
件；他們如椽之筆將當時最高度發展、最有獨特性的城市生活如何走向崩
潰，形諸卷帙浩繁的史著。這些史著對某些人而言，是最難能可貴的史
料；對另一些人而言，卻是幸災樂禍地證明豪奢貴氣的生活終將崩潰的鐵
證；對第三種人而言，則是深具意義的歷史審判——總而言之，它們提供
人類歷史無比珍貴的省思材料。

§ 1.8.7　托斯卡納城邦動盪的根本原因

讓佛羅倫斯一直陷入政治紛擾的主因在於它未能妥善處理過去曾是勁
敵、但後來被它征服的鄰邦——例如比薩（Pisa）——所帶來的種種問
題。因為對比薩強力的統治勢必帶來反彈；但是如果要解決這種緊張對立

---

264 〔譯者注〕Machiavelli, *La Vita di Castruccio Castracani da Lucca* (1520).
　　Castruccio Castracani 為 Lucca 的僭主（死於 1328 年），1300 年被放逐，但後來
　　又重返。1328 年被神聖羅馬帝國皇帝封為 Imperial Vicar General for Lucca and
　　Pistoia。

265 〔譯者注〕Francesco Guicciardini, *Storia d'Italia* (History of Italy) 敘述 1492 年
　　Lorenzo de'Medici 死後至 1534 年間的義大利歷史——這是義大利最動盪的時代。

266 〔譯者注〕Bernardo Segni, *Istorie fiorentine* (Florentine history, 1555).

267 〔譯者注〕Benedetto Varchi, *Storia fiorentina* (Florentine history). 敘述 1527 至
　　1538 年的佛羅倫斯史。

的局面，卻需要相當大的格局與氣魄。

過去也只有薩佛那羅拉（Girolamo Savonarola）[268]在時機很好的情況下，提出希望將整個托斯卡納地區（Toscana）解放為自由城市聯盟這樣的想法，在解決強勢屬邦這個問題上才出現一線生機。可惜這個想法提出時，已經為時太晚。1548年路卡（Lucca）的愛國者布拉瑪其（Francesco Burlamacchi）[269]還因熱衷於這個想法被送上斷頭臺。由於這樁不幸事件以及佛羅倫斯教宗黨（Guelfen）對外來統治者以及外力干預一直表示好感，終使佛羅倫斯沉淪不振。儘管如此，我們還是要對佛羅倫斯人表

比薩斜塔、主教座堂、與洗禮教堂（由前至後）
◎攝影／花亦芬

達崇敬之意。過去他們受的教育也以報復與剷除敵人為尚，但是在薩佛那羅拉持續不斷的道德教誨下，佛羅倫斯人首先樹立了義大利保護降敵的優良楷模。這種將愛國主義與道德、宗教悔悟連結成一體的精神，在歷史的

268　〔譯者注〕參見§6.2.9。

269　Francesco Burlamacchi是Lucca新教領袖Michele Burlamacchi之父。參見：*Archiv. stor.* Append. Tom. II, p. 176。十一至十三世紀米蘭為了建立強大的專制國家，用強硬的態度對待其屬邦，甚至在1447年Visonti家族敗亡之際，他們對義大利各邦要求組成地位平等的聯盟置若罔聞。參見：Corio, fol. 358. s.

遙思裡，似乎只是一閃即逝的火光；但在 1529 至 1530 年佛羅倫斯受到西班牙軍隊包圍時[270]，這種高蹈的精神再次綻放出了光輝。如圭恰迪尼（Francesco Guicciardini）當時所寫[271]，當時攻入佛羅倫斯的都是一群「笨蛋」（Narren）；但他也承認，這些人達成了不可能的任務。當圭恰迪尼寫道，有識者應逃離這場災難，其實他是認為佛羅倫斯應該放下尊嚴、以不反抗的姿態向敵軍投降。如果真的這麼做，沒錯，佛羅倫斯可以保住它華美的郊區與庭園、以及許多民眾的生命財產，但這卻大大減損佛羅倫斯作為偉大城市創造輝煌歷史記憶的良機。

§ 1.8.8 從政者

對義大利與近現代歐洲而言，佛羅倫斯人開創了不少偉大的典範以及新的局面，當然這也帶來不少負面效應。但丁經常批評佛羅倫斯像是個有病的人，一直在修改典章制度、不斷更改立場。為了要擺脫他內心的傷痛，他乾脆將佛羅倫斯生活原有的基本樣態闡述出來。近現代人容易產生嚴重的謬見，以為透過對當下各種勢力以及這些勢力未來可能發展的估算，可以「制訂」出全新的典章制度。這種作法在佛羅倫斯政治動盪不已的時代一直出現，連馬基亞維里都不免作如是觀。從政者以為透過人為所操縱的權力移轉與分配、高度過濾選舉人的選舉制度、巧立名目的機構以及其他種種作法，就可以讓政局穩定，讓強勢者與弱勢者都感到滿意，或至少可以矇混得過去。他們假借仿效上古典範之名合理化自己所做的荒唐

---

270 〔譯者注〕趁著 1527 年「羅馬浩劫」（the Sack of Rome）的時機，支持佛羅倫斯共和體制的人驅逐了梅迪西家族，重新建立共和國。但在 1530 年由於教宗 Clement VII（出身梅迪西家族）與神聖羅馬帝國皇帝 Charles V 和解，佛羅倫斯共和政權遭到西班牙軍隊包圍八個月的命運，梅迪西家族第二次復辟，重新掌控佛羅倫斯統治權。

271 〔譯者注〕指 Guicciardini 所寫的 *Storia d'Italia* (History of Italy)。

事，還明目張膽借用古代「菁英黨」（ottimati）與「貴族黨」（aristocrazia）等名稱作為自己黨派的稱號[272]。從此大家開始習慣接受這些名號，並將之吸收為歐洲自古相傳下來的稱號。相較之下，過去的黨派名稱都與發起的地緣有關，而且所命的名稱若非與黨派成立的原因有關，就是與相關的偶發事件有關。但是，想一想，黨名對該黨派的政治作為究竟會產生什麼影響？

§ 1.8.9　馬基亞維里與他的建國方案

馬基亞維里之墓（*Tomb of Niccolò Machiavelli*）
Santa Croce, Florence.
©攝影／花亦芬（參見彩圖37）

在主張國家是可以打造出來的看法上，馬基亞維里（Niccolò Machiavelli, 1469-1527）是最有影響力的[273]。他將各種現存勢力視為活躍的、主動的力量，對可以採取的因應策略估算地相當準確、宏觀，而且從不自欺欺人。在他身上看不到自我膨脹以及虛張聲勢，而且他並不為一般人寫作。

馬基亞維里的著作要不是為執政當局或君侯而寫，就是為朋友而寫。他所可能面臨的危險不在於自以為聰明或對思想理念有錯誤的認知，而在於他那旺盛的想像力──

272　「貴族黨」（aristocrazia）首先出現在1527年梅迪西政權被驅逐後，參見：Varchi I, 121 etc。

273　Machiavelli, *Storie fior*. I. III. 在此他認為「明智的立法者」（un savio dator delle leggi）可以拯救佛羅倫斯。

看得出來，他很努力去節制這般的想像力。他不受感情左右、客觀分析政治的冷血態度，至今仍讓人敬畏三分。這種態度產生於政治危急存亡之秋，人們不再輕信司法、也不敢設想人間還有公平正義。所以我們若從道德的角度對這種否定人性價值的剖析作法感到憤怒，是沒什麼意義的。就如同我們在本世紀看到右派與左派政黨藉著「勞動」（Arbeit）這個議題引發的爭辯可以激烈到什麼地步一樣[274]。馬基亞維里至少做到就事論事，不夾雜私人利益考量來論述。整體而言，他的著作雖然缺乏真情流露的熱情——只有極少數文句例外——而且到頭來還被佛羅倫斯視為罪人[275]，但馬基亞維里的確是個不折不扣的愛國主義者。儘管他像他同時代大部分人一樣不拘小節、放言高論，但國家興亡始終是他的終極關懷。

在馬基亞維里的構想裡，佛羅倫斯新的國家體制應該為何，最完整的方案可見於他呈給教宗里奧十世（Pope Leo X）的文章〈對改造佛羅倫斯國的建言〉（"Discorso sopra il reformar lo stato di Firenze"）[276]。這篇文章寫於屋比諾（Urbino）公爵羅倫佐·梅迪西（Lorenzo de' Medici, 1492-1519）——《君王論》題獻的對象——過世後。當時佛羅倫斯的情勢已到日暮西山、腐敗不堪的地步，所以馬基亞維里建議採取的手段也無法以道德為主要考量。但是他這篇文章值得細讀之處，在於他希望梅迪西政權結束後，佛羅倫斯能成為共和國，而且具有中等程度的民主化。要完全落實他精心規劃的建國方案大概是不可能的，因為這須要教宗及其黨羽、以及

274　〔譯者注〕這與十九世紀歐洲左派、右派政黨藉著對「勞動階級」、「有錢有閒階級」、「女性應不應該出外工作」等議題的爭辯來伸張自己的政治主張有關，概論性的專著參見：Peter Gay (2002), *Schnitzler's Century: the Making of Middle-Class Culture, 1815-1914*（中譯：《史尼茨勒的世紀：布爾喬亞經驗一百年，一個階級的傳記1815-1914》，梁永安譯，立緒文化出版，2004年），Ch. 3。

275　Varchi, *Stor. fiorent.* I, p. 210.

276　In *Opere minori*, p. 207.

佛羅倫斯各方勢力都願意各讓幾步，而馬基亞維里為平衡各方勢力所設計出的藍圖就像鐘錶內部精密的機械設計。

馬基亞維里在《史論集》（*Discorsi*）裡還提出其他理念、對特定事物的見解、對史事發展的排比對照、以及對佛羅倫斯政治前景的看法，字裡行間時時流露出精彩卓見。例如，他承認共和政體是一個不斷前進、但也不時會有自我宣洩現象的政治型態。因此，他認為國家體制應該有彈性、並能快速適應變遷，以避免突發的流血審判與放逐。同樣地，為了避免用私人報復的方式或藉由外力來干涉內政（這意味著「宣告所有自由的死亡」），他希望能透過法庭審理（accusa）的方式來處理引起老百姓公憤的公民。在佛羅倫斯過去這種方式只用在毀謗罪的審理上。他精彩地描述了共和國在危急時刻法官如何不依自己的良知審判、或故意延宕判決，因此對國家造成難以彌補的影響。他在文章裡還提到，他曾在自己想像力的誤判以及時局壓力的逼迫下，毫無節制地讚揚普羅大眾，認為他們比任何君侯都懂得挑選好的官吏、而且也懂得用勸說的方式讓當官者迷途知返[277]。他毫不猶疑地認為托斯卡納地區（Toscana）的統治權是屬於佛羅倫斯；而且在一篇特別的文章裡，他還認為重新征服比薩（Pisa）攸關佛羅倫斯存亡。

阿瑞丑（Arezzo）在1502年叛變後，佛羅倫斯就讓它維持現狀，在馬基亞維里眼中，這是一件令人扼腕的事。他甚至表示，義大利各共和國應積極向外擴張，以免互相攻打；藉此也能塑造統治者在國內的聲望。像佛羅倫斯，總是反其道而行[278]，一開始就與鄰近的比薩、西耶納、路卡（Lucca）成為勢不兩立的對敵。反觀它如兄弟般友善對待皮斯托亞

277　孟德斯鳩（Montesquieu）具有同樣的想法，無疑地，應是受到Machiavelli之影響。

278　〔譯者注〕此處應指佛羅倫斯對外擴張只以托斯卡納地區為限，結果造成與鄰邦關係長期緊張對立。

比薩主教座堂（**Pisa Cathedral, begun 1063**）
©攝影／花亦芬（參見彩圖**38**）

比薩主教座堂內部
©攝影／花亦芬（參見彩圖**39**）

（Pistoja），結果皮斯托亞反而自甘臣服其下。

§ 1.8.10　西耶納與熱內亞

將十五世紀僅存的少數共和國拿來與佛羅倫斯相比並不恰當。因為佛羅倫斯在義大利歷史上具有的獨創性、以及在近現代歐洲精神的開展上是超前其他地區的。與佛羅倫斯相比，**西耶納**（Siena）沉痾重重，所以我們很難只是拿它看起來發展得不錯的手工業與藝術來討論，而忽略西耶納其他的問題。原籍於此的教宗庇

119

西耶納市政廳（**Palazzo Pubblico, Siena**）
©攝影／花亦芬

護二世伊尼亞思‧西維烏斯
（Aeneas Sylvius; Pope Pius II, 在位
1458-64）曾站在自己的家鄉以充滿
渴慕的眼神望向那些「幸福快樂的」
德意志帝國城市（Reichsstädte），
羨慕那兒不會沒收人民的財富與繼
承來的產業，沒有囂張的官吏以及
敗壞社會民生的幫派[279]。

　　熱內亞（Genova）幾乎不在
本文討論範圍內，因為直至安德瑞
亞‧多利亞[280]之前，它幾乎對文
藝復興風潮絲毫不感興趣，也因此
位於熱內亞灣（Golfo di Genova）
附近的瑞威愛拉（Riviera）人在義
大利是以瞧不起高尚文化著稱的。

此地的黨爭以粗暴聞名，也將整個國家帶向搖搖欲墜的地步，其激烈的情
況讓人難以置信。熱內亞人如何在一次又一次的革命與被攻占的危難中重
新維持下去，原因應在於所有參與公職的人同時也是商人[281]。熱內亞的例
外情況讓我們看到，他們在擁有龐大利潤與財富的同時，也有深深的不安

279　*Aen. Sylvii apologia ad Martinum Mayer*, p. 701. 類似的說法見於：Machiavelli,
　　　Discorsi I, 55, u.a.a.O.

280　〔譯者注〕安德瑞亞‧多利亞（Andrea Doria, 1466-1560）：熱內亞統治者、
　　　軍事將領，亦熱心贊助藝文。1527年他先幫助法王Francis I攻下熱內亞，次
　　　年卻改變心意投靠神聖羅馬帝國皇帝Charles V，將法軍勢力驅逐出熱內亞，
　　　在此建立自己的政權。

281　Senarega, *de rep. Genuens.* bei Murat. XXIV, Col. 545. 對熱內亞人心中的不安全
　　　感之描述比較：Col. 519, 525, 528 etc。

全感。他們雖然在海外擁有不少殖民地，國內的情況卻是紛擾不安，這些現象竟以驚人的方式並存不悖。

　　十五世紀的**路卡**（Lucca）沒有什麼重要性。圭尼吉（Guinigi）家族於十五世紀初半獨裁式地統治路卡，這段歷史見於喬凡尼・康比歐（Giovanni di Ser Cambio）的記載[282]——這篇史著是描寫這類統治家族如何在共和國立足的經典之作。作者詳述了市區以及領邦雇傭兵的規模與分布狀況；公職如何全部分派給心目中的「自己人」；私人擁有武器的明細以及有嫌疑的人如何被要求解除武備；對放逐者的監視，並規定他們不可擅離規定的活動區域，否則所有身家財產會被沒收；秘密剷除危險叛亂份子；強迫外移的商人與手工業者返回居住地；盡最大可能阻止全民議會（consiglio generale）的召開，而代之以十二名或十八名自己親信組成的委員會；節省各種開支以聘養不可或缺的雇傭兵，因為長期以來情勢都危急到需要靠他們來保衛國家安全，所以必須讓他們皆大歡喜（士兵應彼此成為朋友，作為可交心與明智的人）。最後，康比歐也談到當前的危機，尤其是絲織業的衰落，以及其他行業與製酒葡萄業的一蹶不振。為了挽救頹勢，有人提議應對外地進口的酒課以重稅、並對農產品銷售採取強制措施——也就是說，除了部分民生用品外，所有農產品只能在市區內購買。這篇十分值得注意的文章實在需要有人好好加以解讀，在此我們只能從史料佐證的角度將它提出來，說明義大利——與阿爾卑斯山北方的國家相較之下——從很早的時候就對不同政治型態可能引發的不同效應有相當深入的省思。

282　*Baluz. Miscell.* ed. Mansi, Tom. IV, p. 81, ss.

第九章
義大利各國的外交政策

由於大部分義大利國家的建構就像藝術創作般,是有意識地、深思熟慮地透過人為力量所創造出來的,並對既有生態涵蓋的種種情勢做過仔細估算。同樣地,各國間的關係以及它們的**外交政策**也是在相同態度下謀劃出來的,就像藝術品是人為創造物一樣。這些國家幾乎都是新近不久靠著篡位而產生,因此他們的對外關係如同對內關係一樣緊張。當他們互相承認彼此政權的有效性時,都還各自保留了轉圜的空間。如果靠一時的時運可以建立並鞏固自己的政權,那幸運之神也可能下次就光臨到別人身上,並對自己造成威脅。一個國家的政局是否可以維持平靜無波,並非僭主專心政務就可全然掌控。對所有以非法手段取得政權的人而言,擴張勢力範圍以及保持活躍的狀態是必要的。義大利因此成為「外交」的發源地,並逐漸讓他們的外交作為得到其他國家法律承認的地位。他們以全然客觀、不帶偏見與道德顧慮的心態來處理國際事務,有時真讓人覺得出神入化——在外交場合上,他們表現得那麼優雅大方、風度翩翩;但實際上,暗地裡大家都精打細算、機關算盡。

§ 1.9.1 **對威尼斯的嫉妒**

陰謀、合縱連橫、整軍、行賄、背叛構成當時義大利歷史表象的全貌。尤其長期以來威尼斯更是大家共同指責的對象,因為它像是要把整個義大利吞下去、或故意讓各國國力逐漸衰弱,以便吃下那些無法繼續撐下

去的國家。但如果我們更縝密地考究史實，卻可以發現，對威尼斯發出怨恨之聲的，不是尋常百姓，而是君侯身邊的人或執政者。相較於威尼斯尚稱溫和的統治因此贏得民眾普遍的信賴，這些對威尼斯發出怨懟之聲的統治者都被臣民厭棄[283]。即使是佛羅倫斯在面對那些咬牙切齒的屬邦時也不免發現，與威尼斯相較，自己的確沒那麼得屬邦的民心；更不用說佛羅倫斯對威尼斯繁榮貿易的嫉妒與在羅馬尼阿（Romagna）活躍景況的感受了。坎布雷同盟（League of Cambrai）[284]所發動的戰爭最後的確帶給威尼斯──這個原本應被義大利各國全力協同防禦的國家──致命的打擊（參見§1.7.6）。

§ 1.9.2　靠外力解決各國紛爭──對法國的好感

其他各國也隨時做好準備，打算用最惡毒的方式來彼此對待。彷彿每個人都受到自己心中的惡性鼓動，可以隨時使壞。羅德維科・史佛薩（Lodovico Sforza）、拿波里的亞拉岡統治王室以及教宗西斯篤四世（Pope Sixtus IV）──更不用提其他不值得一提的統治者──隨時都準備好在義大利發動危險的騷亂。而隨著事情自然而然的發展，他們最終會求助於外力干涉與援助──最主要就是向法國與土耳其求救兵。

首先可以看到，老百姓對法國充滿好感。佛羅倫斯竟以一種令人瞠目結舌的天真承認他們因為過去對教宗黨（Guelfen）有好感，所以現在對法國也有好感[285]。當法王查理八世（Charles VIII, 1470-98; king 1483-98）

283　1467年Galeazzo Maria Sforza對威尼斯特使所說的話只能看作誇大之詞，參見：Malipiero, Annali Veneti, *Arch. stor.* VII, I, p. 216 u. f，威尼斯的屬邦多是想脫離僭主獨裁而自動降服的；不像佛羅倫斯的屬邦過去多為獨立的共和國，因此很在意失去它們的獨立自主性，參見：Guicciardini (*Ricordi*, N. 29).

284　〔譯者注〕參見本卷注205。

285　在這一點上，也許立場表明最強烈的一次是1452年對要去朝觀法王Charles VII（1403-1461）的使節所做的提示，參見：*Fabroni, Cosmus*, Adnot. 107.

親臨義大利時[286]，整個義大利以熱烈的歡呼歡迎他，讓他及跟隨者感到受寵若驚[287]。在義大利人（在此不免讓人想到薩佛那羅拉Savonarola）的想像裡，一直存在著理想君王的形象——偉大、智慧、充滿公義的拯救者。但在他們眼前的不再是但丁筆下的帝國皇帝，而是法蘭西卡貝王室（Capetian House）的國王。當查理八世帶兵北返時，義大利人真是覺得夢碎[288]。經過很久之後，義大利人才真的看清，查理八世、路易十二世（Louis XII）以及法蘭西斯一世（Francis I）諸位法王都低估了法國與義大利真正的關係，他們與義大利的互動只是受到一些不關痛癢的動機所驅策而已。

義大利統治者的作法則與老百姓不同，他們想盡辦法利用法國：當英法百年戰爭接近尾聲時、法王路易十一世（Louis XI, king 1461-1483）開始多方面作外交佈局時、當勃根底的「魯莽者」查理（Charles the Bold, duke of Burgundy 1467-77）開始為各種輕率之舉躍躍欲試時，義大利各國政府就磨刀霍霍準備大展外交身手了。即使米蘭與拿波里沒有提出要求，法國干涉義大利內政的舉動遲早都會發生，因為在熱內亞（Genova）與皮耶蒙特（Piemont）早就有法國勢力滲入了。而1462年威尼斯人也等著法國人到來[289]。米蘭的葛蕾阿佐‧瑪莉亞‧史佛薩（Galeazzo Maria Sforza）在勃根底戰爭中一路擔心得要死，因為他同時是法王路易十一世與「魯莽

---

286 〔譯者注〕1494-1495 年。

287 Comines, *Charles VIII*, chap.10 寫道：大家當時把法國人「視若聖徒」（comme saints）。Vgl. Chap. 17.— *Chron. Venetum* bei Murat. XXIV, Col. 5, 14, 15.— Matarazzo, *Cron. di Perugia, Arch. stor.* XVI, II, p. 23.

288 〔譯者注〕查理八世的祖母Marie of Anjou（1404-1463）出身於安茹王室，致使查理八世相信自己具有拿波里王國的合法繼承權，再加上米蘭的Lodovico Sforza之唆使，所以查理八世於1494年進軍義大利，1495年2月正式成為拿波里國王。但旋即面對義大利軍隊的攻擊，並於該年七月戰敗逃回法國。

289 *Pii II. Commentarii*, X, p. 492.

者」查理的盟友，因此他擔心受到雙方的夾擊，這些心路歷程清楚見於他所寫的書信中[290]。

§ 1.9.3　企圖建立義大利四大強權的均勢

「輝煌者羅倫佐‧梅迪西」（Lorenzo de'Medici il Magnifico）希望義大利四強共享均勢的想法只能說是一個樂觀開朗的人所作的夢——這個夢想企圖超越狡詐的政客作為與佛羅倫斯教宗黨根深蒂固的偏見，以達到最理想的境界。當「輝煌者羅倫佐‧梅迪西」與拿波里的斐朗特（Ferrante）與教宗西斯篤四世（Pope Sixtus IV）作戰時[291]，法王路易十一世願意出兵援助他，但「輝煌者羅倫佐‧梅迪西」說：「我無法將自身利益看得比整個義大利將因此蒙受的危險還重要。希望上帝永遠不要讓法王有絲毫念頭想要將勢力伸進義大利來！否則義大利就完了！」[292]對義大利其他統治者而言，法國卻是他們不時可以打出的一張牌、或可以用來恫嚇的手段。當他們碰到窘境卻想不出其他脫身之道時，就把法國抬出來嚇人。最後連教宗都相信，可以利用法國而不會給自己帶來什麼麻煩。而教宗英諾森八世（Pope Innocent VIII, 在位 1484-92）更說，如果他覺得很不爽的時候，可以先到阿爾卑斯山北方散散心，然後再帶一隊法軍來征服義大利[293]。

290　Gingins, *Dépêches des ambassadeurs Milanais etc.*, I. p. 26, 153, 279, 283, 285, 327, 331, 345, 359. II, p. 29, 37, 101, 217, 306.

291　〔譯者注〕1478 年帕齊家族為了推翻梅迪西政權所發動的政變（Pazzi Conspiracy）失敗後，與梅迪西家族為敵的教宗 Sixtus IV 便對佛羅倫斯宣戰（當時支持此一謀反事件的樞機主教 Pietro Riario 是教宗的姪子），從此展開為期兩年的戰爭。此時，法王 Louis XI 對「輝煌者羅倫佐‧梅迪西」伸出援手，因為他也與教宗為敵。

292　Nicolò Valori, *Vita di Lorenzo*.

293　Fabroni, *Laurentius magnificus*, Adnot. 205, s.

§ 1.9.4　外力的介入與征服

　　有識之士在查理八世侵入義大利之前許久，就預見外國勢力終將入侵義大利[294]。而當查理八世撤兵回法國時，大家才終於睜開眼睛看清楚——外國勢力涉足義大利的時代開始了。接著就是一個不幸接著另一個不幸，大家太晚才察覺法國與西班牙這兩個主要介入者早已成為強權，不能再靠表面的順服就能滿足它們，因為它們拼死拼活也要爭奪對義大利的影響與控制。它們開始想學義大利中央集權的國家——果真也有模有樣地模仿它們——只是規模大得多。有一段時間併吞或是以領土作交換，真是到了肆無忌憚的地步。最後的結局也如眾所周知，就是成就了西班牙的超級強權，使它成為反宗教改革的主力，連教宗都變成它的附庸。哲學對此的哀嘆省思只能用來說明：引狼入室都不會有好結果。

§ 1.9.5　與土耳其來往

　　十五世紀也是義大利人毫不避諱公開與土耳其人接觸的時代。對他們而言，這其實也是一種政治權謀。在十字軍東征的過程裡，原先那個固有的想法——一統的「西方基督教世界」（die abendländische Christenheit）——已經開始受到動搖，而腓特烈二世（1194-1250）更早就不再抱持這樣的想法。只是東方回教徒新一波的逼近與拜占庭帝國的危難與衰落重新燃起西歐原有的意識（如果不算「狂熱」"Eifer"的話）。在此事上，義大利卻是徹頭徹尾的例外。雖然土耳其帶來相當大的震驚與危險，但義大利卻無法建立一個強有力的**政府**來與之對抗。因為義大利各邦政府在私底下都偷偷勾結穆罕默德二世（Mehmet II, 或稱 Mohammed II, Ottoman Sultan 1444-

---

294　例如 Jovian. Pontanus 在他所著的 *Charon* 中便提到，在書的末尾他期待義大利能統一。

46, 1451-81）及其繼任者以對抗義大利其他國家。即使有人不這麼做，也會被認為有這麼做——或者說，相較起其他更糟糕的事，與土耳其勾結並不算太嚴重。例如威尼斯人曾指責拿波里「寬宏大量的亞豐索」的繼位者派人到威尼斯的蓄水池下毒[295]。所以西吉斯蒙多・瑪拉帖斯塔（Sigismondo Malatesta, 1417-68）這樣的惡人如果曾經說過，他想將土耳其人引進義大利，大家也不會覺得有什麼好大驚小怪的[296]。據說在其他義大利政府煽動下[297]，土耳其蘇丹穆罕默德二世曾從拿波里的亞拉岡王室手裡奪走義大利南部的重鎮歐特朗特（Otranto），接著這些國家又促使穆罕默德二世的接班人巴牙澤得二世（Bajazeth II, 1481-1512）對抗威尼斯[298]。同樣地，「摩爾人」羅德維科・史佛薩也被米蘭的年鑑史家指責為「陣亡者的血與被土耳其俘虜者的哀嚎都在呼求上帝制裁他」。消息靈通的威尼斯都知道培撒若（Pesaro）統治者喬凡尼・史佛薩（Giovanni Sforza）——「摩爾人」羅德維科・史佛薩的堂兄弟——曾款待到米蘭出使的土耳其使者[299]。

　　十五世紀最值得尊敬的兩位**教宗**——尼古拉五世（Pope Nicholas V, 在位1447-55）與庇護二世（Pius II, 在位1458-64）——都為土耳其問題憂心如焚而死。庇護二世甚至是在親自率領十字軍東征的途中死於野戰醫院。上述二人的繼位者卻反其道而行，不僅私吞整個基督教世界捐來對抗土耳其的捐款，還膽大妄為地以對抗土耳其為由發行贖罪券（Ablaß, indulgence）作為自己聚斂錢財之用。教宗英諾森八世為了得到巴牙澤得二世的每年歲金的報償，也幫他將逃亡在外的幼弟哲穆（Prince Djem）監禁在梵蒂岡教廷內。教宗亞歷山大六世（Pope Alexander VI, 在位1492-1503）

295　Comines, *Charles VIII*, chap. 7.

296　*Pii II. Commentarii* X, p. 492.

297　Porzio, *Congiura de' baroni*, I. 1, p. 4.

298　*Chron. Venetum*, bei Murat. XXIV, Col. 14 und 76.

299　Malipiero, ibid., p. 565, 568.

土耳其1000里拉
（Lira）紙鈔，以蘇
丹穆罕默德二世畫
像為主題（他於
1453年征服君士
坦丁堡，結束東羅
馬帝國）。

也在君士坦丁堡支持「摩爾人」羅德維科・史佛薩所提的策略，於1498
年幫助土耳其攻打威尼斯，逼得威尼斯只好威脅教宗要求召開大公會議
（Konzil）[300]。由此來看，法王法蘭西斯一世（Francis I, 在位 1515-47）與
土耳其蘇丹蘇列曼二世（Soliman II./ Soleiman II）著名的聯盟其實並非石
破天驚之舉，所以也沒什麼好大驚小怪的。

　　此外，還有一些群體認為大家都歸順土耳其統治沒什麼好大驚小怪
的。雖然他們提出這種看法其實只為了嚇嚇欺壓他們的統治者而已，但是
這個現象卻清楚說明了當時人對這種狀況發生的可能並非毫無心理準備。
約在1480年左右，巴提斯塔・曼圖瓦諾（Battista Mantovano）[301]便清楚指
出，亞德里亞海沿岸大部分居民多少都料想得到此事可能發生，而安可納
地區（Ancona）的人甚至還期盼此事真能實現[302]。當羅馬尼阿（Romagna）
地區在教宗里奧十世（Pope Leo X）治下飽受打壓時，曾有一位拉維納
（Ravenna）代表當面向該區的教宗使節——樞機主教朱理歐・梅迪西
（Giulio de'Medici）——表示：「閣下，高高在上的威尼斯共和國因為不

300　Trithem., *Annales Hirsaug. ad. a. 1490*, Tom. II, p. 535. s.
301　〔譯者注〕Battista Mantovano (1448-1516)：義大利人文學者及嘉爾默羅聖衣會
　　（Carmelite）總監。
302　Bapt. Mantuanus, *De calamitatibus temporum*.

想與教廷起爭執，所以不要我們；如果土耳其人來到拉古撒（Ragusa），我們就要歸順他們了。」[303]

§1.9.6　西班牙勢力的平衡

當時義大利逐漸落入西班牙控制雖然有些可悲，但就義大利至少免於受土耳其人統治而淪為被蠻化（Barbarisierung）的命運來看[304]，總算還讓人多少感到有一點慶幸，因為四分五裂的義大利已經無法拯救自己的命運了。

§1.9.7　客觀處理政治事務

上述的發展如果還能讓我們看到當時義大利人在治國之道（Staatskunst）上的可取之處，那就是義大利人在面對政治難題時，能以客觀、不預設立場的態度來處理，他們不會慌了手腳、被一時的激情或邪念所蒙蔽。這兒沒有阿爾卑斯山北方封建制度下有名無實的虛權。在義大利，擁有權力的人通常就是實實在在掌握實權的人。這兒沒有隨侍在君王

303　Tommaso Car, *Relazioni della corte di Roma*, I, p. 55.

304　Leopold von Ranke, *Geschichten der romanischen und germanischen Völker.*——Michelet所持的觀點（*Réforme*, p. 467）認為土耳其人自己會被西歐文化同化，筆者無法認同。

〔譯者加注〕Leopold von Ranke（1795-1886）是布氏在柏林大學就讀時的老師，也是當時德國史學界最有份量的歷史學家。*Geschichten der romanischen und germanischen Völker von 1494 bis 1514*（1824, "History of the Latin and Teutonic Nations from 1494 to 1514"）是Ranke第一本著作，在這本書裡他大量引用回憶錄、日記、書信、外交紀錄與第一手史料，為科學式史學研究奠定新的里程碑。此處是本書第一次引用Ranke的著作，殊堪注意。布氏於1872年婉拒古典語文學家Ernst Curtius的邀請至柏林大學歷史系接Leopold von Ranke退休後的教席。

Jules Michelet（1798-1874）為法國著名的歷史學者，此處亦是布氏第一次在本書提到他對Michelet史觀的見解。

身旁壯大聲勢的貴族（Geleitsadel）──這些貴裡貴氣的人往往不顧任何
後果，一心只想維護虛幻的門面。反之，義大利統治者以及他們身邊的人
在就事論事面對問題的態度上有著相同的看法，一切行事以達到目標為準
則。他們不會以讓人心生畏懼的階級意識來差別對待所差遣的人以及任何
可能的盟友。雇傭兵統帥對所謂出身問題完完全全不在意，因為他們確實
擁有實權。受過良好訓練的專制君主統領下的政府也比同時代阿爾卑斯山
北方的封建君主更清楚自己的疆域以及鄰邦的實況，他們也對與自己親善
及敵對的人各方面──從經濟上到德性上──的實力瞭若指掌。即使犯了
嚴重錯誤，這些義大利統治者天生就是一副精於計算的模樣。

§ 1.9.8　談判的藝術

這些精於謀算的義大利統治者可以跟他們進行協商談判、也可以用確
實的論據來說服他們。 1434年，當拿波里的亞豐索[305]成為菲利普・瑪莉
亞・威斯孔提（Filippo Maria Visconti）的階下囚時，他反而讓菲利普・瑪
莉亞・威斯孔提明白，如果讓安茹（Anjou）王室、而不讓他亞豐索統治
拿波里，這其實就意謂著想讓法國成為義大利的統治者。就這樣，菲利
普・瑪莉亞・威斯孔提不要求任何贖金就釋放了亞豐索，而且還與他結
盟[306]。很難想像阿爾卑斯山北方的君侯如果面臨同樣的情境，也能用這
樣的方法解決問題；更別夢想有人會有菲利普・瑪莉亞・威斯孔提這種胸

305　〔譯者注〕此處指的是後來的「寬宏大量的亞豐索」（Alfonso the Magnanimous,
　　　King of Naples 1442-58），他從1432年起積極謀畫取下拿波里，此後兩年便
　　　在西西里整頓軍備，並於1435年趁Louis III of Anjou 與 Queen Joan II 相繼過
　　　世的時機進軍，不幸敗北被捕，先被送到熱內亞、然後再被送到米蘭。當時
　　　米蘭與熱內亞的統治者菲利普・瑪莉亞・威斯孔提卻被亞豐索說動，一齊進
　　　軍拿波里，因此他們合手打敗威尼斯、佛羅倫斯與教宗的聯軍。亞豐索最後
　　　於1442年取下拿波里，並於次年將自己的朝廷遷於此。
306　Corio, fol. 333. Vgl. das Benehmen gegen Sforza, fol. 329.

襟。因為擁有實權而有同樣強烈自信的也見於「輝煌者羅倫佐·梅迪西」造訪不守信用的拿波里國王斐朗特（Ferrante）這件事情上[307]。當時所有佛羅倫斯人都為他擔心。而斐朗特的確也曾企圖囚禁他，但最後並沒有得逞[308]。因為將一位強國的君主囚禁、逼他簽一些文件後到處展示，而且還羞辱他、最後再釋放他──一如1468年勃根底「魯莽者」查理在沛隆（Péronne）對法王路易十一世（Louis XI）之所為──這種作法對義大利人而言，只是蠢事一樁。所以對「輝煌者羅倫佐·梅迪西」而言，他當時所想的就是，要嘛永不返回佛羅倫斯，不然就是載譽而歸。

就在這個時期，尤其是在威尼斯特使身上，政壇遊說術得到高度發展。阿爾卑斯山北方的人還是從義大利人那裡才看到天底下竟然還有這種技巧。政壇遊說術不是官方接待外賓的外交辭令，因為後者是以人文學者所傳授的修辭學為依歸。在外交往來上，儘管有發展相當完備的外交禮儀，粗魯的言詞與無知的談話有時難免出現[309]。

馬基亞維里在〈使節〉（"Legazioni"）一文曾提過一位令人動容的使節，他在行前得不到充分的資訊、裝束也頗寒酸，所以只被看成代表性不足的使節。但他還是充分發揮自己不預設立場、高度的觀察力，並且興致昂揚地將聽聞到的一切紀錄下來。〔義大利就這樣成為、並始終是政治謀略的提出者與國際關係的形塑者。當然，其他國家也有相當傑出的外交幹旋，但只有義大利留下了豐富的史料。從斐朗特因積鬱成疾、在死前數週（1494年1月17日）透過機要秘書彭塔諾（Giovanni Pontano）發給教宗亞

307　〔譯者注〕1478年帕齊家族政變（Pazzi Conspiracy）後，教宗Sixtus IV於1479年計畫與拿波里國王Ferrante一齊攻打佛羅倫斯。「輝煌者羅倫佐·梅迪西」便於這年12月前往拿波里，並停留至1480年4月，成功地說服Ferrante回心轉意。「輝煌者羅倫佐·梅迪西」光榮返鄉，受到大家熱烈的歡迎。

308　Nic. Valori, *Vita di Lorenzo.*— Paul. Jovius, *Vita Leonis* X, L. I.

309　Malipiero. ibid., p. 216, 221, 236, 237, 478, etc.

歷山大六世（Pope Alexanders VI）內廷的緊急公函上，我們就看到「國書」
（Staatsbrief）最完善的形式，而這只是彭塔諾所寫的大量公函裡偶然被我
們瞥見的一小部分[310]。由此可推知，十五世紀末至十六世紀初還有許多重
要與深具歷史意義的政府公函都值得推究其歷史價值，後期的文件就不必
說了。〕[311]

　　本書將有一個專卷討論如何研究人類文化──不論是對群體或是對個
人──這個研究將與對義大利的研究等同視之。

310　Villari, *Storia di G. Savonarola*, vol.II, p. XL Ⅲ.
311　〔譯者注〕本段文句以〔 〕框起來處為布氏為第二版（1869）增補的部分，為第
　　　一版所無。

第十章
視戰爭為藝術創作

....

　　本章將以簡短的篇幅討論我們可以從什麼角度將戰爭視為具有藝術創作性格的作品。在西歐中古時代統治者軍事防禦系統裡，最完善發展的一環就是在個別戰士的養成上。當然每個時代都有天才軍事家善於防禦與圍攻，但戰略與戰術卻受到許多實際問題與服役期限的限制，也受到貴族為了爭著出鋒頭所引發的鬥爭所限制，例如大敵當前，他們還在爭論誰有優先權。這就是克列西（the Battle of Crécy/ Cressy, 1346）之役與摩培土伊之役（the Battle of Maupertuis, 1356）會慘敗的原因。

§ 1.10.1　武器

　　為了解決上述問題，義大利最早採用不一樣的雇傭兵制度（Söldner-wesen）。而最早使用火砲也對戰爭平民化的過程有相當多貢獻，因為它不僅可以有效摧毀堅固的城堡，而且還讓平民出身的人學會工程、鑄鐵與槍砲製造等重要技術。當然這個轉變也讓某些人感到痛惜，因為過去凸顯個人價值的主要途徑——受過精良訓練、組織小而美的義大利雇傭兵——現在被從遠方傳來的摧毀性武器取代。也有一些雇傭兵統帥拒絕使用剛在德意志地區發明出來的步槍[312]。例如保羅・維鐵利（Paolo Vitelli）在使用大砲的同時，仍以人工的方法將他擒獲的槍砲手的眼睛挖掉、雙手砍掉[313]。

312　*Pii II.Commentarii L.* IV, p.190 ad a. 1459.

§ 1.10.2　專家與業餘愛好者

　　整體而言，直到歐洲人從義大利人處學會製造攻擊性武器與建造防禦工事，武器的發明才真正興盛起來，並依各自特性被廣泛使用。如屋比諾（Urbino）統治者菲德里高・蒙特斐特（Federigo da Montefeltro），斐拉拉（Ferrara）統治者亞豐索一世（Alfonso I, duke 1505-34）都是精通此道之人；而反對此道的神聖羅馬帝國皇帝麥西米里安一世（Maximilian I, 1459-1519）相較之下就顯得沒見識了。將軍事作戰看成是專門學問加以研究的知識與技術，在義大利最早出現；義大利也是最早從客觀角度探討如何作戰統御，並思考作戰統御如何因應頻繁的政黨輪替以及雇傭兵統帥只在乎眼前實利的問題。 1451 至 1452 年米蘭與威尼斯作戰，也就是法蘭卻斯柯・史佛薩（Francesco Sforza）與亞蔻波・琶沁倪諾（Jacopo Piccinino）之間的戰役，學者波卻里歐（Porcellio）在拿波里「寬宏大量的亞豐索」委託下，跟著威尼斯作戰司令部行動，為這場戰史寫下紀錄[314]。這篇戰史不是用很純粹的拉丁文寫成，而是帶著當時人文學者浮誇流暢的行文風格，基本上模仿凱撒的筆法，行文中間穿插不少談話與奇聞軼事。由於近百年來大家不斷爭論，到底是古羅馬大將軍「非洲人」西庇阿（Scipio Africanus）比較偉大？還是迦太基將軍漢尼拔（Hannibal）比較偉大？為了行文方便，波卻里歐在他的戰史裡乾脆將威尼斯的亞蔻波・琶沁倪諾稱為西庇阿，將米蘭的法蘭卻斯柯・史佛薩稱為漢尼拔。對米蘭的軍隊也必須客觀描述：波卻里歐這位好發議論的學者拜訪了法蘭卻斯柯・史佛薩，

313　Paul. Jovius, *Elogia.* 此事讓我們想起屋比諾（Urbino）統治者菲德里高（Federigo da Montefeltro）對自己圖書館裡竟然收藏了「印刷的」書籍而感到羞恥，參見：Vespas. Fiorent.

314　*Porcellii commentaria Jac. Picinini*, bei Murat. XX. 1453 年這場戰役的延續記載參見：ibid., XXV。

還被帶去一起閱兵，所以他高度讚揚自己所見的一切，而且還承諾將他所見到的詳詳細細留諸丹青[315]。

當時義大利的文學作品也有許多關於戰爭的描述以及對戰術運用的刻劃，對好學深思的有識之士以及受過良好訓練的人都頗有用處。反之，同時期阿爾卑斯山北方所寫的戰史，例如施靈（Diebold Schilling）的《勃根底戰爭年鑑》（*The Great Burgundian Chronicle*）則顯得雜亂無章，只像年鑑寫作記錄了一些細節而已。歷史上最重要的業餘軍事作家當然就是馬基亞維里——名著《戰爭的藝術》（*Arte della Guerra*, "The Art of War," 1521）一書的作者[316]。個別軍士的自我養成結果可以從他們在慶典活動的雙人對打或好幾組人互相對抗的決鬥中看出端倪。這種活動在1503年著名的巴雷塔（Barletta）決鬥舉行前很久就相當流行[317]。決賽冠軍可以得到的尊榮——接受詩人與人文學者為文讚頌——是北方戰士無法想像的。決鬥勝負不再被視為依靠神意的裁判（Gottesurteil），而是個人人格的勝利。對觀眾而言，這些軍士奮力後贏得的結果不僅攸關他們賭注的輸贏，也攸關軍隊以及國家的榮譽。

§ 1.10.3 戰爭的殘酷

當然，即使不摻雜任何政治仇恨而以不帶感情的態度看待戰爭，有時也會助長相當恐怖的殘酷行為，例如單純出於發誓要燒殺擄掠就大幹一場。1447年法蘭卻斯柯‧史佛薩曾允許他的士兵洗劫琵雅全查（Piacenza）十四天，結果讓這座城市很長一段時間淪為空城，最後要透過強制手段才讓人口回流[318]。但是比起外國軍隊在義大利肆虐給人民帶來的悲慘不幸，

315　Simonetta, *Hist. Fr. Sfortiae*, bei Murat. XXI, Col. 630.

316　Vgl. Bandello, Parte I, Nov. 40.

317　比較1474年另一場著名的決賽，收錄於：*De obsidione Tiphernatium*, im zweiten Band der *Rer. italicar. scriptores ex codd. florent.*, Col. 690.

這些暴行還算不上什麼，尤其是西班牙人帶來的暴行——也許因為他們不是純種的歐洲血統，也許因為他們透過宗教審判早已習慣殘酷地將人性的黑暗面赤裸裸地展現出來。只要看清西班牙人在普拉托（Prato）與羅馬等地所犯的暴行，便很難對「虔誠的天主教徒」斐迪南與查理五世產生敬意。他們不是不知道自己的手下闖了大禍，卻仍將他們放走。他們朝中留下的大批史料——現在問世的越來越多——都是重要的歷史文獻，但是後世不會有人想從中得到任何政治智慧。

318　*Arch. stor.* Append. Tom. V.

第十一章
教宗政權及其面臨的危險

在義大利國家形成問題的探討上，本書至今還未討論教宗的治權（Papsttum）以及教宗國（Kirchenstaat）[319] 這兩個獨特的文明產物。當其他各國積極強化、集中權力資源時——這正是這些國家值得探討之處——教宗國卻完全不在這方面下功夫，而是希望藉著神權力量持續不斷地擴張，以補強世俗權力建構必須面臨的問題。十四世紀與十五世紀初，這個以信仰為導向的教宗國經歷了烈火般的考驗！當教廷被挾持至法國南部軟禁的初期[320]，一切都陷入混亂。但亞維農（Avignon）擁有金援、軍隊以及一位偉大的政治家與將領——西班牙人阿爾柏諾茲（Egidio d'Albornoz）[321]——讓教宗國完全臣服在他的領導之下。除了因為教廷大分裂（Schisma）之故[322]，不論在羅馬或在亞維農的教宗都沒有足夠財力重振教宗國外，還

319　最值得參考的兩本著作：Ranke, *Päpste*, Bd. I; Sugenheim, *Geschichte der Entstehung und Ausbildung des Kirchenstaates.*

320　〔譯者注〕Avignon papacy（1309-1377）：由於羅馬的黨派鬥爭與法王 Philip IV 的壓迫，教宗 Clement V（1305-1314）將教廷由羅馬遷到法國南部的 Avignon。這段教廷搬離羅馬的時期被佩托拉克（Francesco Petrarca）稱為「教廷的巴比倫囚禁」（the Babylonian Captivity），因為他將教廷這段長達將近七十年離開羅馬的歲月與西元前六世紀猶太人被放逐到巴比倫七十年的被擄歲月拿來相提並論。

321　〔譯者注〕阿爾柏諾茲（Egidio d'Albornoz, 1310-1367）：西班牙籍樞機主教，1353-1364 年間受教宗 Innocent VI 之命負責對抗佛羅倫斯保皇黨以及收復教宗國失地，戰功輝煌，終使得教廷於 1377 年永久遷回梵蒂岡。

位於法國亞維農的十四世紀教廷宮室
©攝影／花亦芬（參見彩圖**40**）

有許多重大的危機足以使教宗國徹底解體。教宗馬丁五世（Martin V, 在位 1417-31）[323]順利讓教廷重新合一，但在友真四世（Eugen IV）在位時（1431-47），教會差一點又鬧分裂。

　　曾有一段時間，教宗國是義大利唯一的怪胎。教宗的治權雖然及於羅馬城及其近郊，但這些地方也受其他強勢的貴族世家——如寇隆納（Colonna）、撒維利（Savelli）、歐熙尼（Orsini）與昂桂拉拉（Anguillara）

322　〔譯者注〕教宗 Gregory XI（1370-1378）於1377 年重新將教廷搬回羅馬，但留在亞維農的樞機主教自行選出另一位亞維農教宗，自此展開天主教史上「教廷大分裂」時期（the Great Schism, 1378- 1417）。

323　〔譯者注〕教宗馬丁五世在孔茲坦（Konstanz）召開第十六屆大公會議（1414-18），宣布「教廷大分裂」結束，教會重新合一。

——的操控。而教宗對翁布理安（Umbria）、教宗國邊區以及羅馬尼阿（Romagna）人民表現出來的歸順之情曾經不太心領，以致於這些地區雖然後來不再存在城市共和政權，但仍有不少大小不等的統治王室不願意衷心輸誠。特別值得一提的是，那些依靠自己力量而存在的王朝有它們自己的利害考量，這個情況上文已詳述過（§ 1.4, § 1.5.5, § 1.5.6）。

本書對教宗國整體的狀況只能作簡短的描述。自十五世紀中葉以來，新的危機與險局接踵而至。因為義大利新的政治精神從四面八方開始對教宗國產生強烈威脅，並企圖讓教宗國臣服其下。比較小的危機來自外在情勢或民眾的影響，比較**大的危機**則與教宗個人的性格特質有關。

在此我們先不討論阿爾卑斯山北方的情況。當教宗在義大利面臨致命威脅時，不論是法國的路易十一世、或剛開始打玫瑰戰爭的英國國王、有一段時期分崩離析的西班牙、或不久前才在巴塞爾大公會議（Basler Konzil, 1438）被欺矇的神聖羅馬帝國皇帝，都無法提供絲毫援助。

§ 1.11.1　教宗國對外國與對義大利的立場

不少義大利知識份子以及沒有受過什麼教育的老百姓打從民族情感上認為，教宗治權是屬於義大利的。也有許多人從利益的角度認為教宗治權應該維持當時在義大利的現狀。更有許許多多人堅信教宗的祝聖與祝禱具有特殊效力[324]，其中也包括無恥之徒維鐵羅佐・維鐵利（Vitellozzo Vitelli）。當教宗的兒子下令將他勒死，他還向教宗亞歷山大六世（Pope Alexander VI）請求赦罪[325]。但即使把上述這類慈悲行為加總起來，大概仍敵不過敵對者對教廷造成的威脅，因為這些敵對者太清楚如何操弄大家對教廷的憎惡了。

324　教宗友真四世在佛羅倫斯造成的轟動參見Vespasiano Fiorent. p. 18。
325　Machiavelli, *Scritti minori*, p.142.

獲得外援的希望渺茫，更讓教廷內部面臨空前危機。由於教廷本質上是以世俗君侯政權（Fürstentim）的型態存在，也以此型態與他國來往，因此它也必須學會面對這種危難交迫的情勢。但可惜它本身具有的特性反而讓它陷入另一種困境之中。

§ 1.11.2　羅馬自教宗尼古拉五世以來經歷的動盪

大家向來並不太擔心羅馬城內的動亂，因為有些因民眾暴動而被驅趕的教宗最後還是又回到梵蒂岡來了；而且羅馬人基於自身利益考量，也都希望教廷留在他們身邊。但有時羅馬會產生一種獨特的反教宗激進主義，而且其中最被質疑的陰謀還透露出有外力暗中介入。例如，在伯卡力（Stefano Porcari）[326]對當時教宗尼古拉五世（Pope Nicholas V，在位1447-55）——對羅馬最有貢獻的教宗——密謀造反的事情上就可以看得出來。伯卡力企圖推翻整個教宗治權，而且有一位不知名的義大利政壇要人應是共謀[327]。在尼古拉五世治下，人文學者羅倫佐・瓦拉（Lorenzo Valla, 1407-57）寫下他的名作駁斥中世紀〈君士坦丁的贈禮〉是偽造的[328]，從此打開教宗國世俗化之路[329]。

326　〔譯者注〕有關羅馬市民 Stefano Porcari 對教宗 Nicholas V 的謀反參見：Machiavelli，《佛羅倫斯史》第六書第六章。

327　L. B. Alberti, *de Porcaria conjuratione* bei Murat. XXV, Col. 309 seqq.

328　〔譯者注〕〈君士坦丁的贈禮〉（Constitutum Donatio Constatini, "the Donation of Constantine"）是一份偽造的文獻，約產生於750-850 A. D.。文獻內容是以君士坦丁大帝為名，在324年將聖彼得大教堂賜給教宗 Sylvester I 及其繼任者，也承認他們對所有教區、羅馬城、以及整個西羅馬帝國的統治權。君士坦丁大帝則維持他對東羅馬帝國的統治權。這份文獻說明君士坦丁大帝以此奉獻來感謝 Sylvester I 帶領他認識基督教信仰，也為他行洗禮，並治癒他的痲瘋病。假造這份文獻的目的很難完全斷定，可能是羅馬教廷為了避免拜占庭帝國或查理曼大帝將自己的勢力伸進西歐教會。Lorenzo Valla 於1440年從文獻的用字遣詞習慣證明這是假造的。

1459年教宗庇護二世（Pope Pius II, 在位1458-64）不得不與卡提理納地區那幫匪徒（die catilinarische Rotte）對抗[330]，因為這群人的目的就是想推翻整個神權政治。而他們的首領提布其歐（Tiburzio de Mazo）則將失敗的責任推到那些算命的人身上，說是他們算出這一年這個願望就會達成。不少羅馬的重要人物——塔仁特（Tarent）公爵、雇傭兵統帥亞蔻波·琵沁倪諾（Jacopo Piccinino）——都是這場叛變的共謀與贊助者。如果想到那些家財萬貫的主教（尤其是樞機主教阿逹雷雅Aquileja）所住的豪宅裡究竟有多少奇珍異寶可以劫掠，就更讓人忍不住要問：為何在羅馬這個不設防的城市，劫掠世家大族的頻率竟然沒有比較多？成功率也沒有比較高？教宗庇護二世寧可住在羅馬以外的任何地方，並非沒有原因[331]。而1468年教宗保祿二世（Pope Paulus II）受到一個正要發動或正在醞釀中的謀反極大的驚嚇[332]。教宗政權如果不是被這類的謀反所掌控，就是必須好好制服羅馬本地的強大勢力，因為正是這些在地的龐大勢力讓那些幫派匪徒有恃無恐。

§ 1.11.3　教宗西斯篤四世作為羅馬的統治者

教宗西斯篤四世（Pope Sixtus IV, 1471-84）便承擔起整頓羅馬的艱鉅任務。他首先對羅馬及鄰近地區採取嚴厲控管的政策，特別是管制處分羅馬世家大族蔻隆納（Colonna）家族的後代。這樣一來他在處理教廷內部事務或義大利政治上才能大刀闊斧去做，而不必管整個歐洲對他的指控以

329　Ut Papa tantum vicarious Christi sit et non etiam Caesaris... Tunc Papa et dicetur et erit pater sanctus, pater ommnium, pater ecclesiae etc.

330　*Pii II. Commentarii* IV, p. 208, seqq.

331　〔譯者注〕布氏此處的意思應是指羅馬的世家大族由於傳統悠久、勢力強大，所以匪徒不敢隨便對他們輕舉妄動。但是羅馬城卻隨時可能對教宗採取謀反行動，所以教宗庇護二世寧可住到羅馬以外的地區。

332　Platina, *Vitae Paper*. p. 318.

Melozzo da Forlì ，《教宗西斯篤四世及其親族》
（*Pope Sixtus IV and his Familiars*）。
Fresco. Musei Vaticani, Pinakothek.
引自：*Hoch Renaissance im Vatikan: Kunst und Kultur im Rom der Päpste I, 1503-1534* (exh. cat. Kunst-und Ausstellungshalle der Bundersrepublik Deutschland, 1998-99), p. 295.
（在他右邊的是樞機主教 **Pietro Riario**；面對面站在他前面的是樞機主教 **Giulio della Rovere**，後來成為教宗朱利安二世；面對著他跪著的是人文學者 **Platina**，參見 § 3.7.1）

及威脅他要召開大公會議。為了籌得他需求的款項，他毫無限制地販賣聖職（Simonie），從樞機主教的任命到最小恩惠的賜予都變成了買賣。而他自己能坐上教宗寶座其實也是靠賄賂得來的[333]。

§ 1.11.4　樞機主教彼得‧理阿瑞歐的計畫

賄賂的風氣充斥整個教廷，當然給梵蒂岡帶來嚴重的惡果，不過這是後來才看得清楚的事。但是「**裙帶關係**」（Nepotismus）[334]卻差一點就讓教宗治權完全走了樣。在教宗西斯篤四世的親族裡，樞機主教彼得‧理阿瑞歐（Pietro Riario, 1445-74）最受寵愛。由於他過得極度奢華，而且也有人說他無視於上帝的存在、又很有政治野心，所以在極短時間內，他便成

333　Battista Mantovano, *De calamitatibus temporum*, L. III.
334　〔譯者注〕「裙帶關係」（Nepotismus，義大利文：nepotismo／英文：nepotism）源自義大利文 nipote「姪子」（也包括教宗自己的私生子在內）。

為在義大利頗受矚目的人物[335]。1473年他和米蘭公爵葛蕾阿佐‧瑪莉亞‧史佛薩（Galeazzo Maria Sforza, 1444-76, 在位 1466-76）達成協議，讓葛蕾阿佐‧瑪莉亞‧史佛薩當上義大利北部隆巴底（Lombardia）國王，而葛蕾阿佐‧瑪莉亞‧史佛薩則支援彼得‧理阿瑞歐金錢與軍隊，好讓他返回羅馬接掌教宗之位。因為彼得‧理阿瑞歐認為西斯篤四世願意自動讓位給他[336]。這個計畫意謂著讓教宗職位成為世襲，也就是將教宗國俗世化。幸好彼得‧理阿瑞歐突然過世，計畫自然停擺。第二個教宗的親人吉羅拉摩‧理阿瑞歐（Girolamo Riario, 1443-88）[337]留在俗世界，沒能將自己的勢力擴張到教廷來。但從他開始，教宗的親族積極想建立一個俗世統治強權，因而為義大利帶來不少動盪不安。

過去曾有幾位教宗想把拿波里的封建主權賜給自己的親戚，但自教宗加利斯篤三世（Pope Calixt III, 在位 1455-58）後，此事不再那麼容易。所以吉羅拉摩‧瑞阿瑞歐企圖在佛羅倫斯搞政變失敗後[338]（誰知道，還有哪些計畫），只好夢想在教宗國裡建立自己的統治政權。

§ 1.11.5 羅馬尼阿的抗議

此處要特別提出，屬於教宗國的羅馬尼阿（Romagna）各城統治者與貴族威脅教宗，如果羅馬不負起防禦他們的責任，他們有理由推翻教宗對他們的最高統治權，因為他們快要變成米蘭及威尼斯的囊中物了。但是誰能保證在當時的時代環境裡，上一任教宗成群結黨的親族與後嗣會服從新繼任、但與他們沒什麼關係的教宗呢？即使在位的教宗都不敢打包票說自己私生子或姪子的忠誠度是沒有問題的。此外，排除前一任教宗的親族而

335　*Annales Placentini*, bei Murat. XX, Col. 943.

336　Corio, *Storia di Milano*, fol. 416 bis 420.

337　〔譯者注〕Girolamo Riario 是教宗 Sixtus IV 的私生子。

338　〔譯者注〕Girolamo Riario 參與謀畫 1478 年佛羅倫斯的帕齊家族政變。

代之以自己人，這種誘惑是很大的。整個情勢的發展對教宗治權產生了令人深深憂心的影響。所有的強勢作為——即使是以宗教為名——都是無所忌憚地要將這種最不合正道的裙帶關係合法化，以致於讓教宗真正身負的神聖使命變成次要之事。所以當大家對這種好處只讓自己人占盡的作法感到強烈反彈與普遍憎怒時，一個以讓教宗統治實權趨向沒落為主要目標的王朝便由此興起。

§ 1.11.6　出身統治家族的樞機主教

西斯篤四世過世時，吉羅拉摩・瑞阿瑞歐（Girolamo Riario）只能用盡吃奶力氣、並在史佛薩王室協助下（他的妻子出身於此）守住巧取豪奪而來的佛利（Forlì）與蔭摩拉（Imola）。接著在 1484 年推選教宗的會議（Konklav）上——英諾森八世（Pope Innocent VIII，在位 1484-92）在此會議被選上教宗——發生了一件事，可以說明外力如何為教宗統治提供新的保證：有兩位出身統治家族嫡系的樞機主教——拿波里斐朗特（Ferrante）國王之子喬凡尼（Giovanni d'Aragona）與米蘭史佛薩家族的阿斯卡尼歐・史佛薩（Ascanio Sforza，即「摩爾人」羅德維科・史佛薩 Lodovico Sforza 之兄）[339]——竟然不顧身分與榮譽接受買票賄賂。這也意謂著，拿波里與米蘭這兩個統治王室因為還有賄賂可拿，所以支持教廷繼續存在。在下一次的教宗推選會議上，除了五位樞機主教外，所有人都接受賄賂，尤以阿斯卡尼歐・史佛薩收賄最多，他甚至還表示，希望下一屆親自出馬參選教宗[340]。

339　Fabroni, *Laurentius mag.*, Adnot.130. 知情的人曾這樣描述這兩位樞機主教：「每逢選舉就帶著錢袋進入選舉闈場，他們是世上最大的無賴。」（hanno in ogni elezione a mettere sacco questa corte, e sono i maggior ribaldi del mondo.）

340　Corio, fol. 450.

§ 1.11.7　教宗英諾森八世與他的私生子

即使是「輝煌者羅倫佐・梅迪西」也希望梅迪西家族能從教廷撈到一些好處。他把自己的女兒瑪達蓮娜・梅迪西（Maddalena de'Medici）嫁給新上任教宗英諾森八世的私生子法蘭契斯克圖・奇保（Franceschetto Cibò）[341]，希望藉此讓他的獨子樞機主教喬凡尼・梅迪西（Giovanni de'Medici），即後來的教宗里奧十世（Pope Leo X）能得到各種恩寵，而且他也希望女婿能盡快飛黃騰達[342]。但他對法蘭契斯克圖・奇保的期待注定要落空。英諾森八世在位時，過去藉以鞏固權力基礎的裙帶關係已經起不了積極作用，因為法蘭契斯克圖・奇保只是個扶不起的阿斗。他也像自己的教宗老爸一樣，只懂得以極低下的品味享受權力——也就是說，只知道搞錢。真該讓這對不知廉恥的父子嚐嚐教宗國解體的悲慘後果。

西斯篤四世（Sixtus IV）則藉著販賣「神」恩豁免與「神」職來籌錢，英諾森八世（Innocnet VIII）父子則開了一個銀行來**販售「世俗」恩惠**：謀殺與打死人可以用鉅額金錢換得赦免——每一筆贖金裡有150杜卡金幣歸教宗財庫所有，剩下的就歸法蘭契斯克圖・奇保（Franceschetto Cibò）所有。英諾森八世在位最後的時期羅馬到處都是有靠山或自己混江湖的謀殺犯——西斯篤四世即位初期被管得不敢隨便動聲色的幫派活動現在又重新活躍起來。英諾森八世安坐在戒備森嚴的梵蒂岡裡，有時便以設下網羅捕捉付得起贖金的罪犯為樂事。對法蘭契斯克圖・奇保而言，他只關心一件事，也就是如果教宗死了，他如何帶著大批錢財脫身？1490年曾有一次謠傳他老爸突然身故，法蘭契斯克圖・奇保就露出了馬腳，他試

341　〔譯者注〕教宗 Innocent VIII 在踏入神職前有兩個私生子——Franceschetto Cibò 與 Teodorina Cibò。

342　參見「輝煌者羅倫佐・梅迪西」所寫的一封勸誡的信，收錄於：Fabroni, *Laurentius mag.*, Adnot. 217；部分摘錄於：Ranke, *Päpste*, I, p. 45。

圖搬走教廷所有的錢——也就是搬走教廷的財產。當周遭的環境讓法蘭契斯克圖・奇保無法如願時，他堅持鄂圖曼（Ottman）土耳其帝國的王儲哲穆（Prince Djem）必須跟他走，因為他「奇貨可居」——例如就可以出高價把哲穆賣給拿波里的斐朗特王室[343]。

要推想遙遠的歷史過往裡，到底存在過哪些政治運作的可能，是很困難的事。但我們不禁要問：羅馬是否還禁得起二、三位作風類似的教宗繼續胡作非為？從歐洲其他虔敬信仰基督的地區來看，教廷一直荒唐下去實在令人難以忍受。當時不僅旅客與朝聖者、甚至連神聖羅馬帝國皇帝麥西米里安一世（Maximilian I, 1459-1519）都在羅馬近郊被盜匪洗劫得只剩下一件襯衣，而一些使節根本還沒有踏入羅馬城一步，就趕快打道回府。

§ 1.11.8　西班牙籍的教宗亞歷山大六世

對才智高超的教宗亞歷山大六世（Pope Alexander VI，在位1492-1503，彩圖41）而言，羅馬的亂象與他希望「享有權力」的理想並不相符。所以他上任後所做的第一件事就是重建公共秩序，而且把過去積欠公職人員的薪水全部還清。

嚴格來說，由於本書要討論的是義大利的文化型態，所以有關亞歷山大六世的事可以略去不談，因為伯爾嘉[344]家族與拿波里王室一樣，實在算不上義大利血統。很明顯地，亞歷山大六世是用西班牙語與其私生子凱撒・伯爾嘉（Cesare Borgia）交談。他的女兒露葵琪雅（Lucrezia）嫁到斐拉拉（Ferrara）時，也是西班牙式的裝扮，而且也受到西班牙歌舞的歡迎，她的心腹隨從都是西班牙人。同樣地，1500年凱撒・伯爾嘉惡名昭彰的軍隊也是西班牙人，他所用的劊子手米開雷特（Don Micheletto）以

343　*Infessura*, bei Eccard, *scriptores*, II, passim.
344　〔譯者注〕伯爾嘉（Borgia）原為西班牙貴族的姓氏，十五世紀初移民義大利。

及調製毒藥的部屬塞巴斯提安（Sebastian Pinzon Cremonese）看起來都像是西班牙人。撇開其他事不談，凱撒‧伯爾嘉曾在教廷某個密閉空間裡，按照西班牙鬥牛的方式殺死了六隻野牛。這個家族表現出來的極度腐化真是讓羅馬人瞠目結舌。

§ 1.11.9　亞歷山大六世的外交與販賣聖職

有關伯爾嘉家族的過往，文獻記載相當豐富。亞歷山大六世上任後，這個家族的目標就是要徹底掌控教宗國，後來他們的確也達成了這個目標。他們驅逐或摧毀所有[345]小的統治王室（其中大部分都是不聽教廷命令的附庸），也打擊羅馬勢力最龐大的兩個望族——據說一個是教宗黨（Guelfen）的歐熙尼（Orsini）家族，一個是保皇黨（Ghibellinen）蔻隆納（Colonna）家族。由於他們所用的手段極為殘酷，以致於教宗的位子差一點遭到反彈而不保。幸好中間發生教宗父子同時被下毒，而使整個事情突然有了轉機。

亞歷山大六世對西方基督教世界可能對他產生的道德譴責可說完全不放在心上。他以威嚇的方式要求臨邦臣服，而外國的統治者則被他收買。法王路易十二世甚至還使出全力幫助他，而歐洲其他地區的民眾也不知道義大利中部到底發生了什麼事。他唯一真正受到威脅的危難時刻是法王查理八世（Chrales VIII, 在位 1483-98）到義大利那段時間（1494-95）[346]，最後仍被他僥倖躲過。查理八世當時的企圖並不是要全面推翻教宗治權[347]，只是希望趕走亞歷山大六世，改選一位比較適任的。對亞歷山大

345　例外有：Bologna 的 Bentivogli 家族與 Ferrara 的 Este 家族（他們透過王儲 Alfonso d'Este 與 Lucrezia Borgia 聯姻化解此危機）。

346　〔譯者注〕法王查理八世對義大利的進犯雖然沒有達到目的，卻開啟了法國與西班牙對義大利的爭霸戰，史稱 Italian Wars（1494-1559）.

347　根據 Corio（Fol. 479）所言，查理八世當時希望召開大公會議罷黜亞歷山大六

六世而言，長期以來他真正必須面對的危機是他自己——另外也包括他的私生子凱撒・伯爾嘉。

　　教宗亞歷山大六世特有的本性是統治慾強、占有慾強、以及極度縱慾。從上任第一天起，只要有關享受權力與奢華的事，他都沉溺其中。至於用什麼手段獲得這些，他完全不在乎。這樣大家就可以明白，他之所以肆無忌憚地收刮聚斂，不只是為了平衡當初選教宗付出的金錢而已[348]。而在販賣聖職（Simonie）這件事上，他所犯的罪過比他自己購買聖職還來得大。此外，由於亞歷山大六世過去曾任教廷副財政大臣以及其他相關職位，所以他比任何人都知道如何在教廷搞錢，也具備充分行政能力把錢弄來。1494年一位熱內亞的嘉爾默羅聖衣會修士（Carmelite）阿達摩（Adamo da Genova）因為在羅馬講道時攻擊教宗販賣聖職，結果身受二十刀慘死床上。亞歷山大六世所任命的樞機主教幾乎都是用高價換得神職的。

§ 1.11.10　凱撒・伯爾嘉與其父的關係

　　當教宗亞歷山大六世逐漸落入其子凱撒・伯爾嘉（Cesare Borgia, c. 1475/6-1507，彩圖42）的擺佈時，他的殘暴作風越來越具有撒旦性格，這也反映在他為達到目的不擇手段的作法上。在亞歷山大六世與羅馬貴族以及羅馬尼阿（Romagna）統治王室的對抗裡，不講信義與暴虐殘酷的程度遠超過大家過去熟知的拿波里亞拉岡王室；而且他欺騙的本事也高明許多。但真正殘酷的卻是，他的私生子凱撒・伯爾嘉用盡手段將他孤立起來。當凱撒・伯爾嘉發現自己不再如過去那樣受寵時，便殺害自己的兄弟、連襟、以及其他親戚與朝臣，以致於亞歷山大六世最後必須默許甘底

（續）————————————

　　世，並利用他征服拿波里北返法國時，順便把亞歷山大六世帶回法國。

348　Corio, fol. 450; Malipiero, *Ann. Veneti, Arch. stor.* VII, I, p. 318.

亞公爵（Duca di Gandia）殺死自己最疼愛的兒子，因為他只要想到凱撒‧伯爾嘉，便不由自主地打冷顫[349]。

§ 1.11.11　凱撒‧伯爾嘉的盤算

凱撒‧伯爾嘉心裡究竟打什麼算盤呢？直至1503年[350]在他掌權的最後幾個月，他剛殺死西尼格尼亞（Sinigaglia）的雇傭兵統帥成為教宗國真正統治者時，他還故作謙虛地向身邊的人說，自己只想平服那些幫派與專制僭主，一切都是為了教廷好；至於他自己本人，只要能作羅馬尼阿（Romagna）的君主，別無所求。他確信以後的教宗都會感謝他，因為他將歐熙尼（Orsini）家族與蔻隆納（Colonna）家族都剷除了[351]。但沒有人相信這是他的真心話。教宗亞歷山大六世與威尼斯使節談話時曾說，他希望把自己的兒子託付給威尼斯：「我將設法把教宗之位傳給他或傳給貴國。」[352]凱撒‧伯爾嘉對此附加了一句話：不論誰想當教宗，都必須得到威尼斯的同意；而為了達成此目的，威尼斯的樞機主教必須同心合作。當時凱撒‧伯爾嘉指的是不是自己，暫且不論；光憑當時教宗這番話就可看出凱撒‧伯爾嘉如何覬覦教宗之位了。我們也可間接從露葵琪雅‧伯爾嘉（Lucrezia Borgia）隨意表達過的意見——也就是從艾爾柯雷‧史特札（Ercole Strozza）的詩作對這位斐拉拉（Ferrara）公爵夫人的記載中——得知凱撒‧伯爾嘉對接任教宗的企圖；艾爾柯雷‧史特札的詩作起頭處透露了凱撒‧伯爾嘉覬覦教宗之位[353]、期待自己可以統治整個義大利；結尾處

349　Panvinio (*Contin. Platinae.* p. 339).

350　〔譯者注〕1503年8月教宗Alexander VI過世。

351　Macchiavelli, *Opere*, ed. Milan. vol. V. p. 387, 393, 395, in *Legazione al Duca Valentino*.

352　Tommaso Gar, *Relazioni della corte di Roma*, I. p.12, in der *Rel. des p. Capello*.

353　*Strozzi poeta*, p. 197 p. 31.

也暗示正因凱撒・伯爾嘉意在世俗界最高的統治之位，所以才放棄樞機主教之職。不容置疑的是，在亞歷山大六世死後，不論凱撒・伯爾嘉是否被選為教宗，他都會不惜任何代價取得對教宗國的掌控權。但是多行不義的他即使當上教宗，也不可能久居其位。

§ 1.11.12　教宗國被世俗化的危機

如果說有人可以將教宗國世俗化，則非凱撒・伯爾嘉莫屬[354]，因為他為了能繼續統治一定也會這麼做。如果我們沒被矇蔽的話，這應是馬基亞維里在評述凱撒・伯爾嘉這個罪大惡極之人時，仍暗帶同情的主因。因為除了他之外，馬基亞維里很難期盼其他人還有能力「斧底抽薪」式地，也就是說，將干涉義大利政治以及讓義大利無法整合唯一的罪魁禍首——教宗國——徹底消滅。看來這也就是為什麼當那些自以為瞭解凱撒・伯爾嘉的陰謀政客要拱他出來作托斯卡納地區（Toscana）國王時，凱撒・伯爾嘉輕蔑地拒絕了[355]。

想從凱撒・伯爾嘉的本性以合乎邏輯的方式來推論為何他會如此，可能都是太自以為是的嘗試。他之所以能壞事作盡、無人能擋，不是因為他生來具有為非作歹的非凡天才——其實他的資質只如一般王室的安樂公一樣。但是，他與眾不同之處在於，他不按牌理出牌的行事風格已經超乎一般人所能忍受的極限。如果不是突然發生意外，讓他的權勢戛然而止，也許他的罪大惡極正可為整頓教宗國帶來一線希望。

354　眾所周知凱撒・伯爾嘉娶了法國 Albret 王室的公主為妻，並且生了一個女兒。他如果願意，其實是有能力建立自己的王朝的。根據 Machiavelli 的說法（上引書，p. 285），凱撒・伯爾嘉已知自己的父親快不久人世，但不知他是否因此又試著盡快取得樞機主教之職。

355　Machiavelli，上引書，p. 334. 當時已有攻下 Siena 與整個 Toscana 的計畫，但下手的時機還沒成熟，因為仍須取得法國同意。

§ 1.11.13　非理性地掌權

從1503年[356]凱撒・伯爾嘉幸運召集到大批精良軍隊——其中還包括達文西（Leonardo da Vinci）擔任首席工程師[357]——來看，便知他的雄心壯志。但即使他真能剷除教宗國內一些短暫享有政權的政客，也很難贏得大家的愛戴。因為他的所作所為有一些仍相當不理性，所以我們如同當時的人一般，無法就僅見的事公允地評斷他。這些不理性的事包括他對新征服的國家既掌理統治、卻又蹂躪糟蹋。在教宗亞歷山大六世在位最後幾年，羅馬與教廷的狀況也沒什麼理性可言[358]。

§ 1.11.14　謀殺

不論是亞歷山大六世父子依照特定名單對某群人計畫性的謀殺[359]或是針對個別人物所擬定的暗殺計畫，這對父子對阻擋他們行事或覬覦他們遺產——資金或動產還不算在內——的人都暗中派人下毒手。對教宗而言，比較有利可圖的是取消那些被他處死的神職人員的退休俸，他則獨占這些人職位空懸時期的薪水；而且從新的職缺派任中，他還可以撈上一

356　〔譯者注〕1503年8月教宗Alexander VI過世。

357　〔譯者注〕1502年夏天，達文西離開佛羅倫斯前往凱撒・伯爾嘉的麾下效忠。凱撒・伯爾嘉當時27歲，是教宗國軍隊的總司令，也是當時義大利最人見人怕的權勢人物。達文西當時50歲。他在凱撒・伯爾嘉的軍隊裡服務了十個月，為他繪製許多城市地圖與各區域的地形圖，是近現代製圖學相當重要的里程碑。在凱撒・伯爾嘉的朝中，達文西認識了當時由佛羅倫斯派駐在教廷的Machiavelli，在此因緣下展開了達文西與Machiavelli合作開挖介於比薩與佛羅倫斯之間人工大運河的計畫——最後證明是一場大災難。參見：Roger D. Masters (1999), *Fortune is a River: Leonardo da Vinci and Niccolò Machiavelli's Magnificent Dream to Change the Course of Florentine History*.

358　Macchiavelli, a.a.O. S. 326, 351, 414; Matarazzo, *Cronaca di Perugia, Arch. stor.* XVI, II, p.157 und 221.

359　Pierio Valeriano, *De infelicitate literat.*, 針對 Giovanni Regio 的案例所做的記載。

筆。威尼斯使者保羅・卡佩羅（Paolo Capello）曾於1500年寫下：「每天晚上羅馬都有四、五人被謀殺，都是些主教、高級神職人員。所以羅馬人很膽顫心驚，害怕會遭到凱撒・伯爾嘉的毒手。[360]」凱撒・伯爾嘉本人則夜裡帶著侍衛在羅馬溜達。可以確信的是，他已如古羅馬皇帝提北瑞（Tiberius）[361]一樣，不想讓人在白天看到他猙獰的面目，只是一心想滿足自己嗜血的欲望，甚至是對不認識的人施暴。1499年時，民心已到十分絕望的程度，有不少民眾突擊、並殺害教宗侍衛[362]。但逃得過伯爾嘉父子明目張膽暴行的人，還是逃不過他們**暗中下毒**。由於下毒須要小心行事，所以他們使用一種滋味不錯的雪白粉末[363]，這種毒藥的藥性不是一下子就會發作，而是慢慢致人於死。所以他們就在旁人沒有察覺的情況下，在每道菜餚與飲料中摻進一點點。在亞歷山大六世將鄂圖曼（Ottman）土耳其帝國的王儲哲穆（Prince Djem）交給法王查理八世前（1495年），他也曾在哲穆的甜飲中摻了一些這種毒藥。但最後這對父子自己也誤飲了原為一位富有的樞機主教所「準備」的葡萄酒。教宗史的官方史官龐維尼歐（Onufrio Panvinio）曾記載[364]，亞歷山大六世派人毒死三位樞機主教（歐熙尼Orsini、法拉利Ferrari、米其耶Michiel），另外他也暗示還有第四位（喬凡尼・伯爾嘉Giovanni Borgia），而且可能是凱撒・伯爾嘉親自動手的。

360　Tommaso Gar, a.a.O. II.

361　〔譯者注〕Tiberius (42 B.C.-32 A.D.)是第二位羅馬皇帝，也是Augustus的養子。

362　Paulus Jovius, *Elogia, Caesar Borgia.* 在Raph. Volaterranus所寫的 *Commentarii urbani* 第二十二卷中有一段文字對亞歷山大六世有非常小心翼翼的描述：「大家都知道，羅馬城……已經變成劊子手逞兇之地了」（Roma...nobilis jam carnificina facta erat）。

363　*Diario Ferrarese*, bei Murat. XXIV, Col. 362.

364　Panvinius, *Epitome pontificum*, p. 359. Borgia父子企圖對後來的教宗Julius II下毒的事，參見p.363。根據Sismondi XIII, 246之記載，他們多年的機要秘書Lopez（Cardinal of Capus）也是這樣被毒死的。根據Sanuto（引自Ranke, *Päpste*, I, S. 52, Anm.），Verona的樞機主教也是這樣被害死的。

當時在羅馬只要是有錢的高級神職人員身亡，幾乎都免不了會被懷疑是慘遭伯爾嘉父子所下的毒手。即使是退隱到鄉間、默不作聲的學者也免不了遭逢厄運。但圍繞在教宗四周的氣氛也因此開始變得令人惶惶不安，劈進他的宮牆與居室內的雷擊與風暴會讓他膽戰心驚。當1500年這個異象又發生一次時，大家便稱之為「惡魔的把戲」（cosa diabolica）[365]。

§ 1.11.15　亞歷山大六世掌權的最後幾年

透過1500年湧到羅馬參加禧年慶祝活動的人潮將教廷腐敗的訊息廣為散佈後，教廷內部的陰暗面變成人盡皆知。而1500年可以招來這麼多人到羅馬朝聖的主因[366]是當時極端無恥所販售的「贖罪券」[367]。 除了那

365　Prato, *Arch. Stor.* III, p. 254. [Vgl. *Attilius Alexius* bei Baluz. Miscell. IV, p. 518, s.]

366　這些到羅馬朝聖的人也都被教宗狠狠剝了一層皮。Vgl. *Chron. Venetum*, bei Murat. XXIV, Col. 133.

367　Anshelm, *Berner Chronik*, III, pp. 146-156. —Trithem. *Annales Hirsaug.* Tom. II, p. 579, 584, 586.

〔譯者加注〕有關 "indulgence"（德文：Ablaß）的中文翻譯向來有爭議：本書羅漁譯本註33認為「大赦（indulgence）為『教會藉基督及天國諸位聖人的功德，去抵銷教友因罪在世上，或身後在煉獄中（purgatory）當受之暫罰』，也就好似教會代教民分發天國銀行由儲蓄而得到的利潤一般；但只赦因罪當受之暫罰，並不赦罪，因此我國一般譯為『赦罪券』或『贖罪票』者於事實不符。」郭恆鈺在其所著《德意志帝國史話》（1992）頁34寫道：「中文著作通常把『赦罪券』（Ablassbrief）譯為『贖罪券』。贖罪與赦罪有別，對〔馬丁〕路德來說，教皇有權赦罪與否，是問題的核心。至於有人把路德文章中所用的『赦罪』（indulgentiarum）譯為『大赦』，那就更離譜了。」羅漁所言之「暫罰」從早期基督教傳統來看，當時可透過懺悔儀式經過主教之允許而得到減輕或豁免。而與宗教改革相關的 "indulgence" 則是十一、十二世紀因為「煉獄」觀念盛行才跟著興起的。當時教宗號召教徒參加收復伊比利（Iberia）半島以及十字軍東征等活動，因為這可以讓他們所犯的罪通通得到赦免。隨著這個傳統一路的發展，就發生宗教改革前夕在德意志北方引起極大爭議的 "indulgence"。因為1517年道明會修士 Johann Tezel 為了促銷 "indulgence"，甚至強調大家可以為已故親人、或為自己預存減輕在煉獄受苦時間的 "indulgences"（他著名的宣傳用

些返鄉的朝聖者外，還有義大利到阿爾卑斯山北方的白衣悔罪者，也有從教宗國逃亡出來的人混在其中，這些人都不會對教廷的腐敗三緘其口。但是，誰能說，西歐對亞歷山大六世的怒火要燃燒到幾時，才能讓他明白這是他馬上得面對的危機？龐維尼歐（Onufrio Panvinio）在別處寫下：「如果教宗不是為了幫助自己兒子達成他的雄心壯志而在死在半路上，還會有更多有錢的樞機主教與高級神職人員繼續死在他手裡。」[368]在亞歷山大六世猝死之際，如果凱撒・伯爾嘉不正臥病在床，他會做出什麼事呢？如果他運用一切手段召開教宗推選會議，並且只讓可以幫他選上教宗的樞機主教參加（其他都被毒死了），這樣一個人數大減的樞機主教會議會是什麼樣子？！尤其是當時沒有任何法國軍隊駐守在羅馬附近！光想到這些假設性問題就讓人不禁要捏一把冷汗。

§ 1.11.16　朱利安二世：教宗治權的拯救者

樞機主教推選了庇護三世（Pope Pius III，在位22. Sep. -18. Oct. 1503）為教宗亞歷山大六世的接班人，但沒不久他就過世了。接著是朱利安二世（Pope Julius II，在位1503-13）即位。這兩位教宗的選舉明白顯示出，亞歷山大六世的胡作非為應該受到糾正了。

不管朱利安二世的私生活如何，基本上，他是教宗治權的拯救者。自他的叔叔西斯篤四世（Sixtus IV, 在位1471-84）上任以來，朱利安二世對教宗統治實情的瞭解，讓他對如何在現實情況下確實維護住教宗的尊嚴有

（續）——————————————

詞之英譯："When a penny in the coffer rings, / A soul from Purgatory springs"）。1567 年教宗 Pius V 禁止再販售"indulgence"。從羅漁與郭恆鈺所持的翻譯理由可清楚看出，"indulgence"在歐洲教會史上隨著時代與強調的重點不同，指涉的語意內涵也有出入。鑑於「贖罪券」是大家比較熟悉的譯法，因此本書仍沿用「贖罪券」這個翻譯方式。

368　*Panvin. Contin. Platinae*, p. 341.

相當深刻的體認。他也根據這樣
的認知來貫徹統御的意志，並以
大無畏的精神傾注全部心力於
此。他能登上教宗寶座當然也不
免與某些人在私底下交換了條件
有關，但至少沒有行賄，所以是
在眾人的掌聲中即位的。因此從
他開始，對教宗這項最高榮譽職
位進行買賣的事情便完全斷絕
了。朱利安二世有其寵臣，有些
也不受人敬重，但過去盛行的裙
帶關係在他身上卻幸運地得以免
除：他的弟弟喬凡尼・羅維瑞
（Giovanni della Rovere）娶了屋
比諾（Urbino）女繼承人——也
就是最後一位蒙特斐特家族的統

Raphael，《朱利安二世畫像》（*Portrait of Pope Julius II*）。
1511-12. Oil on wood, 108 x 80.7cm. National Gallery, London.
Photo Credit : Art Resource, NY.（參見彩圖43）

治者圭多巴多・蒙特斐特（Guidobaldo da Montefeltro）的妹妹。她在1491
年生了一個兒子法蘭卻斯柯・瑪莉亞・羅維瑞（Francesco Maria della
Rovere），所以喬凡尼・羅維瑞同時兼具屋比諾公國合法繼承人與教宗姪
子雙重身分。

　　朱利安二世把自己掙來的一切——不論是透過政治或在戰場所得到的
——都自豪地歸給教廷、而非自己家族所有。當朱利安二世即位時，教宗
國可說是正面臨全面的崩解；但他卻留下一個整頓得四平八穩的教廷與新
征服的帕爾瑪（Parma）與琵雅全查（Piacenza）給梵蒂岡。至於斐拉拉
（Ferrara）無法成為教宗國的一部分，實在不能怪他。朱利安二世在天使
堡（Castel Sant'Angelo）[369] 存放了七十萬杜卡金幣，他交代看守的人以後

要交給下一任教宗。在羅馬身故的樞機主教以及神職人員留下來的財產，都被他軟硬兼施變成教廷的財產³⁷⁰，但他不會用下毒或謀害的手段達到目的。對朱利安二世而言，親自披掛上戰場是無以迴避的事，而且在當時的義大利，這也是被情勢所迫──因為不為刀俎，則為魚肉。而且個人因戰功所塑造的領袖魅力比良法來得有效。

雖然朱利安二世在高喊：「趕走野蠻人！」的同時也必須為日後西班牙人盤據義大利的情勢負最大的責任，但從鞏固教宗治權這個角度來看，這是無可厚非的，甚至可說是一大利多。當義大利君侯只想覬覦教宗國時，除了西班牙，教廷還能期待從誰身上得到效忠？無論如何，像朱利安二世這樣具有強烈開創性格的人喜怒全形於外，難怪大家會稱他「**雷公教宗**」（Pontefice terribile）。當全歐洲反對他的勢力吵著要開大公會議來抵制他時，他甚至歡迎大家乾脆到羅馬來開個痛快³⁷¹。這樣的統治者需要一個強有力的象徵標誌來展現他的企圖心。對朱利安二世而言，這個象徵標誌就是新建的聖彼得大教堂（St. Peter's, Rome）。建築師布拉曼帖（Donato Bramante, c. 1444-1514）為他設計的這個建築稱得上是基督教權統一的最高表徵。

在其他藝術品上，也可看到朱利安二世的理念與格局氣度至高無上的表現。此外值得注意的還有，每天都有人急切地用拉丁文寫詩來稱頌他，

369 〔譯者注〕天使堡（Castel Sant'Angelo）原為羅馬皇帝Hadrian（117-138 A. D.）之圓形陵寢，590年因大格理哥教宗（Pope Gregory the Great）見到一個異象──有一個天使站在這個陵寢上宣告當時肆虐羅馬的瘟疫告終──所以更名為天使堡。

370 所以當時的高階神職人員忙著在生前建造自己豪華的陵寢，至少這可避免死後財產被教宗全數拿走，心願不得實現。

371 〔譯者注〕法王Louis XII於1511年在Pisa召開偽大公會議反對朱利安二世（the anti-papal second council of Pisa, 1511-12），所以朱利安二世便於次年於羅馬召開第五屆拉特朗大公會議（the fifth Lateran Council）。

聖彼得大教堂（**St. Peter's, Rome**）
©攝影／花亦芬（參見彩圖 44）

遠超過上一任教宗所受到的讚美。樞機主教雅德里安・柯內托（Adriano da Corneto）所寫的《朱利安二世的軍旅》（*Iter Julii secundi*）結尾以壯盛的筆調描述朱利安二世進軍波隆那（Bologna）的盛況；而芙拉米尼歐（Giovan Antonio Flaminio）則在他寫的一首輓歌傑作中[372]，稱呼朱利安二世為愛國教宗，呼求他在天能保佑義大利。

§ 1.11.17　里奧十世選上教宗

朱利安二世在第五屆拉特朗大公會議（the fifth Lateran Council, 1512-17）曾制訂嚴厲的法規禁止以後用買賣的方式選舉教宗[373]。 1513年在他

372　上述二詩見於：Roscoe, *Leone X*, ed. Bossi IV, 257 und 297.

《教宗里奧十世塑像》
Terracotta. Victoria and Albert Museum, London.
引自：*Hoch Renaissance im Vatikan: Kunst und Kultur im Rom der Päpste I, 1503-1534* (exh. cat. Kunst-und Ausstellungshalle der Bundersrepublik Deutschland, 1998-99), p. 38.

過世後，這些貪財的樞機主教卻想推翻這項禁令。他們還達成協議，所有透過選舉產生的有俸神職與公職必須平均分給每個樞機主教掌控。他們還準備推選富有、但毫無行政能力的樞機主教拉斐爾·理阿瑞歐（Raffaele Riario）[374]作教宗。還好樞機主教團年輕的成員希望選一位開明自由的教宗，所以推翻了原先安排好的暗盤，選了喬凡尼·梅迪西（Giovanni de'Medici）為新的教宗，他也就是著名的里奧十世（Leo X，在位 1513-21）。

談到文藝復興最鼎盛的時期我們還常會提到里奧十世。這兒先討論他任內教廷再度面臨的內憂外患——還不包括樞機主教佩圖奇（Alfonso Petrucci）、掃利（Bandinello de Sauli）、彼得·理阿瑞歐（Pietro Riario）、索德芮尼（Soderini）與雅德里安·柯內托（Adriano da Corneto）的陰謀叛變——因為這個謀反如果沒有處理好，會鬧到教宗換人做。所以里奧十世以前所未有的方式換了 31 位樞機主教來反制，這個處理方法也的確收到正面效果，因為有一部分的職

373　*Septimo decretal*. L. I. Tit. 3, Cap. 1 bis 3.

374　Franc. Vettori, im *Arch. stor*. VI, 297.
　　〔譯者加注〕Raffaele Riario (1451-1521)為教宗 Sixtus IV 之外甥，就是著名的藝術贊助者"Cardinal Riario"。米開朗基羅第一次到羅馬，便是受他之邀（因為他買了米氏所刻的一件仿古丘比特雕像，在知道這是仿作而非上古真品後，反而對米氏年紀輕輕就有如此天縱之才讚賞不已）。

位是用來獎賞有功的人[375]。

§ 1.11.18　里奧十世危險的義大利政策

然而，里奧十世在他即位最初兩年所採取的某些措施也相當危險。在謹慎協商下，他試圖讓他的弟弟吉里雅諾・梅迪西（Giuliano de'Medici, 1478-1516）統治拿波里王國，而姪子羅倫佐・梅迪西（Lorenzo de'Medici, 1492-1519）則統治一個包括米蘭、托斯卡納地區（Toscana）、屋比諾（Urbino）、與斐拉拉（Ferrara）的龐大北義大利王國[376]。明眼人一看就知，這是將教宗國架空起來，使之成為梅迪西王國的附屬品，如此一來就不必將教宗國世俗化了。

§ 1.11.19　外力進逼

上述計畫卻因當時的政治情勢而告吹。吉里雅諾・梅迪西不巧在此時過世。為了幫助羅倫佐・梅迪西達成目的，里奧十世把屋比諾公爵法蘭卻斯柯・瑪莉亞・羅維瑞（Francesco Maria della Rovere）趕走[377]，這場戰爭卻招來極大的怨懟與災荒。而當1519年羅倫佐・梅迪西也過世時[378]，原來辛苦征服來的領土便歸教廷所有。這個舉動如果是里奧十世心甘情願做的，他將因此名流千古；但因他是被迫獻出的，所以沒什麼好稱讚。至於他後來企圖對斐拉拉的亞豐索一世（Alfonso I, duke of Ferrara 1505-34）

375　根據Paul. Lang, *Chronicon Citicense* 的記載，這個做法也為里奧十世帶來500,000金幣（Goldgulden）的進帳。光是當時方濟會總會長因為當選新的樞機主教就付給教宗30,000金幣。

376　Franc. Vettori, a.a.O. p. 301; *Arch. stor.* append. I, p. 293, s.; Roscoe, *Leone X*, ed. Bossi VI, p. 232, s.; Tommaso Gar, a.a.O. p. 42.

377　〔譯者注〕此事發生在1516年。這也意謂著過去盛行於教廷的「裙帶關係」再度復燃。

378　Ariosto, *Sat.* VI. vs.106.

Michelangelo，《吉里雅諾·梅迪西墓像》(*Tomb of Giuliano de' Medici, Duke of Nemours*)。
1526-1533. Marble. Medici Chapel, San Lorenzo, Florence.
©**1992. Photo Scala, Florence — courtesy of the Ministero Beni e Att. Culturali.**

以及對一些小國僭主與雇傭兵統帥所做的，都無法提高他的聲望。

凡此總總發生之際，正當西歐其他國家君主越來越邁向建立大格局政治遊戲空間之時，其中也包括進軍或征服某個義大利王國[379]。當最後幾十年這些國家在義大利境內的勢力越來越增長時，誰能說他們不覬覦教宗國呢？1527年在羅馬上演的政治好戲[380]之序曲在里奧十世在任時（1475-1521）已經上演了——1520年末一大批西班牙步兵似乎是自發性地出現在教宗國邊界，一心只想劫掠教宗[381]，還好即時被教廷軍隊擊退。而近年來對教廷高階神職人員腐化的批判聲浪也比以前急遽增加。早有先見之明的知識份子如小琵蔻·米蘭多拉（Giovanni Pico della Mirandola the Younger）[382]便曾疾呼教廷一定要改

379　*Lettere de' principi* I, 46 in einer Pariser Depesche des Kardinals Bibiena 1518.

380　〔譯者注〕即1527年的「羅馬浩劫」(the Sack of Rome)。

381　Franc.Vettori, a.a.O. p. 333.

382　Roscoe, *Leone X*, ed. Bossi, VIII, p. 105 u.f收錄一封小琵蔻·米蘭多拉寄給德意志人文學者Pirckheimer的讚美詩，在其中他表示為里奧十世朝中正不勝邪的

革。但就在此時，馬丁路德（Martin Luther）已正式躍上歷史舞台的檯面
了。

§ 1.11.20　教宗亞德里安六世

教宗亞德里安六世（Pope Adrian VI，在位 1522-23）在位時所進行的
小規模改革並無法抵擋德意志地區風起雲湧的宗教改革運動。對過去教廷
習以為常的行事作風——例如買賣聖職、裙帶關係、奢華、結黨營私、光
天化日下行為不檢——這位來自尼德蘭的教宗除了表示厭惡外，真正能改
變的並不多。而教廷一直沒有將馬丁路德的宗教改革看成具有高度威脅
性。有一位很有見識的威尼斯觀察家內格羅（Girolamo Negro）認為，正
是教廷這種輕忽的態度在不久後為羅馬招致極大的禍害[383]。

§ 1.11.21　教宗克萊門七世與「羅馬浩劫」

教宗克萊門七世（（Pope Clement VII, 1478-1534，在位 1523-34，彩
圖 45）[384]在位期間，整個羅馬瀰漫在一片烏煙瘴氣中，好像被非洲吹來的
灰黃色熱風籠罩住，把羅馬的夏末搞得令人喘不過氣來。遠遠近近的人都
怨憎這位教宗：有識之士不看好未來的發展[385]，隱修者出現在羅馬的大街
小巷，預言義大利——也就是這個世界——的沉淪，並稱克萊門七世為
「敵基督者」（Antichrist）[386]。蔻隆納（Colonna）家族的黨羽重新擺出敵

（續）

局勢擔心。

〔譯者加注〕Giovanni Pico della Mirandola The Younger 是著名的人文學者
Giovanni Pico della Mirandola（1463-1494）之姪，是宗教改革時代活躍的人文
學者。

383　*Lettere de' principi*, I (1523. 3. 17, Rome).

384　〔譯者注〕克萊門七世即 Giulio de'Medici（1478-1534），是 Giuliano de'Medici
的私生子，也是 Medici 家族繼里奧十世後（Leo X）第二位教宗。

385　Negro a.a.O. zum 24. Okt. (soll Sept. heißen) und 9. Nov. 1526, 11. April 1527.

對不從的姿態,而不受約束的樞機主教彭培歐‧蔻隆納(Pompeo Colonna)
——他一直是教廷的頭痛人物[387]——也在1526年突擊羅馬,希望在神聖
羅馬帝國皇帝查理五世(Charles V)協助下謀殺或活捉克萊門七世,好讓
自己登上教宗之位。克萊門七世躲在天使堡(Castel Sant'Angelo)避難的
那段時期對羅馬而言並非幸運之事,而他此後所經歷的也比死掉還糟糕。

經歷各式各樣的險詐之後——這些困厄只有性格強健的人還挺得住,
換成是生性怯懦的,早就敗亡了——克萊門七世終於要面對1527年波旁
(Constable Charles of Bourbon)與福倫德斯貝格(Georg von Frundsberg)
率領西班牙與德意志聯軍進犯。很明顯地[388],查理五世的閣臣原本希望給
克萊門七世一個教訓,但事前卻無法掌握那些領不到薪水的烏合之眾鬧事
會鬧到什麼程度[389]。由於這是針對羅馬而來的進犯行動,所以在德意志地
區不必花一分錢便可徵募到軍隊。或許有朝一日某處會出現查理五世給波
旁的委任狀,而且措辭相當溫和。但無論如何,這不影響史學研究的進
行。天主教的君主與皇帝應感到高興,教宗與樞機主教沒有被波旁的軍隊
殺害。此事如果發生,他們就是有三寸不爛之舌也脫不了罪。無數老百姓
被殺害、到處都有火燒、再加上酷刑與人口販子買賣,在在都讓人看清楚
所謂的「羅馬浩劫」(Sacco di Roma, the Sack of Rome)究竟慘到什麼地
步。

§ 1.11.22 「羅馬浩劫」的後果與反響

雖然已向教宗勒索了一大筆錢,查理五世(Charles V)仍想捉拿逃到

---

386 Varchi, *Stor. fiorent.* I , 43, 46, s.

387 Paul. Jovius: *Vita Pomp. Colunnae.*

388 Ranke, *Deutsche Geschichte* II, 375 ff.

389 〔譯者注〕參見本卷注107。

天使堡（Castel Sant'Angelo）的教宗，好派人把他帶去拿波里。但當克萊門七世逃到歐維耶脫（Orvieto）時，西班牙人說什麼也不放他甘休[390]。查理五世當時是否想將教宗國世俗化（如所有人的想法）[391]、或是他是在英王亨利八世（Henry VIII）的說項下打消此念，這是歷史上無解的謎團。

即使想要世俗化教廷的企圖果真存在，也很難維持很久。因為羅馬從斷垣殘壁裡興起了更新教會與教權統治的精神。例如當時樞機主教撒都雷托（Sadoleto）便寫下：

> 透過我們悲慘的經歷，上帝清楚表達了祂的憤怒與嚴格的要求。如果這些嚴懲可以再一次帶領我們走向更上軌道的習俗與法治，也許我們遭受的苦難算不上最嚴厲的〔……〕。上帝的意旨究竟是什麼，並不須要我們凡人操心。但在我們面前有一條革新自己的路在前面，這是任何武力都無法把我們拉開的路。我們必須注意所有言行舉止，在主內尋找教會真正的光輝與我們自身真正的偉大與力量[392]。

經歷過1527年的危難歲月後，許許多多情況都大有改善，逆耳忠言終於再度被聽進去。羅馬遭受了太多苦難，即使保祿三世在位時（Paulus III，在位1534-49）想要重新恢復里奧十世（Leo X）當年歡樂、十里洋場般的羅馬，已經無法再如願了。

390　Varchi, *Stor. fiorent.* II, 43, s.

391　同上；Ranke, *Deutsche Geschichte* II, S.394, Anm. 當時有人認為，查理五世要將他的朝廷遷到羅馬。

392　他於1527年9月1日寫給教宗的信，收錄於 *Anecdota litt.* IV, p. 335.

§ 1.11.23　查理五世與教宗和解

遭受「羅馬浩劫」如此重大的災厄，不免讓人從政治上與宗教上都對教廷產生同情。各國君王不願看到他們之中有任何人獨自掌控教宗。所以在1527年8月18日歐洲各國在法國的雅敏永（Amiens）簽下釋放克萊門七世的協議書，藉此各國君王也表明他們對查理五世那支烏合之眾軍隊的反感。此時，查理五世（彩圖45、46）在西班牙的處境也十分困難，因為高級神職人員與貴族只要一見到他便向他施壓。當時有一個由神職人員與俗世人員組成的大型請願團身著喪服要求覲見查理五世，他深恐這會像幾年前的暴動一樣，變成一發不可收拾的危險場面，因此推辭了[393]。但也因此他不敢再繼續羈押與迫害教宗，因為從外交的角度來看，他最迫切要做的，就是立刻與殘破不堪的教廷和解。他並不想利用當時德意志地區的民氣，因為那完全是另一個背道而馳的方向；所以他寧可利用與當時德意志地區的關係。正如一位威尼斯人所言，查理五世對羅馬浩劫深感良心不安[394]，因此急著要贖罪，所以命令佛羅倫斯必須順服教宗所屬家族——梅迪西家族——之統治。他也將自己的合法婚生女許配給教宗的姪兒，也就是剛被冊封為佛羅倫斯共和國公爵（Duke of the Florentine Repuclic）的亞歷山卓·梅迪西（Alessandro de'Medici, 1511-37）[395]。

查理五世原本希望透過召開大公會議決議來掌控教廷[396]——既可對其

393　*Lettere de' principi.* I, 72. 亦參見Castiglione寫給教宗的信（Burgos 10. Dec. 1527）。

394　Tommaso Gar, *Relaz. della corte di Roma* I, 299.

395　〔譯者注〕這是梅迪西家族首次被「封爵」。由於 Alessandro de'Medici 沒有子嗣，所以 1537 年由其姪 Cosimo de'Medici（1519-1574）繼任佛羅倫斯公爵。Cosimo de'Medici 於 1569 年被改封為 Grand duke of Tuscany，自此正式展開梅迪西王朝（-1737）。

396　〔譯者注〕這是指1530年查理五世原本希望召開大公會議來改革天主教教會，

施壓，又可保護它。但當時教廷真正的問題出在教廷內部，也就是教宗及其親族企圖將教廷轉變為可以世襲的世俗政權，這個問題卻因德意志宗教改革而被天主教界擱置了好幾個世紀不去面對。1527年進軍羅馬之舉所帶來的正面效應也應被肯定，它促使天主教教廷振作起來，藉著克服一切反對勢力讓自己從種種腐敗沉淪裡浴火重生，再次成為宗教力量的代表。

§ 1.11.24　教宗國與反宗教改革

　　克萊門七世在位（Pope Clement VII, 1523-34）的晚期與保祿三世（Pope Paul III，在位1534-49）、保祿四世（Pope Paul IV，在位1555-59）及其繼位者在位期間，正是天主教面對半個歐洲逐漸脫離教廷的年代。在這段期間教廷也轉型為追求革新的教會，他們避免自家人之間發生重大、危險的爭端，尤其將嚴重傷害教廷存在根本的裙帶關係剷除掉，並與信奉天主教的君侯緊密合作。這些措施都來自新的宗教動力，主要是希望喚回那些轉身而去的信眾。這個革新的教廷之所以可能、以及它存在的意義究竟應該如何理解，必須從他們確實想將信眾過去對教廷不滿的種種現象改正過來，以免信徒繼續流失這個角度來看。從這點來看，我們也可以確信，教廷的道德威望是透過反對者才重新獲得拯救的。而藉此，教廷的統治地位也獲得鞏固，雖然變成是在西班牙的監控之下——教廷被西班牙照管到可說是其他國家根本不敢動它一根寒毛。而教廷在兩個附庸國——斐拉拉的艾斯特（Este）王室與屋比諾的羅維瑞（della Rovere）王室——嫡系後裔絕嗣後，也不費吹灰之力就繼承了這兩個公國。想想，如果沒有宗教改革，教宗國可能早就變成世俗政權了。

（續）─────────────

　　並找出與新教可以共生之道，但沒有成功。

第十二章
義大利的愛國主義

　　最後讓我們再簡短回顧一下當時政治情勢對整體國家精神發展的影響。

　　我們可以清楚看出，義大利十四、十五世紀政治上的動盪不安勢必讓有理想的有識之士在憂國憂民的心情下，感到厭惡與反抗。但丁（Dante）與佩托拉克（Petrarca）[397]便曾大聲疾呼統一義大利，而且要以此作為所有奮鬥方向的最高指導原則。也許有人會反駁，認為這只是少數文化菁英的理想而已，因為絕大部分民眾對此毫無所知。而在德意志地區，情況並沒有太大不同，雖然當時從神聖羅馬帝國的名稱來看，好像有一個名義上的統一，也有一位皇帝作為大家公認的共主。除開一些中世紀宮廷抒情詩人（Minnesänger）所寫的短詩不論外，最早一篇歌頌德意志的文章出於麥西米里安一世（Maximilian I, 1459-1519）時代人文學者之手[398]，而且看來簡直是義大利心聲的翻版。

　　但是從另一個角度來看，德意志早已是一個民族（Volk），這與義大利自古羅馬時代起對自己是一個民族的認知不同[399]。法國人直到英法百年

397　Petrarca, *epist. fam*. I, 3, p. 574.

398　特別參見Wimpheling、Bebel等人的著作，收錄於 *Scriptores des Schardius*。

399　〔譯者注〕布氏在此論及十九世紀下半葉對國族主義不同認知的爭議。對德意志人而言，凝聚他們民族共識的重要歷史著作是古羅馬史家Tacitus於西元98年所寫的《論日耳曼人的起源及居住地》（*De origine et situ Germanorum*）。

戰爭時，才清楚意識到自己是一個一統的民族，而西班牙長久以來也無法將與他們緊密相關的葡萄牙接納為自己民族的一份子。對義大利而言，教宗國的存在與其特質是阻礙義大利統一的主因，因為人們幾乎無法想像如何剷除教廷。所以在十五世紀義大利各國的來往中，有時會特別強調大家有共同的祖國，其實這只是用來氣氣另一個義大利國家用的[400]。發自內心傷痛而且很嚴肅倡導要有民族情感（Nationalgefühl）的聲音，要到十六世紀才又出現，但為時已晚。因為當時義大利已被法國與西班牙蹂躪了。所以不久後，這種呼籲義大利統一的聲浪便被各地的鄉土意識（Lokalpatriotismus）所取代，當然，這種小地方鄉土心的格局遠不及要求統一的格局來得大。

400　例如見於1496年威尼斯總督就Pisa的問題對佛羅倫斯使節所回答的話，收錄於：Malipiero, *Ann. Veneti, Arch. stor.* VII, I, p. 427。
　　〔譯者加注〕布氏此處的意思應是，既然教廷是義大利人擺脫不掉的，那沒有什麼義大利國家可以強說自己是義大利的老大。

個人的發展
Entwicklung des Individuums

第一章
義大利的國家與個人

本書所討論的國家——不論是共和國或君主專權國——具有的特質裡包含一項使義大利人提早脫穎成為近現代人的強有力因素——（即使不算促成這個蛻變的唯一因素）。也就是說，義大利人之所以能成為近現代歐洲文明的發展先驅與這個因素密切相關。

§ 2.1.1　中古時代的人

中古時代，人類自我意識的兩個層面——對外在世界的意識與自我內省的心靈——似乎同時被一層薄紗籠罩住，以致自我意識顯得如在酣夢中或處在半睡半醒的狀態。這層薄紗是由宗教信仰、兒童期接受的制式教養以及被灌輸的淺薄偏見 （Kindesbefangenheit）[1]、還有虛幻的妄想（Wahn） 所織成。隔著這層薄紗往外看，外在世界與過往歷史都染上了神奇迷離的色彩，個人只能透過種族、民族、黨派、組織、家庭以及其他集體形式的框架來理解、認同自我的存在。在義大利，這層薄紗最早被吹搖

---

1 〔譯者注〕"Kindesbefangenheit"這個詞並不常見，可能是Burckhardt自創。從上下文來看，應是指兒童期所接受的教養與觀念及由此在心中根深蒂固養成的淺薄偏見。Thomas Noll解釋如下：「文藝復興意謂著自我意識徹徹底底的覺醒。人脫離了兒童期矇昧的狀況，超越過去在各方面知見的限制束縛，而以具有精神主體性的個人立場來追求充分認知自我的自由，並能以客觀的眼光感知外在的世界。」參見：Thomas Noll (1997), *Vom Glück des Gelehrten: Versuch über Jacob Burckhard*, pp. 154f.

落地。他們最早以客觀的眼光來看待及處理國家及現實世界所有的事物；但同時，在個人主觀性（das Subjektive）的尊重上也有強力的發展。人成為具有精神意義的「個人」（geistiges Individuum）[2]，而且也以這樣的方式自我認知。古希臘人亦曾從這個角度來區分自己與文明未開化的人（Barbaren），個人色彩強烈的阿拉伯人亦曾以此區別自己與只將自己視為種族一員的其他亞洲人。政治環境對此現象的發展具有強烈的影響是不難看出的。

§ 2.1.2　自我人格的覺醒

在極為久遠的古代，便偶爾可見有人重視自我人格的發展。只是這個發展在同時期阿爾卑斯山北部沒有出現、或以不同的方式出現。例如劉特普藍（Liutprand of Cremona, c. 920-c. 972）[3]筆下記載的那群狂妄的十世紀痞子、阿爾巴主教班佐（Benzo da Alba）[4]筆下刻劃的教宗格里哥七世（Pope Gregory VII, 1020/25-1085）時代的某些人、與霍芬史陶芬王朝（Hohenstaufen）初期的異議份子都表現出重視自我人格的特質。

十三世紀末起，義大利開始出現大批具有個人色彩的人物。過去對個人主義發展的箝制至此完全被打破，成千的人盡情開拓自家風貌。從這個角度來看便可確知，但丁（Dante Alighieri, 1265-1321）的詩不可能出現在其他國家，因為歐洲其他地區還被種族成見束縛住，但這位崇高偉大的義大利詩人卻以他深刻的個人特質為自己的時代發出最具民族特色的先聲。

2　在這方面，所謂「特立獨行之人」（*uomo singolare, uomo unico*）是具有更高層次精神發展的個人。

3　〔譯者注〕Liutprand of Cremona 生於義大利隆巴底，約於961年擔任 Cremona 主教。布氏在此應是指 Liutprand of Cremona 所寫的 *Antapodosis*，主要敘述888年至958年的義大利歷史。

4　〔譯者注〕Benzo da Alba 在政治立場上支持神聖羅馬帝國皇帝亨利四世（Heinrich IV）、並與教宗格里哥七世對抗。

文學與藝術作品裡描述的各種人物以及他們個別的生命風采，我們留待其他章節再來討論。這裡要探討的是與上述現象心理層面相關的問題。這些心理層面的事實以極堅定穩健的步伐踏上歷史的舞台。義大利十四世紀的人並不會故作謙虛、也不懂得假惺惺。沒有人為了讓自己看起來和別人一模一樣，會刻意避開引人側目、與眾不同的行徑作風[5]。

§ 2.1.3　獨裁君主及其臣屬

如上所述，獨裁政權 （Gewaltherrschaft）促使獨裁君主（Tyrannen）與傭傭兵統帥（condottiere）[6]表現出他們獨一無二的個人性，緊接他們之後的，就是獨裁君主與傭傭兵統帥所提拔、但也無情剝削其他人的才智之士——例如他們的機要、官員、詩人及朝臣。迫於現實情勢，這些才智之士必須清楚知道自己的潛力何在——不管是天生具有、或只是現學現賣；而且他們對生命的享受也變得比較是追求一時的刺激，以便在也許只是短暫得勢的時光裡，盡情享受可以掌握到的一切。

但這並非意謂被統治的人沒有得勢者那樣的渴求。在此我們不討論那些將自己生命投注在秘密對抗或密謀造反的人身上。我們只討論那些努力保有純粹自我本性的人（Privatleute），他們類似拜占庭帝國及回教國家大部分城市的居民。雖然對米蘭威士孔提（Visconti）朝中的**臣屬**而言，要維持家族與個人的尊嚴並非易事；此外也有無數人為了在獨裁政權下存活，養成被奴役的個性，因此缺乏道德勇氣。但這些都不是我們要討論的

5　因此，大約自1390年起佛羅倫斯已無制式化的男性穿著時尚，因為每個人都希望穿出自己的風格。參見Franco Sacchetti所寫的短詩"contro alle nuove foggie"，收錄於：*Rime, publ.dal Poggiali*, p.52.

6　連史佛薩（Sforza）王室與北義大利其他君侯王室的女眷也都相當有個人性。參見Jacobus Bergomensis所寫的《名媛傳》（*Clarae mulieres*）其中提到的 Battista Malatesta, Paola Gonzaga, Orsina Torella, Bona Lombarda, Riccarda d' Este 與史佛薩家族的女性。

部分。

此處關心的是，因為大家對政治感到無力，所以個人便努力將**私生活**發展得更多姿多彩；在大環境允許的範圍內，大家互比財富及文化素養的高下。財富、文化素養（Bildung）、比以前更充分的市民自由、以及不像拜占庭或伊斯蘭世界那般講究政教合一的教會——以上這些因素互相結合起來，無疑地讓重視個人主體性的思維方式有了成長茁壯的空間；如果再加上沒有黨派伐異，則重視個人主體的思潮便有從容發展的機會。對政治冷感的個人（Privatmensch）憑著他們相當專業、或是出於業餘愛好的工作成就，在十四世紀的君侯獨裁國裡已享有個人獨當一面的地位，雖然這個部分我們無法以史料加以佐證。寫傳奇軼聞的作家（Novellisten）記載了一些特立獨行者的事蹟，可以提供我們深入探討的線索。但因他們喜歡從特定角度來寫這些故事、而且只關心故事情節的發展，所以並不全然適用。此外，他們敘述的故事絕大多數發生在共和政治的城市裡〔而非在政治獨裁的國家〕。

§ 2.1.4 共和體制下的個人主義

在共和國的政體下，個人主體性格得以發展的環境是另一種風貌。政權更迭越頻繁，個人就越發強烈感受到，在行使及享受權力時，必須使出全力來展現個人風格。特別是在佛羅倫斯史上可以看到，他們的執政者及群眾運動領袖都具有強烈個人色彩[7]，這是當時其他地方的政治人物無法相比的，連英法百年戰爭（1337-1453）時，法蘭德斯的名將雅各・亞特維德（Jacob van Artevelde, c. 1295-1345）也無法相提並論。

---

7 Franco Sacchetti 在其所寫的 *Capitolo*（*Rime, publ.dal Poggiali*, p.56）一詩中細數了 1390 年左右上百個各黨派的名人（在他寫作時皆已辭世），這可以說明當時已開始重視個人主體性。有關這些人的生平事蹟參見 Filippo Villani 所寫的列傳。

喪失執政權的黨派成員之處境類似獨裁國家的臣民，唯一不同處只在於，他們過往曾享有過自由與統治的滋味。也許正是期待重掌自由與權力的企圖心讓他們比較有衝勁來表現自己的個人性，所以這些失勢者中就有人利用（不是他心甘情願得來的）閒暇來從事寫作。例如安尼歐羅‧潘都爾菲尼（Agnolo Pandolfini, 1360-1446）寫下《論持家》（*Trattato del governo della famiglia*）[8] 一書，這是第一本討論如何享有圓滿規劃之私人居家生活的著作。他在書中討論了如何拿捏個人應盡的職責以及公職生活必須面對的無常與忘恩負義的政治現實[9]，這些論述為當時的歷史真相留下不可抹滅的明證。

§ 2.1.5 放逐與四海一家

放逐這件事可以讓一個人徹徹底底形銷骨毀、或轉而豁出去全力發展自我。如義大利作家彭塔諾（Giovanni Pontano, 1429-1503）所言：「在各個人口眾多的城市，我們看到許多人心甘情願離鄉背井。只要有真正的才德，無處不可以為家。」[10] 事實上，這些離鄉背井的人才不只包括被官方放逐的人，也有為數不少的人是自願選擇離開故鄉，因為當地的政治或經濟已經到了令人無法忍受的地步。那些搬離佛羅倫斯到斐拉拉（Ferara）、或從路卡（Luca）遷到威尼斯的人都在異鄉建立了同鄉的聚集地。

這些才識超卓、卻又離鄉背井的人所開展出來的，正是四海為家的精神（Kosmopolitismus）。他們可說是將個人主義發揮到極致。如前所述（§1.8.2），但丁曾說，在語言文字與義大利文化內涵（Sprache und Bildung

---

8 新近有人提出這本著作應是人文學者兼建築師 Leon Battista Alberti 所寫，參見：Vasari IV, 54, Nota 5, ed. Lemonnier。有關 Pandolfini 的生平參見：Vespas. Fiorent., p. 379。

9 *Trattato* p. 65, s.

10 Jov. Pontanus, *De fortitudine*, L. II.

但丁位於佛羅倫斯之舊宅
©攝影／花亦芬

Italiens）裡，他找到了新的、〔精神上的〕故鄉。但他還進一步說：「整個世界都是我的故鄉！」[11]此外，當佛羅倫斯提出頗為羞辱的條件，希望但丁結束放逐生涯重返家鄉時，他回信說：「我難道就無法隨處讚嘆陽光之燦爛與星光之閃耀嗎？難道就無法隨處沉思至高真理之浩瀚廣闊，而必須毫無尊嚴地，唉，甚至忍受百般羞辱地站在佛羅倫斯人與佛羅倫斯城面前嗎？我餓不死！」[12]

　　同樣地，也有其他藝術家不甘於只能在一地發展，而高唱遊走四方的

11　*De vulgari eloquio* Lib. I, cap.6. 但他也有提到思鄉之苦的地方，參見：*Purg.*　VIII, I ,u. ff. and *Parad.* XXV, I.

12　*Dantis Aligherii Epistolae*, ed. Carolus Witte, p.65.

自由。正如十五世紀初佛羅倫斯雕刻家吉柏提（Lorenzo Ghiberti, 1378-1455）所言：「只要十八般武藝樣樣精通，走到哪裡都不會被看成是陌生人。即使是財物被洗劫一空、人生地疏，也會被視為是當地市民中的一份子，不必懼怕命運無常。」[13]同樣的話也出自一位喜歡四處遊走的人文學者之口：「不論身在何處，只要當地有一位傑出的學者願意在此安心講學，就可將此地視為定居佳地。」[14]

13　Ghiberti, secondo *commentario*, cap. XV.

14　Codri Urcei vita, vor dessen *Opera*.

第二章
自我人格的完成

透過對文化史敏銳的觀察我們比較能看到十五世紀有越來越多人受過相當專業的職業訓練。雖然很難斷言這些有才幹實力的人是否強烈希望將個人內在心靈與外在形象調和為和諧的一體[15]，但是我們的確可以在一些人身上看到這種企圖──只要我們對他們有時也會犯下俗人難免會犯的過失這件事不要太吹毛求疵。我們不要只看「輝煌者羅倫佐・梅迪西」（Lorenzo de'Medici il Magnifico）一生享有的好運、才華與性格，也應從個人主義者──如雅瑞歐斯特（Ludovico Ariosto, 1474-1533）──所寫的嘲諷文章來認識當時的人怎樣評斷自己。雅瑞歐斯特以極平和的語氣表達自己作為一個獨立的個體與詩人的自豪，也以嘲諷的眼光剖析自己如何耽溺於享受，他有最敏銳的嘲諷與最深摯的良善。

§ 2.2.1　多才多藝的人

自我期許促使一個人盡可能發展自己的人格特質，如果這能與自己天生多才多藝的優異稟賦以及深入涉獵當時所有文化素養的內涵相結合，便可以產生「全才型」的人物（der "allseitige" Mensch, l'uomo universale）──當時這只有在義大利才可能產生。具有百科全書般廣博學識的人在中

15　〔譯者注〕現代學者對此問題研究之代表作參見：Stephan Greenblatt (1983), *Renaissance Self-Fashioning: from More to Shakespeare.*

世紀歐洲到處可見，因為當時的知識分類彼此緊密相關。同樣地，直至十二世紀都還可見到全能型的藝術家，因為當時建築會碰到的問題比較單純、而且類似，而雕塑與繪畫比較重視主題的敘述、不太講究形式美感。反之，在義大利文藝復興時期，我們可以見到個別的藝術家不僅在藝術各領域都有不同凡響的創新，能以深具個人風格的方式創造極為完美的作品，而且身為一個個體，他們也讓人留下深刻的印象。除了藝術家以外，在人文領域裡也有許多全才型的人物。

　　但丁（Dante）生前便被尊為詩人，有時亦被尊為哲學家與神學家[16]。他所有的著作自然而然流露出強烈的個人風采，所以不管他寫的主題為何，都能深深打動讀者的心。完成《神曲》（ *La divina Commedia*, 1304-19）這部鉅作需要何等奮發堅毅的心志，但丁的成就真是令人讚嘆！詳讀此書更可看出，但丁細膩地探討了塵世與心靈世界的種種，並寫出自己的看法。即使有時只是寥寥數語，卻是當時最擲地有聲的見解。對造形藝術研究而言，《神曲》真是第一手經典史料──不僅因為書中對當時藝術家有一些簡短論述，而且這本鉅作本身亦成為激發後來藝術家創作靈感的源泉。

　　十五世紀是全才型人物輩出的傑出世紀。所有傳記都會提到傳主能在閒暇時所從事的愛好上有超越業餘水準的傑出表現。佛羅倫斯的商人與政治家往往精通古希臘文與拉丁文，而且他們也會邀請最負盛名的人文學者來講解亞里斯多德的政治學與倫理學[17]，自己的兒子也必須跟著一起聽。而他們的女兒也都接受極好的教養，在這個部分，可說是成功地開創了私人高等教育的先河。人文學者本身也被要求盡可能精通各領域。他們精通古典語文的情形並不像現代學者只把這些古老的語言當成藉以客觀研究古

16　Boccaccio, *Vita di Dante*, p. 16.

17　對十五世紀佛羅倫斯人如何追求最好教育參照：Vespasiano Fiorentino。

典文化的工具，而是能在現實生活各層面靈活運用之。他們在研究蒲里尼（Plinius, Pliny the Elder）《博物志》（*Naturalis Historia*）[18]的同時，也會收集各式各樣自然界的標本與希珍異寶；從古代地理學他們發展出近現代的世界人文地理學（Kosmographie）；根據古人撰史的典範他們寫下自己的當代史；在翻譯完蒲勞土思（Plautus）[19]的喜劇後，他們也可親任導演、將之搬上舞台表演；古典文學的各種形式——從慷慨激昂的文體到魯其昂（Lucian, born c. 120 A. D.）的對話體——他們無不模仿。而在優游文化之餘，人文學者也還擔任機要秘書與外交官，做些不一定對自己有利的工作。

§ 2.2.2　全才型人物：阿爾貝提

在這些多才多藝的人物裡，有幾位可說是以全才型的通才之姿（Allseitige）傲視群倫的。我們與其個別探討當時生活與教育的細節，不如具體觀察十五世紀初阿爾貝提（Leon Battista Alberti, 1404-72）這位奇才的全貌。關於他的傳記殘篇[20]只有寥寥數語談到他在藝術創作部分的成就，對他在建築史上的地位卻完全略而不談[21]。即使如此，這篇傳記依然證明了：

《阿爾貝提銅版雕像》（*Leon Battista Alberti*）
c. 1435. Bibliothèque Nationale de France, Paris.
引 自 ： Jacob Burckhardt, *The Civilization of the Renaissance in Italy* (Vienna, [1937]), Plate 409.

18　以下的例子引自：Pandolfo Collenuccio, bei Rossoe, *Leone X*, ed. Bossi Ⅲ, p. 197,s., und in den *Opere del Conte Perticari*, Mil.1823, vol. II.

19　〔譯者注〕Plautus (c.254B.C.-184B.C.)：古羅馬著名喜劇作家，他的作品承襲古希臘喜劇的遺緒，而且被完整保存下來。是文藝復興時代的人認識古羅馬早期喜劇的重要依據。

20　Bei Muratori XXV, Col. 295, s.

21　〔譯者注〕現代藝術史研究在這個課題上的研究成果，參見：Anthony Grafton

就算不談他在造形藝術上的成就，阿爾貝提仍可名垂千古。

　　自孩提時代起，阿爾貝提便是一位處處贏得榮耀的人。他在體育及體操方面的卓越才能，已有相關記載。他可以雙腳併攏跳過數人肩頭；也可以在大教堂裡把一塊金幣丟到遠處的穹窿頂；最難馴服的馬，在他手裡變得溫馴順從。在走路、騎馬與談話這三件事情上他都表現得完美無瑕。他無師自通音樂，也讓專家讚賞他譜寫的樂曲。由於經濟所迫，他在大學攻讀民法與教會法多年，直到體力極度透支生了大病。二十四歲的時候，他逐字記憶事物的能力開始衰退，對事物的理解力卻不受影響，所以他開始學物理與數學，還旁及其他知識技能。他也對藝術家、學者、手工匠、甚至製鞋匠所的專業知識不恥下問。

　　阿爾貝提也接觸繪畫與雕塑[22]，甚至光憑記憶就能造型出一眼就可讓人認出的塑像。尤其讓人讚嘆的是他所發明的「暗箱」[23]，往裡望可以看到岩壁的上方有滿天星辰與升起的月亮，接著可以看到連綿的山脈與遼闊的海灣，然後景象再延伸到瀰漫著薄霧的遠方，在陽光閃耀與烏雲遮蔽下，船隻緩緩靠岸。對別人的作品阿爾貝提都不吝給予讚賞，而且他認為人所創作出來的事物只要符合美的法則都具有一些神性[24]。

（續）————————————————————

　　　　(2000), *Leon Battista Alberti: Master Builder of the Italian Renaissance*.

22 〔譯者注〕Alberti 開創了人文學者從事當時被視為手工業的藝術創作之先河。
　　他也為繪畫、雕刻、建築各寫下一本藝術理論，將義大利文藝復興藝術理論提
　　升到藝術家實際創作經驗與學術理論相結合的層次，對後來達文西以藝術家身
　　分從事藝術理論著述起了相當大的鼓舞作用。參見：Leon Battista Alberti, *On Painting and On Sculpture* (the Latin Text of *De Pictura and De Scultura*), ed. and tr. Cecil Grayson; idem., *On the Art of Building in Ten Books* (*De re aedificatoria*).

23 Vgl. den Ibn Firnas, bei Hammer, *Literaturgesch. der Araber*, I, Einleitung S. 51.
　　〔譯者加注〕「暗箱」（Guckkasten, camera obscura）的發明與義大利文藝復興繪
　　畫講究的線性透視（linear perspective）有密切關係。

24 Quicquid ingenio esset hominum cum quadam effectum elegantia, id prope divinum ducebat.

　　此外，阿爾貝提也有不少論著：首先是與藝術相關的著作，這些都是文藝復興藝術理論的里程碑與重要歷史文獻；而他有關建築的論述更是重要。他還寫拉丁文散文詩、傳奇故事等等，有些甚至被人誤認為是古代文學作品。他的文集還包括一些圍爐談話（Tischreden）、輓歌與田園牧詩。一本用義大利文寫的《論持家》（*Trattato del governo della Famiglia*, 1437-1441）[25]，共計四卷；另有一篇為自己的小狗寫的祭文。他所發表的，不管是嚴謹或詼諧的言論，都受到大家的重視而被編成文集。有些文句雖然很長也被收進他那篇傳記裡。

　　由於天性淳厚，阿爾貝提毫無保留地分享自己所有或所知的一切，並樂於將自己重要的發現毫無所求地貢獻出來。最後我們要談談他深邃的人格特質，即他對萬事萬物略帶神經質的敏銳與感同身受的心靈。對著參天大樹與即將收割的田野凝視時，他會不禁落淚；他稱頌英俊有威儀的老人為「自然的至寶」，而且會久久觀之、捨不得離去。體態矯健的動物也極得他的寵愛，因為牠們得到上天特別的恩寵。他不止一次生病是靠欣賞美麗風景來治癒的。難怪知道他的心靈能與外在世界有神秘交感的人會認為他有預知能力。據說他很早就預感到艾斯特（Este）家族會發生喋血事件，對佛羅倫斯及與教宗的命運他也早有預感。他隨時可以透視別人內心的想法，並精通面相術。無庸置疑地，他的性格充滿了堅強的意志力，正如他對文藝復興時代傑出人物的評語：「天下無難事，只怕有心人。」

　　如果將阿爾貝提與達文西（Leonardo da Vinci）拿來作比較，卻猶如將創始者與登峰造極者／玩家與大師拿來相比較。如果瓦撒利(Giorgio Vasari)對達文西的詮釋能像本節對阿爾貝提的闡述就好！達文西的傲世奇才我們永遠只能在歷史的遙望裡略窺一二（彩圖47）。

25　這篇佚失的作品過去被認為是Pandolfini所寫的，但新近的看法是這是Alberti所寫的。參見本卷注8。

第三章
近現代人對「世俗聲譽」的追求

....

　　本書對文藝復興時代個人發展的解釋也可用來說明當時人如何以新的
醒覺立足於外在世界——也就是追求世俗聲譽（Ruhm）。

　　義大利以外的地區，人們根據中古時代沿襲下來的社會階層所規定的
身分地位來生活。例如，法國的吟遊詩人（Troubadour）與德意志宮廷的
抒情詩人（Minnesänger）享有的詩人地位過去只有騎士階層（Ritterstand）
才配享有。反之，義大利因為僭主政治或共和體制的關係，各階層開始變
得平等。在這兒我們看到義大利文化與拉丁文化所討論的公民社會（eine
allgemeine Gesellschaft）之雛形，這是本章首先要處理的問題。沒有這個
基礎，新文化的幼苗無法繼續發育成長。當大家開始努力鑽研古羅馬典
籍，對古人如何闡釋世俗聲譽頗為嚮往，而古拉丁文典籍所描述的古羅馬
帝國勢力更成為義大利存在應再次追求的典範。此外，這些追求還受到某
種道德規範的約束，這是西歐其他地區的人還沒有意識到的。

§ 2.3.1　但丁與「世俗聲譽」的關係

　　如同探討其他問題一般，我們必須從但丁（Dante）說起。但丁竭盡
一生心力追求詩人桂冠[26]。作為媒體人（Publizist）與文學家，但丁也強
調，他希望自己的成就是開天闢地、成就古人之所未能[27]。但他在自己的

26　*Paradiso* XXV 開頭 Se mai continga，參照：Boccaccio, *Vita di Dante*, p. 49.

但丁之墓
©攝影／花亦芬

散文裡也曾提到，名聲太高帶來了許多困擾。他深知，有些人與有名望的人結交後並不感到快樂。但丁認為這可能是這些人有著不成熟的幻想——有時是出於忌妒、有時則因名人本身不夠真誠[28]。整體而言，《神曲》所論的，乃是世俗榮耀是虛無的。雖然在論述中，但丁還是放不開對聲名的渴求。在〈天堂篇〉（Paradiso）的敘述中，「水星天」（Merkur）裡[29]住著在塵世努力追求榮耀、卻因此無法享有真愛的人。刻劃相當入微的是那些在地獄受難的靈魂，他們請求但丁為他們維持塵世對他們的懷念、並留下他們的聲名[30]；至於那些在煉獄裡的人，更苦苦哀求但丁為他們祝禱[31]。在一句非常有名的詩句裡，但丁寫下他對汲汲求名者的責難——「急著想出頭」（lo gran disio dell'eccellenza）[32]。在但丁眼中，憑藉智識成就而獲

27　*De vulgari eloquio*, L. I, Cap. I. 特別參見《論君王國》（*De Monarchia*）第一卷第一章，在此但丁不僅提到這個塵世政體必須是有建設性的，而且「凡具有靈性而且熱愛真理的人都會熱心於造福後代。」

28　*Convito*, ed. Venezia 1529, fol. 5 und 6.

29　*Paradiso* VI, 112, s.

30　*Inferno* VI, 89. XIII, 53. XVI, 85. XXXI,127.

31　*Purgatorio* V, 70, 87, 133. VI, 26. VIII, 71. XI, 31.XIII,147.

得的聲名無法永遠不墜，因為它會隨各時代不同的歷史情境而起落，也會
被更傑出的後起之輩迎頭趕上，所以無法享有永不褪色的光彩。

§ 2.3.2　有名望的人文學者、佩托拉克

　　但丁之後，很快出現了一群精通古典語文的人文學者（Poeten-
Philologen），他們遵循但丁的步伐繼續前進。這些人文學者所得的聲譽具
有雙重意義：一方面他們成為義大利最被肯定的菁英；另一方面他們以身
兼詩人及撰史者的身分來評斷他人是否也配享這種榮耀。以外在形式肯定
人文學者成就最引人注目的榮耀是桂冠詩人，接下來我們便針對這個課題
加以討論。

　　慕撒圖斯（Albertinus Mussatus, 1261-1329）是與但丁同時代的人，他
被帕多瓦（Padova）主教及大學校長加冕為桂冠詩人，自此享有無上榮
耀，幾乎像神一樣。每年聖誕節帕多瓦大學兩個學院的博士及學者都要盛
裝、吹著號角、可能還要點上蠟燭走到他家門前向他致意[33]，並獻上禮
物。慕撒圖斯被這樣莊嚴隆重地尊捧著，直到1318年他失寵於來自卡拉
拉（Carrara）的執政君侯。

　　佩托拉克（Francesco Petrarca／英文：Petrarch, 1304-74，彩圖48）
也被這些新興、過去只有英雄與聖徒才配享有的高度榮耀強烈激發著。他
甚至到晚年才讓自己相信，這些榮耀是不足掛齒、空添麻煩的東西。他所
著的《寫給後世的信》（*Posteritati*, late 1350s）可說是這位年邁而聲譽隆
著的長者寫的回憶錄，用來滿足社會大眾對他的好奇心。也極有可能他希
望藉此享有後世聲名，但在活著的時候卻不要被盛名所累[34]。在他所寫的

32　*Purgatorio* XI, 79-117.

33　Scardeonius, *De urb. Patav. antiq.* (*Graev. Thesaur.* VI, III, Col. 260).

34　*Opera*, p.177寫道：de celebritate nominis importuna.

《論幸運與不幸》（*De remediis utriusque fortunae*, 1366）這本對話錄裡，反方辯者在談到榮耀時，因為可以極力辯明聲名之虛無而居上風。但是，不要以為佩托拉克果真如此奉行不渝。我們只要從拜占庭君王透過讀他的著作而對他知之甚詳[35]、查理四世[36]也認識他，就可明白，生前便聲名遠揚的確讓佩托拉克感到欣喜；此外，他在生前也已經名揚海外。

§ 2.3.3 對名人誕生處表示敬意

佩托拉克1350年回到自己的家鄉阿瑞丑（Arezzo）探視時，朋友帶他去看出生時的老家，並告訴他阿瑞丑市政府一直盡力保存他老家的樣貌不受破壞[37]。聽到這些話，不是讓他感到很窩心、很安慰嗎？在此之前，人們朝謁及保存聖徒住過的房子——例如士林哲學大師阿奎那（Thomas Aquinas）在拿波里道明會修道院住過的房間，聖方濟（San Francesco）在阿西西（Assisi）附近待過的波諦恩格拉（Portiuncula）教堂。還有幾位偉大的法學家也享有半帶神性的聲望而備受禮遇。直到十四世紀末，人們還稱佛羅倫斯附近的小鎮班尼歐羅（Bagnolo）一棟舊房子為法學名家阿古西烏斯（Franciscus Accursino, c. 1182-c. 1260）的書齋（"Studio"），但後來還是任其毀壞了[38]。有些法律顧問及結辯文撰寫者也由於收入豐厚並與政壇有良好關係，有幸長留人們的記憶中。

---

35 *Epist. seniles* III, 5.

36 〔譯者注〕查理四世（Charles IV, 1316-78, emperor 1355-78）：神聖羅馬帝國皇帝，1348 年在布拉格（Prague）創立查理大學（Charles University），並把布拉格建設為當時德意志地區的文化重鎮。他與佩托拉克有書信往返。佩托拉克曾勸他遷都到羅馬定居。

37 *Epist. Seniles* XIII, 3, p. 918.

38 Filippo Villani, *Vite*, p.19.

§ 2.3.4　對名人墳墓表示敬意

　　對偉人誕生處表示敬意就像對他們的墳墓表示敬意一樣[39]。對佩托拉克過世的地方大家也致上敬意，所以帕多瓦附近的阿爾夸（Arquà）就因此成為帕多瓦人最喜愛參訪的地方，當地還有一些十分精緻的屋舍點綴著市容[40]。當時義大利北部除了瞻仰聖像及聖人遺骸的宗教朝聖地以外，還沒有所謂的「文化聖地」。

　　對各城市而言，能收藏本地或外來名人的遺骨是一件極光榮的事。令

佛羅倫斯聖十字教堂（**Santa Croce, Florence**）
©攝影／花亦芬（參見彩圖**49**）

39　參見薄伽丘墓碑的碑文：Nacqui in Firenze al Pozzo Toscanelli；Di fuor sepolto a Certaldo giaccio, etc.

40　Mich. Savonarola, *De laudibus Patavii*, bei Murat. XXIV, Col.1157.

人訝異的是，佛羅倫斯人在十四世
紀——在聖十字教堂（Santa
Croce）[41]建造之前許久——便積極
要把他們的主教座堂變成為「名人
殿」（Pantheon），以收納各領域傑出
人才的遺骨。阿柯索（Accorso）、
但丁、佩托拉克、薄伽丘
（Bocaccio）以及法學學者史特達
（Zanobi della Strada）都應被隆重安
葬於此[42]。直至十五世紀晚期「輝煌
者羅倫佐・梅迪西」還親自向斯波
雷托（Spoleto）請求，把畫家利比
修士（Fra Filippo Lippi）的遺骸讓給
佛羅倫斯主教座堂，結果得到的答

但丁之墓（Ravenna）
©攝影／花亦芬

覆是：他們沒有太多裝飾品，尤其是沒有太多名流的遺骸，所以請「輝煌者
羅倫佐・梅迪西」饒過他們，別打他們的主意。此外，儘管薄伽丘以極沉
痛的口吻要求佛羅倫斯政府無論如何應設法將但丁遺骸要回來[43]，但丁還
是被拉維納（Ravenna）人緊守在當地聖方濟教堂裡長眠。「沉睡於古老帝
王陵墓與聖徒安息地之間，有這些永垂不朽的人相伴，唉，但丁的故鄉佛
羅倫斯啊，你們能給這位詩人更尊崇的禮遇嗎？」當時就曾發生一件事，一

---

41 〔譯者注〕佛羅倫斯的聖十字教堂屬於道明會所有，佛羅倫斯許多文化菁英都
　　埋骨於此，例如：Michelangelo, Machiavelli, Leonardo Bruni, Leon Battista
　　Alberti, Carlo Marsuppini, Lorenzo Ghiberti, Galileo. 對佛羅倫斯人而言，最感遺
　　憾的是，但丁埋骨於Ravenna，無法迎回佛羅倫斯的聖十字教堂安葬，所以他
　　們在教堂門口豎立了一尊但丁像以資彌補。

42 〔譯者注〕參見1396年佛羅倫斯市政府的決議：Gaye, *Carteggio*, I, p.123。

43 Boccaccio, *Vita di Dante*, p. 39.

個特立獨行的人把蠟燭從供奉十字架的祭壇上拿走，改放在但丁墓前，並說道：「拿去吧！在這些長眠的人當中，你比誰都尊貴，也比十字架上釘著的那位尊貴！」[44]如此唐突的行徑竟然沒有受到任何懲罰。

§ 2.3.5　對古代名人表示敬意

在這個時代，義大利各個城市也開始崇奉古代曾居住過這個城市的人。拿波里（Naples）也許從未忘懷古羅馬詩人維吉爾（Vergil, 70-19 B. C.）之墓便在當地，因為維吉爾這名字已半帶神性地烙印在每個人心中。直至十六世紀，帕多瓦人仍深信他們不只擁有建城之父安特諾（Antenor）的遺骨，也擁有羅馬史家李維（Titus Livius, 59 B.C.-17 A.D.）的遺骨[45]。薄伽丘曾寫道：「蘇摩那城（Sulmona）哀嘆羅馬大詩人奧維德（Ovid, 43 B.C.-17 A.D.）在流放的途中埋骨他鄉，帕爾瑪城（Parma）歡喜於能讓當年打算暗殺凱撒的羅馬大將朗吉努斯（Cassius Longinus）長眠於他們城內。」[46]十四世紀時，曼圖瓦（Mantova）人鑄造了刻有詩人維吉爾胸像的錢幣，並且為他立了雕像，以讓大家認識這位偉大的文學家。1392年在龔查加（Gonzaga）家族執政的攝政王卡羅‧瑪拉帖斯塔（Carlo Malatesta）曾因中世紀相傳的偏見[47]，魯莽地派人將維吉爾雕像拆掉，後來卻迫於維吉爾聲名反而因此大噪，不得不派人將雕像重新立起來。有一個離曼圖瓦城二里路遠的岩穴，據說維吉爾曾在那兒冥想過[48]，也許當時人們已喜歡帶人去看，就像拿波里人喜歡帶人去看維吉爾學院（Scuola di

---

44　Franco Sacchetti, *Nov.* 121.

45　Antenor 的遺骨安厝在 S. Lorenzo 的石棺裡，Titus Livius 的遺骨安厝在 Palazzo della Ragione。

46　*Vita di Dante*, l. c.

47　顯見當時對古羅馬人的推崇讓一部分人覺得不安，另一部分人則覺得可以接受。

48　Vgl. Keyßlers *Neueste Reisen* p.1016.

Vergilio）一樣。柯摩城（Como）宣稱他們有蒲里尼（Pliny）兄弟的遺骨，而且在十五世紀末為他們二人在主教座堂的正面牆上立了坐像，上面覆蓋著雅緻的幕帳，以示尊榮與神聖。

§ 2.3.6　地方志對地方賢達的記載：帕多瓦

歷史撰述以及新興的地方志（Topographie）也都追隨這股新風潮，開始正視本地的名流賢達。相較之下，當時阿爾卑斯山北部還停留在描述教宗、帝王、地震以及彗星，偶爾才提及當地有一、二位聲譽隆著的人「引領過一時風騷」。「世俗聲譽」（Ruhm）這個概念如何影響當時女子傳記的書寫、如何改變歷史撰述的焦點，留待他處再論。下文討論地方志所表現出來的地方鄉土意識（Ortspatriotismus），也就是當時人如何透過地方志的書寫來讚頌自己城市的榮耀。

中世紀各城市都有自己本地的聖徒，他們也自豪於當地教堂在這些聖徒死後能擁有他們的遺骸與遺物。 1450 年為帕多瓦寫讚頌辭的作者（Panegyrist）麥可・薩佛那羅拉（Michele Savonarola）也以列舉當地的聖徒開始他的《帕多瓦頌》（De laudibus Patavii）[49]。他接著寫下「有聲譽的〔男〕人，雖然不是聖徒，但藉著他們卓越的才識與能力（virtus），仍值得被書寫於青史之上，與聖徒同時列名」，就如同古代聲譽隆著的〔男〕人與功業彪炳的英雄同列青史一般。麥可・薩佛那羅拉在《帕多瓦頌》接下來所敘述的，相當符合當時的歷史情境：他首先寫到安特諾（Antenor）——希臘神話裡特洛伊（Troy）國王之弟——帶著一群特洛伊人建立了帕多瓦城，接著再寫達達努斯（Dardanus）國王在艾烏加內安（Euganean）山擊敗〔五世紀中葉入侵義大利的匈奴國王〕阿提拉（Attila），並繼續追殺他，直到芮米尼（Rimini）用一塊棋盤將之擊斃。他又寫到亨利四世

49　bei Murat. XXIV, Col.1151 ff.

（Heinrich IV）是建立帕多瓦主教座堂的人；還有馬可（Marcus）國王的頭顱被保存於蒙色里卻（Monselice）。此外他也提到帕多瓦贊助成立受俸神職（Pfründe）、教會學校以及教堂的大主教與高級神職人員等職位，著名的奧古斯丁修會神學家亞伯特修士（Fra Alberto），一些傑出的哲學家──以保羅·維內托（Paolo Veneto）[50] 以及世界知名的彼得·阿巴農（Pietro d'Abano, 1250-1316）[51] 為首，法學家保羅·帕多瓦（Paolo Padovano），古羅馬史家李維（Livius）及詩人佩托拉克，慕撒圖斯（Albertinus Mussatus, 1261-

Donatello，《加塔梅拉塔騎馬銅像》
（*Equestrian statue of Gattamelata with base*）
1447-1450. Bronze, 340x 390 cm. Piazza del Santo, Padova.
©1990. Photo Scala, Florence.

1329）及羅瓦特（Lovato）。如果有人要說麥可·撒佛那羅拉這本書沒有談到有名的戰爭英雄，那應說他論述學者以及他們在學術方面更持久的聲譽已足以彌補這項缺憾。想在文化史上留名是必須倚賴學者的記述的。

讓外地來的名將埋骨自己家鄉也被認為是增添家鄉的光彩：例如來

---

50 〔譯者注〕Paolo Veneto是當時義大利最重要的思想家與中世紀最傑出的邏輯學者之一。

51 〔譯者注〕Pietro d'Abano身兼醫生、哲學家與占星家。曾到君士坦丁堡學習希臘文，是帕多瓦大學的醫學教授。他將Averroes以及其他阿拉伯醫學家的理論與新柏拉圖主義結合起來研究，因此觸怒了當時的教會，在獄中過世。

自於帕爾瑪（Parma）的羅西（Pietro de Rossi），來自琵亞全查（Piacenza）的阿雀里（Filippo Arcelli），尤其是來自納尼（Narni）的加塔梅拉塔（Gattamelata）[52]那尊讚揚他一生功業的騎馬銅像「真如戰勝的凱撒般」立在帕多瓦的聖徒廣場（Piazza del Santo）上。麥可‧撒佛那羅拉還提到許多法學家、醫生、貴族不僅「只是獲得騎士榮譽，他們的成就真不負此頭銜」。最後還提到一些有名的技工、畫家、演奏家。結論還提到一位擊劍大師羅索（Michele Rosso）被視為這個領域最富聲望的人，所以在許多地方都可看到他的畫像。

§ 2.3.7　對各種名人的記載

如上所述，出於鄉土之愛有些城市就會打造自己的「名人殿」，此外也會利用神話、傳說、贊頌以及當地流傳的傳奇故事來為家鄉增添光彩。另一方面人文學者也用寫「叢書」的方式來為各種聲譽隆著的人打造文字的「**名人殿**」（Pantheon）——知名的男性、女性都在他們撰述的範圍內。他們寫作的體裁通常遵循古人留下的典範：例如內保思（Cornelius Nepos）、偽蘇艾通（Pseudo-Sueton）、馬西慕斯（Valerius Maximus）所寫的傳記，普魯塔克（Plutarch）所寫的《名媛傳》（*Mulierum virtutes*），以及聖哲羅（Hieronymus）的《名人傳》（*De viris illustribus*）。有時他們也為這些名留青史之人寫詩，想與他們一同置身在凱旋遊行或想像裡的奧林帕斯山眾神大會中。這種作法可見於佩托拉克所著的《聲譽的凱歌》（*Trionfo della fama*）或薄伽丘的《愛的異象》（*L'amorosa visione*, 1342-43）

52　〔譯者注〕Gattamelata是威尼斯雇傭兵統帥Erasmo da Narni的外號，佛羅倫斯十五世紀著名的雕刻家Donatello為他鑄造的騎馬銅雕像在文藝復興雕刻史上具有里程碑的意義——這是Donatello仿效古羅馬城的Marcus Aurelius騎馬銅像所造，也是文藝復興雕刻第一尊巨型騎馬銅像，此後成為歐洲藝術家製造騎馬銅像仿效的典範。

中。他們在詩篇裡列舉了幾百個名聲響叮噹的人，其中有四分之三是古希臘羅馬時代人，四分之一是中世紀人。相較之下，這種新興的、近現代性格強烈的主題逐漸獲得重視。撰史者開始在史書裡加強對人物性格的描寫，也有系統地將當代名流的傳記編纂在一起，例如維朗尼（Filippo Villani）、彼斯提奇（Vespasiano da Bisticci）、巴特羅‧法其歐（Bartolommeo Fazio, died 1457）以及喬維歐（Paolo Giovio）所寫的傳記。

阿爾卑斯山北方的作家（例如德意志的翠特米烏斯 Johannes Trithemius, 1462-1516[53]）在受到義大利文化影響前，只侷限於記述聖徒傳奇及零星幾篇對貴族及教士的記載。這些記載仍明顯受到聖徒行傳寫作模式的影響，與憑藉個人努力而獲得聲名的生涯大不相同。至於在阿爾卑斯山北方，詩人能享有的聲名只侷限在社會某個階層，藝術家只被視為手工業者及隸屬於地方行會的匠師。

§ 2.3.8　歷史書寫影響名聲是否流傳

義大利人文學者（Poet-Philolog）深刻意識到，他們如椽之筆可使人

53　〔譯者注〕Johannes Trithemius 在 1482 年就讀海德堡大學（University of Heidelberg）時，有一次從學校返家的路上遇到大風雪，所以他躲到 Bad Kreuznach 附近的聖本篤修道院（Benedictine abbey of Sponheim），之後決定留下來服事上帝，並於 1483 年被選為該院的院長。他致力於提昇該院的學識水準，當他在任時，該修道院圖書館的藏書從五十冊增加至二千冊。但翠特米烏斯亦以精通巫術聞當時，他最著名的著作 *Steganographia*（c. 1499）就是闡述如何藉由巫術用心靈的力量與遠方溝通。在歷史著作方面他寫過 *De septum secundeis* (The Seven Secondary Intelligences, 1508)，從占星學的角度探討人類的歷史；另外也寫過 *Annales hirsaugiensis...complectens historiam Franciae et Germaniae, gesta imperatorum, regum, principium, episcoporum, abbatum, et illustrium vivorum*（1514, "The Annals of Hirsau...including the history of France and Germania, the exploits of the emperors, kings, princes, bishops, abbots, and illustrious men"—Hirsau 是靠近 Württemberg 的修道院，有學者認為這本著作受到義大利人文學影響）。

名留青史——也就是可使人永垂不朽；但同樣地，他們的省略，也可使人
被後世遺忘。

　　薄伽丘（Bocaccio）抱怨過一個被他熱烈讚頌的美女故意冷若冰霜，
好讓他一直獻殷勤，藉此讓自己名聞於世。薄伽丘後來只好暗示她，再來
他可要寫文章責備她的不是了[54]。珊那札若（Jacopo Sannazaro, 1457-1530）
用兩首極好的十四行詩告誡拿波里「寬宏大量的亞豐索」，他會因為自己
怯懦逃離查理八世（Charles VIII）的攻擊而在歷史上被淡忘[55]。詩人波里
祈安諾（Angelo Poliziano, 1454-94）於1491年嚴正提醒葡萄牙國王約翰二
世（John II of Aviz, the Perfect Prince, 1455-95; King of Portugal 1481-95）
為他不朽的世俗聲名及早作準備[56]，波里祈安諾請他將征服非洲的相關資
料寄來佛羅倫斯，以便他能以合乎矩度的堂皇格局來審慎處理（operosius
excolenda），否則他只能就平常處理泛泛之輩功業的方式來表揚約翰二世
的事蹟，隨它「埋沒於脆弱人性的斷垣殘壁中」。約翰二世（或應說是他
受過良好人文教育的總理大臣）連忙處理這件事，或至少承諾將葡萄牙文
寫好的非洲征服紀事年鑑翻成義大利文寄到佛羅倫斯，好讓波里祈安諾寫
成拉丁文著作。這個承諾後來是否有兌現，不得而知。類似上述這樣義正
嚴辭的強調，並非只是唬弄人。形諸筆墨（die Redaktion）——也就是選
擇最適當的形式將發生過的事（包括最重要的）呈現在當代及後世之人面
前——對當時人而言，是不可掉以輕心的。

　　義大利人文學者以他們的文采及拉丁文語文能力長久以來緊緊抓住西
歐讀者的心絃。直至十八世紀，義大利詩人的作品仍然繼續在歐洲各地流
傳，受歡迎的程度超過其他國家的文學作品。出生於佛羅倫斯的維斯普齊

54　Boccaccio, *Opere volgari*, Vol. XVI, im 13. Sonett: *Pallido, vinto* etc.

55　bei Roscoe, *Leone X*, ed. Bossi IV, p. 203.

56　Angeli Politiani epp. Lib. X.

（Amerigo Vespucci, 1454-1512）靠他所寫的航海日誌，讓自己受洗時的教名（Taufname）成為新大陸的名稱[57]。雖然喬維歐（Paolo Giovio, 1483-1552）的文筆有時不免輕率、隨興所至[58]，但他仍追求以優雅的文采名留青史。

§ 2.3.9　熱烈追求名聲

除了上述可以使人享有聲名的作法外，我們有時也可看到，有些人索性丟開表面惺惺作態的規矩形象，不管他們從事何事、或究竟希望達成什麼目標，他們都以令人瞠目結舌的旺盛企圖心與不顧一切的饑渴（der kolossalste Ehrgeiz und Durst nach Größe），奮力爭取向前。例如，馬基亞維里在他寫的《佛羅倫斯史》（*Storie fiorentine*, 1532）〈前言〉，批評以前的撰史者布魯尼（Leonardo Bruni, c.1370-1444）[59]及柏丘（Poggio Bracciolini, 1380-1459）有太多顧慮，不敢寫下當時佛羅倫斯黨派林立的情況。「他們真是搞錯了，所以才讓人覺得他們對那些歷史人物的雄心壯志以及想要名垂千古的渴望沒什麼認識。歷史上有多少人認為他們如果不能靠好事揚名立萬，那就作貽笑後世之事來使自己成名！這些撰史者不去深思，有一些作為本身──不論結局為何──便可稱之為偉大（Größe），可跟統治者與國家所做的事相提並論[60]。不管用什麼方式來做、或可能帶

57　〔譯者注〕1500 年 Amerigo Vespucci 與 Gonzalo Coelho 率領三艘葡萄牙探險艦隊航向巴西海岸。這趟航行留下詳盡的航海日誌，Vespucci 並在一封信上認定這個新發現的大陸不是如哥倫布（Columbus）所堅信的是亞洲、而是一個「新世界」（Mundus Novus）。1507 年 Martin Waldseemüller 在其新繪的地圖將這個新大陸命名為 America（根據 Amerigo Vespucci 之教名而來的）。

58　Paul. Jov. *De romanis piscibus*, Praefatio (1525).

59　〔譯者注〕Leonardo Bruni 出生於 Arezzo，所以又名 Leonardo Aretino。參見第一卷注 254。

60　vgl. *Discorsi* I. 27.

來什麼後果，這些作為都可帶來名聲，而非責難。」謹慎的撰史者會指出，有些歷史人物之所以那麼做，並不只想在一時之間驚世駭俗；他們真正的動機在於，極想做出令人永誌難忘的事。在這一點上，我們不只看到心高氣傲者的扭曲墮落，也看到邪惡狠毒之人被自己的決心所綑綁，以至於受轄制而無所不用其極。至於「成就」（Erfolg）的真義究竟為何，早就不是他們在意的了。

馬基亞維里在《佛羅倫斯史》裡便用上述觀點闡釋打算謀殺教宗的羅馬貴族伯卡力（Stefano Porcari）之個性[61]。 其他史書的記載也大概用同樣觀點描述計畫謀殺葛蕾阿佐・瑪莉亞・史佛薩（Galeazzo Maria Sforza）那些人。瓦爾齊（Benedetto Varchi）本人也以急著成名（Ruhmsucht）的觀點談論1537年謀殺佛羅倫斯公爵亞歷山卓・梅迪西（Alessandro de'Medici）的羅倫其諾・梅迪西（Lorenzino de'Medici, 1514-48）。喬維歐（Paolo Giovio）[62]更花不少筆墨探討這種不顧一切、但求成名的心理。羅倫齊諾・梅迪西（Lorenzino de'Medici）因為在羅馬破壞古代雕像[63]， 被莫扎（Molza）寫文章批評，因而處心積慮製造新事端，以使大家忘記他先前做過的丟臉事，所以才殺了自己的親戚及執政君侯。在文藝復興時代真的可以看到一些極富時代特色的徵候，有時充滿活力、有時卻令人厭惡。就如同馬其頓王國菲利普國王（Philipp）在位時，以弗所（Ephesus）的黛安娜神殿被人縱火的歷史一樣。

61　*Storie fiorentine*, L. VI.

62　Paul. Jov. *Elogia*, 有關 Marius Molsa 的討論。

63　〔譯者注〕Lorenzino de'Medici 對古希臘羅馬文化相當喜愛，但是他在羅馬將一些 Adrian 時代留下來的上好雕像之頭部敲斷，引起教宗 Clement VII 盛怒，誓言要將他吊死。所以他逃回佛羅倫斯，並於1537年刺殺 Alessandro de'Medici。

第四章
近現代的嘲諷與玩笑

嘲諷（Spott und Hohn）是制衡世俗聲望、熱切求名之心以及高度發展的個人主義之良方；尤其是盡可能以開玩笑（Witz）的方式來占上風。在中古史裡可以讀到不少彼此敵對的軍隊、互相對立的君主或是大人物如何以深饒意味的嘲諷字眼挑釁對方到極點，或是用意寓深長的用語恥笑戰敗的一方。受到古代修辭學的影響，神學家爭辯時也多多少少愛用玩笑當武器。而法國普羅旺斯（Provence）的詩歌也有一種嘲諷詩。吟遊詩人唱情歌時，有時也會在與政治有關的議題上摻入一些嘲諷的意味[64]。

§ 2.4.1 玩笑與獨立自主個人的關係

但是只有具有成熟個體意識、而且也對開玩笑有興趣的人才能成為可以開玩笑的對象，而且玩笑也因此成為生活不可或缺的要素。在這個層次上，廣義的玩笑不再只限於語言文字，而是透過實際的演出來表現——這些人見於野台戲（Possen）和惡作劇裡那些搞笑或惡作劇之人。這也是許多傳奇故事的主要內容。

十三世紀末寫出的《古代傳說故事百則》（*Cento novelle antiche*）裡，還看不出當時的人懂得利用人物天南地北的差距來製造玩笑的效果，也還沒將搞笑當成主旨[65]。這本書只想用美麗的辭藻記錄智慧的話語、發

---

64 Lenient, *La satire en France au moyen âge.*

人深省的故事以及寓意深遠的寓言。若要說明這類傳說故事選粹都是老掉
牙的東西，只要提出它們都缺乏嘲諷的精神即可。因為十四世紀出現了文
學巨匠但丁（Dante），他字裡行間流露出來的輕蔑筆調讓全世界詩人都瞠
乎其後；而且光憑他在〈煉獄篇〉為說謊者所描繪出的地獄景象[66]，就足
以使他被封為怪誕之作的祖師爺。自佩托拉克（Petrarca）起[67]，也開始仿
效普魯塔克（Plutarch）收集令人莞爾一笑的珠璣之語（見於他所寫的靈
修箴言與故事集 *Apophthegmata*）。

§ 2.4.2　佛羅倫斯的嘲諷：傳說故事

十四世紀佛羅倫斯文化到處可見嘲諷的蹤影。撒克提（Franco Sacchetti,
c. 1333-1400）[68]便將其中最有特色的收錄在他所寫的傳說故事集裡。收錄
的重點不是以故事情節為主，而著重在特定情境裡的人際應對——涉世不
深的笨蛋、朝廷的弄臣、愛開玩笑之輩、不守婦道的女人為自己脫罪的無
知之辭；其滑稽可笑處正在於這種出於真實或故意表現出來的赤裸裸的無
知，與世俗行徑或老生常談的道德禮教有著天壤之別，所以把事情搞得天
翻地覆。當時想得到的說故事的手法在本書裡都派上用場了，例如，模仿
義大利北部特定的方言。故事裡的人物在開玩笑時會用毫不害臊的夸夸之
談、漏洞百出的謊言、褻瀆神明或令人反感的話。有一些雇傭兵將領開的
玩笑稱得上是最粗魯、惡劣的笑話[69]。有一些玩笑非常滑稽古怪，有一些

65　例外的情況見於Nov. 37。

66　*Inferno* XXI, XXII. 可與之比擬的大概只有Aristophanes。

67　略微露出端倪的文章見於*Opera* p. 421 f., in *Rerum memorandum* libri IV。

68　〔譯者注〕Franco Sacchetti仿效Boccaccio《十日談》寫作採取傳說故事的方式，
　　集成《傳說故事三百則》（*Trecentonovelle*, 1392-1397）（現存223個故事），但
　　這本書不像《十日談》有特意批判的對象，而以傳說軼聞、口頭流傳的笑話，
　　以及作者親身所經歷的故事為主。

69　*Nov.* 40, 41；這裡指的是Ridolfo da Camerino。

卻只想藉此展露個人優越感、滿足凌駕別人之上的虛榮心。究竟有多少人在開玩笑時會顧慮別人的感受，又有多少被嘲弄的人能機智地還擊，都不得而知。但是，我們可以想見，許多沒心肝、也沒智慧的惡毒話摻雜在玩笑裡。佛羅倫斯的社會生活因此常讓人感到心裡不舒坦[70]。

§ 2.4.3 說笑話爲業者

無論如何，製造笑話及說笑話的人仍是不可或缺的人物，其中有一些更被稱為典範，他們比所有宮廷弄臣更傑出，因為宮廷的弄臣不需面對同業競爭、經常變換的觀眾、以及觀眾一聽便聽懂笑點所在的幽默感（這些都是在佛羅倫斯待久一點的人可以感受到的優點）。所以也有一些佛羅倫斯人以客串訪問的身分到隆巴底（Lombardia）及羅馬尼阿（Romagna）巡迴演出[71]，而且得到豐厚報酬。反觀在他們自己的家鄉，因為在那兒開玩笑乃是街里巷談就聽得到的，所以很難靠說玩笑故事來營生。

這種以說玩笑故事謀生的人，上者是那種喜感十足的人（l'uomo piacevole），下者是那些丑角型的人（Buffone）以及那些混江湖的寄生蟲（Schmarotzer）。這些寄生蟲不請自到婚禮或宴會上，而且還自以為是地認為：「如果我沒有被邀請，這可不是我的錯。」他們有時會把年輕的紈袴子弟榨個精光[72]，因此被大家視為寄生蟲，遭人唾棄。相對之下，受到肯定的說笑話的人受到的禮遇可比君侯，而且他開的玩笑也被認為深饒意味。多其貝內（Dolcibene）被查理四世（Charles IV）封為義大利「玩笑

---

70 建築師 Brunelleschi 對那位胖木匠所開的著名玩笑雖然是精巧虛構出來的，卻稱得上是毫不給人留情面。
〔譯者加注〕布氏在此的意思是指佛羅倫斯人善於尖牙利嘴，這往往讓彼此心裡不舒服。

71 *Nov.* 49.

72 Ang. Pandolfini, *Del governo della familglia*, p. 48.

之王」。他曾在斐拉拉對查理四世說：「您將征服全世界，因為您是我及教宗的朋友。您以劍征服世界，教宗以他的璽印，我以我的笑話。」這句話並非只是口頭開的玩笑，因為這句話後來真的在彼得・阿瑞提諾（Pietro Aretino, 1492-1556）身上應驗[73]。

　　十五世紀中葉兩名最著名的說笑話者一位是亞爾羅特（Arlotto），他在佛羅倫斯附近擔任神父，以機智幽默聞名；另一位是斐拉拉的朝廷弄臣剛內拉（Gonnella），以丑角逗笑聞名。我們很難把他們的事蹟拿來與德意志民間故事《卡倫伯格的牧師》[74]以及《逗趣者厄倫史皮格故事集》[75]相提並論，因為後兩者是在完全不同、仍帶半神話色彩的歷史背景下產生的。在這種歷史情境下，口語流傳的事蹟應被理解為是整個社會、民族的集體創作，其特徵是故事是人盡皆知、也為大家所理解的。但亞爾羅特（Arlotto）及剛內拉（Gonnella）是實際存在過的個人，也足以充任具有時代特色的代表性人物。若將他們與不同時代的人、或義大利以外地區的野台雜耍人物相比，就像將他們與乍看類似的例子——例如十二、三世紀法國嘲諷短詩（fabliaux）裡提到的好笑的事、或只是為說笑而說笑的德意志人——相比一樣沒有意義。亞爾羅特的玩笑及剛內拉的逗趣之所以不同，正在於他們將說笑逗趣提升到值得大家讚賞的藝術境界，其造詣之高令人渾然忘我。《逗趣者厄倫史皮格故事集》（Till Eulenspiegel, 1510/11）的厄倫史皮格所發出的詼諧意境不同，他喜歡將自己扮成愚蠢、讓人取笑的對象（特別針對某些社會階層及行業而發）。艾斯特（Este）朝廷的弄臣不只一次藉著尖酸嘲諷及精心安排的報復來平反自己所受到的嘲弄[76]。

73　Franco Sacchetti, *Nov.* 156；vgl. *Nov.* 24.

74　〔譯者注〕Philipp Frankfurter，《卡倫伯格的牧師》（*Pfaffen von Kalenberg*, c. 1400）。

75　〔譯者注〕《逗趣者厄倫史皮格故事集》是北德Braunschweig的稅吏Hermann Bote所寫的民間故事集，1835年經Johann Martin Lappenberg整理後出版。

§ 2.4.4 教宗里奧十世開的玩笑

在佛羅倫斯，充滿喜感（l'uomo piacevole）及丑角型（buffone）兩種類型的人存在的時間遠超過佛羅倫斯共和政體存在的時間。在柯西莫・梅迪西公爵（Duke Cosimo de'Medici, 1537-74）在位時，巴拉齊亞（Barlacchia）大受歡迎，就像十七世紀初的魯斯波立（Francesco Ruspoli）與瑪利尼歐里（Curzio Marignolli）一樣。在教宗里奧十世（Pope Leo X, 1475-1521）身上尤其可見到佛羅倫斯人對善開玩笑者的偏愛。這位出身梅迪西家族、對精緻藝文享受樂此不疲的教宗規定在他進餐時一定要有幾位善於逗趣的人及丑角在旁，其中包含兩位教士及一位殘障者[77]。節慶期間，里奧十世特以古人嘲諷的方式將猴子與烏鴉弄成美味的烤肉，放在這些在教廷逗趣搞笑的人面前，好像是在嘲笑他們就像一群寄食者一般。里奧十世對戲謔（burla）的偏好也始終不變，這也與他天性有關。而他有時也愛用嘲諷的方式來從事他最喜愛的詩與音樂活動。

里奧十世與他的愛臣比比耶那（Bernardo Dovizi il Bibiena, 1470-1520）[78]樞機主教也用同樣的想法提昇漫畫的地位。這兩個人並不認為花九牛二虎之力作弄一位憨直的老秘書、讓他相信自己是了不起的音樂理論家是一件有損身分地位的事。即興演奏家佳也塔（Baraballo of Gaeta）也在里奧十世一天到晚玩笑式的吹捧下，跑去參加羅馬桂冠詩人的甄選。在梅迪西家族的主保聖徒聖柯斯瑪（St. Cosmas）與聖大敏安（St. Damian）紀念日那天，佳也塔戴上桂冠、穿上紫袍，在教宗的宴會上吟唱詩歌娛樂

---

76 根據 Bandello IV, *Nov.* 2 之記載，Gonnella 可以化裝成各種人物，並可模仿義大利各種方言的腔調。

77 Paul. Jovius, *Vita Leonis* X.

78 〔譯者注〕比比耶那原名 Bernardo Dovizi，出生於佛羅倫斯附近的 Bibiena，所以便以家鄉之名為外號。

嘉賓。正當大家爆笑不已時，又要他在教廷廣場上騎一匹罩著金繡錦緞的大象，這是葡萄牙國王伊曼紐一世（Emanuel I, king 1495-1521）送的。正當教宗從上頭用長柄單眼望遠鏡（Lorgnon）往下望時，大象被震天價響的鑼鼓管號聲及觀眾叫好的歡呼聲嚇得不敢走過天使橋。

§ 2.4.5　詩作中的諧謔模仿

對莊嚴崇高事物的諧謔模仿（Parodie）——一如我們在現代人的遊行行列可以見到的——在當時詩歌裡已占有相當重要的地位[79]。當然，文藝復興詩人模仿戲謔的對象跟古希

Leonardo da Vinci，《七個滑稽怪誕的頭像造型》（*Seven grotesque heads*）。
Accademia, Venice.
©1990. Photo Scala, Florence — courtesy of the Ministero Beni e Att. Culturali.

臘喜劇家阿利斯妥芳內斯（Aristophanes）不同，不像他把偉大的悲劇作家當成自己喜劇的人物。但是文藝復興的義大利跟古希臘時代一樣，文化

79　在視覺藝術裡諧謔模仿之作同樣可見，例如以三隻猿猴模仿拉奧孔雕像的木版畫。只是這類作品大部分是以素描形式出現，所以有些沒有被保存下來。至於漫畫的發展則不同，達文西在其所繪的《做鬼臉的人》（Ambrosiana）特意要表現美的反面——醜，因為這正好能激發滑稽古怪的想像。
〔譯者加注〕拉奧孔雕像圖片請參見§3.2.8。
〔譯者加注〕布氏對達文西漫畫所做之闡釋後續的藝術史研究參見：Ernst H. Gombrich (1976a), "Grotesque Heads."

Niccolò Boldrino，《模仿拉奧孔雕像的三隻猿猴》（*Caricature of the Laocoön*）。
1540年代初期木版畫。

具有相當成熟度，所以懂得接受諧謔模仿的作品，而且成果非常豐碩。

十四世紀末的十四行詩已出現利用仿作對佩托拉克情詩談到失戀的憂傷以及類似的表達加以嘲弄，十四行詩原本具有的莊嚴性至此被顛覆成蕩然無存。此外，但丁的《神曲》更是被模仿戲謔的首要對象。「輝煌者羅倫佐·梅迪西」用〈地獄篇〉的風格寫了一篇令人擊掌的滑稽文章〈饗宴〉（*Simposio*，或 *i Beoni*）。路易·蒲吉（Luigi Pulci）所寫的《大巨人摩爾剛特傳》（*Morgante maggiore*）[80]明顯模仿即興吟唱詩人之作。而他與柏雅多[81]所寫的詩更不時對所描述的對象開玩笑，有些至少是半有意模仿中古騎士詩歌的遊戲文章。偉大的諧謔模仿作家佛蘭哥（Teofilo Folengo, 1491-1544, 1520年左右相當活躍）追隨上述二人開創的新路線，以琵托科（Limerno Pitocco）之名寫下《小歐蘭朵》（*Orlandino*），在這篇詩作裡，騎士制度所衍生出來的文化只剩下荒謬可笑、浮誇不實的門面，

---

80 〔譯者注〕《巨人傳》最早於1478年出版，原名 *Morgante*，以23首歌謠組成。1483年，Pulci 將之擴大為28首歌謠，在佛羅倫斯出版，並將書名改為《大巨人摩爾剛特傳》（*Morgante maggiore*）。此書之寫作放棄過去騎士冒險犯難故事之寫法，而以佛羅倫斯中產階級與商人生活為敘述背景。書中兩位重要人物：大巨人摩爾剛特（Morgante）是一位好性情、但反應比較遲鈍的巨人；而半巨人瑪爾固特（Margutte）則天生就是個壞胚子，但反應十分敏捷。

81 〔譯者注〕柏雅多（Matteo Maria Bojardo, 1441-1494）。

遮掩著當時許多突兀的作法與現實生活的粗糙。佛蘭哥又用科卡悠思（Merlinus Coccajus）的筆名以半拉丁文的八步詩體寫下農夫及遊民的作風與流徙。此外他又以當時學者慣用的雜燴詩體（Opus Macaronicorum）描述許多與世俗行徑相違背的事蹟，自此諧謔模仿文章成為義大利詩壇的家常便飯，有時不乏傑作產生。

§ 2.4.6　有關開玩笑的理論

　　文藝復興中期有人開始為玩笑進行理論分析，並確認可實際運用於上流社會。這位理論家是彭塔諾（Gioviano Pontano, 1429-1503）。他在《論談話》（De sermone）[82] 一書第四章嘗試透過分析許多笑話及滑稽故事以歸結出一個普遍法則。至於有身分地位的人該如何講笑話，應閱讀卡斯提吉歐內（Baldassare Castiglione）所寫的《朝臣》（Il Cortegiano, 1528）一書[83]。《朝臣》書裡提到，笑話是藉著重述滑稽、令人莞爾的故事或話語使人開心。至於直接開別人玩笑則應小心為之，以免傷害正在憂傷的人、給有罪過的人太多抬舉、或激怒得勢之人、以及受到正得勢而驕縱之人日後的報復。有身分地位的人講笑話、裝模作樣時，也應懂得節制。不僅為了讓人引述方便，更是為了替創造新玩笑故事的人樹立典範。《朝臣》一書收錄了許多好笑的故事及話語，並按類區分，其中有許多真是上乘之選。喬凡尼‧卡撒（Giovanni della Casa, 1503-56）於二十年後所著的《社交禮儀指南》（Il Galateo, 1551-55）在為良好的生活進行規範時[84]，考慮到開玩笑時因為占上風可能引發的負面後果，所以把詼諧與玩笑排除在良好生活習慣之外。他是最先對以笑話爭勝感到反感的人。

82　在此書中，他認為除了佛羅倫斯人有講笑話的天賦外，Siena 與 Perugia 的人也都善於講笑話。出於禮貌，他也將西班牙宮廷算進會講笑話之筆。

83　Il cortigiano, Lib. II. fol. 74, s.

84　Galateo del Casa, ed. Venez. 1789, p. 26, s. 48.

§ 2.4.7　誹謗中傷

其實義大利已成為一個嬉笑怒罵的國度，程度之嚴重，世界上沒有其他國家可以比擬，即使伏爾泰（Voltaire）在世時的法國亦望塵莫及。伏爾泰及同時代的人並不缺乏否定的精神（Geist des Verneinens），但十八世紀上哪兒去找這麼多受過良好教育、極富個人色彩的人作為嬉笑怒罵的對象：各種社會名流、政治家、神職人員、發明者與發現者、文學家、詩人與藝術家——全都是一些努力發展自我性格的人。在十五、六世紀卻有一群這樣的人，而且當時的教育環境也造就一批機智卻無權無勢之人，他們成為天生的抱怨家及嬉笑怒罵者，他們心中的牢騷需要藉著對成千成百人說酸溜溜的話才能暫時得到平撫。此外，還必須加上有名的人因互相嫉妒而講出的尖酸的話。後者尤見於精通古典語文的學者身上，例如菲雷豐（Francesco Filelfo, 1398-1481）、柏丘（Poggio Bracciolini, 1380-1459）、瓦拉（Lorenzo Valla, 1407-57）等等。至於十五世紀的藝術家則尚能彼此相安無事地競爭，這是值得藝術史好好記上一筆的。

在這點上，**佛羅倫斯**這個人人爭逐聲名的城市發展得比其他城市都早。「尖牙利嘴」是佛羅倫斯人的正字標記[85]。以略為不屑的語氣來評斷所有事情是大家習以為常的。馬基亞維里在他所寫的喜劇《曼德拉草》（*La Mandragola*, 1518）序言中所寫的相當值得注意。不論他說的對或不對，他認為佛羅倫斯人喜歡惡言攻訐是導致道德沉淪的主因。他也警告那些攻訐他的人，他也懂得用惡言來達到目的。

再來談到**教廷**。長久以來那兒便是最尖酸、最富機鋒的口舌交戰處。柏丘的《詼諧集》（*Facetiae*）源自教廷顯貴愛說的謊言。想像一下這本書裡記載了多少因謀職不順而失意的人、爭寵的受庇蔭者、虎視眈眈想拉他

85　Vinc. Borghini 於 1577 年寫的一封信中提到，收錄於：*Lettere pittoriche* I , 71.

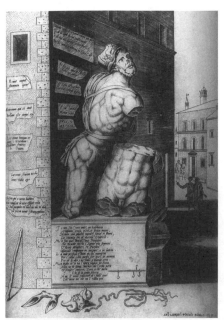

帕斯逵諾雕像版畫（*Pasquino*）
收錄於：Antoine Lafréry, *Speculum Romanae magnificentiae*, Rome, 1550. Engraving.

下來的敵手、以及那些只想藉口舌是非打發時間的寄生蟲！當這些人都聚集在一起時，真是不難想見羅馬為何會樹立一尊帕斯逵諾（Pasquino）雕像[86]，而且這尊雕像也成為以靜觀度日為尚的嘲諷詩喜歡引以為戒的對象。

如此再把社會大眾對教廷統治的反感以及市井小民喜歡將八卦之事與有權勢的人連在一起談，那就免不了有許多中傷侮辱之詞產生了[87]。 面對這些，誰又懂得花費心思慎思明辨真相究竟為何？性情比較溫厚的人如果不小心被牽扯進去，而感到自己真是不應該，而且又被人在背後說得很難聽，他可能會感到頗為絕望[88]。 慢慢地，大家養成在別人背後說盡壞話的習慣，只有自我道德要求極為嚴格的人才能與這種人性之惡絕緣。偉大的佈道家艾吉迪歐[89]由於他傑出的貢獻被里奧十世封為樞機主教，而他在

---

86 〔譯者注〕Pasquino雕像是1501年在羅馬所發掘出來的古羅馬雕像殘塊，據說被一位名叫Pasquino的商店主人放在自己家門口（就在他家附近挖出來的，在Palazzo Braschi旁），許多人就開始將一些嘲諷文章貼在雕像上，其中不乏名家之作。後來這些文章也被收集成書。

87 參照Fedra Inghiramis在 Lodovico Podocataro安息禮拜上的致詞（1505），收錄於：*Anecd. litt.* I, p. 319.

88 這種情形例如見於樞機主教Ardicino della Porta，他於1491年放棄樞機主教的頭銜，希望隱遁到一個遙遠的修道院裡去。參見：Infessura, bei *Eccard* II, Col. 2000.

89 〔譯者注〕艾吉迪歐（Egidio da Viterbo/ Ædius de Viterbo, c. 1469-1532）為奧

1527年那場不幸中[90]亦表現得極為幹練、深得民心[91]。 但喬維歐（Paolo Giovio）卻說，他為了讓自己臉色蒼白以便表現出自己正在苦修禁慾，所以吃濕的稻草桿以及類似的東西來自虐。喬維歐在這方面是一個不折不扣的教廷官僚（Kuriale）[92]，他通常在敘述一段傳聞時，會附加說一句他不相信這些事，但最後又會表示這些事多少有些真實性。

§ 2.4.8　教宗亞德里安六世成為嘲諷文化的犧牲者

　　真正被教廷這種譏嘲文化燒得遍體鱗傷的人是教宗亞德里安六世（Pope Hadrian VI，在位1522-23）。當他在位時，教廷有個共識，只從粗鄙好笑的那一面來談論他。他即位之初便藉著對下筆惡言惡語的柏尼（Francesco Berni）開刀的大好機會對教廷的譏嘲文化展開整肅。教宗亞德里安六世警告他們，他不是如傳聞所言要把帕斯逵諾（Pasquino）雕像丟下提伯河（Tiber）去，而是要把那些愛將自己寫的譏諷文章貼在帕斯逵諾雕像上的人（Pasquillanten）丟進河裡。教廷的人反擊這件事的手段便是那篇有名的文章《反對教宗亞德里安》，文中表達的不是憎恨，而是對這位來自尼德蘭地區不懂精緻文化高妙的鄉巴佬表示看不起之意。更陰狠的的對抗則留給當初選他出來當教宗的樞機主教來下手。柏尼及其黨羽[93]則加油添醋地編造一堆謊言來描述教宗生活的周遭，就像今天大城市報紙的副刊可以把白的說成黑的那種無中生有的手法一樣。脫脫薩（Tortosa）樞機主教委請喬維歐寫的亞德里安教宗傳記原應是一篇讚頌的文章，但能從字裡行間讀出其中玄機的人仍能看出，這是一篇嘲諷意味十足的文章。整

（續）—————————

　　古斯丁修會教士，在里奧十世任內成為樞機主教。

90　〔譯者注〕即1527年的「羅馬浩劫」。

91　參見其安息禮拜的致詞：Annecd. litt. IV, p. 315.

92　bei Giraldi, *Hecatommithi*, VII, *Nov.* 5.

93　Firenzuola, *Opere*, vol. I, p. 116, im *Discorso degli animali*.

篇讀來（尤其是對當時的義大利人而言）非常可笑，他敘述亞德里安六世如何向沙拉格撒（Saragossa）主教座堂的執事懇求讓渡聖徒朗柏提（St. Lanberti）的下骸骨；那位虔敬的西班牙人如何用珠寶、飾物打點他的裝扮，「以便讓他看起來像個梳理乾淨的教宗」；當亞德里安六世那艘毫無裝飾的船從歐斯提亞（Ostia）向羅馬方向前進時在途中碰到大風雨，當時亞德里安六世正與隨從討論應將帕斯逵諾雕像沉到河裡、還是放火燒掉；極重要的會議因宣告進餐時間到了突然被打斷；而在亞德里安六世歷經這段絲毫不順遂的在位期之後，最後竟是因為喝了太多啤酒而喪命。因為教宗猝死，他御醫的住所被夜遊狂歡的人飾以花冠，並附上寫有「送給解放祖國的救星，羅馬議會及市民謹獻」（Liberatori Patriae S.P.Q.R）的獻辭。喬維歐後來在「羅馬浩劫」時退休金被拿去充公，為了彌補他，後來教廷就給他一個領俸的教會職位[94]，因為他不是「詩人」，也就是說，不是「異教徒」。根據史家記載，亞德里安六世是教廷嘲諷文化最後一位可憐的犧牲者。自1527年「羅馬浩劫」悲劇發生後，教廷中極度靡爛的生活以及不堪入耳的嘲諷言語都明顯萎縮了。

§ 2.4.9　彼得・阿瑞提諾

隨著嘲諷風潮蓬勃發展，近代最值得注目的好逞口舌者彼得・阿瑞提諾（Pietro Aretino, 1492-1556，彩圖50）也在這方面將自己訓練得十八般武藝樣樣精通。尤其在羅馬，彼得・阿瑞提諾得到非常多滋養。對他這個人做一些深入的討論，可節省我們花費心思去討論其他比較次要的人物。

我們對彼得・阿瑞提諾生平的認識主要來自他生命最後三十年的事蹟（1527-56）。這段期間他避難在唯一願意收留他的威尼斯。在那兒，他似乎隨時準備攻擊義大利所有名流顯達；也是在這兒，外地君侯的禮物源源

94　〔譯者注〕Clement VII 於1528年封 Paolo Giovio 為 Nocera 主教。

不絕地湧到，因為他們要嘛想借重他的文筆、或是害怕成為他筆下咒罵的對象。神聖羅馬帝國皇帝查理五世（Charles V）及法國國王法蘭西斯一世（Francis I）同時給他俸祿，因為他們都希望彼得·阿瑞提諾能為他們寫文章攻訐對方。彼得·阿瑞提諾也對上述二人都獻上殷勤，但跟查理五世關係比較密切，因為查理五世是義大利真正當家作主的人。1535年突尼斯（Tunis）戰後，彼得·阿瑞提諾把查理五世捧為神話英雄，幾乎到了讓人覺得可笑的地步。他之所以這麼做，是希望能藉著查理五世來當上樞機主教。他也有可能以西班牙國王派駐在義大利代辦的身分享有特別禮遇與保護，因為他不論發言或沉默，都會對義大利弱小的宮廷及社會產生一些影響。對教廷他總是擺出一付不屑的樣子。據他說，這是因為他對教廷的真實面目認識得夠清楚；但真正的原因卻是教廷不能、也不願意再供養他[95]。對威尼斯這個收留他的地方他則很知趣地沒有惡言相向。他對大人物的態度不是搖尾乞憐、就是逞兇勒索。

§ 2.4.10　彼得·阿瑞提諾的知名度

彼得·阿瑞提諾是第一個深諳利用知名度以逞己欲的人。百年前柏丘（Poggio Bracciolini）與他的論敵互相批評對方的論戰文章，雖然在意圖及口氣上也像彼得·阿瑞提諾所寫的那樣不入流，但畢竟只限於不對外公開的對罵文章而已，不像彼得·阿瑞提諾將自己罵人的文章設定為大量印行的出版品、而且還靠出版這些文章謀利。從某個角度上來看，彼得·阿瑞提諾可說是大眾媒體的開山祖師。他以期刊方式定期出版先前已在社會上廣泛流傳的書信及文章。

與十八世紀知識分子尖銳的文筆相較，彼得·阿瑞提諾之所以能這麼肆無忌憚逞兇鬥狠，正因他不受啟蒙理想、普世博愛精神（Philanthropie）

95　參見1536年元旦寫給Ferrara公爵的信。

與其他道德法則、學術規範約束。他處世的基本信念是「真理招致怨憎」
（Veritas odium parit），所以也沒什麼好遮遮掩掩的。不像伏爾泰不敢承認
《少女》[96]是自己寫的詩，甚至終其一生以筆名[97]發表作品。彼得·阿瑞提
諾自始至終以真名寫作，甚至到後來還公開讚揚自己寫的那本惡名昭彰的
《辯術》（Ragionamenti）。不管他人品為何、不管他曾想創作有自己風格的
藝術品——例如一個喜劇的舞台佈景——但最後一事無成，他的文采、他
清晰尖酸的散文、他對人與事精細入微的觀察，都使他成為一位值得注意
的人物。此外他用極鄙俗或極文雅的方式所寫的荒誕笑談有時並不輸拉伯
雷（François Rabelais）。

§ 2.4.11　彼得·阿瑞提諾與義大利君侯以及名人的關係

　　彼得·阿瑞提諾以上述的意圖及手段四處尋找可以下手的機會，有時
反正就是碰碰運氣。「羅馬浩劫」時期老百姓的哀嚎聲直達天使堡
（Castel Sant'Angelo）[98]，教宗成為階下囚，彼得·阿瑞提諾勸教宗克萊門
七世（Pope Clement VII）不要抱怨而應寬恕的說法[99]，簡直就像惡魔或猴
子幸災樂禍時所發出的譏嘲。當彼得·阿瑞提諾渴望收到某位君王禮物的
期待落空時，他會大發雷霆，就像他寫給沙雷諾（Salerno）公爵的文章所
表現出來的那樣。沙雷諾公爵過去曾有一段時間在金錢上贊助過他，但如
今已不想再繼續幫他。反之，帕爾瑪（Parma）公爵——那位令人心生恐
懼的皮耶·路易·法內澤（Pier Luigi Farnese）——從不把他當一回事，
反正這位公爵從來就不在乎別人是否在他背後讚美他，所以也就很難中傷

---

96 〔譯者注〕《少女》（La Pucelle d'Orleans, 1762）是伏爾泰以聖女貞德（Jeanne
　　d'Arc）為主題所寫的詩。
97 〔譯者注〕伏爾泰（Voltaire, 1694-1778）真實的本名是François-Marie Arouet。
98 〔譯者注〕參見卷一注369。
99 *Lettere*, ed. Venez. 1539. Fol. 12, vom 31. Mai 1527.

他。彼得・阿瑞提諾曾說皮耶・路易・法內澤看起來像衙役、磨麵粉坊師傅及麵包匠。

　　彼得・阿瑞提諾最讓人發笑的地方是在他搖尾乞憐時講話的語氣，就像他寫給法蘭西斯一世（Francis I）的文章裡所流露出來的那樣。反之，他混雜著要脅與諂媚語氣的信函或詩篇雖然讀起來頗為滑稽，但最後還是讓人覺得厭惡噁心。例如他1545年11月寫給雕刻家米開朗基羅（Michelangelo）的信[100]真可說是史無前例，他一方面高度抬舉米開朗基羅在梵蒂岡西斯汀聖堂（Sistine Chapel）所繪的《最後的審判》（Last Judgment，彩圖51），一方面又攻擊米氏不虔敬（Irreligiosität）、粗魯、騙取前教宗朱利安二世（Pope Julius II）後代的錢，接著他又在信尾的附筆略帶玩笑地說：「我只想告訴你，如果你是酒作的（di-vino），我就不是水作的（d'aqua）。」[101]不知是出於不知分寸的狂想、或是出於對所有社會名流的嘲謔，彼得・阿瑞提諾其實就是希望別人也把他視若神明。無論如何，他個人的知名度也使他在家鄉阿瑞佐（Arezzo）出生時的房子成了那個城市的名勝之一[102]。但他也曾經歷過好幾個月不敢跨出威尼斯的邊界一步，以免落入被他惹惱的佛羅倫斯人之手，例如史特齊（Strozzi）家族年輕的一輩。對付他的方法當然少不了暗中行刺和一陣毒打，雖然最後彼得・阿瑞提諾最後是因中風死在家裡，而不是像柏尼（Francesco Berni）在一首十四行詩所希望見到他不得好死那樣。

　　彼得・阿瑞提諾如何拿捏諂媚人的分寸十分值得注意：對非義大利

100　Gaye, *Carteggio* II, p. 332.

101　〔譯者注〕由於米開朗基羅在生前便被尊稱為「神聖的」（divino），所以彼得・阿瑞提諾在給他的這封信裡用雙關語開玩笑說：米開朗基羅如果是「酒作的」（di-vino），他就不是水作的（d'aqua）。有關這封信引發的相關藝術史問題參見：Bernadine Barnes (1998), *Michelangelo's "Last Judgment": The Renaissance Response*.

102　參見寫於1536年那封無恥的信：*Lettere pittor.*, I, Append., 34.

人，他的媚詞虛浮粗鄙不加文飾[103]；對像佛羅倫斯柯西莫・梅迪西公爵（Duke Cosimo de'Medici）這類人，他則深知要用別種方式處理。他稱讚柯西莫・梅迪西當時年紀尚輕的兒子長得英俊挺拔（的確，他長得很像奧古斯都）；彼得・阿瑞提諾接下來稱讚柯西莫・梅迪西勤儉有德行時，還不忘讚美柯西莫・梅迪西的母親瑪麗亞（Maria Saviati）善於理財。最後他以充滿乞討的口氣哀嘆當時物價昂貴。柯西莫・梅迪西公爵之所以會違反自己儉約成性的習慣破例給他相當高的退休俸[104]（最後是以一年160杜卡金幣）主要是顧慮到如果讓他只當西班牙國王的駐義大利代表可能帶來的危險。彼得・阿瑞提諾可以三言兩語就把柯西莫・梅迪西公爵狠狠挖苦一番，但同時又懂得要脅佛羅倫斯駐威尼斯情報員他可以讓柯西莫・梅迪西公爵立刻召他回去。雖然柯西莫・梅迪西到後來也明白，查理五世（Charles V）已對他們的謀略一清二楚，他還是不希望彼得・阿瑞提諾在查理五世宮廷裡用笑話以及嘲諷詩來談論他。他另一樁諂媚的事見於對馬利尼亞諾（Marignano）侯爵——他曾以「穆索城城主」（Castellano di Musso）的身分企圖建立自己的國家——的諂媚上。對馬利尼亞諾公爵寄贈給他的100金徽幣（scudi），彼得・阿瑞提諾寫了一封信回覆：「作為君侯應有的美德，您都具備，這是大家終將認清的事實。雖然開始的時候難免讓大家覺得有些粗魯（aspro）。」[105]

§ 2.4.12　彼得・阿瑞提諾的宗教信仰

有一個經常被注意到的奇特現象，就是彼得・阿瑞提諾只會污蔑塵俗的人、事，但絕不說褻瀆上帝的話。他在信仰裡所堅信的事情與他的世俗

103　參見他寫給Lotheringen樞機主教的信：*Lettere*, ed. Venez. 1539（21. November 1534），以及寫給查理五世的信。

104　Gaye, *Carteggio*, II, p. 336, 337, 345.

105　*Lettere*, ed. Venze.1539. Fol.15., (16. June 1529).

行徑無關；同樣地，他寫的那些宗教靈修文字也只是為了另有所求而寫
的 106 。如果不是因為這些原因，我不太知道如何解釋彼得‧阿瑞提諾會
被指責為是對上帝不敬。他不是大學教師，也非從事理論思辯的學者及作
家。他無法透過要脅或諂媚從上帝那兒得到金錢上的好處，所以也不會因
被上帝拒絕而說褻瀆上帝的話。這種人是不做徒勞無功的事。

　　像彼得‧阿瑞提諾這種人以及他可以發揮個人影響力的方式在義大利
現代社會不可能再重新上演，這真是一個好現象；但是從歷史反思的角度
來看，彼得‧阿瑞提諾會是歷史研究上重要的課題。

106　也有可能是為了當選樞機主教、或害怕已經展開的血腥式的宗教審判（雖然在
　　　1535 年他的膽子還夠大，敢批評宗教審判法庭。但自 1542 年起宗教審判法庭
　　　開始變得嚴酷，他就不敢作聲了）。

復興古代希臘羅馬文化

Die Wiedererweckung des Altertums

第一章
導論

§ 3.1.1 「文藝復興」理念的傳布

在義大利文藝復興文化史全面的探討上，本卷的重點是討論希臘羅馬古典文化（das Altertum）的復興（Wiedergeburt）。「文藝復興」這個分期的概念其實正是從復興古典文化這個歷史面向得來的。

說實在的，沒有希臘羅馬古典文化的影響，本書至今所闡述的歷史實況已足以震驚義大利人的心靈，並促使他們往更成熟的方向發展；而稍後本書所要繼續闡述的文化發展新貌，即使沒有古典文化影響，大概也不會有太大不同。但是，我們至今所探討的、以及接下來我們要繼續闡述的義大利社會文化現象，在許多方面的確都受到古希臘羅馬文化影響。我們甚至可以說，沒有希臘羅馬古典文化，就不會有義大利文藝復興文化；或者說，如果沒有希臘羅馬古典文化，義大利文藝復興文化會變得難以理解。因為義大利文藝復興的活潑風貌正是受到古典文化影響而產生的。如果略過古典文化對義大利文藝復興文化的深遠影響不談，義大利文藝復興文化在世界史上的意義其實不會那麼重大、不可忽視。

但是，就本書的論述主軸而言，我們也不要忘記，義大利文藝復興文化的發展並非全然受到希臘羅馬古典文化影響；而應說，是希臘羅馬古典文化與義大利民族性格（Volksgeist）的緊密結合，才造就了日後影響歐洲文明至深的文藝復興文化。在與古典文化結合的過程中，義大利民族性格

究竟還享有多少自主空間（Freiheit），端視個別情況而定。從當時以拉丁文書寫出來的文學作品來看，義大利民族性格並沒有被當成特別重要的主題來對待；但是在造形藝術與其他領域卻可以看到義大利民族性高度的展現。因此，雖然上古與文藝復興時代在時間上相隔遙遠，卻因為是同一民族（Volk），因此促使古典文化與近代初期義大利民族性格一起撞擊出一個高度自主，而且是平起平坐、成果輝煌的文化融合。

面對來自義大利的這股強大文化動力（Antrieb），歐洲其他地區可以自己決定是要抗拒、還是要半推半就、或是全盤接受。如果是全盤接受，那就不要哀嘆中古文化及其思維過早衰退。畢竟，如果中古文化還有能力與文藝復興文化相抗衡，它自己就還有本事可以存活下來。那些只知沉浸過往、思古悼今的人如果真的讓他們到中古生活情境裡過個一小時，他們一定恨不得趕快回到現代環境裡來。當然，在所有重大的歷史發展過程裡，都會有若干珍貴的、個別的文化成果慘遭毀壞，無法在歷史發展脈絡與文字記載裡被保存下來，成為歷史記憶的一部分。但是，我們不能因擔憂小的文化成就被湮滅，就不讓大的、可以影響全面發展的潮流停滯不前。這個主要的潮流就是在教會之外——至今將歐洲整合在一起的力量（但勢力不會再撐太久了）——興起了另一股新的文化創造力量。這股力量由義大利發出，繼續往外擴散，最後成為所有受過良好教育的歐洲人主要接受的文化薰陶。對此新文化創造力量最尖銳的批判在於它並非深入民間各階層的常民文化（Unvolkstümlichkeit），因此在泛歐社會不可避免地造成「文化菁英」（Gebildeten）與「市井小民」（Ungebildeten）的明顯區隔。但是，如果我們承認，這個大家都在意的問題至今仍找不出圓滿解決的方法，我們就會明白，上述的批判是沒有必要的。此外，義大利並不像其他地方那樣，在社會階層的區隔裡，把有沒有受過良好教育看成那麼絕對、必須十分在意的階級界限。因為在義大利我們也可以看到，即使是最清貧的人，手裡也都握有塔索（Torquato Tasso, 1544-95）偉大的詩作。

§3.1.2 古典文化對中古的影響

自十四世紀起，上古希臘羅馬文化強力進入義大利人的生活，被尊為文化的柱石與源泉、以及生命存在的目標與理想，有時亦刻意被高舉為與教會文化相抗衡的新活水源泉。所以，上古希臘羅馬文化其實早已不時對整個中世紀——也包括義大利以外的地區——產生影響了。查理曼大帝所提倡的古典文化教養基本上就是反七、八世紀的蠻族文化而來的「文藝復興」；說實在，他也不可能以其他方式來改變當時盛行的蠻族文化了。就這一點而言，也可從阿爾卑斯山北方的仿羅馬式建築（die romanische Baukunst; the Romanesque architecture）看出端倪。在上述這些仿羅馬式建築上，除了一般慣用的、或是從古代流傳下來的建築基本形式外，有時也可發現有若干直接從古代建築形式習得的語彙穿插其中[1]。 同樣的情形亦可見於經院學者的文體風格。當這些隱身在修道院的知識份子從古羅馬作家身上汲取到愈來愈多養分時，他們筆下流露出的古羅馬文采便愈益明顯，這自艾哈德（Einhard, c. 770-840）[2]刻意仿效古典拉丁文寫作文體開始便不曾間斷過。

§3.1.3 義大利早期的古典文化復興

古典文化復興在義大利的發展與阿爾卑斯山北方不同。隨著蠻族勢力在義大利沉寂下來，這些身上多少仍流著古代文化血液的義大利人馬上記憶起他們遠古的遺緒，他們歌頌它、並且希望重新點燃它的光輝。在義大

---

1 〔譯者注〕根據布氏這項觀點所做的延伸藝術史研究參見：Ernst H. Gombrich (1976b), "From the Revival of letters to the Reform of the Arts: Niccolò Niccoli and Filippo Brunelleschi".

2 〔譯者注〕Einhard：法蘭克歷史學者，著有《查理曼大帝傳》（*Vita Karoli Magni*, c. 830-833）。

啟發十三、十四世紀義大利雕刻家重新掌握人體表情之美的古羅馬石棺 *Hippolytus sarcophagus*。
2nd century A. D. Campo Santo, Pisa.
©攝影／花亦芬（參見彩圖52）

利以外的地區，復興古典文化比較是以博古深思的方式來表現個人對特定古典文化類型的喜好；但是在義大利，復興古典文化卻是同時以喚起深具文化素養之知識菁英以及普羅大眾內心情感的方式來讓大家共同肯定古典文化的意義與價值，因為它喚起了大家對自己民族榮光的記憶。對義大利人而言，要懂拉丁文並不困難，而且隨處可見的古蹟與歷史遺產也要求他們要盡快具備理解拉丁文的語文能力。受到這個時代潮流的驅使，以及看到與當時民心排斥隆巴底人引進的日耳曼政治制度、泛歐騎士制度、阿爾卑斯山北方的文化，再加上大家對教會與基督教的反彈，於是興起了近現代義大利新的精神風貌。這個新的精神風貌注定成為歐洲的典範。

§ 3.1.4　十二世紀的拉丁文詩歌

隨著蠻族勢力在義大利開始消退，古典文化對造形藝術產生的影響清楚見於托斯卡納地區（Toscana, Tuscany）十二世紀的建築與十三世紀的雕刻上。而在詩歌文學上亦不乏其例。例如，大家都承認十二世紀最偉大的詩人──也就是當時拉丁文詩歌寫作上最有影響力的人──非義大利人莫屬。這裡所指的就是《布拿納詩集》（Carmina Burana, c. 1230）[3]裡用拉丁

3　〔譯者注〕《布拿納詩集》收錄了超過一千首十三世紀初期所創作的詩與歌

Nicolo Pisano，《比薩洗禮教堂講道壇》
（*Baptistery Pulpit*, Pisa），1260。
© 攝影／花亦芬（參見彩圖53）

文寫出最佳傑作的作者。他鏗鏘有力地以押韻的詩句寫出對塵世生活的喜悅與享受，而異教神祇則以塵世歡愉守護者的姿態再現人世。任何人如果一口氣讀完他的詩作，大概都不會否認這是一個義大利人——很可能是一個有隆巴底血統的北義大利人。當然，之所以會如此斷定是有根據的。在某個層次上，這些十二世紀雲遊教士（Clerici vagantes）所寫的拉丁文詩——其中包括帶著輕佻之氣（Frivolität）的作品——應被視為當時歐洲文化的集體創作。然而，創作〈論菲立德與花神〉（"De Phyllide et Flora"）與〈內心煩憂〉（"Aestuans interius"）兩首詩的人應該不是阿爾卑斯山北方人；同樣地，那位寫出〈當黛安娜皎潔晶亮的明光閃耀之際」（"Dum Dianae vitrea sero lampas oritur"）的詩人是個觀察細膩入微的好宴樂之徒，他也不太可能是阿爾卑斯山北方的人。從他們的詩作可以看出，他們已經開始重新用古希臘羅馬的世界觀來面對人世；尤其這些詩是以中古詩體寫就，所以其中蘊含的俗世精神更加引人注目。

（續）————————

　　謠，目前他的手抄本收藏於德國慕尼黑巴伐利亞州立圖書館。這些詩歌主要是以拉丁文寫的，另有一些是以中古中部德語（Middle High German）寫成，還有極少數是以古法文寫成。根據目前的研究，這其中大部分的作品應是一位名為Goliards的教士寫來諷刺當時教會的詩歌，此外可能的作者還包括Peter of Blois, Walter of Châtillon等人。

　　十二世紀及其後數世紀的一些詩作也有小心謹慎遵循六音步詩（Hexameter）與五音步詩（Pentameter）的格律來寫，並在其中穿插各式各樣古希臘羅馬的題材——尤其是神話的題材。然而，這些作品並不能喚起大家對古典文化遙遠的追憶。自阿普魯斯（Guilielmus Appulus）用六音步韻寫年鑑與其他作品開始，我們不難看到當時人奮力鑽研古羅馬文學家維吉爾（Vergil）、奧維德（Ovid）、路康（Lucan）、斯塔提烏斯（Statius）與克勞底安（Claudian）等人的作品。但是，他們採用這些古典創作形式只為了誇耀自己博古多聞，正如古希臘羅馬的文章之於古籍收藏家文森·波維（Vincent of Beauvais, c. 1190-c. 1264）、或是神話與寓意專家阿拉努斯（Alanus ab Insulis）一樣。但是，「文藝復興」並非只是斷簡殘篇地仿古、或是零碎地編纂收錄，而是要真正地「再生」。這種再生的精神其實已浮現在十二世紀一本不為大家熟知的詩集——《神職人員》（Clericus）——之中。

§ 3.1.5　十四世紀的精神

　　義大利人鄭重、而且全面地吸納古典文化是從十四世紀開始的。因為這個發展需要有成熟的城市生活為後盾，而此時也只有義大利具備這個條件——不分貴族與市民大家共同居住在一起，一齊打造這個社會有可以共享的文化教養（Bildung）。而且要對文化教養有渴慕，並且有足夠的閒暇與能力來享受、

Giovanni Pisano，《「力量」與「謹慎」寓意人物雕像》。
1302-11, Cathedral Pulpit, Pisa.
©攝影／花亦芬（參見彩圖54）

219

十四世紀亞維農教廷（Palais des Papes, Avignon）
◎攝影／花亦芬（參見彩圖55）

學習這些文化教養。當他們下定決心掙脫中古以神為主、不以人為主的形而上思維，確實建立屬於人世層面可以習得的文化教養（Bildung）時，他們也知道這非短時間內一蹴可及，馬上就可以使大家不論從直覺上或從理性認知上都願意欣然接受——他們需要典範。而古希臘羅馬文化務實、通達地面對人世生活的態度，正提供他們仿效的楷模。所以他們興奮且感恩地接納、採用古典文化各種形式與內涵。曾經有一段時期他們所說的人文涵養（Bildung）就是學習古典文化的各種風貌[4]。

　　當然，對義大利來說，重新接受古希臘羅馬文化他們是比其他地區來得容易。自從霍恩斯陶芬王朝（Hohenstaufen）衰亡後[5]，神聖羅馬帝國的勢力不是無暇兼顧、就是無力再掌控義大利了。隨後，教廷也遷往法國南部亞維農（Avignon）[6]，因此，當時掌握義大利大部分地區統治實權的不是僭主就是非法取得政權的人。追求覺醒的有識之士希望能樹立新的、可長可久的理想，因此像尼可拉‧羅倫佐（Cola di Rienzo）[7]便企圖以恢復

4　有關古典文化如何影響當時知識分子與上流社會生活的各層面參見：Aeneas Sylvius, *Opera*, p.603 ; *Epist*.105, an Erzherzog Sigismund.

5　〔譯者注〕腓特烈二世於1250年過世，他的私生子Manfred以Conradin之攝政王的名義掌控政治實權。隨著Manfred於1258年過世、以及Conradin於1268年遭處決，霍恩斯陶芬王朝的政治勢力告終。

6　〔譯者注〕Avignon papacy（1309-1377）：由於羅馬的黨派鬥爭與法王Philip IV的壓迫，教宗Clement V將教廷由梵蒂岡遷到法國南部的亞維農。

古羅馬榮光的義大利霸權來收攏人心。他出任第一屆保民官（Tribunat）時便以此自詡，雖然此舉最後只落得鬧劇一場，但藉著喚起大家對古羅馬榮光的記憶來塑造民族情感，在某個層次上仍然奏效。因為將舊的歷史傳統賦予時代新意，的確能在相當短的時間內就讓大家感覺到自己是世界上最進步的民族。

由於這個精神文化運動（die Bewegung der Geister）的內涵包羅萬象，下文將僅簡述其梗概，尤其會將焦點放在剛開始的階段[8]。

---

7 〔譯者注〕Cola di Rienzo 正式名字應為 Nicola di Lorenzo（1313-1354，意為 Lorenzo 之子 Nicola），參見卷一注39。

8 更進一步可參見：Roscoe, *Lorenzo magnif. & Leo X.*; Voigt, *Enea Silvio*; Papencordt, *Geschichte der Stadt Rom im Mittelalter*。有關十六世紀的情況可參見：Raphael Volaterranus, *Commentarii urbani.*

第二章
衰頹的羅馬城

....

§ 3.2.1　但丁、佩托拉克、法其歐

　　與十二世紀著名的旅遊導覽《羅馬珍奇》（*Mirabilia Romae*, c. 1143）
以及本篤會教士威廉·蒙梅伯斯伯利（William of Malmesbury, c. 1095-
1143）筆下所描述的基督教羅馬城大不相同，十四世紀的羅馬是以斷垣殘
壁[9]吸引了另外一類的人來朝聖。不再是那些滿懷敬虔的尋求神蹟者以及
期待好運臨頭的挖寶者[10]，取而代之的是歷史學家與國族主義者。只有在
這個層次上，我們才能真正瞭解但丁所說的：「羅馬城牆上的石頭值得尊
崇，而羅馬城所安立的這塊土地更值得我們致上最高敬意。」[11]「禧年」
（Jubiläum）的紀念活動雖然在羅馬經常舉行，但並沒有因此產生重要的歷
史著作來記錄羅馬連番的宗教盛事。反而是喬凡尼·維朗尼（Giovanni

　9　本節對此課題粗略的探討已被 Gregorovius 所著的經典之作取代：《中古羅馬城
　　　市史》（*Geschichte der Stadt Rom im Mittelalter*）。

10　Guil.Malmesb., *Gesta regum Anglor.*, L. II, 169, 170, 205, 206 (ed. London 1840,
　　　vol. I, p. 277 ss., p. 354. ss.).

11　Dante, *Convivio*《饗宴》(c. 1304-1307), Tratt. IV, cap. 5.（第四篇第五章）
　　　〔譯者加注〕義大利文"convivio"源自於拉丁文"convivium,"原意為共同生活在
　　　一起（拉丁文／義大利文動詞：convivere）。"Convivium"是古希臘羅馬盛行於
　　　一般民眾社會生活的習俗，約從晚上九、十點開始吃飯，接著一起飲酒聊天至
　　　深夜，有別於祭司的共餐共飲（collegia）。參見：*Der Kleine Pauly*, vol. I, p.
　　　1302.

布氏於1846年春天在羅馬卡彼多山丘
（**Capitoline Hill**）所做的景物素描。
引自：René Teuteberg, *Wer war Jacob
Burckhardt* (Basel 1997), p. 89.

Villani）因到羅馬參加1300年的禧年
慶典時，看到滿城廢墟，激起他為自
己家鄉佛羅倫斯寫史的決心（§1.8）。
佩托拉克（Francesco Petrarca）則將
古羅馬的氛圍清楚區分為「異教的古
羅馬文化」（das klassische Altertum）
與「基督教的古羅馬文化」（das
christliche Altertum）。他寫道，自己
經常與喬凡尼・蔻隆納（Giovanni
Colonna）登上在迪歐克里提安溫泉
浴池（Diokletiansthermen）思古憑
弔[12]。在沁人心肺的空氣與萬籟寂靜
裡，一邊遠眺四周景致，一邊閒談。
談的不是生意、家務、或政治，而是
望著四周的斷垣殘壁談論歷史——佩

托拉克喜談異教的古羅馬，喬凡尼・蔻隆納則偏重基督教的古羅馬。有時
他們也談哲學以及藝術創作上各種推陳出新的人物。

　　自從吉朋（Edward Gibbon, 1737-94）[13]與倪布爾（Barthold Georg
Niebuhr, 1776-1831）[14]以來，羅馬滿城的斷垣殘壁又激起多少史家對歷史
的反思啊！

---

12 *Epp. Familiares* VI, 2 (pag. 657). 他在親臨羅馬之前所發表過的看法參見：ibid.
　　II, 9 (p.600)；cf. II, 14.

13 〔譯者注〕Edward Gibbon (1776), *The History of the Decline and Fall of Roman
　　Empire.*

14 〔譯者注〕Barthold Georg Niebuhr：德意志歷史學家，著有 *Römische Geschichte*
　　（1811-1832, 3 vols, *History of Rome*）。對 Leopold von Ranke 與 Theodor
　　Mommsen 影響至深。

　　清楚區隔羅馬文化氛圍的寫作態度也明顯表現於法其歐・屋貝提（Fazio degli Uberti, died c. 1370）所寫的《世界大觀》（*Dittamondo, c.* 1360），這是一本虛構的想像遊記。這本書也像但丁《神曲》以古羅馬詩人維吉爾（Vergil）作為但丁的嚮導那樣，以西元三世紀古地理家索理努斯（Gaius Julius Solinus）作為法其歐・屋貝提的導覽。他們到位於義大利東南方的巴里（Bari）之聖尼古拉教堂（San Nicola）參拜這位聖徒的遺骸；到巴里西北的加爾加諾山（Monte Gargano）探訪天使長米迦勒（St. Michael）曾經顯靈的地方；後來也到羅馬。法其歐・屋貝提也提到座落於卡彼多山丘（Capitoline Hill）上的天壇聖母教堂（Santa Maria in Aracoeli）與羅馬最古老的聖母教堂（Santa Maria in Trastevere）相關的傳說。然而，異教文化遺留下來的古羅馬輝煌遺跡，仍是他主要述說的重點。在此，羅馬城化身為一個衣衫襤褸、卻又滿臉威儀的老婦，訴說著自己光輝的歷史以及詳述自己過往許多的榮耀。這位老婦又帶著他們這些外來客環城參觀，向他們介紹羅馬城內七座著名的山丘以及許多廢墟[15]——「就你們所能想像的去想像吧！我曾如此華美炫目！」（che comprender potrai, quanto fui bella!）

　　從古蹟保存的角度來看，自教宗寓居法國亞維農（Avignon）與教廷分裂時期起，羅馬的上古異教文化維護可說就已無人聞問了。大約在1258年，有140棟古羅馬貴族住過的上好住宅在當時一位元老布藍卡雷歐內（Brancaleone）的授意下慘遭破壞。在當時，這些住宅是這類型建築僅存的典範。無疑地，這些高官就利用保存情況最完善、最高貴的古羅馬遺跡來建造自己的家園[16]。當然，跟現在比起來，當時還可見的古蹟殘留還是

---

15 *Dittamondo*, II, cap. 3.

16 此處還可舉出一個例子來說明自中古時代起羅馬近郊的古蹟便被當成現成的採石場：1140 年左右當法國 St. Deins 修道院院長 Abt Sugerius 想為 St. Deins 新建的教堂尋找雄偉的花崗岩大石柱時，最先想到的就是把古羅馬迪歐克里提安溫

比現在多得多。許多建築物的大理石外觀裝飾、門前的列柱以及其他的建築裝飾在當時都還看得到，現在就只看得到用磚塊砌成的骨幹支架。對古羅馬地理志嚴謹的探討就只能在這個基礎上進行了。

§ 3.2.2　柏丘時代見到的羅馬古蹟

柏丘（Poggio Bracciolini, 1380-1459）遍訪羅馬古蹟[17]，並成為將古蹟、古羅馬文字記述與他在荒煙蔓草中辛苦尋獲的銘刻一齊結合起來研究的第一人[18]。在寫作《羅馬城遺跡記述》（*Ruinarum urbis Romae description*）時，他不做憑空臆測，也不忌諱去提到基督教化後的羅馬。如果《羅馬城遺跡記述》處理的範圍能更寬闊、又能附上插圖，不知該有多好！他當時看到的遺跡比名畫家拉斐爾（Raffaello Sanzio, 1483-1520）八十年後還能見到的多得多。他還親眼見過古羅馬將軍梅鐵拉（Caecilia Metella）的墳墓；他也看過卡彼多山

古羅馬將軍 Caecilia Metella 之墓，位於羅馬城附近阿匹雅路上（Via Appia）。
引自：Jacob Burckhardt, *The Civilization of the Renaissance in Italy* (Vienna, [1937]), Plate 140.

（續）————————

泉浴池（Diokletiansthermen）的石柱弄過去，只是後來他又改變了主意。參見：*Sugerii libellus alter*, bei *Duchesne, scriptores*, IV, p. 352. 查理曼大帝在這方面的做法無疑地要謙虛許多。

17　*Poggii opera*, fol. 50, s. *Ruinarum urbis Romae descriptio*. 約於 1430 年，也就是教宗 Martin V 過世前不久。

18　Poggio 也因此成為第一位蒐集古代銘刻的人，參見他所寫的信，收錄於：*Vita Poggii*, bei Murat. XX, Col. 177. 而他作為半身像收藏家的史料見於：Col. 183。

丘（Capitoline Hill）山腰一座神廟前面的列柱仍然完好無缺的樣貌──後
來再次見到時，已毀壞了一半。因為很不幸地，大理石常被拿來當作製造
石灰的原料。曾有一座米內娃（Minerva）[19]神廟巨大的柱廊就慘遭一塊塊
被盜去燒成石灰的不幸命運。1443年有通報指出，這種盜取古蹟裡大理
石建材來燒製石灰粉的行徑還在繼續進行中，「這真是無恥之舉。羅馬之
美是美在這些古蹟，新的建築哪堪入目！」[20]當時的羅馬居民穿著村夫的
外衣與靴子，從外人看來就只像放牛的牧人。唯一的社交盛會就是上教堂
望彌撒，也只有在這種場合才能看到盛裝打扮的婦女。

§ 3.2.3　布隆篤斯、教宗尼古拉五世與庇護二世

教宗友真四世（Pope Eugene IV）在位末期，他的秘書**布隆篤斯**
（Blondus da Forlì, 正式的名字為Flavius Blondus, 1392-1463）撰寫了《重建
羅馬》（*Roma instaurata*, 1446）一書。在這本書裡，布隆篤斯引用了西元
一世紀古羅馬行政官員復朗提努斯（Sextus Julius Frontinus）的著作與古
羅馬地方志，可能也參考了東羅馬帝國皇帝安那斯塔西烏斯（Anastasius,
491-518）的著作。布隆篤斯寫作的目的不再是想紀錄當時他所見到的古
羅馬遺跡，而是要探究古羅馬文化衰亡的原因。正如他在本書題給教宗的
獻詞上所寫的，他認為羅馬除了上古遺跡外，還擁有不少傲人的聖徒遺
骸，這讓他感到安慰不少。

教宗尼古拉五世（Pope Nicholas V，在位1447-55）即位以來，展現出
與文藝復興精神相契合的恢弘氣度。隨著羅馬重新成為教廷所在的中心[21]

19　〔譯者注〕即希臘神話裡的雅典納（Athena）女神。

20　引自Alberto degli Alberti寫給Giovanni Medici的一封信上，收錄於：Fabroni,
　　Cosmus, Adnot. 86. 有關教宗Martin V在位時羅馬的狀況參見：*Platina*, p. 277；
　　而Eugene IV不在羅馬時，羅馬的狀況見：Vespasiano Fiorent., p. 21。

21　〔譯者注〕1431-49年於瑞士巴塞爾（Basel）舉行的大公會議在1447年2月罷黜

以及種種美化措施的開展，羅馬一則面臨了古蹟進一步遭到破壞的厄運；另一方面也由於古蹟被視為羅馬榮耀的象徵，所以開始受到一些保護。

　　教宗庇護二世（Pope Pius II，在位1458-64）好古成癖，雖然他對羅馬古典文化談得不多，但他對義大利各地古蹟都悉心鑽研，而且是第一位能清楚解說羅馬城方圓數十里古蹟的人[22]。此外，做為神職人員以及對各種知識都充滿好奇心的學者，他對古羅馬異教古蹟、基督教遺跡、以及自然科學知識都充滿求知慾。有時他必須克制一下這種奔逸的求知慾，以免有誤自己獻身神職的身分，這可從他寫出如下的文句看出：「聖保利努斯主教（St. Paulinus）為諾拉（Nola）城帶來的聲望遠超過古羅馬遺跡與馬卻魯斯（Marcellus）家族英勇戰蹟為它帶來的聲望。」筆者並非認為庇護二世對聖徒遺骸具有的效力有什麼質疑，但不可否認，他對自然科學以及古典文化的興趣更大。他對古蹟的關切、對實際人生通達的觀照，也都是他性格裡重要的特徵。他在位的最後幾年雖然深受痛風所苦，卻仍高高興興坐著轎子翻山越嶺到土斯庫倫（Tusculum）、阿爾巴（Alba）、提布爾（Tibur）、歐斯提雅（Ostia）、法壘利（Falerii）、歐克理庫倫（Ocriculum）各處遊賞，並將他所見詳加記錄。他尋訪古羅馬街道以及輸水管線，並嘗試勾勒古代民族在羅馬附近活動的勢力範圍。他曾與屋比諾（Urbino）統治者菲德里高・蒙特斐特（Federigo da Montelfeltro）一起到提布爾出遊，兩人一路上暢快地聊著有關希臘羅馬古典文化以及當時的戰事，尤其對特洛伊戰爭（the Tojan Wars）談得津津有味。1459年當庇護二世赴曼圖瓦

（續）————————————————

　　　了當時的教宗 Eugene IV，選出當時 Savoy 公爵 Amadeus VIII 為新教宗 Felix V（antipope, 5. Nov. 1439-7 Apr. 1449），成為天主教史上的偽教宗。教宗尼古拉五世於1447年3月6日即位，任內重大的成就之一便是平靜地弭平這場教廷分裂事端。此外，由於他善於與羅馬世家大族相處，所以在任內積極重建羅馬城應有的秩序。

22　以下的敘述根據：Jo. Ant. Campanus: *Vita Pill. II*. bei Muratori III, II, Col. 980, s.- *Pii II. Commentarii*, p. 48, 72, s. 206, 248, s.501. u.a.a.O.

（Mantova）參加會議時，他也不管是否會白花力氣，還是努力去探查蒲里尼（Plinius, Pliny）曾提到的那個位於克魯西恩（Clusium，今名Chiusi）的迷宮究竟何在。此外，他也順道參觀了古羅馬詩人維吉爾（Vergil）位於曼圖瓦敏秋河（Mincio）上的別墅。像庇護二世這樣的教宗會要求教廷書記官用古典拉丁文來撰文，一點都不令人驚訝。

庇護二世有一次與拿波里王國交戰勝利後，特別寬赦了阿琵濃（Arpinum）地區的人，因為他們是西塞羅（Cicero）與古羅馬將軍馬利烏斯（Marius）的後裔，當地許多人都還以上述兩位古羅馬偉人的名字命名。正因庇護二世在當時是如此罕見的古典文化欣賞者與維護者，他的秘書布隆篤斯（Flavius Blondus）才會將自己所寫的《輝煌的羅馬》（*Roma triumphans*）獻給他，這本書是第一本全面性闡述古羅馬文明的偉大著作。

§ 3.2.4　羅馬城以外的古羅馬遺跡

此時，義大利其他地區熱衷古羅馬文化的風潮也逐漸成形。自從薄伽丘將拿波里附近古城巴雅耶（Baiae）的遺跡稱為「充滿時代新意的老牆」[23]後，巴雅耶的舊城牆成為拿波里地區最受歡迎的古蹟。此時，也興起收藏各式各樣古物的風氣。奇瑞亞柯・安可納（Ciriaco d'Ancona, c. 1391-c. 1455）不僅遍訪義大利各地搜尋古物，也在歐洲各地蒐集不計其數的碑文與草圖。當有人問他為何如此不辭勞苦時，他總是說：「為了喚醒沉睡的死人。」[24]

§ 3.2.5　與古羅馬有淵源的城市與家族

不論是真是假，當時義大利各地方的史書都宣稱，在歷史上他們與羅

23　Boccaccio, *Fiammetta*, cap. 5.

24　Leandro Alberti, *Descriz. di tutta l'Italia*, fol. 285.

馬有某些淵源——有些是直接由古羅
馬人所建立的城市，有些則是上述這
些城市擴展出去的衛星城市。

　　此外，長久以來，義大利各家族
也喜歡誇稱自己源出於古羅馬顯赫的
氏族。擁有足以傲人的家譜多麼令人
暢快！

　　即使到了十五世紀，批判意識開
始覺醒，大家仍對家族世系相當在
意。當庇護二世（Pius II，在位
1458-64）[25] 寓居維特波 （Viterbo）
之際[26]，面對敦促他盡快回羅馬的代
表談話時，他毫不隱諱地說道：「羅
馬就像西耶納（Siena）一樣，是我
的家鄉。因為我的家族琵科羅米尼
（Piccolomini）在古早時候便從羅馬

Pintoricchio，《教宗庇護二世、三世家族紀念圖書館屋頂壁畫》。
1504. Ceiling fresco of the Piccolomini Library, Cathedral of Siena.
◎攝影／花亦芬（參見彩圖56）

遷居到西耶納，這可由我們家族常以伊尼亞斯（Aeneas）與西維烏斯
（Silvius）來為兒子命名看出端倪。」從這種喜愛自詡為古羅馬名門貴族
之後的習性來看，如果要奉承庇護二世是凱撒大帝所出生的悠利烏斯
（Julius）家族的後裔，他大概也會樂得接受。

　　同樣地，教宗保祿二世（Pope Paulus II，在位1464-71）[27]系出威尼斯

---

25 〔譯者注〕庇護二世原名 Ænea Silvio Piccolomini. Piccolomini 是 Siena 的世族，
　　Siena 主教座堂內有一間 Piccolomini Library（Liberia Piccolomini），是 1502 年
　　Francesco Todeschini Piccolomini——樞機主教兼 Siena 大主教（後來成為教宗
　　Pius III）——所設置，收藏許多珍貴的中古手抄本經書。

26 *Commentarii*, p. 206, Libro IV.

的巴爾博（Barbo）家族。他的家世來源也被刻意從最早的德意志地區轉
變為源自羅馬的阿愛諾巴爾布斯（Ahenobarbus）家族。這個家族曾到帕
爾瑪（Parma）建立殖民地，後代卻因受到黨爭迫害遷徙到威尼斯[28]。所
以如果說瑪西米（Massimi）家族誇稱他們是古羅馬大將瑪西穆斯
（Quintus Fabius Maximus）之後、科那羅（Cornaro）家族誇稱他們是古羅
馬將士家族科內利（Cornelii）之後，其實沒什麼好大驚小怪的。但是，
十六世紀卻出現了與此風尚大相逕庭的發展：傳說故事作家（Novellist）
邦德羅（Matteo Bandello, 1485-1561）聲稱他系出東哥德望族[29]，不再以
古羅馬後裔往自己臉上貼金。

§ 3.2.6 羅馬居民的想法與渴望

我們重新將主題拉回羅馬。「當時那些自稱是羅馬人」的居民大搖大
擺地接受義大利其他地區人民投以羨慕的眼光。下文談到教宗保祿二世、
西斯篤四世（Sixtus IV）、以及亞歷山大六世（Alexander VI）在位時所舉
辦的狂歡節遊行時，我們將進一步看到，參加遊行的人最愛打扮成在凱旋
隊伍裡的古羅馬大將軍。這個現象清楚透露出，當民眾對古羅馬歷史文化
充滿緬懷之情時，他們自然會選擇相稱的形式風格來表達自己的心聲。

§ 3.2.7 古羅馬少女遺體引起的轟動

就在懷古之情高漲之際，1485 年 4 月 18 日正好發生一樁奇事：據說
一尊古羅馬少女的屍體被發現了[30]，她的樣貌依然姣好、而且保存完美無

---

27 〔譯者注〕保祿二世原名 Pietro Barbo。

28 Mich. Cannesius, *Vita Pauli II*. bei Murat. III, II, Col. 993.

29 參見氏著《傳說故事》（*Novelle*）第一卷，故事 23。

30 有關此事的記載參見：*Nantiporto, bei Murat.* III, II, Col. 1049 [1094]；*Infessura*
bei Eccard, *Scriptores*, II, Col. 1951; Matarazzo, im *Arch. stor.* XVI, II, p.180.

缺。據稱，這是隆巴底石匠從羅馬城阿匹雅路（Via Appia）上靠近古羅馬將軍梅鐵拉（Caecilia Metella）墳墓附近的新聖母修道院（S. Maria Nuova）地板上的古羅馬墓碑開挖出來的。這位少女放在石棺裡，石棺上刻著「朱麗雅，克勞底烏斯之女」（Julia, filia Claudii）。其他相關的傳言就屬道聽途說的臆測了：挖出這個少女後，據說這些隆巴底石匠便立刻帶著裝飾石棺與陪葬用的金銀珠寶消失無蹤。而這個少女的屍體全身被塗上防腐精油，所以看起來依然栩栩如生、肢體柔軟，像一個剛斷氣的十五歲少女。甚至還有人傳說，這個少女的膚色像活人一般，眼睛與嘴巴還半張著。這個少女的屍體後來被移到卡彼多山丘（Capitoline Hill）上的歷史文物館（Palazzo dei Conservatori）供大眾觀賞，引起一番轟動。許多人來看這尊屍體是為了畫她：「她真是美到筆墨難以形容。縱使有人可以用言語形容她的美，對那些沒有親眼看到的人，他們是不會相信的。」

但是，教宗英諾森八世（Pope Innocent VIII）後來下了命令，將這具古羅馬少女遺體帶到品恰納城門（Porta Pinciana）外一處隱密的地方安葬，在歷史文物館裡只留下空的古石棺。當時很可能他們用這個少女的頭部做模型，以仿古風格製造了一個彩色的蠟模面具，而且還刻意用包金的方式做出她的頭髮。這件事之所以值得拿出來講，並非在於這是一件多了不起的事，而是在於我們由此可以清楚看出，當時人怎樣藉著一具貨真價實的古羅馬少女遺體來論斷，古羅馬人長得真的比現代人好看許多。

§ 3.2.8　考古發掘與記錄

隨著**考古發掘**日益增多，文藝復興時代的人對古羅馬的認識也愈益詳盡。教宗亞歷山大六世在位時（Pope Alexander VI，在位 1492-1503），上古建築的怪誕風格（grotesque）裝飾（在牆壁與穹窿頂上）以及在安佐港（Porto d'Anzo）挖掘出來的〈梵蒂岡麗景庭的阿波羅〉（*Apollo Belvedere*）[31] 都讓大家開了眼界。教宗朱利安二世（Pope Julius II）在位時，考古發掘

又有另一波豐收——例如，著名的《拉奧孔雕像》（Laocoön）、梵蒂岡的維納斯像、以及埃及豔后的雕像殘塊（Torso Cleopatra）[32]。貴族與樞機主教的豪宅裡開始擺滿古代雕像與破損雕像的殘塊。

拉斐爾（Raffaello）或卡斯堤吉歐內（Baldassare Castiglione）信裡[33]曾提到，教宗里奧十世（Pope Leo X）如何絞盡腦汁，希望讓羅馬城盡可能得到完善的修復。這封信還哀嘆在教宗朱利安二世（Pope Julius II）任內破壞古蹟的惡行仍持續在進行，所以他才會呼籲教宗對僅存的古蹟進行維護。因為這些古蹟見證了上古文明偉大的精神內涵與力量，對這些古蹟的緬懷可激發高瞻遠矚的人努力去成就更崇高的志業。值得注意的是，他在這封信還以觀察深刻的判斷寫下比較藝術史（vergleichende Kunstgeschichte）應在何種基礎上建立，並在信尾為田野調查的**圖像紀錄**（Aufnahme）定下明確規範，至今大家仍奉行不逾——也就是說，每一件古物遺存都應從平面圖（Plan）、縱剖面圖（Aufriß）以及斷面圖

31　〔譯者注〕*Apollo Belvedere* 是古羅馬人以大理石刻仿造泛希臘時代（Hellenistic）青銅雕像的作品，這尊大理石雕像是何時何地發掘的，已不可考（布氏對此雕像發掘年代與過程的說明，從現代藝術史研究的角度來看，並不正確）。在1490 年代末期它被展示於樞機主教 Giuliano della Rovere 位於 S. Pietro in Vincoli 的庭院裡，1503 年當 Giuliano della Rovere 成為教宗 Julius II，它便跟隨著被安置在新落成的梵蒂岡麗景庭（Cortile del Belvedere）。這是梵蒂岡教廷收藏的第一尊古羅馬雕刻（1506 年加進了 *Laocoön*）。 1532-33 年雕刻家 Montorsoli 修復這尊雕像的右臂。參見：Phyllis Pray Bober and Ruth Rubinstein (eds), *Renaissance Artists & Antique Sculpture*, article 28 "Apollo Belvedere"; Francis Haskell & Nicholas Penny (1981), *Taste and the Antique: the Lure of Classical Sculpture 1500-1900,* pp. 148-151.

32　在教宗 Julius II 的時代，大家就拼命往地下挖，希望能挖到古代雕像。參見：Vasari, "Vita di Gio. Da Udine".
　　〔譯者加注〕有關當時發掘出來的古代雕像與古雕像殘塊對文藝復興盛期藝術創作的影響參見：花亦芬（2002），〈「殘軀」——藝術創作的源頭活水：*Torso Belvedere* 對米開朗基羅的啟發與影響〉，《人文學報》第 26 期，頁 143-211。

33　Quatremère, *Stor. della vita etc. di Rafaello*, ed. Longbena, p. 531.

《梵蒂岡麗景宮的阿波羅》（*Apollo Belvedere*）
Marble, height: 2.24 m. Cortile del Belvedere,
Vatican, Rome.
©1990. Photo Scala, Florence.

泛希臘時代雕刻《拉奧孔雕像》（*Laocoön*）
Marble, height 2.42 m.
Cortile del Belvedere, Vatican, Rome.
©1990. Photo Scala, Florence.

（Durchschnitt）各種角度來測繪紀錄。至於從這個時期開始興盛的考古學如何成為顯學（尤其是對羅馬這個世界之都城市史的研究），以及維特魯建築學會（die vitruvianische Akademie）如何提出一個充滿企圖心的研究計畫[34]，不是本文繼續詳述的內容了。

34　*Lettere pittoriche* II, I. Tolomei an Landi, 14. Nov. 1542.

233

§ 3.2.9　教宗里奧十世時代的羅馬

讓我們將論述焦點轉回教宗里奧十世（Pope Leo X，在位 1513-21）身上。在他任內，玩賞古物與其他娛樂享受結合成一片，成為當時羅馬上流社會的風尚。梵蒂岡教廷裡洋溢著歌聲與樂聲，這樣歡愉的絲絃之音像是受到上帝命令般響遍羅馬，彷彿要喚起大家的生之喜樂。但儘管如此，里奧十世本人內心的煩憂與身體的病痛卻難以因此稍減。而且即便他刻意要以開朗的心境來延年益壽[35]，最後仍逃不過英年早逝的厄運（1475-1521）。

里奧十世在位時所創造的羅馬榮景，如喬維歐（Paolo Giovio）所述，的確不容置疑。然而，也不要因此忽略其黑暗面：想往上爬的人，必須學會卑躬屈膝（die Knechtschaft der Emporstrebenden）；高級神職人員為了強撐門面，不得不舉債度日、忍受有苦說不出的窘境[36]。里奧十世對藝文的贊助常是隨興所至、信口開河，而且支票不一定兌現；他對金錢的態度也相當腐敗、沒有節制[37]。雅瑞歐司特（Ludovico Ariosto, 1474-1533）雖然對這些黑暗面知之甚詳、而且不時為文嘲諷，但他仍在第六篇諷刺文章裡寫下自己的期盼：他希望能與那些學識淵博的詩人為伍，希望能在他們的陪伴下遍訪羅馬古蹟；他也希望自己的詩文創作能獲得這些人的指正；最後，他也希望能在梵蒂岡圖書館的豐富藏書裡，汲取更多寫作材料。他寫道，讓他動心願意成為斐拉拉（Ferrara）駐羅馬的使節，正是基於上述這些誘因的考量，而非想藉此成為梅迪西（Medici）家族的寵

35　*Leonis* X. vita anonyma, bei Roscoe, ed. Bossi XII, p. 169.

36　參見 Ariosto 所寫的嘲諷詩：第一首（Perc'ho molto etc.）與第四首（Poiche, Annibale etc.）。

37　Ranke, *Päpste*, I, 408. f.; *Lettere de'principi* I, Brief des Negri 1. September 1522: "...tutti questi cortigiani esausti da Papa Leone e falliti..."

信——對此他早已不抱持任何希望了。

§ 3.2.10　古蹟引發的悼古之情

　　除了考古熱潮與高漲的國族意識外，在羅馬城境內或境外的斷垣殘壁也讓人興起傷古悲涼的惆悵之情。這樣的情懷已見於佩托拉克（Petrarca）與薄伽丘（Boccaccio）的作品中。柏丘（Poggio Bracciolini）經常造訪羅馬競技場（Coloseum）附近的維納斯與羅馬神殿（Tempio Veneris et Romae; Temple of Venus and Rome），他認為這是獻給宙斯的私生子卡司特（Castor）與伯路斯（Pollux）的神殿，過去羅馬元老院的會議也經常在此舉行。因此，他常在此緬懷古羅馬的偉大演說家如克勞素斯（Crassus）、賀坦西烏斯（Hortensius）、與西塞羅（Cicero）。教宗庇護二世更以相當感性的筆調寫下對提布爾（Tibur）古蹟的追悼[38]，因此，不久後，波利菲絡（Polifilo）就出版了文字敘述加上圖版解說的古蹟巡禮之作。這些圖版描繪著在懸鈴木（Platanen, plane tree）、月桂樹、柏樹與蔓生的灌木叢之間錯錯落落立著高大建築的屋頂以及柱廊僅存的斷垣殘壁。不知為什麼，耶穌誕生的聖經故事常被刻劃在相當富麗堂皇的古代豪宅遺留下來的斷垣殘壁堆上？[39]後世之人在布置豪華庭園時總不忘搭配人造古蹟殘垣，也是出於同樣想法而有的表現。

38　*Pii II. Commentarii, p.251*, libro V. 亦參照 Sannazaro 所寫的哀歌，收錄於 *Ruinas Cumarum*, libro II。

39　Vgl. Sannazaro, *de partu Virginis*, L. II.

第三章
古典時代的作者

比上古建築與藝術遺跡珍貴許多的，是文字記述留下來的遺產——不論是用希臘文或拉丁文寫的。這些古典圖書文獻被視為最有權威的知識來源。有關文藝復興時代的人耗盡多少心血才讓這些古書重現天日，已有不少記述，本章僅就重要梗概略述之[40]。

§ 3.3.1　十四世紀知識份子醉心的上古著作

雖然古典著作長久以來有著不容忽視的影響力——尤其在十四世紀的義大利更為明顯，但這些影響力主要基於長久以來大家耳熟能詳的經典名著、而非新近發掘出來的文化寶藏。最家喻戶曉的古羅馬詩人、歷史家、演說家、以及書信作家所寫的拉丁文著作，再加上亞里斯多德、普魯塔克（Plutarch）與其他古希臘作者被翻譯成拉丁文的一些著作，這些大體上構成義大利人熟悉的所謂「古代經典」，也正是這些經典激發了薄伽丘與佩托拉克那個世代的人對古典文化的熱情。

眾所周知，佩托拉克擁有一本希臘文版的荷馬（Homer）詩集，但不

40　以下敘述主要根據 Vespasiano da Bisticci 的記載。
　　〔譯者加注〕Vespasiano da Bisticci 是佛羅倫斯的書商以及代尋手抄本書籍的代理商。他的著作 *Le Vite di uomini illustri del secolo XV* 是研究十五世紀佛羅倫斯社會文化史的重要文獻。英譯本可參見 *The Vespasiano Memoirs. Lives of Illustrious Men of the XVth Century*, tr. William George and Emily Waters.

懂希臘文；薄伽丘必須靠一位義大利南部卡拉布利亞（Calabria）的希臘後裔之助，才有辦法完成第一部《伊里亞德》（*Iliad*）與《奧狄賽》（*Odyssey*）的翻譯。有系統發掘古書的工作直到十五世紀才展開。也是在此時，圖書館才開始有計畫地抄寫古代經典、並積極將古希臘文著作翻譯出來。

§ 3.3.2　搜尋古書

如果不是當時一些古書收藏家不辭辛勞、不遺餘力地搜尋古書，我們今天還能見到的古典典籍將會少得可憐；尤其在古希臘典籍的流傳上，真要感謝十五世紀這些藏書家。

當教宗尼古拉五世（Pope Nicholas V）還只是個普通教士時，便為了購買古卷或請人謄寫古籍而負債累累；當時他便對文藝復興文化菁英最感興趣的兩件事——古書與建築——投注許多心力[41]。當上教宗之後，他也兌現了自己的承諾，聘請許多人用手抄寫複製古籍，也讓人到處為他尋訪各種古籍的下落。他以500杜卡金幣請佩羅特（Perotto）將坡里畢烏斯（Polybius）的著作翻成拉丁文，以1000杜卡金幣請适里諾（Guarino）將史特拉波（Strabo）翻成拉丁文（可惜因教宗突然早逝，否則他應可再多得500杜卡金幣）。尼古拉五世身後為教廷留下一個藏書五千冊（或有人認為應是九千冊，端看如何計算）[42]的圖書館，這就是梵蒂岡圖書館的前身。這些書被陳列在宮中，成為最高雅的門面，就像泛希臘時代埃及的托勒密王朝（the Ptolemaic Dynasty）斐拉德夫斯國王（Philadelphus）在亞歷山大港建立當時聞名世界的圖書館一樣。1450年當羅馬有瘟疫肆虐，教宗帶著教廷遷到法布里雅諾（Fabriano）辦公時，他也將古籍翻譯者與

41　Vespas. Fior., p.31.

42　Ibid., p. 48, and 658, 665.

編纂者一起帶去，免得他們得病身亡，無法再為他工作。

§3.3.3　抄書人與抄書家

　　佛羅倫斯人**尼可羅**（Niccolò Niccoli, 1364-1437）[43]是老柯西莫・梅迪西（Cosimo de'Medici il Vecchio, 1389-1464）身旁的學者群成員之一。他將錢都花在購藏古籍上，最後甚至到山窮水盡的地步，而由梅迪西家族資助他購書所需的所有費用。今天我們能讀到古羅馬歷史家瑪卻立努斯（Ammianus Marcellinus, c. 325/30-after 391）完整的著作以及西塞羅（Cicero）的《論演說家》（*De Oratore*）與其他著作，都應感謝他的貢獻。他也說動老柯西莫・梅迪西向呂北克（Lübeck，位於今德國北部）一間修道院蒐購蒲里尼（Plinius, Pliny）著作的最佳抄本。他大方地將自己的藏書借給別人，也歡迎大家經常到他那兒看書，他也喜歡與前去看書的人討論他們所閱讀的內容。他所藏的八百冊書值6000金幣，在他身故之後，這些藏書在老柯西莫・梅迪西的安排下收藏於聖馬可修道院（San Marco），對社會大眾開放[44]。

　　另外還有兩名著名的搜尋古書的專家——巴提斯塔・适里諾（Battista Guarino, 1434-1503）與**柏丘**（Poggio Bracciolini, 1380-1459）。柏丘有時也為尼可羅查訪古書的下落[45]。很出名的一次就是他趁出席孔斯坦茲大公會

43　Vespas. Fior., p. 617. s.

44　〔譯者注〕佛羅倫斯聖馬可修道院的圖書館名為 Bibliotheca Marciana，此館之成立主要是為了妥善保存 Niccolò Niccoli 遺留下來的八百冊書籍，催生者是聖馬可修道院的主要贊助人 Cosimo de'Medici。這間圖書館是由當時佛羅倫斯著名的建築師 Michelozzo 所設計。道明會修士 Savonarola 在佛羅倫斯當政時（參見§6.2.9），這批藏書部分遭到毀壞。1508年教宗 Leo X 買下剩餘的所有藏書，教宗 Clement VII 於1532年將這批購得的藏書歸還佛羅倫斯（上述兩位教宗都出自梅迪西家族）。1808年這批藏書歸併於 Bibliotheca Laurenziana（由梅迪西家族自己的圖書館改設而成）。

議（the 16th Ecumenic Council of
Constance, 1414-18）之便，在南德
的修道院為尼可羅尋書的故事。他
在瑞士聖加倫（St. Gallen）修道院
找到西塞羅（Cicero）六篇演講稿
以及首次被發掘到的昆提里安
（Marcus Fabius Quintilian, born c.
35 A.D.）[46]全集（目前藏於蘇黎
世）。在三十二日內，據說他就將所
發現的這些古籍以極為工整的字跡
全部謄寫過一遍。多虧他我們才得
以擁有伊塔利庫司(Silius Italicus)、
馬尼里烏斯（Manilius）、祿逯提烏
斯（Lucretius）、福拉庫斯

Michelozzo，《聖馬可修道院圖書館》。
1441. San Marco, Florence.
©攝影／花亦芬

（Valerius Flaccus）、培迪阿努斯（Asconius Pedianus）、柯祿美拉
（Columella）、卻爾蘇斯（Aulus Cornelius Celsus） 與斯塔提烏斯（A.
Gellius Statius）等人完整的著作流傳。他又與布魯尼（Leonardo Bruni）
合作將蒲勞土思（Plautus）[47]最後十二齣劇作以及西塞羅控訴維瑞斯
（Verres）家族的訟詞完整地翻譯出來，呈現在世人面前。

　　出於對上古先人輝煌成就的追慕，知名希臘樞機主教貝撒里昂

45　Vespas. Fior., p. 547. s.

46　〔譯者注〕Marcus Fabius Quintilian是古羅馬著名修辭學家，Poggio Bracciolini於
　　1416年在瑞士St. Gallen修道院發現他的作品全集，使他在文藝復興時代重新
　　聲名大噪，成為可與西塞羅匹敵的古羅馬修辭學大師。

47　〔譯者注〕Plautus（c. 254 B. C. -184 B. C.）：古羅馬著名喜劇作家，他的作品承
　　襲古希臘喜劇的遺緒，而且被完整保存下來。是文藝復興時代的人認識古羅馬
　　早期喜劇的重要依據。

（Bessarion）[48]不惜任何代價蒐購了六百卷古籍——上古異教文化與基督教的都有。他還努力尋找一個安全的地方放置他捐出來的這些書，以便有一天希臘重新脫離回教掌控時，這批古書能再重返故土。威尼斯的執政者聽聞這個消息後，立刻表示他們願意為這些藏書建造合適的建築來收藏保管，所以至今仍有一部分貝撒里昂主教的藏書是威尼斯聖馬可教堂（San Marco，彩圖57）圖書館所珍藏[49]。

著名的梅迪西圖書館[50]典藏是如何打造出來的呢？這個值得深入討論的過程需要另闢專章處理，本處不擬詳述。為「輝煌者羅倫佐・梅迪西」四處尋書的人主要是拉思卡利斯（Giovanni Lascaris）。眾所周知，當佛羅倫斯在1494年遭到法軍洗劫後，有一部分藏書需要透過當時樞機主教喬凡尼・梅迪西（Giovanni Medici，即後來的教宗里奧十世Pope Leo X）的幫忙來補齊[51]。

屋比諾（Urbino）圖書館[52]是由菲德里高・蒙特斐特公爵（Federigo da Montefeltro）所建立，現為梵蒂岡圖書館藏書的一部分。菲德里高・蒙特斐特自年少起就酷愛藏書，後來仍經常雇用30-40位抄書人在不同地方為他抄寫古書，為此他前前後後大概花了超過三萬杜卡金幣。

屋比諾圖書館的藏書主要是在彼斯提奇（Vespasiano da Bisticci）[53]的協助下一步一步完備起來的。而且根據維思帕西亞諾的敘述，這個圖書館整個創建的過程真不愧作為當時的典範。屋比諾圖書館有梵蒂岡圖書館、佛羅倫斯聖馬可圖書館、帕威亞（Pavia）的威士孔提（Filippo Maria

---

48　Vespas. Fior., p.193. Vgl. Marin Sanudo, bei Murat. XXII, Col. 1185. s.

49　Malipiero, *Ann. veneti*, Arch. stor. VII, II, p. 653, 655.
　　〔譯者加注〕Bessarion（c. 1395-1472）：參見卷一注231。

50　〔譯者注〕即 Bibliotheca Laurenziana。

51　〔譯者注〕參見本卷注44。

52　Vespas. Fior., p. 124, s.

53　〔譯者注〕參見本卷注40。

Visconti）圖書館以及英國牛津大學圖書館的藏書目錄；而且就個別作者著作的典藏來看，屋比諾圖書館典藏的完備性也傲視上述這些圖書館。整體而言，屋比諾圖書館的典藏大概仍以中古文化與神學為主，例如這兒有阿奎那（Thomas Aquinas, c. 1225-74）、大亞伯特（Albertus Magnus, c. 1206-80）[54]、以及方濟會神學家伯納文圖拉（Bonaventura, 1221-74）[55]所有的著作。除此之外的藏書也相當包羅萬象，例如也包含當時各種醫書。在「近現代作者」這個類別下可以找到的藏書是十四世紀重要作家的著作，例如，但丁、薄伽丘全集，接下來是他們精挑細選的二十五位人文學者的著作，包括他們用拉丁文及義大利文所寫的、以及他們全部的翻譯作品。他們收藏的古希臘文典籍以基督教教父（Kirchenväter, Church Fathers）時代的作品居多。而在所謂「上古經典」（Klassiker）這個類別下也頗有可觀：有索福克利斯（Sophocles）[56]與品達（Pindar）[57]全集，也有梅南德（Menander）[58]全集——可惜這卷古籍顯然很早就不見了[59]，否則早就被古典語文學者編纂完成、刊行出版了。

54　〔譯者注〕Albertus Magnus：道明會神學家，是中古著名的科學家、哲學家、神學家。他之所以被稱為「大亞伯特」，正透露出當時人對他淵博的知識與天才之驚嘆。當時能與他相提並論的學者就只有培根（Roger Bacon, 1214-1294）。阿奎那（Thomas Aquinas））便是他在巴黎與科隆（Cologne）任教時所教導的學生。Albertus Magnus 之遺骸安放在德國科隆的 St. Andreas 教堂。

55　〔譯者注〕Bonaventura：方濟會神學家，是方濟小兄弟會的會長（Minister General of the Friars Minor）。他所寫的《聖方濟傳》是方濟會正式認可的聖方濟傳。

56　〔譯者注〕Sophocles：古希臘時代雅典著名的悲劇作家。

57　〔譯者注〕Pindar（born c.518B.C.）：古希臘著名的抒情詩人。

58　〔譯者注〕Menander（？392/1-344/3B.C.）：古希臘著名的 New Comedy 作家。

59　有可能是在 Cesare Borgia 占領屋比諾時消失不見的嗎？Mai 對屋比諾圖書館曾藏有 Menander 全集的說法感到質疑，但筆者不認為 Vespasiano da Bisticci 會將 Menander 部分的作品——也就是數百首詩——稱為「全集」（tutte le opere）。也許有一天 Menander 全集會再重現天日。

關於當時的手抄本以及圖書館是如何形成，我們還有一些資料可談。能夠直接買到上古作者僅存的手稿孤本或是完整的古抄本，那是極少有的幸運之事，這就不在後話。抄書人裡懂得希臘文的，當然得到最優渥的待遇，因此也被尊稱為「**抄書家**」（scrittori）[60]。由於這種人很少，因此他們賺取的酬勞很高。其他所謂的抄書人（copisti），有些是以此為生的匠人，有些則是多少藉此增加收入的窮書生。有趣的是，在教宗尼古拉五世（Pope Nicholas V, 在位 1447-55）的時候，羅馬的抄書人多半是來自德意志地區與法國[61]，很可能是一些想到教廷來謀職餬口的人。當柯西莫‧梅迪西（Cosimo de'Medici）在佛羅倫斯郊外的菲耶索蕾（Fiesole）山下建立心愛的巴底亞（Badia）修道院時，他想盡快為它成立一座圖書館，所以他找了彼斯提奇（Vespasiano da Bisticci）來諮詢。維思帕西亞諾建議他不要將錢花在購書上，因為想買的書已經買不到了，不如聘人用抄書的方式來豐富館藏。柯西莫‧梅迪西接受了這個建議，同意以計算日薪的方式請人抄書。所以維思帕西亞諾請了45位抄書匠抄書，並在22個月內抄好了200冊[62]。 這200冊書的目錄原是由教宗尼古拉五世（Pope Nicholas V）親自交給柯西莫的[63]（當然主要是教會用書以及唱詩班所需的書籍）。

抄書所用的字體是秀麗的新義大利斜體字（*italics*），光欣賞這時代所抄寫的書籍本身就是一種享受。而且這種抄書的規範自十四世紀起就開始盛行。教宗尼古拉五世、柏丘（Poggio Bracciolini）、瑪內提（Gianozzo

---

60　當匈牙利那位愛書成癖的國王Matthias Corvinus過世時，Piero de'Medici說，這下子那些抄書家不能再要求那麼高的價碼了，否則除了梅迪西家族外，再也沒有別人會聘僱他們了。但這應只是就希臘籍的抄書家而言。因為此處所謂的「書法家」（Kalligraphen）當時在義大利為數不少。參見：Fabroni, *Laurent. magn.* Adnot.156. cf. Adnot. 154.

61　Gaye, *Carteggio*, I, p. 164.

62　Vespas. Fior., p. 335.

63　尼古拉五世也很高興提供書單給Urbino及Pessaro的圖書館。

Manetti）、尼可羅（Niccolò Niccoli）、以及其他著名的學者自幼便習得一手好書法，所以也只看得上俊秀的抄書。

在美化書籍方面——撇開袖珍繪圖本（Miniaturen）不論——也都是盡可能費盡巧思，尤其是梅迪西家族專屬的羅倫佐圖書館（Bibliotheca Laurenziana）[64]所藏的抄本（彩圖58），在每一段起頭與結尾處都有細緻的線條所編織出的圖案花體字做裝飾。如果是為王公貴族所抄寫的書籍，一定是寫在羊皮紙上。而梵蒂岡與屋比諾圖書館的藏書都是用煥發寶石光澤的絲絨做封皮，上有銀質扣環。光看如此費心所打造出來的書籍外觀，就可以知道他們對其中的知識內涵懷有多麼崇高的敬意。當然，由此也可以理解，為何用印刷機印出來的書籍剛上市時，會遭到這麼大的反彈。屋比諾的菲德里高・蒙特斐特公爵（Federigo da Montefeltro）曾說，他的圖書館如果藏有印刷機印出來的書，「他會感到很丟臉。」[65]

§ 3.3.4　印刷術

對必須不辭辛勞抄書以有書讀的人（而非靠抄書為業的人）而言，德意志人發明的活版印刷術真是一大福音。印刷術發明不久後，在義大利——而且有相當長一段時間也只在義大利——大家對大量印行上古拉丁文與古希臘文典籍頗有興趣，但與當時對上古文化熱衷的情況相較起來，市場對以印刷方式出版的古籍所懷有的接受度並沒有我們想像中那麼快速熱烈。經過一段時間後，出版社才開始出版當代作家的作品[66]。在教宗亞歷山大六世（Pope Alexander VI，在位 1492-1503）任內，開始有出版前的

64　〔譯者注〕梅迪西家族的羅倫佐圖書館（Bibliotheca Laurenziana, Laurentian Library）是 1524-1534 年間由米開朗基羅所設計建造。

65　Vespas. Fior., p.129.

66　參見 Vespas. Fior., p.656 對 Zembino da Pistoia 所出版的《世界史年鑑》（Weltchronik）之記載。

檢查制度，因為當時已面臨書出版後就很難再查禁、銷毀的問題，不像柯西莫・梅迪西還能輕鬆查禁菲雷豐（Francesco Filelfo, 1398-1481）的書那樣[67]。

隨著大家對古典語文以及上古古典文化瞭解得愈來愈多，也逐漸興起版本校勘的要求。由於這是屬於學術史討論的範疇，本書不擬處理。本書所關心的並非義大利學術史，而是義大利如何在著作[68]與生活上讓古典文化再生。但是，對學術史這個課題本章仍略贅數語。

§ 3.3.5 通盤認識古希臘文化

對古希臘文化的鑽研主要集中在十五世紀與十六世紀初的佛羅倫斯。雖然佩托拉克與薄伽丘首開研究古希臘文化的先河[69]，但這股風氣在當時還只是靠一些業餘愛好者來支撐。隨著希臘流亡學者在1520年代相繼過世[70]，這股研究希臘古典文化的熱潮也在佛羅倫斯逐漸消退下來。所幸在西北歐地區有幾位傑出的人文學者（如伊拉斯膜斯 Erasmus，巴黎的愛斯提安 Estienne 家族，與布達艾烏斯 Budaeus）於此時都成為精通古希臘文的專家，繼續傳承這個文化香火。

希臘學者開始在義大利寓居講學始於克里索羅拉斯（Manuel Chrysoloras, c. 1350-1415）[71]及其親戚約翰・特比松（Johannes）與喬治・

67　這是有關 Filelfo 在〈論放逐〉（*"De exilio"*）一文中嘲諷梅迪西家族而來的事件，參照：Fabroni, *Laurent. mag.* Adnot. 212.

68　〔譯者注〕布氏在本書中所用的"Literatur"一詞往往包含所有用文字寫出來的作品／著述，而非狹義指文學作品而已，因此本處將"Literatur"翻成「著作」。

69　Cf. Sismondi VI, p. 149, s.

70　Valerian 在提到 Lascaris 時，便提到希臘籍學者老成凋零的現象，參見：Pierius Valerian, *De infelicitate literat.*

71　〔譯者注〕Manuel Chrysoloras 原為拜占庭帝國的外交官，1394 年受當時皇帝 Manuel II Palaeologus 之命前往義大利尋求奧援對抗土耳其人，但義大利人對他的學問比對他想傳達的外交訊息更感興趣。1397 年，可能是在 Salutati 的邀

特比松（George of Trebizond, c. 1395-c. 1486）[72]。隨著1453年君士坦丁堡淪陷，相繼來了阿爾吉羅樸婁斯（Johannes Argyropoulos, 1415-87）[73]、迦薩（Theodor Gaza）、卡爾孔迪拉斯（Demetrios Chalcondylas）與他精通希臘文化的兩個兒子鐵歐斐羅司（Theophilos Chalcondylas）與巴西里歐斯（Basilios Chalcondylas）、卡里斯脫斯（Andronikos Kallistos）、穆素羅斯（Markos Musuros）與拉斯卡利斯（Lascaris）一家人、以及其他人等等。

　　但是，當希臘完全被土耳其人統治時，就不再有新一代的學者從希臘移民過來，只剩下早先流亡過來的希臘學者之後裔，也許還有少數從克里特島（Crete）的大城堪底亞（Candia）與賽浦路斯（Cypres）移民過來的希臘學者。為何鑽研古希臘文化的熱潮會隨著教宗里奧十世（Pope Leo X）過世而逐漸消退[74]，應與當時文化界關心的課題開始轉向、以及大家對古典文學的內涵不再感到那麼新鮮有些關聯；但是，這與當時希臘學者相繼凋零、後繼無人的衰微景況一定也有必然關係。

　　以1500年左右的情況來看，當時義大利人學習古希臘文的熱情真是蓬勃。當時人熱衷投入學習希臘文的情況，可從他們在半世紀後，雖已垂

（續）────────────

　　請下，他前往佛羅倫斯擔任希臘文老師。但1400年他轉往與佛羅倫斯敵對的Pavia任教，此後仍繼續擔任拜占庭皇帝派駐歐洲的使節。在參加Council of Konstanz（1410-1418）期間過世。

72　〔譯者注〕George of Trebizond（c. 1395-c. 1486，拉丁文：Georgius Trapezuntius Cretensis；德文：Georg von Trapezunt，生於Crete），是最早來到義大利的希臘學者之一。他生平參見卷一注228。

73　〔譯者注〕Johannes Argyropoulos：拜占庭學者，他與Bessarion一樣，原來都是為參加Council of Florence（1437-1439）才前往義大利的，但在返鄉後不久便選擇到義大利定居。他一直定居在佛羅倫斯，在那兒他延續Chrysoloras留下來的傳統，在大學擔任希臘文教職，他的高徒包括Cristoforo Landino與Poliziano。Argyropoulos對十五世紀末佛羅倫斯新柏拉圖主義的興盛貢獻不小，雖然他自己是比較屬於亞理斯多德學派的。

74　Ranke, *Päpste*, I, 486.

垂老矣，仍會說希臘文清楚看出。這種情況在教宗保祿三世（Pope Paulus III, 在位 1534-49）與保祿四世（Paulus IV, 在位 1555-59）[75] 身上都可得到明證。從他們如此嫻熟希臘文可以看出，他們過去必定與道地的希臘人交往過。

　　除了佛羅倫斯之外，羅馬與帕多瓦（Padova）也常聘希臘籍學者到當地任教；此外，波隆那（Bologna）、斐拉拉（Ferrara）、威尼斯、佩魯加（Perugia）、帕威亞（Pavia）等城市也會不定時聘請希臘籍老師[76]。希臘文化的研究有許多地方也要感謝威尼斯人馬努契（Aldus Manutius/ Aldo Manuzio, c. 1452-1515）所開設的印刷廠，他首開廣泛印行古希臘重要著作的先河。馬努契將一生的心血都投注在這項事業上，像這種可以身兼古籍編者與出版者的人才真是世所罕見。

§ 3.3.6　對近東文化的研究

　　除了希臘羅馬古典文化研究外，對近東文化的研究也日益重要，此處略述之。

　　從佛羅倫斯著名學者與政治家瑪內提（Gianozzo Manetti, 1396-1459）[77] 所寫反對猶太人的教義論戰文章可以清楚看出他對希伯來文以及猶太文化通曉的程度。他也讓自己的兒子阿格尼歐羅（Agnolo）自幼學習拉丁文、

75　Tommaso Gar, *Relazioni della corte Roma*, I, p.338, 379. Perugia 大學聘請希臘文教師的狀況參見：*Arch. stor.* XVI, II, p.19 導論。

76　George of Trebizond 在 1459 年擔任威尼斯大學修辭學教授的年薪是 150 杜卡金幣，參見：Malipiero, *Arch. stor.* VII, II, p. 653.

77　Vesp. Fior., p. 48, 476, 578, 614. 此外 Fra Ambrogio Camaldolese 也懂希伯來文，參見：ibid., p. 320.
　　〔譯者加注〕Gianozzo Manetti 跟隨 Ambrogio Traversari 學習希臘文，後來又跟隨一名改信基督教的猶太人學希伯來文。服務過教宗 Nicholas V 與拿波里「寬宏大量的亞豐索」。在拿波里任職時，他在 Nicholas V 的敦促下利用自己的希臘文與希伯來文能力重新翻譯聖經，並完成新約與舊約詩篇的全部翻譯。

希臘文與希伯來文。教宗尼古拉五世請瑪內提將整本聖經重新翻譯，希望能藉由他對古典語文較為純熟的掌握，更精準地將聖經翻譯出來，以取代聖哲羅（St. Jerome, 349-419）所翻譯的《通行本拉丁文聖經》（*Vulgata*）[78]。此外，也有若干學者比德意志學者羅伊林（Johannes Reuchlin, 1454/5-1522）[79]更早就將通曉希伯來文當作研究者必備的語言能力，而喬凡尼‧琶蔻‧米蘭多拉（Giovanni Pico della Mirandola, 1463-94）[80]對猶太教律法與神學的學養足以勝任猶太教經學老師「拉比」（Rabbi）的工作。

對阿拉伯文的學習最早出於醫學研究的需要，因為早期用拉丁文翻譯的阿拉伯文醫典已無法再滿足大家的需求。威尼斯駐近東外事館聘有義大利籍醫生，可在阿拉伯文醫典翻譯的工作上提供協助。有一位威尼斯醫生名叫拉穆希歐（Hieronimo Ramusio）就翻譯了一些阿拉伯文醫書，他最後死在大馬士革（Damascus）。而安得烈‧蒙嘉猶（Andrea Mongajo da Belluno）[81]則為了深入瞭解阿維卻納（Avicenna, 980-1037 A.D.）[82]的醫學著作，長年住在大馬士革學習阿拉伯文，為阿維卻納的著作進行校勘工作，因此後來威尼斯政府特為他在帕多瓦（Padova）大學創立了一個新的科系。

§ 3.3.7　面對古典文化應採取的立場

在接續下一章對重要人文學者的討論之前，還要談一些與喬凡尼‧琶蔻‧米蘭多拉有關的事。他是唯一一位重量級學者大聲疾呼各時代的學

---

78 教宗 Sixtus IV 不僅大力擴建、美化梵蒂岡教廷，也聘請了許多拉丁文、希臘文、希伯來文的抄書家，參見：Platina, *Vita Sixti IV*, p. 332.

79 〔譯者注〕Johannes Reuchlin：德意志學者，通曉希臘文、希伯來文以及猶太教的神秘主義（Kabbala），1506 年曾出版希伯來文文法。

80 有關 Giovanni Pico della Mirandola 的生平請參見卷一注110。

81 Pierius valerian., *De infelic. Lit.*

82 〔譯者注〕Avicenna：波斯著名的醫生、物理學家、科學家與哲學家。

術研究與真理探求都有值得重視之處，反對只是片面崇尚古典文化的價值[83]。他對阿維羅斯（Averroes, 1126-98）[84]與其他猶太學者的推崇如同他對中古士林哲學（Scholasticism）寶貴內涵的重視一樣。他說，他可以聽到各種學問在相互對談：「我們將永垂不朽，但不是在那些食古不化的人嘴裡，而是在智者的歡聚中。只有在他們那兒，不會有人去爭論誰是安卓瑪克（Andromache）的母親，或是誰是尼歐北（Niobe）的兒子。他們關心的是如何真正與神同在、與人和好。真正能深入智慧之境的人才會明白，即使是野蠻人也都有高尚的精神——不是掛在嘴巴上，而是真正發自心底。」喬凡尼·琵蔻可以寫出相當鏗鏘有力、思路清晰的拉丁文著作，他瞧不起學究式的吹毛求疵、或是對某種習古得來的形式大吹大擂，尤其是不分青紅皂白、只想讓自己說法得逞的偏頗作法。在他身上我們可以看到，如果沒有反宗教改革對整個精緻文化生活的破壞，義大利哲學可以開創出何等燦爛的花朵。

83　特別清楚表達於1485年寫給Ermolao Barbaro那封重要的信函上，收錄於：
　　Ang. Politian. epistolae, L. IX.— Vgl. *Jo. Pici oratio de hominis dignitate*.

84　〔譯者注〕Averroes：阿拉伯哲學家與星象家。

第四章
十四世紀的人文學者

本章要探討的主旨是：誰搭起了那令人緬懷追慕的古典文化與現代文化的橋樑？誰又開啟了視古典文化為現代文化教養最重要內涵之先河？

十四世紀人文學（Humanismus）的發展是匯聚許許多多各領風騷人物的成就而成的。但當時大家心裡都明白，這是公民社會（die bürgerliche Gesellschaft）新興起的力量。他們的先驅大概可以溯源到十二世紀的「雲遊教士」——有關這些教士所寫的詩文，上文（§3.1.4）已討論過。他們漂浮不定的生活方式、自由不羈的生命觀、以及擬古的詩體多多少少都為十四世紀的人文學發展奠定了一些基礎。但是，十四世紀人文學的興起代表了新式文化教養觀的出現，希望與中古時代本質上還是被教會以及神職人員所操控的教育／教養作出明顯區隔。十四世紀的人文學主要便是反動中世紀的教會文化。積極投身參與這個新文化運動的人後來都成為有重要影響力的人物，因為他們透過學習上古文化菁英書寫的方式、感知的方式與思考的方式而徹底瞭解到上古文化菁英值得學習的地方究竟何在？這些人文學者所推崇的古典傳統在文化與生活各層面以再生的方式重新活躍在歷史舞台上。

§3.4.1　人文學贏得絕對優勢

近現代有些學者經常慨嘆，1300年左右在佛羅倫斯原有一種與人文學本質不同，但更有自主性、更具義大利本土色彩的文化教養方式[85]，可

惜後來整個被人文學發展的浪潮所淹沒。據說，當時所有佛羅倫斯人都識字，連趕驢的人都會吟誦但丁（Dante）的詩，而現存最好的義大利文手抄本都是佛羅倫斯匠師的傑作。當時的環境也讓但丁的老師拉提尼（Brunetto Latini, c. 1220-1294）可以用法文撰寫一部通俗的百科全書《寰宇珍奇》（*Li Livres dou Trésor*, "The Book of the Treasure", 1262-1266）。這些成就之所以可能，主要是因為佛羅倫斯人在當時積極參與公共事務、經商、旅行，尤其是有計畫地排除可能導致人民好吃懶做的因素，所以塑造出相當務實練達的民風，也讓文化在此開花結果。據說，當時佛羅倫斯人走到世界各地都深受敬重，並能發揮所長，所以教宗波尼法斯八世（Pope Bonifatius VIII, 在位 1294-1303）在那一年稱讚他們為世界不可或缺的「第五元素」（das fünfte Element），並非一時興起所發的言論。

1400年以後，隨著人文學發展的浪潮愈益高漲，在佛羅倫斯本地興起的文化主體性卻慘遭壓抑。因為此後對所有的問題大家都只靠古人提供的方式來解決，文學創作也只剩下賣弄古文知識。說實在的，開創新文化亟需的自由精神卻因此逐漸凋零，因為所謂「有學問」（Erudition）其實就是只會引經據典。原有的民法為了要施行羅馬法而被棄置一旁，這正是為了要方便獨裁者專政才特別安排的。

在下面的論述中，我們還會不時面對大家對本土文化主體性斲喪的哀悼，屆時我們再來探討人文學運動真正的影響力到底有多大多深？而其得失究竟如何？這裡只想明確指出，十四世紀原本蓬勃發展的本土文化難逃被人文學浪潮吞噬的厄運，而十五世紀大力鼓吹古典文化復興的人，又恰好是那些在義大利文化界深具影響力的人。

首先我們要談的重要人物就是但丁（Dante Alighieri）。如果義大利文化有幸能接連不斷產生像但丁這樣的天才，在面對古典文化復興澎湃的浪

---

85 Libri, *Histoire des sciences mathém.* II, 159, s. 258, s.

潮時，它必然仍能以高度的自主性來回應，並由此激盪出充滿自己民族色彩的新文化。可惜不僅是義大利、也可說是整個歐洲只出過一個但丁！所以反而讓他呼籲復興古典文化的呼聲成為義大利文化界恪守的指標。在《神曲》一書裡，他雖然不認為古典文化可與基督教文化等同觀之，卻經常將兩者相提並論。但丁仿效中古早期的著作喜歡有條不紊地整理出舊約人物如何預表（prefigure）新約人物的作法，他也喜歡探討如何將古希臘羅馬的重要人物視為基督教重要人物的早期化身。在這一點上我們不應忽略，與基督教思維以及歷史相較，上古異教文化對當時人而言是一種他們比較不熟悉，但卻洋溢著新契機、並且令人感到振奮的文化。所以，上古異教文化很容易在大家逐漸親切熟悉後取得優勢。由於沒有另一個可與但丁媲美的文化奇才出現，所以上古異教文化與基督教文化原本具有的均勢後來就逐漸失衡了。

§ 3.4.2　佩托拉克與薄伽丘對人文學的推廣

對現代絕大部分人而言，**佩托拉克**（Francesco Petrarca）是義大利偉大的詩人；但對他同時代的人而言，他的聲望主要是建立在他將自己打造為古典文化的化身。他模仿所有古拉丁文的詩體來寫作，也將書信當作探討特定上古文化課題的論述文體。對我們近現代人而言，這些書信的價值如何斷定，頗難權衡；但對當時人而言，沒有好的參考工具書可以進一步判斷他所寫的內容，反而讓這些書信得到相當高的評價。

薄伽丘（Giovanni Boccaccio）的情況與佩托拉克頗為相似。在阿爾卑斯山北方的人對他的《十日談》（*Decameron*）熟稔之前，他用拉丁文所寫的神話、地理與傳記等著作早已風行全歐兩百餘年。他的拉丁文著作《神譜》（*De genealogia Deorum*）第 14 與 15 卷附錄了一篇相當值得注意的文章，討論當時剛萌芽的人文學對那個時代的意義。我們不要以為薄伽丘只是一個對文學創作有興趣的人，仔細看他的著作就可發現，只要是與人文

學者（Poeten-Philologen）[86]相關的所有文化創造活動他都非常關切。也就是說，所有會影響**人文學**發展的障礙都被他看成眼中釘：那些腦滿腸肥、揮霍無度的無知之徒，只會將希臘神話所說的賀利孔山（Mount Helicon）、卡斯塔利安水泉（Castalian Spring）、以及菲布斯（Phoebus）樹叢視為無稽之談的偏狹神學家，那些滿腦子只想賺錢、把賺不了錢的文學創作視如糞土的律師，還有那些雖然薄伽丘不明說、卻迂迴暗指的托缽修士——這些人只懂得批判異教與不道德的行為。針對這些人，薄伽丘用心良苦地說出他對文化創造的辯護之詞。他稱讚具有思想深度、尤其富含人生哲理的詩文創作是心靈不可或缺的良伴；而這些詩文裡巧思營造的隱喻正是對無知者愚頑之心的當頭棒喝。

§ 3.4.3　薄伽丘作為先驅

薄伽丘也表明自己支持當時文化對上古異教文化重啟對話大門的立場，還用自己旁徵博引的著作為例做說明。薄伽丘認為初代基督教會必須與異教徒對抗是可以理解的，但現在的情勢已經完全不同。感謝基督的救恩，現在是真正的**宗教**得勝，所有異教文化均已被剷除，戰果輝煌的教會已戰勝過去異教所有的勢力，我們現在大可用寬闊的胸懷重新審視異教文化，不必有什麼顧慮。到了文藝復興時代，人們還是用薄伽丘的觀點來為復興上古文化辯護。

簡言之，世界上產生了一個新事物，也有一個新族群擁護這個新事物。我們無庸費心去爭論：如果當時人文學運動在如日中天發展時，稍微收斂一下，讓各地本土文化自主意識也有抬頭發展的空間，義大利是否會

86　〔譯者注〕此處布克哈特是寫著 "die ganze geistige Tätigkeit des Poeten-Philologen"，參照下文他提到的 Poeten-Philologen（詩人／文學家以及語文學者）之文意，譯者將布氏所謂的 Poeten-Philologen 翻譯為「人文學者」。由此也可看出布氏心目中對十四世紀人文學（Humanismus）內涵的理解。

因此有更好的文化成果？因為當時大家都一致認為，古典文化才是義大利
民族文化最極致的成就。

§ 3.4.4　詩人的桂冠

　　有一個富有象徵意義的典禮是特為第一代人文學者（Poeten-
Philologen）舉行的——用桂冠為詩人加冕（poet laureate）。這個活動一直
延續到十五、六世紀，只是大家不再像
過去那樣引頸期盼。中世紀何時開始盛
行用桂冠為詩人加冕已不可考，這個活
動的內涵亦不曾獲得正式儀典的規範。
因為這屬於文學界對外宣揚的活動——
一種以公開形式表彰文學成就的慶典[87]
——所以本身具有一種因地因時合宜的
彈性。但丁就將其視之為一種半帶宗
教神聖性質的典禮，所以他希望有朝
一日能將自己獲得的桂冠獻給聖約翰
洗禮教堂的施洗池[88]，這是所有佛羅倫
斯人（包括他自己）共同接受洗禮的地
方[89]。

　　根據但丁傳所述，但丁憑自己享有

施洗約翰洗禮教堂（**Baptistery, Florence**）
◎攝影／花亦芬（參見彩圖59）

87　正如薄伽丘在《但丁傳》（*Vita di Dante*）頁50所言：「桂冠並不加添詩人的學
　　問，但卻是對其成就明確的肯定與表彰」（la quale (laurea) non scienza accresce,
　　ma è dell' acquistata certissimo testimonio e ornamento）。

88　*Paradiso* XXV, 1, s.- Boccaccio, *Vita di Dante*, p.50: sopra le fonti di San Giovanni
　　si era disposto di coronare. Vgl. *Paradiso* I, 25

89　〔譯者注〕施洗約翰洗禮教堂（Battistero di San Giovanni/ Baptistery of San
　　Giovanni）可說是佛羅倫斯最古老的公共建築。最早的建築體約建造於西元

的文學盛名其實到處都可得到桂冠詩人的榮耀，但他只想在自己家鄉接受桂冠加冕，所以終其一生沒有接受過任何桂冠。從但丁的傳記我們也得知，但丁時代用桂冠為詩人加冕並非普遍風行，而且這是古羅馬人從古希臘人那裡繼承來的傳統。

從時間上來看，與桂冠詩人加冕典禮最接近的藝文慶典是在羅馬卡彼多山丘（Capitoline Hill）上依照古希臘傳統所舉行的音樂、詩歌與其他藝術種類的競賽。這種競賽自羅馬皇帝多米提安（Domitian, 81-96 A. D.）時代起，每隔五年舉行一次。羅馬帝國衰亡後，這個活動可能還持續了一陣子。現在好不容易又有詩人──例如像但丁──宣稱希望為自己加冕，但這又產生另一個問題，即那個機構有權為詩人加冕？1310年左右，慕撒托（Albertino Mussato, 1261-1329）[90]是由主教與大學校長在帕多瓦（Padova）共同為他加冕。1341年為了幫佩托拉克加冕，當時巴黎大學佛羅倫斯籍的校長還與羅馬市政府互不相讓。連自命為甄選委員的拿波里國王──安茹王朝的羅伯特（Robert of Anjou）──也希望將這場加冕典禮移師到拿波里來舉行。然而，佩托拉克卻寧可在康丕都吉歐山丘上讓羅馬元老院為他加冕。有一段時間詩人桂冠的榮譽的確成為詩人熱切追求的目標，例如一位西西里的高官琵清加（Jacopo Pizinga）便這麼認為[91]。

接著我們看到神聖羅馬帝國皇帝查理四世（Charles IV, 1316-78, emperor 1355-78）親臨義大利。他樂於用盛大的典禮來讓那些虛榮之輩與無知之徒感到振奮。所以他欣然接受大家臆造出來的傳說，認為以前是古

（續）────────────

六、七世紀，後來成為佛羅倫斯最早的主教座堂（最早史料記載：897年）。中古時代至文藝復興時代的佛羅倫斯人都認為它原來是凱撒大帝所建的戰神（Mars）神廟（現代藝術史研究已推翻此說法），所以它也是正統化佛羅倫斯與古羅馬帝國歷史文化淵源的最佳明證。自中古以迄二十世紀下半葉，在佛羅倫斯出生的嬰孩都是在此受洗的。

90 〔譯者注〕Albertino Mussato 接受桂冠的確實年代是1315年。

91 參見 Boccaccio 寫給他的信，收錄於：*Opere volgari*, vol. XVI.

Desiderio da Settignano，《卡羅‧瑪素琵尼墓》
（Carlo Marsuppini）。
1453-64. Marble, height: 613 cm. Santa Croce, Florence.
©攝影／花亦芬（參見彩圖60）

Bernardo Rosellino，《布魯尼之墓》（Leonardo Bruni）。
1444-47. Marble, height: 610 cm. Santa Croce, Florence.
©攝影／花亦芬（參見彩圖61）

羅馬皇帝幫詩人加冕，所以現在他也責無旁貸。因此他便在比薩（Pisa）
為佛羅倫斯學者史特達（Zanobi della Strada）加冕[92]，此舉真讓薄伽丘大
為光火，他對這頂「比薩桂冠」（laurea pisana）一直不願正式承認。當
然，那時候的人可以質疑查理四世這位有一半斯拉夫血統的人憑什麼斷定
誰是優秀的義大利詩人？但是，無論如何，自此以後不管神聖羅馬帝國皇
帝走到哪裡，他就為當地詩人加冕到哪裡。到了十五世紀，教宗與其他統

---

92 Matt. Villani, V, 26.當時舉行了盛大的繞境遊行，神聖羅馬帝國皇帝的隨從、男
   爵與詩人們都伴隨參加。Fazio degli Uberti也被加冕為桂冠詩人，只是時地不
   詳。

治者也都如法炮製，以致最後真的是不
管三七二十一濫發一通。在羅馬，當教
宗西斯篤四世（Pope Sixtus IV）在位
時，連拉耶土斯（Julius Pomponius
Laetus, 1428-97）都以他私人創辦的羅
馬學社（Academia Romana）[93]的社長
名義頒發過桂冠。

佛羅倫斯人最有節制，他們總是等
到當地著名的人文學者過世後才為其加
冕，例如卡羅・瑪素琵尼（Carlo
Marsuppini, 1399-1453）[94]與布魯尼
（Leonardo Bruni, 1369-1444）都是過世
後才獲得加冕。第一個在所有佛羅倫斯

Antonio Rosellino，《帕米耶利雕像》
（Matteo Palmieri）。
Marble, height: 53.3 cm. Museo Nazionale
del Bargello, Florence.
©攝影／花亦芬

市民與全體市政官員面前公開被加冕的是帕米耶利（Matteo Palmieri,
1406-75），最後一位則是瑪內提（Gianozzo Manetti, 1396-1459）。致詞者
站在棺木的頭部，死者身著絲質外袍[95]。在佛羅倫斯聖十字教堂（Santa
Croce）[96]裡，另立有卡羅・阿瑞提諾（Carlo Aretino）的墓碑，以示對他
的尊崇。這個墓碑是文藝復興時代最富麗堂皇的墓碑之一。

93　Jac. Volaterran. bei Murat. XXIII, Col. 185.

94　〔譯者注〕Carlo Marsuppini 即布氏文中所稱的Carlo Aretino。他接續 Leonardo
　　Bruni 擔任佛羅倫斯總理大臣。

95　Vespas. Fior., p. 575, 589.— *Vita Jan. Manetti*, bei Murat. XX, Col. 543. 由於
　　Leonardo Bruni 生前廣孚眾望，所以當他過世時，各地方的人都趕來弔唁，只
　　希望能再見他最後一面，甚至有一位西班牙人跪在他面前。參見：Vespas.
　　Fior., p. 568.

96　〔譯者注〕佛羅倫斯的聖十字教堂屬於道明會所有，佛羅倫斯許多文化菁英都
　　埋骨於此，參見卷二注41。

第五章
大學與學校

....

　　本章要論述的是古典文化之所以能對普遍的人文涵養（Bildung）產生深遠影響，主因在於人文學研究成為大學教育講授、研究的項目。但是我們不要太理所當然地認為，人文學在當時的高等教育裡已具有不可忽視的地位及影響。

　　直到十三、四世紀，當義大利經濟愈發繁榮，人們才開始審慎思考應該讓這個社會有更好的教育水準，所以大部分的大學就是在此時成立的。[97] 剛開始時，通常只有三種教席：教會法、民法、醫學。接下來才慢慢增設修辭學、哲學、天文學的教席。當時的天文學通常——即使無法說「總是」——與占星術混為一談。教師的收入差異很大，待遇優渥的，有時甚至可發一筆財。隨著教育水準的提升也展開了爭聘好老師的競爭，所

97　Libri, *Histoire des sciences mathém.* II, p. 92, s. 大家都知道，Bologna 大學是比較古老的，Pisa 大學則是後來在「輝煌者羅倫佐‧梅迪西」的贊助下才成立的。根據史料記載（Gaye, *Carteggio*, I, p. 461-560 passim; Matteo Villani I, 8; VII, 90），1321 年佛羅倫斯大學便已存在。在 1348 年黑死病之後重新募款興建，當時學校一年有 2500 金幣（Goldgulden）的預算，但後來又逐漸式微。1357 年重新開辦。1373 年在許多市民贊助下開設但丁作品講座，主要講者都是語文學家與修辭學家，Filelfo 也曾參與過。
　　〔譯者加注〕有關佛羅倫斯如何透過講授但丁作品以提高市民對自己城邦的文化認同、並鞏固佛羅倫斯文化優勢亦請參見：花亦芬（2004a），〈瓦撒利如何書寫喬托時代的雕刻史？——以《比薩諾父子傳》為中心的考察〉，《新史學》15, 2，頁 1-54，尤其是頁 37-41.

以各大學無不使出渾身解數爭聘名師。例如,波隆那(Bologna)據說就曾將全國歲收的一半(20,000杜卡金幣)用在大學教育上。教師通常都是約聘的[98],有時甚至是以學期為單位來聘任,所以教師幾乎像到處巡迴演出的演員一樣,過著居無定所的日子。但也有終身聘的老師。有時也會要求老師在此地所講授的課程不得在他處重複。此外,也有不支薪、義務授課的老師。

§ 3.5.1 十五世紀人文學者擔任大學教授

就上述提到的教席種類來看,修辭學是人文學者最希望任教的科目,但這也要看他們是否有足夠的古典文化學養。因為有時他們也必須能講授與法學、醫學、哲學或天文學相關的課程。當時知識的架構還在重組、變動當中,一如教師居無定所的生活一樣。不可忽視的是,法學與醫學教授的收入最高。法學教授主要因為擔任任職大學所在地政府的法律顧問,提供法律訴訟與審理種種諮詢,因此酬勞豐厚。十五世紀在帕多瓦曾有法學教授年薪高達1000杜卡金幣[99];而當巴黎有人付出700金幣聘請著名醫學教授後,帕多瓦也以年薪2000杜卡金幣聘請名醫擔任醫學教授,另外加上私人開業許可[100]。當比薩的法學教授索契尼(Bartolommeo Socini)應威尼斯政府之邀準備前往帕多瓦大學任教時,他竟在半路被佛羅倫斯政府派出的密探挾持。佛羅倫斯政府宣稱,除非有人願意用18,000金幣當贖金,否則他們不放人[101]。我們光看上述這兩個學科受重視的程度,便不難理解,為何學養深厚的古典語文學者選擇以律師或醫生身分執業?而另一

---

98 這是研讀教授名錄可以看出的,例如1400年左右Pavia大學的資料就顯示出,
    當時聘請了20位法學學者任教(Corio, *Storia di Milano*, fol. 290)。

99 Marin Sanudo, bei Mur. XXII, Col. 990.

100 Fabroni, *Laurent. magn.* Adnot. 52 (1491年).

101 Allegretto, *Diarî sanesi*, bei Murat. XXIII, Col. 824.

方面則逐漸形成一種趨勢，即任何人想在他專長的領域出人頭地，必須具
有良好的人文學素養。有關人文學者在其他領域的實務表現容後再述。

§ 3.5.2 人文學者的兼差工作

有關大學對人文學者（Philologen）的聘任——即便偶有以高薪聘
請[102]、再加上其他兼差收入——大致上都是臨時性、短期的，所以往往
一個學者會同時在好幾所大學任教。由此可以清楚看出，當時的大學希望
在人事聘任上保有可動性，以便從每位任教者身上得到一些新知識。對當
時才正在成形、尤其又沒有絕對客觀標準可以衡量的人文學領域而言，上
述現象的產生並不難理解。當時在各大學教授古典文化的學者也未必都是
當地人。沒有長期聘約的束縛，自然會有任教者來來去去的現象。再加上
當時又有許多地方（例如修道院等）有師資需求，因此即使不在大學任
教，也有許多機會應私人之聘執教鞭。當佛羅倫斯大學於十五世紀初期[103]
聲望達到顛峰時，教宗友真四世（Pope Eugen IV）的臣下——也許更早在
馬丁五世（Martin V）時代便已如此——便蜂擁至佛羅倫斯大學聽課，因
為當時卡羅‧瑪素琵尼（Carlo Marsuppini）與菲雷豐（Francesco Filelfo）
正在此互別苗頭、一較高下。當時佛羅倫斯學術風氣之盛使得奧古斯丁修
會（Augustinians）所屬的聖靈修道院（Santo Spirito）宛如第二所完整的
綜合大學，而卡瑪修會（Camaldolesi Order）所屬的天使修道院（Angeli）
也有組織完備的學者聯誼會。此外，許多有名望的人不是一起合作、就是
單獨出力贊助特定古典語文或哲學課程之開設。

在羅馬的大學（Sapienza）裡，有相當長一段時間擯斥古典語文以及

---

102 當新成立的 Pisa 大學邀請 Filelfo 前往任教時，他要求年薪至少要有 500 金幣，
參見：Fabroni, *Laurent. magm.* Adnot. 41.

103 Vespasian. Fior., p. 271, 572, 580, 625.—*Vita Jan. Manetti*, bei Murat. XX, Col. 531,
s.

上古文化知識的傳授，因此羅馬人文學的拓展有一部分完全是靠教宗與高級神職人員私人的贊助，另一部分則依賴教宗聘請人文學者到教廷秘書處工作。直到里奧十世（Pope Leo X）在位時，羅馬的大學才大幅替換新血，88位老師當中囊括了當時義大利最著名的古典文化大師。可惜這樣的盛況沒有持續太久（有關義大利聘請希臘籍學者來任教的課題，§3.3.5已簡述過。）

如果我們想具體想像當時的知識是如何傳授的，我們就必須先搞清楚，那與我們今天學術機構常見的模式大不相同。人與人之間緊密的接觸，各種公開的學問辯論，拉丁文是大家慣用的溝通語言、希臘文也經常被使用，最後還要加上教師更換頻率十分快速，以及書籍相當罕見——這些景況都遠非我們用今天的想像可以理解的。

當時所有稍具規模的城鎮都有**拉丁文學校**。這不只是為了高等教育作預科而準備，也因為當時的學童在學完讀寫與基本算術後，緊接著就是學拉丁文，然後才學邏輯。基本上拉丁文學校並不是由教會資助成立，而是由各地市政府出資。也有許多拉丁文學校是由私人出資興建的。

這種以古典語文為導向的世俗教育制度，在人文學者的主持下，不僅成功地將教育往相當理性的方向帶領，也提升了教育的水準。義大利北部有兩所學校當時設立的目的是作為當地君侯子嗣受教育的場所，這在當時還是絕無僅有的。

§3.5.3 高等博雅教育：維特林諾的成就

曼圖瓦（Mantova）統治者約翰・法蘭卻斯柯・龔查加一世（Gian Francesco I Gonzaga，在位1407-44）的宮廷聘請了深受景仰的維特林諾（Vittorino da Feltre, 1378-1446）[104]任教。維特林諾屬於那種終生就只為

104　Vespas. Fior., p. 640.

「一個」目標努力獻身的人，因此他能傾畢生之力，以高瞻遠矚的視野將自己終生奉獻的事業帶向極致的高峰。

剛開始的時候，維特林諾負責教導曼圖瓦的貴族子女——即使是女孩子，他也把她們教到真可說是「學識淵博」（bis zu wahrer Gelehrsamkeit）的地步。當他在義大利的聲望愈來愈為人景仰時，便有愈來愈多權貴之家的子女不捨遠近希望能到曼圖瓦接受他的教導。龔查加家族不僅欣然接受他們聘請的這位老師同時也教育其他貴族家庭的子女，他們更將此視為曼圖瓦的榮耀，因為這證明曼圖瓦是權貴子女教育的中心。

維特林諾所開辦的權貴子女教育首創將知識傳授、體操、以及各種高貴的肢體訓練均衡地結合在一起。此外，維特林諾還教育另一批性質完全不同的學童——也許維特林諾將此視為他最重要的使命——也就是教育清寒的資賦優異兒童。在他自己家裡，「出於對上帝的愛」（per l'amore di Dio），他一肩擔負起養育、教導這些家境清寒慧童的重責大任，並讓權貴子女習慣與這些除了優異的天賦外、家裡真是一無所有的貧童共處一室學習。約翰·法蘭卻斯柯·龔查加一世每年支付維特林諾300金幣的薪水，但另行負擔他所有必要的開銷，這個部分通常一年也高達300金幣。約翰法蘭卻斯柯·龔查加知道，維特林諾為了實現教育理想真是罄其所有；他也確知，讓這些清寒子弟一齊受好的教育是這位性情中人一直願意為他效勞的真正主因。維特林諾的家裡充滿高格調的宗教氣氛，甚至遠超過修道院能做得到的。

§ 3.5.4　高等博雅教育：适里諾·維羅納的成就

适里諾·維羅納（Guarino da Verona, 1374-1460）的教育成就比較是在學識的養成上 [105]。适里諾·維羅納於1429年接受斐拉拉（Ferrara）統

105　Vesp. Fior., p. 646.

治者尼可洛‧艾斯特（Niccolò d'Este, 1383-1441）之邀，前去擔任其子里
歐內羅‧艾斯特（Leonello d'Este）的老師。當里歐內羅‧艾斯特逐漸成
年，适里諾‧維羅納也自 1436 年起開始在大學擔任辭令學（Beredsamkeit）
與古希臘文、古拉丁文教授。當他擔任里歐內羅‧艾斯特的老師時，也有
許多學生從其他地方慕名前來一同學習。他的家裡也收容一些資賦優異的
貧寒子弟，有些他是部分、有些他則全額負起教養的費用。每天晚上他都
幫助學生溫習白天所學直到深夜。他的教育也充滿高格調的宗教清規。跟
他們同時代的人文學者不注重宗教虔敬之心的養成相較，這是适里諾‧維
羅納與維特林諾特別令人欣賞之處。而适里諾‧維羅納在繁重的教育工作
之外，還撥出那麼多時間從事古希臘文經典翻譯以及撰述自己的著作，這
真是很不容易的事。

§ 3.5.5　統治家族的子女教育

　　義大利大部分統治家族的子女教育有相當長一段時間——至少有部分
——是落入人文學者手裡，這也讓人文學者有機會進入權貴的家庭生活
中。過去認為統治者的養成教育歸神學家管的看法，現在自然變成是人文
學者的範疇。例如，伊尼亞斯‧西維烏斯（Aeneas Sylvius）曾發表過文章
詳細討論兩位德意志哈布斯堡王室（Habsburg House）[106]幼主進一步接受

（續）

　　〔譯者加注〕Guarino da Verona 於 1403-08 年離開自己的家鄉 Verona 到君士坦丁
　　堡跟隨 Chrysoloras 學習古希臘文，並帶回超過五十卷的手抄古希臘典籍。在
　　1429 年正式定居於 Ferrara 之前，他曾在 Florence, Venice, Verona 等地任教過。
　　在人文教育上，他將拉丁文與古希臘文的語文訓練看得同等重要，十五世紀許
　　多人文學者的古希臘文都是跟他學的，包括 Vittorino da Feltre。1418 年他出版
　　一本深受重視的文法書 *Regulae Grammaticae*，他也將古羅馬史家 Plutarch 有關
　　教育的論著翻成拉丁文。

106　參見他寫給 Sigismund 之信（收錄於：*Epist.*105, p. 600）以及寫給 King Ladislaus
　　the Younger 的信（p. 695），後者被稱為〈論博雅教育〉（*Tractatus de liberorum
　　educatione*）。

更好教育的問題。想當然爾，他最看重的還是如何讓這兩位幼主接受義大利人文學的教養。伊尼亞斯‧西維烏斯當然知道，他這篇文章不會被哈布斯堡王室認真看待，所以他也費了一些心思讓這篇文章能廣被閱讀。有關人文學者與統治權貴之間的關係，我們另行討論。

第六章
人文學發展的贊助者

§ 3.6.1　佛羅倫斯市民：尼可羅

　　將古典文化研究提升為人之所以為人應傾全力去追求的目標，佛羅倫斯是主要的發源地。這些奉獻畢生心力鑽研古典文化的人有些後來成為大學者，有些則成為古典文化愛好者，願意慷慨資助古典文化研究（參照 § 3.3）。十五世紀初期，上述這些市民階層的人（Bürger）對古典文化的推展真是深具歷史意義，因為在他們的努力下，人文學 （Humanismus）成為世俗生活不可或缺的一環；也是在他們引領出的新風氣影響下，統治君侯與教宗才開始正視人文學的重要。

　　上文花費不少筆墨探討尼可羅（Niccolò Niccoli）與瑪內提（Gianozzo Manetti）[107]。彼斯提奇（Vespasiano da Bisticci）曾維妙維肖描寫過尼可羅為了收藏古物不惜排除萬難的可愛模樣。他穿長袍的俊逸身影，談吐和藹可親，家裡擺滿了四處收集來的珍貴古物，成為當時最獨樹一幟的人物。他對所有事物的講究遠超過時人想像，尤其在飲食方面更無人能出其右。他的餐桌舖著潔白發亮的桌布，餐具是上古時代的古董、還有水晶杯[108]。他如何讓一位原本只懂得享受逸樂的佛羅倫斯年輕人轉而專心鑽

107　〔譯者注〕參照 § 3.3.3 & § 3.3.6。
108　Vespasiano da Bisticci 以下所寫的句子實在優雅到無法翻譯："a vederlo in tavola

研古典文化的故事也很引人入勝[109]，我們實在捨不得不談談這個故事。

　　皮耶洛·帕齊（Piero de' Pazzi）是富商之子，而且看起來就是十足富家公子哥的模樣：外表出眾、沉迷世俗享樂、對學問卻一點兒都不感興趣。有一天當他行經市長官邸[110]時，被尼可羅叫住。雖然從不曾與尼可羅交談過，他還是向這位深受景仰的學者走去。尼可羅問他是何人之子，他回答說：「安得烈·帕齊先生」（Messer Andrea de' Pazzi）。尼可羅繼續問他從事什麼行業？皮耶洛·帕齊給的答案就像一般年輕人會說的：「就是努力享受人生啊（attendo a darmi buon tempo）！」尼可羅告訴他：「你有這樣的父親，看起來又是一表人才，真該感到丟臉，拉丁文所寫的學問你竟然一點都不懂。如果你能懂這些，那能為自己增添多少光彩！如果你偏不好好學會，就等著看，永遠無法出人頭地。當青春歲月流逝，你將成為一個一無所長（virtù）的人。」皮耶洛·帕齊聽到這些話，心裡知道尼可羅說的都是實話，所以就說，如果他能找到良師，一定會好好努力。尼可羅說：「這個就交給我。」尼可羅果真為他找了一個有學問的人，名叫彭塔諾（Giovanni Pontano），負責教他拉丁文與希臘文。皮耶洛·帕齊款待彭塔諾如自己的家人，也付給他100金幣的年薪。不再像過去那樣耽於逸樂，皮耶洛·帕齊搖身一變日以繼夜地唸書，成為所有飽學之士的好友以及深思熟慮的政治家。維吉爾的史詩《伊尼伊德》（*Aeneid*）以及羅馬史家李維（Livius）許多著名的講稿他都利用往返佛羅倫斯與自己在翠比歐（Trebbio）鄉居的路上熟背起來。

（續）————————————

　　così antico come era, era una gentilezza."

109　Ibid., p. 485.

110　根據 Vespasiano da Bisticci 的記載，此處有一個供大家閒聊辯論的會面地點。〔譯者加注〕佛羅倫斯於1193年設置「市長」（Podestà）一職，市長官邸（Palazzo del Podestà）此棟建築物自1261年起為市長居所。佛羅倫斯市長由市議會選出，由非佛羅倫斯人擔任。

§ 3.6.2　瑪內提與早期的梅迪西家族

　　從更高的層次來看，**瑪內提**（Gianozzo Manetti, 1396-1459）[111] 更是古典文化的化身。孩提時代的他就相當早熟，早早完成了商務員的學徒訓練，擔任某位銀行家的記帳員。工作一段時間後，他開始覺得這種工作只是在浪費生命，希望能從事學術研究工作，因為他認為，只有透過學術，人才能邁向永恆。他成為最早獻身於研讀古代經典的貴族之一，如上文所述（§ 3.3.6）；後來他也成為當時的大學者。當佛羅倫斯共和國聘請他擔任佩斯恰（Pescia）與皮斯托亞（Pistoja）的貿易代表、財稅官與地方總督，他以極高的人文理想與宗教情懷來執行這些任務。他廢除佛羅倫斯共和國制訂的、卻令當地百姓深惡痛絕的苛捐雜稅，對自己的工作也完全不支薪。作為屬邦的行政首長，他拒絕所有餽贈。他也進口穀物，不辭辛勞調停許多爭訟，以自己的良善平息許多火爆的紛爭。由於為人中肯，皮斯托亞人始終無法說出他比較偏好當地兩大政黨的哪一個？他在公餘之暇為皮斯托亞城撰寫歷史，像是要作為當地人命運共同體與權利共同體的象徵物。書成之後，以紫色封皮裝訂，典藏在市政廳內當作此城的聖物。當他任滿要離職時，皮斯托亞城送給他繡有市徽的旗幟以及一頂燦爛奪目的銀製頭盔。

　　有關十五世紀初佛羅倫斯其他飽學的市民，我們還要談談大家都熟知的**彼斯提奇**（Vespasiano da Bisticci/ Vespasiano Fiorentino, 1421-98）[112]。因為他寫作的筆調與氣質就如同他與人交際往來的樣子。能夠達到人如其文的一致和諧，比只是在某個領域出眾來得重要。如果我們只靠翻譯來欣賞他所寫的《十五世紀名人傳》（*Vite di uomini illustri del secolo XV*）——

111　他的傳記收錄於：Murat. XX, Col. 532, s.
112　〔譯者注〕參見本卷注40。

本書可惜我們只能蜻蜓點水式地略提一下——說實在很難真正讀出他這本書令人擊節欣賞之處。他並非偉大的作家，但對十五世紀佛羅倫斯整個文化氛圍卻有相當精闢的掌握，也對當時文化運動有深入的理解。

如果有人想要深入觀察十五世紀的**梅迪西家族**——尤其在老柯西莫‧梅迪西（Cosimo de'Medici il Vecchio/ Cosimo de'Medici the Elder, 1389-1464）與「輝煌者羅倫佐‧梅迪西」（Lorenzo de'Medici il Magnifico, 1449-92，彩圖62）執政期間——如何影響佛羅倫斯與當時代的人，就必須在政治之外也要能看到，梅迪西家族引領時代風潮的竅門正在於他們高度重視人文涵養（Bildung）。老柯西莫‧梅迪西身兼富商與地方政黨領導人，卻積極網羅各種思想家、研究者、與文人來為他效力。誰能同時被佛羅倫斯人視為人中翹楚、又能藉淵博的人文素養被尊為最偉大的義大利人，這個人其實已是不折不扣的君王（Fürst）了。

老柯西莫‧梅迪西享有特別聲望，深知柏拉圖哲學是古代思想極致的精華[113]，他將此認知貫徹在他周遭的環境，所以讓當時的人文學（Humanismus）為古典文化真正的復興以及更高境界的新生（eine zweite und höhere Neugeburt des Altertums）點亮了明燈。這個過程史料有詳盡的記載[114]。整體而言，這與聘請學識淵博的阿爾吉羅樸婁斯（Johannes Argyropoulos, 1415-87）[115]前來講學、以及老柯西莫‧梅迪西晚年對柏拉圖哲學的殷切提倡有相當密切的關係。所以斐契諾（Marsilio Ficino, 1433-99）稱呼自己在文化的貢獻上可稱之為老柯西莫‧梅迪西之子。在皮耶

113　在此之前義大利人對柏拉圖哲學的認識應該是相當片斷的。1438年在斐拉拉便舉行一場論辯柏拉圖與亞理斯多德哲學的活動，由 Hugo da Siena 以及到義大利參加大公會議的拜占庭學者參與討論。參見：Aeneas Sylvius, *De Europa*, Cap. 52 (*Opera*, p. 450).

114　Bei Nic. Valori, im *Leben des Lorenzo magn.*—Vgl. Verspas. Fior., p. 426.

115　〔譯者注〕參見本卷注73。

洛‧梅迪西（Piero de'Medici, 1471-1503）在位時，斐契諾便將自己視為新柏拉圖主義的領導人。

皮耶洛‧梅迪西之子——也就是老柯西莫的孫子——「**輝煌者羅倫佐‧梅迪西**」也從亞理斯多德的信徒（Peripatetiker）轉到新柏拉圖主義的陣營，當時跟他一同研習新柏拉圖主義哲學的名人有巴特羅‧瓦羅理（Bartolommeo Valori）、阿恰悠歐里（Donato Acciajuoli）、以及皮耶菲利普‧潘都爾菲尼（Pierfilippo Pandolfini）。斐契諾這位深受鼓舞的老師在自己著作許多地方都提到「輝煌者羅倫佐‧梅迪西」對新柏拉圖主義瞭解至深，正如「輝煌者羅倫佐‧梅迪西」的信念所言，沒有新柏拉圖主義思想的啟發一個人很難成為好的公民與好的基督徒。

聚集在「輝煌者羅倫佐‧梅迪西」身邊著名的學者聯盟正是希望透過調和希臘哲學與基督教義，以開創出更符合時代理想的哲學，才結合在一起的，他們也以此傲視當時其他同性質的學術組織。只有在「輝煌者羅倫佐‧梅迪西」組織的這個團體裡，像喬凡尼‧琵蔻‧米蘭多拉（Giovanni Pico della Mirandola, 1463-94）[116]這樣的千里馬才真正遇見他的伯樂。在推廣古典文化之外，「輝煌者羅倫佐‧梅迪西」所組織的這個團體也成為義大利詩文創作的聖地，在這群人文學者寫出的錦繡詩句裡，尤以「輝煌者羅倫佐‧梅迪西」本人所寫的最富個人特質。

作為政治人物，「輝煌者羅倫佐‧梅迪西」的功過究竟為何，每個人看法不同。做為外國人我們實在不必涉入佛羅倫斯人自己的歷史恩怨裡。但是有一項相當有爭議的譴責實在是不公允、也沒有必要：也就是譴責「輝煌者羅倫佐‧梅迪西」在藝文方面只懂得支持平庸之輩，逼得達文西（Leonardo da Vinci）與數學家帕丘羅修士（Fra Luca Pacciolo）只好離鄉背井、另謀出路[117]，而科學家托斯卡內禮（Paolo dal Pozzo Toscanelli,

---

116 〔譯者注〕參見本卷注110。

1397-1482）與探險家維斯普齊（Amerigo Vespucci, 1454-1512）[118]也無法在佛羅倫斯得到什麼資助。「輝煌者羅倫佐・梅迪西」不屬於當時博雅教育所強調的「通才型」（allseitig）人物，但是我們若將他與歷史上慷慨獎掖藝文、科學發展的君侯相比，他已算是顧及最多層面的統治者之一；而且與其他君王相較之下，他之所以願意這麼做，應算是最出於真心喜好而實際表現出來的結果。

我們目前所處的時代已經不斷強調文化教養（Bildung）的重要性，尤其又特別注重**古典文化**應占有的份量。但是首開熱烈宣揚、高度肯定古典文化價值，並將之視為人文教養最重要的內涵，實在是十五世紀、十六世紀初期佛羅倫斯人的貢獻。在這一點上，我們可以舉出一些事例來間接證實本文所言不虛。以一般情況而言，除非自己家中的女兒稟賦優異到讓人驚為曠世奇才，否則是不會讓她們受教育的。但是，佛羅倫斯人卻讓自己的女兒受教育。一般而言，被流放是被視為奇恥大辱，但是帕拉・史特齊（Palla Strozzi, c. 1373-1462）卻利用被流放的時光盡情享受藝文。也鮮少有人像菲利普・史特齊（Filippo Strozzi）那樣，在享盡一切宴樂之餘，還有足夠的體力與興趣寫下評論蒲里尼（Plinius, Pliny）《博物志》（*Naturalis Historia*）的文章。筆者在此並不是想論斷這些人物行徑的是非，而是想讓讀者清楚具體地認知到，當時佛羅倫斯的文化風氣具有他處難以企及的特質與活力。

佛羅倫斯之外，在義大利其他城市，也許是某些個人、也許是傾全市之力來提倡人文學並且贊助學者在當地講授相關學問。當時留存下來的書信集提供我們豐富的史料瞭解當時個別人文學者獲得贊助的情況。受過良

117　〔譯者注〕有關達文西離開佛羅倫斯前往米蘭宮廷任職的原因探討參見：花亦芬（2000a），〈細觀的雙眼，探索的心靈：文藝復興畫家達文西〉，《歷史文物月刊》10, 4（2000年4月），頁10-16。

118　〔譯者注〕參見第二卷注57。

好教育的人都會公開支持提升人文素養的工作。

§ 3.6.3　君侯與尼古拉五世以來的教宗對人文學的態度

接下來要探討的是義大利各王室如何推展人文學。專制君侯與同樣憑
藉個人性格與才華特質出人頭地的人文學者（Philologen）有某些內在的
相似性，上文曾簡略提過這個問題（§ 1.2.1）。人文學者公開承認，單從
哪裡可以得到比較優渥的待遇這一點來看，他們比較喜歡為**王室**效力，而
寧可捨棄自由的共和城市。從當時的史況來看，亞拉岡（Aragonen）王朝
「寬宏大量的亞豐索」（Alfonso the Magnanimous, Alfonso I.）大有機會成
為義大利霸主，正如伊尼亞斯·西維烏斯·琶科羅米尼（Aeneas Sylvius
Piccolomini, 1405-64）[119] 寫給他西耶納（Siena）鄉親的一封信裡所言：
「我寧可見到義大利在他手裡獲得真正的和平，也不希望義大利被某幾個
實施共和體制的市政府（Stadtregierungen）所操控。因為賢明的君王才真
正懂得善待人才。」[120] 現代研究對於專制君侯對待知識份子的黑暗面以及
他們如何以利誘的方式換取阿諛奉承，其實強調得有些太過；就像過去大
家只看人文學者如何歌頌這些王公貴族，就對這些權貴做出太正面的評價
一樣。總而言之，對君侯而言，推廣人文學是好處多多。大家會看到，在
他們所處的時代以及在他們所統治的地區，這些專制君侯具有順應最新教
育思潮的先見與胸襟──不管他們真正的執行力究竟為何。

有幾位**教宗**[121] 無所畏懼地接納當時人文學運動所倡導的人文涵養

119　參見他寫給 Mariano Socino 的信，收錄於 *Epist* 39; *Opera*, p. 526.
　　〔譯者加注〕即後來的教宗庇護二世（Pius II，在位 1458-1464），參見本卷注
　　25。

120　但是我們千萬也別忘了，史料裡也不斷可以看到某些君侯十分小氣的作風、以
　　及一點都不在意自己是否有好名聲的記載。十五世紀的例子可參見：Bapt.
　　Mant [u] an. *Eclog.* V.

121　受到篇幅限制，筆者在此無法對（直至十五世紀末）獎掖學術的教宗有特別深

（Bildung）可能帶來的後果，讓一些富含養分的種子在自然而然的情況下開花結果。尼古拉五世（Nicholas V）對教會未來的命運滿懷信心，因有成千著名的學者隨時樂意為他效勞。庇護二世（Pius II）在位時，為學術獻身的人資質並不特別傑出，來往於教廷的詩人也多為平庸之輩，但是他個人作為學術圈的領導人仍遠比他前兩任的友真四世（Eugene IV）強許多，所以也安穩地享有大家對他的尊崇。直到保祿二世（Paulus II，在位1464-71）才開始對他秘書處的神職人員著迷於人文學感到不安。他接下來的三位繼任者——西斯篤四世（Sixtus IV，在位1471-84）、英諾森八世（Innocent VIII，在位1484-92）與亞歷山大六世（Alexander VI，在位1492-1503）——接受大家對他們的獻詞，也任由大家寫詩歌頌他們。當時甚至還出版了一本可能是用六音步詩寫成的詩集《伯爾嘉頌》（Borgiade），[122] 就是用來謳頌教宗的。然而，這幾位教宗一直忙於別的事，也必須為他們的權力佈局費盡思量，因此與這些人文學者（Poeten-Philologen）並沒有太多接觸。朱利安二世（Julius II）雖有找到詩人寫詩來歌頌他，因為他認為自己的功績是重要的寫詩題材（參見§1.11.16），但是看起來他並沒有花太多時間來搭理這些詩人。

　　朱利安二世之後是教宗**里奧十世**（Pope Leo X），「就如羅馬城的創建者羅慕祿士（Romulus）之後是由努瑪（Numa）繼任」。也就是說，經歷過前一位教宗到處征戰、興兵點火之後，老百姓真的希望休養生息。里奧十世的生活裡原本就充滿優美的拉丁詩文吟詠之聲，所以他對這方面的獎掖贊助是慷慨至極。他在位時，詩人用拉丁文寫了無數哀歌、頌歌、箋

（續）————————

　　入的闡述，此課題可參見：Papencordts，《中世紀的羅馬城》（*Geschichte der Stadt Rom im M. A.*）最後面的章節。

122　Lil. Greg. Gyraldus, *De poetis nostri temporis*.
　　〔譯者加注〕Pope Alexander VI 系出西班牙伯爾嘉（Borgia，西班牙文拼法：Borja）家族，故名。

言詩、講道詞,這些作品都見證了里奧十世在位時那種歡愉、充滿藝文氣息的氛圍。這也是喬維歐(Paolo Giovio, 1483-1552)在里奧十世傳記裡鮮活刻劃出來的時代氣氛[123]。與他一生少數值得一提的事蹟相較起來,里奧十世被人從各種不同角度讚頌,放眼歐洲歷史他大概是唯一僥倖得此殊榮的統治者。詩人與里奧十世會面的時間大多是在中午,當樂師停止奏樂的時候[124]。就如里奧十世身邊的詩人群裡相當傑出的一位[125]曾寫道,他們如何緊跟著里奧十世的腳步走到庭園與居所的內室。如果這樣還無法與他照面,那就以哀歌體寫一封懇求信,這裡面當然要將奧林帕斯(Olympus)諸神都請來相助[126]。因為里奧十世喜歡花錢,喜歡看人開懷笑臉,所以他大方餽贈金錢的作風在接下來的憂患年代裡真成為大家懷念不已的傳奇行徑[127]。有關他如何重整羅馬大學,上文已簡述過(§3.5.2)。

為了不要低估里奧十世在人文學推廣上的影響,我們應捨棄當時許多與人文學者相關的遊戲文章不看,也不要太在意他對人文學者說過的一些冷嘲熱諷的話。我們的評斷根據應聚焦在他如何激發文化創造潛力的開展,而不是去計較究竟產生了哪些結果?為了讓接下來的探討有較具體的方向可以遵循,我們選擇個別事項來實際說明。大約自1520年起,義大利人文學者對歐洲文化的貢獻其實都與里奧十世幕後的推動相關。只有這位教宗在批准印行新發現的塔西陀斯(Tacitus)[128]著作時有資格說,偉大

---

123 最好的版本見於 *Deliciae poetarum italorum*,或是參見Roscoe, *Leo X*後面附錄的資料。

124 Paul. Jov. *Elogia*.

125 Pierio Valeriano, *Simia*.

126 參見Jon. Aurelius Mutius 所寫的哀歌,收錄於 *Deliciae poet. Ital.*

127 這是有關里奧十世總是隨手伸進身上所帶的不同大小的紫色絲絨錢袋抓一把賞錢的故事,參見:Giraldi, *Hecatommithi* VI, Nov. 8. 但相反地,我們也可讀到,如果里奧十世進餐時,吟唱拉丁文詩歌的即興詩人表現不好,也會被鞭打一頓。參見:Lil. Greg. Gyraldus, *De poetis nostri temp.*

128 Roscoe, *Leone X*, ed. Bossi IV, 181.

的經典提供我們生活指南、在憂患中帶給我們慰藉。而獎掖學者、購藏優良書籍是他人生最高目標之一。他也感謝上蒼，讓他有機會促成這本書的出版，以造福人類。

　　1527年發生的「羅馬浩劫」（the Sack of Rome）迫使藝術家四處奔散，文學家也如驚弓之鳥遠走羅馬。這個不幸的事件卻讓這位已經身故的教宗過去大力提倡藝文的名望遠播到義大利各處。

§ 3.6.4 「寬宏大量的亞豐索」

　　在世俗統治者的部分，十五世紀最熱衷提倡古典文化的是拿波里國王——也就是亞拉岡（Aragonen）王室「寬宏大量的亞豐索」（Alfonso the Magnanimous, Alfonso I., 1395-1458, 參見 §1.5.1）。[129]他對古典文化的熱情顯然不是裝出來的。因為自從他抵達義大利以後，他便深深著迷於古代希臘羅馬的古蹟與著作，而且他更希望仿照古典文化風采來生活。他爽快地將不太平靜的亞拉岡與周邊的領地讓給自己的兄弟，轉而專心治理新征服的拿波里。人文學者如喬治・翠比松（George Trebizond）、小克里索羅拉斯（Chrysoloras the Younger）、羅倫佐・瓦拉（Lorenzo Valla）、巴特

（續）─────────

　　〔譯者加注〕塔西陀斯（Corbelius Tacitus, c. 55-c. 120 A.D.）著有《Agricola傳》（*De vita Iulii Agricolae*），《論日耳曼人的起源與居住地》（*De origine et situ Germanorum*），*Annales, Historiae* 等書。十四世紀中葉，Boccaccio 在 Monte Cassino 修道院圖書館看到 *Annales* 第11-16卷手抄本，這些手抄本後來可能由 Zanobi da Strada 帶回佛羅倫斯，加上在德國發現的第1-6卷，一起被送進1508年由 Giovanni de'Medici（即後來的教宗 Leo X）所建立的梅迪西圖書館。在這段時期，在現在德國（有些是在 Fulda 修道院）陸續發現的塔西陀斯手抄本都陸續傳回義大利，成為當時人文學者研究的對象。當時德意志地區的學者──包括 Conrad Celtis──也對塔西陀斯的著作下功夫研究，尤其是《論日耳曼人的起源與居住地》對早期日耳曼民族性的讚揚，更成為激發文藝復興時代德意志人國族意識的重要經典與歷史文獻。

129　〔譯者注〕參見第一卷注52 & 116。

羅‧法其歐（Bartolommeo Fazio）與潘諾米塔（Antonio Beccadelli il Panormita）都曾先後成為他宮廷的史官[130]。而潘諾米塔必須每天——即使是作戰時在駐紮的營地——為他及朝臣講解羅馬史家李維（Livius）的史著。為了供養這些人文學者，「寬宏大量的亞豐索」每年必須支出2000金幣。他支付500杜卡金幣的年薪請巴特羅‧法其歐（Bartolommeo Fazio）為自己寫《「寬宏大量的亞豐索」評傳》（*Historia Alphonsi*，正式書名為 *De rebus gestis ab Alphonso primo Neapolitanorum rege commentariorum libri decem*），書成之後，另付給他1500金幣酬勞。他說：「付給您酬勞，實在不成敬意。因為大作的價值實非金錢可以衡量，就算我以一座美麗的城池答謝您，也無法表達我的心意。但請您放心，我日後必會好好回報您。」

當他以優渥的條件力邀瑪內提（Gianozzo Manetti）來擔任他的秘書時，他說：「即使我剩下最後一口麵包，我也會與您一同分享。」當瑪內提還以佛羅倫斯特使的身分參加斐朗特王子（Ferrante）的婚禮時，「寬宏大量的亞豐索」就讓他感到印象深刻：「寬宏大量的亞豐索」「好像一尊銅像」般穩坐在寶座上，動也不動，連蚊子也不揮一下。「寬宏大量的亞豐索」最喜歡去的地方就是拿波里王宮圖書館，他坐在一個可以眺望海景的窗邊，聽著賢達飽學之士討論像是三位一體這樣的課題。在信仰上，他也是一個相當虔敬的人。除了李維的史書與塞內卡（Seneca）充滿哲理的書之外，他也請人朗讀聖經。他幾乎熟背整本聖經。誰能真正知道他對供奉於帕多瓦（Padova）的李維遺骨究竟懷有多深的崇敬之情呢？（參見§2.3.5）在他向威尼斯人迫切懇求下，終於得到一截李維的胳臂遺骨拿來供奉在拿波里，他當時心中的歡喜應該是夾雜著基督徒的虔敬與對異教文化的熱愛吧！在一次遠征阿布魯其（Abruzzi）途中，有人告訴他，望過

130　Vespas. Fior., p. 68, s; Panormita, *Dicta et facta Alphonsi*.

去的遠處就是古羅馬大詩人奧維德（Ovid）的家鄉蘇摩那城（Sulmona），他聽到後，便向蘇摩那城打招呼，感謝此城出過如此天縱之英才。顯然他認為，奧維德詩作中曾寫下的預言的確預示了他日後的聲譽[131]。

　　有一次他興奮地以仿古的方式出現在公眾面前，也就是1443年他以古羅馬戰勝者的姿態與軍儀進入完全臣服在他手下的拿波里城。在市集廣場（mercato）不遠處，他派人在城牆上鑿開一個約40肘寬（Ellen）的缺口，他本人便以戰勝者之姿坐在一輛金碧輝煌的馬車上，由此進入拿波里城。此次征服成功的經過也被永恆化於新堡（Castello nuovo）內的大理石凱旋門上[132]。可惜的是，他在拿波里王國的繼任者（參見§1.5.1）幾乎沒有繼承到他對古典文化的熱愛以及他性格裡所有可貴的優點。

§ 3.6.5　屋比諾公爵菲德里高

　　比「寬宏大量的亞豐索」學問素養強上許多倍的，首先應提屋比諾統治者菲德里高・蒙特斐特公爵（Federigo da Montefeltro）[133]。簇擁在他身邊的學者人數較少，他也不會浪費金錢在無謂的事情上。他學習古典文化的態度就如他學習其他事物一般是按部就班、照規矩來的。我們現今所見從希臘文翻譯過來的經典以及對這些經典最有歷史文化價值的評註、編纂等工作，絕大部分都是在菲德里高・蒙特斐特公爵與教宗尼古拉五世（Pope Nicholas V）任內完成的。他對自己認為有必要聘請的人都付出相當優渥的薪水，但絕不浮濫用人。他不像其他君侯需要藉滿屋子詩人來粧點屋比諾宮廷的文化氣息，因為與這些詩人相較起來，他的學識比他們強太多了。古典文化只能算是他深厚文化素養的一部分。作為一個通達各種

131　Ovid. *Amores* Ⅲ, 15, vs. 11.— Jovian. Pontan., *De principe.*

132　*Giorn. napolet.* bei Murat. XXI, Col. 1127.
　　〔譯者加注〕有關「新堡」的歷史參見卷一注79。

133　Vespas. Fior., p. 3, 119, s.

知識的統治者、軍事將領、與具有生命情性的人,他對當時各類知識都有相當程度的接觸,當然都是為了實際運用所需。作為一個神學涵養豐富的人,他也深知道明會的神學泰斗阿奎那(Thomas Aquinas)與方濟會著名的神學家司高篤(Scotus)差異何在。基督教早期東西教會的教父神學他也有接觸,當然剛開始時是讀拉丁文翻譯本。在哲學方面,他應該完全認同當時柯西莫・梅迪西對柏拉圖哲學的推崇。但是他對亞里斯多德哲學的認識也非皮毛而已。他不僅讀過亞氏的《倫理學》與《政治學》,也讀過《物理學》以及其他著作。在他讀過的其他書裡,他自己收藏的古希臘羅馬史家的全部著作占了最重要的份量。他最喜歡閱讀史書而非詩集,也最喜歡叫人朗讀給他聽。

§ 3.6.6 史佛薩與艾斯特王室

米蘭的史佛薩王室[134]也多多少少接受了不錯的教育,所以他們對文化的贊助也常被提及。米蘭公爵法蘭卻斯柯・史佛薩(Francesco Sforza)欣然接受自己的小孩以人文教育來教養,因為這符合他們日後從政所需。當時人心目中應該是相信一個統治君王若能與最有學問的人平起平坐交往,其實是有百利無一害的。「摩爾人」羅德維科・史佛薩(Lodovico Sforza il Moro)精通拉丁文,他也喜歡參加各種文化活動,而且不限於與古典文化有關的(參見§ 1.5.4)。

對那些政治勢力沒有那麼強大的統治者而言,他們也企圖用類似的方式提升境內文化風氣以得到好處。當然,只把他們想像為一群希望藉著供養御用文人來寫歌功頌德詩篇的人是不公允的。斐拉拉的伯爾索・艾斯特

134　史佛薩王室最後一位執政者在位時,大家還在吵當公爵在場時應搬出羅馬史家李維、法國騎士浪漫小說、還是佩托拉克、薄伽丘?Decembrio, bei Murat. X X, Col. 1014.

（Borso d'Este，在位1450-71，參見§1.5.9）儘管愛好虛榮，但不求這些詩人用詩詞來讓他永恆不朽，儘管這些詩人急著寫下像《伯爾索頌》（*Borseid*）這樣的史詩來取悅他，他卻不太為其所動，因為他的雄心壯志並不只想以此沾沾自滿。對當時的統治君侯而言，與學者交往、對古典文化充滿興趣、以及宮廷中需要有人能用優雅的拉丁文撰寫書信，這些因素都是緊密相關、不可分割的。可以想見文化素養深厚的「寬宏大量的亞豐索」（參見§1.5.10）為何會對自己年少時因為身體孱弱養病之故，只能作些手工勞動抒發身心感到深深哀嘆[135]。或者，他是利用此事當藉口，刻意和人文學者保持適當距離？像他那樣心思的人，同時代人很難有人真正懂得他究竟在想些什麼？

即使是佛羅倫斯東北的羅馬尼阿山區（Emilia-Romagna）那些微不足道的統治者也都必須在宮廷裡養幾個人文學者。在這樣的宮廷裡，通常一個人文學者必須身兼家庭教師、秘書等職，有時甚至還必須負責其他雜務。由於這些宮廷規模很小，所以通常他們對人文學的努力都被草草蔑視過去。其實我們往往忘記了，精神文明的極致成就並不是用制式的標準可以衡量的。

§3.6.7　西吉斯蒙多‧瑪拉帖斯塔

芮米尼（Rimini）被那位狂妄的異教徒雇傭兵統帥西吉斯蒙多‧瑪拉帖斯塔（Sigismondo Malatesta）統治時，人文學發展獲得前所未有的推力。西吉斯蒙多‧瑪拉帖斯塔身邊雇用了一些人文學者（Philologen），並且慷慨賞賜給每個人一塊土地；有些人則以政府官員名義終身聘任，至少讓他們衣食無憂[136]。在他居住的西吉斯蒙多堡（Arx Sismundea）裡，這

135　Paul. Jov. *Vita Alfonsi ducis*.
136　*Ancdota literar*. II, p. 305, s. 405.

些人文學者經常在「國王」（rex）——學者對他的尊稱——御前舉行充滿
才智機鋒的辯論。這些人文學者也用拉丁文寫詩讚美他，歌頌他與美麗的
依索塔（Isotta degli Atti）之間的戀情感人肺腑。正是為了取悅依索塔，
西吉斯蒙多・瑪拉帖斯塔才會讓人改建芮米尼的聖方濟教堂，以作為依索
塔的埋骨之所，並將之稱為「依索塔安息聖殿」（Divae Isottae Sacrum）。
當宮中人文學者過世時，他們就被安葬在這座教堂外牆裝飾石龕的石棺裡
面或下方。上面的碑文會寫著，埋骨於此的死者是在西吉斯蒙多・瑪拉帖
斯塔——潘多佛・瑪拉帖斯塔（Pandolfo Malatesta da Rimini）之子——在
位時被葬於此的[137]。

　　今天我們會感到難以置信，何以西吉斯蒙多・瑪拉帖斯塔這樣一位令
人憎惡的統治者竟會看重文化涵養以及樂於與有學識的人往來？但是，將
他開除教籍、焚燒其畫像、而且公開討伐他的教宗庇護二世（Pope Pius II）
卻說：「西吉斯蒙多通曉史學，哲學造詣也相當不錯。他似乎為他所精擅
的一切而生。」[138]

137　Keyßler, *Neueste Reisen*, s. 924.
138　*Pii II. Comment.* L. II, p. 92. 庇護二世對他的讚揚尤其以史學造詣為主。

第七章
再現古典風華：尺牘藝術

不論是對共和政府、專政君王、還是教宗，人文學者在撰寫書信以及草擬公開、正式的演講稿這兩方面都是不可或缺的。

重要人物不只尋找能用拉丁文撰寫優雅文章的才學之士來擔任秘書，其實更應說，大家都認為只有具備良好人文素養以及足夠才情的人文學者才能擔任秘書的工作。所以十五世紀在學術上具有聲望的重要人物大部分都將他們一生可觀的歲月奉獻在服務政府公職。在尋覓適當秘書人才方面，籍貫與出身背景並不列入考量，例如，1429-1465 年佛羅倫斯四個總理大臣皆非佛羅倫斯當地土生土長的人 [139]：其中有三位來自佛羅倫斯的屬邦阿瑞丑（Arezzo）[140]——即布魯尼（Leonardo Bruni, c. 1370-1444）[141]，卡羅·瑪素琵尼（Carlo Marsuppini, 1399-1453），與阿可蒂（Benedetto Accolti）；柏丘（Poggio Bracciolini, 1380-1459）則來自於「新地」（Terranuova），也是佛羅倫斯的屬邦。由此我們可以看出，基本上，當時人早就接受許多重要公職由外國人來擔任。

---

139 Fabroni, *Cosmus*, Adnot. 117.— Vespas. Fior. passim. 有關佛羅倫斯總理大臣的職掌內容參見：Aeneas Sylvius, *De Europa*, cap.54 (*Oprea*, p. 454).

140 〔譯者注〕Arezzo 自 1385 年起成為佛羅倫斯屬邦。

141 〔譯者注〕有關 Leonardo Bruni 的生平參見卷一注 254。

§ 3.7.1 教宗的秘書處

布魯尼、柏丘、與瑪內提（Gianozzo Manetti）也曾擔任過教宗的機要秘書，後來卡羅・瑪素琵尼亦如此。布隆篤斯（Blondus da Forlì, 正式的名字為Flavius Blondus）以及後來羅倫佐・瓦拉（Lorenzo Valla）也排除各種阻礙，爭取到擔任這項工作的榮譽。從教宗尼古拉五世（Pope Nicholas V, 在位 1447-55）與庇護二世（Pius II, 在位 1458-64）在位起[142]，當時最著名的學者都爭相到教廷擔任教宗的秘書，即使一些十五世紀末的教宗並沒有太多人文素養。普拉提納（Platina）[143] 所寫的《教宗史》[144]中，有關保祿二世（Pope Paulus II）的傳記可算是這位人文學者對教宗一番諧謔的報復，因為教宗不懂得善待自己的秘書處——「那是一個詩人與演說家構成的群體，他們為教廷帶來的榮耀正如他們從教廷得到的光彩一樣多」。我們真應看看這些袞袞諸公在誰先誰後的問題（Präzedenzstreit）上——例如，當教廷法院辯護律師（consistorial advocate）希望與他們平起平坐，甚至地位要比他們高時——可以變得何等暴跳如雷的模樣[145]。他們引經據典證明他們的特殊地位如同下列這些人物一樣是不可取代的——就像「天堂的奧秘」只顯現給〈約翰福音〉的作者聖約翰知道[146]；又以波喜納（Porsenna）[147] 國王的書記為例，提到他還被斯凱佛拉（Mucius Scaevola）誤認為是國王本人，而將之殺害；他們的作用就像古羅馬皇帝

142　有關庇護二世成立速記部參見：Papencordt, *Gesch.d. Stadt Rom*, p. 512.

143　〔譯者注〕Platina 是 Bartolommeo dei Sacchi（1421-1481）的筆名。

144　〔譯者注〕Platina, *Vitae Pontificum Platinae historici liber de vita Christi ac omnium pontificum qui hactenus ducenti fuere et XX* (Venice, 1479).

145　*Anecdota lit*. I, p. 119.

146　〔譯者注〕這些教宗秘書的意思是說，他們就像福音書的作者一樣，是上帝選來記錄聖言——「天堂的奧秘」——的工具。

147　〔譯者注〕Etruscan King of Chiusi.

奧古斯都的機要秘書梅卻那斯（Maecenas）那樣；他們還提到，樞機主教在德意志地區亦被稱為教宗的總理大臣（Kanzler）[148]等等。「書寫福音書的使徒執掌世上首要之事。因為，除了他們之外，誰有權柄可以寫下福音、裁決天主信仰諸般事宜、對抗異端、重建和平、調和強權之間的爭端？除了他們之外，誰有能力為整個基督教世界的發展勾勒出清楚的藍圖？他們為教宗所寫的文章讓所有國王、君侯、以及百姓都由衷讚賞；他們為教廷特使草擬敕令與指示；而他們只聽命於教宗，也不分日夜隨時為教宗待命。」但是，做為教宗的秘書真正享有很高聲望的要等到里奧十世（Pope Leo X）任內的兩位著名的文體家（Stilist）──班博（Pietro Bembo）與撒都雷托（Jacopo Sadoleto）。

§ 3.7.2　對書信體裁的重視

並非文書處寫出來的所有文字都是優雅的。有一種用極不純正的拉丁文寫出來的文謅謅公文體其實是大部分人習於使用的。在可利歐（Bernardino Corio）所編纂的米蘭文獻史料裡，我們可以看到少數幾封書信是由統治王室的人親筆所寫，這些信的文采散發出古拉丁文的純正之美，不像大部分陳腔濫調的公文體文書那樣；看得出來，這些措辭典雅的書信一定是為相當重要的事所寫的[149]。如果匆匆寫就的書信還能讓人感到文采煥發，那一定是家學淵源、素養深厚的人才辦得到。

我們可以想見，當時的人多麼勤奮地研讀西塞羅（Cicero）、蒲里尼（Plinius, Pliny）等古羅馬人所寫的書信。十五世紀已經出版了各式各樣指

148　Aeneas Sylvius 對神聖羅馬帝國皇帝腓特烈三世（Frederick III.）在位時樞機處的功能有最好的描述，參見：*Epp.* 23 und 105, *Opera*, p. 516 & 607.

149　Corio，《米蘭史》（*Storia di Milano*），fol. 449 收錄了 Isabella d'Aragon 寫給他父親寬宏大量的亞豐索的信；另外 fol. 451, 464 收錄了 Lodovico Sforza il Moro 寫給查理八世的信。

Titian，《班博樞機主教錢幣造像》（Cardinal
Pietro Bembo）。
大約鑄造於1539年。
引自：*Hoch Renaissance im Vatikan: Kunst
und Kultur im Rom der Päpste I, 1503-1534*
(exh. cat. Kunst- und Ausstellungshalle der
Bundersrepublik Deutschland, 1998-99), Abb.
161.

導人如何用拉丁文寫信的手冊與
格式指南（是拉丁文文法書與辭
典編輯下的副產品）。光從現在
圖書館典藏的情況來看，當時這
些書出版的數量著實讓人驚嘆。
當愈來愈多沒有受過專業訓練的
人靠這些手冊與指南開始充當起
寫信高手時，這些真正有造詣的
專業人才愈是卯足了勁，用無人
能及的典雅拉丁文寫出書信傑
作。所以我們可以看到波里祈安
諾（Angelo Poliziano, 1454-94）與
十六世紀初班博（Pietro Bembo,
1470-1547）所寫的書信傑作不

僅可稱為古拉丁體，更應說他們開創了「尺牘藝術」（Epistolographie）。

　　自十六世紀起，也興起了另一種非常經典的尺牘文體──班博便是箇
中好手。這種尺牘文體在風格上充滿現代文采，刻意與古拉丁文的文體有
所區隔；但是就精神本質來看，又深受古代經典文化影響。

282

第八章
拉丁文演講

　　比書信作家更風光的是演說家（Redner）。尤其文藝復興時代的人還很看重聽覺帶來的享受。此外，不論教育程度高下，大家對古羅馬元老院裡雄辯滔滔的政治演說也充滿追慕之情。中世紀時，古羅馬演講術被保存在教會的講道裡；到了文藝復興時代，演講術開始脫離教會轄制，奔放地往世俗各領域發展。良好的口才與辭令成為所有想要出人頭地的人必備的才華。今天我們許多重要的慶典活動是以音樂演奏來串場，在當時就是以拉丁文或義大利文演講。至於演說的主題是什麼，大家就各憑想像吧！

§ 3.8.1　不在乎演說者的身分背景

　　演說者的出身背景並不重要，大家在意的，只是他們是否具備優異的人文素養與才情。斐拉拉公爵伯爾索・艾斯特（Borso d'Este）有一位宮廷御醫傑若尼姆（Jeronimo da Castello），不論是神聖羅馬帝國皇帝腓特烈三世（Friedrich III.）或是教宗庇護二世（Pope Pius II）都竭誠歡迎他光臨[150]。在教會裡，已婚的世俗信眾在各種婚喪喜慶禮拜裡踏上講道壇；就連各種紀念聖徒的彌撒禮拜，他們也照樣走上講道壇。對義大利以外地區的人而言，例如，當1432-37年大公會議於瑞士的巴塞爾（Council of Basel, 1431-49）召開時，米蘭總主教在聖安博思（St. Ambrosius）紀念日

150　*Diario Ferrarese*, bei Murat. XXIV, Col. 198, 205.

（12月7日）那天讓當時還沒有接受聖職的伊尼亞斯・西維烏斯・琵科羅米尼（Aeneas Sylvius Piccolomini）[151]登上講道壇演講，這讓非義大利籍的大公會議參與者感到不可思議。但是，雖然保守的神學家對此舉不以為然，伊尼亞斯・西維烏斯・琵科羅米尼的演講卻深得大家喜愛，認為飽足了耳福[152]。

§ 3.8.2 正式的官方演說與歡迎儀式致詞

接下來我們要對最常見、與最重要的公開演講場合略作整體介紹。

當時國與國之間派遣的特使之所以被稱為「演說家」（Orator），並非向壁虛造。他們在秘密折衝之餘，也不可免俗必須參加慶祝遊行，在盛大的排場下發表公開演講[153]。 通常在浩浩蕩蕩的特使團裡，只需「一個」最具身分地位的人代表致詞。但也有識貨者如教宗庇護二世（Pope Pius II）喜歡讓特使團裡善於演說的人一個接一個在他面前演講[154]。 有學識、善辭令的統治君主也喜歡用義大利文或拉丁文發表演講。米蘭史佛薩王室的子嗣從小就被教導要善於辭令。 1455年當葛蕾阿佐・瑪莉亞・史佛薩（Galeazzo Maria Sforza）年紀尚幼時，便在威尼斯參議院流利地發表演說，這被當成他的教育訓練項目之一[155]。 他的姊妹依波麗塔・史佛薩（Ippolita Sforza）也於1459年在曼圖瓦（Mantova）的會議上以動人的演說歡迎教宗庇護二世駕臨[156]。庇護二世本人一生為邁上教宗寶座而作的奮

---

151 〔譯者注〕即後來的庇護二世（Pope Pius II，在位1458-1464），Aeneas Sylvius 直到1446年才成為正式神職人員，在此之前他生了好幾個私生子。

152 *Pii II. Comment.* L. I, p. 10.

153 講得好的人當然受到熱烈歡迎，但講不好的人卻也要在一大群人面前經歷大家冷場的反應。有關後者的例子參見：Petrus Crinitus, *De honesta disciplina* V, cap. 3. Cf. Vespas. Fior., p. 319, 430.

154 *Pii II. Comment.* L. IV, p. 205.

155 引述自：Marin Sanudo, bei Murat. XXII, Col. 1160.

鬥裡，口才應扮演相當重要的角色。如果過去他只憑充當教宗重要的外交特使、或是以學者身分見重於世，卻沒有舌燦蓮花、語驚四座的傑出表現，教宗這個位子恐怕還輪不到他來坐。「因為他最大的魅力正在於演說能深深打動人心」[157]。因此，在他參選教宗之前，在成千上萬人心目中已是教宗最佳接任人選。

此外，在所有公開**歡迎儀式**上也都習慣以致詞來歡迎到訪的君侯，通常致詞可以長達數小時。當然這種情況之所以可能，也是因為來訪的君侯本身是喜愛聽演講、或是希望以此知名於世。儲備足夠演說人才的途徑就是從御用文人、大學教授、官員、醫生與神職人員裡來尋覓。

所有政治集會的場合也被視為發表演說的大好機會。關心文化發展的人前往聆聽這種演講的人數多寡，則與演講者的聲望有關。每年的新官就職典禮、或是新主教就任都必須請一位人文學者上台演講[158]。有時還以古希臘女詩人莎芙（Sappho）的詩體或六音步詩的形式來演說。有時候新上任的官員自己必須發表一篇有關自己專業工作領域的演講（例如「論正義」），如果他的專業素養夠好，這樣的公開演講其實是有加分的作用。在佛羅倫斯甚至連雇傭兵統帥——不管他是何許人、也不論他的出身背景為何——都會在全境人民的熱烈歡迎儀式裡，被學識淵博的總理大臣長篇大論地訓勉一番後才被授與指揮權杖[159]。由此來看，佛羅倫斯市政廣場（Piazza della Signoria）上那個舉行慶典用的「雇傭兵警衛柱廊」[160]——也

156　*Pii II. Comment.* L. II, p.107. Vgl. p. 87.

157　*De expeditione in Turcas*, bei Murat. XXIII, Col. 68.

158　Lil. Greg. Gyraldus, *De poetis nostri temp.* 在寫到Collenuccio的部分，Filelfo作為已婚的平信徒也於1460年在Como主教座堂為主教Scrampi的就職禮拜發表演講。

159　Fabroni, *Cosmus*, Adnot. 52.

160　〔譯者注〕「雇傭兵警衛柱廊」（Loggia dei Lanzi）位於佛羅倫斯市政廳（Palazzo Vecchio）旁邊，建造於1374-1382年，由當時著名的藝術家Orcagna設計，剛

就是佛羅倫斯市政府經
常對民眾發表公開演講
的地方──其實就是設
計成演講台（拉丁文
"rostra"，義 大 利 文
"ringhiera"）的模樣。

§ 3.8.3　安息禮拜上
的演說

各種週年紀念活
動，尤其是君侯逝世週

佛羅倫斯「雇傭兵警衛柱廊」（**Loggia dei Lanzi**）
◎攝影／花亦芬（參見彩圖63）

年紀念日都要有追思演說。此外葬禮的追悼致詞更是人文學者的專利。他
們穿著俗世衣袍在教堂裡朗讀追悼文，不只統治君主的葬禮如此、連官員
以及名望之士的葬禮亦如此。[161] 同樣的情況也可見於訂婚與結婚典禮的致
詞，只是這種人文學者可以上去致詞的場合（看來）不是在教堂、而是在
宮廷裡。例如人文學者菲雷豐（Filelfo）便在安娜・史佛薩（Anna Sforza）
與亞豐索・艾斯特（Alfonso d'Este）於米蘭的城堡訂婚時，發表演說（當
然，他的演講有可能是在城堡內的小禮拜堂裡說的）。有時，名門豪族也
喜歡邀請這種婚禮演說家到府演說，就算當成一種高尚的奢侈享受。在斐
拉拉（Ferrara）如果需要演說人才，他們就直接找适里諾（Guarino）幫
忙[162]，他只需從他學生裡找一個合適的人選就行了。在葬禮上，教會只負

（續）

　　開始名為「市政廳柱廊」（Loggia della Signoria），主要功能是提供群眾大會、
　　公共儀典使用。十六世紀時，被 Cosimo de'Medici I 挪給他個人的雇傭兵警衛
　　使用，所以改名為「雇傭兵警衛柱廊」（"lanzi"為"lanzo"的複數形，"lanzo"即
　　lanzichenécco「雇傭兵」之意）。

161　例如 Jac. Volaterranus 在 Platina 安息禮拜上的致詞（Murat. XXIII, Col. 171）。

責與宗教儀式有關的部分。

§ 3.8.4　學術演講與軍隊訓詞

在學術演講方面，新聘教授的就任演講以及開學第一堂的演講[163]都是由教授親自上場，演講內容還會用許多修辭學技巧加以潤飾使之生動有趣。平常大學裡的講課也往往具有演講的特色[164]。

辭令技巧可以在法庭辯論上施展到什麼地步，端視各法庭尺度而定。同樣的，律師也會因事制宜，看是否能用飽含典故、辭藻豐富的辯護詞來進行法庭答辯。

有一種特殊演講類型是用義大利文對軍人發表的訓詞。有些是在他們出兵作戰前、有些則是打完仗後說的。屋比諾公爵菲德里高‧蒙特斐特（Federigo da Montefeltro）相當擅長此道[165]。當戰士整裝待發站在他面前，他可以對著一營接著一營的軍隊加以訓勉，讓他們感到豪氣干雲、鬥志昂揚。十五世紀一些軍事史家例如波卻里歐（Porcellio，參見§ 1.10.2）所記載的軍隊訓勉演說有些是虛構、有些則是真實的。還有另一種不同類型的演講是對民兵（Miliz）的演講[166]。這種對佛羅倫斯民兵的演講主要是在馬基亞維里（Niccolò Machiavelli）影響下自1506年起才有的。剛開始是為了教育訓練所需，後來變成在每年特定的週年慶祝活動來發表。這些對民兵演說的內容通常都是以愛國精神教育為主，在各區的教堂裡由一位市民身穿甲冑、手持軍刀，對聚集在一起的民兵來發表。

162　*Anecdota lit.* I, p. 299.

163　這種類型的講稿留存下來不少，參見Sabellicus, Beroaldus maior, Codrus Urceus 等人的文集。

164　Pomponazzo講課時口才出眾尤享盛名，參見：Paul. Jov. *Elogia*.

165　Vespas. Fior., p.103. 有關 Giannozzo Manetti 到軍營拜訪他時聽到的演講，參見該書頁598。

166　*Archiv. stor.* XV, p.113, 121; Canestrini, Einleitung, p. 342, s.

§ 3.8.5　拉丁文講道

十五世紀教堂裡的講道有時也與人文學者的演講風格類似，因為許多神職人員接受了古典文化洗禮，而且也希望以自己的人文學養知名於世。街頭傳道者伯那丁諾・西耶納（Bernardino da Siena, 1380-1444）雖然生前就被民眾尊為聖徒，也認為自己應不恥下問到适里諾・維羅納（Guarino da Verona, 1374-1460）聲名卓著的修辭學講堂去學習[167]，雖然他只能用義大利文講道。當時，特別是在每年復活節前四十天開始的四旬齋（Lent）節期需要比平時更多的傳道人來講道，因為到處都看得到聚集的群眾，他們也願意聽到充滿哲理的講道。這種情形之所以如此，應與群眾希望講道內容富含人文精神有關[168]。但這種情形主要發生在特聘的知名傳道人用拉丁文演說的佈道上。

如前所述，這些博學多聞的知名傳道人過去「非我莫屬」的演講機會，現在已被飽讀古典詩書的世俗學者搶去。特定宗教節日的講道、婚喪喜慶的演講、主教就任新職等場合的祝禱演講，甚至於自己知交神職人員就職的第一場彌撒與特定修會／兄弟會禮拜堂舉行的紀念演講，以上種種機會幾乎都落入平信徒（Laien）學者手中[169]。但至少在十五世紀的教廷，還是由神職人員來講道，而且一般教廷慶典的講道也由神職人員負責。教宗西斯篤四世（Pope Sixtus IV, 在位1471-84）在位時，嘉可莫・佛泰拉（Giacomo da Volterra）定期將教廷慶典講道者的名姓登錄下來，並用古典演說的技巧規範來評論其高下[170]。教宗朱利安二世（Pope Julius II）

167　〔譯者注〕參見§ 3.5.4。

168　Faustinus Terdoceus, *De triumpho stultitiae*, lib. II.

169　這兩個驚人的事例見於Sabellicus 的記載（*Opera*, fol. 61-82. 在 Verona 的赤足禮拜堂講道台之演講記在 "De origine et auctu religionis"；在 Venice 講道壇之演講記在 "De sacerdotii laudibus".）。

任內教廷著名的慶典講道者英吉拉米（Fedra Inghirami）也有受封聖職、而且還是羅馬主教座堂拉特拉諾教堂（Laterano）唱詩班的總指揮。此外，當時羅馬高級神職人員裡也有許多人具有良好的拉丁文素養。整體而言，十六世紀世俗人文學者在演講方面已經不像過去那樣掌握絕對的優勢。下文將繼續探討這個問題。

§ 3.8.6　修辭學的復興

整體而言，文藝復興時代演講的形式與內容究竟如何?義大利人天生口齒伶俐，即使在中古時代也沒改變。自古以來，所謂「修辭學」（rhetoric）一直屬於博雅教育七個領域中的一項[171]。如果我們要從復興古典文化的角度來看古代演講術在文藝復興時代是怎樣被復興，根據菲利普・維朗尼（Filippo Villani）的說法[172]，這要感謝佛羅倫斯人卡西尼（Bruno Casini），他不幸於1348年的瘟疫中英年早逝。出於相當實際的考量，也就是希望幫助佛羅倫斯人在市議會或其他公開場合能夠風度翩翩、侃侃而談，卡西尼根據古人留下來的方法，將演講術分別從立論、聲調、手勢與儀態各個角度加以闡釋。此外，聽說以前也有專為實際運用而開設的辭令

170　*Jac. Volaterrani Diar. roman.*, bei Mur. XXIII., passim.-Col. 173記載了一樁相當特別的教廷講道，當時正巧碰上教宗 Sixtus IV 不在，講道者 Paolo Toscanella 神父破口大罵教宗、教宗的親人、以及樞機主教，教宗聽到此事後只是笑一笑。

171　〔譯者注〕所謂「博雅教育」（artes liberales, liberal arts）在古羅馬時代是羅馬公民理想上應接受的教育，以便作為享有自由心靈之人。這個概念是相對於 *artes mechanicae*（or *artes vulgares, artes sordidae*）──即奴隸與手工匠應接受的專門職業訓練。這樣的理念到了中古早期被 Boethius（died 524）進一步系統化，他將 *artes liberales* 區分為兩大類：(1)語文三科（trivium）──文法、修辭、邏輯，(2)數理四科（quadrivium）──天文學、幾何學、音樂（主要是從樂理的角度來看，而非演奏）、算術。現代學術研究有關此課題的探討參見：Paul Oskar Kristeller (1990a), "The Modern System of the Arts."

172　Fil. Villani, *Vite*, p. 33.

訓練。能夠在不同場合即興地以典雅拉丁文說出合時合宜的話，在當時是
最受推崇的。因此，新式演講術（Redekunst）的興起可從以下各種現象的
出現來加以解釋：有愈來愈多人認真鑽研西塞羅（Cicero）的演講稿與修
辭學方面的著述、有愈來愈多人對昆提里安（Quintilian）的文章[173]以及古
羅馬帝國歌頌皇帝的文章下工夫研究、新的演講術教材開始出版上市[174]、
大家開始懂得善用古典語文研究新知、以及懂得從古典文化裡擷取源源不
絕的寶藏來充實自己的思想內涵[175]。

§ 3.8.7 引經據典的形式與內容

每個人的演講風格都不一樣。有些人的演講讓人覺得口若懸河、侃侃
而談，而且頗能就事論事。教宗庇護二世（Pope Pius II）在位時，一般人
的演講風格大致如此。像瑪內提（Gianozzo Manetti, 1396-1459）[176]那樣能
藉著演說帶起一陣旋風的人是史上難得一見的奇才。他以特使身分晉見教
宗尼古拉五世（Pope Nicholas V）、威尼斯總督與威尼斯市議會時，在歡
迎儀式上所發表的精采演說皆成為傳誦久遠的美事。相反地，有些演說家
只會在這種場合上對權貴說諂媚奉承的話，再加上引經據典說一大堆從古
書借來的陳腔濫調。

為何當時人能忍受一場演講長達二、三小時，可以從以下因素來解
釋：當時人渴望了解古典文化，而在印刷術發明之前，相關的著作又極為
缺乏或罕見。直至今天，這些演講具有的時代意義就如同佩托拉克
（Petrarca）所寫的一些書信那樣（參見§3.4.2）。有些人的演講風格則顯

173　〔譯者注〕參見本卷注46。

174　Georg. Trapezunt, *Rhetorica* 是第一本完整的修辭學教科書。

175　〔譯者注〕現代學術研究有關此課題的探討參見：Paul Oskar Kristeller (1990b),
　　　"Rhetoric in Medieval and Renaissance Culture."

176　Manetti, *Vita* bei Murat. XX. cf. Vespas. Fior. 592, s.

得十分做作。菲雷豐（Francesco Filelfo, 1398-1481）大部分的演講都引用太多古書與聖經的句子，不僅令人生厭、而且聽起來真是通篇陳腔濫調。在演講中，他又往往依照固定的模式來讚揚那些大人物，例如用古希臘哲學家標舉的幾項基本美德（Kardinaltugenden）來讚美他們。除非常注意聽這種演說家的演講，才聽得出裡面多少還有一些具有時代價值的東西。例如，1467年琵雅全查（Piacenza）一位大學人文學教授在歡迎葛蕾阿佐・瑪莉亞・史佛薩（Galeazzo Maria Sforza）的致詞上從凱撒大帝談起，接著又穿插一堆從古書引來的句子、再加上自己對這些句子天馬行空的解釋，最後又魯莽地將個人對所有統治者的告誡拿出來作為結語[177]。幸好當時天色已晚，所以演講者只能將他的致詞以文字稿的方式呈交。菲雷豐也曾在某個訂婚典禮致詞的開頭便大談特談亞里斯多德（Aristotle）那位逍遙學派的祖師。有些人則在致詞一開始便呼求西庇阿（Publius Cornelius Scipio）等人，好像他們自己以及聽眾都迫不急待想聽到引經據典的話。

　　到了十五世紀末，這種陳腐的習氣曾一度被摒棄，主要是出於佛羅倫斯人的貢獻。此後大家比較小心謹慎來處理引經據典的事，因為到了這個階段，有愈來愈多各類古文參考工具書上市。過去飽讀詩書之士用來使君侯權貴以及一般民眾瞠目結舌的經典名句，現在愈來愈成為隨手可查的知識了。

§ 3.8.8　虛擬的講稿

　　因為絕大部分的講稿是在私人書齋裡完成，所以演講用過的手稿接下來便成為編輯出版的對象。知名的即席演講家則有速記員在身邊跟著做記錄[178]。然而並非所有流傳下來的演講稿全為了真正臨場演說而寫。例如，

177　*Annales Placentini* bei Murat. XX, Col. 918.

178　Perrens, *Vie de Savonarole* I, p. 163 提到速記員不一定跟得上 Savonorala 講話的

貝婁阿篤斯（Beroaldus the Elder）為「摩爾人」羅德維科・史佛薩（Lodovico Sforza il Moro）所寫的讚頌講稿就只是一篇以書面方式交寄的文章。就像書信可以被當成練習、範本、或意有所圖的文章寫來寄給世界各地任何臆想得出來的收信人一樣，因此也產生了出於虛擬原因而寫的講稿，以作為歡迎高官、君侯或主教等人的範本[179]。

§ 3.8.9 修辭學的衰落

隨著1521年教宗里奧十世（Pope Leo X）過世與1527年「羅馬浩劫」（the Sack of Rome），演講藝術開始衰落。喬維歐（Paolo Giovio）差點無法從羅馬這個永恆之城的悲慘遭遇裡脫身，他以相當逼近實情的觀察——即使有他個人的主觀判斷——寫下他認為演講藝術之所以會衰落的原因：

> 過去高尚的羅馬人為了提升自己拉丁文的素養，所以很喜歡觀賞蒲勞土斯（Plautus）與特潤慈（Terence）的戲劇，但現在都被義大利喜劇取代了。有專業素養的演說家已不像從前那樣可以得到犒賞與肯定，因此現在像教廷法院的辯護律師在法庭上的演說只是稍微潤飾開頭幾句，接下來就是前文不接後文一團亂七八糟的東西。連特聘的知名講者或佈道家程度也大不如前。碰上樞機主教或是重要政治人物的葬禮，治喪委員會也不會像從前那樣花費重金聘請該城最優秀的演講家來致詞，而是草率地雇用一名跑江湖的來湊數。這種跑江湖的只懂得打知名度，即使惡名昭彰也無所謂。反正大家認為，就算是一隻猴子穿著喪服站在教堂講道壇上，先用沙

（續）————————————

速度。

179　例如 Alberto di Ripalta 所寫的，參照 *Annales Placentini*, bei Murat. XX, Col. 914, s.

啞的嗓音哀泣、接著又大吼大叫，死者反正也聽不到。連教
廷重要典禮的演講也不再出重金聘請好的講道者。這些機會
重新回到各修會神職人員的手裡，他們講道的內容聽起來像
只講給沒有受過教育的人聽。就在前幾年，像這樣的傳道者
竟還可以在教宗親臨的彌撒中，用這麼沒水準的講道掙到主
教榮銜[180]。

180　*Pauli Jovii Dialogus de viris litteris illustribus*, bei Tiraboschi, Tom. VII, Parte IV.

第九章
拉丁文論文

    討論過人文學者的尺牘與演講藝術後，接下來我們要探討人文學者在再現古典風華上其他的成就。

    首先要談的是論述性的文章（Abhandlung），不管是直接用論文的形式（Traktat）表現、或是以對話體的方式（Dialog）呈現[181]。用對話體方式所寫的論著是直接受到西塞羅（Cicero）的影響。為了要對論述性文章進行持平的探討，而不要從一開始就把它貶斥為沉悶無聊的文字，我們必須從兩個層面來看這個課題。脫離中世紀後的那段時期，對許多道德與哲學問題的討論需要有特定的媒介來陳述新的時代如何與古典文化相連結，所以理論性與對話性體裁的文章便應運而生。從今天的角度來看，許多這類文章的觀點其實只是老生常談，但是對當時人而言，這都是經過辛苦耕耘後，才慢慢在那個新世代開花結果的觀點。自從古羅馬文明衰亡後，這些觀點已經很久不再有人提起，所以這些論文不是用拉丁文寫、就是用義大利文寫。

    與史書、演講稿、尺牘相比，論文的文句結構比較自由多樣。許多用義大利文寫的論文後來都成為散文（Prosa）的典範。有一些論文上文已

---

181   另外還有一種特別的形式是半帶嘲諷的對話體，這可見於 Collenuccio 與 Pontano 仿效 Lucian 所寫的作品。在 Collenuccio 與 Pontano 影響下，Erasmus 與 Hutten 也擅長此類文體。從正式的論文寫作來看，早期已有人從 Plutarch 文章中學到一些片段。

經提過，或者在談及相關議題時，我們再作簡短的介紹。現在，我們關心的是，論文之所以成為論文的特質何在？從佩托拉克（Petrarca）的書信與論文開始以迄十五世紀末的論文，絕大部分都是以古典文化做為論述主題，就像文藝復興的演講一樣；但是，接下來的論文寫作卻慢慢開始脫胎換骨、開展出新的風貌。這個發展首先見於用義大利文寫的論文上，然後在班博（Pietro Bembo）所寫的《雅索拉尼人》（*Gli Asolani*, 1505）[182] 與路易·柯那羅（Luigi Cornaro, 1475-1566）所寫的《簡樸生活論》（*Discorsi sulla vita sobria*）完全達到顛峰。當然，此時有一關鍵性因素促使論文寫作快速發展，即古典文化的知識被大量編纂在各種文集中，有些甚至被印行出版，過去論文寫作者寫作時會遭遇到的障礙已大大被排除掉了。

182　〔譯者注〕*Gli Asolani*（The People of Asolani）為 Pietro Bembo 的成名作，是獻給 Lucrzia Borgia 討論愛情的對話體論文。

第十章
歷史著述

　　人文學當然也對歷史書寫產生重大影響。將人文學影響下的史學著作
與之前的年鑑記載——例如，像喬凡尼・維朗尼（Giovanni Villani, c.
1276-1348）那樣鮮明有力、充滿地方色彩、活潑奔放的年鑑[183]——作一
粗略比較，我們不禁要為文藝復興史學著作的成就深深哀嘆。就拿早期佛
羅倫斯人文學者布魯尼（Leonardo Bruni, c. 1370-1444）[184]與柏丘（Poggio
Bracciolini, 1380-1459）[185]所寫的歷史書為例來與中古年鑑相比，人文學
者寫的史書顯得多麼貧乏無趣、墨守成規！他們不斷用古代典故來疲勞轟
炸讀者，從巴特羅・法其歐（Bartolommeo Fazio, c. 1400-57）[186]、撒貝里
蔻（Marc Antonio Sabellico, 1436-1506）[187]、佛里耶塔（Folieta）、塞納瑞
加（Bartolommeo Senarega, died c. 1514）的史學著作，到普拉提納

183　〔譯者注〕參照第一卷第八章開頭。
184　〔譯者注〕Bruni 自 1404 年起開始寫作 *Historiarum Florentini populi libri*
　　（"History of Florentine People"），共計十二卷，但直到他過世時都沒有完成。
　　但此書的寫作受到 Petrarca 與 Salutati 以及希羅歷史書寫影響頗多，被尊為第一
　　本具有文藝復興史學精神的歷史著作。有關文藝復興時代的歷史著述參見：
　　Eric Cochrane (1981), *Historians and Historiography in the Italian Renaissance*.
185　〔譯者注〕Poggio Bracciolini, *Historia Florentina* (1457).
186　〔譯者注〕Bartolommeo Fazio，《「寬宏大量的亞豐索」評傳》（*Historia Alphonsi*，
　　正式書名為 *De rebus gestis ab Alphonso primo Neapolitanorum rege commentario-
　　rum libri decem*）。
187　〔譯者注〕參見第一卷第七章序言。

296

（Bartolomeo Platina, 1421-81）所寫的《曼圖瓦史》（*Historia inclita urbis Mantuae et serenissimae familiae Gonzagae*）、班博（Pietro Bembo）所寫的《威尼斯紀事》（*Rerum Veneticarum Libri XII*，1551年出版）、以及喬維歐（Paolo Giovio）的史學著作[188]，都因引用太多李維（Livius）與凱撒（Caesar）的句子在文章裡，而使得作者原本具有的個人特質與本土色彩、以及撰史者對萬事萬物充滿好奇的觀照減色許多。

當讀者慢慢察覺到，他們把李維著作裡寫得不太好的地方拿來當作典範高倡，讀者對他們史著的信任感便開始下降[189]，認為他們「將貧乏無味的傳統糟粕拿來當作精緻多彩的新風尚」[190]。出自同樣的評論也提到一個引人深思的意見：歷史著作應善用文學技巧以讓讀者在讀史過程中受到啟發、刺激與震撼，就如詩作可以帶給人的感發一樣[191]。當然我們也不免懷疑，這些人文學者鄙視當代所發生的事——一如他們有時也公開承認那樣——這種心態是否**必然會**帶給他們自己的歷史研究與著述相當負面的影響？讀者當然不受拘束地會轉向喜愛閱讀、而且比較信賴用拉丁文或義大利文所寫的、就事論事的編年史著作。這些編年史作者仍舊依循過去年鑑史學（例如，波隆那與斐拉拉的年鑑）之寫作傳統，不尚浮誇。用義大利

188　〔譯者注〕Paolo Giovio 的重要史學著述包括：《當代史》*Historiae sui temporis* （1550-52，記述1494-1547年間義大利的歷史）以及《當代名人列傳》（*Le vite di dicianove huomini illustri*, 1561）。有關 Paolo Giovio 的現代學術研究參見：T. C. Price Zimmermann (2001), *Paolo Giovio: the Historian and the Crisis of Sixteenth-Century Italy*.

189　Benedictus, *Caroli VIII. bist.*, bei Eccard, *script*. II, Col. 1577.

190　如 Petrus Crinitus 所言，引自：*De honesta discipl*. L. XVIII, cap. 9. 人文學者這種做法就像古羅馬晚期學者的做法一樣，都是走偏了路，參見 Burckhardt, *Die Zeit Constantins des Großen*, pp. 195ff.
　　〔譯者加注〕布氏在此第一次提到他第一本著作《君士坦丁大帝的時代》。

191　〔譯者注〕布氏此句的原文是："die Geschichtsschreibung müsse durch Stilmittel den Leser aufregen, reizen und erschüttern — gerade als ob sie die Stelle der Poesie vertreten könnte."

文寫作年鑑的幾位史學作者，如撒努多（Marin Sanudo）、可利歐（Bernardino Corio）、因斐蘇拉（Stefano Infessura）更讓人覺得是其中翹楚而深為感念。直到十六世紀初，用義大利文寫出一連串精彩至極的史學傑作，文藝復興的史學高峰才正式展開。

§ 3.10.1　拉丁文相對之下的必要性

說實在的，用本土母語來書寫當代史會比用拉丁文適合許多。而在書寫早期歷史、或從事歷史研究上，義大利文是否是比較合適的語言，文藝復興時代人的看法是見仁見智。拉丁文是當時知識份子的共同語言（lingua franca），不僅就泛歐的角度而言，是英、法、義大利等地學者互相溝通的語言；就義大利地區而言，拉丁文也幫助大家跨越地區方言的障礙，讓義大利北部隆巴底地區（Lombardia）、東北部威尼斯地區、以及南部拿波里地區的人可以互相溝通。因為義大利文長久以來便以托斯卡納地區（Toscana）的書寫方式為標準，而且各地的標準寫法並沒有因地方色彩的緣故出現太大歧異。然而，由於佛羅倫斯人不願承認其他地區出身的人所寫的是標準義大利文，因此拉丁文還是大家願意共同接受的知識份子語言。這個問題之所以產生，不是因為要撰寫各地方自己的當代史所致，雖然這樣的著作自有當地的讀者市場；這個問題產生的關鍵乃在古史的寫作。著述者自然希望用大家共通的語言來書寫，以吸引更多讀者。在這一點上，一般民眾的意見當然不會受到學術界重視。以布隆篤斯（Blondus da Forlò，正式名為Flavius Blondus, 1392-1463）深受推崇的學術著作為例[192]，我們可以想見，如果這些著作是用夾雜東北山區的義大利文（ein halbromagnolisches Italienisch）所寫，究竟還會有多少人來讀這些書？同樣的，即使他以義大利文來寫這些重要的學術著作，光是佛羅倫斯人的冷

192　〔譯者注〕參見本卷注196。

嘲熱諷，這些著作同樣也會被冷落到無人聞問的地步。但正因布隆篤斯是以拉丁文來發表他的著作，所以他的學術影響力廣佈整個歐洲。十五世紀的時候，就連佛羅倫斯學者也是用拉丁文來寫作，這不僅出於人文學所造成的影響，也是希望有利於傳播。

　　後來終於有用拉丁文所寫的現代史，其價值完全不輸用最準確優美的義大利文所寫的現代史。當一味模仿古羅馬史家李維（Livius）寫史風格的習氣——像古希臘強盜普羅克魯斯（Procrus）用床的長度強加在施給受害者的刑罰上一樣——開始被擯棄，一股勢不可擋的新興寫史風氣便以雷霆萬鈞之勢在歷史上展開。上文我們提過的普拉提納（Platina）與喬維歐（Paolo Giovio），他們過去寫的大部頭歷史著作，大家只會在迫不得已的情況下才翻開來讀，現在他們都搖身一變成為妙筆生花的傳記作者[193]。上文我們多少提過卡拉喬羅（Tristan Caracciolo）的著作（§1.5.1）、法其歐（Bartolommeo Facio）所寫的傳記[194]、撒貝里蔻（Marc Antonio Sabellico）所寫的《威尼斯編年志》（*Rerum venetiarum ab urbe condita lib. XXXIII*）等等，下文有機會再作進一步討論。

§3.10.2　對中古史的研究；布隆篤斯

　　以拉丁文撰寫的史著自然以古希臘羅馬史居多。少數一些由人文學者所寫的中古通史，比較是出乎大家意料之外的史學傑作。其中，我們可以列舉出來的第一本中古史傑作是帕米耶利（Matteo Palmieri, 1406-75）所寫的年鑑，他接續五世紀阿達塔努斯（Prosper Aquitanus, c. 390-c. 463）著作停筆的地方，繼續寫到他自己的時代[195]。翻閱一下布隆篤斯（Flavius

---

193　〔譯者注〕參見本卷注188。
194　〔譯者注〕參見本卷注186。
195　〔譯者注〕布氏所提的這本著作究竟為何書，他並沒有做進一步的說明。
　　　Middlemore英譯本的翻譯在此特別加上此年鑑撰述的年代包含449-1449年之

Blondus)所寫的史書《羅馬帝國衰亡後全史編年》(*Historiarum ab incli-natione Romanorum imperii decades*)[196]，我們多少會為他在那個時代竟然已經寫下一本深具英國史家吉朋(Edward Gibbon)寫《羅馬帝國衰亡史》(*The History of the Decline and Fall of Roman Empire*, 1776)那般廣闊視野的書感到驚嘆。他對史料審慎的考證，前300頁是從中古早期寫到神聖羅馬帝國皇帝腓特烈二世(Friedrich II.)過世。與此書的史學成就相較起來，阿爾卑斯山北方的史書作者不是按照知名的教宗或皇帝登基的前後順序來寫年鑑，不然就是寫出像《史事掇拾》(*Fasciculus temporum*)[197]這樣的書。

　　本書在此並不想仔細考證布隆篤斯用了哪些文獻、或是他在哪裡發現這些文獻資料？在探討近現代史學興起的專著裡，一定會對布隆篤斯的史學成就有所表彰。光從這本《羅馬帝國衰亡後全史編年》就讓我們看出鑽研上古文化對文藝復興時代的人研究中古史有多大的助益！這讓人養成從客觀的角度來探討歷史。此外還可看出，對當時義大利人而言，中古時代完完全全是過去式了，所以可以清楚地透視，因為已經沒有什麼瓜葛了。這當然不是說布隆篤斯是用百分之百公正客觀、或帶著歷史的溫情來回顧

(續)────────

　　歷史，此為布氏原作所無。過去兩本中譯本都依照英譯本譯文加上此年代。根據 *Encyclopedia of the Renaissance*(vol. IV, p. 377)之敘述，Palmieri 曾以拉丁文寫過一本通史性質的年鑑 *Liber de temporibus*("Book of epochs")，是從創世紀寫到他自己所處的時代。

196　〔譯者注〕Flavius Blondus, *Historiarum ab inclinatione Romanorum imperii decades* ("Decades of History from the Deterioration of the Roman Empire", written from 1439 to 1453, published in 1483)。此書共32卷，記載自羅馬城於410年被哥德人劫掠後的歷史，以迄1442年義大利各城又重拾昔日輝煌的榮景。這是一本依據可靠史料嚴謹寫成的編年史，本書所處理的這一千年歷史對後來史學研究在定義所謂「中世紀」有深遠影響。本書也是 Machiavelli 著作在探討義大利何以一直處在分裂狀態主要參考的書籍。

197　〔譯者注〕Werner Rolevinck (1425-1502), *Fasciculus temporum*, Cologne: Arnold Ther Hoerner, 1474. 這本書是現存德意志地區早期印刷出版的書籍。

過去一千年的歷史。

§3.10.3　批判中古的濫觴

　　文藝復興時代之所以被看成一個新的時代，正因為在藝術上他們對前輩的成就採取批判否定的強烈態度[198]，而人文學者則意氣風發地看自己所處的新世代，如薄伽丘（Bocaccio）所言：

> 自從我看到上帝豐盛的慈愛再次賦予義大利人與古人同樣的靈魂，我開始期盼、也開始深信上帝憐愛義大利，所以義大利文人不需要經由搶奪與暴力，而能透過別的途徑獲得榮耀——也就是用不朽的詩句織錦出來的榮耀[199]。

但這種薄古厚今的心態卻沒有讓這些深具才識的文化菁英變得偏狹，因為當時歐洲其他地區的人並不如此看待過去文化留下來的遺產。當時義大利之所以會產生對中古的歷史批判，部分是肇因於人文學者學會了批判式地處理所有史料文獻，中古史研究因此跟著受惠。十五世紀有關義大利城市史的書寫也同樣受惠於這種新興的史學研究態度，過去為佛羅倫斯、威尼斯、米蘭等城市的起源瞎掰出來的神話，現在都一一被掃除。相較之下，阿爾卑斯山北方的年鑑還夾雜著自十三世紀以來毫無歷史根據臆造出來的荒謬傳奇。

　　地方史的著述喜歡處理有名望的人與事，在上文討論佛羅倫斯時已談過（§1.8.1）。在這方面威尼斯自然不甘落居人後。例如就有威尼斯使節

198　〔譯者注〕從藝術史書寫的角度來看，這個現象最明顯表現於人文學者 Leon Battista Alberti 所寫的《畫論》（*De Pictura*, 1435）以及 Giorgio Varsari 所寫的《文藝復興傑出藝術家列傳》（*Le Vite*）。

199　引自 Boccaccio 寫給 Pizinga 的信，收錄於：*Opere vulgari*, vol. XVI.

看到佛羅倫斯人藉由演說獲得至高成就，便趕快寫信回威尼斯，請求儘速
派遣一位演說家來。所以當威尼斯人看到布魯尼（Leonardo Bruni）與柏
丘（Poggio Bracciolini）為佛羅倫斯寫史，也急著希望威尼斯人能為自己
的城市寫出一本好的史書，來與佛羅倫斯相抗衡。在此情況下，終於出現
了撒貝里蔻（Marc Antonio Sabellico, c. 1436-1506）寫的《威尼斯編年志》
（*Rerum venetiarum ab urbe condita lib. XXXIII*）與班博（Pietro Bembo）寫
的《威尼斯紀事》（*Rerum Veneticarum Libri XII*）。上述兩本史書都出於威
尼斯共和國官方正式的委託，班博的那一本是接續撒貝里蔻的書而寫的。

§ 3.10.4　用義大利文書寫歷史

十六世紀初佛羅倫斯重要的史學家（參見§ 1.8.6）與喬維歐（Paolo
Giovio）和班博（Pietro Bembo）那種靠拉丁語文能力出身的學者在本質
上大不相同。他們用義大利文寫書，不是因為他們的拉丁文程度比不上那
些仿效西塞羅筆調來寫作的拉丁語文專家，卻是因為——就像馬基亞維里
（Machiavelli, 1469-1527）——他們是用活潑不拘的眼光來看歷史[200]，所以
也希望用生動鮮明、直擊人心的文筆來書寫歷史。此外，像圭恰迪尼
（Francesco Guicciardini, 1483-1540）與瓦爾齊（Benedetto Varchi, 1503-65）
等絕大部分的史學家也希望他們對史事前因後果的剖析能在讀者心裡留下
深遠的影響。即便是他們只為少數知者而寫——例如像維多利（Francesco
Vettori）——他們也希望具體說出自己對書中人、事的看法，以讓讀者相
信為何他們要耗費這麼多心神寫書。

綜觀上述這些現象，不論是從行文風格或筆調來看，都可看出古典文
化對文藝復興史學的重大影響。如果沒有上古文化的影響，可以說文藝復
興的史學成就是無法想像的。這些十六世紀的史學家不再是人文學者

200　Machiavelli看待過往歷史的眼光也是相當活潑的。

（Humanisten），而是超越了「人文學」（Humanismus）的侷限，吸納更多古希臘羅馬史學著述的精髓。他們不再像那些只知模仿李維（Livius）文體的拉丁文專家——他們是公民，如同上古的史學大師，為同胞寫下自己的嘔心瀝血之作[201]。

201　〔譯者注〕這段理解布氏對「人文學」與十六世紀義大利史學的重要段落原文如下："Sie sind keine Humanisten mehr, allein sie sind durch den Humanismus hindurchgegangen und haben vom Geist der antiken Geschichtschreibung mehr an sich als die meisten jener livianischen Latinisten: es sind Bürger, die für Bürger schreiben, wie die Alten taten."

第十一章
人文教育拉丁文化

....

　　有關人文學如何影響其他學科的發展，本文在此無法詳述[202]。每一門學科都有自己的學科發展史，而文藝復興時代的義大利學者因為對古典文化有許多新的認識，因此在該學科發展上多多少少留下了里程碑式的建樹，以致於我們今天要談許多學科近現代的新發展，都要從文藝復興時代談起。有關哲學在這個時代的發展請查閱哲學史專門著作。古希臘羅馬哲學對義大利文化產生的影響有時看起來相當巨大、有時看起來則影響不深。就前者而言，如果我們特別考量亞里斯多德哲學概念帶來的影響，那是影響文藝復興相當深遠的。尤其亞氏廣為思想界所接受的著作如《倫理學》與《政治學》，早就是義大利學術界共享的文化遺產，所有的哲學思辯都是在此影響下進行的。就後者而言，在文藝復興時代的義大利，古希臘羅馬哲學以及在佛羅倫斯興盛起來的新柏拉圖主義並沒有在全體國民認知的建構上產生什麼影響。

　　哲學對整個社會的影響力如此低落，整體來說，可以看成是人文教育的挫敗，也是義大利精神文明發展史上一個特有的現象[203]。宗教的部分將

202　〔譯者注〕有關文藝復興時代人文學相關問題新近學術研究成果可參見：Charles
　　G. Nauert, Jr. (1995), *Humanism and the Culture of Renaissance Europe*; Jill Kraye
　　(ed), *The Cambridge Companion to Renaissance Humanism*; Tony Davies (1997),
　　Humanism.

203　〔譯者注〕有關義大利文藝復興哲學的介紹參見：Paul Oskar Kristeller (1964),

另闢專篇討論。整體而言，古典文化並非與一般民眾的文化教養有關，而是與個別的人或知識界有關。因此，我們應詳細分辨誰真正將古典文化的精髓內化到自己的生命，誰又只是趨流行、附庸風雅的追隨者？因為對許多人而言，古典文化真的就只是一種流行風潮，這其中包括不少對古典文化認識頗深的人。

§ 3.11.1　拉丁文化的姓名

一些今天被視為矯揉造作的行徑，我們不必硬要認為當時它們也被視為故弄風騷。文藝復興時代的人用古希臘羅馬人的名字為他們自己要受洗的小孩所取的名字，比現在普遍被大家喜愛的古羅馬名字（尤其拿來為女孩子命名的）高雅、有學問多了。

在一個對古典文化比對聖徒信仰更著迷的時代，為自己要受洗的兒子取一個上古異教神話人物的名字——如阿迦曼儂（Agamemnon）、阿基利士（Achilles）或堤岱武思（Tydeus）；或畫家為自己的兒子取名亞培勒斯（Apelles）[204]、女兒叫米內娃（Minerva），其實不足為奇。甚至也有人振振有詞地想改家族姓氏，因為原來的姓聽起來並不雅，所以就選一個聽起來鏗鏘有力的古姓氏來換。以地名為姓氏的（也就是同一個村落大家都還沒有自己家族的姓氏，所以就以地名為姓的），大家更樂得捨棄原來的姓氏。而當自己的姓氏原先與某位聖徒有關，現在卻讓人覺得心裡怪怪的，大家也樂得趁機改換姓氏。例如，菲利普‧聖傑米尼亞諾（Filippo da S. Gemignano）便將自己的姓改為卡里瑪庫思（Callimachus）。一個被自己家族鄙視、侮辱，卻在他鄉以學者之姿贏得聲名的人，也大大方方將自

（續）——————

Eight Philosopher of the Italian Renaissance.

204　〔譯者注〕Apelles 是亞歷山大帝的宮廷畫家，也是古希臘最負盛名的畫家。在文藝復興時代他被視為畫家的典範。

己原來的姓「聖塞維里諾」（Sanseverino）改為朱利安・龐培・拉耶土斯
（Julius Pomponius Laetus, 1428-97）。

　　也有人索性把自己原來的姓氏翻譯成拉丁文或希臘文（在德意志地區
幾乎都是這樣做）。在文藝復興時代，這種做法真應得到諒解，因為當時
說寫到處都要用到拉丁文，因此不只為了字尾變化方便，對寫詩填詞時要
用到自己名字也方便許多。沒水準又可笑的是用混雜的方式來改名字，讓
它聽起來有點像古典的名字、但又有不一樣的意義。例如，喬凡尼
（Giovanni，即英文John）改成喬維亞努思（Jovianus）或亞努思
（Janus），彼得（Pietro，即英文Peter）改成比耶瑞伍思（Pierius）或佩萃
伊伍思（Petreius），安東尼（Antonio）被改成亞歐尼伍思（Aonius） 等
等。也有人將聖拿撒勒（Sannazaro）改成辛確如思（Syncerus），路卡・
葛拉索（Luca Grasso）改成路其伍思・克拉素思（Lucius Crassus）等等。
雅瑞歐斯特（Ludovico Ariosto, 1474-1533）雖然曾對上述種種現象大加譏
嘲，但他還是親眼看到不少父母拿自己喜歡的英雄人物為孩子命名。

§ 3.11.2　拉丁文稱呼遍布生活各領域

　　我們也不要太嚴格批判當時用拉丁文寫作的作家將許多社會的群己關
係、行政機構名稱、各項事務、典禮等等都用拉丁文化的名稱來稱呼。當
時的人認為只要能用簡潔流暢的拉丁文來稱呼，就像從佩托拉克[205]以迄伊
尼亞斯・西維烏斯・琵科羅米尼（Aeneas Sylvius Piccolomini）[206]這類作
家所作的那樣，並沒什麼好大驚小怪的。

　　但是，當人文學者開始要求一種純正的、尤其是以西塞羅（Cicero）

---

205 〔譯者注〕佩托拉克（Francesco Petrarca）的姓取自他父親的名 Petracco（或
　　Petrarccolo），也就是希臘文 Petros（英文：Peter），義大利文 P（i）etro（磐石）
　　之意。
206 〔譯者注〕參見§ 3.2.5。

風格為典範的拉丁文時，上述的情況就不免遭到批評了。因為文藝復興時代才產生的現象很難完全用西塞羅的筆調來表達，除非刻意把它們改頭換面一番——找對等的同義字，這還真是冬烘先生玩的遊戲。例如將市議會稱為「元老院」（patres conscripti），女修道院稱為「處女祭司隱修寺」（Virgines Vestales），聖徒改稱為「神祇」（Divus, Deus）。對真正有學養的人——例如喬維歐（Paolo Giovio）——而言，他們大概只在真不得已的情況下才會這麼做。正因喬維歐對「是否所有表達方式都要拉丁文化」這個問題不是那麼在意，所以他也不排斥偶而玩玩冬烘先生的遊戲。因此在他音韻優美的文句裡，如果我們看到他將樞機主教稱為「元老」（senators），樞機主教團團長稱為「元老院院長」（princes senatus），開除教籍稱為「咒詛」（dirae），狂歡節稱為「森林牧神節」（lupercalia）等，千萬不要感到奇怪。從喬維歐的例子就可明白，不要只從一個人的行文風格來判斷他全部的思想內涵。

§ 3.11.3　拉丁文獨霸的局面

有關如何用拉丁文寫作問題的討論，下文不再詳述。有整整兩個世紀，在人文學者心目中，拉丁文是唯一上得了檯面的語文；而且他們認為應讓這個情況永遠持續下去。例如柏丘（Poggio Bracciolini）就曾遺憾地表示，但丁偉大的詩作可惜是用義大利文寫的，因為眾所周知，但丁剛開始其實是嘗試用拉丁文來寫，而且〈地獄篇〉（Inferno）的開頭還是用六音步詩體寫的。

義大利詩歌後來的發展與但丁沒有用拉丁文創作有相當密切的關係。佩托拉克重視用拉丁文寫詩比用義大利文寫十四行詩與短歌（canzone）還多。這種一味偏好用拉丁文來寫詩的風氣還讓雅瑞歐斯特（Ludovico Ariosto, 1474-1533）覺得被壓得有些喘不過氣來。對所有文學創作而言，詩人承受最多這方面的壓力。

但整體而言，義大利詩人還是成功地掙脫了這個沉重的傳統束縛，所以我們現在可以放心地說，義大利詩詞創作幸好開出兩條康莊大道，而且兩種詩詞類型都被發展得相當極致、且深具特色。也就是說，我們可以看到他們如何自在地有時用義大利文、有時用拉丁文來寫詩。散文（prosa）發展的情況可能也頗類似。義大利所發展出來的人文涵養之所以在世界上佔有如此重要地位、並享有高度聲譽，正是因為與一些特定領域相關的著作都是用「屬於羅馬城以及屬於全世界的」（urbi et orbi）拉丁文寫的。而那些堅持用義大利文、不用拉丁文寫作的散文家，內心必然會有不少交戰，但他們卻為義大利文學留下最好的傑作。

§ 3.11.4　西塞羅與「西塞羅主義」

自十四世紀起，大家心目中公認最好的純散文典範就屬西塞羅（Cicero）。西塞羅的散文之所以深受肯定，不只因為他的遣詞用字、文句組織與通篇結構等技巧都受到高度肯定；更重要的還在於，這位令人喜愛的尺牘作家、散發睿智光輝的演說家、文思清晰明暢的哲思文章作者所寫的文字深深打動了義大利人的心靈。其實佩托拉克早已認清，西塞羅作為一個人以及政治人物並非完全沒有缺點；也正是出於對他深深的景仰，所以佩托拉克為此頗感遺憾。從佩托拉克以降，先是尺牘作家完全以西塞羅的書信為典範，接著其他文學類型的作家——除了故事、小說等敘述性文體以外——也開始風行仿效。

但真正開始講究所謂「西塞羅主義」（Ciceronianismus, Ciceronianism）是到十五世紀末才開始的。在這股風潮下，所有不是直接衍伸自西塞羅文章的文辭、文句都被斥為不合矩度。這股風潮之所以興起，與羅倫佐・瓦拉（Lorenzo Valla）寫的拉丁文法書[207]風行全義大利大有關係；此外也與

207　〔譯者注〕Lorenzo Valla, *Elegantiae linguae Latinae* ("Elegances of the

羅馬文學史家的意見被篩檢、比較後，大家得出的共識有關[208]。當時大家開始更精確地評比古人散文風格的種種差異——甚至不放過任何細微之處。不論怎麼比較，最後總是穩穩得到那個大家早已得到的共識：西塞羅的文章是無可取代的典範。如果要將此共識擴展到所有文學創作類型，則有人以「西塞羅那個神聖不朽的時代」[209]來統稱之。自此，班博（Pietro Bembo）、瓦蕾利安（Pierio Valeriano, 1477-1558）等人無不使出渾身解數來達到「西塞羅主義」所提倡的目標。最後連原來長期抵制這種風潮，寧可從其他更早期的古典文學家作品中擷取精華、另創一種集古典文學大成文體的作家[210]，也不得不向「西塞羅主義」俯首稱臣。隆戈理烏斯（Longolius）最後也聽從班博的勸告，花五年的時間專心一意鑽研西塞羅的作品；他甚至還發誓，只用西塞羅用過的字來寫文章。這股風潮發展至此，終於引發學界以伊拉斯膜斯（Desiderius Erasmus, 1469-1536）與斯卡利傑（Julius Caesar Scaliger, 1484-1558）為首兩大陣營的激烈論戰[211]。

　　即使是西塞羅的崇拜者也不全都認為西塞羅是寫作唯一的典範。十五世紀的波里祈安諾（Angelo Poliziano）與巴巴羅（Ermolao Barbaro）都還刻意用自己獨特的筆調來寫拉丁文文章[212]，當然這些文章仍以淵博的學養為基礎。喬維歐（Paolo Giovio）記載了波里祈安諾與巴巴羅對西塞羅的

（續）────────────

Latin Language"). 此書於1471年印行，自古羅馬帝國衰亡後，這是第一本拉丁文法教科書，當時風行全歐。

208　Jovian. Pontanus對當時這種「語言純正主義」（Purismus）的狂熱有相當好笑的描述，參見他寫的〈安東尼〉（"Antonius"）。

209　*Hadriani (Cornetani) Card. S. Chrysogoni de sermone latino liber*，尤其是導論部分。

210　Paul. Jov. *Elogia*，在談到Bapt. Pius的部分。

211　〔譯者注〕Erasmus於1528年出版 *Ciceronianus*（"A Dialogue on the Best Style of Speaking"）批評西塞羅主義的缺失，Scaliger於1531年與1536年各發表兩篇文章攻擊Erasmus的論點，為西塞羅主義辯護。

212　Paul. Jov. *Elogia* 談到Naugerius的部分。

看法以及他們自己寫作時所奉行的原則，而且喬維歐自己也是這麼做。喬
維歐有許多前衛的想法，尤其是對精緻文化的見解。他剛開始也是竭力希
望用拉丁文來著述，但不是盡如人意。但至少在他那個時代，他可稱得上
是下筆有神、行文典雅的佼佼者。他用拉丁文寫的當代著名畫家與雕刻
家列傳[213]同時洋溢著最有見地與最沒見識的評論。以提倡典雅拉丁文知
名於世的教宗里奧十世（Pope Leo X）說過：「在我教宗任內，我們的拉
丁文程度可說是提升了」（"ut lingua latina nostro pontificatu dicatur facta
auctior"）[214]。但他也是抱持開放的態度，不認為非要將某種規範定於一
尊才行。這樣的態度當然與他喜愛對事物抱持游賞的心情有關。對他而
言，朗讀給他聽的、或他必須閱讀的拉丁文，只要具有專業水準、而且生
動典雅就夠了。

§ 3.11.5　拉丁文會話

幸好在口語交談方面，西塞羅的文章無法提供什麼典範，所以當時的
人只好另覓他「神」（andere Götter）來仿效。這個遺缺就由古羅馬喜劇作
家蒲勞土思（Plautus）[215]與特潤慈（Terence）來頂替——他們兩人的作品
經常在羅馬城內或城外劇場演出。對演出這兩位古羅馬喜劇家作品的演員
而言，這真不愧是鍛鍊自己將拉丁文當作日常生活用語的大好時機。在教
宗保祿二世（Pope Paulus II, 1464-71）在位時[216]，得雅諾（Teano）教區

213　Paul. Jov. *Dialogus de viris literis illustrbus* (Venez, 1796), Tom. VII. 這本著作就
　　　是後來啟發 Giorgio Vasari 寫作《文藝復興時代藝術家列傳》（*Le Vite*）的先
　　　驅。喬維歐在這本書裡也提到拉丁文獨霸的局面快要過去了。

214　Roscoe, *Leo X*, ed. Bossi VI, p. 172.

215　〔譯者注〕Plautus,（c. 254 B. C. -184 B. C.）：古羅馬著名喜劇作家，他的作品
　　　承襲古希臘喜劇的遺緒，而且被完整保存下來。是文藝復興時代的人認識古羅
　　　馬早期喜劇的重要依據。

216　Gasp. Veronens. *Vita Pauli II*., bei Murat. III, II, Col.1031.

的樞機主教（可能是皮斯托亞Pistoja籍的Niccolò Fortiguerra, 1419-73）便
將幾本極度殘缺不全、連戲中人物表都沒有的蒲勞土思劇作抄本重新整理
出來，以此贏得大家不少喝采。他之所以不辭辛勞完成此事，正是希望大
家對蒲勞土斯的劇作與文采能有比較完整的認識。也許他也希望整理好的
劇本能搬上舞台演出。拉耶土斯（Julius Pomponius Laetus）便負責讓此事
具體實現出來。許多高級神職人員要在自家宅邸上演蒲勞土斯的劇作都是
由他來策劃導演[217]。如上文根據喬維歐所言（§3.8.9.），約自1520年以
後，這些演出就慢慢不受青睞，主因是演講藝術愈來愈不受重視了。

　　在結束本章前，我們還要談談當時在建築上也是「維特魯主義」
（Vitruvianismus, Vitruvianism）[218]當道。這個現象也讓我們清楚看到文藝
復興時代常見的現象，即人文學風潮（die Bewegung in der Bildung）總是
走在藝術新風潮（Kunstbewegung）之先。就上述所言的現象便可看出，
這其中大約相隔了二十年。這是從雅德里安・科內托樞機主教（Adriano
da Corneto）醉心於維特魯（Marcus Vitruvius）開始計算以迄第一批真正
的「維特魯主義」建築師出現為止。

217　在Ferrara上演的Plautus喜劇都是以義大利文演出，由Collenuccio與Guarino
　　the Younger等人編劇。有關Pomp. Laetus參見*Sabellici opera*, Epist. L. XI, fol.
　　56 s.
218　〔譯者注〕維特魯（Marcus Vitruvius, c. 92-20 B.C.）是古羅馬工程師與建築師，
　　曾著《論建築》（*De architectura*）一書獻給奧古斯都皇帝。這本書是上古文化
　　流傳下來唯一有關建築藝術的專著。

第十二章
新拉丁文詩

      人文學者覺得最自豪的成就是拉丁文詩的創作。由於這個課題與我們對「人文學」（Humanismus）的認識密切相關，因此在此特闢專章討論。

      如上所述（§3.11.3），因為大家都認為最好的詩是用拉丁文寫出來的，所以拉丁文詩詞創作在文藝復興時代能夠獲得輝煌的成果是很容易想像的。我們可以完全確信，當時世界上最有文化、發展也最先進的民族之所以選擇放棄自己的母語——像是義大利文——改用拉丁文來寫詩，絕不是出於愚蠢無知，而是另有重大原因促使他們如此抉擇。

      這個重大的原因就是他們對希羅古典文化的仰慕。就像出於真摯、毫無保留的心態來欣賞其他文化一樣，仰慕之餘必然興起仿效的念頭。在其他時代與其他不同民族身上也很容易看到各種不同的嘗試，希望仿效自己所欣慕的他文化。但是文藝復興文化在拉丁文詩創作上之所以能不斷持續下去、而且影響層面又相當廣泛，有兩個關鍵因素不可忽略：義大利所有受過人文教養的人都喜歡寫詩，以及過去刺激古羅馬詩人寫出傑作的天份或多或少又在義大利文藝復興詩人身上重新復燃起來。職是之故，我們再一次聽到古典詩韻優美地繞樑迴響。用拉丁文新寫出來的詩裡，最傑出的作品不再是「仿作」，而是不受侷限的「新作」。讀者中若有人討厭藝術借用「援古」法則來創作，或有人不喜歡希羅古典文化，或有人正好相反，認為希羅古典文化神聖不可侵犯、或出神入化到不可追擬的境界，或對詩人違反古典矩度大量引進新的韻律形式絲毫不能忍受，這些讀者最好將文

藝復興時代寫的新拉丁文詩擺到一邊。這些新拉丁文詩不是為滿足嚴苛的文學評論而寫，而是為了讓詩人同儕、以及成千上萬同時代的人享受文學之美而創作的[219]。

§ 3.12.1　以古詩爲本的史詩；佩托拉克的《非洲》

這些新拉丁文詩裡，成就最低的是根據史事以及古代傳說所寫的史詩。大家都知道，史詩想要寫得生動感人，就不應以古羅馬史詩為師，甚至古希臘史詩也只有荷馬（Homer）史詩才真的稱得上經典之作。所以，文藝復興詩人如何在拉丁文文學史上找到足堪仿效的典範呢？這大概也是為何佩托拉克（Francesco Petrarca）寫的史詩《非洲》（Africa）能凌駕文藝復興其他人所寫的史詩，成為大家最喜歡閱讀、聆賞的史詩傑作了。佩托拉克之所以寫下這首史詩，原來的目的與寫作經過其實頗為有趣。十四世紀的人出於相當敏銳的歷史觀察，看出第二次布匿克戰爭（the second Punic War, 202 B.C.）時期是羅馬帝國的全盛時代，所以佩托拉克必須寫一首史詩來刻劃這個時代。如果西里烏斯（Silius Italicus, 26-101A. D.）的史詩[220]在當時已重見天日，佩托拉克大概就會另選題材來寫。但由於十四世紀的人不知有西里烏斯的史詩，而佩托拉克對羅馬大將軍「非洲人西庇阿」（Scipio Africanus）的歌頌引起當時人相當大的迴響，以致於另一位詩人史特達（Zanobi della Strada）也想寫一部同樣題材的史詩。但是，最後出於對佩托拉克的敬意，他將已經動筆的創作停了下來[221]。大家對書寫與「非洲人西庇阿」有關的史詩深感興趣的原因正在於，十四世紀以及其

219　以下的論述根據 *Deliciae poetarum italor*.; Paul. Jovius, *Elogia*; Lil. Greg. Gyraldus, *De poetis nostri temporis*; die Beilagen zu Roscoe, *Leone X.*, ed. Bossi.

220　〔譯者注〕Silius Italicus 為古羅馬詩人，曾以第二次布匿克戰爭（the Second Punic War）為題寫史詩。

221　Filippo Villani, *Vite*, p. 5.

後的人都對「非洲人西庇阿」充滿興趣，好像他還活著；而且不少人認為
他比亞歷山大帝（Alexander the Great）、龐培大帝（Pompeius）、凱撒大帝
都要功業彪炳[222]。有多少充滿創新精神的時代會從歷史人物裡為自己的時
代尋找一位足以振發人心的英雄人物，並將之塑造為廣受大家喜愛的典
範？對現代人而言，佩托拉克這首史詩當然不再清晰易懂。有關其他的史
詩創作則請參閱其他文學史專著。

§ 3.12.2　以神話為主題的詩

根據希羅神話來創作的詩篇則表現出繁花似錦的風貌，這也彌補了上
古神話原有的不足。在這方面，最早用義大利文寫下的詩有薄伽丘
（Boccaccio）所寫的《特塞伊達》（*Teseida delle nozze d'Emilia*）[223]，這可
視為他在詩歌創作上最傑出的作品。用拉丁文寫作神話題材的詩可舉教宗
馬丁五世（Pope Martin V）在位時的斐丘（Maffeo Vegio, 1407-58）為
例，他為維吉爾的史詩《伊尼伊德》（*Aeneid*）寫了第十三卷的續篇[224]；
此外還有一些拉丁文神話詩作，尤其是仿效克勞底安（Claudian, born c.
370 A.D.）體裁所寫的《梅蕾阿傑的故事》（*Meleagris*）與《愛斯佩里斯》
（*Hesperis*）等作品。最值得注意的還是新創的神話，這些作品讓義大利最
優美的地方成為天地創造之初眾神、山林小仙女、長著翅膀的天使、與森
林牧人的居所。在這類詩篇裡，所謂「敘事詩」（das Epische）與「田園
詩」（das Bukolische）融匯合一。自從佩托拉克開始將敘事史詩與對話體
田園牧歌結合在一起寫後，原先只懂得因襲傳統、將神話詩看成是詩人想
像力與感受力任意奔馳的創作觀便被取而代之，有關這一點容後再述。

222　Franc. Aleardi oratio in laudem Franc. Sfortiae bei Murat. XXV, Col. 384.

223　〔譯者注〕有關此作的評介參見：Peter Brand and Lino Pertile (eds), *The Cambridge
　　　History of Italian Literature*, p. 75.

224　〔譯者注〕即 Maffeo Vegio, "In supplementum Æneidos" (Paris, 1507).

　　此處我們關心的課題是新創的神話。因為這個課題最能讓我們清楚看到希羅古典神話的神祇對文藝復興時代具有的雙重意義：第一，他們取代了各種抽象的觀念（Begriffe），讓中古寓意象徵符號（die allegorischen Figuren）不必再繼續存在；第二，他們也是詩歌創作裡具有獨立自主性的元素，是具有中立價值的美感符號，所有詩歌創作都可以借用，也隨時可以與其他象徵元素重組再創新意[225]。薄伽丘用義大利文所寫的《佛羅倫斯山林小仙女的喜劇》（*L'Ameto*）[226]與《菲耶索蕾的山林小仙女》（*Ninfale fiesolano*, 1344-46）便率先將寫作場景設定在佛羅倫斯附近的風景佳地，讓想像裡的眾神與牧人在此相遇。但這類詩篇最突出的傑作應屬班博（Pietro Bembo）[227]所寫的《薩爾卡》（*Sarca*），其中敘述河神薩爾卡如何追求山林仙女佳爾達（Garda），為她在巴多山（Mt. Baldo）的洞穴裡舉行盛大婚禮；以及古希臘著名盲人預言家提瑞西亞斯（Tiresias）的女兒曼圖（Manto）如何預言佳爾達會產下一子敏奇烏斯（Mincius），並預言曼圖瓦（Mantova）的建立以及預言維吉爾（Vergil）作為敏奇烏斯與山林仙女安德絲（Andes）之子將來可以享有的榮耀。班博以人文學者專擅的華麗文藻為這首詩篇織錦，並在結尾處特別寫下題獻給維吉爾的詩句，稱他為萬世詩人追慕的巨匠。因為這類作品常被視為文勝於質，所以並沒有受到太多重視。但這終究是個人品味問題，很難有絕對定論。

225　〔譯者注〕布氏此處是將古典神話人物的中立象徵意義與中古基督教文化對寓意人物先預設是非價值判斷作一對比。例如，在基督教文化裡，耶穌與聖徒代表的象徵意義一定是正面的、代表最終真理。反之，古典神話人物對文藝復興文學家與藝術家而言，則是中立的象徵符號，其所代表的價值端賴整個文本（context）而定。

226　正式書名應為：*Commedia delle ninfe fiorentine* (1341-1342, "Comedy of the Florentine Nymphs")。

227　印行於 Mai, *Spicilegium romanum*, Vol.VIII（約有 500 餘行六音步詩句）。

§ 3.12.3　基督教故事詩；珊那札若

還有各式各樣用六音步體（hexameter）、以聖經或教會史上的故事為主題所寫的敘事詩（epische Gedichte）。寫這些詩的詩人不一定都希望藉此獲得教會贊助、或從教廷那裡得到好處。這些詩人裡的佼佼者、或像是寫出《帕德尼闞》（*Parthenice*）的巴蒂斯塔‧曼圖阿（Battista Mantovano, 1447-1516）這種比較二流的詩人，主要都是出於對基督教信仰的敬虔之心才會寫下這些詩篇。他們希望用學養深厚的拉丁文寫下他們對聖徒的崇敬，當然他們也會高明地將自己對異教半開放的態度融入詩篇寫作裡。吉拉篤司（Giraldus）將這些詩人加以整理了一下，名列其中佼佼者的有：寫《基督記》（*Christiad*）的威達（Marco Girolamo Vida, c. 1490-1566），[228]以及寫三首《聖母無染始胎》頌讚詩（*De partu Virginis*）的珊那札若（Jacopo Sannazaro, 1456-1530）。珊那札若以音韻均衡雄偉的鏗鏘詩句豪邁地將異教與基督教思想交織起來，他生動有力的刻劃以及令人擊節讚賞的藝術成就，在在震撼著讀者的心靈。當他讓前去馬槽向聖嬰朝聖的牧羊人用維吉爾（Vergil）《對話體田園詩》（*Ecologues*, c. 42-37 B. C.）[229]第四卷的詩句來唱讚美詩時，他是滿懷雄心地希望基督教與希羅上古文化進行比較對話。在描述天國的意境時，他筆下也不時流露出但丁式的氣魄：例如大衛王在靈魂未升達天堂前，在義人暫居的「靈泊所」（Limbo）[230]當著以色列列祖面前高聲唱歌、或說起預言；或是寫到上帝坐在天庭寶座上，

228　〔譯者注〕即 Marco Girolamo Vida, *Christiad* (or *Christias*, 1535)。此作乃受教宗里奧十世委託而寫，是第一部根據福音書故事來闡釋基督救恩的基督教史詩。

229　〔譯者注〕本詩集共分十卷。

230　〔譯者注〕「靈泊所」有時亦依照"Limbo"的音譯翻為「靈薄獄」。根據天主教神學，「靈泊所」在地獄的門口，是為非因自己犯過而無法上天堂的人（如未受洗的嬰孩、無機會受洗也沒有犯下重罪而去世的人，與基督未誕生以前的善人）而設的。他們必須等待基督救贖人類之後，親率他們進入天國。

身穿繡有萬物圖樣的金碧錦袍，正在跟天堂眾靈體交談著。有些時候珊那札若直截了當將希羅神話故事與基督教福音故事交織起來，卻能讓這樣的組合一點兒都不顯得突兀、奇怪，因為他讓那些異教神話裡的眾神都只擔任妝點門面的次要角色、而非挑大樑的要角。如果有人希望全面瞭解文藝復興時代詩人在藝術造詣上究竟有哪些成就，就不應等閒視之這樣的作品。

§ 3.12.4　基督教與異教文化元素的融合

如果我們考慮到，欲將基督教與異教元素融合在一起，對詩篇創作而言，詩人所必須面臨的困難其實高過視覺藝術家必須處裡的，我們就更能明白珊那札若（Jacopo Sannazaro）的貢獻實在不小。因為視覺藝術可以用某種特定元素來為整幅作品定調，也可利用很容易吸引人的美感造型讓觀者不在乎作品其他會引發爭議的元素；而且，與詩相較起來，大家比較不在乎視覺藝術品要表達的真正意涵究竟何在，因為大家比較重視視覺藝術品的外在形式可以引發什麼想像？詩作感發人的想像卻必須從它的內容下手。

上一節提過的詩人巴蒂斯塔・曼圖阿在處理基督教與異教元素融合的問題上也嘗試過其他方法：在他寫的《聖節曆》（*De sacris diebus*）中，他不像一般詩人讓異教的眾神或半神以配角的身分穿插在聖經故事各情節中，而是仿效早期教父（Church Fathers）的作法，將他們安排為聖經故事的反派角色。例如，當天使迦百利（Gabriel）在拿撒勒向馬利亞親吻問安時，希臘神話信使麥邱里（Mercury）從拿撒勒對面的卡美爾山（Mt. Carmel）飛下來，然後躲在大門邊偷聽。隨後他又將竊聽所得在眾神聚集的天庭裡宣揚出來，而且鼓動他們一定要採取最激烈的手段來對付。當然，在巴蒂斯塔・曼圖阿其他作品裡，希臘諸神如泰提斯（Thetis）、卻瑞斯（Ceres）、艾奧魯斯（Aeolus）等等，也都必須向聖母以及聖母所代表

的聖潔崇高表示臣服順從之意。

珊那札若享有的聲望、無數仿效他的作品、以及在他生前就有許多名流貴族對他表示的尊崇之意，在在顯示了他的成就多麼被同時代的人所珍視，他的詩作又是多麼貼切地將當時人心之所向表達了出來！尤其在宗教改革初期，他為教廷尷尬的困境找到最佳的解決途徑：既洋溢著希羅古典文化的深厚學養，卻又能寫出完全不違基督教教義要求的詩篇。所以，不論是教宗里奧十世（Pope Leo X）、還是克萊門七世（Clement VII）都由衷向他致上深深的謝意。

§ 3.12.5　以當代史為主題的詩

用六音步詩體（hexameter）或對句體（distich）所寫的詩後來也開始以當代史為主題。這類詩作有時以敘事為主、有時則為了歌功頌德；通常是為了頌揚某位君侯、或某個王室。這類作品有《史佛薩王室頌》（*Sforziad*）[231]、頌讚斐拉拉公爵伯爾索‧艾斯特 （Borso d'Este）的《伯爾索頌》（*Borseid*）、頌讚凱撒‧伯爾嘉（Cesare Borgia）的《伯爾嘉頌》（*Borgiade*）、頌讚米蘭名門萃伍奇歐家族（Trivulzio family）的《萃伍奇歐家族頌》（*Trivulziad*）等等。

當然上述這些作品都沒有真正達到寫作的目的，因為真正想名垂千古的人不會貪圖透過這種讓人看了噁心的詩作來揚名立萬，即便其中不乏優秀詩人所寫的作品。與上述詩作性質完全相反、捨棄讓人聽了頭皮發麻的巴結話，反而有一些小品詩作、或描述名流顯達個人生活風情的作品受人歡迎。例如，帕羅（Palo）描述教宗里奧十世狩獵場景的詩以及柯內托（Adriano da Corneto）所寫的《朱利安二世的軍旅》（*Iter Julii secundi*）[232]。

231　〔譯者注〕Francesco Filelfo, *Sforziad* (1451-1477). 本詩共12,800行，是為米蘭史佛薩（Sforza）王室而寫，但未正式出版。

有關君侯狩獵場景的描寫亦可見艾爾柯雷·史特札（Ercole Strozza, 1471-
1508）或上述柯內托等人所寫的詩。如果現代讀者因為這些詩裡不時出現
露骨的奉承話而感到嫌棄或厭惡，這是很可惜的。因為這些優美詩作的藝
術造詣與至今仍閃爍光芒的歷史價值讓它們在文學史上一直保有相當受肯
定的地位，不像我們今天一些家喻戶曉的詩作是否真能禁得起時間考驗，
都還是未定之數。

　　整體而言，詩作的內容在情感的節制與不要摻雜過多老生常談的泛泛
之論上如果能控制得宜，就會比較突出。有些大詩人的敘事小品詩因為摻
雜太多神話題材，使得整首詩讀起來非常拗牙。例如，艾爾柯雷·史特札
為凱撒·伯爾嘉（Cesare Borgia）所寫的輓歌[233]便是如此（參見§
1.11.11）。這首詩寫著，羅馬在泣訴，他們是怎樣地將一切希望放在西班
牙籍教宗卡歷斯篤三世（Pope Callistus III，在位 1455-58）與亞歷山大六
世（Alexander VI，在位 1492-1503）身上；接著又寄望凱撒·伯爾嘉來拯
救羅馬城。這首詩歷數這段時期發生的種種，一直寫到1503年發生的不
幸[234]。接著詩人詢問繆思女神（Muse），這樁不幸發生時，奧林帕斯山
（Olympus）眾神究竟抱持什麼態度？艾拉托（Erato）女神說，當時帕拉
斯（Pallas）為西班牙人求情，維納斯（Venus）為義大利人求情，兩人都
抱住天神朱比特（Jupiter）的膝蓋懇求。所以朱比特便親吻他們二人並加
以安撫調解。他說，他並無力破除命運女神帕爾琛（Parzen）織起的命運
之網，但眾神所許下的承諾將在後繼的艾斯特（Este）與伯爾嘉（Borgia）

232　Roscoe, *Leone X*, ed. Bossi VIII,184 以及另一首風格相近的收錄於 XII, 130.

233　*Strozii poetae*, p. 31. s. Caesaris Borgiae ducis epicedium.

234　〔譯者注〕布氏在此應是指 Alexander VI（在位 1492-1503）突然過世這件事。
　　有關他的死因，教廷公開的講法是死於瘧疾，但有強烈的證據使人臆測
　　Alexander VI 其實是吃下原本要毒死一位樞機主教的晚餐而死的。參見§
　　1.11.9。

兩家聯姻的子嗣[235]身上兌現。在敘述艾斯特、伯爾嘉這兩個家族早期許多冒險犯難的故事後，朱比特又說，他無法讓凱撒·伯爾嘉不朽，就像過去古希臘兩大英雄人物曼農（Memnon）與阿基利士（Achilles）雖然也曾苦苦哀求，但他也無法如其所願賜給他們不朽的永生。但在最後，他安慰他們兩位說，凱撒·伯爾嘉在身亡之前還會在戰場上殺敵無數。所以，戰神馬爾斯（Mars）趕赴拿波里準備製造戰亂與對立；帕拉斯（Pallas）則趕赴納皮（Nepi），以教宗亞歷山大六世的形象現身在臥病的凱撒·伯爾嘉面前，開導他要懂得順服命運的安排、懂得為已得的聲名感到知足。接著這位假扮成教宗的帕拉斯女神便「像鳥一般」飛得無影無蹤。

　　如果不管好或不好，對於詩作裡穿插一些希羅古典神話題材的情節一律加以排斥，我們只是不理性地放棄迄今為止西方文化裡一個始終讓大家享受許多歡愉的文化活水源泉。一直到現在，繪畫與雕刻創作正是藉由刻劃希羅神話這些傳統題材才能一直屹立在精緻文化的領域裡。即使在模仿嘲謔之作（Parodie, parody，參見§2.4.5）的開頭——例如，一些用大雜燴式文體寫的詩作裡——希羅古典神話題材仍常被引用；一如我們在喬凡尼·貝里尼（Giovanni Bellini, c. 1426-1516）所繪的《眾神的饗宴》（*Feast of the Gods*，1514，彩圖64）這幅奇怪的眾神集會圖上所見的情形一樣。

　　有一些用六音步詩體寫的敘事詩其實更像精心加工過的散文，相當受到讀者喜愛。眾所周知的，所有的場合——不論是辯論性的、或典禮性質的——都要有詩歌吟誦，即使在宗教改革時代[236]，德意志人文學者也堅持繼續採用這些習慣。如果我們認為寫詩是無所事事的人打發時間的消遣、或是將寫詩看成輕而易舉的事，這並不公允。至少對義大利人而言，他們具有相當高的審美要求，只要看他們所寫的文件、歷史撰述、以及一些散

235　指的是後來的斐拉拉公爵艾爾柯雷二世（Ercole II），出生於1508年4月4日。

236　cf. die Sammlungen der *Scriptores* von Schardius, Freher etc.

發的小冊子都是用三行詩節（Terzine）[237]的音韻寫成就知道他們講究的程
度了。

正如尼古拉・屋扎諾（Niccolò da Uzzano）也用三行詩節音韻為新憲
法寫宣傳文，馬基亞維里（Machiavelli）也以三行詩節音韻寫當代史概
述，有人亦以此為薩佛那羅拉（Girolamo Savonarola）立傳、或也有人以
此記錄「寬宏大量的亞豐索」[238]當初如何包圍皮翁比諾（Piombino）等
等。他們之所以選擇這種難度頗高的義大利三行詩節音韻來寫作，正是為
了加強效果。此外，也有人喜歡用六音步詩體（Hexameter）寫作，以更
進一步感動讀者。

§ 3.12.6　訓誨詩；帕寧傑尼烏斯

用六音步詩體所寫的作品究竟是哪些地方引人入勝，答案最容易從訓
誨詩看出。自十六世紀起，訓誨詩大行其道的情況真令人驚嘆。這些用六
音步體寫的訓誨詩內容涵蓋煉金術、下棋、養蠶、星象、性病等等，當然
還包括許多其他題材。今天我們已將這類型的詩束之高閣、不再一顧，而
這些訓誨詩到底對我們還具有多少意義，實在很難說。當然有一點是可以
確定的，就是美感感受力比我們高明許多的那幾個時代——古希臘末期、
古羅馬、與文藝復興時代——用六音步體寫訓誨詩是免不了的。也許有人
會反駁說，今天我們缺乏的並不是審美感受力，而是我們不再將詩可以在
我們生活發揮的影響抬得那麼高、也不再將所有需要教導的事項選擇用詩
的形式來傳達，如此而已。有關這個爭論，我們就暫且放下不論。

上述的訓誨詩裡，有一篇作品我們今天有時還會看到有人將它印行出

237　〔譯者注〕三行詩節（Terzine）的韻律為：aba, bcb, cdc 等。
238　Uzzano s. *Arch.* IV, I, 296.—Macchiavelli, *I Decennali.* 有關 Savonarola 的傳記收
　　錄於：Fra Benedetto, *Cedrus Libani. Assedio di Piombino*, bei Murat, XXV.

版，那就是《生命的黃道十二宮》（*Zodiacus Vitae*）[239]，這是由斐拉拉人帕寧傑尼烏斯（Marcellus Palingenius）所寫，可說是一位沒有公開告白的新教徒所寫的書。帕寧傑尼烏斯在書中探討了現實生活的許多問題，也將這些問題與基督教對上帝的愛、基督徒應有的德行、永生等終極關懷合在一起省思。從這個角度來看，這是一本倫理學史不可忽視的權威之作。基本上，帕寧傑尼烏斯寫的詩已跳脫文藝復興的框架，因為就他所想達到的道德教化目的而言，他偏愛選用寓意象徵（Allegorie），而非古典神話（Mythologie）[240]。

§ 3.12.7 拉丁文抒情詩

這些人文學者所寫的詩與希羅古典詩歌最接近的，其實應說是抒情詩（Lyrik），尤其是哀歌（Elegie），其次是箴言詩（Epigramm）。

古羅馬詩人卡圖（Catullus）[241]用較輕鬆詩體所寫的一些詩的確深深吸引了義大利人。後來有些用拉丁文寫的田園抒情詩（Madrigal）、小品嘲謔之作（Invektive）、與惡作劇的短籤（Billet），其實都是改寫自他的詩作而成，例如那些哀悼小狗、鸚鵡之死的詩，雖然沒有一個字是抄襲卡圖，但卻完全以他所寫的〈為萊思比麻雀之死而作〉（"Lesbias Sperling"）的那幾首詩為範本。由此產生了許多這類型短詩的仿作，如果沒有審慎考證哪些是十五、六世紀的元素，即使是專家也會誤以為是卡圖親筆所寫的。

§ 3.12.8 聖徒頌歌

反之，仿效莎芙（Sappho）與阿愷烏斯（Alcaeus）頌歌（Ode）音韻

---

239 〔譯者注〕本書最早的出版時間約在1530年代。現存最早版本存於大英圖書館（British Library），出版時間為1574年。

240 〔譯者注〕此處應與布氏上文所言中古與文藝復興詩歌根本差異比較之。

241 〔譯者注〕即 C. Valerius Catullus（87-54 B. C.）。

所寫的詩，則很容易讓人讀出哪些是文藝復興時代人所寫的。這尤其可以從文藝復興頌歌冗長的辭藻潤飾看出。因為在古希臘頌歌裡，這種現象要等到斯塔提烏斯（Statius）時代不再繼續在乎頌歌原本最講究的抒情詩韻後，才有可能出現。在一首頌歌的某一段落，有時是二、三節合在一起，讀起來很像是抄襲自古詩的某一段落。通篇而觀，這段刻意襲古的段落便顯得十分突兀，很難與上下文交織成一片。例如，在那瓦傑羅（Andrea Navagero）所寫的〈維納斯頌〉一詩上，我們就很容易找出哪幾行其實是從著名的古詩改寫來的[242]。

　　有一些頌歌作者致力於寫作與聖徒崇拜相關的詩，並仿效古羅馬詩人賀拉茲（Horatius／英文：Horace）與卡圖頌歌的內容，寫下格調高雅的聖徒祈禱文。例如，那瓦傑羅寫的〈天使長迦百利頌〉便是一例；尤其值得一提的還有珊那札若（Jacopo Sannazaro）寫給聖徒的祈禱頌歌，因為他的成就遠勝於希羅異教的頌歌。珊那札若主要寫給與自己名字相關的主保聖徒（Namensheiligen，英文name saints）。他有一座小別墅位於波希利（Posilipp）海濱，景緻十分優美。別墅裡的小禮拜堂裡供奉著他自己的主保聖徒。這一切就像他的詩裡寫道：「在那兒，滔天巨浪淹沒了岩壁湧出的細泉，拍打著小小的聖徒禮拜堂」。每年他都歡欣鼓舞準備過聖拿撒勒（St. Nazarius）紀念日[243]。這一天，他會用各式各樣的植物與花環將小禮拜堂裝點得美侖美奐，就像是獻給他主保聖徒的獻禮一般。當他與亞拉岡王朝的菲德里高（Federigo of Aragon）一起在流亡的路上經過法國羅亞爾河（Loire）入海口的小鎮聖拿澤（St. Nazaire）時，在聖拿撒勒紀念日當天他更滿懷悲傷地獻給他的主保聖徒一大把黃楊木（Buxbaum）與橡樹枝葉做成的花束[244]。他在此緬懷過去，每當聖拿撒勒紀念日那天波希利的年

242　從 Lucretius 的開頭與 Horat. *Od.* IV, I 改寫來的。
243　〔譯者注〕7 月 28 日。

輕人都會駕著佈滿花環的小舟來到他的禮拜堂慶祝，並為他能再度返鄉祝禱。

§ 3.12.9 哀歌

有一些用典雅古詩韻體或是用六音步詩體寫成的詩，乍看之下真的很像古詩。這些詩的內容從蕭穆的哀歌到箴言詩都有。由於人文學者可以輕輕鬆鬆地讀懂古羅馬哀歌，所以他們在仿作哀歌上也最得心應手。那瓦傑羅（Andrea Navagero）所寫的〈清夜哀歌〉雖然像當時人所寫的哀歌一樣，很容易讓大家想起這是仿自哪首名詩，但音韻仍然充滿古典之美。那瓦傑羅在詩歌創作上最重視詩要言之有物，然後他才會不受拘束地自古詩取之不盡、用之不竭的寶藏裡，看是要用奧維德（Ovid）、卡圖，或是要學維吉爾（Vergil）《對話體田園詩》（*Ecologues*）的體裁。在神話題材使用上，那瓦傑羅更是十分節制，例如在描述最質樸的生活時，他才會寫上一段對豐饒之神雀瑞斯（Ceres）與其他農神的禱詞。當他從西班牙出使歸國時，他寫了一首詩向家鄉致意，可惜他只寫了開頭的部分。如果他能把這首詩完成，相信可以與蒙提（Vincenzo Monti）所寫的拉丁文詩《美麗的義大利，我心所深愛》（"Bella Italia, amate sponde"）齊名。只需讀他開頭所寫的，我們便知其成就：

> 向　神感謝稱頌，世上最幸福之地義大利，
> 美神維納斯蒙福的子孫們，在返鄉的回程上，向您們問候致意。
> 心靈歷經風霜磨難後，我以贖罪之心欣慕仰望您，
> 甚願在您恩典庇護下，一清心中所有煩憂。

244　有關主保聖徒如何被扯進世俗行徑參見§1.6.4。

（Salve cura Deûm, mundi felicior ora,

Formosae Veneris dulces salvete recessus;

Ut vos post tantos animi mentisque labores

Aspicio lustroque libens, ut munere vestro

Sollicitas toto depello e pectore curas!）

　　用哀歌或是六音步詩體所寫的作品適合表現各種高貴情操的主題，不管是激發愛國情操的詩（如寫給朱利安二世的哀歌），或是對統治者吹捧入雲、高度神化的詩，都能用上述兩種體裁適切加以表達。此外，像牟爾扎（Tibull. Mario Molsa）那種充滿淡淡哀愁的文思，也很適合用上述體裁來表達。他寫給教宗克萊門七世（Pope Clement VII）與羅馬名門世家法內澤家族（Farnese）的頌讚詩可與古羅馬詩人斯塔提烏斯（Statius）與瑪爾提雅（Martial）媲美；而他在病床上所寫的哀歌〈致同袍〉是如此優美真摯，真可比擬古代擅長寫墓誌詩的長才，而且在這方面他完全沒有抄襲古人的作品。對古羅馬哀歌的本質與整體成就有最透徹認識、並加以仿效的，則非珊那札若（Jacopo Sannazaro）莫屬。無論就作品數量、或描述題材的多樣性來看，沒有第二人在哀歌的創作上可以超越他。──其他的哀歌我們將在相關課題上另行討論。

§ 3.12.10　箴言詩

　　接下來我們要談文藝復興箴言詩（Epigramm）創作的成就。箴言詩是鑲在紀念碑上短短幾行精心寫就的詩句、或是大家開玩笑時口耳相傳的短詩。但人文學者就憑寫出這些短短詩句，亦可成為家喻戶曉的名人。從文獻記錄可看出，對箴言詩的需求很早就開始：當波蘭達[245]透露他希望用

245　〔譯者注〕波蘭達（正確寫法應為 Guido Novello da Polenta，布氏寫為 Guido

一首短詩來裝點但丁的墳墓時，從四面八方寄來許多特為此墓碑寫的短詩[246]，「有些人是希望藉這個機會嶄露頭角，有些則是希望向但丁致意，有些則希望藉此獲得波蘭達的恩庇」。在米蘭主教座堂裡有喬凡尼・威士孔提（Giovanni Visconti, died 1354）大主教的墓碑，其上用六音步詩體寫著36行詩句，最後還有作者署名「此詩為帕爾瑪（Parma）籍法學博士加布理烏斯・扎摩萊斯（Gabrius de Zamoreis）所作」。在瑪爾提雅（Martial）詩作大力影響下（另有一些受到卡圖的影響），箴言詩日益風行。

當一首新寫成的箴言詩被誤以為是出自古人之手、或是從哪一塊古代石碑抄寫下來、或者像班博（Pietro Bembo）寫得那麼好以致於成為全義大利朗朗上口的詩句，那就是莫大的光榮。當威尼斯共和國以600杜卡金幣的重酬委託珊那札若用三個對句（distich）寫一首讚頌短詩時，沒有人認為這是浪費金錢。因為對當時所有具有文化教養的人來說，箴言詩是可以贏得聲望最簡鍊的文學創作形式。反之，當時也沒有人能逃過被搞怪的箴言詩戲謔的命運。即使是檯面上的大人物也須聘請學者審慎檢查他們將要豎立的每一塊碑石銘文，因為若被發現其中有誤而成為笑柄，日後這些出糗的銘文可能會被收進提供大家找樂子取笑的文集中[247]。碑銘與箴言詩其實是同一文體的兩種不同面向，前者的創作需要對古代碑文有深入的鑽研才能寫得好。

自古以來，最值得探訪的箴言詩與碑銘之城非**羅馬**莫屬。由於教宗國不以世襲傳位，所以每一任教宗都要絞盡腦汁尋覓良策，想辦法讓自己永

（續）————————————————

     della Polenta）：Polenta 家族是義大利的貴族，從十三世紀末至十五世紀中葉統治 Ravenna。Guido Novello da Polenta 是但丁晚年（c. 1318-1321）最熱誠接待他的好友，自 1322 年起，也是 Ravenna 的統治者。但丁過世時，他為但丁舉辦盛大隆重的葬禮，並親自在葬禮上致詞。

246 Bocaccio, *Vita di Dante*, p. 36.
247 *Lettere de' principi*. I, 88. 91.

垂不朽。當然，挖苦的短詩也是拿來修理自己對敵的有利武器。教宗庇護
二世（Pope Pius II）便以偏好對句體短詩出名，所以他的御用詩人康帕努
斯（Campanus）便緊抓住任何機會，將他任內所有值得一書的事都以對
話體短詩記錄下來。在幾位繼任的教宗任內，嘲諷短詩大興，其顛峰則是
在教宗亞歷山大六世（Pope Alexander VI）在位時，大家不惜一切用寫詩
的方式表達對他本人及其家族的抗議。珊那札若是在一個比較「天高教宗
遠」的地方[248]寫他的嘲諷短詩，有些人就在教廷附近甘冒大不韙寫下他們
的嘲諷詩（參見§1.11.9）。曾有人在梵蒂岡圖書館的大門貼上一首用八對
對句寫成的恐嚇詩[249]，教宗亞歷山大六世因此增加八百名禁衛軍加強防守
教廷安全。我們可以想像，如果寫這首詩的人被抓到，會遭受何等嚴峻的
刑罰！教宗里奧十世（Pope Leo X）在位時，用拉丁文寫短詩成為司空見
慣的事。不論是對教宗歌功頌德、或是中傷詆毀、還是為了教訓對敵（真
實具名或不指名道姓、或為了教訓活該倒楣的人）、或為了開玩笑一定要
有特定對象才好玩（真實或虛構都包含）、或為了惡作劇、哀悼、以及寫
下靜思之所得，短詩真的是最適宜的創作形式。

　　安德瑞亞・桑頌維諾（Andrea Sansovino, c. 1467-1529）幫羅馬聖奧古斯
丁教堂（S. Agostino）雕刻了著名的《聖安娜、聖母與聖嬰群像》（*Madonna
and Child with St. Anne*, 1512）名聞遐邇，有超過120個人以拉丁文寫詩讚
美此雕像。當然，其中大部分人寫詩的目的不是為了表達自己對信仰的虔
敬[250]，　而是為了討好這個群像的委製者。這位委製者就是教廷的訴願執

248　〔譯者注〕Jacopo Sannazaro 一生大部分時光都是在他自己家鄉拿波里及其附近
　　　度過的。

249　Malipiero, *Ann. veneti, Arch. stor.* VII, I, p. 508.

250　有關這整件事的經過參見：Roscoe, *Leone X*, ed. Bossi VII 211, VIII 214, s. 那本
　　　在 1524 年出版的 *Coryciana* 只有收錄為此雕像而寫的拉丁文詩，Giogio Vasari
　　　還曾在奧古斯丁修會的教士那裡見過另一本書，裡面還收錄了十四行詩以及其
　　　他種類的詩。由於有太多人把自己寫的詩貼在這尊雕像上，迫使教會只好在雕

Andrea Sansovino，《聖安娜、聖母與
聖嬰群像》。
**1512. Marble. H. of statue 125 cm.; H.
with plinth 195 cm. S. Agostino, Rome.**
引自：**John Pope-Hennessy,** *Italian
Renaissance & Baroque Sculpture* **(New
York: Vintage Books, 1985), Plate 48.**

事官（päpstlicher Supplikenreferendar，英
文 Apostolic Pronotary）——盧森堡籍的約
翰・葛理茲（Johann Goritz，拉丁文 Ianus
Corycius）。每年的聖安娜紀念日[251]他不
僅會舉行紀念彌撒，還會在他位於卡彼多
山丘（Capitoline Hill）山腰上的庭園舉辦
盛大的文人雅聚。要瞭解當時羅馬文壇的
概況亦可讀雅爾西路斯（Franciscus
Arsillus）所寫的〈羅馬詩人群像〉（"De
poetis urbanis"）[252]。這首詩生動地描寫出
那些希望在教宗里奧十世宮廷抓到飛黃騰
達機會的詩人之眾生相。雅爾西路斯是一
個不求聞達於教廷或其他達官顯貴的人，
因此他可以毫無顧忌地將詩人同儕的嘴臉
真實描寫出來。教宗保祿三世（Pope
Paulus III）後，短詩創作的盛況就慢慢消
褪了。碑銘創作的熱潮則繼續延燒，直到
十七世紀才因過度誇大而逐漸消失。

在**威尼斯**，箴言詩另有不同的發展。

我們可以根據法蘭卻斯柯・桑頌維諾（Francesco Sansovino）所寫的名著
《威尼斯》[253]來追溯這個發展。在這本書裡，箴言詩最常出現在威尼斯總

（續）

　　像前加上圍欄。
251　〔譯者注〕7 月 26 日。
252　收錄於 Roscoe, *Leone X* 的附錄。
253　〔譯者注〕Francesco Sansovino, *Venetia, città nobilis et singolare, descritta in XIIII
　　　libri* (Venice, 1581).

督宮廷宴會大廳裡懸掛的歷任總督（Doge）——也就是威尼斯共和國元首——畫像上的簡短題辭（brievi）。這些題辭是用二至四行的六音步詩句寫成，主要是描述畫像主角人物在總督任內的功業[254]。十四世紀時，威尼斯總督的墓碑銘文只用簡短的散文略述其生平事蹟，再附上一首用六音步詩韻或里奧式音步所寫的誇大頌揚詩。到了十五世紀，大家對銘文的美感要求愈來愈多；至十六世紀更達到顛峰。因此不久後，就開始講究雕琢的對偶、音韻、佯裝出的澎湃熱情、嚴守詩藝規範的準則等等。簡言之，也就是浮誇不實。我們經常可以讀到表面讚揚死者的頌詞裡，暗藏對生者的挖苦與譴責。刻意保持質樸風貌的墓誌銘要到比較晚期才出現。

建築物或裝潢設計上也都為各式銘刻——有些銘刻還會重複出現在許多地方——保留了位置，不像阿爾卑斯山北方的歌德式建築只能勉強找出地方來塞進必不可少的銘刻。例如，墓石雕像只能勉強在墓石邊緣找到空隙來刻上一段銘文。

希望讀者只憑上面概述的內容，就能對文藝復興義大利詩人所寫的拉丁文詩所具有的歷史價值得到清楚的認識，這是不太容易的事。筆者只希望能藉這個簡短的介紹或多或少勾勒出這些文藝復興拉丁文詩在文化史上應有的地位，並說明它們之所以能如此興盛的原因。

§ 3.12.11 　雜燴詩

當時還有一種搞怪的詩，即「雜燴詩」（marcaronische Poesie, marcaronic poems）[255] 代表作是可卡優斯（Merlinus Cocaius，即 Teofilo Folgno, 1496-1544）所寫的《雜燴之作》（*Opus macaronicorum*）。這首詩的內容我

254　Marin Sanudo, in den *Vita de' duchi di Venezia* (Murat. XXII).

255　Scardeonius, *De urb. Patav. antiq.* (Graev. thes.VI, III, Col. 270) 認為雜燴詩的始祖是十五世紀中葉帕多瓦的 Odaxius。但是將拉丁文與鄉土方言混在一起來寫詩的情況早就有了。

們以後再說，這裡主要是描述一下它的形式：以六音步以及其他音韻寫成，用字是拉丁文與義大利文摻雜著，但字尾變化全是根據拉丁文變化。這樣的詩聽起來怪異的地方正在於，我們好像聽到拉丁文即興詩人吟詩速度太快而不停發生口誤（lapsus linguae）那樣。有些德語詩人想模仿這種詩來創作德文與拉丁文的雜燴詩，是不瞭解義大利文與拉丁文的關係才會冒然這麼做。

第十三章
十六世紀人文學者風光不再

自十四世紀初起，義大利人文學者英才輩出，帶起了整個世界對希羅古典文化的崇仰之情。除了深深影響教育與人文涵養的內容外，也對政治產生不少影響；同時也讓不同文學創作類型所具有的潛力得以發展，再創古典文學新風華。但是到了十六世紀，雖然整個社會還是亟需人文學知識與教誨，人文學者卻明顯不再有好名聲。雖然大家還是照著人文學者所倡導的方法規範來言談、寫作、與寫詩，但已經沒有人希望被歸類為人文學者了。人文學者備受批判的兩大主因是奸詐高傲與狂妄無恥，但這兩項指控其實已隱含他們令人反感的第三項指控，即在反宗教改革初期大家對他們一致的指控──對上帝不敬虔（Unglauben）。

首先，我們當然會問，不管這些指責是否真有其事，為何這些批判的聲音沒有早一點出現？其實，對人文學者的批判早就時有所聞，只是沒什麼效果。最主要的原因是因為在理解、重塑希羅古典文化的種種事務上，社會還必須大力仰賴人文學者的貢獻，因為他們是上古文化專業知識真正的擁有者、繼承者、與傳播者。但是隨著上古經典已經藉由印刷出版而廣泛流傳，而且卷帙浩繁的優良參考工具書不斷問世，一般人已不再須要努力維持與人文學者的關係，以期獲得幫助。就光從人們不再覺得事事必須仰賴人文學者的幫忙這一點來看，就足以翻轉整個社會對人文學者的態度；而且不論良窳，所有人文學者都同蒙其害。

§ 3.13.1　批判的聲音與基督徒應有的美德

對人文學者最早提出批判聲音的，正來自人文學者圈。在所有同領域工作的社會階層裡，人文學者之間最沒有群體共同感。或者說，他們也不珍惜到底大家是靠什麼在社會上贏得尊重的。當他們互相指責對方不是時，可以不惜任何手段。他們可以在轉瞬間從爭辯學術問題變成羞辱人的謾罵、或毫無節制的造謠中傷。他們不甘心只是將死對頭打倒，而是要徹底將之毀滅。他們之所以如此，多少與他們所處的環境、以及他們的社會地位有關：作為當時各種主張最重要的意見領袖，我們可以看到，他們多麼汲汲營營於掀起社會各種歌功頌德、或羞辱謾罵的口水。而他們實際的生活情狀也類似於此，因為他們常為了要在社會上一直享有一席之地，不惜踐踏別人。就是在這樣的生態裡，他們寫下不少互相攻訐批判的話。光是柏丘（Poggio Bracciolini）的文集就收錄了可觀的罵人的話，足以讓我們產生先入為主的偏見來看這些人文學者的嘴臉——而柏丘的文集是最常在阿爾卑斯山北方被印行出版的書籍。如果我們在十五世紀人文學者中，發現有人看起來像是溫良的道德君子，可千萬別高興得太早，因為細讀更多史料，就算我們不願意相信，我們還是會發現，他們也有嘴巴不乾淨、讓人對其形象大打折扣的地方。而許多猥褻淫蕩的拉丁文詩、或像在彭塔諾（Giovanni Pontano）所寫的對話詩《安東尼》（*Antonius*）裡對自己家人所開的玩笑，都讓人感覺不好。十六世紀的人看了太多這種不入流的行徑，所以對這樣的作風開始感到憎惡。因此人文學者必須為他們過去的不良言行與妄得的社會名望付出代價。他們遭到的報應就是義大利最偉大的詩人以冷靜、有威望的史筆寫下對這些無恥文人的批判[256]。

從許多方面來看，會激起社會一致的反感，的確事出有因。但是在宗

256　Ariosto, *Satira* VII (1531).

教信仰方面，其實還是有部分人文學者是謹守教規、內心虔敬的基督徒。如果我們要一竿子打翻一艘船，認為當時的人文學者都是悖離基督教的叛徒，那是對文藝復興時代瞭解太少才會說出這樣的話。只是從宗教信仰的角度來看，當時的確有許多——尤其是最活躍的一些意見領袖——的確是有惹人爭議之處。

　　從三方面可以看出——也許也可以使我們諒解——當時人文學者如何違背基督徒應謹守的美德：第一，當他們得勢的時候，那副盛氣凌人、自以為是天之驕子的嘴臉；第二，他們得勢與否可說全然沒有定數，一則要看他們所跟從的主子的臉色，一則也可能因為死對頭耍手段，一下子就被害成永不得翻身；第三，因為鑽研古代希羅異教文化，反而誤入歧途。最後這一點也就是說，因受希羅古典文化影響，不再懷有基督徒應有的敬虔之心（Sittlichkeit），但卻沒有吸收到古典文化的精髓裡，另有一套敬天畏人的理想準則。面對宗教，這樣的人文學者所持的態度大體上也是質疑與否定，因為要他們相信人之外還有「神」（eine Annahme des positiven Götterglaubens）[257]，那是不可能的。正因他們將希羅古典文化絕對教條化，也就是說，將之視為所有思考與行為的準則，所以最後終要自食惡果。當然，過去一整個世紀，古典文化是在這麼片面的知見下被高舉、被神化，這絕非某個人獨力所能造成的，而是文明往更高層次發展的過程中，無巧不巧產生的結果（höhere geschichtliche Fügung）。自此以降，所有高層次的文化教養都奠基於對希羅古典文化如此片面的認知，並且認為生命的目標就是實現這些理想。

　　基本上，**人文學者的一生**看起來就是如此。如果自己內心深處沒有堅毅的道德人格，都是反受自己所學、所長之害。他們所蒙受的第一個危害應該是來自父母親。因為不少父母喜歡將自己早慧的男孩培養成「神

257　〔譯者注〕請注意，布氏在此所用的「神祇」（Götter）是複數，而非單數。

童」，希望他日後能平步青雲，爬到萬人之上的高位。但是，所謂「神童」往往發展到某一階段就停滯不前；如果他想要真正有所成就，就必須能通過最嚴苛的考驗。第二，對於努力想往上爬的少年而言，人文學者享有的聲名與表面的光鮮也是一種危險的誘惑。這些世俗的風光讓他誤以為可以憑著「天生自恃甚高，所以不屑卑微低賤之事」的心態走進人世。但是，用這樣的心態走進人世，最後終究要落到去過浮沉不定、滿懷風霜的一生。因為他們焚膏繼晷苦讀，為了要爭取得到家庭教師、秘書、教授、王侯的御用學者等等「大好機會」，卻也不免因此樹敵與遭遇對手陷害。在這些過程中，他們就不停地擺盪在讚賞、譏諷、玩弄權勢、與下場悽慘的無常裡。耍嘴皮子、賣弄口耳之學的人常常比紮紮實實作學問的人來得吃香。

最糟糕的是，人文學者這一行是屬於居無定所的，因為這一行本來就無法永遠佔據某個固定地盤；另一方面，這一行的工作內容也會使人不想永遠只窩在同一個地方。當一個人文學者在某地已經開始惹人厭，或已經樹敵太多、處處受阻時，當地人也會希望有新血來替換（參見§3.5.2）。這種情況讓人想起斐羅斯查圖斯（Philostratus）描述的希臘化時代**詭辯學者**（Sophisten）的遭遇。但這些詭辯學者的境遇終究還是好些，因為他們大部分都是家財萬貫，不然就是比較無所求，或過著比較閒適的生活，因為他們並不靠當學者或口才便給的職業演說家來營生。文藝復興時代的人文學者情況則大不相同，他們不僅須要具備淵博的學識，也要能面對各種不同的場面與重責大任。此外，為了麻醉自己，也縱情於一些放蕩的享樂；或是一旦被人認為他什麼壞事都作得出，這種人文學者真的就會無所不用其極。最後值得一提的是，人文學者沒有不傲慢自大的，光就他們努力要維持自己是上流菁英圈的身分，他們就會擺出這付臭架子。而人們即使憎惡他們的行徑，有時卻又將他們神化，這也會令他們擺出一副不可一世的模樣。他們可說是人類追求主體意志開展過程裡最值得注意的範例與

犧牲者。

　　如前所述，對人文學者的嘲諷早已有之。對極具個人特質的主體、對社會上每一種類型的名流，大家都有特別的嘲諷方法等著修理他們。當然，被嘲諷的人自己過去的所作所為也提供了想好好修理他們的人最可怕的參考模式。在**十五世紀**，巴提斯塔・曼圖瓦諾（Battista Mantovano）在談到七個怪物時[258]，就將人文學者與其他許多人同列於「傲慢自大」（*superbia*）這個項目下。巴提斯塔・曼圖瓦諾將人文學者描繪成是高傲地以阿波羅（Apollo）之子自居，他們面帶邪惡慍色，故作聲勢招搖行路，像是輕啄穀粒的鶴，有時顧影自憐、有時又陷入不知別人會不會讚美他的焦慮當中無法自拔。

　　但是，自**十六世紀**起，對人文學者的批判正式掀開序幕。除了雅瑞歐斯特（Ludovico Ariosto）外，主要批判的聲音也來自於文學史家吉拉篤斯（Lilius Gregorius Gyraldus, 1479-1552）。吉拉篤斯所寫的論文〈文學與文學家眾生相反議〉（"Progymnasma adversus literas et literatos"）[259]是在教宗里奧十世任內動筆的，很可能在1540年左右又修改過。在這篇文章裡，古代與當代文人無行給大家提供的教訓、以及文人處境悲慘的一面可說是以排山倒海的案例不斷湧現在讀者眼前；而穿插其中的，還有社會大眾對他們的嚴厲指控。這些指控主要包括他們一頭熱不顧大局的作法、自以為是、偏執、將自己神化、私生活不檢點、行為荒淫、異端、是無神論者等等引起爭議的行徑；接下來的指控還包括：他們有三寸不爛之舌、說的話無法讓人信服、腐化政府官僚體系、講話故弄玄虛、玩文字遊戲、對師長不知感恩、在有權勢者面前卑躬屈膝等等。這些有權有勢的人對待知識份子其實都是一開始讓他們嚐些甜頭，食髓知味後，再來就故意讓他們

258　Bapt. Mantuan., *De calamitatibus temporum*, L. I.

259　Lil. Greg. Gyraldus, *Progymnasma adversus literas et literatos*.

想吃也吃不到,以使知識份子對他們百依百順。這篇文章的最後結尾談到,在當時大家所熟知的黃金時代裡,是沒有學術(Wissenschaft)的。對人文學者的指控最嚴重的一項是異端,就連吉拉篤斯後來要重印他年少時所寫的一篇完全無傷的文章[260],都必須尋求斐拉拉公爵艾爾柯雷二世(Ercole II)的庇護,因為當時的人認為當前的時代氛圍應看重基督教題材的作品、而非神話研究。對此,吉拉篤斯提出他不同的見解:在一個宗教氣氛趨向不寬容的時代,才應該好好研究神話,因為神話是唯一無傷大雅、本質中立的學術研究題材。

§ 3.13.2　學者之不幸

如果文化史研究有責任在指責的聲音外,也將喚起大家同情心的聲音一起傳達出來,那麼,值得注意的聲音便是瓦蕾利安(Pierius Valerianus, 1477-1558)寫過一篇常被大家引用的文章〈論學者之不幸〉("De infelicitate literatorum")。這篇文章是在「羅馬浩劫」的陰影下寫出來的,當時連學者都逃不過被欺凌的噩運。對作者而言,這樣的悲慘遭遇彷彿是長久以來一個緊隨在他們身後的狂哮噩運必然帶來的後果。瓦蕾利安這篇文章流露出一種平實、卻又令人信服的觀感:他並沒有花費許多筆墨去渲染天才之士如何因不世出的才情慘遭命運的捉弄,而是將實際發生的狀況描寫出來,讓讀者看到偶發的不幸如何成為引發一連串不幸的導火線。瓦蕾利安的目的不在於藉此寫悲劇故事、或是將發生的一切歸於更高層次衝突的結果,他反而是將敘事的場景設定在日常生活裡。在那個動盪不安的年代裡,他文章所描述的一些學者先是領不到薪水,接著連工作也沒了;有些人企圖身兼二職,最後什麼都沒撈到;不喜與人交際的守財奴總是將錢藏

260　Lil. Greg. Gyraldus, *Hercules.* 這篇文章的獻詞可看做宗教審判(inquisition)開始對文人產生威嚇作用的早期重要文獻。

在所穿的衣服內袋，最後卻因不幸被搶，發瘋而死；有一些人剛開始以為
撈到大肥缺，最後卻因久在樊籠、抑鬱思念早年所享的自由而臥病不起。
也有許多人因熱病或瘟疫英年早逝，而他們嘔心瀝血之作也隨著寢具與衣
服一起被燒燬。有些人則終日活在被自己同事謀害的焦慮中；貪婪的僕人
謀殺主人也時有所聞；或者是學者在遠行的途中被搶匪所劫，最後因付不
出贖金，被關進地牢裡。有人因為被羞辱或被排斥而心生憂憤。有一位威
尼斯學者因自己的神童兒子早夭，竟也跟著抑鬱而死，接著他的妻子與其
他孩子也跟著身亡，彷彿那位早夭的兒子將他們全家一併帶走。有許多學
者——尤其是佛羅倫斯人——都是死於自殺[261]，其他也有不少人是死於專
制君主的秘密刑求。

§ 3.13.3　不同流俗的人文學者

　　到頭來，到底有哪一位學者是真正幸福快樂的？他們又是如何享有幸
福快樂？是對上述這些苦難都視而不見、麻木無所感嗎？在瓦蕾利安文章
對話裡有一個與談人，他對學者如何才能真正享有幸福提出相當有建設性
的看法。這位著名的與談人是孔塔理尼（Gasparo Contarini, 1483-1542）[262]。
從當時人對孔塔理尼一致的肯定來看，光聽到他的名字我們就可以期待
聽到一些發自肺腑所說的真心話。孔塔理尼說，他心中幸福學者的典範

261　參照 Dante, *Inferno*, XIII.

262　〔譯者注〕Gasparo Contarini 來自威尼斯最古老的貴族世家，於 1511 年經歷了一
　　場內心的爭戰，開始走上宗教的道路，並於 1535 年在教宗 Paulus III 欽點下成為
　　樞機主教。1536 年更成為教廷籌畫改革委員會的主席。他對宗教改革的態度與
　　Erasmus 相近，希望分裂的教會能夠重新合一，並在 1541 年擔任教宗特使參加
　　在德國 Regensburg 舉行的宗教會議，希望勸新教徒與教廷和解，但無功而返。
　　1540 年代初他也支持 Ignatius Loyola 的改革事工。但由於他寫的〈論基督徒如
　　何稱義之書信〉（*Epistola de justificatione*, 1541）被批評為暗藏馬丁路德思想，
　　慘遭天主教陣營批判。其實，孔塔理尼並非如當時批評他的人所稱，是贊同路
　　德「因信稱義」的教義，他認為倚靠耶穌基督的救恩也是獲得救贖的重點。

是貝魯諾籍（Belluno）的修士瓦雷瑞亞諾（Fra Urbano Valeriano, 1443-1524）[263]。他長年在威尼斯教授希臘文，也造訪過希臘與東方，到了晚年還喜歡到世界各國遊歷。從沒有騎乘過任何動物當交通工具，從不為自己私藏任何錢財，拒絕接受任何榮銜或高官厚祿。除了有一次從樓梯上摔下來以外，他真是一生無病無災，安享84歲高壽辭世。他的一生與其他人文學者相較，有何不同？人文學者擁有更多自由意志、更多個人主觀想法，好像隨時都想緊緊抓住到手的機會。反之，瓦雷瑞亞諾這位托缽修士從小就在修道院長大，在飲食睡臥方面，從來不曾享受過想要什麼就可以得到什麼，所以一般人眼中的束縛，對他而言，根本算不上束縛。這種隨遇而安的性格讓他遭遇各種憂患都能保持怡然自得之心，而這樣的修養與風範也讓所有聽過他演講的人深受啟發與感動。身教所能達到的功效遠超過言教所講授的希臘文知識。與他接觸過的人都因看到他立下的典範而深信，我們一生命運的乖舛順適，最終還是取決於我們自己的抉擇。

> 在困厄窮乏中，他仍怡然自樂，因為他想要怡然自樂。因為他不曾驕縱自己，不曾浮誇空想、反覆無常、不知足。反之，他總是無欲知足。

如果我們能聽瓦雷瑞亞諾親自說上面所引的這些話，我們也許會看到他這樣的生命境界是有宗教修持的支撐。但是，光是下面這位穿著涼鞋的哲學家在心靈上的成就足以給我們啟發了：拉維納（Ravenna）的法比歐・卡維（Fabio Calvi）是另一個與瓦雷瑞亞諾相似的範例[264]，他譯注了

---

263 〔譯者注〕Fra Urbano Valeriano 是道明會修士，曾陪同威尼斯總督 Andrea Gritti 造訪君士坦丁堡，他並藉著這個機會繼續到希臘、巴勒斯坦、埃及、敘利亞遊歷，並帶回許多希臘文手卷。

264 *Coelii Calcagnini opera*, ed. Basil, 1544, p.101, L. VII; 比較 Pierio Val. *de inf. lit.*

338

古希臘醫學之父希波克拉提斯（Hippocrates, 460-377 B.C.）的著作。直到高齡居住在羅馬，他都「仿效畢達哥拉斯（Pythagoras）學派的門人」只吃素食，而他住的土茨小屋也比古希臘犬儒哲學家迪奧金尼士（Diogenes）所住的桶子好不了多少。教宗里奧十世（Pope Leo X）給他的退休金他只有在必要時才會用，其餘的就送給需要的人。他的健康情形不像瓦雷瑞亞諾那麼好，可能也不像瓦雷瑞亞諾那樣含笑而終，因為當羅馬慘遭浩劫時，這位年近九十高齡的老者被西班牙軍隊擄走，希望藉此獲得一筆贖金。他也因為此劫在一家醫院飢餓過度而死。但他的名字將永垂不朽，因為畫家拉斐爾（Raffaello Sanzio, 1483-1520）愛他如父、敬他如師，所以事事都向他請益。也許拉斐爾向他請益的事主要與修繕整個羅馬古城有關（參照§ 3.2.8），但也許還包括許多其他更高層次的事。在拉斐爾所繪的名畫《雅典學派》（*The School of Athens*，參見彩圖90與§ 5.8.10）與其他重要的畫作中，到底法比歐・卡維給了他多少重要的諮詢意見，這是無法說清楚的。

§ 3.13.4　拉耶土斯

很高興，本章最後可以用一個優雅、寬和的人物形象來作總結，所舉的範例便是拉耶土斯（Julius Pomponius Laetus, 1428-97）。本文的描述不是只根據他的學生撒貝里蔻（Marc Antonio Sabellico, c. 1436-1506）所寫的一封信[265]，雖然這封信企圖將拉耶土斯描寫成典型的古典文化人物，我們還是會擷取其中一些對他人格特質的描述。拉耶土斯是拿波里「聖塞維里諾」（Sanseverino）家族的私生子（參見§ 3.11.1），而這個家族統治著沙雷諾（Salerno）。但是，拉耶土斯不願承認與跟他們之間相關的血緣關

---

[265]　*M. Ant. Sabellici opera*, Epist. L. XI, fol. 56. 參照 Paolo Giovio, *Elogia* 中相關的傳記。

係，對他們請他搬回去同住的邀請函他也僅以一張著名的短籤回覆：「龐培・拉耶土斯向他的親族問安致意。您們的懇請無法照辦。保重！」（*Pomponius Laetus cognatis et propinquis suis salutem. Quod petitis fieri non potest. Valete.*）

拉耶土斯長得並不起眼，有一雙靈活的小眼睛，穿著古怪。1490年代他在羅馬大學任教，有時住在艾士達琳山（Esquiline Hill）有花園的小屋，有時住在達琳娜山（Quirinal Hill）的葡萄酒莊。在這些地方他除了養鴨與其他家禽外，也依照古人（如加圖 Cato、瓦羅 Varro、柯祿美拉 Columella）過去營造自己宅邸所留下來的範式起造自己的房舍。假日的時候，他就外出釣魚或獵鳥，不然就是在溪水旁或提伯河（Tiber）岸的樹蔭下舉行盛宴。他鄙視財富與安逸的生活，不心懷憎妒、也不會口出惡言，同樣地，他也不讓自己周遭的人去談論是非。他唯一會放言高論的就是批判基督教有階層之分，因此直到他步入晚年之前，始終被看成是蔑視基督教的人。當教宗保祿二世（Pope Paulus II）開始迫害人文學者時，他也受到牽累，而從威尼斯被遣送到教宗面前，但是任何刑罰都不能迫使他說出有違自己尊嚴的話。所以，事過境遷後，他反而成為後來幾任教宗與教廷高階神職人員爭相邀請、贊助的對象。

在教宗西斯篤四世（Pope Sixtus IV）在位時，拉耶土斯的宅邸在一次暴亂中被搶，結果他收到的捐贈品比原先損失的還多。他是一位認真負責的老師。天還沒亮就可以看到他點著燈火從艾士達琳山的住家往大學走去，抵達的時候，課堂早已擠滿了等著聽講的人。因為他說話有口吃的毛病，因此在講台上他總是一字一句慢慢說，但是卻說得典雅而平和。他的著作雖然不多，但都是嚴謹用心之作。沒有人像他這樣嚴謹小心地鑽研古文，而他對其他上古文化成就的態度也都是心懷敬意，所以有時竟會久久站立在上古遺跡之前出神凝望、或是感動得潸然淚下。只要有人需要他幫忙，他一定放下手邊工作盡力為之，所以與人建立極為深厚的交情。當他

發現外在世界與
人類的自我
Die Entdeckung der Welt und
des Menschen

第一章
義大利人的旅行

　　跳脫在其他地區仍阻礙文明進步的許多因素，義大利在個人才性高度發展以及接受古典文化薰陶的影響下，有識之士開始探索外在世界，並敢於將自己所探索到的以文字或其他方式表達出來。在這方面，藝術如何表現，容他處再詳述。

　　本卷只就義大利人如何到遠方探險作概論性的介紹。十字軍東征讓所有歐洲人見識到遠方世界之大，也喚醒他們到世界各地遊歷探險的好奇心。當然我們無法斷定這種探險遊歷的熱情與旺盛的求知慾是同時產生、還是先有求知慾後來才生出探險之心？但至少我們知道，向遠方探險這件事最早、也最全面地出現在義大利人身上。無論如何，自十字軍東征以來，向遠方探險的意義已經和先前只是想在東方擁有艦隊與商業利益大不相同。因為從十字軍東征以來，地中海地區的居民受教成長的文化氛圍便與歐洲內陸不同，以致於義大利人在本性驅使下所從事的探險也與北歐人過去的遊歷冒險大異其趣。

　　隨著義大利人在地中海東岸各海港建立根據地，他們之中最富冒險進取精神的人開始像穆斯林那樣喜歡豪邁的遊歷生涯看來就不足為怪，因為就在這個時刻，地球另一端的景象像是活生生展開在他們的眼前一般。或者就像威尼斯的馬可波羅（Marco Polo）一樣，被蒙古人的世界深深吸引，而且就這樣一直追尋到蒙古大可汗的跟前。早期我們也看到個別的義大利人參與大西洋探險活動，例如十三世紀熱內亞（Genova）人發現迦納

利群島（Canary Islands）[1]；1291年，基督教失去在東方最後一個根據地多利買[2]時，也是熱內亞人首先嘗試希望找出另一條通往東印度的海路。[3] 哥倫布（Christopher Columbus, c. 1451-1506）其實只能算是一大批為西歐人民向遠方世界探險的義大利探險家中最偉大的一位。所以「真正的發現者」（der wahre Entdecker）並不是那些偶然發現某地的人，而是那些用心探索追尋、最後終於找到的人。只有這樣的人才能與之前也曾如此努力探尋過的先驅之思想與追尋產生關聯，他所撰寫的報告才具有承先啟後的意義。因此，雖然義大利並不算是某些海岸最先的發現者，但在比較高的層次上，他們依然稱得上是中古末期最具有近現代發現者真義的民族。

§ 4.1.1　哥倫布

要對上述的論點做進一步的闡釋，我們必須詳述個別探險史。無論如何，哥倫布這位呼籲大家去探索、並實際身體力行、最後也的確發現大西洋彼岸新大陸的熱內亞人，他偉大的典範的確最應得到永恆的尊崇。「世界並不大」（il mondo è poco）這句話應是他最早說出的，這個世界並不像我們想像中那麼巨大、那麼不可掌握。當西班牙把亞歷山大六世（Alexander VI, 在位1492-1503）[4]送往義大利時，義大利卻把哥倫布給了西班牙。在亞歷山大六世逝世前幾週（1503年7月7日），哥倫布自亞買加（Jamaica）寫了一封洋洋灑灑的信給那些不知感恩的天主教國王，即使是後世讀之，亦會深深感動。1506年5月4日，哥倫布在西班牙瓦拉多利德

1　Luigi Bossi, *Vita di Cristoforo Colombo*, 有關之前義大利人探險事蹟的簡述，參見p. 91ff.
　　〔譯者加注〕迦納利群島現為西班牙領地。
2　〔譯者注〕多利買（Ptolemais）是位於加利利（Galilee）的海港城市，現屬利比亞，在新約〈使徒行傳〉21：7有記載。
3　Aeneas Sylvius, *Europae status sub Friderico III. Imp*. cap. 44.
4　〔譯者注〕教宗亞歷山大六世為西班牙人，出生地在瓦倫西亞（Valencia）附近。

（Valladolid）所寫的遺囑附件中，將教宗亞歷山大六世送給他的祈禱書遺贈給他親愛的故鄉熱內亞共和國，因為這是他在監獄裡、在奮鬥的過程、以及抵抗所有不順遂的境遇時最大的心靈慰藉。這段話可說是從恩典與良善的方向為聲名狼藉的伯爾嘉（Borgia）家族作了些微平反。

§ 4.1.2　世界人文地理學與旅行的關係

如同上述對旅行探險歷史的描述，義大利人在地理描繪發展史上的貢獻也應被記上一筆，並簡短旁及他們對世界人文地理學（Kosmographie）[5]的研究。在這方面只需粗略的比較就可看出義大利人真是領先其他民族。

十五世紀中葉除了義大利以外，哪裡再去找一個像人文學者伊尼亞斯・西維烏斯・琵科羅米尼（Aeneas Sylvius Piccolomini）[6]這樣同時對地理、統計與歷史都感興趣的人？哪裡還能看到從各種不同觀點都能持平的論述？伊尼亞斯・西維烏斯・琵科羅米尼重要的地方志著述、以及他的書信與評論註解文章都同樣流露出以下的特色：如果是他親眼見到的實況或是他掌握了可靠的消息來源，他在表達自己對風景、城市、道德觀念、手工業、產量、政治情勢與典章制度的看法上就顯得相當精闢入裡；如果他只能從書本上得到訊息，那他所寫的意見相形之下便較為遜色。他在簡述腓特烈三世（Friedrich III.）賜給他領俸的提洛（Tirol）[7]地區所在的阿爾卑斯山山谷時[8]，便談到當地生態環境，字裡行間還流露出他在客觀觀察與比較上的才華與研究方法，這樣的才識只有比他老一輩的同胞哥倫布可

5　〔譯者注〕從現代德文的使用上來看，布氏對Kosmographie這個字的使用意涵是屬於舊式的用法，指的是從人文歷史以及自然生態各領域來對這個世界進行描述。Kosmographie在中古德文的意思大致等同於我們現在的地理學。

6　〔譯者注〕即後來的庇護二世（Pius II，在位1458-1464）。

7　〔譯者注〕提洛（Tirol）在義大利北部。

8　*Pii II. comment.* L. I, p. 14.

與之相提並論。他所知之事許多人也有看到、或知曉其中一小部分，但他們完全沒有那股熱切求知的渴望（Drang），並想要由此窺得全貌；這些人也無法想像這個世界須要有人把這樣的全貌勾畫出來，讓更多人可以瞭解。

在世界人文地理學的研究上[9]，想要清楚劃分哪些成就是根據古人研究所得、哪些是義大利人天才的貢獻，這是不可能的。義大利人在浸淫古代文化之前，便懂得用客觀的眼光看待外在世界，因為他們當時的文化還有一半仍在古典遺緒影響下，而且政治情勢也迫使他們必須培養出客觀的心態。但是，如果沒有古代地理學者著作的啟發，義大利人很難在短時間內得到如此豐碩的成就。世界人文地理學對義大利旅行探險者精神與心志的影響是無法估算的。雖然這方面的業餘研究者如伊尼亞斯・西維烏斯・琶科羅米尼在這個領域的成就算不上什麼，但他對萬事萬物懷有廣泛興趣的作風，卻為世界人文地理學這個新領域在日後可以順利發展奠定了堅實的基礎。任何一門學科「真正的發現者」都知道，這些業餘研究者發自真心的喜好在傳播此學問上佔了多麼舉足輕重的地位！

9　十六世紀主要的探險活動雖然是大西洋岸國家的人所從事，但對世界人文地理的著述仍屬義大利人最強。對義大利本身的人文地理描述可讀一本偉大的著作：Leandro Alberti, *Descrizione di tutta l'Italia*.

第二章
義大利自然科學研究

....

欲了解義大利人在自然科學方面的成就，必須閱讀這個領域的專門著作，筆者在此只能借用李伯利（Guillaume Libris）編纂的一套淺略的導讀叢書《義大利自然科學與數學史》[10]來談。本章在此不特別討論個別科學發現孰先孰後的問題，因為筆者相信，每一個時代、每一個民族都可能產生引領時代風騷的人，他也許受的教育不多、卻因具有扼抑不住的求知慾而投身經驗科學的研究，並且讓自己的研究才華獲得驚人的發展，這類例子如傑貝（Gerbert of Aurillac）[11]與培根（Roger Bacon, c. 1220-c. 1292）。他們之所以能以自己的專業研究為基礎，並且進一步掌握當時所有的知識，是他們努力追求後所得的成果。

§ 4.2.1 實證認知的道路

當過去觀看事物時眼睛被蒙上的那層迷濛的面紗一舉被撕去，對傳統與書籍盲目的信任、以及對大自然感到恐懼的心理都被超越時，便開始有成堆的問題以嶄新的面貌出現在大家面前。當一個民族獨特的民族性是表現在喜愛觀察、研究自然，而且發現新事物的人也不會遭到迫害與同胞的

---

10 Guillaume Libri, *Histoire des sciences mathematiques en Italie*, IV vols., Paris 1838.

11 〔譯者注〕即教宗 Sylvester II（popo 990-1003, born c. 940/950），出生於法國 Aurillac，故在當選教宗前通常稱之為 Gerbert of Aurillac，曾於991年擔任 Reims 大主教，故布氏在此處將他的名字寫為 Gerbert von Reims。

冷眼相待，反而是能從志同道合者身上得到熱切的回應，這個民族可以具以發展的前景就會變得大大不同，而這正是義大利的情況。義大利的自然科學家驕傲地在但丁（Dante）的《神曲》裡找到但丁對實證自然科學研究的證據與回應[12]。對於他們認為但丁在某些發現或論證上領先他人的說法是否為真，在此我們不做評論，因為但丁藉由對外在世界細膩敏銳的觀察而體悟到的意象與細膩的比較，的確讓不是以自然科學為業的人讚嘆不已。他比任何一位現代詩人都了解現實世界——不管是自然或是人世。他將領悟而來的事物寫下，並不只是為了裝飾文句，而是想更具體地傳達他想要喚醒大家注意的理念。

§ 4.2.2　但丁與星象研究

身為一位獨特的學者，但丁在天文學方面的知識更是十分豐富，雖然從我們現代的眼光來看，他偉大詩篇中一些有關天文的描述有些賣弄學問，但在當時，那些知識卻是大家應該要理解的。除了學養見識外，但丁也呼籲大家具備天文學常識，這是慣於航海的義大利人與他們的老祖宗共同的地方。鐘錶與曆法已使近現代人不再需要具備有關觀察、了解星座升降的實用知識，而過去各民族為了占星所需而興起的天文興趣也隨之消失。當今在每一本參考工具書以及學校教育裡都會提到地球繞著太陽旋轉，這是每個小孩都知道、然而卻是但丁不知道的事。而對天文學知識的追求，現代人除了天文學家以外，也沒有什麼人再特別感興趣了。

與占星術相關的偽科學在當時雖然存在，但這並不能否定義大利在那個時代也同時具有實證科學的研究精神，只是這種客觀的精神被急切想預知未來的熱切期盼抵銷掉或壓抑住了。在下一卷談到義大利人倫理道德觀念與宗教性格時，我們會再進一步討論與占星術相關的種種問題。

12　Libri, *Histoire des sciences mathématiques en Italie*, II, p. 174 ff.

§ 4.2.3　教會對實證科學研究的干涉

面對占星術及其他偽科學，教會的態度一直是相當容忍；但面對實際客觀的科學研究，如果有人對這樣的實證研究提出異端或通靈術（Nekromantie, necromancy）之類的控告時，不論是真是假，教會都會進行干預。教會干預的情形應區分成下列幾種情況：義大利道明會及方濟會的宗教裁判官有時即使心知肚明某些控告是假的，卻照樣審判被告者，雖然明知這是告密者故意陷害對手的陰謀，卻睜一隻眼閉一隻眼。有時則是宗教審判官對自然科學研究——尤其是實證科學——打從心底敵視。後者應發生過，只是很難加以證明。阿爾卑斯山北方迫害自然科學研究所抱持的論調——也就是士林哲學對自然研究所持的「官方正式」觀點——在義大利產生不了太大的作用。十四世紀初的彼得・阿巴農[13]是在教廷一名醫生的敵視下淪為犧牲者，他的研究被宗教法庭判為異端信仰與巫術[14]；與他同時代的熱內亞人桑圭那奇（Giovannino Sanguinacci）也遭受類似的命運，因為作為醫生，他的看法的確比較新穎，但卻因此遭到放逐。

§ 4.2.4　人文學帶來的影響

不要忘記，義大利道明會在宗教裁判法庭所能扮演的角色比不上道明會在阿爾卑斯山北部可以發揮的影響力。由於十四世紀的僭主與自由城市看不起神職人員，所以自然科學研究與其他新興事物得到了自由發展的空

13　〔譯者注〕彼得・阿巴農（Pietro d'Abano, c. 1250-c. 1316）是帕多瓦大學的醫學教授，他的主要著作《調和歧異之見》（*Conciliator differentiarum*）企圖重新調和阿拉伯醫學與古希臘自然哲學。靠著這本書，帕多瓦大學成為醫學研究的重鎮，因此本書直至十六世紀末都被視為醫學研究的重要經典。彼得・阿巴農被宗教法庭審判過兩次，第一次獲判無罪，第二次是在他死後被宣判有罪。

14　Scardeonius, *De urb.Patav. antiq*., in Graevii Thesaur. ant. Ital. Tom. VI. pars III.

間。但自十五世紀起，古典文化研究成為主流顯學，開啟了質疑舊有知識
系統的一扇窗，也促使各種現世學問研究的興起。但由於人文學將最菁英
的人才都吸納了過去，因此也影響到自然科學人才的培育[15]。這個時期不
時可聽到宗教審判的案例，不少醫生也因褻瀆上帝或通靈罪名遭到懲處、
或被火燒死的極刑，但要確實弄清楚這些事件背後的真相卻相當困難。十
五世紀末義大利以托斯卡內理（Paolo Toscanelli, 1397-1482）[16]、帕丘里
修士（Luca Paccioli, 1445-1514）[17]與達文西（Leonardo da Vinci）三人在
數學與自然科學方面的成就傲視全歐，即使是德意志的瑞吉歐蒙塔努斯
（Regiomontanus, 1436-76）[18]與波蘭的哥白尼（Nicolaus Copernicus, 1473-
1543）——更不用說其他各國學者——都自稱是這些義大利自然科學研究
者的學生。這些自然科學家享有的聲名甚至在反宗教改革時代都還屹立不
搖。至於現代，要不是因為最有才華的科學研究者已經無法靜靜地探尋自
己想探求的新知識，義大利的自然科學家還是可以成為最好的自然科學研

15　參見Libris過於誇張的埋怨：*Histoire des sciences mathematiques en Italie*, II, p.
258ff.

16　〔譯者注〕Paolo Toscanelli是醫生、天文學家、數學家、地理學家。1474年「寬
宏大量的亞豐索」請他解釋為何他認為印度、中國與日本可以用向西航行的方
式抵達，他以書信及一張地圖回答了這個問題。

17　〔譯者注〕Luca Paccioli是方濟會修士，也是當時著名的數學家。1494年他在
威尼斯出版了《數學總論》（*Summa de arithmetica, geometrica, proportioni et
proportionalita*），集當時數學知識之大成，也首次將當時威尼斯的記帳方法陳
述出來，因此他被稱為「會計之父」（Father of Accounting）。1497年他接受米
蘭公爵Lodovico Sforza il Moro的邀請到米蘭宮廷工作，在那兒他與達文西共
事。1509年他將歐基里德（Euclid）的《幾何學》翻譯成拉丁文，同年也在威
尼斯出版他的名著《神聖比例》（*Divina proportione*），達文西幫他繪製插圖交
換Paccioli教他數學。這本書主要探討的是黃金比例，以及如何將黃金比例運
用到建築上。

18　〔譯者注〕Regiomontanus正式的名字是Johannes Müller von Königsberg，他在萊
比錫（Leipzig）大學與維也納大學受教育，可說是十五世紀最重要的天文學
家。

究者。

§ 4.2.5 植物學與園藝

對自然科學研究廣泛的興趣亦表現在一個悄悄出現、卻相當具有指標意義的現象上：熱衷收藏動植物標本，藉以比較各種物類的異同。義大利人宣稱他們最早有植物園，雖然設立的目的是出於實用的考量。然而，是否最早的植物園的確是在義大利建立的，這仍有爭議。無論如何，比較重要的是，貴族與富人在為自己建造的賞玩庭苑（Lustgärten）裡，想盡辦法蒐羅各式各樣奇花異草及其變種。例如十五世紀梅迪西（Medici）家族卡瑞基別墅（Villa Careggi）裡的大花園就被形容成像是個植物園[19]，裡面栽種了各式各樣的樹木與灌木。十六世紀初，樞機主教萃屋其歐（Triulzio）在羅馬東邊往提佛利（Tivoli）方向[20]有一棟別墅，裡面種了各式各樣的玫瑰，其中還夾雜著各種樹木（包括果樹及其他樹種），此外還有二十種葡萄品種以及一個種植實用藥草與蔬菜的大苗圃。很明顯地，這種型態的花園與過去大家熟知的藥草園有些不同，種植十來種實用草本植物的藥草園是西歐城堡與修道院向來就有的傳統。而在熟知如何種植實用果樹的文化傳統外，值得注意的還有為了美感欣賞用途才栽種的觀賞植物。藝術史告訴我們，庭苑從收藏奇花異草轉變為具有觀賞美感的庭園設計，這中間要經過一條漫長的歷程。

§ 4.2.6 動物學；豢養外來種動物

豢養外來種動物也是為了觀察不同種類動物的習性。地中海南岸和東岸便捷的海路交通以及義大利怡人的氣候都有助於從南方進口巨型動物、

---

19 *Alexandri Braccii descriptio horti Laurentii Med.*

20 Mondanarii villa，收錄在：Poemata aliquot insignia illustr. poetar. recent.

或接受穆斯林蘇丹餽贈的動物。自
由城市或貴族最喜歡的是活生生的
獅子，即使他們能獲得的獅子品種
不像佛羅倫斯政府用來作為城市象
徵的那種[21]。在佩魯加（Perugia）
與佛羅倫斯，養獅子的地方在皇宮
裡面或附近；在羅馬則位於卡彼多
山丘（Capitoline Hill）的山腰。獅
子在這些地方作為政治審判的劊子
手[22]，有時也被用來威嚇民眾。此
外，牠們的行為表現也被看成滿載
寓意象徵——如果牠們繁殖力強，
便象徵這個城市也會跟著興旺繁
榮。甚至喬凡尼·維朗尼（Giovanni
Villani）也不避諱提到他親眼看過
母獅分娩的過程[23]。結盟的友邦或
僭主之間也喜歡互贈新生的小獅子

Donatello，《佛羅倫斯的城市象徵——獅子
（又名：馬澤蔻 Marzocco）》（複製品）。
（原件在 Museo Nazionale del Bargello, Florence.）
c. 1419 Stone, height: 135.5 cm.
Palazzo Vecchio, Florence.
©攝影／花亦芬

21　此處所稱的就是用繪畫或石刻方式表現出來的獅子，例如 Donatello 所刻的
　　Marzzoco。比薩喜愛的城市象徵符號則是老鷹，參見：Dante, *Inferno* XXXIII,
　　22 的注解。
　　〔譯者加注〕獅子 Marzocco 是佛羅倫斯的城市象徵，強調佛羅倫斯共和國享有的
　　自由。Donatello 創作這件雕刻原是為了歡迎教宗 Martin V 於 1419 年駕臨佛羅倫
　　斯，主教座堂在他所住的地方立了一根柱子，這尊石雕獅像是作為柱頭用的。

22　參見 Aegid. Viterb. 的記載，節錄於 Papencordt, *Gesch. der Stadt Rom im
　　Mittelater*, p. 367 的注釋提到 1328 年發生的事。此外，觀看野獸或狗互鬥是當
　　時民眾主要的娛樂重要項目之一。

23　Gio.Villani X,185. XI, 66. Matteo Villani III, 90. V, 68. 獅子爭吵或互咬則被看成
　　不好的徵兆。參見：Varchi. *Stor. florent*. III, p. 143.

作為禮物、或賜給雇傭
兵統帥作為獎賞其英勇
的贈禮[24]。此外，佛羅
倫斯人從很早開始便豢
養豹[25]，也因此特別設
立了馴豹師的職位。斐
拉拉公爵伯爾索・艾斯
特（Borso d'Este）則
讓他所養的獅子與野
牛、熊、野豬在一起互
鬥[26]。

佛羅倫斯市政廳（Palazzo Vecchio）入口大門上的徽飾
©攝影／花亦芬（參見彩圖65）

　　十五世紀末許多君侯的宮廷都有自己的動物園，這被看成華宅的標準
配備之一。如瑪塔拉佐（Matarazzo）所言：「君侯若想表現豪奢，應豢
養馬、狗、騾、鷹、各種鳥類、宮廷弄臣、歌舞伶人、以及各種外地來的
動物。」[27]拿波里的動物園在斐朗特（Ferrante, 1423-1494）[28]及其他人在
位的時候，養了一隻長頸鹿以及一隻斑馬，看來是當時巴格達統治者餽贈
的[29]。菲利普・威士孔提（Filippo Maria Visconti）不只擁有價值500至
1000金塊的馬匹及英國名犬，他還豢養自東方各地蒐羅來的各種豹。光是

24　*Cron. di Perugia, Arch. stor.* XVI,II, p. 77.（有關1497年的記載）

25　Gaye, *Carteggio* I, p. 422（有關1291年的記載）。米蘭的Visconti王室甚至用馴
　　服過的豹來幫忙打獵，尤其用來獵兔子。

26　*Strozzi poetae*, p. 146.參較p. 188。有關斐拉拉的野獸動物園參見p. 193。

27　*Cron. di. Perugia*, l.c. XVI, II, p. 199. 類似的說法見Petrarca, *de remed. utriusque
　　fortunae*, I, 61.只是他沒有說得這麼清楚。

28　〔譯者注〕Ferrante於1458年繼承「寬宏大量的亞豐索」留下來的王位，
　　封號為Ferdinand I（1458-94）。

29　Jovian. Pontan. *De magnificentia*.

飼養他自北方各地找來的各式獵鳥，每個月就要開銷3000金塊[30]。葡萄牙的伊曼紐國王（Emanuel）在贈送里奧十世（Leo X）一隻大象及一隻犀牛時，他深知這可以大大取悅教宗[31]。在這段時期，動物學客觀研究的基礎也如植物學一樣，是堅實地被建立出來的。

實際表現出動物學蓬勃發展的面向之一便是育馬場的成立，曼圖瓦（Mantova）公爵法蘭卻斯柯・龔查加（Francesco Gonzaga）是歐洲第一位率先成立育馬場的人[32]。人類自懂得騎馬以來，就開始學習品評各樣馬種的高下。而自十字軍東征以來，以人工混種方式育馬就已經很盛行。義大利各重要城市喜歡舉行賽馬比賽以促使大家想盡一切方法培育出快馬。曼圖瓦的育馬場則出產人人希望得到的賽馬、優良的戰馬以及作為餽贈君侯貴族的各式好馬。龔查加王室擁有來自西班牙、愛爾蘭、非洲、色雷斯（Thrace）、西里西亞各地的種馬與母馬。為了從西里西亞取得馬匹，牠們和大蘇丹維持相當良好的友誼。曼圖瓦的育馬場則嘗試各種混種的可能，以培育出最優良的馬種。

§ 4.2.7　依波利托・梅迪西的隨從；奴隸

除了豢養野獸的動物園外，也不乏「豢養」各樣人種的「動物園」。著名的樞機主教依波利托・梅迪西（Ippolito de'Medici, 1509-35）[33]——即尼姆爾斯（Duke of Nemours）公爵吉里雅諾・梅迪西（Giuliano de'Medici）的私生子——在他古怪的宮廷裡養了一大群原始部落的人，他們說著超過二十種不同的語言、而且每個人都帶有強烈的種族特性。在這些人裡面，可以看到具有北非摩爾人血統的跳高能手、韃靼的射箭手、黑人摔跤選

30　Decembrio, ap. Murat.XX, Col.1012.

31　Paul. Jov. *Elogia* 在提到 Tristanus Acunius 的部分。

32　同上，在提到 Francesco Gonzaga 的部分。

33　Paul. Jov. *Elogia* 提到 Ippolito de'Medici 的部分。

手、印度潛水者、土耳其人，他們主要的任務是陪伴樞機主教打獵。當樞機主教在1535年英年早逝時，這支膚色雜陳的隊伍便負責抬棺，由羅馬附近的依翠（Itri）走向羅馬。他們與羅馬城居民混在向這位慷慨的樞機主教致哀的行列裡；他們也在眾人的致哀活動裡，用各自的語言以及激動的肢體動作表達他們的哀悼之意[34]。

　　本章零星介紹了義大利人在自然科學研究上的貢獻、以及他們如何加入培育各種動植物物種的行列，但缺漏的地方還很多。對於可以充分詳述這個主題的專門著述，筆者對這方面的認識實在是不足。

34　Jovian Pontan. *De obedientia* L.Ⅲ 提到，北義大利沒有奴隸，義大利其他地方的基督徒則是買土耳其人、保加利亞人以及車臣人（Zirkassier, Tschetschen）為奴，直到他們提供的勞力服務可以抵銷當初購買所花的金錢為止。黑人則必須終身為奴，但至少在拿波里規定，不准閹割黑人。在文藝復興時代，「摩爾人」（il Moro）指的是所有深色膚色的人，黑人則稱為「黑皮膚的摩爾人」（il Moro nero）。

第三章
發現自然景致之美

··

　　除了研究與追求知識外，還有另一種接近大自然的途徑，而且剛開始時還別具意義——義大利人是最早開始欣賞與享受自然景色裡不同美感的近現代人[35]。

　　懂得欣賞自然美景必須經過一段漫長、潛移默化的文化涵養過程。這個過程如何展開，現在已難追溯。因為在詩人與畫家將他們對自然美感的浸淫所得以文學藝術形式表達出來之前，喜愛大自然的情懷早就默默存在了。在古代，藝術與詩歌的表現主題主要是人類生活，而非描寫自然景色，因此後者一直不太受到重視，儘管荷馬（Homer）以許多文句與詩行表達大自然帶給人們強烈的感受。此後，在羅馬帝國統治基礎上分裂出的各日耳曼氏族，他們自小便被教導要能體悟自然風景裡蘊含的特有精神，雖然有一段時間他們在基督教影響下，被迫將他們祖先對泉水、山陵、湖泊與森林的禮拜看成背後都有惡靈存在，但這個階段沒多久就過去了[36]。

35　參見：Alexander von Humboldt, *Kosmos*, vol. II.
　　〔譯者注〕Alexander von Humboldt（1769-1859）是德國著名的自然科學家以及探險家，他的哥哥Wilhelm von Humboldt則是當時最重要的人文學界領袖。Alexander von Humboldt重要的探險遊歷包括1799-1804到中南美洲，1829到中亞。《宇宙》（*Kosmos*）一書是他的代表作，是當時所有自然科學知識的集大成之作。

36　〔譯者注〕有關日耳曼人喜愛大自然的古老傳統是古羅馬史家Tacitus於西元98年所寫的《論日耳曼人的起源及居住地》（*De origine et ssitu Germanorum*）一

357

§ 4.3.1　中古對自然風景的欣賞

中古盛期，約在1200年左右，對外在世界又重新得到一種本能直感的領受，生動地表現在各民族宮廷抒情詩裡[37]。這些宮廷抒情詩率真地將自己與萬物同在的強烈感受——春天與盛開的花朵，綠野與森林——表達出來。但這些詩歌只描述眼前所見的近景，卻缺乏對遠處景致的描寫；即使是參加過十字軍東征的人所寫的詩，也很難讓人領會他們曾見識過廣闊的世界。在史詩的創作上，雖有對服裝與武備細膩的描寫，但對區域特色的描述都很簡略，例如著名的愛森巴哈（Wolfram von Eschenbach）幾乎不太提他詩中的人物是在什麼樣的環境裡活動。從他所寫的歌謠也看不出這位懂得吟詩填詞的貴族其實住過、造訪過或知道許許多多位於高處、視野遼闊的城堡。而在一位吟遊教士所寫的拉丁文詩裡，也讀不到他對遠跳遠方以及自然景色的描述（參見§3.1.4）；但他卻花費許多繽紛燦爛的筆墨詳加描寫近景風光，這是其他騎士所寫的宮廷抒情詩難以望其項背的。至於十二世紀義大利詩人寫的〈愛之林〉（Haine des Amor），真讓人對這樣的詩不知該說些什麼才好：

（續）

書特別強調的，這也是日耳曼文明與古羅馬城市文明最大的區別所在。自從 Poggio Bracciolini 在德國中部 Fulda 的修道院重新發現這本書後（參見本書卷三注128），有志於推展德意志國族意識的人文學者與藝術家都以強調對大自然的喜好來凸顯德意志民族文化的特色。到了十八世紀末、十九世紀初德意志浪漫主義（German Romanticism）興起，強調採集大自然裡發生的傳奇故事以及以大自然為繪畫創作的主題更是當時文化界菁英積極建構德意志國族認同的重要方法。參見：花亦芬（2004b），〈受挫的文化使命感？——從德意志十九世紀藝術談國族文化建構的問題〉，《故宮文物月刊》256（2004年7月），頁54-76。

37　參見：Alexander von Humboldt, *Kosmos*，這裡的闡述主要是根據 Wilhelm Grimm 的說法。

任何人在那裡都可永恆不朽，
所有樹木在那裡都結實纍纍，
沒藥、肉桂與香草芳香繚繞，
主人不出戶，
也可在自己房裡猜到[38]。

對義大利人而言，大自然早就不帶罪惡與惡靈的魔力。阿西西的聖方濟（San Francesco da Assisi，彩圖66）在他對太陽的禮讚[39]裡，便真率地讚美上帝創造天體之光與宇宙四種元素。

但是，真正發自內心性情來凝視自然並對後世產生影響的是但丁（Dante）。他不只以幾句感人的詩句描寫清晨新鮮的空氣、遠處海洋上微微躍動的金光、以及森林裡的暴風雨，他也

現代雕刻《禮讚太陽的聖方濟》（攝於 Assisi）
©攝影／花亦芬

享受登高遠眺之樂。也許他是古代以來第一位這麼做的人。薄伽丘

38　Carmina Burana p.162, *De Phyllide et Flora*, str. 66.

39　〔譯者注〕〈太陽禮讚〉：「至高、全能、至善的主，將所有的讚美、榮耀、與祝福歸向祢。因為只有祢配享這一切，血肉之軀不配直稱祢的名。讚美祢所創造的一切，尤其是太陽哥哥，因為祢賞賜我們光明，我們才有白日；陽光無比的光輝燦爛就像是映照出祢聖潔的榮光。讚美祢所創造的月亮姊姊與星辰妹妹，在天空，他們閃耀著光芒，看起來多麼珍貴美好。讚美祢所創造的風與空氣兄弟，不論陰晴風雨，祢珍愛所創造的一切。讚美祢創造的水姊姊，她如此善利萬物，如此謙卑、珍貴而純潔。讚美祢所創造的火哥哥，祢讓我們藉著他在黑夜裡見光明，他是如此華美、充滿能量與強壯。讚美祢創造了我們可親的姊姊——慈母大地，她育養我們、教化我們，讓我們享有各種蔬果以及繽紛美麗的各種花草樹木。〔……〕感謝讚美我的主，也以最大的謙卑服事主。

（Boccaccio）對自然景致的描述讓人比較難看出他內心對大自然確實的感動有多深，但是從他所寫的田園小說至少可以看到，他的文思蘊含著宏偉的自然場景。對大自然最鏗鏘有力的描述則非佩托拉克（Petrarca）莫屬，他也是最早開創近現代文化的先鋒之一。他深刻地寫出自然景色如何感發人心。亞歷山大・洪寶（Alexander von Humboldt）[40]這位心靈極為澄淨的學者所寫的《對大自然的見解與看法》（*Ansichten der Natur*）著眼於從各種文學作品裡尋繹出何時人們開始懂得欣賞自然美景，以及接下來經歷過的變遷遞嬗。亞歷山大・洪寶的文字功力令人讚嘆，但他對佩托拉克的評語並不盡公允，所以在他大開大闔的論述之餘還有一些小枝小節必須加以補充。

§ 4.3.2　佩托拉克與登高望遠

　　佩托拉克不僅是重要的地理學家及地圖繪製學家（據說最早的義大利地圖是他設計的）[41]，他也不只重複古人說過的話[42]，他對大自然的感受是非常直接的。從事心智活動時，如果能同時享受自然，這是佩托拉克最嚮往的。為了能夠同時享受二者，他才選擇在佛克呂斯（Vaucluse）[43]及其他地方過著隱士般的學者生涯，以便定期可從滾滾紅塵裡抽離開來[44]。如果從他一些寫得不太好的自然風景描述裡要挑剔毛病、批評他的感受不深，這是不公允的。例如，他將對思佩其亞（Spezzia）海灣以及威內瑞海港（Porto Venere）精彩的描述放在史詩《非洲》（*Africa*）第六卷末尾，因

40　〔譯者注〕參見本卷注35。
41　Libri, *Hist. des Sciences math.* II, p. 249.
42　雖然他頗喜愛引經據典，例如他寫的《論清靜獨處的生活》（*De vita solitaria*）對葡萄園的描寫是根據神學家奧古斯丁（S. Augustin）而來。
43　〔譯者注〕位於法國南部普羅旺斯（Provence）。
44　*Epist. famil.* VII, 4, p. 675.

為截至那時為止，不論老少都沒有人為文讚美過這兩處的風景[45]，雖然這段描述只是簡單的陳述。但當時佩托拉克便知，應將山岩的造型之美與自然風光的如詩畫意與其具有的經濟價值分開來談。他在停駐芮喬（Reggio）森林的那段歲月裡，曾對不經意瞥見的壯麗自然景觀心動不已，因此重新提筆完成久擱一旁的詩作[46]。

對佩托拉克而言，對大自然最深摯的感動來自攀登亞維農（Avignon）附近的文圖山（Mont Ventoux）[47]時所體會到的經歷。有一次受到內心無名渴望的召喚，想要登高極目四望。當此時，他又不經意讀到羅馬史家李維（Livius）寫有關羅馬的宿敵菲利普（Philipp）國王登上黑姆思山（Hämus）之事，於是就下定決心要完成這個心願。他想，一位年老的君王登上高山不會受到譴責，那他這位不帶任何官職的年輕人想要登高，當然也可以獲得諒解。沒有周全的準備就去攀登高山，對他身邊的人來說是前所未聞的，所以他找不到朋友一齊同行。佩托拉克於是帶著自己的弟弟及休憩時碰到的兩位鄉親上路。在山裡有一位牧人勸他們折返，因為五十年前他也曾試著要攻上峰頂，最後卻落得斷手斷腳、一身狼狽，此後就沒人敢再輕易嘗試了。但他們還是奮勇向前，直至攀上峰頂，享受白雲在他們腳底飄浮的境界。但佩托拉克並沒有描述他在峰頂極目四望時所見的一切，這並非他毫無所感、而是太震撼了！過去他所追求的一切彷彿，此時看來，只如鏡花水月。他記起十年前的同一天，他還是個正要離開波隆那（Bologna）、以滿心期盼的眼神望向義大利的年輕人。他翻開一本隨身一直帶在身上的書——聖奧古斯丁（St. Augustin）的《懺悔錄》（Confession）

45　Jacuit sine carmine sacro.—cf. Itinerar. syriacum, p. 558.

46　*De orig.et vita*, p. 3: subito loci specie percussus.

47　*Epist. famil*. IV, 1, p. 624.
　　〔譯者加注〕有關Petrarca於1336年攀登文圖山（Mont Ventoux, 1909 m）的經過參見他所寫的文章"The Ascent of Mont Ventoux".

——他的目光剛好落在第十章：「人們走出戶外，欣賞高山與澎湃的海潮、壯闊的激流與海洋、以及星辰的運行，在此時人們忘了自身的存在。」當他朗讀這段給弟弟聽時，弟弟無法心領神會，所以他就將書闔上，靜默不語。

§ 4.3.3　法其歐‧屋貝提的《世界大觀》

幾十年之後，約在1360年左右，法其歐‧屋貝提（Fazio degli Uberti）在他以韻文寫成的《世界大觀》（*Dittamondo*，參見§3.2.1）[48]裡談到登上亞維尼亞（Alvernia）高山所能見到的景觀，雖然他是以地理學家與古物專家的眼光來看，但也實實在在地將所見到的一切寫了下來。他一定還有攀登其他高山的經驗，因為他認得海拔1000英呎以上的景象，如充血、眼睛腫大、心跳加速等等。他虛構的同行伙伴索理弩斯（Solinus）用一塊浸有精油的海綿幫他減輕這些高山症的徵候。而他所說曾攀登過希臘神話裡的名山帕那斯（Parnasse）與奧林帕斯山（Olympus）[49]，應是虛構的。

十五世紀在宇貝特‧艾克（Hubert van Eyck, c. 1370-1426）與約翰‧艾克（Jan van Eyck, c. 1390-1441）兩兄弟領導下的尼德蘭畫派（Netherlandish School）對大自然有了全新的表現方式（彩圖67）[50]。他們畫筆下的自然景觀並不只是如實呈現大自然的表象，而是以更富含他們天性獨有的詩意情懷來表達自然實象的種種——那是生命的靈魂，雖然不是

48　*Il Dittamondo*, III, cap. 9.

49　*Il Dittamondo*, III, cap. 21. IV, cap. 4.

50　〔譯者注〕van Eyck兄弟可說是油畫技法的改革創新者，他們成功地讓油畫成為具有嶄新表現力的藝術創作類型，所以傳統的藝術史便將他們二人視為油畫藝術的開創者、以及以油畫創作聞名的尼德蘭畫派（Netherlandish School）之開山祖師。他們兄弟合作完成的早期重要代表作是《根特祭壇畫》（*the Ghent Altarpiece*, 1432，彩圖67）。

以大開大闔的方式表現出來。尼德蘭畫派對整個西歐造成的影響不容小
覷，連義大利風景畫都受其影響[51]。只是在此之外，受過良好教育的義大
利人仍繼續保持他們觀看自然風景時一貫追求的目標。

§ 4.3.4　伊尼亞斯·西維烏斯·琶科羅米尼對風景的描述

人文學者伊尼亞斯·西維烏斯·琶科羅米尼（Aeneas Sylvius
Piccolomini）[52]不僅在專業的世界人文地理學研究上有貢獻，在當時，他
對自然景觀的看法也相當有影響力。我們可以不必為他的為人辯護；但卻
必須承認，當時很少人能像他那樣可以神采奕奕地成為那個時代以及各領
域精神文化的代表性人物；而且很少有人能像他那樣，具有早期文藝復興
時代人物的性格。此外，從道德上也應簡短地說一下，不要只從抱怨他的
那些人說過的一些話就對他妄加評斷，也不要因他反覆無常的性格阻礙過
宗教大會的召開，就以此來論斷他。

從本章所探討的角度來看，伊尼亞斯·西維烏斯·琶科羅米尼不僅是
第一位盡情享受義大利湖光山色美景的人，他更是第一位在深受自然美景
感動之餘，還鉅細靡遺寫下自己感受的人。他對教宗國的風土人情以及自
己家鄉南托斯卡納地區知之甚詳。當上教宗後，在氣候宜人的季節，他也
將閒暇時光拿來作鄉野之旅。久患痛風的他最後還讓人用轎子抬著登山。
如果將他喜愛徜徉大自然的嗜好與後來繼任的教宗相比，尤能看出庇護二
世真是大自然、古典文化、典雅不奢華之建築的知己——他簡直就像半個

51　〔譯者注〕十五世紀下半葉隨著尼德蘭與義大利的貿易愈趨頻繁，藝術文化訊
　　息的交流也隨之熱絡，義大利對尼德蘭地區新的藝術發展趨勢毫不陌生。布氏
　　在這方面的見解啟發了二十世紀初期德國藝術史學者 Aby Warburg 對阿爾卑斯
　　山南北藝術交流的研究，參見：Aby M. Warburg, "Flandrische Kunst und floren-
　　tinische Fruhrenaissance" (1902), in idem, *Ausgewählte Schriften und Würdigungen*,
　　ed. Dieter Wuttke (Baden-Baden: Verlag Valentin Koerner, 1980), pp. 103-123.
52　〔譯者注〕即後來的庇護二世（Pius II，在位 1458-1464）。

聖徒。從他寫的優美流暢的拉丁文評註便可看出，他如何陶醉在自己喜愛的事物裡[53]。

　　比起其他近現代人，庇護二世看事情的眼光就多元許多。他醉心享受登高後所能見到的壯麗景觀，例如登上阿爾巴納山脈（Albanergebirge）的卡佛山（Mont Cavo），從那兒他可以看到特拉西納（Terracina）附近的海灣，將契爾卻（Circe）海岬以至阿金塔羅（Mont Argentaro）盡收眼底，以及遠望過去直至上古時代的遺跡古城、義大利中部山脈及其周邊綠意盎然的森林與山頂波光粼粼的湖泊。他很喜歡透第（Todi）附近的山勢，聳立在一片葡萄園與橄欖園之上，可以眺望遠處的森林及提伯河（Tiber）河谷，在那兒有許多軍營與小鎮散落在蜿蜒的河邊。西耶納（Siena）附近宜人的山頂上有一些鄉間別墅與修道院，這兒當然是他最喜愛停憩的地方，他對此的描述也流露出真心的眷戀。但其他一些別緻的小景色也讓他感到開懷，例如延伸到伯斯納湖（Lago di Bolsener）上的峽灣「山峽」（Capo di Monte）：「葡萄藤濃蔭遮蔽著岩壁上的階梯，陡峭地向下通向岸邊，水聲拍濺著常綠的橡樹，畫眉的歌唱使它生機盎然。」通向環內米湖（Lago di Nemi）的湖濱小徑上，走在栗樹與其他果樹下，他感到這如同「黛安娜的隱修處」（Dianens Versteck），是滋養詩人性靈之所在。他常常在古老的大栗子樹下或橄欖樹下、在如茵的草地上或潺潺流水旁召開教宗御前會議以及接見使節。他只消看一看狹窄的溪谷上架著一座設計大膽的拱橋，精神便為之一振。即使是個別的小景致也因其優美出色的造形與風格，讓他感到心曠神怡：藍色波動的平野、滿山遍谷黃色的金雀花、還有各種野花蔓草及各式各樣的樹木、山泉，對他而言，這些都是大自然的恩賜。

　　他對自然風景之極致享受可以用他在1462年夏天——當瘟疫與熱浪在

53　*Pii II, P. M. Commentarii.* L. IV, p.183.

平地肆虐時——他到阿米雅塔山區（Monte Amiata）休憩的那段歲月作為寫照：他帶著教廷隨從團暫居在半山腰上，這兒有過去隆巴底人（Langobarden）建造的聖救世主修道院（S. Salvatore）。在陡峭山腰的栗子樹林間，不僅可以將南托斯卡納地區的全景盡收眼底，還可以遠眺西耶納的教堂尖塔。他派隨行的人與威尼斯的佈道者登上最高峰，他們在上面發現兩塊巨石重疊在一起，可能是原始民族作宗教祭祀的地點；在他們望向海彼岸之遠方時，他們也相信自己首次發現了科西嘉島（Corsica）與撒丁尼亞島（Sardinien）。在涼爽的綠蔭裡，在橡樹與栗子樹叢間，在如茵的草地上，沒有刺腳的荊棘與惱人的蚊蟲與蛇，庇護二世度過了快樂至極的夏天。每週固定必須舉行幾場的教廷工作會報他都選在不同的綠蔭下舉行，「他尋找新的山泉與樹蔭，在那兒裁決還沒有處理的公事。」有一天，一群狗圍攻一隻碩大的鹿，大家看見鹿用蹄與腳奮力抵抗，並往山上方向遁逃。傍晚時分，教宗習慣坐在修道院前可以俯視帕吉雅（Paglia）山谷的地方，順道與樞機主教們閒聊。為了打獵而往山下走的教廷隨從團看到被熱浪襲擊的山下苦不堪言，到處被焚燒成一片，簡直是人間地獄，而在山腰上的修道院卻有陰涼的綠蔭，實在是人間仙境。

　　享受自然美景可說是近現代人才有的享受，這不是受到古典文化影響才有的。儘管古人可能也是這麼享受大自然，但是他們卻很少對此寫上一兩句。就庇護二世博學多聞的知識範圍來看，古人並不認為對自然美景的感受有什麼好形諸筆墨的，所以也無法透過通曉古典文化來點燃大家學習欣賞自然的熱情[54]。

　　十五世紀末與十六世紀初是義大利詩歌與拉丁文詩歌開花結果的時代。這時期的詩作可以找到許多探討自然風光對人類心靈強烈影響的作品，光是讀一下這時期抒情詩人的作品，對此大概就有相當清楚的認識。

54　有關 Leon Battista Alberti 對大自然的欣賞參見 § 2.2.2。

但純粹就令人心曠神怡的景色進行描寫的作品仍然很少，因為這個生氣蓬勃時期的詩歌、史詩以及傳說故事，主要關切的重點並不在此。詩人柏雅多（Matteo Maria Bojardo）與雅瑞歐斯特（Ludovico Ariosto）[55]雖然很明確地描述了一些大自然的場景，但都盡可能簡短，不希望因此影響到他想闡述的主旨，因為與情節的鋪陳無關。喜愛沉思的哲思對話錄作者或書信體作者[56]對逐漸興起的觀賞自然之情的著墨比詩人還多。值得注意的是，像邦德羅（Matteo Bandello）[57]那樣的作家就很刻意地忠於自己創作類型之所需，只在必要時才會對故事發生場景四周的自然景色作一些描述，不像他們在獻詞裡反而比較常提到那些舒適宜人的閒談與社交環境。至於書信體作家我們不得不以彼得‧阿瑞提諾（Pietro Aretino）[58]為例，他可能是歐洲文學裡第一位以錦繡文辭來描寫黃昏時分光影變化與雲影變換的文學家。

　　詩人有時會將他們所感知到的世界以充滿感情與洋溢鄉土人情之美的方式來與週遭自然景致交織在一起。提特‧史陀薩（Tito Strozza）在一篇拉丁文輓歌（約寫於1480年）[59]寫到他心愛的人停駐之處：在樹林濃蔭處

55　Ariosto, *Gesang* 6.

56　Agnolo Pandolfini, *Trattato del gov. della famiglia*, p. 90.

57　〔譯者注〕Matteo Bandello（1485-1561）是北義大利的修士，曾受命擔任Lucrezia Gonzaga 的家庭教師。1522 年西班牙軍隊攻進米蘭時，他逃往法國，並於1550 年成為 Agen 主教，終老在法國。Matteo Bandello 以仿效薄伽丘《十日談》所寫出的《傳說故事集》（*Novelle*）聞名當世，全書包含214個故事，自1554 年至1573 年分成四冊出版，由於敘述內容十分赤裸裸，揭露了文藝復興社會不少真實的面目。與當時人文學者的作品不同的是，Matteo Bandello 的文章並不靠古典辭藻來增麗文采，因此顯得素樸真實。1560 與 1570 年代，《傳說故事集》被翻譯為法文與英文，提供英國依利莎白(Elizabeth)女王時代的戲劇頗多素材，例如莎士比亞的《羅蜜歐與朱麗葉》、《無事自擾》、《第十二夜》均取材自他的《傳說故事集》。

58　*Lettere pittoriche* III, 36. 於1544 年5 月寫給 Titian（Tiziano）的信。

59　*Strozii poetae*, in den *Erotica*, L. VI, p.182, s.

有一間古老、爬滿長春藤的
小屋，其上遍佈斑駁的聖徒
畫像，其旁是小教堂，被波
河（Po）湍急的激流沖毀
得所剩無幾。教士在附近用
借來的耕具耕種幾畝田地。
這不是仿效古羅馬哀歌的寫
法，而是近現代的新感受。
與此並存的是發自真心、而
非故意做作出來的田園牧
歌，這是本章應該一併提及
的。

　　也許有人會反駁，認
為十六世紀初我們德意志文
學家對人在大自然裡生活的
實況也有相當高超的描寫，
例如畫家杜勒（Albrecht
Dürer）在其蝕刻板畫《浪
子回頭》（*Der verlorene*

Albrecht Dürer，《浪子回頭》（*The Prodigal Son working
as a swineherd*）。
c. 1496. Engraving, 26.1 x 20. 2 cm. Fondazione Magnani
Rocca, Corte di Mamiano.
©1999. Photo Scala, Florence.

Sohn, The prodigal Son, c. 1496）的描述。但一位自小就在寫實風格裡成長
的畫家在作品裡描繪大自然，與一位自小浸淫在理想美感與神話題材的詩
人因受內心感動而去描寫自然實景，是兩碼子事。除此之外，義大利詩人
在時間上還是比較早注意到自然風光與鄉居生活的描寫。

367

第四章
發掘自我

．．

　　除了發現外在的世界外，文藝復興文化還有一項更偉大的成就：就是開始正視人類心靈的全貌，並將它攤在陽光下來探索[60]。

　　如上所述，文藝復興主要是藉由強烈的個人自主意識（Indivisdualismus）所開展出來的，由此再從不同層面、不同發展階段來對「個人性」（das Individuelle）的種種面向加以積極探討。所謂「人格發展」主要源自於一個人的自我認知與對他人的認知結合後所產生的結果。此外，我們還必須看到，古代經典在文藝復興時代對上述這兩種心理現象所產生的影響。因為在文藝復興時代，對個人及對他人的認知與描述方式都受到古代經典影響。但認知能力則和所屬的時代與民族有關。

　　本文並不想談太多必須加以引證的現象。如果在本章敘述的過程裡有必要觸及這方面課題，筆者必須表明，這是一個還沒被深入探討的領域。對筆者而言，從十四世紀過渡到十五世紀的心態史[61]來看，可以讓人觀察

60　這個貼切的描述是引自：Michelet, *Histoire de France*, VII 導論的部分。
　　〔譯者加注〕Jules Michelet（1798-1874）是十九世紀法國著名史家，最重要的代表作是《法國史》（*Histoire de France*, 11 vol., 1833-1867）。有關 Michelet 對文藝復興的論述參見：Lucien Febvre（1992），*Michelet et la Renaissance.* 布氏在本書中對 Michelet 史觀的見解亦可參考本書卷一注 304。

61　〔譯者注〕布氏在此所用的詞彙是"die geistige Geschichte," 譯者根據文意將之翻為對等於現代學術之用語「心態史」（雖然現代學者對此稱謂為"Mentalität-geschichte"，但這個專有名詞是二十世紀下半葉才出現的）。

到許多細緻卻相當明顯的轉折；雖然對其他人來講，他們不一定承認這些變化的存在。一個民族心靈在逐漸轉變過程中所經歷的種種，對不同研究者而言，具有不同層次的意義。時間最後會說明一切。

§ 4.4.1　情性說

人類對自我心靈的認知幸好不是從亞里斯多德（Aristotle）理論心理學之抽象玄思而來，而是藉由人類仔細觀察與描述的稟賦來建立的。當時丟不開的理論包袱就是受到四種情性說（vier Temperamente）[62]以及一直盛行不衰的占星術所束縛。僵化的四種元素說起源於極古老的年代、而且被用來詮釋不同性情之人何以產生的原因，但這些並不妨礙科學研究的進步。如果仔細推敲，有一個特別的情況是，當時除了客觀觀察人類心靈外，還有藝術與詩歌從心靈最深處觀照人之所以為人的各種風貌，並將各種獨特的外在表徵描述出來。聽起來頗稀奇的是，有一位判斷準確的觀察者認為教宗克萊門七世（Pope Clement VII）屬於憂鬱（melancholisch）的性格，但他的御醫卻認為教宗屬於爽朗——暴躁之型（sanguinisch-cholerisch），[63]教宗也就聽從了醫生的判斷。

或者我們也可以讀到，法國名將、拉

Benvenuto Cellini，《教宗克萊門七世肖像錢幣》（*Portrait medal of Pope Clement VII*）。
Museo Nazionale del Bargello (inv. no. 6215), Florence.
©1995. Photo Scala, Florence—courtesy of the Ministero Beni e Att. Culturali.

62　〔譯者注〕四種情性說源自於古代醫學的「體液說」，分為暴躁、爽朗、冷漠遲鈍與憂鬱四種性情。

63　Tomm. Gar, *Relaz. della corte di Roma* I, p. 278, 279.

Bambaia，《富瓦的墓碑造像》
（*Tomb of Gaston de Foix*）。
1515-1522. Marble, 216 x 84 cm.
Museo Civico, Milan.
引自：**John Pope-Hennessy,**
Italian Renaissance Sculpture
(New York: Vintage Books, 1985),
Plate. 119.

維納（Ravenna）的征服者富瓦（Gaston de Foix）——威尼斯畫家玖玖內（Giorgione）曾為他畫過像，隆巴底雕刻家邦巴雅（Bambaia, 1483-1548）也為他雕過像——他一生的事蹟史籍亦有記載，他的性情是被判定具有陰鬱（saturnisch, saturnico）傾向[64]。當然，史籍中提到的這些，都是針對某些已成之事有所指涉，所以一些我們看來古怪、卻流傳下來的判準指標便是因為可以對某些事物提供詮釋才會被保存下來。

自由抒懷的作品首先見於十四世紀詩作。閱讀前兩個世紀泛歐宮廷與騎士詩集選粹就可看出，當時詩人如何細膩地感知與表達心靈的悸動。這些作品乍讀之下，幾可與義大利詩作匹敵。例如十三世紀的德意志抒情詩人格特芙利・史特拉斯堡（Gottfried von Straßburg）[65]寫的〈翠斯坦與伊索德〉（*Tristan und Isolde*, 1210）對內心燃燒的熱情有永垂不朽的精彩描述。這些精彩傑作散佈在兼具傳統知見與藝術創新的詩作裡，但不論它們的主題、或這些詩在客觀探索心靈種種面向的深度與廣度上，與文藝復興詩作的差距仍然非常之大。

64　Prato, *Arch. stor.* III, p. 295, s. 有關星象如何影響人的性情參見：Corn. Agrippa, *De occulta philosophia*, c. 52.

65　〔譯者注〕Gottfried von Straßburg 與 Hartmann von Aue 以及 Wolfram von Eschenbach 同屬史陶芬王朝（Staufer）最偉大的詩人。

第五章
詩歌對人類心靈的描寫

．．．

　　義大利十三世紀的吟遊詩人（trovatori）也加入了宮廷情詩與騎士詩詞的創作。他們的創作類型主要是短歌（cazone）。短歌的藝術性與創作難度並不下於阿爾卑斯山北方宮廷抒情詩人吟唱的歌謠。短歌的主題與思想主要還是傳統宮廷愛情，但作者可能是一般平民或學者出身的人。

§ 4.5.1　無韻詩的價值

　　但丁的老師拉提尼（Brunetto Latini, c. 1220-94）所寫的短歌是吟遊詩人創作短歌的代表。他最早期的作品有《詩掇》（*Versi sciolti*）與無韻詩，[66] 在這些不講究形式的創作裡，他自由表達了自己心靈真實燃燒過的熱情。為了彰顯特定主題具有的表現力，他刻意將寫作形式侷限在少數幾種類型上。同樣情況亦見於幾十年後的壁畫以及稍後的油畫創作上。在此，藝術家不再使用很多顏色，只是在明暗的色調變化上有所轉換。在詩歌創作仍很講究形式技巧的年代，拉提尼的創作取向無異開創了新的紀元[67]。

§ 4.5.2　十四行詩的價值

　　十三世紀上半葉的西歐還興起一種音韻形式更嚴謹的詩體，而且在義

66　Trucchi, *Poesie italiane inedite* I, p.165, s.

67　無韻詩後來被發揚於戲劇寫作中。

大利廣受歡迎，這就是十四行詩（Sonett）。佩托拉克（Petrarca）在十四
行詩盛行百年後[68]才將韻腳安排與詩行限制改造得更臻完美。剛開始的時
候，佩托拉克體的十四行詩主要用來表達形而上的思想與冥想的內容，後
來才被用來寫作各種題材——例如情詩、抒情詩。隨著十四行詩的盛行，
短歌逐漸沒落為次要的寫詩形式。後來的義大利人有時不禁半開玩笑、半
哀嘆地埋怨，怎麼逃都逃不過十四行詩對感受與思考的桎梏。有些人則一
直很滿意十四行詩立下的規矩，並一直使用這種形式。即使內心沒有太多
感動與創作慾望，這些人仍寫下許多依樣畫葫蘆的詩句。所以不好的作品
遠多於佳作。

　　無論如何，十四行詩對義大利詩歌貢獻良多。其結構之清新優美，下
半首藉著靈活的分段逐漸渲染出主題氣氛，而且容易朗朗上口，所以一直
是大師們愛不釋手的創作形式。或許正如有些人所言，正因為他們了解十
四行詩的可貴之處，所以才將其保存至今。但現代一流的詩人不能再以此
為滿足，必須能用其他的詩韻形式來表現自己可與古人互比高下的精湛詩
藝。正因十四行詩被視為詩歌形式之首，所以已有許多一流或二、三流的
詩人即使不太擅長其他形式，也可以用十四行詩來表達他們內心的情感。
對近現代詩歌而言，十四行詩可說是最廣被接受的創作形式。

　　行文至此，我們對義大利文化怎樣藉著清新、簡潔、深具表現力的形
式來表達內心情感作了概括性的介紹。如果其他民族也擁有如此悠久的詩
歌創作形式，我們也許可以藉此更深入洞察他們的心靈世界。如果我們能
透過一系列風格獨具的文學藝術作品如何刻劃外在世界或內心生活，來觀
察特定民族的情性，我們就不必仰賴十四、五世紀的抒情詩了，因為這些
都不是真正發自性靈的作品。在義大利，真正的性情之作要從十四行詩興
起以後才看得到。十三世紀下半葉產生一批現代學者所稱的「過渡時期的

68　注意 Dante《新生》（*Vita nuova*）所用的創作形式。

吟遊詩人」（trovatori della transizione）[69]，他們是從吟遊詩人轉變到受古
典文化影響的詩人這個過渡時期之代表。這些「過渡時期的吟遊詩人」是
在但丁之前用十四行詩或其他形式精準有力表達自己真率情感、訴說自己
處境的詩人。有些教宗黨或保皇黨人於1260與1270年代所寫的政治十四
行詩也將自己的政治熱情宣洩其中，有些則讓人想起抒情詩的甜美。

§ 4.5.3　但丁與他的《新生》

很遺憾地，但丁如何從理論角度看待十四行詩，我們無從得知。因為
在他所寫的《論鄉土母語豐富的表達力》（De vulgari eloquentia, c. 1304）[70]
的最後一章，原是要討論歌謠體（Balladen）與十四行詩的，但不知是他
沒有完成、還是沒有流傳下來。但丁以十四行詩與短歌作為主要創作形
式，而他對這些作品的鋪排真是令人讚嘆！他為《新生》（Vita nuova）這
本書裡每一首詩寫的散文序論更是優美到不輸詩作本身，而且能與詩作相
互輝映、互為表裡。他充滿熱情地感受心靈在極樂與哀愁之間的種種悸
動，並以強烈的意志將這些悸動以最嚴謹的藝術形式形諸筆墨。

細讀但丁的十四行詩、短歌與年少時代的日記殘篇，真可讓人看到，
中古詩人不曾探問過自己賴以存在的自主意識何在，而但丁是第一位尋找
自我獨立存在意義的詩人。在他之前有無數結構嚴謹的詩作，但是但丁卻
是第一位在全面意義上可稱之為藝術家的詩人，因為他以充滿自我意識的
眼光，將不朽的內容以不朽的形式表達出來。但丁的詩作是主觀意識之
作，卻具有客觀觀照的宏偉格局。他的思想如此澄澈，超越了時空限制，
所以成為大家可以共感的曠世傑作[71]。在他以客觀眼光描述外在世界、並

69　Trucchi, *Poesie italiane inedite* I, p. 181, s.

70　〔譯者注〕有關本書書名翻譯問題參見卷一注243。

71　但丁所寫的短歌與十四行詩都很快成為家喻戶曉、人人朗朗上口的詩作，所以
　　也很快被改頭換面，令但丁相當不悅（參見：Franco Sacchetti, *Nov.* 114.115）。

將個人感情寄寓在描述外在事物的詩篇裡，他只能隱微地暗示自己的心思意念，例如在〈多麼體貼〉（"Tanto gentile"）等十四行詩以及〈細看〉（"Vede perfettamente"）等詩裡，他還因此覺得必須向讀者致歉。基本上，但丁最美的詩篇應數〈且行且思的巡禮者〉（"Deh peregrini che pensosi andate"）等十四行詩。

即使沒有《神曲》，但丁仍會因他青年時代的成就成為由中古過渡到近現代的代表性人物。在他身上，人類的精神與心靈突然向前躍進了一大步，開始去認知自我的內心深處。

§4.5.4　但丁與《神曲》

《神曲》（*La Divina Commedia*）對近現代文化帶來的啟發更是無與倫比。想要透徹瞭解《神曲》的價值，我們必須一章一章仔細研讀，才能窺其全貌。幸好我們不必在此費功夫，因為《神曲》是西歐人耳熟能詳的經典。它的佈局與基本理念是中古的，所以只能放在歷史架構裡理解，但因但丁對人類心靈發展的每一階段及其轉變有十分深入豐富的刻劃[72]，所以當之無愧成為最早具有近現代精神的詩作。

但丁之後的詩史發展便處於起起伏伏的狀態，有五十年是處在所謂「倒退的階段」，但是他留下來的崇高理念已鑄下永恆的印記。從十四世紀至十六世紀初，任何一位具有深度與原創力的義大利詩人只要遵守他的理念，比起其他地區擁有同樣天賦的詩人來說，義大利詩人基本上還是具有較高的可塑性，雖然這是很難證實的事。

與其他事情一樣，對義大利人而言，語文涵養（包括詩歌）（die Bildung）比視覺藝術（die bildende Kunst）[73]受到更多重視，因為詩是視

（續）————————————

　　在此我們必須瞭解到當時詩作藉由口語傳播的速度之快。

72　但丁對人類心理的理論論述最清楚表現於〈煉獄篇〉第四章的開頭。其他值得　　參考的地方參見*Convito.*

Donatello，《舊約先知哈巴谷》（*Habbakuk*）。
1427-35. Marble, 195 x 54 x 38 cm. Museo dell'Opera del Duomo, Florence.
©攝影／花亦芬（參見彩圖**68**）

Luca della Robbia ，《唱詩壇浮雕》（*Cantoria*）。
1431-1438. Museo dell'Opera del Duomo, Florence.
©攝影／花亦芬（參見彩圖**69**）

覺藝術創作靈感的源泉。視覺藝術要達到可以與但丁詩作相提並論的地位
與價值，還要等上一百多年，當繪畫與雕刻可以充分表達心思意念的思慕
與追求（das Geistig-Bewegte）以及內在心靈的感受（das Seelenleben）。
本文在此不討論在其他民族視覺藝術發展上，是否他們也像義大利人這樣
將語文涵養視為影響視覺藝術發展的關鍵因素[74]、或是否這也是他們關心
的議題？無論如何，對義大利文化而言，這是極具關鍵性的[75]。

---

73 〔譯者注〕視覺藝術（die bildende Kunst）亦可譯為造形藝術，傳統上指的是繪
　　畫、雕刻、建築三大領域。
74 Van Eyck 兄弟所帶起的尼德蘭畫派在繪製畫像上的情況剛好相反，它們的出現
　　比起當地文學創作要早出很長一段時間。

§ 4.5.5　佩托拉克對人類心靈的描寫

　　從對心靈觀照、描寫的層面上，我們該如何為佩托拉克（Francesco Petrarca）這位多才多藝的詩人定位，是見仁見智的。有人會用檢察官的眼光來看他作為一個「人」與一位「詩人」之間存在的差距，也特別會去注意他有不少風流韻事以及其他弱點，所以便在用心探究之餘，對他所寫的詩不再感興趣。這種方式比較是從他作為一個道道地地「男人」（Mann）的角度來思考他的藝術成就，而不是從欣賞詩的角度來看。很可惜，佩托拉克的書信不太提到他在亞維農（Avignon）時期的瑣事，好讓我們對他有更多的了解；而他與好友或朋友來往的信函不是已經蕩然無存、就是根本不曾存在過。從佩托拉克僅存的一些遺稿可以看出，這位詩人如何從他的環境與貧困的生活中昇華出不朽的詩文。但對有些不是真正從事研究工作的人來說，這些僥倖流傳下來的文稿卻被當成可以拿來控訴他的明證。此外，佩托拉克與許多名流的書信來往也幸虧長達五十年之久在德意志與英國地區接連被印行出來，所以如果真要指責他，也不要忽略不少人應陪著一齊受到責難。

　　雖然佩托拉克有許多刻意擠出來的作品——這些是他模仿自己的風格並用自己文體繼續重彈的老調——但我們應欣賞他有許多作品描述自己內心真切感受到的喜樂與悲愁，這些才是他在文學創作上真正獨步之作，因為這是前無古人的；而且對義大利及全世界而言，這些才是真正具有歷史意義的。但他的作品並非篇篇文思澄明，有時候有些優美的文句讀來頗為拗牙嚼口，玩弄太多寓意或吹毛求疵賣弄口舌。但整體觀之，優點遠勝於

75　〔譯者注〕有關此課題的現代藝術史研究參見：Michael Baxandall (1987), *Giotto and the Orators: Humanist Observers of Painting in Italy and the Discovery of Pictorial Composition, 1350-1450.*

缺點。

§ 4.5.6　薄伽丘與《斐雅美塔夫人的哀歌》

薄伽丘（Giovanni Boccaccio）的十四行詩[76]雖然很少受到注意，卻是他內心真實感受極致的表白。第22首十四行詩描寫他再度造訪一個因愛而神聖的聖地，第33首描寫春之憂鬱，第65首寫詩人面對自己行將老邁的悲歡，這些都是嘔心瀝血之作。然後他也在《佛羅倫斯山林小仙女的喜劇》（*L'Ameto*）[77]一詩裡表現由愛而生的高貴情操與神采飛揚，這是讀他的《十日談》（*Decameron*）很難感受到的[78]。最後，他寫的《斐雅美塔夫人的哀歌》（*Elegia di Madonna Fiammetta*, 1343-44）[79]是一篇壯闊、描寫鞭闢入微的心靈之畫，充滿深入的觀察，雖然稱不上句句精湛——因為有些地方顯得過度咬文嚼字，又夾雜了一些古典神話與文學進去，因此不免顯得龐雜。如果我們沒有看錯的話，《斐雅美塔夫人的哀歌》是從女性的角度所寫的作品，可與但丁《新生》並稱姊妹作，或至少是受其啟發而刻意從女性的眼光下手所寫出來的傑作。

古代詩人——尤其是輓歌詩人與維吉爾（Vergil）《伊尼亞德》（*Aeneid*）

76　Boccaccio, *Opere volgari*, vol. XVI.

77　〔譯者注〕正式書名應為：*Commedia delle ninfe fiorentine (Comedy of the Florentine Nymphs, 1341-2).*

78　*Parnasso teatrale*, Lipsia 1829, p. VIII.

79　〔譯者注〕《斐雅美塔夫人的哀歌》被視為近現代第一本心理小說，寫作方式可說是意識流（stream-of consciousness）的先驅。斐雅美塔夫人以第一人稱的方式敘述她與一位年輕俊美的外地男子Panfilo發生婚外情後，Panfilo棄她而去，返回自己的家鄉。斐雅美塔夫人細述自己內心的孤獨、憂傷與絕望。在嘗試自戕失敗後，斐雅美塔夫人以不實之情欺騙親夫，前往Panfilo的家鄉尋他。全書交織著斐雅美塔夫人沉溺在自己情愛想望的癡心、男性的始亂終棄以及斐雅美塔夫人只顧追求自己快樂的自私。薄伽丘成功地將斐雅美塔夫人塑造為近現代第一位具有女性自主意識的文學人物。

第四章[80]——對上文所討論的這些詩人及他們的後輩當然都有影響,但是上文所述的這些詩人自己內心強烈的感受才是創作真正的源泉。從這個角度來比較義大利詩人與其他地區的詩人,就可看出義大利的詩作是西歐最早將內心情感世界完整織錦成詩的作品。此處所要探討的,並非是其他地區的詩作是否也有同樣深刻優美的感受?而是誰先對人類心靈悸動的全貌以真實記錄的方式作徹底的探索?

§ 4.5.7 悲劇成就乏善可陳

悲劇是具體展現個性、心靈、與熱情如何在成長、抗爭、與失敗中不斷蛻變的最佳創作類型,但為何義大利文藝復興文化在悲劇方面的成就不高?換句話說,為何義大利無法產生莎士比亞(William Shakespeare)?義大利十六、七世紀的戲劇成就無法與阿爾卑斯山北方匹敵、也無法與西班牙相提並論,因為義大利人對宗教沒有狂熱,玄虛的道德對他們而言,也只是為了表示身分地位不得不虛應故事的外在形式,他們也機靈到不屑去奉承那些不合法的僭主[81]。所以只有英國的戲劇曾在短暫盛世中一枝獨秀。

當然在此也可以反駁說,全歐洲畢竟只產生過一個莎士比亞!而這位曠世奇才是上天特殊的恩寵。更何況義大利戲劇本來有可能可以達到某個高峰,但是反宗教改革(Gegenreformation)的發生與西班牙的統治(直接對拿波里與米蘭,間接幾乎是對整個義大利)卻讓義大利菁英的心靈受挫、或走向枯竭。試想一下,如果莎士比亞活在西班牙統治下、或住在梵蒂岡教廷教義部附近、或晚個幾十年出生剛好碰到清教徒革命時代的英

---

80 十五世紀人文學者的龍頭老大 Leonardo Bruni 曾說過:「古希臘人在人性與溫厚之心的掌握上比我們義大利人遙遙領先許多。」這句話引述自《古代傳說故事百則》(*Cento novelle antiche*)附錄的一篇故事中。

81 當時義大利的宮廷或君侯就由一些專為討好權貴的劇作家來侍候。

國，他會寫出什麼樣的作品？在每個文化裡，戲劇能達到顛峰都是發展到比較後期才有可能的文化成就，它能開花結果需要有適合發展的時代與特別的機運。

但對這個問題我們還必須探討一些阻礙、推遲義大利戲劇進一步發展的不利因素，以思考為何最後想要挽救一切時，已經為時太晚？

最重要的不利因素毫無疑問的是義大利人喜歡看悲劇以外的其他表演形式，尤其是神劇（Mysterien, mystery play）以及其他宗教節慶遊行。對西歐人來說，以戲劇方式表現聖經故事與聖徒傳奇本是所有戲劇的源頭。但在義大利──如我們在下一章還要繼續探討的──卻把神劇發展成充滿富麗堂皇的藝術裝飾性，結果反而阻礙了純戲劇特質的開展。義大利雖有無數可貴的戲劇演出，卻從沒有發展出西班牙詩劇的形式，如卡得隆（Pedro Calderón de la Barca, 1600-1681）的《聖餐禮寓意詩劇》（*autos sacramentales*）以及其他類似的西班牙戲劇傑作。在這種情況下，更遑論能產生有利於世俗劇發展的因子。

§ 4.5.8　華麗的場景對戲劇發展的危害

義大利後來還是有了世俗劇，但馬上就被華麗的場景所遮掩，因為這是從神劇大家最熟悉的部分轉化而來的。義大利劇場舞台布置之華麗與多彩繽紛真到了令人目不暇給的地步。相較之下，同時期在阿爾卑斯山北方的舞台設計還相當簡陋，只是暗示出故事發生的場景。如果華麗的布景還不算是最炫人眼目的地方，那還有華麗的戲服以及炫麗的串場節目（Intermezzi）來分散觀眾看戲的注意力。

在許多地區──例如在羅馬與斐拉拉──也會演出蒲勞土斯（Plautus）、特潤慈（Terence）的喜劇或古代悲劇的幾個片段（參見§ 3.8.9，§ 3.11.5），有時用拉丁文、有時則用義大利文。上述的一些學會（accadèmia）將演出這些戲劇視為他們學會正式的宗旨（參見§ 3.13.5）。

而文藝復興的詩人則從古人劇作裡撿現成、依樣畫葫蘆,所以對此後數十年義大利戲劇的發展造成不利的影響,但筆者認為這還是次要的因素。如果不是反宗教改革與外國統治勢力的介入,再怎麼樣的不利因素都可視為過渡時期可以加以轉型的有利因素。畢竟從1520年後,雖然被人文學者嫌惡得要死,地方母語還是在悲劇與喜劇演出上佔了上風[82]。從這個角度來看,想要用戲劇這個高度使用語言的藝術形式來表達人類心靈的世界,對義大利——歐洲當時最高度發展的民族——來說,其實已經沒什麼障礙了。但是宗教審判官與西班牙人讓義大利人心生恐懼、並讓他們對用戲劇方式表現人心最真實深刻的衝突——尤其是牽涉到民族記憶相關的題材——有所顧忌,因此阻礙義大利戲劇往更高層次發展。此外,穿插在劇幕間的幕間插曲對戲劇本質的發展也有負面影響,這是以下要繼續說明的。

斐拉拉的亞豐索一世(Alfonso I, duke 1505-34)與露葵琪雅‧伯爾嘉(Lucrezia Borgia)成婚時,艾爾柯雷一世(Ercole I)親自將特為五齣即將上演的蒲勞土思(Plautus)喜劇新製的戲服(110件)展示給所有的貴賓看,以證明不會有任何一件會穿兩次以上。但是這些絲綢錦緞的奢華戲服與喜劇幕間穿插的芭蕾舞與默劇布景相較,真是小巫見大巫。蒲勞土思的喜劇對約翰‧法蘭卻斯柯‧龔查加(Gian Francesco Gonzaga)的夫人依莎貝拉‧艾斯特(Isabella d'Este)這位活潑的年輕少婦而言,仍顯得沉悶呆滯[83]。當大家在觀賞正戲時,其實心裡卻期待趕快看到幕間穿插的表演。對看過義大利繽紛絢爛幕間表演的人而言,這種心理很容易理解。幕間表演還包括古羅馬戰士的決鬥,精心雕琢的武器配合著音樂旋律舞動;摩爾人表演的火炬舞,原始民族用不斷冒出火花的牛角舞蹈;義大利人還將一

82　Paul. Jovius, *Dialog. de viris lit. illustr.*, bei Tiraboschi, Tom. VII, IV—Lil. Greg. Gyraldus, *De poëtis nostri temp.*

83　參見Isabella d'Este於1502年2月3日寫給她先生的信,收錄於:*Arch. stor.* Append. II, p. 306.

些芭蕾舞劇的片段組合成一個默劇，演出從一隻惡龍嘴裡救出一位少女。丑角穿著逗趣的戲服舞蹈，還用豬的膀胱互相敲打等等。

§ 4.5.9　幕間穿插演出與芭蕾舞

在斐拉拉宮廷上演的所有喜劇都會有芭蕾舞表演[84]。大家對1491年亞豐索一世（Alfonso I, duke 1505-34）第一次結婚（與安娜・史佛薩 Anna Sforza 婚配）時上演蒲勞土思的《安斐土歐》（*Amphitruo*）究竟有何想法──是把它當成默劇配上音樂還是認為這是正式戲劇演出──很難得知。[85]反正，附加上去的東西比正戲還多。在聲勢浩大的樂團伴奏下，有綴滿長春藤的幼童化妝成草葉狀的人物邊唱邊舞。然後阿波羅出現了，彈奏著豎琴、唱著歌頌艾斯特（Este）家族的歌。接著還有幕間表演裡的幕間表演，在一個充滿鄉野風土民情的場景中，有維納斯、酒神與他們的隨從；然後又演了一齣有關帕利斯（Paris）與伊達（Ida）的默劇。接下來才是《安斐土歐》這個預言的下半段，清楚表明了預祝艾斯特王室生下一個如赫丘理斯（Hercules）一樣英勇強健的男孩。1487年在皇宮庭院演這齣戲時，不斷出現充滿天堂榮耀的閃耀星辰與火輪，這應是搭配了放煙火才能得到的炫麗景象，相信一定吸引了大家的目光。其實，如果這些附加的表演能像其他宮廷的作法那樣，各自獨立成另一種表演藝術形式，那會好得多。對樞機主教彼得・理阿瑞歐（Pietro Riario）與波隆納的班提佛吉歐（Bentivoglio da Bologna, 1462-1506）而言，慶祝宗教節慶是他們上演戲劇的理由。

具有義大利味道的悲劇一直擺脫不掉富麗堂皇的舞台背景，其結果是相當負面的。約在1570年左右，法蘭卻斯柯・桑頌維諾（Francesco

---

84　*Diario Ferrarese*, bei Murat. XXIV, Col. 404.

85　*Strozii poetae*, p. 232.

Sansovino）曾寫道：

> 以前在威尼斯除了常常上演喜劇外，也以盛大的場景演出古
> 代或現代劇作家的作品。來自遠近各方成千上萬的觀眾都慕
> 舞台布景（apparati）華麗之名而來。現在在私人宅邸上演的
> 戲劇依然喜歡這種熱鬧排場。近來又有一種風尚越來越普
> 遍，大家喜歡在狂歡節上演喜劇和其他搞笑的娛樂表演[86]。

上述這段話說明了一心追求布景與排場的華麗堂皇，結果反而扼殺了悲劇
的發展。

§ 4.5.10　喜劇與面具戲

少數努力繼續延續悲劇薪火的人裡面，最有聲望的是寫《索菲尼斯芭》
（*Sofonisba*, 1515）的翠其諾（Gian Giorgio Trissino, 1478-1550），他將名留
文學史。

翠其諾對蒲勞土思（Plautus）與特潤斯（Terence）喜劇的仿效也同樣
值得注意。因為即使是雅瑞歐斯特（Ariosto）在喜劇創作的成就也無法望
其項背。反之，馬基亞維里（Niccolò Machiavelli）、比比耶那（Bernardo
Dovizi il Bibiena, 1470-1520）[87]與彼得・阿瑞提諾（Pietro Aretino）以散文
體所寫的通俗喜劇反而帶來一些具有啟發性的新發展——如果不計較他們
寫的內容格調不如以前的作品的話。這種新體戲劇有時相當違反傳統道德
倫理，有時則針對某個自1540年以後不再成為社會公敵的特定階層而

86　Franc. Sansovino, *Venezia*, fol. 169.

87　〔譯者注〕Bibiena原名Bernardo Dovizi，出生於佛羅倫斯附近的Bibiena，以
　　家鄉名為外號。

發。如果在《索菲尼斯芭》一劇中，詩歌朗讀比對劇中人物性格的描寫來得重要，那麼就可以想像，劇作家對劇中人物的嘲諷也不會再費心去經營鋪陳了。

　　直到這個時期，悲劇與喜劇創作不曾停歇，各式各樣古代與現代的戲碼也一直不斷上演。大家都很會利用機會在節慶時候依自己所屬的社會階層盡可能以聲勢排場浩大的戲劇來慶祝，以致於這個民族的天才不願意再費心去經營原本充滿活力的戲劇表演藝術。當田園牧歌劇與歌劇興起後，更沒有人為戲劇的發展繼續奉獻心力。

　　唯一真正具有義大利民族特色的戲劇形式是即興演出、而且不形諸文字的「即興喜劇」（commedia dell'arte），這是針對某個情境即興演出的戲劇[88]，所以不是那麼在乎劇中人物性格的刻劃，因為演員人數不多，而且都戴著特定象徵意義的面具，所以一看面具大家就認得該人物所代表的意涵。義大利的民族性格極為喜愛此種戲劇，所以在正式喜劇演出中間也要穿插一下這種即興的面具戲演出，後來便衍生出混合兩種戲劇形式的新表演型態。這種混合型的戲劇在威尼斯的布其耶羅（Burchiello）以及阿摩尼歐（Armonio）、楚卡脫（Zuccato）、與多雀（Lod. Dolce）等人的劇團都上演過[89]。據筆者所知，布其耶羅常以一種夾雜希臘腔與斯洛佛語腔的威尼斯方言來製造笑料。最完備的即興喜劇出自於被稱為「搞笑的貝歐蔻」（Angelo Beolco il Ruzzante, 1502-24）之手，他的面具人物以帕多瓦的農夫為主題，因為每當他在贊助者路易・柯那羅（Luigi Cornaro）位於柯德維科（Codevico）的別墅避暑時，便用心鑽研當地農民所說的方言[90]。逐漸地，具有地方色彩的面具廣受歡迎，至今義大利人仍對潘塔羅內（Pantalone）、

88　Sansovino, *Venezia* fol.168.

89　同上。

90　Scardeonius, *De urb. Patav. antiq.* bei Graevius, Thes. VI, III, Col. 288, s. 這也是研究方言的重要史料。

醫生（Dottore）、布里傑拉（Brighella）、普吉內拉（Pulcinella）、阿蕾吉諾（Arlecchino）等有名的角色念念不忘。大部分即興喜劇的角色已流傳許久，這應與古羅馬的笑劇有密切的關係，只是直到十六世紀這些角色才被整合到同一齣戲碼裡。這種情況現代已經很難產生了，但每一個城鎮都竭力保存代表自己家鄉的面具造型，如拿波里是普吉內拉（Pulcinella），佛羅倫斯是史坦特瑞羅（Stenterello），米蘭是至今仍享盛名的麥內京（Meneking）[91]。

§ 4.5.11　音樂的成就可以彌補缺憾

對義大利這個偉大的民族來說，「即興喜劇」只能算是一個小小的補償，也許可以讓他們看到自己在這方面其實深具潛力，讓他們將最高的藝術才情以戲劇方式來作客觀的呈現及觀賞。但可惜這幾個世紀以來受到敵對外國勢力的操控，這一切都被糟蹋了，所以義大利人只能說，他們應對自己民族文化裡戲劇成就比較乏善可陳負上部分責任。當然他們在戲劇表現上的才華並沒有完全被抹煞，而且義大利音樂仍傲視全歐。對義大利戲劇成就覺得扼腕可惜的人，也許可以在他們的音符世界裡看到替代戲劇的傑作，而仍感到安慰。

§ 4.5.12　浪漫傳奇史詩

如果戲劇成就不算高，那麼可以指望有好的敘事詩嗎？大家對義大利英雄詩篇評價不高，正因為感到義大利英雄史詩裡人物性格的塑造與完整呈現看起來太弱之故。

當然我們不應忽視義大利英雄史詩有其優點，而且歷經四個半世紀一

91　Meneking 這個角色至遲在十五世紀便已出現，*Diario Ferrarese* 已有記載。參見：*Diar. Ferr.* bei Murat. XXIV, Col. 393.

直被閱讀與重新印行，相較之下，其他地區的史詩創作就只是追憶文學史上老掉牙的古董而已。這種情況是否反映出義大利讀者群的需求與北方不同呢？至少對我們而言，要深入體會這些史詩，需要對義大利的傳統歷史文化有相當程度的熟稔，因為有些學養不錯的人還是認為實在是無從欣賞起。當然，如果有人純粹希望從思想內涵來分析路易・蒲吉（Luigi Pulci）、柏雅多（Matteo Maria Bojardo）、雅瑞歐斯特（Ludovico Ariosto）、與柏尼（Francesco Berni）的作品，是沒有太多好談的。他們的藝術成就應從各自獨特的地方來看，他們是為一個特出的藝術民族而創作的。

§ 4.5.13　不注重刻劃人物性格

中古傳奇在騎士詩逐漸沒落後，一部分轉變為用韻文改寫的故事（後來被收集成故事集），另一部份則轉變為散文體的傳奇小說繼續流傳下來。後者是十四世紀義大利的主流。此外，對古代文化的記憶開始大量浮現，對中古的思維認知則愈來愈保持距離。例如，薄伽丘在他的《愛的異象》（L'amorosa visione, 1342-43）一書裡，雖然依中古習慣幫魔宮中的男男女女命名為翠斯坦（Tristan）、阿圖思（Artus）與嘉蕾歐脫（Galeotto），但他好像十分羞於為自己作品中的人物取這樣的名字，而他之後的作家要嘛就不再採用這樣子的名字，或是以戲謔的方式命名之。但這些名姓仍被一般民眾採用，而且藉由這個傳播管道這些名字又出現在十五世紀詩人的作品裡。以清新、不帶偏見的方式重新感受與呈現這些舊有素材，十五世紀詩人的貢獻反而來得更大。他們不只繼續改進內容，有些甚至重新創造。但有一點是不應苛求他們的——他們並不都抱著神聖不可侵犯的敬畏之心來面對傳統留下來的這些素材。整個現代西歐應對此感到又羨又妒，這些十五世紀詩人既能採用民間相傳已久的素材、卻又不時加以調侃譏諷。如果他們對傳統題材只敢畢恭畢敬地沿用，那只能稱他們為拍傳統馬屁的馬

屁精了[92]。

十五世紀的詩人不追隨傳統的陳腔濫調，相反地，他們在詩歌創作的園地裡自在地享受才剛得到的自主性。他們主要追求的，是在朗誦每一篇詩作時，都能有優美明朗的效果。而這些效果是在朗讀詩篇的某些段落時，聲調與肢體語言都能帶給聽者微微喜悅的感受。但是這樣的作法便不會特別著重具體深入去描寫人物性格。也許讀詩的人多少會要求這個部分，但對聆聽詩篇朗誦的聽眾而言，他們並不在乎，因為他們只是聽人朗讀一部份詩作而已。

詩人對於傳統裡既有人物角色的觀感應從兩方面來看：一方面他們所受的人文學教養讓他們排斥中古傳統；一方面他們爭取文化創新的自主性又讓他們對中古馬上比武與戰術充滿熱切希望瞭解的興趣、與全心追求的熱情，這也反映在他們要求朗讀者要能使出渾身解數來讀出詩篇的靈魂這件事上。

§ 4.5.14 蒲吉與柏雅多

由是觀之，**路易・蒲吉**（**Luigi Pulci**）的詩作稱不上對騎士制度的模仿嘲謔之作（Parodie），雖然他所寫的武士那副粗言粗語的怪模樣頗引起討論；此外，他也描寫這些武士好鬥成性的樣貌。他所塑造的滑稽人物或好好先生用鐘鐸來指揮整個軍隊，而這些人又與荒誕可笑的怪物瑪爾固特（Margutte）[93]互相映照，更顯「笑」果十足。蒲吉對這兩類粗線條、極具戲劇性的性格沒有太深的著墨，而當這些戲劇故事不再受到青睞後，蒲吉

92　Pulci 便在他的《大巨人摩爾剛特傳》故意編造了一個古老的傳統，參見：
　　Morgante, cantoXIX, str. 153, s. 更好玩的是 Limerno Pitocco 所寫的序言
　　（*Orlandino*, cap.1, str.12-22）。

93　〔譯者注〕瑪爾固特（Margutte）是 Pulci 所著《大巨人摩爾剛特傳》（Morgante maggiore）中一位生來是個壞胚子的半巨人，詳情參見卷二注80。

本人的故事卻還是一直流傳下來。**柏雅多**（Matteo Maria Bojardo）[94]則對
人物角色的塑造十分用心，也依自己的創作理念將他們塑造為正經八百或
荒唐可笑之人。他甚至將玩笑開到惡靈頭上，而且故意讓他們看起來像是
笨蛋一樣。但在藝術效果的經營上，他與蒲吉一樣，都很努力追求一個目
標——就是盡可能將整個過程細膩地描寫出來。

　　每當新完成一首詩作，蒲吉都會在「輝煌者羅倫佐・梅迪西」面前親
自朗讀，如同柏雅多在斐拉拉的艾爾柯雷一世（Ercole I）尊前朗讀自己的
作品一樣。當然大家很容易想到，宮廷的王宮貴族會特別注意哪些特點
呢？而努力塑造人物性格所能得到的讚賞何其微薄！在此情形下，這些詩
篇本身並不在乎要成為一個情節環環相扣的整體，而是要寫成可以只取其
中一半、也可以鋪陳為原文雙倍長的架構。情節結構並不需要像敘事畫
（Historienbild）那樣嚴謹有條理，只需像簷橡裝飾或是布滿各色水果的彩
帶般繽紛絢爛就可以。就像在簷橡裝飾的題材或捲曲的花邊一樣，並不會
對個別細節大費筆墨、或要求它有透視深度、前中後景的層次安排，大家
也不要求這些詩應在這種章法安排下被寫出來。

§ 4.5.15　詩作創新的內在法則

　　柏雅多各種推陳出新的創新手法一直讓人感到讚嘆，他的傑作也顛覆
了迄今為止對史詩本質的主流定義。對當時文化而言，柏雅多的新體史詩
無異是在復興古典文化的浪潮中，最讓人感到愉悅的反叛類型，甚至可以
說是敘事詩想要獲得新時代自主性唯一的出路。因為以詩的形式重述古代
史——例如佩托拉克（Petrarca）以拉丁文六音步詩行所寫的《非洲》
（*Africa*），或一個半世紀後，翠其諾（Gian Giorgio Trissino）在《詩掇》
（*Versi sciolti*）裡所收錄的《自哥德人手裡解放出來的義大利》（*Italia lib-*

94　*Orlando inamorato* 第一版在 1496 年出版。

erata da'Gothi, 1547-48）──這些作法說穿了都是走不通的死路。後者是
一首江河滔滔的長詩，用字與詩藝技巧無可挑剔，然而卻不禁讓人感到，
歷史與詩有必要這麼痛苦地結合在一起嗎？

　　而但丁的作品對後世追隨者而言，究竟還有什麼特別吸引力呢？佩托
拉克的《凱旋》（*Trionfi*）可說是保有但丁遺緒最後的佳作，薄伽丘的
《愛的異象》（*L'amorosa visione*, 1342-43）只能算是藉寓意之作來記載歷
史人物與傳奇人物。其他人只能說是以誇張渲染的手法來模仿但丁《神曲》
第一章，並想辦法給作品添加一些帶有維吉爾（Vergil）詩味的象徵意
涵。法其歐・屋貝提（Fazio degli Uberti）在其遊記詩《世界大觀》
（*Dittamondo*）裡，選定了西元三世紀古地理家索理努斯（Gaius Julius
Solinus）作為嚮導，而喬凡尼・桑提（Giovanni Santi, c. 1435-94）[95]為屋
比諾公爵菲德里高・蒙特斐特（Federigo da Montefeltro）寫頌讚詩時[96]，
也選定古羅馬歷史家普魯塔克（Plutarch）充當嚮導。

　　能將史詩創作從這些誤入的網羅中拉拔出來，重新帶向活路的，就只
有蒲吉與柏雅多開闢出來的新方向。我們從當時讀者興致高昂、且帶著驚
嘆之情朗讀他們的詩作──有時大概在晚上閒暇時候，除了讀他們的詩之
外，什麼都不想──就可清楚看出，他們新闖出來的康莊大道多麼符合當
時人需要！這與他們的詩是否體現我們的時代從荷馬史詩與《尼伯龍之歌》
（*Nibelungenlied*, c. 1200）[97]萃取出來的英雄史詩應有的理想沒有絲毫關
聯，因為這些詩體現了當時人對詩的理想之渴望。這些詩裡有大量戰鬥場

95　〔譯者注〕Giovanni Santi 為文藝復興名畫家拉斐爾（Raphael, 1483-1520）之
　　父。拉斐爾出生於屋比諾（Urbino），其父是當地著名畫家，與蒙特斐特
　　（Montefeltro）宮廷有良好關係，奠定了拉斐爾日後擅長與宮廷權貴交往的個
　　性。

96　收錄在 Vasari, *Le Vite*, "Vita di Raffaello."

97　〔譯者注〕《尼伯龍之歌》是用中古高地德文在多瑙河區域寫出的英雄史詩，作
　　者不詳。

景的描述，對我們來說，是相當令人厭煩的。但如上所述，這是為了滿足當時讀者的需求。我們今天很難確實理解，為何當時會有這樣的需求？對我們而言，同樣難以理解的還有：為何他們會認為花費這麼多筆墨來描寫這麼多戰鬥才算是反映上古歷史的真相？

§ 4.5.16　雅瑞歐斯特及其風格

當我們對雅瑞歐斯特（Ludovico Ariosto, 1474-1533）所寫的《狂怒的歐蘭朵》（*Orlando furioso,* 1516）詩中的人物進行剖析時，也要注意不要拿錯誤的尺度來評量批判。的確，這首詩裡充滿各種人物，而且作者帶著極深的感情來刻劃他們，但是這首詩的創作焦點不是在人物的塑造上，甚至我們可以說，如果再進一步凸顯人物所佔的比重，可能更得不償失。當然，我們的時代之所以會用這樣的標準來批評雅瑞歐斯特的作品、而且覺得《狂怒的歐蘭朵》在這一點上不夠符合我們時代普遍要求的標準，正因為我們認為，一位如此才華洋溢、聲譽卓著的大詩人寫出來的作品不應只限於以主人翁歐蘭朵（Orlando）[98] 冒險犯難的故事為限而已。雅瑞歐斯特應在這樣的鉅作裡，將人類內心深處最深刻的衝突透過當時最有洞見的思想來反思檢討，並由此進一步探討人世與屬靈世界的種種關係。簡言之，也就是說，他應將《狂怒的歐蘭朵》的終極關懷層次提升到成為當代的《神曲》（*La divina commedia*）或《浮士德》（*Faust*）那樣。但是他沒有這樣做，他與當時的造形藝術家一樣，不講究原創性，而是將許多大家耳熟能詳的人物故事加以改編，並且還將別人寫過的情節再拿過來加工利用，以符合自己之所需。《狂怒的歐蘭朵》是用這樣的方式成為不朽名著的。

雅瑞歐斯特的創作理想是以敘述活潑熱鬧的故事情節取勝，這樣的手法勻稱地貫穿在《狂怒的歐蘭朵》整首詩之中。為了達到這個目的，雅瑞

98　〔譯者注〕即羅蘭 Roland，Orlando 是義大利文的寫法。

歐斯特必然會捨棄對人物性格深入的刻劃與剖析,也不會在意故事情節之間要有緊密的呼應關係。他只是隨興所至將前後一些斷掉的線索搭連起來,而詩中人物的上場與下場不是隨著人物性格的內在發展脈絡來規劃,反而只隨著創作者興之所至的安排。當然,這種隨興、不嚴謹的故事結構另有一種均衡的形式之美。雅瑞歐斯特不會大費筆墨來作深刻的描述,而是隨著故事情節的發展,適度地配置場景與角色演出,所以整個故事的陳述與情節推進的速度和諧地交織成一片。雅瑞歐斯特尤其少讓人物之間有長篇大論的對話或個人獨白。他強調,真正的敘事詩首重故事情節的發展。他在創作上努力追求的,不是寫出精彩的對白[99],這可從他敘述歐蘭朵咆哮怒罵的詩歌(第32卷與以下諸卷)清楚看出。這篇英雄史詩裡的愛情故事不以描述淒婉動人的情節為尚,這一點應被看成一個突破;但可能在大家的道德情感上不會得到太多認同。除去詩中所渲染的傳奇色彩與騎士故事之外,《狂怒的歐蘭朵》敘事之真、訴情之實往往讓人不禁認為,詩人是將自己親身經歷過的故事描述出來。他天縱之才的文筆有時也會不經意地將當時時事交織進故事情節裡;此外他也將艾斯特(Este)王室的聲威交織在種種異象顯現與預言中。整篇詩作是以流暢均衡的八行體(ottava rima)寫成的。

§ 4.5.17　佛蘭哥與戲謔之作

佛蘭哥(Teofilo Folengo, 1491-1544)──或者如他自稱琵托科(Limerno Pitocco)──針對騎士傳統所寫的戲謔之作(parody)將長久以來大家對騎士傳統的不屑表達得淋漓盡致。尤其是他力求讓作品裡的角色顯得好笑而生動,因此對人物的刻劃就更費心來處理到鞭闢入裡。在他所寫的《小歐蘭朵》(*Orlandino*, 1526,參見§2.4.5)一詩中,主人翁小歐

99　*Morgante*, Canto XIX, Str. 20, s.

蘭朵是在羅馬鄉間小鎮蘇翠（Sutri）長大，常跟其他頑皮搗蛋、故意打人、或丟石頭的街頭小惡棍混在一起，而且因為「表現傑出」所以逐漸成為大家心目中的英雄以及專跟神職人員作對、唱反調的人。從路易‧蒲吉（Luigi Pulci）以降，大家遵循的敘事詩寫作架構被《小歐蘭朵》一詩粉碎無遺。騎士的出身與特質常被拿來當作取笑的對象，例如，第二卷寫騎驢鬥劍[100]的場景，騎士以極不可思議的古怪甲冑與武器登場。詩人以怪誕的筆調對德意志地區麥茲（Mainz）的加諾（Gano）家族受到騎士不明究理的背叛、以及他們花了九牛二虎之力才取得「杜林達那寶劍」（das Schwert Durindana）表示遺憾。對佛蘭哥而言，《小歐蘭朵》之所以根據《狂怒的歐蘭朵》來寫，其實只為了製造笑料、插科打諢、以及引爆笑點（例如第六章結尾就寫得極好），而且可以作為寫不登大雅之堂笑話的參考範本。除此之外，也免不了有對雅瑞歐斯特（Ariosto）本人開的玩笑。

　　也許對《狂怒的歐蘭朵》來說，幸運的是，帶有路德（Martin Luther）新教異端色彩的《小歐蘭朵》不久便被宗教裁判所查禁，隨後也就被大家遺忘。在《小歐蘭朵》談到的玩笑中，也將曼圖瓦（Mantova）的龔查加（Gonzaga）家族之出身追溯到圭多內騎士（Guidone）（第六章，28節），羅馬望族蔻隆納（Colonna）源出於歐蘭朵，而歐熙尼（Orsini）家族源出於瑞那多（Rinaldo）[101]，而根據雅瑞歐斯特的說法，艾斯特（Este）王室源出於盧吉耶利（Ruggieri）。也許佛蘭哥的贊助人斐朗特‧龔查加（Ferrante Gonzaga）對佛蘭哥為何要如此影射挖苦艾斯特王室，心裡十分有數。

100　〔譯者注〕在文藝復興時代，義大利貴族與富豪喜愛馬上比武（德文：Turnier；英文：tournament），這被視為高尚的競技。騎驢鬥劍顯然是由此而來的嘲謔。
101　〔譯者注〕上述這三位騎士均是《小歐蘭朵》詩中提到的人物。

§ 4.5.18　特夸多・塔索作爲對比

最後我們要談到特夸多・塔索（Torquato Tasso, 1544-93）所寫的《被解放的耶路撒冷》（*Gerusalemme liberata*, 1575），此作對於人物的刻劃可視為是特夸多・塔索一生最高的成就，這可從其中蘊含的思想與五十年前的思想相較起來猶如天壤之別看得出來。這部令人讚賞的名作可視為是反映反宗教改革時代及其後發展的里程碑之作。

第六章
傳記

除了詩之外，在所有歐洲民族中，義大利人也是最早擁有才情稟賦將人放在歷史時空之內來觀照，並對個人的外在形象與內心世界、以及性格特質作詳盡描述的民族。

§ 4.6.1　與中古相較之下看義大利傳記的進步

當然，上述的歷史書寫方式在中世紀早期已有明確雛形，至少在某個層次上，聖徒傳（die Legende）表現出長久以來大家對個人生平經歷的興趣、以及中世紀傳記作者在這方面的能耐。在修道院與主教座堂的年鑑記錄中，我們也讀到某些高階神職人員——例如在德意志帕德朋（Paderborn）的麥維克（Meinwerk）與希德斯海（Hildesheim）的枸德哈得（Godehard）等人——如何被栩栩如生刻劃出來。此外，也有依照古代皇帝傳略書寫的模式——尤其是仿效古羅馬傳記作家蘇艾通（Suetonius）[102]的寫法——為神聖羅馬帝國皇帝作傳，其中有些部分寫得相當精彩。上述這些上層社會人物的傳記與一些類似於此的世俗賢達傳略（profane vitae）逐漸形成一種可與聖徒傳相提並論的傳記類型。

102　〔譯者注〕Suetonius 即 C. Suetonius Tranquillus（75-160 A. D.），古羅馬作家，著有《名文法學家列傳》（*De Illustribus Grammaticus*）、《名修辭學家列傳》（*De Claris Rhetoribus*）、《名人列傳》（*De Viribus Illustris*）等。

　　但是，無論是艾哈德（Einhard, c. 770-840）[103]、維波（Wippo）、或是拉德維庫斯（Radevicus）[104]所寫的傳記都無法與栩文維（Sire de Jean de Joinville, c. 1224-1317）[105]寫的《聖路易傳》（*Histoire de saint-Louis*）相媲美。這本傳記完美刻劃出一位具有歐洲近代新精神的偉人，成為開啟書寫近現代偉人風貌的先鋒，此後多年沒有其他傳記可與之相提並論。像路易九世這樣的人真是世所罕見，尤其他又有別人難以企及的好時運，所以像栩文維這樣樸實的作家便可透過他一生的點點滴滴來刻劃他的生命歷程，並以精彩生動的文筆將之傳達出來。至於與腓特烈二世（Friedrich II.）或法王「美男子菲利」（Philipp IV, Philipp the Fair, 1268-1314）相關的史料則少得可憐，我們如果要瞭解他們的內心世界要靠許多猜測。直至中古末期，許多所謂的傳記只是將傳主的一生放在時空脈絡裡來敘述，稱不上對他們的個人性（das Individuelle）有深入的探討。

　　義大利傳記作家愈來愈看重去刻劃重要人物的性格，這個發展方向也讓他們與歐洲其他地區的傳記寫作大不相同。在義大利以外的地區，對人物性格的探討只是偶一為之，或只有在特別值得一提的事情上添上幾筆而已。只有文明發展更成熟的社會才會對個人主體性如此看重，他們不再將自己定義為特定的族群（Rasse），而是作為主體特質已發展成熟到必須受到尊重的個人（das Individuum）。

　　隨著大家對「世俗聲譽」（Ruhm）的普遍重視（參見第二卷第三章），興起了一種可以互相參照比較的「列傳」書寫模式。列傳並不需要

103　〔譯者注〕Einhard：法蘭克歷史學者，著有《查理曼大帝傳》（*Vita Karoli Magni*, c. 830-3）。

104　Radevicus, *De gestis Friderici imp.*, esp. II, 76.

105　〔譯者注〕Sire de Jean de Joinville：法國傳記作家，為香檳（Champagne）伯爵的管家，路易九世（Louis IX）的朋友。他所寫的《聖路易傳》記載路易九世的生平，尤其對他投身第七次十字軍東征（1248-1254）的經過有極為詳盡的描寫（因為栩文維亦同行），可說是用法文寫的第一本傳記。

依照朝代或教宗在位先後的順序來寫，如安那斯塔西烏斯（Anastasius）、
阿格內魯斯（Agnellus）及其追隨者所寫的那樣，或者像威尼斯總督傳記
那樣的寫法。列傳的寫作除了仿效蘇艾通（Suetonius）外，內波士
（Nepos Cornelius）所寫的《名人傳》（*De viris illustribus*）以及普魯塔克
（Plutarch）已被翻譯出來、大家頗為熟稔的史著也相當具有影響力。至於
文學史所記述的人物傳記則以文法學家、修辭學家與詩人傳記為主，這是
蘇艾通作品的附錄提供的典範，同樣的範例亦可見於東拿圖斯（Donatus）
所寫的維吉爾（Vergil）傳記。

§ 4.6.2　托斯卡納地區的傳記寫作

有關十四世紀興起了列傳、名人傳、名媛傳等傳記類型上文已經都討
論過（§ 2.3.6～2.3.8）。這些傳記如果不以當代人物為主題，在撰寫上就
必須仰賴過去傳記作家留下來的資料。第一部充分展現傳記作者個人寫作
企圖的代表性傑作應屬薄伽丘所寫的《但丁傳》（*Vita di Dante,* c. 1348）。
這本傳記寫得極為流暢自然，雖然處處可見作者在抒發自己的主觀意見，
卻仍讓人鮮明感受到但丁特有的個人特質。在這本《但丁傳》之後，十四
世紀末出現了菲利普‧維朗尼（Filippo Villani）所寫的《佛羅倫斯共和國
之起源及其著名公民》[106]。這本傳記囊括了各領域的菁英：詩人、律師、
醫生、人文學者（Philologen）、藝術家、政治人物、軍事將領，其中包括
尚存活在世的人物。在這本書裡，菲利普‧維朗尼將佛羅倫斯描述成一個
基因優良的大家庭，後代子孫因為人才輩出所以都值得名留青史，而他們
的成就也充分證明這個家族以何等卓越的精神一脈相承。菲利普‧維朗尼
寫作這本傳記的文字相當精簡，但由於才情甚高，所以刻劃入神，尤其他

106　〔譯者注〕本書正式書名應為 *Liber de origine Florentiae et eisdem famosis civibu*
　　（"On the origin of the Florentine state and its famous citizens" ; c. 1395）.

Michelangelo，《聖母哀子像》（Florentine Pietà）。
c. 1547-1555. Marble. Museo dell'Opera del Duomo, Florence.
（原為米氏為自己墓碑所刻，最上頭之人物頭像為米氏自刻像）
Museo dell'Opera del Duomo, Florence.
◎攝影／花亦芬（參見彩圖 70）

擅長將外貌與內在性格特徵融合來看。自此之後，佛羅倫斯人便將這個傳統發揚光大，把為歷史人物作傳看成是他們特別擅長的工作。

因此，今天我們讀到有關十五、六世紀義大利人的傳記主要都出自佛羅倫斯人之手。卡瓦康提（Giovanni Cavalcanti, 1381-c. 1450）在其所撰的《佛羅倫斯人的歷史》（Istorie fiorentine）附錄（1450年前完成）中，將佛羅倫斯市民擁有的才識美德、勇於犧牲的精神、對政治的理性與戰鬥時的英勇都詳加描述。教宗庇護二世（Pope Pius II）在其《見聞錄》（Commentarii）中則為他同時代重要人物留下極為珍貴的歷史紀錄。最近，又有一本庇護二世早年的著作被刊行出來[107]，

其中包含他為《見聞錄》裡的人物群像所寫的初稿，字裡行間保存了更多他個人對這些歷史人物的觀感。雅各・佛泰拉（Jacopo da Volterra）則為庇護二世過世後的教廷眾生相寫下相當尖酸的評傳[108]。我們常提到彼斯提奇（Vespasiano da Bisticci, 1421-98），而他所留下的歷史紀錄也屬於幫助我們瞭解文藝復興歷史文化最珍貴的文獻[109]，但是他在刻劃人物特性這方

107　《名人列傳》（De viris illustribus）。
108　Diarium，收錄於 Murat. XXIII。

面的才華是無法與馬基亞維里
（Machiavelli）、尼可羅‧瓦羅理
（Niccolò Valori）、圭恰迪尼
（Francesco Guicciardini）、瓦爾齊
（Benedetto Varchi）、維多利
（Francesco Vettori）等人相提並
論的[110]，上述這些人對歐洲歷史
寫作的影響恐怕要比希羅時代歷
史家留下來的影響來得深遠。

　我們也不要忘記，上述這些
文藝復興史家的著作也很快速地
被翻成拉丁文在阿爾卑斯山北方
廣為流行。同樣的，如果沒有阿
瑞丑（Arezzo）[111]籍的藝術史家
瓦撒利（Giorgio Vasari）及其
藝術史鉅作之影響，也不可能產

Giorgio Vasari 設計的烏菲茲美術館（**Galleria degli Uffizi, Florence, 1560-1580**）──典藏義大利文藝復興藝術傑作最重要的美術館。
©攝影／花亦芬（參見彩圖71）

生阿爾卑斯山北方與近代歐洲藝術家傳記的寫作[112]。

109　〔譯者注〕Vespasiano da Bisticci, *Le Vite di uomini illustri del secolo XV*.

110　〔譯者注〕有關文藝復興時代的歷史著述參見：Eric Cochrane (1981), *Historians and Historiography in the Italian Renaissance*.

111　〔譯者注〕Arezzo 是佛羅倫斯的屬邦。

112　〔譯者注〕有關 Vasari 藝術史撰述與歷史書寫之間的問題參見：Patricia Lee Rubin (1995), *Giorgio Vasari: Art and History*，花亦芬（2004a），〈瓦撒利如何書寫喬托時代的雕刻史？──以《比薩諾父子傳》為中心的考察〉。

§ 4.6.3　義大利其他地區

十五世紀北義大利的傳記作家首推斯佩其亞（Spezzia）籍的巴特羅・法其歐（Bartolommeo Fazio, c. 1400-57）[113]。生於克里蒙納（Cremona）的普拉提納（Platina）在其《教宗史》[114]中為保祿二世（Pope Paulus II）所作的傳記（參見§ 3.7.1）已充滿調侃與嘲謔。更具歷史價值的傳記是德全布理歐（Pier Candido Decembrio, 1392-1477）為米蘭威士孔提（Visconti）末代王室所寫的傳記[115]，　這是仿效蘇艾通（Suetonius）[116]寫成的鉅作。瑞士史家西思蒙第（Sismondi）[117]曾惋惜地認為，德全布理歐大可不必為這樣一個題材花費那麼多力氣，但如果要作者處理一個真正的歷史大人物他恐怕力有不逮。但是，德全布理歐為威士孔提末代王室寫的傳記卻成功地將菲利普・瑪莉亞・威士孔提（Filippo Maria Visconti）複雜性格所蘊含的種種面向刻劃出來，並對這種難纏的專政僭主性格之成因、形塑過程、以及後果進行抽絲剝繭的分析。少了這樣分析入微的人物傳記，我們對十五世紀的認識就會變得不完全。

米蘭在歷史寫作上後來也出現相當傑出的人物傳記作家可利歐

113　〔譯者注〕巴特羅・法其歐著有《「寬宏大量的亞豐索」評傳》（*Historia Alphonsi*，正式書名為 *De rebus gestis ab Alphonso primo Neapolitanorum rege commentariorum libri decem*）。

114　〔譯者注〕Bartolomeo Platina, *Vitae Pontificum Platinae historici liber de vita Christi ac omnium pontificum qui hactenus ducenti fuere et XX* (Venice, 1479).

115　Petri Candidi Decembrii, *Vita Philippi Mariae Viceconitis*，參見§ 1.5.2。

116　〔譯者注〕參見本卷注102。

117　〔譯者注〕Jean Charles Léonard Simonde de Sismondi（1773-1842）：瑞士著名總體經濟學家與歷史家。歷史學方面的重要著作有：《義大利中世紀共和國史》（*Histoire des républiques italiennes du moyen âge*, 16 vols. 1809-1818; *History of the Italian Republics in the Middle Ages*）。有關 Sismondi 的其他資料參見卷一注16。

（Bernardino Corio），緊接其後的是籍貫科摩（Como）的**喬維歐**（**Paolo Giovio**）。喬維歐所寫的長篇傳記與短篇頌詞（Eloge）舉世聞名，而且到處被仿效。雖然我們可以輕易舉出喬維歐作品裡成千成百的疏漏與不盡誠實之處，而且像他這種格調的人也不會真有什麼高遠的寫作理想，但是他將那個時代的氣息形諸筆墨，讓我們透過他寫的教宗里奧十世傳、拿波里「寬宏大量的亞豐索」傳、樞機主教彭培歐・蔻隆納（Pompeo Colonna）傳，看到那個時代的縮影在我們面前栩栩如生地展開，即使我們無法從這些傳記一窺這個時代最核心的本質究竟何在？

　　就現存的文獻來看，卡拉喬羅（Tristano Caracciolo）無疑是拿波里史家中最傑出的一位（參見§1.5.1），雖然他的寫作宗旨並非以傳記為主。他所刻劃的人物常常是罪過與命運神奇地交織在一起，不禁讓人將他視為天生的悲劇作家。當時的戲劇舞台還沒悲劇專屬的演出空間，所以只能在宮廷、街頭與廣場上看到悲劇演出。潘諾米塔（Antonio Beccadelli, il Panormita, 1394-1471）所寫的《亞拉岡與拿波里亞豐索國王言行錄》（*De dictis et factis Alphonsi regis Aragonum et Neapolis*）是在「寬宏大量的亞豐索」在世時所寫，是這類君王言行錄相當值得注意的早期作品，其中收錄了有關「寬宏大量的亞豐索」之傳說軼聞以及幽默機智話語。

　　雖然一些傳統枷鎖隨著政治與宗教的重大變革已被掙脫殆盡，也喚醒成千成萬人去追求更有精神自覺的生活，但是歐洲其他地區對義大利人在精神文明上的高度成就，仍以相當遲緩的腳步追隨在後。當時歐洲在文學與外交上最傑出的權威人士仍非義大利人莫屬。在人物刻劃的領域裡，我們可以看到十六、七世紀威尼斯使節所寫的報告快速成為大家一致公認最好的人物描述典範。

§4.6.4　自傳

　　義大利人在自傳寫作上的發展，就深度與廣度而言，也是以相當快速

的腳步在擴展。自傳除了描繪多采多姿的外在生活經歷外，也著重對內心私密世界的闡述。相較之下，對其他民族——也包括宗教改革時期的德意志民族——而言，自傳仍只限於對自己外在境遇的描述，所以傳主的內心世界只能從外在形式隱約探知。義大利之所以具有如此迥異的發展，可能要歸因於但丁以赤裸裸的寫實筆調來撰寫《新生》（*Vita nuova*）所帶來的影響。

自傳的興起也與十四、五世紀家族史的撰寫有關。有關這方面的資料在佛羅倫斯圖書館有大量手稿史料可供鑽研。這些家族史通常是用質樸的筆調為自己家族、或個人為了特定利益所寫的，例如，柏納科索・琵提（Buonaccorso Pitti, 1354-1431）所寫的便是一例[118]。

即使在教宗**庇護二世**（**Pope Pius II**）所寫的《見聞錄》（*Commentarii*）中，我們也看不到比較深刻的自我批判。從書的開頭直到結尾，他所展露的自我其實就是自己如何功成名就。所以只有當我們對書中內容冷靜思考，才會給這本知名的著作另一種不同於一般流俗的評價。有一種人我們可稱他是大環境裡芸芸眾生的縮影。如果我們要不停追問他們的生命信念為何？內心的矛盾衝突有多深？生命的終極關懷是什麼？那我們只是在自找麻煩。伊尼亞斯・西維烏斯・琵科羅米尼（Aeneas Sylvius Piccolomini，即庇護二世）就是這種人。他務實處世，不會絞盡腦汁為不同宗教爭端傷腦筋，在這方面，反正他就是盡可能守住正統天主教教義的正統規範。他參與當時所有文化議題的討論，也投身種種文化活動，甚至還成為這些文化活動重要的贊助人。在他人生最後階段，他甚至還興致勃勃發動對抗土耳其人的十字軍東征，最後因功敗垂成，抑鬱而死。

---

118 〔譯者注〕參見：Gene Brucker (ed), *Two Memoirs of Renaissance Florence: the Diaries of Buonaccorso Pitti and Gregorio Dati*.

Benvenuto Cellini，《斬首蛇髮女妖的英雄伯
爾修斯》（*Perseus*）。
Bronze. Height: 320 cm.
Loggia dei Lanzi, Florence.
©攝影／花亦芬（參見彩圖72）

Benvenuto Cellini，《天神朱比特Jupiter》
（*Perseus*底座小雕像，原件在Bargello,
Florence）。
Bronze. Height: 98 cm.
Loggia dei Lanzi, Florence.
©攝影／花亦芬（參見彩圖73）

§ 4.6.5　卻里尼

雖然卻里尼（**Benvenuto Cellini, 1500-1571**）所寫的自傳（*Vita*）[119]對
自己的一生作了完整的介紹，有時也將自己放逸不羈的雄心坦陳出來，讓
整本自傳充滿吸引人的坦白與精彩之處，但這本傳記還是缺乏對自己內心
深刻的省察。卻里尼這本自傳的確是不可小覷之作，不像他最重要的造形
藝術創作往往只流於草擬階段、或已蕩然無存，而他做為造形藝術家的成
就今天只能在裝飾藝術的表現上略窺究竟，所以若將他現存的藝術創作與

119　〔譯者注〕英譯本參見：Benvenuto Cellini, *Autobiography*, tr. George Bull.

401

當時許多大家的天才之作相比,他只像是個小角色。然而,作為一個人,卻里尼對後世持續產生影響。他在自傳裡極力把自己吹捧成一個精力充沛、十全十美的人,而且並不在意讀者會覺得他有時根本是在說謊或誇大其辭。除了卻里尼之外,阿爾卑斯山北方寫出的自傳雖然具有較高的旨趣與道德標準,但讀起來卻不像一個活靈活現的人在說話。卻里尼屬於敢衝敢撞、完全不管別人眼光的那種人。不管我們願不願意相信,他這樣的人正是近現代人最早具有鮮明特徵的典型。

§ 4.6.6 卡達諾

本節還要討論另一位自傳作者,即米蘭的卡達諾(Girolamo Cardano, 1501-76)。同樣地,他的自傳也不能字字當真。卡達諾所寫的小書《我的一生》(*De vita propria liber*)[120]勝過他在自然科學與哲學研究上令人追懷之處,就像卻里尼的自傳使他其他領域的創作相形失色一般,雖然卡達諾自傳的價值必須從其他角度來理解。卡達諾像一位為自己把脈的醫生,將自己肉體、心智與道德/宗教情感各方面的特質放在外在環境的脈絡裡一起省察,並盡可能誠實客觀地剖析。他坦承自己寫自傳時效法的典範是奧理略皇帝(Marcus Aurelius, 121-180)所寫的《自省錄》[121],但因他不受斯多噶學派禁欲主義影響,所以他在行文時比奧理略不受拘束。他並不諱言自己或自己所生存世界的黑暗面,而他的一生是從他母親墮胎未成才會生下他說起的。他將自己一生的運勢與才性特質歸於出生時的星象,而不歸於道德修持的結果,這樣的說法已頗令人側目。此外,在本書第十章他提到,按照占星術瘋狂的推測,他只能活到四十歲、最多不會超過五十

---

120 約在 1576 年在他相當高齡時所寫。有關卡達諾作為自然科學研究者與發現者
　　參見:Libri, *Hist. des sciences mathém.* III, p.167, s.

121 〔譯者注〕奧理略皇帝的《自省錄》依照希臘文原名應稱作《寫給自己》,英譯
　　通常亦為 *Meditations*。

歲,這個預言對他年輕時代傷害很大。

當然,我們這裡不打算對這本廣為流行、每一間圖書館都借得到的書描述太多。這是一本任何人只要一開始讀,就會不忍釋手想要一口氣讀完的書。卡達諾承認他在下棋、打牌或玩其他遊戲時是會耍詐的;他的報復心強、死不認錯、也會故意講話傷人——但他也坦承這一切並非為了表示自己有多麼厚顏無恥,也非為了基督徒要為罪過告解,而且他也不是希望藉此成為大家街談巷議的話題。他之所以會這樣寫的目的主要還是出於自然科學研究者單純就事論事、客觀呈現真相的作法。但是最讓人感到大惑不解的是,這位七十八歲的老人在歷經一些最難堪的處境[122]與喪失對人所有信任的痛苦打擊後,尚覺得人生還是有一些幸福可言:他還有一個孫子,學識相當淵博,享有著作為他帶來的聲名,財富也頗可觀,享有社會地位與名望,與有權有勢的朋友也有往來,知曉不少隱私機密,尤其最重要的是堅守對上帝的信仰。後來他數一數自己嘴裡的牙齒,很高興還有十五顆。

然而,當卡達諾寫他的自傳時,在義大利與西班牙的宗教裁判所已經積極在運作了。他們不讓卡達諾這種人繼續發展下去,或是不惜任何手段讓他們活不下去。從卡達諾的自傳到阿爾菲耶利(Vittorio Alfieri, 1749-1803)[123]的回憶錄(*Vita*)中間,存在著相當大的鴻溝。

§ 4.6.7 路易・柯那羅

在結束對自傳的討論之前,如果我們省略一位值得敬重、又生活得十分幸福的人,那就太違背撰述者應盡的職責了。我們要談的是知名的生活

---

122 也就是他的長子因為毒死紅杏出牆的妻子而被處死。參見:27、50章。

123 〔譯者注〕Vittorio Alfieri:十八世紀義大利重要詩人與劇作家。他的悲劇作品充分反映了十八世紀末義大利人追求共和自由思想以及對專制政權的厭惡,他的作品對十九世紀義大利解放運動產生極深刻的影響。

哲學家路易‧柯那羅（Luigi Cornaro, 1475-1566）。在他的時代，他在帕多瓦（Padova）的住屋已被尊為建築典範，同時也是建築師的靈感之源。他所寫的名著《簡樸生活論》（*Discorsi della vita sobria*）首先談到有節制的飲食，因為正是飲食有節讓他脫離早年身體屬弱的困境，而能健康安享高壽。當他寫這本書時，已是八十三高齡。接下來他反駁有些人認為過了六十五歲還不死是雖生猶死的看法，他向持這種論調的人證明，他活得神采奕奕，而非雖生猶死：

> 您們可以來看我，親自來讚嘆我過得多麼康泰。我可以完全不靠人幫忙騎上馬，爬樓梯和登山也不成問題。來看看我活得多麼愉悅、興味盎然、與知足，既隨心所欲不逾矩，也凡事不逆於心。平安喜樂常盈我心〔……〕在我週遭盡是有智慧、有學養的社會賢達。獨處的時候，我便讀書著述，並竭盡心力利用各種機會造福他人。上述這些事，我總是很舒坦地在我雅致的家中隨順機緣而行。而我的家就座落在帕多瓦最好的區域，是依最好的建築法則起造，因此冬暖夏涼，庭園有潺潺流水經過。春季與秋季我會到艾伍佳內山（Euganean Mt.）風景最優美的區域度假，那兒有噴泉、花園、與舒適雅致的住屋。在那兒我也會在自己體力許可的情況下，稍微打個獵娛樂一下。有些時候我會到平地的美麗鄉間別墅住一陣子，那兒所有的路都通到一個廣場，廣場中心是一間別緻的教堂。布蘭塔河（Brenta）的一條支流從農田中央穿過，過去這兒只是沼澤與混濁的空氣，蛇虺遍地，但如今是豐美的田池，人煙聚集。當初將沼澤裡污水排掉的人就是我，此後空氣變得清新，大家也樂於搬來這裡安居，所以這裡人口漸漸增多。這個地方就這樣發展起來，像現在大

家見到的那樣。因此我可以坦然無欺地說：我在這兒向上帝
獻上一個祭壇、一間教堂、以及許多敬拜 祂的人。每當我
來此地，心中便充滿安慰與幸福。春天與秋天的時候，我也
走訪鄰近其他城鎮，與朋友晤談，也透過他們結交其他才識
卓越的賢達，其中包含建築師、畫家、雕刻家、音樂家、與
農業專家。我欣賞他們最新的創作成果，也喜歡再次造訪過
去曾經去過的各種豪宅、庭園、古蹟、都市公共建築、教堂
與各種防禦工事，因為從中可以學到許多有用的東西。但
是，旅行最吸引我的地方還是在欣賞優美的風景與了解當地
聚落聚集的情況，看看大家怎樣沿著平地、山丘、河邊、溪
邊建造自己的鄉間小屋與庭園。這些樂趣不曾因我的視力與
聽力逐漸衰退而減低。感謝上帝，我的感官都還功能健全，
而且我的味覺也十分正常，因此我現在雖然吃得少，也吃得
清淡，但比起以前生活不規律時所吃的錦饌佳餚，現在吃的
真是好吃太多了！

接著他提到過去曾為威尼斯共和國執行排除沼澤積水的工作與他一再
堅持應保存潟湖（Lagune）的主張後，他寫下如下的結語：

這真是一個在上帝恩待下可以安享的高齡生活，身心各方面
都沒有任何折磨年輕人或讓老年人臥病不起的病痛。如果允
許我在正經事之外說些芝麻蒜皮的小事，在正經八百的說教
外說些玩笑話，那我還是要提提我所過的簡樸生活方式讓我
在83高齡還可以用正直詼諧之心寫一齣趣味橫生的喜劇。
通常這種作品都是年輕人寫的，就像悲劇都是老年人寫的一
樣。如果那位有名的希臘人[124]還因73高齡寫出一部悲劇而

受到讚賞，我年紀比他當時大10歲，豈不比他活得更健康、開朗？而且以此松鶴之齡，當我含貽弄孫時，覺得自己的肉體也繼續活在後代子孫身上，因此甚感安慰。每當我回家時，出現在我眼前的不是一、二個孫子，而是十一個，年齡介於2至18歲，全是同一父母所生。每個都壯得像小牛一樣，而且（就目前的情形來看）每個都相當聰明，勤於向學，而且很有教養。其中有一個小的，是我的開心果，因為3到5歲的小孩是最好玩的。大一點的孫子我便待他們如同伴。他們都有優美的歌喉，所以我很喜歡聽他們唱歌與彈奏各種樂器。我自己也很喜歡唱歌，而且現在的嗓音比以前更嘹亮。這些都是我在老年生活安享的一切。我的生活充滿了活力，而非死氣沉沉，所以我並不想將自己的老年生活換成年輕人充滿血氣的日子。

當柯那羅95歲時，他在《簡樸生活論》加錄了一篇〈提醒的話〉，細數讓他感到幸福的事，其中包括他寫的這本書幫助很多人改變生活方式。1565年他於帕多瓦過世，享年超過一百歲。

---

124 〔譯者注〕指希臘悲劇作家Euripides。

第七章

對各地區人民與城市的描述

除了為個人立傳外，文藝復興時代也興起為義大利各地區人民作傳的風氣。其實歐洲中世紀各城市、氏族、與民族間便常以髒話和玩笑互相攻訐。這些互相取笑的話聽起來雖然誇張扭曲，卻不無道理。中古之後，義大利人更有意識地為各城市與各區域不同的風土人情作傳，因為在中世紀時義大利人因文學作品的鼓吹以及各地方人爭相互比高下，所以比歐洲其他地區的人更具有強烈的鄉土意識（Lokalpatriotismus）。在此情況下，地方志的興起其實可以看成與傳記平行發展的現象（參見§2.3.6）。由於大家開始以散文或詩歌來歌頌各個大城[125]，所以作家也開始將所有重要城市與各地民眾視為寫作題材來書寫。這些著作有些是以嚴謹的態度將各城市與各地風土人情加以描述，有些則是以詼諧嘲謔的筆調為之，或者我們應該說，亦莊亦諧之間常常很難清楚切割的。

§4.7.1 《世界大觀》

除了但丁《神曲》幾段著名的篇章外，首先值得注意的是法其歐‧屋貝提（Fazio degli Uberti）約於 1360 年寫的遊記詩《世界大觀》（*Dittamondo*）。法其歐‧屋貝提的寫法主要是點出一些特別值得注意的現

125　在北義大利隆巴底地區有些甚至早在十二世紀便有。參較十四世紀Landulfus senior, *Ricobaldus* 以及作者不詳的 *De laudibus Papieae*。

聖阿波里那芮教堂內柱廊上方馬賽克壁畫《東方三王
朝聖》（*The Adoration of the Three Magi*）
St. Apollinare Nuovo, Ravenna.
©攝影／花亦芬（參見彩圖75）（上圖）

聖阿波里那芮教堂（**St. Apollinare Nuovo, Ravenna**）
©攝影／花亦芬（參見彩圖74）（左圖）

象與特徵，例如，拉維納（Ravenna）的聖阿波里那芮教堂（St. Apollinare）
舉辦的烏鴉節，特爾威索（Treviso）的噴泉，威銓察（Vicenza）的大地
窖，曼圖瓦（Mantova）的關稅奇高，路卡（Lucca）的塔林。但在讚美之
餘，也免不了有其他暗藏的批評，例如，阿瑞丑（Arezzo）這個城市的人
自幼就沾染狡詐的習性，熱內亞（Genova）的女人喜歡將眼睛與牙齒（？）
染黑，波隆那人揮霍無度，貝加蒙（Bergamo）人口音難聽、但腦袋聰明
等等[126]。

§ 4.7.2　十五世紀的記載

　　十五世紀的作家為了讚美自己的家鄉，往往不惜醜化別的城市。例
如，薩佛那羅拉（Michele Savonarola）為了凸顯他的故鄉帕多瓦（Padova）
的地位，只願意承認只有威尼斯與羅馬比帕多瓦更美麗，而佛羅倫斯在他
筆下頂多只算是比帕多瓦更快樂的城市[127]。在這個部分，當然稱不上什麼

126　有關巴黎的記載參見：*Dittamondo* IV, cap. 18.

公正客觀的評論。十五世紀末，彭塔努斯（Jovianus Pontanus）在其所寫的對話詩《安東尼》（*Antonius*）中虛構了一個環義大利之旅，其實只為了說說各地方的壞話。

　　自十六世紀起，開始興起對歐洲各地客觀而深入的介紹，這是當時歐洲其他區域難以想像的。馬基亞維里（Niccolò Machiavelli）以一系列精彩的論文對德意志地區與法國的性格與政治現狀作了精闢的闡述，結果連土生土長的西北歐人——即使他們熟知自己鄉土的歷史——也要感謝這位佛羅倫斯人帶給他們的啟發。接著，佛羅倫斯人也熱衷於為自己的城市寫史（參見§1.8 & §1.8.6），並為家鄉享有這麼多輝煌的精神文明成就感到沾沾自喜。也許，佛羅倫斯人會自恃甚高到這樣的地步——例如，在藝術創作上他們以托斯卡納地區龍頭老大（das Primat Toscanas）的身分自居，傲視全義大利——並不是因為他們具有什麼特別優異的稟賦，而是因為他們比別人更勤勉、更努力探索[128]。義大利名人對其他地區的讚頌也可見於雅瑞歐斯特（Ariosto）名著第十六章精彩的片段，這些詩句對被讚美地方的民眾而言，他們大概會覺得受之無愧。

Andrea del Verrochio，《耶穌與不信的多馬》（ *Christ and the unbelieving St. Thomas*）。
1467-83. Bronze, H. 230 cm (Christ) and 200 cm (St. Thomas).
Orsanmichele, Florence.
©攝影／花亦芬（參見彩圖76）

127　Savonarola, bei Murat. XXIV, Col.1186.

128　Vasari, *Le Vite*, "Vita di Michelangelo".

　　如果要談一本對義大利各地風土人情差異有傑出記載的好書，我們只能提提書名而已 [129]。雷安卓・阿爾貝提（Leandro Alberti）所寫的《義大利綜覽》（*Descrizione di tutta l'Italia*）在描寫各城市人的天賦稟性時，提供的資料不如讀者預期那麼詳繕。有一本作者不詳的小書《義大利異聞奇事見聞錄》（*Commentario della piùnotabili et mostruose cose d'Italia, etc.*） [130] 雖然語多粗鄙，但不乏一些有參考價值的小小洞見可以幫助我們了解，為何十六世紀中葉的義大利會陷入分崩離析的悲慘境地 [131]？

　　對不同區域風土人情的比較觀照──尤其是義大利人文學者所寫的著作如何為歐洲其他地區的人帶來衝擊──本節就不再詳述。總之，義大利人在這方面的成就與在天文地理研究上的成就一樣，都是領先歐洲其他地方的人。

129　Landi, *Quaestiones Forcianae*, Neapoil 1536. Ranke 所寫的《教宗史》（*Päpste*）第一冊頁 385 引述此書資料。

130　《義大利異聞奇事見聞錄》（*Commentario della più notabili et mostruose cose d'Italia*, etc.）出版於 1569 年，威尼斯；可能寫於 1547 年之前。

131　同樣開各種城市玩笑的書仍繼續出現，例如：Macaroneide, *Phantas*. II。

第八章
對人物外貌的描寫

對人類自我的發現並不僅止於對個人或某個族群內在心靈的探討，義大利人以客觀的觀察來研究人的外貌，這也與阿爾卑斯山北方的人採取的途徑不同。

有關義大利名醫享有相當崇高的地位以及當時生理學知識突飛猛進等課題都不是筆者在此有能力勝任探討的。至於藝術家如何建立符合人體理想美的體態，也屬藝術史研究課題，非本書探討的範疇。本章要關心的是義大利文化如何建立大家對身體美醜的共識，並由此來看一般大眾審美能力是怎樣被建立起來的。

如果我們細讀當時義大利的著作，我們將會驚訝地發現，義大利作家相當費心尋找精準銳利的筆法來描寫書中人物的外貌。對有些知名人士真是從頭到腳描寫到鉅細靡遺。直到今天羅馬人都

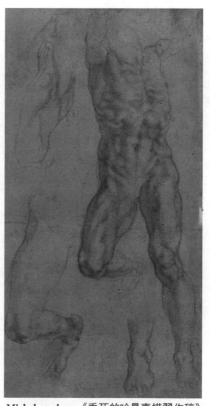

Michelangelo，《垂死的哈曼素描習作稿》（*Study for the Death of Haman*, Sistine Ceiling, Vatican）。
British Museum, London (Inv. 1895 9-15-497 recto).
Photo Credit: Art Resource, NY.

411

還具有這種特殊天賦,能用三言兩語就清楚點明他們正談到的人物之特徵。這種快速掌握個人特質的能力其實正是辨識美醜、並且能用言語清楚表達自己看法的先決條件。當然,在詩歌裡,對人體外貌作過多的描述往往適得其反,因為詩人應該只針對某一外型特徵加以用心刻劃,才能讓大家將注意力引到對這個人物鮮活的想像上。但丁就從來就不曾讚美過他的貝雅翠(Beatrice)長得有多漂亮,他只提過她散發出來的氣質如何影響週遭的人與事。當然,我們這裡不是要談詩,因為詩有特定的寫作法則,本章要探討的是如何用言語來談論獨特的、或符合一般理想美的形貌。

§ 4.8.1　薄伽丘談美

　　薄伽丘是談美高手,他這方面的長才不是表現在《十日談》(Decameron)上,因為傳說故事(Novelle)的寫作力求精簡,所以他在這方面的才華必須從他所寫的長篇小說怎樣用沈緩細膩的筆調來舖陳故事的張力看出,例如從《佛羅倫斯山林小仙女的喜劇》(L'IAmeto)[132] 來看他如何描寫一位金髮女子與一位棕髮女子。約在百年後,一位畫家根據薄伽丘的描述將這兩位女子畫了出來。在此我們也可見到,語文的發展(Bildung)比視覺藝術 (Kunst)來得早。這位棕髮女孩(或者應說,髮色沒有那麼金的)有一些外型特徵可用「古典美」(klassisch)稱之:當薄伽丘寫道「飽滿開闊的頭部」(la spazzios testa e distesa)就讓人聯想到這是大家閨秀的造型,而非小家碧玉。眉毛不再像是拜占庭畫像裡女性慣見的雙弓式理想造型,而是一道弧線。在鼻子的造型上,薄伽丘看來喜歡鷹鉤鼻。此外,他還提到寬闊的胸部、均勻修長的手臂、以及輕放在紫袍上的纖纖玉手。上述這些外貌特徵都影響了後世對「美麗」的認知,同時也

132　〔譯者注〕正式書名應為 *Commedia delle ninfe fiorentine*(Comedy of the Florentine Nymphs, 1341-1342)。

在不知不覺中接近古典黃金時代對理想美的想像。在其他作品中，薄伽丘也曾提到平坦的（而非中古喜歡的圓凸的）前額、端莊的棕色鳳眼、圓潤而無凹陷的頸部、當然還有近現代人喜愛的細緻纖小的雙足等美麗特徵。在描述一位黑髮小仙女時，他還提到「一雙調皮靈動的雙眼」等等。

　　十五世紀是否對理想美的看法有特別值得一提的著作，筆者很難斷定。我們不能因有畫家與雕刻家在人像造型上的成就，就毫不思索地將作家在這方面的描述棄之一旁。因為相對於十五世紀造型藝術極力追求寫實的表現（參見彩圖77），反而是文學家一直將美的理想視為特別需要持續探討的課題。

§ 4.8.2　斐蘭佐拉有關美的理想

　　十六世紀對美的探討首推斐蘭佐拉（Agnolo Firenzuola, 1493-1543）那本值得注意的書——《女性美探索》（*Dialogo della bellezza delle donne*, 1558）。讀這本書時，我們必須細分哪些部分是他從上古著作與藝術家的創作中沿襲過來的，例如依照每個人頭部的長度來丈量身體其他部分應有的理想比例，或其他一些抽象美的概念等。除此之外，就是他個人對美真實的感受與見解，這些看法他在書中還都以普拉托（Prato）當地的婦女與少女為例說明。因為他這本小書原是根據他對普拉托女性聽眾——也就是說，對一群最嚴格的評審——演講的講稿改編而成，所以內容的可信度應是相當高的。

　　正如斐蘭佐拉所言，他認定的理想美是根據古希臘繪畫大師丘克西斯（Zeuxis）與作家魯其昂（Lucian）所立下的典範來談的：每一部份如果都美，合在一起就會是一個大美女。他選定特定色調的膚色與髮色是合乎大家心目中美女應有的膚色與髮色，而且他認為金色的（biondo）髮色是最美的。令人遺憾的是，他認定的「金色」其實是略帶淺褐色的柔黃色。此外，他認為頭髮不要太細，卷曲的長髮最美。頭部前額要開闊，寬度是高

度的一半。膚色白皙有光澤（candido），但不是慘白（bianchezza）。眉毛
黑亮，猶如絲緞般柔軟，正中央的眉峰畫得最濃，往鼻子與耳朵的兩端應
畫淡些。眼白略帶藍色調。雖然所有詩人在描寫眼珠時都會寫「維納斯所
恩賜的黑眼珠（occhi neri）」，但斐蘭佐拉認為眼珠最好不要是純黑色，因
為女神的眼珠顏色都是天空藍，而柔和、閃爍愉悅光芒的深褐色眼睛也一
向受到大家喜愛。眼睛要大、而且不要深陷，眼皮的色澤要白嫩，而且不
要露出那些細紅微血管的紋路才是最美的。睫毛不要太粗、太長、太黑。
眼眶的顏色要與臉頰一致。耳朵大小要適中、位置要平穩適宜，有彎度部
分的顏色要比平坦部分的顏色深一點，邊緣的部分要粉嫩透亮如石榴籽。
鬢角白皙開闊是最美的。基本上，鼻子的長相決定整個側面的美醜，鼻樑
的斜度應和緩向上遞減，鼻頂軟骨所在之處可以略略提高，但不可因此形
成鷹鉤鼻，這是大家不喜歡在女性外貌上看到的。鼻子的下半部顏色要比
耳朵稍淡，但不要死白，嘴唇上方的人中部分要略帶粉嫩色。斐蘭佐拉認
為嘴巴要小，但不要突出來、也不要平平板板的。嘴唇不要太薄，上下唇
的比例要合宜。偶然張開時（不是要開口笑或說話），頂多能讓人看見上
排六顆牙齒。特別惹人憐愛的是上唇邊的小酒窩、下唇美麗地微微上揚、
左邊嘴角誘人淺淺的微笑等。牙齒要完整，不要有缺漏，不要太小顆，此
外每一顆之間的間隔要一致，牙齒應呈象牙白的顏色。牙肉顏色不要太
深，不要如紅色天鵝絨的顏色。下巴要圓潤，不要像戽斗、也不要太尖，
圓潤的地方膚色要紅潤。有酒窩的下巴尤其美。脖子必須白皙圓潤，長短
要適中，頸窩與喉結不要太明顯，每一轉頭，頸部應呈現出優美的線條。
肩部應寬闊。

　　斐蘭佐拉甚至認為，寬闊的胸部是美的首要條件。此外，胸部不應露
出任何骨架的痕跡，起伏要勻稱，不要使人覺得突兀，而胸部的膚色尤其
要非常白皙有光澤（candidissimo）。腳要修長，小腿的彎度要柔和，但在
脛骨的部分不要太瘦削，而且要有豐圓白皙的腿肚。斐蘭佐拉覺得小腳比

較好看，但不要骨瘦如柴，腳面（依他的意思看來）應高，此處的膚色要如雪花石（Alabaster）般白皙。手臂要白嫩，在微微隆起的地方則要粉嫩。手臂的肌肉要結實飽滿，但柔和如在依達山（Ida）上立於牧羊人面前的帕拉斯女神（Pallas），簡言之，也就是要匀柔、細嫩、強健。他認為手要白皙，尤其是手背的部分，手要豐滿，但撫摸起來猶如絲緞般柔軟。手心的部分呈玫瑰色，掌紋不要雜亂，隆起的部分不要太高，大拇指與食指之間膚色要紅潤、而且沒有縐紋，手指要細長，指尖的地方不要太瘦削，指甲不宜太長或太方，應修剪成略有弧度，寬度如刀背的寬度即可。

§ 4.8.3　斐蘭佐拉對美的通觀

除了詳盡規範相貌各部分細節的美感標準外，斐蘭佐拉（Agnolo Firenzuola）對美的通則比較沒有那麼注重。他坦承，讓人不由自主「目不轉睛」凝望的美究竟如何形成，其實是言語難以窮盡的奧秘。而他為「嫵媚」（leggiadria）、「優雅」（grazia）、「朦朧之美」（vaghezza）、「迷人」（venustà）、「氣質」（aria）、「莊嚴」（maestà）所下的定義，如上所言，有一部份是從前人著作抄襲過來的，有一部分則看得出是他試著將言語難以盡說的感受表達出來（參見彩圖78），但這個努力是徒勞的。他巧妙地為「笑」下了一個定義——靈魂的閃耀——大概是抄自某位上古作家的話。

中古末期的作家都嘗試為美的通則下一個明確不移的定義。但是，沒有其他作品可與斐蘭佐拉的論述相提並論[133]。半個世紀多之後，值得一提的有類似像布朗特梅（Brantome）這種等級較低的作家，但他的作品之所以被看成不入流，是因他講究的是色慾而非美感。

133　〔譯者注〕有關中古至文藝復興時代義大利男性如何觀看女性身軀的問題請參見：花亦芬（2005），〈對耶穌不離不棄的女人——從《抹大拉的馬利亞》談女性身體與宗教圖像觀視之間的問題〉，《婦研縱橫》，74（2005年4月），頁15-30。

第九章
對生活動態的描述[134]

....

　　對人類自我發現的描述，還有一個重要的面向要闡述，即是本章最後一節所要討論的——對生活動態實相的描述。

　　中古文學為了對市井生活有詳盡的描述，所以少不了將滑稽與令人覺得嘲諷的一面也納入寫作範圍。但文藝復興時代之所以會描述社會民生的滑稽、諷刺面，是鑑於這些面向本身值得形諸筆墨，因為它們相當有趣，是世俗生活不可或缺的一部分，也讓人覺得這些是生活週遭處處可見、引人入勝的場景。有一些迎合大眾流行品味的滑稽文學在街頭巷尾、甚至窮鄉僻壤大受歡迎，因為這些作品本來就是寫來投合各種市民、農人、與教士之所愛。撇開這些不談，我們可以看到以真實市井生活為題材的（Genre）文學創作類型比繪畫提早許久就出現了。雖然後來文學與繪畫常在這方面的描述上互有影響，但並不妨礙它們基本上還是各有自己獨立的創作內容。

　　在**但丁**以生花妙筆對他所寄情的心靈世界形諸筆墨之前，他該經歷過多少炎涼世態啊！他對威尼斯兵工廠繁忙景象的描寫、對教堂門口盲人的刻劃[135]等等，都只是讓我們一窺他經歷過的人生某些浮光掠影的片段而

---

134 〔譯者注〕本章的德文原標題為 "Schilderungen des bewegten Lebens"。對布氏而言，動態的／變動不居的生活（das bewegte Leben）是近現代文明重要的指標。

135 *Inferno*, XXI, 7. *Purgat.* XIII, 61.

已。他能夠藉著自己的不朽之筆點明撩撥外在事物的種種，將人類靈魂深處的幽微迷濛生動具體呈現出來，正可看出他在人生各個層面走得多麼深刻而用心。

　　仿效但丁的後繼者很少能像他一樣，對人生百態有如此深邃的體察。而如上所述，短篇故事作家因為被創作型態所限，也無法對特定情節花費太多筆墨來細細探討（參見§4.8.1）。雖然它們可以在序言裡以及故事情節的舖陳上暢所欲言，但不是將焦點放在俗世生活百態的描寫上。對俗世生活描述的興趣要等到上古文化復興之後，對這方面的觀照才得到大展身手的機會。

§4.9.1　庇護二世與其他人

　　在這方面，我們必須再一次提到「那位」對一切都感興趣的人——伊尼亞斯・西維烏斯・琵科羅米尼（Aeneas Sylvius Piccolomini, 即教宗庇護二世）。他不只對優美的風景、天文地理或是上古文化的描述深感興趣（參見§3.2.3,　§4.1.2,　§4.3.5），他也喜歡記錄所有生動場景的發生經過。他在回憶錄的許多地方都花心思記下許多當時人並不覺得有必要記下的見聞，例如，對伯斯納湖（Bolsener See）賽船的記載[136]。庇護二世到底是受到上古哪些尺牘作家或敘事作家的影響，啟發他去記錄這些精彩多姿的生活百態，已不可考，就像存於希羅上古文化與文藝復興之間有太多幽微的線索，並非我們能一窺全貌的。

　　我們在上文有關拉丁文敘事詩的論述裡，已略略談過對生活百態的描述（參見§3.12.5），描述的內容包括狩獵、旅遊、儀式典禮等等。這方面也有用義大利文寫出的作品，例如，波里祈安諾（Angelo Poliziano）與路卡・蒲吉（Luca Pulci）對梅迪西家族著名的馬上比武（德文：Turnier；

136　*Pii II*, *Comment*. VIII, p. 391.

英文：tournament）之敘述。而真正的敘事詩詩人如路易‧蒲吉（Luigi Pulci）、柏雅多（Matteo Maria Bojardo）、雅瑞歐斯特（Ludovico Ariosto）更是快速地開發對這類題材的描述。然而，他們所留下的這些傑作最成功的地方應在，他們能以短短數語就將事情經過的動態靈活靈現地描寫出來。撒克提（Franco Sacchetti）就曾得意地只以寥寥數語將一群在森林裡忙著躲雨的美女她們驚慌失措的樣子鮮活真實地刻劃出來。

對生活動態的其他描述最值得參考的是有關戰爭的描述（參見§1.10.3）。早在十四世紀就有對雇傭兵生活相當細膩入微的刻劃[137]，描述的重點主要集中在戰場上如何互相叫陣、發號施令、以及其他相關的對話。

有關鄉居生活最真實、最值得注意的描述可見於對農民生活的描寫。在「輝煌者羅倫佐‧梅迪西」及其週遭之人的詩作裡，尤可見到這類題材的描寫。

§ 4.9.2 佩托拉克以來的田園牧歌

自佩托拉克開始[138]就興起了一種從維吉爾（Vergil）那裡學來的、充滿假象的田園牧歌（Bukolik, Ekloge）──不論是用拉丁文寫或用義大利文寫的。由此又衍生出像薄伽丘（Boccaccio）的牧人小說（Hirtenroman，參見§3.12.2）或珊那札若（Jaccopo Sannazaro）的田園小說《阿卡迪雅》（*Arcadia*）[139]、以及塔索（Torquato Tasso）與适芮尼（Giovanni Battista Guarini）所寫的牧羊人劇。就文字與創作形式而言，這些作品均以極優美的散文與無懈可擊的詩藝寫就，但所刻劃的牧人形象卻完全只是虛構出來的想像形象，只是寫給吟風賞月的閒雅階層看的、而非對真實的田園生活

---

137 Trucchi, *Poesie italiane inedite*, II, p. 99. Machiavelli 對 1527 年佛羅倫斯遭逢瘟疫的記述也相當生動地將當時那些恐怖的經歷記載下來。

138 根據薄伽丘的說法（*Vita di Dante*, p. 77），但丁已寫過兩首拉丁文的田園牧歌。

139 〔譯者注〕Jaccopo Sannazaro, *Arcadia* (Venice 1502).

有實在的感受。

§ 4.9.3　農民的地位

　　十五世紀末雖然充斥著許多過度
美化的田園牧歌，最後還是興起了對
鄉間生活真實具體描述的詩作。這類
作品只能用義大利文來寫，因為只有
讓農民（包括佃農與自耕農）講他們
自己的母語，才能顯出儘管他們必須
辛苦營生，他們仍享有真正的尊嚴、
主體自由與行動自由。在義大利，城
鄉之間的差距並不像阿爾卑斯山北方
那麼大，有許多小城鎮的居民其實都
是農人，他們只有在晚上閒暇時才會
稱自己也是「城裡人」。科摩（Como）

Giotto 為佛羅倫斯主教座堂設計的鐘樓
（**Campanile**）
©攝影／花亦芬（參見彩圖79）

地方的石匠足跡遍佈全義大利，著名的畫家喬托（Giotto di Bondone, c.
1267/77-1337）也可早早脫離牧童生涯，被佛羅倫斯行會所接納[140]。

§ 4.9.4　描寫真實農村生活的文學作品

　　整體而言，我們可以清楚看到鄉村人口持續往城市移動的浪潮，而有
些山區居民似乎生出來就注定日後要往都市遷徙[141]，儘管有教養階層看不

140　〔譯者注〕參見：Giorgio Vasari, *Le Vite*, "Vita di Giotto".
141　Battista Mantovano 曾在第八首田園牧歌中寫道：「沒有人比他們更適合到城市
　　生活」，其中談到 Baldo 山區與 Sassina 山谷的居民可以從事各式各樣的工作。
　　眾所周知，現在大城市裡有一些特定的工作都還是保留給從鄉下遷徙出來的
　　人。

起這些鄉下人，都市裡也處處暗藏許多黑暗的角落，而詩人與小說家也因
此愛拿這些「粗人」（villano）開玩笑[142]，他們沒有取笑到的部分則由即
興喜劇作家接手戲弄之（參見§4.5.10）。但儘管如此，我們卻不曾在這些
義大利文作品裡發現如同法國普羅旺斯（Provence）貴族詩人與有些法國
年鑑史家對這些「粗人」不自覺流露出來、充滿輕蔑與歧視的階級鄙視。
相反地，正如義大利作家認為每種文學創作類型均有價值意義以及令人珍
惜之處，他們也認為農民的生活自有其神聖之處[143]，因此十分樂意闡述其
價值。例如，彭塔諾（Gioviano Pontano）就以讚賞的口吻記載了阿本儒
（Abruzzen）慓悍的民風[144]。在人物列傳與小說裡，也不乏英勇農村少女
的記載，她們不惜犧牲自己的性命來維護自己的貞潔、或保衛自己的家
園[145]。

§ 4.9.5 曼圖瓦諾、輝煌者羅倫佐、與蒲吉

有了上述提到的歷史條件，因此興起了一種新式的農村生活描寫詩。
首先要提到的是巴提斯塔・曼圖瓦諾（Battista Mantovano, 1448-1516）所
寫的田園詩（其中較早的約寫於1480年代）——當時曾深受歡迎、現在也
仍相當具有閱讀價值。曼圖瓦諾的田園詩仍介於寫實描述與理想虛構的傳
統想像之間，但以寫實描述為主。他主要藉一位思想開明的鄉間神父來闡

142　*Orlandino*, cap. V, str. 54-58.

143　十六世紀初北義大利隆巴底地區的貴族並不羞於與農民一起跳舞、打鬥、比賽
　　　跳高與賽跑。參見：*Il cortigiano*, L. II, fol. 54.

144　Jovian. Pontan. *De fortitudine*, lib. II.

145　筆者在此並沒有能力對當時農民生活的全貌作完整深入的詮釋，當時土地擁有
　　　者與農民之間的關係請參考專門論著。在民生凋蔽的年代，農民起義等事一定
　　　時會發生，但不曾釀成農民戰爭，有關1426年在Piacenza所發生的農民起義參
　　　見：Corio, *Storia di Milano*, fol. 409; *Annales Placent.* bei Murat. XX, Col. 907.
　　　Sismondi, X, p.138.

述想要傳達的思想，其中也包含一些想要啟蒙人心的意念。作為一位嘉爾默羅聖衣會（Carmelite）的神職人員，他應有許多機會與鄉下居民往來。

「輝煌者羅倫佐‧梅迪西」對寫田園牧歌的投入完全是從不同的角度出發的。他用八行體（ottava rima）寫的〈巴貝里諾的南恰〉（"Nencia di Barberino"）[146] 讀起來像是貨真價實源自佛羅倫斯鄉間的民歌。他詩裡煥發出來的客觀寫照精神，也讓讀者很難弄清楚他對在詩裡對話的那些人物（例如南恰愛慕的小伙子瓦雷拉 Vallera）究竟抱持什麼樣的看法？是同情？還是嘲弄？不管如何，羅倫佐‧梅迪西所寫的田園詩十分迥異於傳統田園詩充斥著牧神（Pan）與山林小仙女的寫法，他刻意去描寫下階層農村生活粗率土氣的那一面，卻又讓整個作品洋溢詩般的氣息。

大家公認路易‧蒲吉（Luigi Pulci）所寫的〈迪柯瑪農的貝卡〉（"Beca da Dicomano"）可視為「輝煌者羅倫佐‧梅迪西」寫的〈巴貝里諾的南恰〉之姊妹作。但蒲吉之作比較缺乏嚴謹客觀的觀照；而且不像「輝煌者羅倫佐‧梅迪西」是出於為創作而創作的熱情才寫下這首田園詩。路易‧蒲吉之所以寫下〈迪柯瑪農的貝卡〉主要是希望獲得熱愛文化的佛羅倫斯人之掌聲，因此，蒲吉這篇作品充滿對鄉間生活粗獷面刻意長篇大論的描寫，然後又加油添醋加進許多不入流的玩笑。儘管如此，這位鄉間生活熱愛者的視野仍相當巧妙地流露在這首詩裡頭。

§ 4.9.6 波里祈安諾

第三位要提到的詩人是波里祈安諾（Angelo Poliziano）。他的詩作《農人》（*Rusticus*）是用拉丁文六音步詩體寫成。他不以仿效維吉爾（Vergil）的《農事詩》（*Georgica*）[147]為尚，而是專注於描寫托斯坎納地

146　*Poesie di Lorenzo magnif.*, I, p. 37, s.
147　〔譯者注〕Vergil, *Georgica* (37-30 B.C.).

區（Toscana）農民在一整年裡實際所過的生活。《農人》一詩從深秋開始寫起，此時，農人把新犁磨好了，也預備好了冬天播種所需的一切。對春天田野的描寫相當豐富美好，對夏天的描寫也有一些令人擊節讚賞的詩句。然而，如果要論新拉丁文詩裡的上上之作，則是他描寫秋天「榨葡萄節」（Kelterfest）那一部份的詩拔得頭籌。

波里祈安諾也用義大利文寫了一些其他的詩，從這些詩的內容可看出，圍繞在「輝煌者羅倫佐‧梅迪西」身邊的詩人已經開始對真實去描述下層民眾熱情洋溢、充滿變化的生活感到興味盎然。波里祈安諾所寫的〈吉普賽情歌〉（"Canzone zingaresca"）可看成是近現代流行情詩創作最早的傑作之一。在創作這類情詩時，作家可以設想自己屬於任何一個階層，設身處地想像如何以詩人之筆來歌詠他們的心聲。當然，這樣的嘗試過去也曾有過，但只是為了笑鬧目的而寫；而在佛羅倫斯每年狂歡節戴面具遊行行列所唱的歌，也都有類似為各階層心聲所寫的情詩。然而，波里祈安諾所寫的吉普賽情歌創新之處卻在於，真正對另一種與自己不同的心靈世界感同身受的深入探索。就這個角度來看，〈巴貝里諾的南恰〉與〈吉普賽情歌〉可稱為寫下詩史上相當值得紀念的一頁。

在這裡，還是要再一次對語文發展（Bildung）如何比視覺藝術發展（Kunst）來得早這個現象作一番考察。從「輝煌者羅倫佐‧梅迪西」寫出〈巴貝里諾的南恰〉後約經過八十年，繪畫上才出現巴撒諾（Jacopo Bassano, c. 1517/18-1592）及其畫派所致力的農村「風俗畫」（Genre）。

在下一篇我們將看到，當時義大利已經沒有出身階級的區別了。當然，可以達到此境界，主要是因為當時義大利人對人之所以為人、以及人性深刻的本質有充分的認知。光憑此成就，我們就應對文藝復興永懷感念之情。從理性上對「人性」這個概念進行探討自古有之；但是，就事論事對人之所以為人有客觀務實的瞭解，那該歸功給文藝復興時代所付出的努力。

§ 4.9.7　人性與「人」的概念

對人的探討最崇高的見解首推喬凡尼・琵蔻・米蘭多拉（Giovanni Pico della Mirandola, 1463-1494）所寫的《論人的尊嚴》（*Oratio de hominis dignitate*, 1463-1494）[148]，這本書可說是文藝復興文化留給後世最珍貴的遺產之一。

上帝在創造萬物的最後一天創造了人類，以便人類能認知到掌管地上萬物的原則，也能珍愛其美好、讚嘆其偉大。上帝沒有將人束縛在特定的階層，沒有規定人類非作什麼不可，不用任何制式的規律來限定人的潛力；反之，上帝賦予人行動與意志的自由。造物主對亞當說：「我將你放在世界的中心，以方便你可以輕鬆地環顧四周，而且將你週遭的萬事萬物看個清楚。我沒有

Michelangelo，《大衛像》（*David*）。
1501-04. Marble. Accademia Museum, Florence.
◎攝影／花亦芬

Michelangelo，《奴隸雕像》（*The block-head slave*）。
c. 1520-1530, Marble. Accademia Museum, Florence.
◎攝影／花亦芬

---

148 〔譯者注〕參見卷一注110。

將你塑造成完全是屬靈的，但也不是完全屬肉體的；我沒將你塑造成是必死的，但也沒將你塑造成注定永生不朽的。我之所以這樣做，是為了讓你自由地選擇自己生命的道路，而且能憑自己的選擇超越各種阻礙。你可以淪為禽獸不如，也可以讓自己重生與上帝同在。禽獸自出娘胎後，牠們便具有所有繼續存活下來的本能；在存有地位較高層次的靈體（Geister）則在被創造的當下、或是不久之後，就永遠被定型了。只有你的生命是一個發展的過程，隨著你的自由意志成長，在你的生命深處潛藏著種種繼續發展的可能。」

社交聚會[1] 與節慶

Die Geselligkeit und die Feste

第一章
階級平等化

每一個在文化史有自己完整風貌的時代，其文化特徵並不止限於表現在政治、宗教、藝術與學術上，也會在社交生活上清楚烙印下特有的印記。所以中世紀統治階層有各國差異極微的宮廷與貴族之習尚（Sitte）與禮儀（Etikette），中產階級亦有其特定的市民階層（Bürgertum，法文：bourgeoisie）禮儀[2]。

5.1.1 　與中古的差別

從市民階層的禮儀文化來看，義大利文藝復興的習尚最能反映新時代的重要特徵。因為進入上流社會社交聚會的前提已與從前大不相同，階級意識已被破除，取而代之的是符合近現代所認知的「有文化素養的階層」（ein gebildeter Stand）。在此認知下，只有當有錢人也真懂得享受閒情逸致，他的出身背景才會具有一些影響力。當然，也不要把這個詮釋看得太絕對，因為中世紀的階級意識仍不時或強或弱地影響義大利社會的運作，

---

2 〔譯者注〕布氏此論明顯表現出他對十九世紀德意志知識份子熱烈討論的市民階層文化問題相當關注，並希望從文藝復興文化——他所認定的近現代文化之母——尋找到更有思考深度的答案。有關德意志歷史文化對「市民階層」問題的思考請參見：Wolfgang Hardtwig (1994), *Nationalismus und Bürgerkultur in Deutschland 1500-1914*; Gay, Peter (2002), *Schnitzler's Century: the Making of Middle-Class Culture, 1815-1914.*

像還捨不得與歐洲其他地區的上層社會切斷那個階級相屬的臍帶關係。但整個來說，義大利文藝復興還是大步往現代社會階級融合的方向邁進。

§ 5.1.2　都市裡的聚居生活

有關階級融合的現象首先值得注意的是，至遲自十二世紀起，貴族與一般市民一起成為都市居民[3]。共同的命運與休閒享樂將他們結合為共同體，這樣的群居生活也顛覆了過去統治權貴從高踞的山上城堡遙望山下市井小民汲汲營生的觀視角度。此外，義大利的教會也不像阿爾卑斯山北方的教會習慣把重要的教會職務留給貴族，以安排他們嫡長子之外其他子嗣

Andrea Pisano，《佛羅倫斯婦女紡織銅雕圖像》（*Lanificium*），1336-43。
（原為 Giotto 所設計之主教座堂鐘樓南邊外牆裝飾，描述當時佛羅倫斯市民生活實況。現藏於 Museo dell' Opera del Duomo, Florence。）
©攝影／花亦芬（參見彩圖80）

Andrea Pisano，《佛羅倫斯醫師看診銅雕圖像》（*Medicina*），1336-1343。
（原為 Giotto 所設計之主教座堂鐘樓南邊外牆裝飾，刻劃當時佛羅倫斯市民生活實況。現藏於 Museo dell' Opera del Duomo, Florence。）
©攝影／花亦芬（參見彩圖81）

3　例外的是，義大利西北部 Piemonte 的貴族習慣住在鄉間的城堡，參見：Bandello, Parte II, *Nov.* 12.

的出路。雖然在義大利主教區、主教座堂執事、以及修道院職位也經常被
胡亂分派，但出身背景並非關鍵因素。而且義大利的主教相較之下數量更
多、也更貧窮，他們也不像世俗君侯握有政治實權，因此他們會選擇住在
主教座堂所在的城市裡，與主教座堂諮議會的全體教士（Domkapitel）共
同組成這個城市具有文化教養階層的一部分。

　　而當專政君侯與僭主崛起後，大部分城市原來的貴族階層都有理由與
閒暇選擇回歸私領域，過獨善其身的生活（參見§2.1.3）。這樣的生活既
不必擔心受到政治迫害，也可以盡情品味各種生活美感，所以除了原先的
貴族封號外，幾乎與有錢的市民所過的生活沒有兩樣。自但丁時代起，當
代詩詞與文學作品極易購得[4]，再加上古典文化成為培養人文涵養不可或
缺的內容，而且大家對人之所以為人的問題也愈來愈熱衷探索；在另一方
面，雇傭兵統帥亦一躍成為統治君侯──凡此種種都促使大家越來越沒有
階級差別的想法；甚至在王位繼承上，也不再講究一定要由合法婚生子來
登上王位（參見§1.3.3）。因此我們可以確切地說，一個人人生而平等的
時代已經來臨，而貴族這個概念自此煙消雲散。

§5.1.3　否定貴族概念的思想

　　從理論上來看──如果僅就受希羅上古文化影響的部分來考量──光
是從亞里斯多德（Aristotle）哲學就衍伸出對「貴族」正反兩面不同的看
法。例如，但丁就將亞里斯多德為貴族所下的定義「貴族之所以為貴族，
乃因其才德與所繼承的豐厚家業」改為「貴族之所以為貴族，乃因他本人
具有之才德或因其先人所留下之功業與德望」[5]。　但是在其他著作裡，但

4　這是在印刷術發明前很久的事。當時已有許多手抄本在市面上流傳，其中品質
　　最好的往往出自佛羅倫斯抄書匠之手，參見§3.4.1。

5　Dante, *De monarchia*, L. II, cap. 3.

丁表示他對這個新的定義並不滿意，他責備自己在《神曲》〈天堂篇〉與
自己的先祖卡恰圭達（Cacciaguida）對話時，竟還為自己有貴族血緣感到
沾沾自喜感到羞愧。因為這只是像外套般的身外之物，如果每天沒有實質
上地增麗其美，時間就會像剪刀那樣，逐漸削磨它的外緣[6]。而在《饗宴》
（Convivio）[7]一書中，他更將「貴族」（nobile）與「高貴」（nobiltà）徹底
地跟出身背景切割開來，而將「高貴」與道德才識傑出卓越等同起來。當
然，在此但丁特別提出「高貴」與「哲學」（filosofia）是常相左右的姊
妹，藉以強調高尚人文素養的必要性。

　　隨著人文學對義大利人世界觀的形塑愈來愈有影響力，大家也變得愈
發堅信，出身背景對人的價值真的不構成任何影響。這樣的看法在十五世
紀已成為主流認知。柏丘（Poggio Bracciolini）在其對話錄《論尊貴》（De
nobilitate, 1440）一書裡，藉著書中兩位對話人——尼可羅（Niccolò
Niccoli）與老柯西莫・梅迪西（Cosimo de'Medici il Vecchio）之弟羅倫
佐・梅迪西（Lorenzo de'Medici）——的對話獲得了共識，也就是除了個
人對社會的貢獻外，沒有什麼可以讓人稱為尊貴。柏丘還以尖銳的口吻冷
嘲熱諷了那些被俗人視為貴族階級的人：

> 一個人的先祖幹強取豪奪的勾當越久，那他距離真正的貴族
> 家世就越遠。並非熱衷獵鷹捕獸就能讓人自以為是貴族，就
> 像老鷹或禽獸的窩再怎麼樣，聞起來就是沒有馨香之氣。學
> 習古人務實農耕應比在山野叢林裡莽撞、毫無意義地奔跑要
> 有價值得多，因為後者頂多讓人像活在山林裡的禽獸一樣。
> 這樣的行徑充其量只能偶而用來消遣，人的一生不應如此

6　〈天堂篇〉十六章（"Paradis" XVI）開頭的部分。

7　Dante，《饗宴》（Convivio, c. 1304-07），Tratt. IV, cap. 5。

度過。

此外，對柏丘而言，法國與英國騎士在鄉野或林中城堡所過的生活也配不上被尊為貴族。至於德意志那些搶人越貨的騎士就更不必說了。羅倫佐‧梅迪西在討論這個課題時，多少有些為貴族這個陣營說話，但——相當帶有梅迪西家族色彩的——他不是依據出身血統來定義貴族，因為亞里斯多德在《政治學》第五卷已經承認貴族階層的存在，並將之定義為「貴族之所以為貴族，乃因其才德與所繼承的豐厚家業」。但是，尼可羅反駁這樣的看法，他認為：

> 亞里斯多德之所以這樣說，並非因為他真的這麼想，而是根據社會上一般人的認知。他在《倫理學》才真正說出自己的想法，他稱呼那些勇於追求真正良善的人為貴族。

接著，羅倫佐‧梅迪西又反駁尼可羅，他提出希臘文裡"eugeneia"這個字本來的意義就是指出身背景高貴。但這個反駁顯然沒有獲得什麼迴響，因為尼可羅指出，拉丁文"nobilis"這個字意謂著出色，是比較正確的詮釋。從這個觀點來看，要論一個人是否是貴族必須根據他的貢獻與成就而論[8]。除了上述的論點外，下文將對義大利各地貴族享有的地位略作簡述。

§ 5.1.4 義大利各地的貴族

拿波里的貴族生性懶散，他們既不掌管家業、也不願從事自己瞧不

8　人文學者對以血緣關係成為貴族的人多嗤之以鼻，參見：Aen. Sylvius, *Opera*, p. 84 (*Hist. bohem.*, cap. 2) & 640.

起的商業買賣，他們不是整天遊手好閒待在家裡 [9]，就是騎馬四處閒晃。羅馬的貴族對作貿易買賣看不上眼，但還是會親自掌管田產。當地人甚至覺得誰努力耕種田地，誰就能為自己打開取得貴族封號之路 [10]——「這是一個可以父傳子、子傳孫的頭銜，雖然只能被尊為鄉巴佬貴族」。在義大利北部的隆巴底地區（Lombardia）貴族靠繼承來的田地收成過活，他們靠著出身背景與拒絕從事市井生意來凸顯自己的貴族身分 [11]。威尼斯的貴族也就是統治階層，他們從事所有商業貿易的活動。在熱內亞（Genova），則不管是不是貴族，大家都從事經商與船運，只有出身背景才能區分出是不是貴族。當然還有一些貴族躲在山上城堡，不時出來做些搶人越貨的勾當。在佛羅倫斯有些舊貴族也投身經商的行列，有些（當然，這屬於極少數）則只願悠哉悠哉地過日子，除了獵鷹捕獸之外，他們整天無所事事 [12]。

§ 5.1.5　貴族對文化教養的看法

在整個義大利，雖然仍有些貴族對自己的出身血統沾沾自喜，但關鍵重點是，在有文化素養與有錢人面前，他們絕對不敢妄自尊大。雖然貴族享有一些政治或宮廷賦予的特權，但他們不敢輕率賣弄階級優越感。只有在威尼斯，我們可以看到一些徒具表象的例外。因為在這裡貴族過的生活

9　這也包括住在首府的貴族。參見：Bandello, Parte II, *Nov.* 7; Joviani Pontani, *Antonius.*

10　在整個義大利能靠田租過活的人幾乎就被大家視為貴族了。

11　米蘭的貴族經商可視為是例外，參見Bandello, Parte III, *Nov.* 37. 有關隆巴底貴族與農民一同玩樂參見卷四注143。

12　Machiavelli 在《史論集》（*Discorsi*, I, p. 55）對這些擁有田產，卻無所事事、完全被政治權勢腐化的貴族有相當嚴厲的批判。德意志神學家阿格利帕（Agrippa von Nettesheim, 1486-1535）由於在義大利生活過，曾在文章裡表示對貴族與君王政治痛恨至極（*De incert. et vanitate scient.*, cap. 80），這與他受到北方思想影響有關。

與一般市民沒什麼不同，他們只是多享有極少的公民特權而已。然而，拿波里的情況就大不相同。此地的貴族將自己嚴格區隔出來、而且喜歡沉溺奢華的排場與享受，因此與文藝復興文化創新運動完全沾不上邊。此地自中世紀以降，便深受隆巴底人（Langobarden）與諾曼人（Normannen）文化影響；十五世紀中葉以前，法國晚期貴族文化又隨著亞拉岡王室移植到了拿波里，所以在此最早出現部分西班牙化的生活調調——主要特徵就是厭惡工作、熱衷追求貴族頭銜。一百年之後，義大利各地也都沾染上這樣的惡習。

§ 5.1.6　西班牙化生活後期的發展

1500年左右這種西班牙化的影響已經擴散到一些小城鎮了。從拉卡瓦（La Cava）就有抱怨的聲音留傳下來：當這兒還有泥水工與織布工時，人盡皆知這裡曾經相當富裕繁榮。但現在，取代土木工程工具與紡織機的，是催馬快跑的馬刺、上馬的馬鐙、還有鍍金腰帶。每個人都想取得法學或醫學博士頭銜，大家都想要成為公證人、官員、騎士，所以整個城鎮被愁雲慘霧的窮困籠罩著[13]。佛羅倫斯直到柯西莫大公在位時（Cosimo I de'Medici, Grande Duke of Florence, 1519-

Giambologna，《柯西莫大公騎馬銅像》
(*Equestrian Statue of Cosimo I de'Medici, Grande Duke of Florence.*)
1587-93. Bronze. Piazza della Signoria, Florence.
©攝影／花亦芬（參見彩圖 **82**）

13　Massuccio, *Nov.* 19.

樣的競技主要是在展現男子的力道與勇氣。不論出身高低，這種競技是每一個具有成熟獨立人格的男性都不會放過的機會。

　　從佩托拉克（Petrarca）起就對馬上比武明白表示憎惡，他覺得這只是一種無聊的危險活動。但這是沒有用的。儘管他再怎樣呼籲：「古書上從來沒記載過，羅馬大將軍西庇阿（Scipio Africanus）或凱撒大帝也玩馬上比武！」[20]但熱衷此道的人沒人理會他。在佛羅倫斯，馬上比武尤其大受歡迎。儘管這是一種有危險的競技活動，一般市民仍將之視為定期要參加的休閒娛樂。

　　撒克提（Franco Sacchetti）就為我們留下一幅週日馬上比武的荒謬寫照[21]。有一位仁兄騎馬到沛瑞托拉（Peretola）去參加一個比較便宜的馬上競技。他騎的是一匹向一位印染工租來的老馬，結果有人惡作劇在這匹馬的尾巴上綁了一個薊。馬一受驚，就害怕地奔逃起來，一路窮追這位騎士直到回到城裡。故事的結尾當然就是這位仁兄被怒氣沖沖的太座嘮叨了一頓，警告他別再玩這種會扭斷脖子的蠢遊戲[22]。

　　接下來要看的是梅迪西家族如何興致勃勃地為馬上比武注入新的生命力。梅迪西家族本是不具貴族身份的一般平民，他們之所以熱衷此道正可清楚顯示出，他們想將宮廷所從事的社交活動方式變成自己所喜愛從事的[23]。先是1459年柯西莫·梅迪西（Cosimo de'Medic）、然後是由老皮

20　Petrarca, *epist.senil.* XI, 13, p. 889. 在 *Epist. famil.* 他也提到，他在拿波里看一位騎士從馬上摔下來的慘狀，當時心裡的感受。

21　*Nov.* 64.

22　這是最早對騎士文化發出諧謔之聲的作品之一。

23　參見 Poliziano 與 Luca Pulci 所寫的詩。
　　〔譯者加注〕Angelo Poliziano 所寫的 *Stanze Cominciate per la Giostra del Magnifico Giuliano de'Medici* 是為 1475 年佛羅倫斯所舉辦的馬上比武所寫（當時的冠軍是 Giuliano de'Medici）。本詩之英譯參見：Angelo Poliziano, *The Stanze of Angelo Poliziano*, tr. David Quint.

耶・梅迪西（Piero de'Medici）在佛羅倫斯舉辦了極為盛大、遠近馳名的
馬上比武。小皮耶・梅迪西（Piero de'Medici）為了準備馬上比武甚至荒
弛政務；如果沒穿上甲胄也不准畫家為他畫像。在教宗亞歷山大六世
（Pope Alexander VI）朝中也舉行過多次馬上比武。當樞機主教阿斯卡尼
歐・史佛薩（Ascanio Sforza）問鄂圖曼（Ottman）土耳其帝國的王儲哲穆
（Prince Djem，參見§1.11.7, §1.11.14）喜不喜歡這種馬上競技時，哲穆
相當機靈地說，在他們家鄉這種比賽都交給奴隸來從事，以免不慎落馬時
受傷。這些東方人的做法與古羅馬人一樣，而與地中海地區的人大為不
同。

　　除了上述這些緊抓著幽靈騎士虛銜的現象外，在斐拉拉（Ferrara）也
有真正的宮廷騎士團（參見§1.5.14），成員都享有騎士封號。

§5.1.9　貴族身分是擔任宮廷要職的條件

　　不論貴族與騎士的欲求或虛榮自負到何等地步，義大利的貴族還是位
居社會重要地位，而非被邊緣化到角落。但他們隨時保持與各階層平起平
坐的往來，有才幹與學養的人常是他們的座上賓。儘管如此，要擔任君侯
的**朝臣**（**cortegiano**）具有貴族身分往往是必備條件[24]，就如大家也公開
明白表示過，這樣做主要也是為了順應大家習以為常的想法（per l'oppe-
nion universale）。當然，這也對那些不具貴族身分、又沒有真材實料、卻
懷有癡心妄想的人明白設防的意思在。因此，將有才識的平民延攬入宮廷
到君王身邊服務，並非不可能。重點只在於，朝臣應是十八般武藝樣樣精
通的全才，只要大家想得到的才能，他們都該具備。如果他以恭謹不踰矩
的法度面對所有事，那不是因為血緣關係所致，而是因為他謙和的個人主
體性已臻完美之境，這是一種近現代社會認定的高貴。衡量這種社會主流

24　Bald. Castiglione, *Il Cortigiano*, L. I, fol. 18.

價值認定的高貴，主要是看文化素養與富裕程度，也就是說，所謂富裕是
將畢生心力奉獻於人文涵養（Bildung）上，而且為與文化相關的事物慷
慨大方地付出。

　　愈不強調出身血統的差別，**個人主體性的發展**就愈得到鼓舞，希望能
將自己的潛能全力發揮出來。因此個人的社交生活也必須想辦法具有自己
獨到的特色、並且讓門面看起來高尚。因此一個人外在的形象與優雅的社
交往來都成了充滿自由選擇、但精心營造的藝術創作（Kunstwerk）。

第二章
生活外觀精緻化

．．

　　義大利人的外在裝扮與起居環境、以及日常生活習尚都比義大利其他
地區來得更完美，更優雅、更細緻。有關中上階級的住宅建築我們留給藝
術史專著來處理，這裡只想強調，這些新式住宅在舒適性與建築和諧感、
建築理性的追求上，比阿爾卑斯山北方權貴所居住的城堡、城裡大宅院、
或城中豪宅都來得好。

§ 5.2.1　服裝與時尚

　　服裝的流行樣式不斷變化，這是歐洲其他地區的流行時尚完全無法相
提並論的。尤其自十五世紀末起，追趕最新流行時尚成為潮流。在義大利
畫家筆下，當時歐洲最美麗、最適合各種場合穿著的流行時尚可說都被表
現出來了。只是說很難確定這些服裝是否在當時的確是大家常穿的？畫家
是否真的準確地重現了當時流行時尚真正的樣貌？但是，有一點應該是無
庸置疑的，也就是沒有一個地方像義大利那樣，把服飾的重要性抬得這麼
高。

　　義大利人相當喜歡讓自己看起來漂漂亮亮的，就算是嚴謹自持的人也
喜歡在合宜的範圍內讓自己穿得體面，來顯出自己是個具有成熟主體性的
人。佛羅倫斯曾有過一段短短的時期，每個人都可以隨心所欲穿上表示自
己獨特性的衣服[25]。直到十六世紀，也還有相當具有身分地位的人敢這樣
做[26]，其他人則至少也懂得從流行時尚裡找尋最能表現個人風格的裝扮。

喬凡尼‧卡撒（Giovanni della Casa）曾發出警告，他認為故意穿得引人注目、或故意與主流時尚大異其趣是義大利走下坡的徵兆[27]。在我們現代——至少在男性穿著上——不要引人側目是最高法則，這當然令眾男性只好捨棄許多可以讓人眼睛為之一亮的大好機會，但也為他們節省不少時間。光把這些時間拿來為事業衝刺，就值得那些損失了。

文藝復興時代的威尼斯[28]與佛羅倫斯對男性所穿的服飾也有一定的規定；而對女性也有所謂的「奢華規範」（Luxusgesetze）。也有地方對穿著打扮根本沒有規定，例如拿波里，所以當地的衛道人士就不斷指責絲毫不能從穿著看出貴族與百姓之別[29]。此外，他們也譴責流行時尚變化速度快得驚人，而且（如果我們正確闡明其意）大家一味愚蠢地追趕「哈法風」——只要是從法國來的就好。一般人根本搞不清楚這些流行時尚絕大部分都是從義大利傳過去，現在又從法國人手上回流過來的。有關服裝樣式變化不居以及一般人哈法、哈西（班牙）的情況[30]，我們就不再討論。無論如何，光是上述提到的現象就足以說明，1500年左右的義大利生活樣貌如何快速地改變著。

§ 5.2.2　婦女的化妝

婦女怎樣藉著各種化妝術來美化姿容，也值得特別花些筆墨探討。自羅馬帝國衰亡後，歐洲沒有一個國家像義大利一樣用各種方法來修飾美化自己的外型、膚色、以及頭髮濃密長短。所有這些嘗試都希望能符合當時美的理想，即使是用最引人側目、或一眼就讓人看穿的手法。在這一點

25　參見卷二注5。

26　Giovanni della Casa，《社交禮儀指南》（*Il Galateo*），p. 78。

27　同上。

28　Sansovino, *Venezia*, fol. 150 .

29　Jovian. Pontan. *De principe*.

30　*Diario Ferrarese*, bei Murat. XXIV., Col. 297, 320, 376, 399.

Andrea del Verrochio，《捧花的仕女》
(*Bust of a Lady with Flowers*)。
Marble. Height: 61 cm. Museo Nazionale del Bargello, Florence.
◎攝影／花亦芬

上，十四世紀大家慣常穿著的服飾顏色從極鮮豔、而且有許多裝飾到後來變得比較高雅貴氣就是一個明顯的例子[31]。我們就從這個比較狹義的化妝概念談起。

最值得注意的是假髮，有些是用白色和黃色的絲編成。首先是大家趕流行搶著戴，後來一度被禁止，接著又開始流行，直到有一位勸人懺悔的佈道家（Bußprediger）讓這些紅塵俗心開始懂得起悔意，熱潮才褪去。那時，在一個公共集會廣場上堆起了一個小柴堆，上面放著等著火燒的弦琴、玩具、面具、玩魔法的紙牌、歌本、一些不值錢的玩意、以及假髮[32]。當火點起後，荒逸的縱慾隨著煙塵在空氣中消逝，一切化為烏有。最理想的髮色——不論是天生就有的、或是希望靠戴假髮來表現自己的——是金黃色。據說陽光也能使人的髮色變金黃[33]，所以當天氣好的時候，就有婦女整天站在陽光下曬頭髮，一刻也捨不得離去[34]。不然，就需要用染髮劑。另外為了有更多頭髮，也需要使用生髮水。

此外還有一大堆化妝水、面膜、以及給臉部不同部位使用的**化妝品**，

31 以佛羅倫斯婦女為例，參見Giov. Villani X, 10 & 152; Matteo Villani I, 4.

32 *Infessura*, bei Eccard, *scriptores* II, Col. 1874; *Allegretto*, bei Murat. XXIII, Col. 823.

33 Sansovino, *Venezia*, fol.152: capelli biondissimi per forza di sole.

34 當時德意志人亦如此相信，參見*Poesie satiriche*, p.119. Bern.Giambullari所寫的嘲諷詩便提到「為了變得更好看」（per prender moglie），這種想法顯然與當時的迷信與巫術有關。

甚至有專門給眼皮與牙齒用的，真令我們現代人無法想像。不管詩人再怎麼取笑[35]、勸人懺悔的佈道者再怎麼發火、或專家再怎麼警告使用化妝品只會讓皮膚提早老化，都沒有人有辦法讓女人離開她們的化妝品，讓她們不把自己的臉化妝成另一種顏色、甚至到臉蛋的某些部分看起來已經跟原來的大不相同。經常上演的華麗宗教神劇裡，常有數百演員化著厚厚的妝[36]，可能這也影響了日常生活裡女性喜歡濃妝豔抹的習尚。無論如何，這是社會普遍的風氣，就連鄉間小女孩也努力跟上流行風潮。當然，衛道人士可以長篇大論批判說這些都是在賣騷。但是看看，就連最守婦道的家庭主婦雖然一整年待在家裡從不化妝，但只要碰到節慶的日子，她們也會趁著上教堂或到其他公共場合的機會，將自己好好打扮一下，藉機展露自己美麗的風采[37]。

也許有人認為化妝這種不良習俗是未開化文化的象徵，看起來與野蠻人把自己塗得五顏六色無異；也有人認為，這是為了在造型與膚色上都符合看起來青春美麗的理想，所以不得不然的作法。也正因如此，才會有這麼多精巧多樣的化妝術。無論如何，不管男人怎麼七嘴八舌，女人是丟不開她們的化妝品的。

香水也是到處大受歡迎。而且只要有人的地方，就會有人用香水。碰到節慶的日子，甚至連騾子都會被塗上香膏與芳香劑[38]。彼得‧阿瑞提諾（Pietro Aretino）也曾感謝過柯西莫‧梅迪西大公 （Cosimo I de'Medici,

---

35　詩人竭盡所能嘲諷化妝背後所蘊含的虛榮、危險與荒謬，參見 Ariosto. *Satira* III, vs. 202, s; Aretino, *Il marescalco*, Atto II, scena 5.

36　Cennino Cenini 所著的《畫藝手冊》（*Il libro dell'arte*）第 161 章提供臉部化妝的方法，顯然是提供表演神劇與參加化妝遊行的人作參考。
〔譯者加注〕《畫藝手冊》之英譯本參見 Cennino Cenini, *The Craftsman's Handbook "Il libro dell'arte"*, tr. Daniel V. Thompson, Jr.

37　Agn. Pandolfini, *Trattato del governo della famiglia*, p.118.

38　Tristan. Caracciolo, bei Murat. XXII, Col. 87; Bandello, Parte II, *Nov.* 47.

Grande Duke of Florence）在寄給他的錢上灑了香水[39]。

§ 5.2.3 潔淨

當時義大利人堅信，他們比阿爾卑斯山北方的人清潔乾淨。從文化史上各種現象來判斷，這種看法是可以接受的。因為將自己維持乾淨整潔正是近現代人追求自我完美不可或缺的要項之一。但這項要求最早被義大利人實現。當然，這也與當時義大利人是世上最富裕的民族有關，這個因素多少也支持上述看法可以成立。當然，若說一定要有一個確切可供查驗的明證，那是沒有的。若從有關潔淨規範的著作出現之先後順序來看，則中世紀騎士詩在這方面的闡述是可以當作比較早期的範例。

然而可以確定的是，從文藝復興一些傑出的代表性人物在自己生活各方面對整齊清潔的講究可以看出，他們把潔淨看得何等重要！尤其對餐桌擺設的要求相當嚴謹[40]。對義大利而言，所謂「德意志人」（tedesco）則正是「骯髒」的代名詞[41]。如我們在喬維歐（Paolo Giovio）的文章可以

Girolamo Macchietti，《波族歐里的溫泉浴》（*The Therme of Pozzuoli*）。
117 x 100 cm. Palazzo Vecchio, Florence.
引自：Jacob Burckhardt, *The Civilization of the Renaissance in Italy* (Vienna, [1937]), Plate 373.

---

39 Capitolo I.

40 Vespasiano Fiorent., p.458 提到 Donato Acciajuoli 的部分以及 p. 625 提到 Niccoli 的部分。

41 Giraldi, *Hecatommithi*, Introduz., Nov. 6.
〔譯者加注〕這與義大利文對「德意志人」（tedesco，在文藝復興時代亦指野蠻

讀到[42]，瑪西米里阿諾・史佛薩（Massimiliano Sforza）在德意志受教育的過程中，學到不少不愛清潔衛生的壞習慣。當他將這些壞習慣帶回國時，引起許多人側目。然而，有一件事卻頗值得注意，即至少在十五世紀義大利大部分的小吃店與小客棧老闆是德意志人[43]，這些店主要是為了到羅馬朝聖的外地人所開的。但這方面史料記載所指的史實應是指在郊區或鄉間開的小店，因為人盡皆知，在大城裡，最高級的飯館與旅社都是義大利人開的[44]。鄉下為何沒有比較有點兒水準的旅店呢？這與鄉下地方的安全令人不敢掉以輕心有關。

§ 5.2.4　《社交禮儀指南》與良好生活方式

十六世紀上半葉出版了一本有關禮儀的專書，是佛羅倫斯人喬凡尼・卡撒（Giovanni della Casa, 1503-56）所寫的《社交禮儀指南》（*Il Galateo*）。這本書不僅對狹義的「潔淨」有所規範，也以堅決告誡的口氣規範讀者如何去除我們慣稱的「失禮的」行為。因此，衛道人士愛將書中的論點當作應遵守的最高道德法則。喬凡尼・卡撒其他相關的論著比較沒有這麼系統化，而是用比較間接的方式讓讀者知道，骯髒不潔會導致可怕的後果[45]。

從另一方面來看，在探討良好生活方式、謹小慎微與言行得宜上，《社交禮儀指南》也是一本寫得很好、極具豐富思想內涵的書。就算對現代各種社會階層的讀者而言，這仍是一本十分有啟發性的書。傳統歐洲文

（續）————————————

人）的稱呼有密切的關係。

42　Paul. Jov. *Elogia*.

43　Aeneas Sylvius (*Vitae Paprum*, ap. Murat. III, II, Col. 880).

44　Franco Sacchetti, *Nov.* 21.

45　參見 Sebastian Brant, *Narrenschiff*; Erasmus, *Colloquien*，以及 Grobianus 寫的拉丁文詩。

化講究的禮儀規範大概不出喬凡尼・卡撒所寫的範圍。言行得宜原是心靈
狀況的映照,在人類各種文化初期也許有些人天生就能做到言行得宜,有
些人則需要刻意努力習得。但是,只有在義大利人身上,我們最早看到他
們將言行得宜視為公共社交禮儀的必要條件,也是受過教育、接受過良好
教養的表徵。因為有此認知,所以義大利在兩百年內有相當大的改變。大
家清楚感受到,在有教養人的社交圈裡,對熟人(Bekannte)與不是很熟
的人(Halbbekannte)胡鬧的事情——也就是用惡作劇開玩笑(Burle)和
搞笑(Beffe)(參見§ 2.4.1)——已經不復存在[46]。在此,義大利人已經
跳脫只有「城裡人」/「都市人」才有禮儀這種傳統看法,而將「禮貌」
(Höflichkeit)與「設身處地為人著想」(Rücksicht)發展為具有普世意義
的中立價值。有關社交生活的真實情況及意義,下文將繼續討論。

§ 5.2.5 舒適與優雅

十五世紀與十六世紀初,在精緻化與美化方面,義大利整體生活外觀
向前躍進了許多,這是當時世界其他民族所不及的。許多大大小小的改變
——史料可證有些部分是義大利人最早創造出來的——形塑了近現代文化
追求的「舒適」與「舒服」。

義大利街道鋪得相當平整堅實[47],所以大家很喜歡以馬車代步;不像
其他地方到處都要步行或騎馬,坐馬車絕非享受。柔軟有彈性的床、名貴
的地毯、化妝用具——這些義大利小說家喜歡提到的東西,當時在其他地
方都還不見蹤影[48]。尤其他們特別喜歡提到不可勝數、細緻柔軟的潔白棉
麻紡織品。這些潔白的棉麻紡織品有些甚至已經躍升藝術品層級。大家也

---

46 *Cortigiano*, L. II, fol. 96, s.
47 米蘭的情況參見Bandello, Parte I, *Nov.* 9; Ariosto, sat. III, vs. 127.
48 Bandello, Parte I, *Nov.* 3; III, 42; IV, 25.

對義大利人如何細膩地對待各種名貴的物品感到驚嘆。他們不僅用堅固的碗櫥與輕巧的層架來擺放高級名貴的餐具，牆壁用可隨時拆裝的華麗壁毯來裝飾，甜點也以許多高級糖果來裝飾得猶如精巧細膩的雕塑；更值得一提的是，優秀的木工製品也被納入名品範圍，因而得到相當細心的典藏。整個西歐自中古晚期起，只要財力許可也都試著朝生活精緻化的方向前進，但有時不是顯得幼稚、顏色俗豔、不然就是無法跳脫哥德式裝飾風格的影響。反觀義大利文藝復興相當自在地創新前進，隨著不同客體創造新境，而且可以享受此新文化成果的社會階層不斷擴大，因此也為各式各樣的訂戶工作。這也與十六世紀義大利的裝飾紋飾迅速超越阿爾卑斯山北方有關，雖然上述所言的作法以及心態仍是影響此轉變的主因。

第三章
談吐是社交的基礎

··

在本章的討論裡，有水準的社交活動將被視為藝術品（Kunstwerk）那樣來探討，這是一般人生活裡可以精心打造出來的最高層次傑作[49]，而其前提與基礎是言語談吐。

§ 5.3.1 打造理想的語言

中古盛期的歐洲貴族曾試圖為人際往來與詩詞創作打造一種「宮廷語言」（höfische Sprache）。義大利亦有過這樣的語言，因為義大利各地的方言從很早開始就非常南轅北轍。所以在十三世紀時，義大利有所謂的「宮廷語」（Curiale），這是各地宮廷及宮廷詩人共用的語言。「宮廷語」的發展最具關鍵意義的一點是，大家有意識地將它推展為知識份子與文字寫作共用的語言。1300年以前編纂而成的《古代傳說故事百則》（*Cento novelle antiche*）之序言清楚寫道，編纂此書的目的與推廣「宮廷語」有關。因為在這一點上，可以清楚看出，「宮廷語」明顯被視為從詩的語言所解放出來的新語言型態，它最大的優點是可以用簡潔的字句、諺語、及應答來表達清晰易懂、意涵豐富的思想。「宮廷語」受到的肯定是希臘人與阿拉伯人對歐洲其他語言不曾有過的高度評價：「很多人雖然說了一輩子話，

----

49 〔譯者注〕有關本課題現代的學術研究參見：Peter Burke (1993), *The Art of Conversation*.

卻不曾說過一句讓人覺得『講得好！』的話。」

　　但是要解決上述一般方言所面臨的問題，如果越急著從各種不同角度來開藥方，只會使事情更棘手。但丁就是最早把我們拉進這個漩渦的人。他寫的《論鄉土母語豐富的表達力》（*De vulgari eloquentia*）[50] 這本書，不只是對鄉土母語這個問題進行相當有意義的探討，這也是第一本系統討論近世語言的專著。在此書中，他的推論過程與所得結論在語言學史上將永遠享有崇高的地位。此處只想簡短說明，在口語被形諸文字之前，如何在口語表達上說得貼切合宜，早就是生活裡一項重要的功課。而各種方言（Dialekt）有時會被愛鄉心切的人視若珍寶，有時又會被特定族群的人棄如糞土。此外，一種理想的共同語言要誕生，是必須經過相當劇烈的抗爭過程。

　　用自己的家鄉話所寫出的偉大傑作，當然要推但丁所寫的詩。托斯卡納（Toscana）方言也因但丁的貢獻成為近現代義大利語的共同基礎。如果有人認為筆者在此問題上論斷太過，就請原諒一位外國作者對這個具有高度爭議性的問題選擇跟從主流意見。

　　文學作品與詩詞創作激起了托斯卡納方言是否應成為標準義大利語的爭論。這牽涉到擁有所謂「標準語言」是利弊參半的事，因為這可能讓一些原本非常有才情的作家喪失用最質樸的心來寫作的權利。而對一些精熟掌握這種「標準語言」的作家來講，他們可能陷於鋪陳精心錘鍊的文句以及尋繹鏗鏘婉轉的音韻，因而將豐富的思想內涵棄置一旁，所以可能反而因此產生一首內容貧乏至極、卻假借優美聲韻成功偽裝成天籟之音的詩作。不論如何，在社會生活上，語言談吐的確占有重要地位。如果一個人

50　*De vulgari eloquio*, ed. Corbinelli, 1577. Boccaccio 認為此書是在但丁過世前不久所寫的，參見 *Vita di Dante.* 但丁對於他所處的時代語言變遷之快所發表的看法參見《饗宴》（*Convivio*）開頭。

想要憑氣質高雅、風度翩翩、符合理想典範的要求在社會上出人頭地，優
雅的談吐是不可或缺的。

　　對有教養的人而言，不管在日常應對進退、或是突發狀況的臨場反
應，高雅的談吐總能顯出個人的尊貴有氣質。當然，有一些不乾淨或攻訐
人的話也是假藉這樣高雅的言說方式傳達出去的；甚至有一陣子這種「高
雅的」言談是要用最純粹的「雅典品味」（Attizismus）來說的。當然，這
仍包含真正用意良善、精於修辭的高雅談吐。但標準義大利語最重要的意
義存在於國族意識的建構上，它是義大利各邦在政治分崩離析的狀態下，
所有知識份子共通的語言[51]。

§5.3.2　標準義大利語的傳播

　　尤其重要的是，標準義大利語不屬於貴族、或哪個特定階層。即使是
最窮困、最低下階層的民眾，只要他們願意，都有時間與途徑來學會它。
即使是現在（情況可能比以前更明顯），在義大利境內，外國人就算來到
當地方言實在難以聽懂的地方來與販夫走卒或農人交談，都會驚訝地發
現，他們都可以用標準義大利語與人溝通。這種情況不免讓人想到，在法
國或德意志地區[52]，類似這樣的經驗是不可能發生的。因為這兩個地方的
人，就算是受過高等教育的知識份子，也不會放棄他們濃濃的鄉音。此
外，義大利人的識字率也比其他地方——例如教宗國——來得高。光憑這
一點來看，如果不是大家對一個純正的標準語言和發音方式有共同的渴望
與重視，識字率高又有什麼用呢？托斯卡納語被一個地區接著一個地區採
用為官方正式語言，就連威尼斯、米蘭、與拿波里也在義大利文學全盛時

51　Dante, *De vulgari eloquio* I, c.17.18.

52　〔譯者注〕由於本書成於1860／1869年，當時尚未有統一的德國，因此譯為德
　　意志地區。

期採用托斯卡納語為正式語言。當然，之所以如此，也與托斯卡納語在此時已經成為文學創作用語有部分關係。皮耶蒙（Piemonte）[53] 因為居民都說純正的托斯卡納語——這是建構國族認同的要項——因此在本（十九）世紀透過公民自決成為義大利的一部分[54]。

自十六世紀初起，用其他地方方言寫成的文學作品通常都是作家自己選擇後刻意要用這種鄉土母語來寫作，這些作品的內容並非只是插科打諢，也有相當嚴謹的傑作[55]。而由此發展出來的文體風格也隨著寫作主題不同日益蓬勃。在歐洲其他地區這樣有意識區別官方主流語言與鄉土母語的文學創作各有其類，這是相當晚近才有的現象。

§ 5.3.3 極端的語言純正主義

卡斯堤吉歐內（Baldassare Castiglione, 1478-1529）所著的《朝臣》（*Il Cortegiano*, 1528）一書將知識份子對於語言談吐是上流社會社交媒介的觀念相當完整地闡述出來[56]。十六世紀初，已有人堅持使用但丁（Dante）的作品、或是但丁時代托斯卡納地區文學作品裡一些傳統的表達方式，卻完全無視於這些不再是當代人通用的語言了。所以，卡斯堤吉歐內絕對禁止讀者再繼續使用這種已經沒有生命力的語言來說和寫。他的理由是，書寫文字應該是口說語言的再現形式。根據這樣的觀點可以得出以下結論：文筆越精彩的人，口才就越棒。他也清楚強調一個觀念——思想深刻豐富

---

53 〔譯者注〕位於義大利西北方，在隆巴底區（Lombardia）的西邊。

54 很早以前，Piemonte 的人就用托斯卡納語閱讀和書寫，但是在 Piemonte 能讀能寫的識字人口是很少的。

55 大家心裡也很清楚，在日常生活裡，何時能說方言，何時不適合。Gioviano Pontano 在拿波里王儲面前就很自在地講起拿波里方言（Jov. Pontan. *De principe*）。而一位米蘭樞機主教在羅馬講米蘭方言則受到譏嘲，參見 Bandello, Parte II, *Nov.* 31.

56 Bald. Castiglione, *Il cortigiano*, L. I, fol. 27, s.

的人，應該找出自己獨特的言說方式；而且這個獨特的言說方式應該靈活有彈性，因為語言講究生動活潑有力。對我們自己偏好的表達方式，我們只能在聽講者或讀者也接受這些詞語作為日常生活溝通表達的情況下來使用；對於社會大眾已經接受的外來語，例如來自托斯卡納以外的地區、或是夾雜一些大家耳熟能詳的法文或西班牙文，那是無傷大雅的。因此，豐富的思想內涵與適度琢磨的修辭可以讓好的義大利語——儘管不完全符合道地的托斯卡納語傳統——成為檯面上正式的語言，而其豐富多彩真有如一座美好庭園盛開出來各式各樣繽紛的花朵與纍纍的果實。這是一個稱職的朝臣必備的才德。只有當他能談吐得宜，他的德行修持、思想內涵與優雅文思才能文質彬彬地表現出來。

§ 5.3.4　語言純正主義得不到認同

　　隨著社會文化蓬勃發展，語言談吐成了重要的事。儘管食古不化的老頑固（Archaisten）與語言純正主義的擁護者（Puristen）大聲疾呼，他們僵硬的主張終究無法得到社會廣泛的認同。甚至於有許多出身於托斯卡納（Toscana）地區的傑出作家與口才便給之士都認為，應拋棄這種老掉牙的主張，他們甚至還喜歡拿這些老古板的論調來嘲弄一番。尤其在譏嘲這些冬烘先生的事情上，有一則很棒的笑話是，有一個從外地來的「有學問的人」，當他向一群托斯卡納人走過去，而且用「道地的」托斯卡納語跟他們交談時，結果發現這群土生土長的托斯卡納人竟然聽不懂他們自己「道地的」家鄉話[57]。像馬基亞維里（Niccolò Machiavelli）根本就不管這些囉哩巴嗦的規範，他用相當簡潔明白的語言寫出自己強有力的論點。跟那些「一切唯十四世紀是從的老古板 （das reine Trecentismo）」相比，他的文筆實在有許多令人激賞之處。

57　Firenzuola, *Opere* I, 提到有關女性美的前言；II, 有關傳說故事的論述。

在另一方面，對許許多多北義大利人、羅馬人與拿波里人而言，如果在他們提筆為文或言語交談時，不要用太嚴格的語言純正主義來要求他們，他們一定覺得舒服多了。因為，他們已經完全捨棄自己的母語以及慣常的口語表達方式，改用托斯卡納語來寫作與溝通。像邦德羅（Matteo Bandello）[58] 經常毫不諱言地抗議：「我的文章說不上有什麼風格，因為我寫不出有道地佛羅倫斯調調的文章，只能寫些蠻夷缺舌的話。我不敢奢望能為自己的文章加添什麼新潮炫目的裝飾玩意兒，我只是一個隆巴底蠻人（Lombard），更何況還是來自〔那鳥不生蛋的〕利古理亞（Liguria）邊區。」[59] 外國人乍讀之下，還以為這是故作謙虛；但其實這是沉痛地將非佛羅倫斯籍作家必須忍受的寫作痛苦坦白說出來。

針對那些語言純正主義者老古板的論調，大家寧可接受一個共同的底線，就是不要在小枝小節上吹毛求疵，每個人盡自己所能寫出所有義大利人都能讀得懂的文章就好。不是每個人都能像彼得·班博（Pietro Bembo）寫得那麼好（雖然他是威尼斯人，但畢生致力於寫出最托斯卡納原汁原味的文章）。儘管如此，彼得·班博最後還是覺得這跟用外文寫作沒什麼兩樣。同樣地，也不是每個人都能像拿波里人珊那札若（Jacopo Sannazaro）那樣，文章裡絲毫讓人感覺不出他並不是佛羅倫斯人。終歸一句，重要的事情還是在提筆為文時，要懂得字斟句酌。至於語言純正主義者狂熱不切實際的主張、或他們一頭熱舉辦的語言政策會議[60]，我們就不贅述了。

58　〔譯者注〕Matteo Bandello（1485-1561）是北義大利的修士，以仿效薄伽丘《十日談》所寫出的《傳說故事集》（*Novelle*）聞名當世，由於敘述內容十分赤裸裸，揭露了文藝復興社會不少真實的面向。與當時人文學者的作品不同的是，邦德羅並不以古典辭藻來增麗文采，因此更見素樸中之真實，參見卷四注57。

59　Bandello, Part I, Proemio & *Nov.* 1 and 2.

60　例如，1531年底，Pietro Bemb 在 Bologna 召開語言政策會議，參見：Firentzuola, opera, vol. II 附錄。

整體來看，以一個標準語為大家寫作時必須共同遵守的語言所造成的虧害，日後才看得出來。當文學創作越來越無法貼切地描述心靈最真摯直覺的感受，卻又沾染許多惡習時，文學的原創活力便已消失殆盡。後來成立的克魯斯卡語言學會（Academia della Crusca）[61] 便將所謂的「義大利語」宣判為已經死掉的語言。但克魯斯卡語言學會本身也沒什麼實質貢獻，十八世紀當義大利文變得法文化時，他們可說是完全束手無策。

§ 5.3.5 交談

這個受到大家喜愛、呵護、甚至盡一切力量捧在手掌心上的共同義大利語現在成為社交活動共同的溝通媒介。當北義大利的貴族與君侯還喜歡將閒暇時光獨自用在競技、打獵、大吃大喝、與慶典上時，一般市民則喜歡各種不同的遊樂與運動，當然也少不了文藝與各種宴會慶典。此外，在義大利還有一種不設階層藩籬的場域，不論出身背景只要具有才華學養的人都可以參加，他們或以嚴肅的討論會、或以詼諧幽默的交談交換各種見解。這種場合並不講究吃吃喝喝，所以腦筋不夠靈光、或饕餮之客就會自動打退堂鼓。如果我們仔細揣摩文藝復興時代「對話錄」作者寫下來的話，便不難發現，對人生最高哲理的探尋，往往是在思想深刻豐富的文化菁英之悠悠閒談中撞擊出來的睿見。這不像在阿爾卑斯山北方，通常最崇高的思想精華都是思想家個人寂寞地咀嚼出來的。義大利人覺得最有見地的思想應是一群人在一起激盪出來的。接下來我們將繼續討論與娛樂相關的社交活動。

---

61 〔譯者注〕克魯斯卡語言學會是 Leonardo Salviati 與 Anton Francesco Grazzini 在 1582 年於佛羅倫斯成立，贊助者是 Francesco de'Medici。

第四章
優雅的社交禮儀

§ 5.4.1　約定與規範

　　至少對十六世紀初的人而言，社交禮儀有一定的規範（die gesetzliche Geselligkeit）是樁美事。這些規範源自於大家約定俗成的默契。當然有些是根據實際情況所需、或為了讓事情有一定的體面，所以大家白紙黑字寫下願意共同遵守的規矩，因此與一般僵化的繁文縟節大不相同。一些教育程度不太高的人組成的永久性團體就會有一些必須遵守的規範和正式的入會儀式，例如瓦撒利（Giorgio Vasari）筆下記載的[62]佛羅倫斯藝術家行會就藉這些規範與儀式將大家凝聚在一起，而且也讓當時最重要的喜劇作品獲得演出機會。臨時性的輕鬆聚會則常以當天參加聚會的貴婦所定的規則為這次聚會的遊戲規則。

§ 5.4.2　傳說故事作家及筆下的聽衆

　　大家都對薄伽丘（Boccaccio）《十日談》（*Decameron*）的開頭[63]知之甚詳，卻將其中敘述龐比內雅（Pampinea）那天如何擔任聚會「女王」的事看成美麗的虛構。其實，上一節談到以參加當天聚會地位最高的貴婦的

62　Vasari, *Vite*, "Vita di Rustici".
63　〔譯者注〕正確應是《十日談》第一日的序言。

意見為意見的規則，其實就像《十日談》所敘述的一樣，只是此處所說的
是日常生活常見的情形。當斐蘭佐拉（Agnolo Firenzuola, 1493-1543）在
《十日談》出版後兩百年也以同樣方式為他的傳說故事集寫序時，他讓當
天聚會的「女王」坐在寶座上發表正式的談話，這樣的景象一定更接近當
時聚會的實況。這位「女王」談到他們共同在鄉間度假時的活動內容：每
天早上大家一起討論哲學問題，然後到附近山上走走，接下來是聚在一起
彈琴唱歌 64。隨後，大家一起到一個涼快的房間把自己新寫好的短歌
（Cazone）拿出來吟詠（短歌的題目在前一個晚上就會公佈）。黃昏時到水
泉邊散步閒坐，每個人都要講一個故事。晚飯後，大家輕鬆選定一個話題
閒聊，談話的主題要「我們女生覺得有水準，你們男生說起來不會像是三
杯黃湯下肚後鬼扯的」。

　　邦德羅（Matteo Bandello, 1485-1561）在他所寫的《傳說故事集》
（*Novelle*）65 的序言或獻辭裡並沒有寫下類似的開場白，因為聽這些故事
的聽眾來自於社會上各種具有相當規模組織的團體，所以他的故事是以吸
引大家來揣測這些聽眾團體究竟多有錢、多彬彬有禮、多風雅來取勝。有
些讀者或許不免會想，喜歡聽這麼傷風敗俗故事的聽眾一定是一群沒什麼
好指望的人。但更正確的應是去想：喜歡聽這些傷風敗俗故事、卻有信心
不被牽著鼻子走的人到底是什麼樣的一群人？他們不會被故事表面聽起來
的敗壞德行所吸引，不會變得激動、情緒無法自制，聽完後，又能馬上進
行嚴肅的討論，理性地交換彼此的意見，這到底是一群怎麼樣的人？由此
可明顯看出，對高雅社交舉止的要求是遠超過對其他事情的講究了。

　　在這一點上，其實不必等到卡斯堤吉歐內（Baldassare Castiglione）
《朝臣》（*Il Cortegiano*）一書藉著屋比諾宮廷晚上的聚會為理想的社交舉

64　根據當時的習慣，這應是在上午10至11時。
65　參見本卷注57。

止訂下規範，也不必等到彼得‧班博（Pietro Bembo）藉阿索羅（Asolo）城堡的聚會大談他認為文人雅士的聚會是一起討論崇高感與生命存在目的等哲學問題的聚會，邦德羅筆下這些喜歡聽不入流故事的聽眾其實已為優雅禮儀、世界大同理想、真正的自由理念、以及讓他們這個群體保持開闊自由的思想（同時也為其他細膩、富文思的業餘性聚會）立下了典範。這種社交聚會的特別意義尤其也表現在作為聚會靈魂人物的貴婦可以因主持這種聚會而出名、受到尊敬，而不會因此名譽受損。

§ 5.4.3　貴婦與沙龍

邦德羅的女性贊助人包括約翰‧法蘭卻斯柯‧龔查加（Gian Francesco Gonzaga）侯爵夫人依莎貝拉‧艾斯特（Isabella d'Este, 1474-1539, 參見彩圖83與§ 1.5.5），她之所以受到爭議，不是因為她自己的言行有可議之處，而是出入她宮中那些年輕仕女舉止不夠檢點[66]。這些年輕仕女有茱麗亞‧龔查加‧蔻隆納（Giulia Gonzaga Colonna）、嫁給班提佛吉歐（Bentivoglio）的依波麗塔‧史佛薩（Ippolita Sforza）、比昂卡‧朗歌納（Bianca Rangona）、卻契里雅‧佳蕾拉納（Cecilia Gallerana）、卡蜜拉‧斯克蘭巴（Camilla Scarampa）等人。

文藝復興義大利最有名望的貴婦是維多利亞‧蔻隆納（Vittoria Colonna, c. 1492-1547），她真可稱之為聖徒。想要具體描述文藝復興貴婦閒暇無事時在城裡、在鄉間豪宅、或浴場做些什麼，並非易事。因此，我們在此也很難根據實際情況具體而微地說明她們所過的生活跟歐洲其他地方的貴婦相較之下，到底優渥了多少？但是當我們再細讀邦德羅所寫的傳說故事，並想想，如果不是邦德羅這樣的義大利人將上述的社交聚會型態[67]介紹給

66　Prato, *Arch. stor.* III, p. 309.

67　最重要的部分參見：Parte I, *Nov.* 1, 3, 21, 30, 44; II, 10, 34, 55; III, 17etc.

歐洲其他國家——例如法國——法國自己有能力產生沙龍（Salon）文化
嗎？當然，精神文明領域的重要成就如果沒有這些沙龍聚會，也是會被創
造出來的；但是，如果我們低估義大利沙龍在推廣藝術文化運動上曾過有
的重大貢獻，那是不公允的。因為當時能對藝文創作提出深具批判力的鑑
賞判斷、並參與藝術文學創作討論的，就只有義大利人。除此之外，這種
性質的文人雅聚已成為繁花似錦的文化生活不可或缺的成就之一，當時只
有義大利才有，後來便擴展為泛歐文化社會生活的共同特徵。

§ 5.4.4　佛羅倫斯的社交方式

佛羅倫斯的社交生活主要受到文學與政治的影響。「輝煌者羅倫佐・
梅迪西」之所以成為「輝煌者羅倫佐・梅迪西」，並不是如一般人所想
像，因為他擁有如君侯般的政治地位，而是因為他擁有常人所不及的超卓
稟性，讓圍繞在他週遭的各個菁英都能享有充分的自由來展露才華[68]。例
如，他那位偉大的家庭教師波里祈安諾（Angelo Poliziano）——著名的學
者兼詩人——因為對他一些表現快看不下去了，便用嚴正的態度要求他應
為自己即將到手的君侯之尊留些好名聲、也應對他敏感的妻子多表示體貼
之意[69]，而他的言行舉止也應更加收斂。儘管是犯上之詞，「輝煌者羅倫
佐・梅迪西」對波里祈安諾仍善待有加。正因波里祈安諾敢於明諫，所以
成為讓梅迪西家族開始享有好聲名的頭號功臣與活廣告。

68　Lor. magnif. de' Medici, *Poesie* I, 204, 291; Rossoe, *Vita di Lorenzo*, III, p. 140，以
　　及附錄17-19。

69　〔譯者注〕1479年5月，波里祈安諾與羅倫佐的太太 Clarice Orsini 發生爭執，因
　　為 Clarice 反對波里祈安諾一直為她的孩子安排人文學色彩濃厚的課程。因
　　此，波里祈安諾被 Clarice 逐出，暫居於梅迪西家族位於 Fiesole 的別莊。

§ 5.4.5 「輝煌者羅倫佐‧梅迪西」對友伴的描述

　　「輝煌者羅倫佐‧梅迪西」（Lorenzo de'Medici il Magnifico）也像梅迪西家族其他成員一樣，喜歡誇耀自己的社交娛樂活動，也喜歡把排場搞得很大。在他即興所寫的精彩詩篇〈獵鷹〉裡，他以玩笑的口吻描述一起出遊打獵的同伴；而〈饗宴〉（"Simposio"）一詩更是詼諧至極，光憑這首詩就讓人充分感受到他們之間真摯的情誼。「輝煌者羅倫佐‧梅迪西」與友人交往的情形也可從他們互相之間的通信、他們在學術與哲學問題熱烈往返討論的記載上得到清楚的圖像。此後佛羅倫斯也開始有不同的社交聚會，其中有一些是專門討論政治的俱樂部（Club），這些俱樂部有時也兼談文學、哲學，類似於所謂的「柏拉圖學會」（Accademia Platonica），這是在「輝煌者羅倫佐‧梅迪西」過世後，於柯西莫‧汝雀萊伊（Cosimo Ruccallai）庭園聚會所形成的文化團體[70]。

　　君侯宮廷裡的社交聚會型態當然以君侯的喜好為轉移。無論如何，自十六世紀初起，這類宮廷社交聚會數量僅存極微，因此幾乎不再具有任何影響力。在羅馬，就只有教宗里奧十世（Pope Leo X）的宮廷聚會是真正文人雅士的聚會，其性質之特殊在世界史上是後無來者的。

70　有關 Cosimo Ruccallai 是十六世紀初「柏拉圖學會」的中心人物。參見：
　　Macchiavelli, *Arte della guerra*. L. I.
　　〔譯者加注〕有關「柏拉圖學會」的現代學術研究論述參見：Paul Oskar Kristeller (1990c), "The Platonic Academy of Florence".

第五章
完美的社交人才

....

　　一如卡斯堤吉歐內（Baldassare Castiglione，彩圖 84）所言，朝臣
（cortigiano）應接受良好的訓練，不只是為了在宮廷服務所需，更是出於
朝臣自發的意願。朝臣其實是最理想的社交人才，是當時人文教養理念裡
不可或缺的極致精粹。朝臣決定他所服侍朝廷的格調，而不是朝廷決定朝
臣該作些什麼。一個對所有事情都深思熟慮的朝臣，說實在的，沒有那個
朝廷配得上聘用他來服務，因為他具有的才幹與外在的形象其實與完美的
君王無異；而他對各種事物（不論世俗或心靈層次）的應對進退，又顯得
如此安詳、練達而自然，展現出相當獨立的自在。驅使朝臣追求完美的心
靈力量，筆者雖然無由探知，但並非為了服侍君侯，而是為了追求個人的
完成。舉個例子就可明白這個道理：戰爭的時候，朝臣不准為了圖謀利益
而接受具有危險性或會犧牲自我形象的任務[71]，也就是說，不准接受市儈
庸俗或不合公義的任務，例如去擄掠一群牛羊。促使朝臣去參戰的原因不
是為了盡義務，而是為了爭取榮譽（l'honore）。他和君王的君臣關係就像
《朝臣》（*Il cortegiano*）第四卷所言，是非常自由而獨立的。

§ 5.5.1　朝臣的愛情

　　《朝臣》第三卷對高尚愛情的探討包含許多細膩入微的心理觀察，但

71　*Il cortigiano*, L. II, fol. 53.

也許放到討論一般人性的那個部分更合適。此外，第四卷末尾還以極詩情畫意的筆調對理想的愛情大大歌頌了一番，這個部分實在與《朝臣》這本書所要探討的主題沒有關聯。儘管如此，這個部分仍與彼得・班博（Pieetro Bembo）的《雅索拉尼人》（*Gli Asolani*）一樣，在細膩刻劃與剖析情感的婉約流動上，展現出無與倫比的人文涵養（Bildung）。但是，這兩位作家所寫下的話語不應只從字面上來理解。值得注意的是，當時文化菁英的聚會裡，會出現如書中所述那樣的談話方式是無庸置疑的。這樣的談話並不只是為了體面，而是真的希望將自己的思想以高雅的形式表達出來。有關這個問題接下來繼續討論。

§ 5.5.2　超卓的才藝

朝臣要具備的外在才藝首推完美的騎馬技術。此外，還須具備一些其他的才藝——有些是在要求嚴格、國運承平不衰、而且鼓勵朝臣之間互相競爭高下的宮廷服務必須具備的，這種情形在義大利以外的地區是沒有的。然而，具備其他更多的才藝顯然是出於對一個難以概說的抽象觀念——也就是「個人的完成」（die individuelle Vollkommenheit）——的追求。朝臣必須熟稔各種高尚的遊戲娛樂，對各種跳躍運動（如跳水、跳高）、賽跑、游泳、摔角都要能駕輕就熟；更重要的是，他必須是個跳舞高手，此外，他也必須是個高雅的騎士。他還必須精通多種語言，至少要會義大利文與拉丁文；對好的文學作品要能如數家珍，也要懂得收藏好書；對好的藝術品應具備鑑賞力；在音樂方面，甚至必須能有相當程度的精湛演奏能力，但不要隨便亂出風頭。除了在練武習兵上要嚴謹慎從事外，上述種種又不要太當成正事來看。這些才藝會相互調節滋養，讓一個「絕對的個體」（das absolute Individuum）在自然而然的情況下孕育出來。對這個個體而言，並沒有哪一項特質是絕對高過其他項的。

§ 5.5.3　運動

我們可以明確地說，在各種高尚的運動以及高雅的社交禮儀方面，十六世紀的義大利人不僅在理論著述上領先歐洲，在實際的表現上，也足以成為歐洲其他地區的表率。在騎馬、擊劍、與舞蹈上，他們以有插圖的著述以及實際的教學來教育大眾。至於由軍事訓練以及單純遊戲轉化而來的體操，維特林諾（Vittorino da Feltre，參見§ 3.5.3）可能是最早開始教導這些項目的人，此後體操便成為比較有水準的教育訓練裡不可或缺的項目。在體操教導上尤其重要的是必須具有美感。當時體操課上些什麼，已無從得知。在體力訓練與體格鍛鍊外，還把姿態優雅視為體操課的訓練目標，這不只與義大利人著名的唯美思想有關，也可從當時留下來的文獻記載看出端倪。我們只須回想菲德里高·蒙特斐特公爵（Federigo da Montefeltro）曾經在傍晚帶領孩童玩遊戲，便可窺見一二了（參見§ 1.5.6）。

一般民眾從事的遊戲與比賽應與歐洲其他地區民眾所從事的沒有太大的差別。濱海的城鎮當然喜歡賽船比賽，而威尼斯的賽船競渡（regàta）在很早的時候就已經遠近馳名了[72]。眾所周知，最典型的義大利運動比賽是球類比賽，而這也在文藝復興時代被大大地推廣，因此比歐洲其他地區有更輝煌的成績。但此處無法就細節一一說明。

§ 5.5.4　音樂

接下來介紹一下文藝復興的音樂。約在1500年左右尼德蘭樂派（Niederlandish School）在作曲方面領先群倫，因為他們的藝術性與獨創性都有令人讚嘆的成就。但是義大利音樂亦不容小覷。無疑地，直覺上我們

72　Sansovino, *Venezia*, fol. 172, s.

今天對歐洲音樂的感受比較接近義大利音樂的特質。半世紀之後義大利誕生了一位音樂大師——帕雷斯翠納（Giovanni Pierluigi da Palestrina, 1525-94），他的影響力至今仍然無人能及。帕雷斯翠納被視為偉大的創新者，但是，究竟是誰踏下近世音樂語言的關鍵之步——是他？還是別人？——這個問題實非筆者這種門外漢可以說清楚的。因此，我們就不討論與作曲相關的歷史，下文將專注於探討音樂與當時社交生活的關係。

§ 5.5.5　樂器的多樣性

對文藝復興時代以及對義大利音樂最有象徵性的就是：樂團專業化、對新式樂器的追求、以及由此而來對精湛技藝的講究——也就是說，演奏者會選定自己專擅的演奏領域與樂器，並在其中力求出類拔萃。

比較早期的樂器裡，管風琴最能演奏出寬廣的音域和豐富的和聲[73]，因此流傳甚廣、也最早發展成熟。此外還有一種弦樂器稱為「有強弱音的古鍵琴」（gravicembalo）或「能發出強弱音的羽管鍵琴」（clavicembalo），十四世紀初這方面的製品還保存至今，因為其上有著名畫家所畫的裝飾圖畫。其他的樂器裡，小提琴最受歡迎，而且也已經出現聲名卓著的演奏大師。里奧十世（Leo X）擔任樞機主教時，家中便常邀請歌手與樂手來演出音樂，他本人也是一名深受推崇的音樂鑑賞家與演奏家。在他鼎力支持下，兩位猶太音樂家——喬凡・馬利亞（Giovan Maria）與雅各・聖塞孔多（Jacopo Sansecondo）——都變得相當知名。里奧十世甚至賜給喬凡・馬利亞「伯爵」（Graf）的稱號以及一座小城池[74]；雅各・聖塞孔多則據說被拉斐爾當成畫阿波羅（Apollo）的模特兒，畫入他的名畫《帕那薩斯》（*Parnassus*, 1509-1510，彩圖85）[75]之中。

---

73 〔譯者注〕管風琴約在250 B. C.問世，是世界上最大、氣勢最磅礡的樂器。
74 *Leonis vita anonyma*, bei Roscoe, ed. Bossi, XII, p. 171.

十六世紀陸陸續續出現了許多音樂名家。約在1580年代，婁瑪佐（Lomazzo）記載下聲樂、管風琴、弦琴、古希臘弦琴（Lyra）、古大提琴（viola da gamba）、豎琴、其特爾琴（Zither）、號角、與長號等各樂器前三名最傑出演奏家的名字，他還希望能親自將這些人的肖像畫在他們所演奏的樂器上[76]。這種從多元比較的觀點來鑑賞藝術精髓的新潮流，實在是當時歐洲其他地區望塵莫及的，儘管這些樂器也已經流通到歐洲各地了。

樂器種類之多，尤其可從當時人將樂器視為奇珍異寶加以收藏這件事上看出。在音樂氣氛濃厚的威尼斯[77]，也有許多人熱衷於典藏樂器。如果適逢不少演奏名家聚集在一起的時候，往往當場就開起音樂會。（曾有某個樂器博物館照著古書上的插圖與說明製造了許多仿古樂器，但這些樂器是否真能演奏、或聽起來音色效果如何，可惜文獻沒有記載。）此外，不要忽略一件事，這些值得珍藏的樂器有時整個被裝飾得相當富麗精巧。因此在一些收藏精緻藝術品的博物館裡，這些外觀精美的樂器也常被當作展示的奇珍異品。

§ 5.5.6 業餘愛好者團體

除了職業演奏家外，也還有對音樂充滿熱愛的個人、或私人組成的**業餘演奏**團體，他們通常會自組類似「學會」（Akademie）那樣的團體。許多視覺藝術家也精通音樂，而且往往具有高超的專業水準。

一般認為，身份地位比較高的人不適合吹奏管樂器[78]，理由與古希臘名將艾西拜亞得斯（Alcibiades, 450 B. C. ?-404 B. C.）與雅典娜女神

---

75 〔譯者注〕Parnassus原是希臘中部一座山的名稱（現代希臘文稱作´Oros Parnassós），是Apollo與Corycian山林小仙女相會之處。

76 Lomazzo, *Trattato dell'arte pittura*, etc., p. 347.

77 Sansovino, *Venezia*, fol. 138.

78 *Il cortigiano*, fol. 56；vgl. fol. 41.

（Pallas Athene）被這類樂器嚇到的原因是一樣的。高雅的社交聚會喜歡聽獨唱或是由小提琴伴奏的演唱，也喜歡弦樂四重奏；由於鋼琴音色變化豐富，所以鋼琴演奏也相當受到大家的喜愛。但是，高雅的社交聚會並不喜歡混聲合唱，「因為大家喜歡靜靜享受獨唱之美，也比較容易判斷優劣」。這也就是說，儘管演唱者事前事後總會客套地表示一下謙虛，但獨唱畢竟是展現個人才華的大好機會，所以大家也傾向於耳聽眼觀個別人才的精彩表演。由於俗見認為女性聽眾很容易在聆賞音樂後，對演出者產生傾慕之心，所以明白禁止年長的演出者參加有女性聽眾出席的演出，不管他們演奏得或唱得有多好。音樂演出者如果有好的體型外貌，可以使聽覺與視覺享受互相加分，就更容易得到大家的讚賞了。當時的樂壇還沒有將作曲視為完全獨立的分支；反之，有時會發生演唱者在歌詞中將自己悲慘的遭遇唱出來的情況[79]。

　　不管是上流社會還是中產階級，義大利**業餘音樂愛好者**的人數比歐洲其他地方來得多，而且他們的素養也比其他地方更接近專業演奏水準。在各種有關社交聚會的文獻記載中，我們很容易讀到對那次聚會裡演唱與音樂演出的詳盡報導。也有數百幅肖像畫是以一群人聚在一起彈奏音樂、或是手握弦琴為題來繪製的。在有關教堂題材的繪畫裡，也常見天使在奏樂。上述這些例子可以看出，畫家對於音樂演出生動活潑的場景十分熟悉。也有文獻記載，像是帕多瓦的弦琴演奏家安東尼・羅塔（Antonio Rota, 1549年過世）光靠教弦琴的鐘點費就發跡致富，而且他還出版了一本如何教授弦琴彈奏的書。

　　當時集各種樂壇奇才於一堂的歌劇還沒有興起，因此，樂壇的景象是百花爭放、百鳥齊鳴、各逞擅場。如果我們有機會重新回到當時音樂演出的現場來聆聽，我們會有什麼反應，那就不得而知了。

79　Bandello, Parte I, *Nov.* 26.

第六章
女性的地位

··

　　欲對文藝復興上層社會的社交生活有真正深入的認識，便要瞭解女性受到了**與男性相對等的禮遇**[80]。千萬不要被一些對話錄作者不時在書裡所說的誤導，他們總愛吹毛求疵、或是惡意地認為這些「天生尤物」生來本質上就是比較低下；或像是雅瑞歐斯特（Ludovico Ariosto）在他第三篇諷刺文章裡[81]將女性看成具有危險性的造物、是長不大的小孩，所以男人不只要學會駕馭她們、也要懂得與女人保持尊卑的距離。雅瑞歐斯特所說的，在某些層次上雖然有些道理，因為受過良好教育的女性與男人並沒有兩樣，所以婚姻的結合就無法共組所謂精神（或靈魂）的共同體，或是具有更高層次的兩性互補功能[82]，如後來在阿爾卑斯山北方知識菁英圈所達

80　〔譯者注〕反駁布氏論點的現代學術研究代表作參見：Joan Kelly (1977), "Did Women have a Renaissance?" 有關文藝復興女性生活以及與女性自覺意識相關的現代研究參見：Constance Jordan (1990), *Renaissance Feminism: Literary Texts and Political Models*; Margaret L. King (1991), *Women of the Renaissance*; 花亦芬，〈文藝復興時代歐洲女性感情生活的枷鎖〉，《歷史月刊》151（2000年8月），頁49-55。

81　寫給Annibale Maleguccio那一篇。

82　〔譯者注〕布氏此處所言應是根據柏拉圖（Plato）所謂尋找失落的另一半靈魂為出發點來論述。他認為理想的婚姻結合應是丈夫以男性氣概、妻子以溫柔婉約互相搭配互補，共創一個「完整的」共同生活基礎。這論點在下面第二段談到「婦女解放」的問題時，布氏再度以文藝復興人崇尚和諧完整的世界觀來闡述。

到的境界那般。

§ 5.6.1 男性化的教育內涵與詩歌創作

尤其重要的是，女性接受**高等人文教育**的水準與男性幾乎無分軒輊。讓女兒與兒子接受同樣的語文與文學教養，對義大利文藝復興時代的人而言，一點兒也不會讓人感到不對勁。因為在這個復興古典文化的時代裡，大家學著將眼光重新聚焦在現世生活上，所以希望女孩也能分享古典文化帶來的新世界觀（參見§3.6.2）。我們可以從君侯的女兒多麼流暢地說寫拉丁文這件事看出讓女子受教育的豐碩成果（參見§3.6.6, §3.8.2）。有些王侯之家的女兒至少需要隨著其他男性王室同輩上課，以便她們能對男生最喜歡談論的主題——古代文化——多少也有些了解。有些少女則加入每天創作短歌、十四行詩、與即興詩的練習，自十五世紀末威尼斯**女詩人**卡桑達・菲德烈（Cassandra Fedele）成名後，也有一群女詩人跟著享有成名的榮耀[83]。維多利亞・蔻隆納（Vittoria Colonna）甚至可稱為永垂不朽的女詩人。要證明上一段〔結尾〕的論斷並非向壁虛造，我們只須看看這些女詩人都是用男性的口吻發聲便知。這些女詩人在寫作情詩以及宗教詩篇時，筆調都相當堅決明確，與一般女性寫詩經常洋溢著幽微含蓄的半私密情愫、或沒有太多鍛鍊過的文筆功力明顯不同。若非作品有附上姓名，或是大家透過相關報導、或從一些蛛絲馬跡的線索上對這位女詩人有所認知，這些女詩人的作品常被誤認為是出自男性之手。

§ 5.6.2 個體性的完成

這些上層社會的女性由於接受了高等人文教育，所以也如男性般發展出相當獨立的**個體自主性**。反觀歐洲其他地區，直到宗教改革時代，女性

---

83 但是在視覺藝術創作上，女性的參與是極為稀少的。

——即便是女性統治者——也很少以完整獨立的自我形象出現在公眾場合[84]。至於少數的例外例如巴伐利亞的依撒柏（Isabeau of Bavaria, c. 1370-1435）、安茹王朝的瑪格麗特（Margarete of Anjou, 1429-82）、卡斯提爾的依撒貝拉（Isabella of Castile, 1451-1504）等人，都只能看成是罕見的特例。

而十五世紀義大利的君侯夫人——特別還有雇傭兵統帥的妻子——幾乎都有自己特殊的形象（彩圖86），所以也獲得了應有的臭名或美譽（參見§2.1.3）。接著在各領域也陸陸續續出現不少極具聲望的女性（參見§2.3.7），雖然她們是因兼具氣質、美貌、教養、婦德、信仰虔誠等令人讚賞的德行而獲得聲名[85]，但是強調一個人身上可以同時和諧地散發出各種不同的質性（ein völlig harmonisches Ganz），這也清楚表明積極爭取所謂「婦女解放」在當時是絕對不可能的，因為當時的世界觀不是這樣。

由此，我們亦可看出，當時有身分地位的女性也如同男性那樣努力追求完整、努力讓自我人格在各個層面都臻於完美。而能夠讓男性心智潛能發展達到登峰造極之境的訓練與涵養也一定適合女性採用仿效。人們並不期待女性積極參與文學創作或學術著述；至於女詩人，大家也比較喜歡從她們的詩作裡讀到一些對心靈強烈悸動的描寫，但不期待她們以日記或長篇小說的方式寫出特別私密的情感遇合。這些女性詩人寫作時不會想去迎合一般社會大眾的口味，她們真正要達到的目的是藉著肯定、讚賞有頭有臉的男人，好讓他們對她言聽計從[86]。

---

84 〔譯者注〕對布氏這個觀點的反思參見：花亦芬，〈跨越文藝復興女性畫像的格局——《蒙娜麗莎》的圖像源流與創新〉，《臺大文史哲學報》55 （2001 年 11 月），頁 77-130。

85 〔譯者注〕有關此課題的現代學術研究觀點參見 David Alan Brown et al. (2001), *Virtue & Beauty: Leonardo's Genevra de'Benci and Renaissance Portraits of Women.*

§ 5.6.3 女中豪傑

一般人對當時最有聲望的義大利女性所持的看法是：她們擁有男性的心靈（Geist）與性情（Gemüt）。我們只須讀英雄史詩裡所描述的「英雌」都是充滿大丈夫氣概的英勇表現——例如像柏雅多（Matteo Maria Bojardo）或雅瑞歐斯特（Ludovico Ariosto）詩作所述——就可以知道，當時人其實是以一種理想化的刻板印象來看傑出的女性。義大利文"virago"（女中豪傑、男人婆）一詞在我們今天聽來可能有些褒貶不一的雙關語意；但在文藝復興時代稱呼一位女性"virago"可是對她由衷的讚美。例如吉羅拉摩·理阿瑞歐（Girolamo Riario）的夫人凱瑟琳·史佛薩（Caterina Sforza, 1462-1509）[87]就對"virago"這個稱號當之無愧。她在丈夫過世後英勇地捍衛他在佛利（Forlì）遺留下來的領土，也為此與謀殺自己丈夫的敵黨作戰。她後來又使出渾身解數與凱撒·伯爾嘉（Cesare Borgia）對抗，雖然戰

Giovanni Cristoforo Romano，《依莎貝拉·艾斯特侯爵夫人銅幣造像》。
(*Cast bronze medal of Isabella d'Este, Marchioness of Mantua*).
1498. British Museum, London.
©2004. Photo Scala Florence/ HIP.

敗，但仍舊贏得同胞封給她「義大利頭號女強人」（la prima donna d'Italia）

86　Ant. Galateo, *epist*. 3, 寫給後來成為波蘭 Sigismund 國王的王后 Bona Sforza 的信。

87　〔譯者注〕有關 Caterina Sforza 的生平簡介參見：Carole Levin et al. (eds), *Extraordinary Women of the Medieval and Renaissance World: A Biographical Dictionary*, pp. 265-269.

的美譽[88]。同樣英勇的表現亦可見於文藝復興女性在各領域的傑出表現中
——儘管她們不一定都有機會將自己女中豪傑的一面淋漓盡致地揮灑出
來。約翰‧法蘭卻斯柯‧龔查加（Gian Francesco Gonzaga）侯爵的夫人依
莎貝拉‧艾斯特（Isabella d'Este）就相當清楚了展現自己這方面的長才
（參見§1.5.5）。

§ 5.6.4　女性在社交聚會的表現

這些傑出的女性當然也有可能在她們的聚會圈裡請人來講類似像邦德
羅（Matteo Bandello）所寫的那種猥瑣的傳說故事而不損自己的名譽。當
時這些傑出女性社交圈常見的氣氛不像今天如此女性化——也就是說，要
遵守特定的規矩、對某些默契或不可說破的事情要懂得心照不宣。當時講
究的是活力、美感以及對處處暗藏危機、命運隨時在轉折變動的當下充滿
自覺意識。因此，在儀態極度優雅的社交外表下潛藏著一些今天我們看來
傷風敗俗、不知檢點的事（Schamlosigkeit）[89]。如果我們不能了解這中間
互相糾纏的關係，就很難理解當時義大利那些呼風喚雨的女強人究竟如何
打開她們的一片天？

整體來說，當時的專門論著或對話錄對這類問題的討論並不多見，這
是可以想像的。反之，這些著作對女性的地位與能力，以及對女人的感情
世界倒是十分有興趣大談特談。

無法參與這些女性社交聚會的是年紀尚輕的少女[90]，她們不可隨便拋
頭露臉，即使她們從小不是在修道院被教養長大的。這些少女無法參加成

88　*Chron. venetum* bei Murat. XXIV, Col. 128.

89　仕女們在聽這些「麻辣」故事時的反應參見：Cortigiano, L. III, fol. 107; Bandello I, *Nov.* 44.

90　到英格蘭與尼德蘭旅行的義大利人看到自己可以與當地少女自由往來，心中所產生的讚嘆參見Bandello II, *Nov.* 42 and IV, *Nov.* 27.

年女性的聚會是否正是讓這些成年女性更不受拘束暢所欲言的原因？還是因為這些聚會談話的內容向來太過「麻辣」，所以年輕女孩只好被禁足參加？

§ 5.6.5　交際名花的才藝修養

與交際花的交往也逐漸蔚為風氣，這個情況頗像是想復興古代雅典人與高級名妓之間的交往。古羅馬著名的高級名妓茵沛瑞雅（Imperia）是一位極有內涵、也受過相當好人文薰陶的女性，她也曾向某個名叫坎帕納（Domenico Campana）的人學寫十四行詩；此外她也精通音律[91]。西班牙籍的美麗名妓伊撒貝拉・魯納（Isabella de Luna）至少可說是個相當風趣的婦人，雖然她卻也集心地善良與令人咋舌的惡意毀謗於一身[92]。在米蘭，邦德羅（Matteo Bandello）認識一位令人肅然起敬的藝妓凱塞琳・聖契爾索（Caterina di San Celso）[93]，她精於音律絲絃，也有極好的歌喉，並擅長吟詠詩篇等等。重要的是，這些有頭有臉、學養淵博的男人之來造訪這些交際名花、有時甚至跟她們同居一段時日，也是會要求她們必須要有一定水準以上的藝文素養。而著名的高級藝妓也會因為深具內涵而受到相當禮遇；即使與過去的寵妓不再來往，男人還是會牢牢記住她叮嚀過的忠告[94]，因為過去的戀情將被珍藏為生命重要的回憶。整體而言，這種以精神相互吸引為基礎的婚外男女關係並非可以攤在陽光下的婚外情，而通常詩文中為這種關係所留下的蛛絲馬跡大多又是比較負面的。

我們大概會覺得倒胃口，1490年──也就是在梅毒傳進歐洲之前[95]

91　Paul. Jov. *De rom. piscibus*, cap. 5; Bandello, Parte III, *Nov.* 42.

92　Bandello II, 51; IV, 16.

93　Bandello IV, 8.

94　Giraldi, *Hecatommithi* VI, Nov. 7.

95　〔譯者注〕傳統上認為，梅毒是1493年隨著哥倫布從美洲返回西班牙時帶回歐

——羅馬有6,800名藝妓[96]，但其中幾乎沒有一位稱得上略具才學。我們上面提到的那些才智出眾的交際名花都是後來才有的。想要對這些高級名妓的生活方式、道德觀與人生哲學有進一步瞭解——也就是想要明白她們那捉摸不定的享樂主義、唯利是圖、以及勾魂的激情，再加上年華逐漸老去時所表現出來的媚功與壞心眼——最好的文學作品應是喬凡尼·吉拉蒂（Giovanni Battista Giraldi, 1504-1537）在他的《愛卡托米提》（*Hecatommithi*）[97]序言所寫的短篇故事。彼得·阿瑞提諾（Pietro Aretino）在他的《言論集》（*Ragionamenti*）裡則專注於論述他個人〔對修女、已婚婦女以及藝妓〕的看法，較少從藝妓實際的生活狀況來著墨。

君侯的姿室已在上文討論君侯的生活時討論過，她們常是詩人與藝術家描述刻劃的對象（參見§1.5.13），因此，當代或後代的人對她們的情況與長相並不陌生。反之，阿爾卑斯山北方的愛麗斯·培瑞斯（Alice Perries），克拉拉·黛婷（Clara Dettin，巴伐利亞選侯「勝利者腓特烈一世」Friedrich der Siegreiche之妾）對我們而言，就只徒留一個名字而已；索芮（Agnes Sorel）更應只是一個傳說故事的人物。文藝復興時代法國國王如法蘭西斯一世（Francis I）與亨利二世（Henry II）的情婦則又是另一番風情。

<hr />

（續）————————

　　洲的，最早稱為「西班牙病」。有些現代醫學史家認為，梅毒會在歐洲肆虐，與公共浴池有相當大的關係。自古羅馬時代起，歐洲人便盛行到公共浴池洗浴，不潔淨的洗澡水因此成為梅毒散播的溫床。

96　*Infessura*, bei Eccard, *scriptores*, II, Col.1997.

97　〔譯者注〕*Hecatommithi*乃仿效薄伽丘《十日談》寫成，故事背景設定在1527年的「羅馬浩劫」。全書共含112個故事。第三個「十日週」（decade）所敘述的第七個故事是關於威尼斯一個摩爾人（Moor）的故事，後來成為莎士比亞寫作《奧塞羅》（*Othello*）依據的故事雛形。

第七章
家務

....

談完社交生活後，我們也應對文藝復興時代的家務操持（das Hauswesen）作一些探討。因為傳統習俗淪喪的關係，一般認為文藝復興時代的義大利人已經荒弛了家庭生活。本章就是要對這個問題進行討論。但筆者先要指出，婚姻不忠實對家庭生活產生的破壞在義大利並不像在阿爾卑斯山北方那麼嚴重，只要他們沒有逾越某些既有的規範。

§ 5.7.1　與中世紀的差別

中世紀的家務操持主要依循民間約定俗成的習尚，或者也可以說，是在一般民間與各種社會階層、各種貧富人家對不同生活方式的要求下，自然而然形成的。在騎士制度鼎盛時期，騎士是完全不碰家務的，他們的一生就只是在各個宮廷與戰場上度過。按照騎士制度的傳統習俗，騎士傾慕的女性是別的女人、而非自己的妻子[98]。當他們在家時，他們就只是發號施令，等著別人來服侍。文藝復興時代的人一開始也努力嘗試要將家務管理以符合藝術創作的條理與風格來進行。加上當時也興起了相當成熟的經濟理論（參見 § 1.8.4）與理性的居家建築設計，使得這個發展趨勢看起來似乎行得通。但由於大家不時對一家人如何共同生活在一起、小孩的教養、家居布置與佣人服侍等問題提出反思，因此無法形成有系統的共識。

98　〔譯者注〕與騎士傳統相關的 courtly love 參見：C. S. Lewis (1936), *The Allegory of Love: A Study in Medieval Tradition*.

§ 5.7.2　潘都爾菲尼

　　文藝復興時代在思索家務管理的問題上，最值得重視的成就是安尼歐羅・潘都爾菲尼（Agnolo Pandolfini，亡於1446年）所寫的《論持家》（*Trattato del governo della famiglia*）[99]。在這本書裡，安尼歐羅・潘都爾菲尼這位父親對自己已成年的兒子們談話，並將自己成功持家的金科玉律傳授給他們。在這本書裡，我們看到了因為懂得克勤克儉、過樸實的生活，所以一個龐大富裕的家業可以代代相傳，讓後代子孫源源不絕享有幸福富足。他們擁有龐大的田產，光靠收成農作物與豢養牲畜不僅足以供應全家人食用、而且也是這個家庭財富收入的基礎，可以讓他們進一步跨足到絲織業與羊毛紡織業等相關企業的經營。他們的住屋牢固堅實，飲食營養也均衡足夠。只要是與屋舍建築有關的，都講究寬敞、堅固、質感優良；但在屋中所過的日常生活則以簡樸為尚。與排場有關的所有事項——從體面人家不得不應付的各種捐獻開銷到小孩的零用錢——都強調應理性樽節開支，不要隨著世俗應酬的習俗起舞。

　　最必須重視的就是家庭教育。在這方面，一家之主不僅要重視小孩的教養，而且要注意這個家所有人的言行舉止都要有教養。他首先應讓自己的妻子從一個害羞腼腆、謹小慎微的少女脫胎換骨成可以落落大方指揮家僕的女主人。接著他應以溫和的方式教養兒子[100]，細心觀察他們的言行舉止，並循循善誘，「寧用威嚴而非暴力」。然後他也要依上述的原則挑選、對待管家與家僕，讓他們樂意成為忠實的僕人。

99　參見卷二注8。

100　有關體罰的歷史值得好好費心研究。從何時開始、透過什麼途徑，打小孩成為德意志家庭的家常便飯？這似乎是由來已久。相反地，在義大利，從很久以前就不再動手打七歲以上的小孩，參見：*Orlandino*, cap. VII, str. 42.

§ 5.7.3　鄉間別莊與生活

有一個課題雖然不是我們這本小書真正關心的主題，但文藝復興時代的人卻對此有著濃厚的興致，這也就是說，有文化教養的義大利人對鄉間生活充滿了熱愛。當時在阿爾卑斯山北方的貴族住在鄉間的山上城堡；有錢的修會則有自己設備良好、卻與世隔絕的修道院；最有錢的市民則整年都住在城裡。反之，在義大利，至少在某些都市附近的鄉間[101]，由於政治比較安定、治安也比較好，加上大家十分渴望住在鄉間，因此有錢的都市居民不顧戰爭時生命財產可能在鄉間蒙受的損失，開始熱衷在鄉下購置屋舍──也就是所謂的鄉間別莊（villa）。只要社會整體榮景與文化水準都保持在相當高的層次上，熱愛鄉間別莊可視為是從古羅馬文化學到的美事。

安尼歐羅・潘都爾菲尼（Agnolo Pandolfini）對自己在鄉間別莊過的日子感到相當幸福平安。我們來聽聽他在書中怎麼說。從經濟的觀點來看，鄉間別莊的生活幾乎可說是完全自給自足的生活：穀物、酒、油、牧場、森林，一切應有盡有，而且他願意為維持這些東西的出產付出較高的代價，因為這樣就不須外出採買了。但他在鄉間別莊覺得更棒的享受則是他在序言裡所寫的：

> 佛羅倫斯的郊區有許多別莊，這裡的空氣清新涼爽，風景開闊明朗，遠眺的景色十分宜人。這兒霧很少，吹過來的風不會帶著臭味，所有事物都讓人感到舒暢，水質也非常純淨、有益健康。這許多鄉間別莊有些蓋得像王侯的宮室、有些則像貴族的城堡，看起來十分富麗堂皇。

101　Giovanni Villani XI, 93 提到自十四世紀中葉起佛羅倫斯人所蓋的鄉間別莊就比城裡建築來得漂亮，顯見他們花費不少心思在這上頭。

在1529年佛羅倫斯人的捍衛戰爭裡，安尼歐羅‧潘都爾菲尼所提的這些
具有典範意義的鄉間別莊不幸大部分毀於一旦。

在佛羅倫斯這些鄉間別莊所舉行的社交聚會就像在布倫塔（Brenta）
河畔、在隆巴底（Lombardia）山區，在波希利（Posilipp）海濱、與拿波
里佛梅若（Vomero）山上的別莊所舉行的社交聚會一樣，都比在都市的豪
門巨宅所舉行的來得自在隨意，帶著怡人的鄉村風味。潘都爾菲尼也對別
莊主人如何殷勤款待親友同住、款待他們打獵與進行種種戶外活動寫下引
人入勝的描述。此外，最有思想內涵與最精粹的詩作也都是寫作者在鄉間
別莊寫出來的。

第八章
節慶

....

　　在有關社會生活的闡述上，將慶祝節慶的遊行與表演活動納入探討範圍，並非筆者自己率性為之。義大利文藝復興時代的節慶遊行與表演，藝術性之高、場面之盛大，只有可能在社會各階層都是城市居民共同體成員這個基礎上方能實現；這也是建構義大利社會的基礎。在阿爾卑斯山北方，修道院、宮廷、市民階層也像義大利一樣各有自己特別的節日與慶典，但是他們各自堅持依照自己的品味與想要的內容來進行。不像義大利，由於整個社會在人文藝術上具有較高的修養與品味，所以可以一齊打造高水準的節慶文化[102]。為這些節慶活動臨時搭建的裝飾性建築本身就是藝術史應特別處理的一章，儘管我們只能根據文獻史料的描述來想像其梗概。本章希望把節慶看成民間生活的一種高潮，透過節慶時可見的外在形式，看義大利人如何將宗教、倫理道德、與藝術理想融匯交織成具體的形式。高水準的義大利節慶演出可說是具體地將日常生活帶向藝術創作的境界。

§ 5.8.1　基本形式：神劇與遊行

　　從一開始、而且也是泛西歐地區一致的節慶表演有兩種最基本的形

----

102 〔譯者注〕有關文藝復興時代泛歐的節慶研究參見：Roy Strong (1984), *Art and Power: Renaissance Festivals 1450-1650*.

式，就是神劇（Mysterium）與遊行（Prozession）。神劇就是以戲劇方式來演聖徒故事或聖徒傳奇；遊行則是教會因各種理由所發起的華麗遊街活動。

基本上，原本義大利**神劇**的演出場面就明顯比較壯觀、次數也比較多，而且隨著造型藝術與詩詞創作的發展，更是講究品味格調。因此，不僅如同歐洲其他地區早期的發展一樣，神劇最早先與所謂的野台戲（Possen）分道揚鑣，接著又與世俗戲劇演出劃清界線；在義大利，神劇也在相當早的時候就與穿插歌唱演出的默劇以及芭蕾舞劇分道揚鑣。

義大利地勢較平坦的城市因有寬闊、而且路面鋪設極為良好的街道，所以一般用徒步的遊行活動逐漸發展為華麗盛裝的花車遊行（trionfo）。剛開始的時候，盛大的花車遊行都與宗教節慶有關，但後來也愈來愈往世俗化的方向發展。基督聖體節（Fronleichnam, Corpus Christi）的繞境遊行與狂歡節（Karneval, Carneval）的慶祝遊行同樣都是非常聲勢浩大，後來許多王侯的入城禮（Einzug）也都仿效它們。歐洲其他地區的民眾也一致認為，節慶遊行應盡可能將場面做到最好看。但是只有在義大利，大家是以創作精緻藝術的心情來設計規劃整個遊行行列，以便能呈現出完美的整體效果。

可惜這些節慶表演活動至今只剩下一些零碎的殘留。不管是教會或是世俗貴族的慶典遊行都不再有那麼戲劇化的演出效果，也不再有那些令人驚艷的化妝打扮，因為大家都怕會被取笑竟然還在搞這些玩意！而有文化涵養的階層過去是為這些演出的成功盡心盡力在奉獻，現在也因種種原因不再對這類活動感興趣了。即使是過去盛大的狂歡節面具遊行，現在也不時興了。從今天還可見到的──例如某些兄弟會帶著特定神職人員的面具繞境遊行，或帕勒摩（Palermo）在主保女聖徒羅莎莉雅（St. Rosalia）紀念日的盛大遊行──就可讓人看出，高級知識份子已經對這些節慶活動保持非常遙遠的距離了。

直到十五世紀，具有近世風貌的節慶演出才臻於完美之境[103]，佛羅倫斯尤屬箇中翹楚。因為在佛羅倫斯大家從很早以前就以區域分工的方式來規劃全城演出的各種事宜。想要獲得一個場面浩大、極盡炫麗的整體演出，這樣的區域分工是最基本的前提。例如，在1304年5月1日，亞諾河（Arno）上架起了大戲台，上演有關地獄的戲劇。演員就在舞台上與行在河上的船裡穿梭演出，結果讓觀眾聚集過多的卡拉雅橋（Ponte alla Carraja）因承載不了過重的壓力而坍塌下來。此後，佛羅倫斯人便因籌畫節慶演出出名，在義大利各地到處受邀擔任「慶典規畫師」（festaiuoli）。從這裡我們不難看出，節慶演出在佛羅倫斯甚早就達到成熟的境界。

§5.8.2　相較於歐洲其他地區的優勢

如果要簡短說明義大利在節慶表演上有什麼地方勝過歐洲其他地區的，首先要提出的就是，義大利人具有成熟的個人主體意識，知道在節慶活動上，如何完整地將個人風格展露出來。這也就是說，義大利人具有良好的能力來設計一個風格獨具的面具、或知道該如何選擇自己想要的面具來佩戴、也能將自己戴上面具後的角色扮演出來。當城市要舉辦節慶活動時，雕塑家與畫家不只幫忙裝飾城市外觀，他們也提供幫顧客裝扮打點的服務——他們設計戲服、幫忙化妝，也提供其他道具。第二就是全體居民具有水準不錯的詩詞造詣。全歐民眾對神劇演出的內容都知之甚詳，因為聖經故事或聖徒傳奇是大家相當熟稔的。但除此之外，義大利民眾所擁有的文學素養就非其他歐洲人民可以望其項背。義大利演出的神劇往往讓聖徒、或具有高尚人格的平信徒吟詠聲韻優美的詩歌，這些詩歌的內容聽了會讓所有觀眾——不論陽春白雪、下里巴人——都為之動容。而在都市裡的演出還會加上古典神話人物，大部分觀眾也都看得懂。這些都市觀眾因

103　Gio. Villani, VIII, 70.

為接受了不錯的教育，因此對這些神話人物寓含的道德意義與歷史意義都比歐洲其他地區知道得多。

§ 5.8.3　文學與藝術裡的寓意象徵

有關「寓意象徵」（Allegorie, allegory）這個專有名詞，我們須要進一步加以解說。整個中世紀可說是一個用滿含宗教寓意眼光看待世界的時代（die Zeit des Allegorisierens）。神學和哲學將自己視為獨立領域，而詩歌和藝術則對人物鮮明性格的刻劃仍然停留在輕描淡寫的階段。在這個部分，西方各國（das Okzident）的情況幾無二致。所以在他們共有的思維世界裡，可以塑造各種隱喻象徵來表達深遠的寓意內涵。只是這些具有隱喻意義的形象常披上一層難以捉摸、不是普通人一下子就可以猜得透的外衣。這種情況也常發生在義大利，甚至在文藝復興時代以及接下來的時代也一直如此。寓意象徵難以解讀，自然會導致理解錯誤，例如只要某個象徵符號裡某個指示性的元素被誤讀，就可能造成對整個象徵符號寓意的誤解。這種誤讀的情況甚至也曾發生在但丁身上。而他在自己作品裡所運用的象徵符號也是出了名的晦澀難懂[104]。相較之下，在佩托拉克的作品《凱旋》裡，代表「愛」、「貞潔」、「死亡」、「名聲」等抽象概念的象徵符號就清晰易懂多了，即使有時佩托拉克只是簡潔地點出它們所象徵的意義。

在文西圭拉（Vinciguerra）所寫的諷刺文章裡[105]，象徵「嫉妒」的人有著一口獐牙厲齒（參見彩圖87）；象徵「貪食無厭」的人會咬到自己的嘴唇，而且還有一頭蓬鬆的亂髮。為何會用這樣的形象來刻劃「貪食無厭」的人，應該是想藉此表示這個人除了對吃感興趣以外，對其他事情毫不在乎。當然，如果許多寓意象徵符號都像上述的情況須要絞盡腦汁才猜得出

104　*Inferno* IX, 61; *Purgat.* VIII, 19
105　*Poesie satiriche*, ed. Milan. p. 70, s. 約寫於十五世紀末。

來、有時候卻又很容易猜錯，視覺藝術必須面臨的問題可真是不少，但這方面筆者就不再繼續深究。但是，當視覺藝術像詩歌一樣，可以藉著古典神話裡既有的人物來作寓意象徵，例如，用戰神馬爾斯（Mars）象徵戰爭，黛安娜女神（Diana）象徵喜愛打獵，那就是相當省力、而且不會引起錯亂的了。

後來在造形藝術與詩歌作品裡出現了塑造得比較成功的寓意象徵人物（Allegorien），而這些人物也被採用為義大利節慶演出時的登場人物。這個現象至少讓我們看出，一般觀眾要求應將藝術品裡的寓意象徵人物／符號以清楚易懂、說明力強的方式呈現出來，因為這樣他們才能夠根據自己接受過的國民教育內容來明瞭這些象徵符號究竟所指為何[106]？在義大利以外的地區——尤其在勃根底（Burgundy）宮廷藝術裡——還是常見到晦澀難懂的寓意象徵人物，有時甚至就只是充當一些抽象概念的象徵而已。因為藝術在那些地方還被視為上流社會炫耀身分地位的專屬物，因此充滿了個人專屬、具有濃厚私密寓意內涵的象徵符號。1453年，在著名的戲劇「雉雞誓言」（*Fasanengelübde*）的演出裡[107]，那位年輕美麗的女騎士扮作「快樂之后」繞行全場，那是唯一令人覺得塑造得還算成功的寓意人物。而那用各種機關與活人裝飾出來的巨大宴會擺設，如果不是純粹為了好玩而設計，就是勉強湊合出一些與道德教化相關的陳腔濫調來應付場面。在餐檯後面有一尊雕像是一位正在照顧一頭獅子的裸女。觀者被要求將這一尊雕像與未來君士坦丁堡的解救者——勃根底公爵——聯想在一起。這齣戲除了後來一段默劇表演希臘神話人物雅松（Jason）在可爾濟斯（Kolchis）

106　〔譯者注〕布氏在此對寓意象徵人物／符號（allegory）的闡釋可視為他對十九世紀歷史主義（Historicism）繪畫所持的見解。由此也可看出布氏雖然一方面疾呼提高普羅大眾的人文藝術涵養；一方面卻也認為藝術創作應回歸社會大眾可以共感、共享的溝通層次，才能真正創造出屬於全體國民的「精緻藝術」。

107　正確應是 1454 年，參較 Olivier de la Marche, *Mémoires*, chap. 29.

的遭遇還讓人覺得一目瞭然外，真可說要嘛是寓意太過高深莫測，不然就真的是胡搞瞎搞了。為我們記載下這齣戲演出經過的歐立維爾（Olivier），自己在戲中演出象徵「教會」的寓意人物，當時他坐在一個被巨人牽著的大象背上所載的寶塔裡，唱著一首冗長、悲嘆異教徒竟然得勝的哀歌。

§ 5.8.4 具有歷史文化代表性意義的象徵符號

不論就品味或彼此的關聯來看，在寓意象徵符號創造上，儘管義大利詩歌、藝術創作或節慶演出的整體成就的確比歐洲其他地區來得高，但這仍不是義大利文化最值得驕傲的成就。在寓意象徵人物／符號的創造上，義大利文化真正可以傲視歐洲的是，在一般抽象觀念擬人化符號（die Personifikationen des Allgemeinen）的塑造外，義大利人[108] 還為一般抽象觀念創造出許許多多具有歷史文化價值感的象徵符號（historische Repräsentanten des Allgemeinen），因為大家對文學作品以及造形藝術品裡許多具有個人特質的著名人物都知之甚詳。《神曲》、佩托拉克的《凱旋》（Trionfi）、薄伽丘的《愛的異象》（L'amorosa visione, 1342-43）都是建構起上述成就的經典名著。此外，透過人文教育的普及，整個社會對古典文化相當熟稔，也使得特定歷史文化人物具有普世象徵意義的符號溝通潛力[109]。在此發展下，在節慶遊行行列中，這些具有歷史文化價值的擬人

108　指的是開創這些新方向的重量級文學家與藝術家。

109　〔譯者注〕布氏的意思也就是說，在中古時代，歐洲共有的思想文化溝通基礎是聖經故事與聖徒傳記（legenda），如果要跳脫這個宗教範疇、另創新的符號來象徵一些普世的、或一般性的概念（例如「愛」、「名聲」、「貪吃」、「戰爭」等等），常會陷入晦澀難懂或是充滿一般人不易領會的個人私密意義。但是，義大利文藝復興文化成功地跳脫基督教文化的限制，透過義大利文學與藝術經典名作的廣泛流行，創造出另一種泛義大利／泛歐共同的文化遺產（即思想文化意念表達的溝通基礎）。這也就是說，這些文學名著或藝術名作裡的人物頗類似聖經故事人物與基督教聖徒，是大家耳熟能詳、一說就知的。藉著民族文學／民族藝術的創新成就，再加上對古典希羅文化的熟稔，遂使義大利文

化象徵符號往往以極具個人特質的裝扮出現在眾人面前、或至少擔任象徵某個特定寓意之團隊的首席代表。透過這樣的遊行，義大利人也學會如何編排集體行動的藝術。相較之下，在阿爾卑斯山北方，在場面極為華麗盛大的節慶演出中，通常看到的就是一些讓人摸不著頭腦的寓意象徵人物以及裝扮豔麗、純粹胡鬧的插科打諢亂無章法地被拼湊在一起。

§5.8.5　神劇的演出

現在讓我們談談也許是歷史最悠久的節慶演出——神劇(Mysterium)[110]。神劇在整個歐洲發展的經過大致相同。演出神劇時，通常會在公共廣場、教堂、修道院迴廊環繞出的中庭架起大型鷹架，上層是可以上下自由移動的天堂，最下層是地獄，中間則是真正演出戲劇的舞台。劇情以在塵世所發生的一幕接一幕的故事為主。這些以聖經或聖徒生平故事為題材的戲劇也常以某位使徒、早期教父、先知或女先知所說的話當作深具神學意涵的開場白和七種基本德行的教誨，結尾則依劇情需要來上一段舞蹈。義大利戲劇還喜歡在換幕的空檔由配角主演略帶詼諧的幕間串場秀，這也是阿爾卑斯山北方還不太敢的[111]。用機器來升降天堂與地獄的布景是當時義大利神劇最讓觀眾嘖嘖稱奇之處，顯然在義大利這種大膽嘗試的技術是遙遙領先的。因為在十四世紀佛羅倫斯的文獻就可讀到，如果在更換場景時，機器頻出狀況，是會被大家取笑的[112]。

不久後，布魯內斯其（Filippo Brunelleschi）於天使報喜節

（續）——————

藝復興文化在具有「歷史文化」代表性意義的象徵符號創造上（vs.基督教普世意義象徵符號）有相當亮麗的貢獻。

110　Bartol. Gamba, *Notizie intorno alle opera di Feo Belcari*, Milano 1808，尤其是導論的部分。

111　Della Valle, *Lettere sansei*, III, p. 53.

112　Vasari, *Le Vite*, "Vita di Brunelleschi," "Vita di Cecca," "Vita di Don Bartolommeo".

（Annunziatenfest；Annunciation）[113]那天在佛羅倫斯聖菲利卻廣場
（Piazza S. Felice）架起了一整套令人嘆為觀止的舞台布景設備，上有一個
代表天體的圓球被兩圈天使團團圍繞，而天使迦百利（Gabriel）則從一個
杏仁狀[114]的升降器緩緩飛翔下來。另有一個舞台工程師権卡（Cecca）也
在類似的節日運用了類似的構想與布景機械裝置。富有宗教性質的兄弟會
或各區教會負責這些演出的準備事宜，有時他們也必須親自上場擔綱某些
角色。至少在大城市裡，兄弟會或各區教會也必須根據自己的財力分擔神
劇演出的花費、並安排所有演出籌備事宜。同樣地，在當地統治君侯舉行
的盛大慶典上，如果在世俗主題的戲劇表演外還有神劇演出，那麼情況就
跟上面所言相同，也須由各兄弟會與地區教會負責所有籌辦與經費問題。
樞機主教彼得・理阿瑞歐（Pietro Riario）的宮廷（參見§1.11.4）、斐拉
拉的宮廷等當然也少不了這些讓人看了目瞪口呆的華麗神劇演出[115]。

　　我們真該好好想像一下當時的舞台設計多麼「炫」！演員的戲服多麼
華麗！而舞台布景則將當時大家對建築最美妙的想像與裝飾表現出來，也
還有許多花草點綴與富麗堂皇的壁毯。當然，背景還以某個大城市中心廣
場上可以見到的豪門巨宅、或是某個宮廷建築內部明亮寬敞有大柱子支撐
的大廳、或是某個大修道院裡的庭院為範本，讓觀眾欣賞到非常壯觀闊氣
的景象。

　　但是，就像世俗戲劇因過度講究這些華麗的布景而折損了戲劇演出本
身應受到的重視，神劇也因過度誇張這些布景排場，以致使得戲劇本身的
文學價值無法進一步提升。在現存的劇本裡，我們只能在斷簡殘篇中讀到
一些零星深富詩意、修辭優美的對話，但卻看不到一種氣勢磅礴、充滿戲

---

113 〔譯者注〕3月25日是佛羅倫斯曆的元旦。
114 〔譯者注〕代表基督教藝術裡的mandorla.
115 *Arch. stor.* Append. II, p. 310.

劇象徵張力的作品，如西班牙劇作家卡得隆（Pedro Calderón de la Barca, 1600-81）所寫的宗教劇那樣令人盪氣迴腸的傑作。

　　因此，反而是在比較小的城市、或道具布景無法如此講究的地方可以看到神劇在觀眾的心靈產生比較大的影響。例如，曾有一位偉大的勸人懺悔佈道家（Bußrediger）──就是我們上一篇提過的那位羅伯特‧蕾榷（Roberto da Lecce）──於1448年瘟疫在佩魯加（Perugia）肆虐時，在耶穌受難日那天以耶穌受難（Passion）神劇來結束他整個四旬齋（Lent）的佈道[116]。雖然參加演出的演員人數不多，但全場觀眾卻泣不成聲。當然，要達到這樣的演出效果需要懂得運用一些賺人熱淚的技巧，例如，在演耶穌受難這類題材時，就要運用讓人感同身受其苦楚的寫實手法。這與西耶納籍的畫家馬鐵歐（Matteo da Siena）所畫的耶穌受難像、或圭多‧瑪佐尼（Guido Mazzoni，彩圖88）所做的陶塑受難像一樣，耶穌的身體佈滿了鞭傷，而右邊肋膀被槍刺進的傷口則鮮血直流[117]。

　　除了重要的宗教節日或君侯之家有嫁娶喜事外，會上演神劇的原因各不相同。例如，當西耶納的柏那迪諾（Bernadino da Siena）於1450年被教宗冊封為聖徒時，西耶納大概就在市中心廣場擺流水席招待全城的人；並以戲劇演出的方式將教廷的封聖大典重現出來（rappresentazione）[118]。有時，某位修士也會以演出該城主保聖徒生平故事的方式來慶祝自己獲取神學博士的榮銜[119]。當法王查理八世還不算真正踏進義大利境內時，薩芙伊（Savoy）孀居的公爵夫人布蘭卡（Blanca）便在杜林（Turin）以半宗教性質的默劇歡迎他大駕光臨[120]。這齣默劇最先上場的是代表「自然律」的田

116　Graziani, *Cronaca di Perugia, Arch. stor.* XVI, I, p. 598.

117　Pii II, *comment.*, L. VIII, pp. 383 & 386.

118　Allegretto, *Diarî sansei*, bei Murat. XXIII, Col. 767.

119　Matarazzo, *Arch. stor.* XVI, II, p. 36.

120　*Vergier d'honneur* bei Roscoe, *Leone X*, ed. Bossi, I, p. 220 and III, p. 263.

園牧歌景象，然後是代表舊約列祖的行列出場，他們代表「恩典律」，接下來是與亞瑟王（King Arthur）的第一騎士藍斯洛特（Lancelot）相關的歷險故事，最後是有關雅典的故事。後來當查理八世才駕臨契耶利（Chieri）時，大家也準備了一場默劇要招待他，演的是「坐月子時卻逢貴賓駕臨的婦人」。

§ 5.8.6 維特波的基督聖體節

對所有教會而言，最需費心好好準備的節慶莫過於基督聖體節（Fronleichnamsfest; Corpus Christi）。西班牙甚至有一種特別形式的詩是專為慶祝該節日而新創的。在義大利，至少我們可以讀到，有關1462年教宗庇護二世（Pope Pius II）在維特波 （Viterbo）主持盛大的基督聖體節慶祝活動之文獻紀錄[121]。聖體遊行的行列是從聖方濟教堂前一個裝飾得極為華麗的大帳棚出發，一路沿著主要大街往主教座堂方向走，不過這是這個慶祝活動裡最單純的一部分（不摻雜其他成分）。接下來樞機主教與富有的高級教卿又將整個遊行路程分成好幾段，他們不僅分別負責提供每一段活動所需的遮陽棚、裝飾用的華麗壁毯與花環等用品[122]，也需要負責搭建各路段所需的活動舞台。當遊行隊伍經過時，還可以看到舞台上正在演出歷史短劇或教義寓言劇。從相關的報導上我們無法斷定所有演出的人物是否都是由真人演出，還是夾雜了一些穿著真人衣服的假人？總之，整個排場是非常盛大的。大家看到舞台上唱著讚美詩的小天使圍著正在受難的基督；士林哲學泰斗聖阿奎那（Thomas Aquinas）也在最後的晚餐行列裡；天使長聖米迦勒（St. Michael）正在與惡龍搏鬥；滿池象徵基督寶血的葡

---

121 *Pii II Comment.*, L. VIII, p. 382, s. 類似如此盛大的基督聖體節遊行紀錄可見 1492 年的記載，收錄於：Bursellis, *Annal. Bonon.*, bei Murat. XXIII, Col. 911.

122 這種場面真可稱之為「沒有任何牆面是空白在那邊的」（Nulla di muro si potea vedere）。

萄酒與成群唱著聖詩的天使。在基督的墓前也演出整個復活的經過。最後在主教座堂前的廣場上，大家看到聖母的墓，在大彌撒與祝禱儀式後，墓門被打開，聖母的身軀在天使的歌詠護持下，緩緩昇到天庭，在那兒基督為她加冕，並引導她到永恆的天父座前。

在主要大街的慶祝活動裡，最值得注意的是教廷副國務卿——樞機主教羅德理哥‧伯爾嘉（Roderigo Borgia），也就是後來的教宗亞歷山大六世（Pope Alexander VI）——主持的部分排場非常壯觀，但戲劇演出本身則充滿晦澀難懂的寓意。此外，當時開始流行用**鳴放響砲**的方式來慶祝，[123] 尤其這是伯爾嘉家族最喜歡的。

我們簡短地談一下同一年在羅馬教宗庇護二世為慶祝自希臘獲得耶穌十二使徒之一安得烈（St. Andrew）的頭蓋骨遺骸而舉行的遊行。在這個活動裡，羅德理哥‧伯爾嘉主持的部分也是同樣排場特別大。此外，這個遊行還帶有一些世俗味道，因為除了唱聖詩的天使外，還有人以戴面具的方式來代表大力士赫丘理斯（Hercules），這讓整場遊行看起來有點兒像運動競技演出。

§ 5.8.7　世俗題材的戲劇演出

在王侯宮廷裡，純粹世俗、或主要是世俗題材的戲劇演出，講究的是高格調的壯觀場面。戲劇內容將古典神話與基督教道德寓意融合起來，在觀眾可以賞心悅目欣賞、對內涵又能心領神會的情況下盡情發揮，但是荒誕誇張之處亦隨處可見。有龐然大物的巨獸從牠體內跑出一大群戴面具的人。例如，1465年西耶納（Siena）接待一位君侯[124]，就有十二位芭蕾舞

123　在 Sixtus IV 任內鳴放響炮的記載見：Jac. Volaterran., bei Murat. XXIII, Col. 134 & 139.

124　*Allegretto*, bei Murat. XXIII, Col. 772.

者從一隻金色母狼嘴裡跳了出來；勃根底（Burgundy）宮廷宴會上（參見
§5.8.3）也用那些壯盛的──如果不說大而無當的──人物來點綴。但整
體而言，大部分都還具有相當的藝術水準與文學格調。斐拉拉（Ferrara）
宮廷的戲劇演出將舞台劇與默劇結合在一起，這在上文提到詩歌時已闡述
過（參見§4.5.9）。而馳名海內外的慶典演出則以1473年樞機主教彼得‧
理阿瑞歐（Pietro Riario）在羅馬為迎接路經此地的亞拉岡公主麗雅諾拉
（Leonora of Aragon, 1450-93）[125]而安排的種種戲劇表演最受大家稱道。麗
雅諾拉公主當時經過羅馬是要去斐拉拉與艾爾柯雷（Ercole）王儲完婚。

　　在神劇方面，這些馳名的戲劇演出仍與基督教教義有關；而默劇則以
古典神話為主，例如，奧爾菲烏斯（Orpheus）與許多野生動物在一起，
伯爾修斯（Perseus）與安德美達（Andromeda）在一起，卻瑞斯（Ceres）
的座車由一隻毒龍拖著、而酒神巴庫斯（Bacchus）與雅瑞阿內（Ariane）
的座車則由豹拉著，最後又演到阿基利士（Achilles）是怎樣被教養長大
的，接著再來上一段遠古時代著名的戀人之舞，還加上許多山林小仙女在
旁翩翩起舞。接下來插入人手馬身怪獸（centauers）的劫掠突襲，最後還
好被赫丘理斯（Hercules）制伏，驅趕出去。有一件小事，雖小但卻充滿
當時的時代特色，值得在此順便一提：所有為節慶演出而設計的布景，不
論在壁龕、柱上或凱旋門上的人物，都是以真人充當，但最後他們都會以
歌唱或朗誦詩文的方式讓大家看到他們的真面目，因為他們都還以天然膚
色與正常衣著現身，所以並不顯得突兀。但在彼得‧理阿瑞歐樞機主教的
廳堂裡，卻可看到有一個全身上下塗滿金粉、活生生的小孩，他從一個噴
泉取水向自己身體四周灑去[126]。

125　Corio, fol. 417, s.; Infessura, bei Eccard, *script.* II, Col.1896; *Strozii poetae*, p. 193.
126　Vasari, *Le Vite*, "Vita di Puntormo."

§ 5.8.8　默劇與迎接君侯的儀式

　　另一個令人感到絢麗奪目的默劇是在**波隆那**（Bologna），當安尼巴列・班提佛吉歐（Annibale Bentivoglio）與艾斯特王室的露葵琪雅（Lucrezia d'Este）[127]成婚時演出的。當黛安娜女神身邊的小仙女最美的一位飛向掌管婚姻的朱諾女神（Juno Pronuba），以及當維納斯與一頭由真人假扮的獅子在一群野人中跳芭蕾舞時，是以合唱團的歌唱取代樂團的伴奏。而舞台布景布置得像是真正的小樹林。1491年威尼斯為了迎接艾斯特王室的女眷[128]，特別派出威尼斯總督在慶祝威尼斯與亞德里亞海聯婚典禮所搭乘的船（bucintòro）來迎接他們，同時還舉辦賽船、以及在總督宮殿的大廳演出「梅蕾阿傑」（Meleager）默劇來款待他們。

　　米蘭宮廷與其他王宮貴族家裡的節慶演出則由**達文西**（Leonardo da Vinci）負責統籌[129]。1489年，達文西設計了一個可與布魯內斯其（Filippo Brunelleschi）互比高下的舞台布景機（參見§5.8.5），其巨碩的體積可讓整個天體隨時自由轉動。每當有一個星體接近那位年輕公爵的新娘依莎貝拉（Isabella）時，代表那個星體的神祇就會從天體圓球裡踏出來[130]，唱著宮廷詩人貝林裘尼（Bellincioni）所寫的詩。1493年，在另一個慶典上，米蘭公爵法蘭卻斯柯・史佛薩（Francesco Sforza）騎馬像的模型與其他東西一起浩浩蕩蕩被運往城堡廣場（Kastellplatz）上的凱旋門下面。從瓦撒利（Vasari）的記載我們可以進一步得知，達文西為了歡迎法國國王

127　Phil. Beroaldi orationes; nuptiae Bentivoleae.

128　M. Anton. Sabellici, *Epist*. L.III, fol.17.

129　Amoretti, *Memorie etc. su Lionardi da Vinci,* p. 38, s.

130　由此可看出當時的占星學如何侵入節慶活動的演出內容，這也見於Ferrara以及 Mantova所舉辦的婚禮慶祝活動上，參見：*Diario Ferrarese*, bei Muratori XXIV, Col. 248, ad a.1473. Col. 282, ad a. 1491. 有關曼圖阿的部分參見*Arcbh. stor*. append. II, p. 233.

成為米蘭統治者，還特別設計許多創意十足的器械。

　　規模較小的城市對於世俗慶典的籌辦也是煞費苦心。1453年，斐拉拉的博爾索（Borso d'Este）公爵（參見§ 1.5.11）到芮喬（Reggio）接受大家對他的致敬[131]，當時芮喬的人就在城門擺了一個體積碩大的機器，上有芮喬的主保聖徒聖普羅斯裴洛（St. Prospero）飛翔在半空中，聖徒的頭頂是天使撐起的華蓋（Baldachin），聖徒腳下是一個由八位奏樂天使轉動的圓盤。其中兩位天使向聖普羅斯裴洛懇求這個城的鑰匙與權杖，以將這兩樣該城最高權力象徵物獻給博爾索公爵。接著有一個用一匹被遮蓋住的馬所牽曳的舞台，舞台上是一個沒有人坐的寶座，寶座的後面站著正義女神（Justitia）與服侍她的小天使，舞台的四個角是四個年高德劭的立法者，由六位手執旗幟的天使圍繞著。舞台的兩旁是身穿鎧甲的騎士，他們手上也舉著旗幟。不用說，小天使和正義女神不會不發表一些談話就讓博爾索公爵走過去的。第二輛車應該是由一隻獨角獸所拖曳，坐在這輛車上的是手持燃燒火炬的博愛女神（Caritas）。在這兩輛車中間還夾著一輛人躲在裡面推動的古典「海船車」。這一輛船型車和另外兩輛含有寓意象徵的車輛載著博爾索公爵往前行，但行到聖彼得教堂前就停了下來。圓形的光環裡有一位扮作聖彼得的人與兩位天使從教堂大門緩緩飛到博爾索公爵面前，為他帶上桂冠，然後才又緩緩飛上天[132]。在這裡，大家還可以看到由教會神職人員精心佈置的另一個深具教義寓意的裝置，也就是在兩個高高的柱子上各站一位代表「偶像崇拜」與「正信的信仰」的寓意人物。在「正信的信仰」後面站著一位美麗少女，當她一開口向大家問安時，「偶像崇拜」那根柱子與其上的人偶便應聲倒下。接下來便看到「凱撒」與象徵七基德的七位美女在歡迎博爾索公爵，因為他曾努力追求過這七種基本

131　*Annal. Estens.* bei Murat. XX, Col. 468, s.

132　文獻記載，這整個升降裝置完全以草葉花朵遮飾。

美德。最後，大家抵達主教座堂做完彌撒後，博爾索公爵便走到外面的廣場上，坐在一個高置的金黃寶座上，而前面提過這些裝扮成各種寓意象徵的人物又再一次向他表達歡迎之意。歡迎儀式的最後，是由三位從鄰近建築物飛下來的天使，他們在優美的歌聲裡，將象徵和平的棕櫚樹枝獻給博爾索公爵。

§ 5.8.9　遊行與教會的盛大遊街活動

接下來讓我們看看以**遊行**本身為主的慶典活動。

無庸置疑地，自中世紀早期開始，教會舉辦的遊行繞境活動就有化妝遊行的習慣。小天使們陪著聖餐時所舉的聖體、從聖壇上取下的聖像、以及聖徒遺骸與遺物遊街。此外，也有演出耶穌受難記的演員——例如背著十字架的耶穌基督、與耶穌同釘十字架的兩名罪犯、十字架下的士兵、以及那幾位對耶穌不離不棄的女性門徒——一齊走在遊行行列中。在很早的時候，教會就將重要的宗教節慶與繞境遊行結合在一起，當時所從事的方式其實包含相當多世俗慶典的元素在裡面。尤其值得注意的是從上古文化沿襲而來的「海船車」（carrus navalis）[133]。如上文舉過的例子所言，在不同的慶典可以見到許多不同樣式的「海船車」，而這個名稱正與「狂歡節」會被稱為"carnival"密切相關[134]。這樣的「海船車」當然會被裝點到極為

133　其實原來的應稱為「艾西絲船」（Isis-ship）因為這是源自古埃及於每年3月5日慶祝春天來臨的節日。
　　〔譯者加注〕Isis為埃及宗教裡的神祇Osiris之妻，在她丈夫被謀殺後，她將他的屍塊縫合起來，在葬禮上傷痛地哀悼亡夫，並藉助法術使他重新復活；由於Isis與Osiris之子Horus原為天神，因此Isis逐漸被轉化為神之母（Mother of God）。3月5日這一天，埃及人會用馬車載著一艘「伊西絲船」遊街，往海的方向走去，後面跟著唱隊伍、帶面具的人、以及拿著神祇權杖的祭司。到了海邊，「伊西絲船」便被送入海中，遊行的人群則走回神廟舉行各種慶祝活動。

134　〔譯者注〕"carnival"的字源很難斷定，也有人認為這是源自拉丁文的"carnem levare"或是"carnelevarium," 亦即把肉食拿走、不吃肉食的意思。

華麗，以吸引大家的目光——雖然不會再有人去留意它原來的意涵為何？
當英格蘭的伊莎貝拉（Isabella）和她的夫婿腓特烈二世（Frederick II）在
科隆（Köln）會面時，便有許多神職人員坐在這種由布幕蓋住的馬所拉牽
的「海船車」上奏樂。

　　當然，教會的遊行不能只靠這些炫目的門面來裝飾，遊行也仰賴那些
化妝打扮成各種宗教人物的參與者來支撐場面。這個習尚可能源自於過去
要演出神劇的演員在主要大街上踩街的習慣；但也有可能早期便有自成一
格的教士遊行。但丁（Dante）在〈煉獄篇〉裡談到貝雅翠（Beatrice）的
凱旋時 135，便將之與新約〈啟示錄〉的二十四位長老、四個活物，與信望
愛三種基督徒美德、以及四樞德（Kardinaltugenden）、再加上聖路加、聖
保羅和其他使徒共同連結在一起。這樣壯盛的陣容令人不禁要想，這樣的
遊行其實在相當早的時候就已達到完美之境。尤其當我們將貝雅翠乘坐的
凱旋車輛與這輛穿越過異象中奇幻森林的車輛來做比較，這輛車真是大而
無當。這個現象不禁讓人要問，難道但丁只是將這輛車當作象徵凱旋的一
個符號？甚至是他寫的詩激發了大家去創造這麼華麗、像古羅馬皇帝凱旋
歸來時所乘坐的車輦一樣的車輛？無論如何，詩歌與神學都偏好繼續沿用
這樣的象徵形式。

　　薩佛那羅拉（Savonarola）在《十字架的勝利》中 136，也讓基督乘坐
在一輛慶祝凱旋的車上，在他的頭頂是一顆象徵三位一體的閃亮圓球，他
的左手拿著十字架，右手拿著新舊約聖經。在他之下是聖母馬利亞，走在
車輛前面的是舊約的列祖與先知以及新約的使徒與傳道人。在車的兩側是
殉教者與手持著作的教會教父。走在耶穌後面的是所有皈依的信徒。一段
距離之外，有數不盡的對敵、皇帝、有權勢之輩、哲學家、異端，但他們

135　*Purgatorio* XXIV & XXX.
136　Ranke, *Gesch. der roman. und german. Völker*, p. 119.

都被一一降服了。他們崇拜的偶像被摧毀、他們所寫的書籍被焚燒（一幅提香Titian所刻的著名木刻版畫描繪的景象與此非常相近）。撒貝里蔻（M. Antonio Sabellico）題獻給聖母的十三首哀歌（Elegien, 參見§1.7）中的第九、第十首就鉅細靡遺地描寫了聖母的勝利。這兩首詩都包含相當豐富的寓意象徵，尤其令人感興趣的更在它們都捨棄了幻想式的空間，而以現實世界實存的物理空間為描述依據，這與十五世紀繪畫的空間寫實頗有異曲同工之妙。

§ 5.8.10　世俗的盛大遊街活動

比教會盛大的遊街活動更常舉行的是王公貴族所舉辦的遊街。他們模仿古羅馬皇帝的凱旋遊行，一如古羅馬浮雕所刻的遊行行列，而其他的細節則透過上古文獻的敘述加以細緻化。當時義大利人在這方面具有的史觀，我們在上文已敘述過（參見§2.3 & §3.1.5）。

首先要提的是，到處都可見到勝利的征服者舉辦真正的入城禮（Einzug）來慶祝自己的戰績。入城禮都是盡量依照古羅馬皇帝立下的規矩來進行，即使這與戰勝者本身的品味大不相同。1450年，法蘭卻斯柯‧史佛薩（Francesco Sforza）在慶祝他進入米蘭的入城禮上，有勇氣拒絕去乘坐為他準備好的凱旋者車輛，因為他認為這是過去國王才會有的迷信[137]。

1443年，**拿波里「寬宏大量的亞豐索」**（Alfonso the Magnanimous）[138] 在1443年的入城禮上拒絕戴月桂王冠，反而當拿破崙（Napoleon）後來在巴黎聖母院（Notre Dame）加冕為皇帝時，並沒有拒戴這樣的王冠。[139]

137　Corio, fol. 401.

138　〔譯者注〕「寬宏大量的亞豐索」（1396-1458）先即位亞拉岡國王（1416-1458），1442年征服拿波里後，成為拿波里國王（1442-1458），自此便遷都定居於拿波里。

此外,亞豐索五世的遊行行列(從一堵牆的破口出發,穿過市中心來到主教座堂)可說令人嘆為觀止地集古羅馬、基督教寓意象徵與各種搞笑元素於一身。「寬宏大量的亞豐索」所乘坐的車輦由四匹白馬拉著,他坐在車內的寶座上,禮車相當高大,全部塗上金漆。二十四位權貴手執支撐華蓋的金色帷桿,「寬宏大量的亞豐索」所乘座車就行在華蓋下。參與當時遊行的佛羅倫斯人組成的行列由年輕俊美的騎士組成,他們精湛地舞動著長槍前進,後面一輛禮車上坐著命運女神(Fortuna),接著後面跟著七匹馬代表「七樞德」。按照當時藝術家不得不遵守的寓意象徵傳統,命運女神[140]只有前額有頭髮,後腦杓沒有頭髮。為了表示人的運勢瞬息萬變,服侍命運女神的小天使坐在座車的下一階梯上,必須把他的雙腳浸(?)在一個水盆內。接著佛羅倫斯人又安排穿著各地不同傳統服飾的騎士隊,其中有些人扮成外國的王侯與權貴。另外在一輛高高的車上有一個一直轉動的圓球象徵地球,圓球上坐著戴桂冠的凱撒(Julius Caesar)[141],他一邊吟詠義大利的詩歌,一邊向「寬宏大量的亞豐索」解釋這些表演活動所有的寓意象徵,然後才又回到遊行隊伍去。六十位穿著紫袍與紅袍的佛羅倫斯人走在這支陣容壯盛浩大隊伍的最後面,為他們精於安排節慶演出的「本地特產」劃上完美的句點。走在佛羅倫斯人後面的是一群步行的卡塔拉尼人(Catalani),他們的前後都拴著假馬,而且一面走一面假裝在與土耳其的穆斯林鬥劍,彷彿在嘲笑佛羅倫斯人幹嘛這麼大張旗鼓。後面接著是一個巨塔,塔門前面有一位佩劍的天使守護著。塔上面也立著象徵四樞德的人

139　參見§ 3.6.4。

140　命運女神在此場合占有如此重要地位正顯出文藝復興時代人幼稚的一面。1512年在 Massimiliano Sforza 進入米蘭的進城禮上,命運女神甚至是禮車上的主要象徵人物,地位高於名譽、希望、無畏、悔罪之上。參見:*Prato. Arch. stor.* III, p. 305.

141　參見§ 5.8.8。

物，他們刻意朝向「寬宏大量的亞豐索」歌唱。相較之下，遊行隊伍的其他部分就比較沒什麼好提的。

　　1507年，當法王路易十二世（Louis XII）在米蘭舉行進城禮時[142]，禮車上除了不可免俗有象徵美德的人物外，還有以真人打扮的其他人物：天神朱比特（Jupiter）、戰神馬爾斯（Mars）、還有一位被一張大網子團團罩住、象徵義大利的人物；跟在後面的是一輛滿載戰利品的禮車。

　　沒有入城禮遊行行列可看的地方也借用詩歌來讚美他們的君侯。佩托拉克（Petrarca）和薄伽丘（Boccaccio）曾將每一種聲譽的代言人物當作特定寓意象徵的伴侶——一列舉過，現在在詩裡則是上古文化有名有望的人來擔任這些被歌頌的王侯之侍從。女詩人克蕾歐菲（Cleofe Gabrielli da Gubbio）也是從這個角度將斐拉拉的伯爾索公爵（Borso d'Este）寫進詩篇裡[143]。在詩的序言裡，她讓七名王后（即博雅教育的七個領域）陪伯爾索公爵登上禮車，後面跟著一大群英雄。為了方便辨認，他們的額頭上都寫著個人的名字。緊接在隊伍後面的是著名的詩人。眾神則與伯爾索公爵一同乘坐在禮車上。在這個時期，古典神話與基督教寓意象徵人物共乘馬車四處漫遊的景象隨處可見，尤其是在伯爾索公爵在位時所留下的最重要藝術品——即詩凡諾雅宮（Palazzo Schifanoia）的連環壁畫（彩圖89）——上可以看出。詩凡諾雅宮連環壁畫裡的一部分，有整整一個長幅都是以此為題材。

　　當拉斐爾（Raphael）為梵蒂岡的教宗璽印室（Stanza della Segnatura）[144]

142　Prato, *Arch. stor.* III, p. 260.

143　參見她所寫的三首"Capitoli"收錄於 Terzinen, Anecdota litt. IV, p. 461, s.

144　〔譯者注〕教宗璽印室原為教宗朱利安二世（Julius II, 1503-1513）的圖書室兼書房，1508-1511年由拉斐爾在此繪製壁畫，繪畫的主題亦與原先這個房間的功能有關——包括著名的《雅典學派》（*The School of Athens*）。十六世紀中葉，這個房間改為教宗審訊庭，是進行梵蒂岡最高法庭審訊（Segnatura Gratiae et Iustitiae）的場所，這個最高法庭的主席就是教宗本人。

Raphael，《拉斐爾自畫像》。
1506. Oil on wood, 45 x 33 cm.
Galleria degli Uffizi, Florence.
引自：Jacob Burckhardt, *The
Civilization of the Renaissance in Italy*
(Vienna, [1937]), Plate 421.

繪製壁畫時，他發現上述那種創作思維已是明日黃花，對他的天才而言，不再具有任何吸引力。因此，他在壁畫上改用令人耳目一新的手法重新表現上古神話人物以及文化菁英與基督教寓意象徵人物共聚一堂的壯盛場面（彩圖90），讓文藝復興藝術企圖融匯上古異教文化與基督教文化的雄心綻放出最後的光芒，它們將永遠是人類文化永垂不朽的傑作。

真正由征服者舉辦的戰勝進城禮其實是少數的特例。但所有的慶祝遊行——不管是為了慶祝特定事件、或單純是為了想要辦這樣一個活動——多多少少都採用古羅馬凱旋遊行的方式，而且也全都稱為凱旋遊行（trionfo）。說來也奇怪，為何當時義大利人沒有把出殯的行列也照這種方式來舉辦[145]？

首先要談的是，狂歡節與其他慶祝遊行活動都會有人扮成**古羅馬將領**來參與遊行。例如，佛羅倫斯在「輝煌者羅倫佐·梅迪西」時代就有人以愛米利伍士（Paulus Aemilius）的扮相出現；而在迎接教宗里奧十世（Pope Leo X）來訪時，則有人扮成卡米魯斯（Camillus）。這兩位羅馬將領的扮裝演出都是在畫家格拉那契（Francesco Granacci）的籌畫下進行。[146]在羅馬，像這樣盛大完備的慶祝遊行出現在教宗保祿二世（Pope Paulus II）在

---

145 1437年在貝魯加被毒死的Malatesta Baglione之葬禮幾乎讓人聯想到古伊特拉斯坎人盛大的葬禮排場（Graziani, *Arch. stor.* XVI, I, p. 413）.

146 Vasari, *Le Vite*, "Vita di Granacci".

位時，表演奧古斯都征服埃及豔后[147]之後所舉行的凱旋遊行上。遊行行列裡，除了那些搞笑與神話人物的裝扮外（這些都是古羅馬凱旋遊行不可少的），還有凱旋遊行真正不可或缺的要素——身披枷鎖的國王、元老院與百姓同意的文告、全副古裝的元老（senatus）、警官兼公共建築督察（ardilis）、財政官（quaestor）以及執政官（praetor）等等。四輛禮車上載滿了這些身著古代官服的人，此外當然還有滿載戰利品的車子。其他遊行活動比較以表現羅馬帝國大一統的局面為號召。而面對當時土耳其人帶來的威脅，遊行行列裡也有一隊被俘虜的土耳其人騎在駱駝上。後來，在1500年的狂歡節，凱撒·伯爾嘉（Cesare Borgia）為了故意和當年「禧年」的慶祝活動唱反調（參見§1.11.15），他大膽地將自己扮裝為凱撒大帝（Julius Caesar），以十一輛華麗巨大的禮車舉行慶祝遊行[148]。

　　極具藝術性與藝術格調的遊行——雖然不是為特別重大理由所舉辦的勝利遊行——則非1513年佛羅倫斯十二個互相較勁的行會為慶祝里奧十世（Pope Leo X）選上教宗所舉行的遊行莫屬[149]。有一個行會以人生三階段為主題，另一個行會則以上古時代為主題，他們將羅馬史分為五個場景以及兩個寓意象徵。在這兩個寓意象徵裡，第一個是象徵黃金時代的農神（Saturnus），第二個是象徵終末之後的萬物復甦。禮車上滿載奇幻想像的裝飾應被視為佛羅倫斯偉大的藝術傑作，這些傑作讓人覺得，不時舉行這樣的遊行慶祝活動真令人好生嚮往。在此之前，佛羅倫斯的屬邦每年只是藉著獻上象徵性的貢物（名貴的布料與蠟燭）來對宗主國表示順服[150]。現在佛羅倫斯貿易商行會則打點了十輛華麗的禮車（以後數目更是逐漸增加），不是為了裝載屬邦的貢物，而是為了象徵這個典禮的莊嚴。而畫家

147　Mich. Cannesius, *Vita Pauli II*, bei Murat. III, II, Col. 118, s.

148　Tommasi, *Vita di Cesare Borgia*, p. 251.

149　Vasari, *Le Vite*, "Vita di Pontormo".

150　Vasari, *Le Vite*, "Vita di Andrea del Sarto".

安得瑞亞・撒爾托（Andrea del Sarto）所繪飾的其中幾輛禮車，無疑地是最美不勝收的。對所有慶典活動而言，這種貢物禮車與戰利品禮車已經變成必不可少，即使籌辦慶典的經費不夠充裕，也要想辦法準備齊全。

1477年，西耶納（Siena）宣布斐朗特（Ferrante）與西斯篤四世（Sixtus IV）成為盟友（西耶納也屬於此聯盟），當時便以一輛繞城的禮車來慶賀，禮車內「站著一位穿著鎧甲、手持武器，扮成和平女神的人」[151]。

§ 5.8.11 水上慶祝遊行

威尼斯的慶祝遊行則不是以禮車，而是以裝飾得極為奇幻絢麗的船來取代。1491年為了迎接艾斯特王室女眷，官方特別派出威尼斯總督在慶祝威尼斯與亞德里亞海聯婚典禮所乘的禮船（bucintòro）來迎接她們（參見§ 5.8.8）。在文獻上，我們可以讀到與這個如夢似幻的慶典相關的記載[152]。這艘禮船是靠許許多多裝飾著畫毯與花環的船來往前拉，船上坐著許多盛裝的男童。代表眾神的小天使各自帶著象徵物，在機器的幫忙下，上下來回地飛翔。在他們下面是一組一組半人半魚的海神（Tritonen）與小仙女。歌聲、薰香、以及金線織成的旗幟四處隨風飄揚。在禮船的後面跟著各式各樣的船隻，幾乎可說方圓數海哩（miglie）內完全被船身遮覆，不見海色。至於上述默劇以外的其他慶祝活動，相當創新、而且值得一提的還有由五十位矯健女孩所參與的賽船競渡（regàta）。

十六世紀時[153]，威尼斯貴族特別組成不同的協會來分擔慶典活動之所需，他們特製一種超大型的器械放在船上，相當惹人注意。例如，1541年在慶祝永生節（Fest der Sempiterni）時，他們製作了一個圓形的宇宙儀

151　Allegretto, bei Murat. XXIII, Col. 783. 如果有輪胎爆胎，則被看成是不祥的預兆。

152　M. Anton. Sabellici Epist. L. III, fol. 17.

153　Sansovino, *Venezia*, fol. 151, s.

行在大運河上，宇宙儀裡還裝有一個華美的球。大運河邊也因各種舞會、遊行與表演活動而變得遠近馳名。聖馬可廣場的面積也大到足以容下馬上競技以及舉辦像義大利其他地區那樣的勝利遊行活動。在締結和平合約的慶祝儀式上 [154]，虔敬的兄弟會（scuole）也會各自組隊參加遊行。在點著紅蠟燭的金色枝型燭台間、在樂師與手持金碗與盛滿鮮花水果聚寶盆的小天使之間，立著一輛禮車。舊約的先祖諾亞（Noah）與大衛（David）就坐在這輛禮車內的寶座上。接著是亞比該 [155] 牽著一頭滿載寶物的駱駝。第二輛禮車則充滿**政治意味**：「義大利」坐在「威尼斯」與「利古理亞」（Liguria）[156] 之間，在更高一階的台階上，坐著三位女性小天使手持這三個結盟地區的君侯家族徽章。此外，還有一個地球儀，看起來其上還有天空的各種星象位置圖。如果我們正確無誤地解讀文獻記載的話，另外一輛車上有極為肖似君侯本尊的人像與他的侍從以及家族徽章。

§ 5.8.12　羅馬與佛羅倫斯的狂歡節

撇開盛大的遊行不談，十五世紀真正的狂歡節慶祝活動恐怕沒有任何地方比得上**羅馬**具有那麼豐富的多樣性 [157]。首先，光是賽跑的種類就是五花八門、令人目不暇給了——有賽馬、賽牛、賽驢、然後又有老人的賽跑、小伙子的賽跑、猶太人的賽跑等等。教宗保祿二世（Pope Paulus II）大概也會和成千上萬的民眾一起在他居住的「威尼斯宮」（Palazzo di Venezia）前面用餐。接下來在拿福納廣場（Piazza Navona）有各種遊戲與

154　可能是在 1495 年，參見：*M. Anton. Sabellici Epist.* L. V. fol. 28.

155　〔譯者注〕舊約〈撒母耳記上〉，第二十五章

156　〔譯者注〕Liguria 即義大利西北熱內亞臨海的區域。「威尼斯與 Liguria 之間」即意謂著義大利的極東與極西邊。

157　*Infessura*, bei Eccard, script. II, Col. 1893. 2000; Mich. Cannesius, *Vita Pauli II*, bei Murat. III, II, Col.1012; Platina, *Vitae pontiff.* p. 318; Jac. Volaterran. bei Muratori XXIII, Col. 163. 194; Paul. Jov. *Elogia*, sub Juliano Caesarino.

比賽，這裡的活動大概從上古時代流傳下來後，就不曾間斷過，因此具有一種勇武挺俊的風格。比賽包括模仿騎士的馬上比武與武裝百姓的閱兵儀式。戴面具或扮裝的自由度非常之大，而且整個活動可以持續好幾個月[158]。西斯篤四世（Sixtus IV, 在位 1471-84）也不迴避在市中心人群擁擠之處、在花市（Campo Fiore）與提伯河（Tiber）岸穿過重重人牆前行；他只拒絕在梵蒂岡把這些戴面具、玩扮裝秀的人當作訪客來接見。然而在英諾森八世的時代（Innocent VIII, 在位 1484-92），樞機主教間早已將這股歪風發展到極致。1491 年的狂歡節他們互相送給對方一車接著一車打扮成各式人物的盛裝之輩、丑角與唱著不堪入耳歌曲的歌手，而且這些車隊還有騎士在旁陪伴。

除了狂歡節外，羅馬人可能是最早懂得火炬遊行樂趣的人。1459 年當教宗庇護二世（Pope Pius II）從曼圖瓦（Mantova）開會返回羅馬[159]，全羅馬城的民眾以一隊手持火炬的騎兵隊等候歡迎他，這些騎兵在教宗住的宮室前點亮了火把，圍成一圈繞場遊行。但西斯篤四世卻在一次民眾夜裡守候他歸來，拿著火炬與沾油的樹枝想要晉謁他時，被他婉拒了[160]。

佛羅倫斯的狂歡節在特定的遊行活動安排上是凌駕了羅馬。在文學上，這樣的遊行也被文字記載永遠保存了下來[161]。在一大群戴面具或化妝的步行人群與另一大群騎馬的人中間，夾著一輛巨大無比、造型極為夢幻的車輛，車上要嘛坐著一位有寓意象徵的統治人物，要嘛是一組帶有說明性符號的象徵人物──例如，「嫉妒」的頭上有四張臉；四種情性以及與

158　在 Alexander VI 時，有一次甚至從十月一直慶祝到四旬齋，參見：Tommasi. l.c. p. 322.

159　*Pii II, Comment.* L. IV, p. 221.

160　Natiporto, bei Murat. III, II, Col. 1080. 民眾原想對他簽訂一項和平協定表示感謝之意，但沒想到皇宮的門緊閉，所有的廣場上也都有軍隊。

161　Macchiavelli, *Opere minori*, p. 505.──Vasari, *Le Vite*, "Vita di Piero di Cosimo".

他們相對應的星體；三個命運女神；「聰慧」高坐寶座上，其下是「希望」與「憂懼」全身被綁上枷鎖帶到她面前；四種元素／人生階段／風／四季等等；也還有著名的死神之車，載著會自行開啟的棺木。或者有華麗的神話場景，例如，酒神巴庫斯（Bacchus）與雅瑞阿內（Ariane），帕利斯（Paris）與海倫（Helena）等等。最後還有扮成各樣人物的合唱團，他們一起象徵某個社會階級、或某種類型之人，例如，乞丐、獵人與山林小仙女、生前鐵石心腸的女人之淒厲亡靈、隱修士、流浪漢、占星家、魔鬼、販賣特定商品的商人、甚至於一般尋常百姓（il popolo），他們在歌唱中互控對方是惡棍。

這些被收集起來、或現今還流傳下來的歌謠有些用慷慨激昂、有些用幽默風趣、有些則用傷風敗俗的口吻來說明遊行隊伍的表演內容。其中有些實在是不堪入耳的歌謠據說是「輝煌者羅倫佐·梅迪西」所寫的，這也許是因為沒有人敢說出真正的作者是誰。但這位隱姓埋名的作者的確在描述巴庫斯（Bacchus）與雅瑞阿內（Ariane）時，寫了一首相當優美的歌。自從十五世紀以來，我們就不斷地聽到這首歌被詠唱著，彷彿在表達對文藝復興匆匆流逝、好景不長的哀嘆：

> 美好的青春年少，
> 總是匆匆流逝！
> 想幸福快樂的人啊，要切記：
> 明天什麼都說不定！
> （Quanto è bella giovinezza,
> Che si fugge tuttavia!
> Chi vuol esser lieto, sia:
> Di doman non c'è certezza.）

倫理道德與宗教
Sitte und Religion

第一章
道德性[1]

在某個層次上，不同民族對形而上至高物、上帝、德行與不朽的關係是可以研究的，但無法作嚴格的排比分析。如果在這方面掌握到的證據愈明確，就應要愈小心，不要落入泛化（Verallgemeinerung）的絕對推論中。

§ 6.1.1　評判的上限

上述的提醒尤其適用於對道德性的判斷（das Urteil über die Sittlichkeit）。我們可以在不同社群、民族對這個問題的認知上，看到許多衝突與細微的差異，所以想對全體人類在道德上的信仰作全盤研究整理，憑我們人類的分析理解力是辦不到的。何謂「民族性」、「罪」、與「良知」？這都是說不清的謎團。因為即使是所謂的「缺陷」（die Mängel），有時也有其「優點」；尤其當這些「缺陷」被視為特有的民族性格（nationale Eigenschaften）時，「缺陷」就變成「美德」（Tugend）了。對於那些喜歡拿一套制式標準來看世界各民族、有時甚至還用極嚴厲筆調批判他文化的作者，我們就讓他們去自得其樂好了。西歐各民族可以彼此互相虐待，所幸無法互相宣判誰才真正擁有真理。一個藉著文化、文明成就、與豐富歷史經驗與近現代新世界緊密結合起來的偉大民族，對攻擊或

---

1 〔譯者注〕德文原文為 die Moralität。

擁護它的聲音是不會在乎的。不管有沒有理論家支持，它繼續走自己的路。

因此本卷接下來所要闡述的，並非論斷與宣判，而是筆者多年來研究義大利文藝復興一系列的心得旁註而已。而筆者論述的正確性畢竟是有限的，因為考察的對象多以中上流社會為主，因為不論是優是劣，有關他們的文獻資料的確比歐洲其他民族來得多；此外，也因為義大利中上層社會對「聲譽」與「屈辱」的討論比其他地方熱烈。但儘管如此，我們仍不能憑這些就對義大利人的道德性作全盤的檢視。

什麼樣的眼光可以一窺促使各民族擁有不同性格與命運的奧秘呢？在什麼層次上我們可以進一步觀察到，天生的稟性與歷史經驗如何交融出第二、或第三天性呢？哪些乍看之下讓人以為是天賦的才情，其實是後來慢慢薰陶培養出來的呢？例如，義大利人是否在十三世紀以前就具備那樣靈動的活力與自信，可以在言行舉止上一直游刃有餘、應付自如，就像他們後來所表現的民族性那樣？——如果我們對上述問題無法確切斷言，我們又如何對夢錯萬千的歷史歷程妄下評斷呢？在這些交織纏繞的歷史脈絡影響下，人類心靈與與社會倫理道德規範不斷互相衝激。也許在個人方面，每個人心裡都有一把尺。憑著良知，我們對所見所聞的事情有自己的定見；但是，我們卻無法以此來假設，一個社會也可以根據某些共同認定的法則來凝聚共識，因此，最好將這種嘗試擺一邊吧！一個看來病入膏肓的民族，也許可以很快重拾健康；同樣地，一個看來強健無比的民族，也許體內正潛伏著致命的病毒，時候一到，馬上發病喪命。

§ 6.1.2 有意識地去道德化

十六世紀初，當文藝復興文化發展至顛峰盛期，也正是義大利政治衰敗到無藥可救的地步。此時，義大利並非沒有一流的思想家在思考：這樣的政治亂象與社會普遍的道德墮落是有關係的！這些一流的思想家不是

那些各時各地都看的到的勸善佈道家（Bußprediger）——因為這些勸善佈道家總以斥責每個時代都是頑劣背逆、人心沉淪為己志。一流的思想家是像馬基亞維里（Niccolò Machiavelli）這樣的人，他在自己一本最重要的著作裡公開疾呼：「是啊！我們義大利人是特別不虔敬、沒道德。」[2] 也許另外有人會說：「我們是發展地更有個人主體意志。我們已經跳脫倫理道德與宗教加諸我們的規範，我們也藐視外在的法律條文，因為我們的統治者都是不當取得政權，而他們所任命的官員與法官都是一些爛人。」馬基亞維里自己也還加上一句：「因為教會的神職人員自己作了最壞的榜樣。」

筆者在此是否也應加上一句：「因為被古代**希臘羅馬文化的影響**帶壞了」？當然，這樣的說法是要小心加以規範的。我們可以說，受到上古文化不良影響的人首推人文學者（die Humanisten，參見§3.13.1），他們放蕩的性生活尤其令人側目。其他人方面，大概可以這麼說，自從大家對上古文化愈益熟稔之後，歷史上偉人的生活風采成為大家遵循的新行為準則，這也取代了過去大家謹守的基督徒生活理想，去追求神所喜悅的聖潔。由於輕易地誤以為人生在世孰能無過，所以大過小犯沒什麼好放在心上的。反正歷史上重要的人物哪個不是引人爭議的行為一堆，但他們仍然成就了自己的英名。也許，這樣的心態就在不知不覺中發芽茁壯。

上述所言，如果我們要援引相關論述來證明，我們就必須以當時人文學者的著作為例：例如，喬維歐（Paolo Giovio）為了幫助姜葛蕾阿佐·威士孔提（Gian Galeazzo Visconti）靠背約違誓建立自己王國一事脫罪，便將他的行徑與凱撒大帝（Julius Caesar）的作為相提並論[3]。偉大的佛羅

2　他在《史論集》卷一第12句與第55句提到，義大利是最腐化的國家，其次是法國與西班牙。

3　Paul. Jov. *Viri illustres*; Jo. Gal. *Vicecomes*.

（honneur）[6]。

正是這種相信人性本善的信念鼓舞了十八世紀下半葉的人，也為法國大革命預鋪了道路。義大利人也同樣呼籲大家珍視每個人與生俱來的高貴本性。雖然大體來說——尤其是環顧政治之衰蔽不振——大家對整個時局感到無助、悲觀，但在另一方面，大家反而因此把榮譽感看得更重。如果個人主體性不受任何拘束去發展，是人類歷史進程在特定階段必然會產生的現象，當它超過大家忍耐的極限時，當時在義大利出現的那股反制力量，便成為歷史上值得注意的重要現象。我們無法明說，這股力量究竟戰勝過多少次？或它究竟曾以何等激烈的反擊成功地反制了自利主義的張狂？因此，我們真的是無法只憑人的理性判斷就可正確估算出這個民族絕對的道德價值觀。

§ 6.1.4　放任想像力作祟

與文藝復興時代文化涵養較好的義大利人普遍具有的倫理道德觀互別苗頭的，是他們的想像力。這種想像力讓他們的美德與缺點都帶有獨特的義大利色彩。也因他們放任想像力馳騁，所以他們不羈的自利主義才會到處結實纍纍。

§ 6.1.5　好賭成性與有仇必報

正因隨順想像力之所行，所以義大利人是近現代最早玩複雜骰子遊戲（hazard）的人。他們興奮地想像著，希望在這項賭博遊戲上，靠著將所有家產孤注一擲來贏得巨大的財富與未來無止盡的享受。無疑地，若非可蘭經從一開始就嚴格禁止信徒賭博、並將之抬高為伊斯蘭的誡命，並將信徒

6　*Gargantua*, L. I, chap. 57.

的想像力引導到發掘藏在地下的寶藏這個方向來發展，真是可以想見，穆斯林在這方面一定比義大利人更厲害。

好賭成性在當時的義大利已常令不少人身無分文、甚至傾家蕩產。十四世紀末，佛羅倫斯已有卡薩諾瓦（Casanova）式的人物出現，此人名叫柏納科索・琶提（Buonaccorso Pitti），他經常以商人、黨派代表、投機客、外交使臣、與職業賭客等身分在外旅行，每次豪賭輸贏的金額都非常龐大，所以能與他一起上賭桌的就只有王侯之輩，例如，布拉邦（Brabant）、巴伐利亞（Bavaria）、和薩芙伊（Savoy）的公爵[7]。而那個被稱為「樂透箱」的羅馬教廷更讓老百姓染上追求刺激的癮頭，他們總在兩場大賭局中間穿插一場擲骰子比賽，讓大家透透氣。法朗卻斯・奇保（Franceschetto Cybò）有一次就在兩場賭局中輸給樞機主教拉斐爾・理阿瑞歐（Raffaele Riario）14,000杜卡金幣，之後，他向教宗抱怨，說被樞機主教詐賭[8]。此後義大利便如大家所知，成為樂透（Lotto）的發源地。

放任想像力作祟也明顯表現在義大利人有仇必報這件事上。就整個西歐來看，各民族具有的正義感大致差不多；而當正義被踐踏、違法者又逍遙法外時，會激起的公憤也大致相同。但是歐洲其他民族對於所受到的不正義待遇，如果說也同樣不能輕易原諒，至少他們比較容易淡忘；但義大利人具有的想像力總會促使他們將遭遇到的不正義渲染成不易褪色的鮮明圖像，永存記憶之中。同時，我們也可在市井小民的道德認知裡看到，他們將血債血還視為理所當然，而且是不惜任何手段一定要達到復仇的目的。這樣的認知當然也成為他們普遍有仇必報的主因。各城邦的官方與法庭也都接受這樣的民風、並承認其正當性，因此只會懲處太過離譜的部分。而在農民的復仇裡，還保有「人肉筵」的習俗，大規模的互相殘殺時

7　參見他所寫的日記，摘錄於Delécluze, *Florence et ses vicissitudes*, vol. 2.

8　Infessura, ap. Eccard, *scriptt*. II, Col. 1992. [1892]. 參見本書 § 1.11.7。

有所聞。以下我們來看一個例子[9]。

在一個名叫阿夸朋丹特（Acquapendente）的地方有三個放牛的牧童。其中一個牧童說：「我們來試試，人是怎樣被絞死的？」於是第一個牧童坐到第二個牧童的肩膀上，第三個牧童將一條繩子先繫在第一個牧童的脖子上，再將另一端綁在一棵橡樹上。後來就來了一匹狼，結果後面兩個牧童拔腿就跑，讓第一個牧童活活被吊死。狼走了以後，他們回去看，發現第一個牧童已經死了，所以就把他埋了。星期天的時候，第一個牧童的爸爸送麵包來給他，兩位牧童中間的一位就對整件事所有的經過坦言不諱，並說出他的兒子被埋在何處。這位父親馬上就拿出一把刀來刺死這位牧童，並將他的身體剖開來，取出肝臟，煮來宴請這位牧童的父親。吃完後，他才告訴這位父親，他吃的正是自己兒子的肝臟。自此，掀起了兩個家族無止無盡的仇殺，甚至在一個月內互相砍殺了36位男男女女。

這樣的血債血還可以一直傳到好幾代，也可以延燒到旁系親屬、朋友，而且即使是上層社會也同樣會這麼做。在年鑑記載與短篇故事集裡有許多類似的記載，尤其是敘述挺身而出為被羞辱的女性復仇的故事。羅馬尼阿地區（Romagna）尤以熱衷復仇馳名。這裡有關血債血還的故事還與各種只要大家想得到的派系鬥爭糾纏在一起。民間傳說更以極盡恐怖的意象清楚地將這群剽悍、勇猛的人所用的野蠻手法刻劃出來。例如，位於羅馬尼阿地區的拉維納（Ravenna）有一位貴族有一次將他所有的死對頭都關到一座塔樓裡，本想將他們一起活活燒死，後來不知怎麼反而把他們全部都放了出來，並且還擁抱他們、擺出酒席熱情款待他們。但沒想到這卻使他的敵人深覺被辱，因而陰謀殺害他[10]。唉！那些德行高超的虔敬教士即使不停地呼籲大家要和解，但他們頂多只能讓正在進行中的復仇計畫不

---

9 Graziani, *Cronica di Perugia*（1437 年的記載）（*Arch. stor.* XVI, I, p. 415）。
10 Giraldi, *Hecatommithi* I, *Nov.* 7.

再繼續延燒下去而已；但新一波的復仇行動卻任憑他們怎麼費盡心思都無
法阻止。

我們也不時讀到一些短篇故事，讓人對宗教究竟能有多少影響力感到
納悶不已：人們的高貴情操一時之間突然被喚醒，但只要一想到過往有過
的仇恨，就又陷入非報仇洩恨不可的激動情緒中，而且任誰也無法使事情
稍有一絲轉圜餘地。有時即使教宗親自出馬，也不能讓仇恨的雙方達成和
解：

> 教宗保祿二世希望卡安東尼・卡法瑞婁（Antonio Caffarello）
> 與亞伯瑞諾（Alberino）兩個家族的仇恨能夠一筆勾消，所
> 以就請喬凡尼・亞伯瑞諾（Giovanni Alberino）與安東尼・
> 法瑞婁到他跟前來，命令他們互相親吻，而且宣告如果誰再
> 欺負另一方就要罰 2,000 金幣。兩天後，安東尼・卡法瑞婁
> 就被喬凡尼・亞伯瑞諾的兒子嘉可莫（Giacomo）刺殺，之
> 前他已經被嘉可莫傷害過一次了。這件事讓教宗相當不悅，
> 所以沒收了亞伯瑞諾的家產，拆毀他們的房舍，並將這對父
> 子逐出羅馬[11]。

和解雙方為了怕爭端再起而說出的誓言與舉行的儀式都是相當聳人聽
聞的。 1494 年除夕夜在西耶納（Siena）主教座堂裡[12]，九人黨（*Noveschi*
／*Nove*）[13] 與民眾黨（Popolari）的成員必須每兩人一組互相擁抱親吻，

11　Infessura, bei Eccard, *scriptt*, II, Col.1982（有關 1464 年的記載）。

12　Allegretto, *Diarî sansei*, bei Murat XXIII, Col. 837.

13　〔譯者注〕1285-1355 年，九人黨掌握西耶納的主要政治實權，其組成份子主要
　　是經營國際貿易的富商。九人執政黨當時基本的政策是：內政上將貴族勢力排
　　除在政府高層之外；外交上親神聖羅馬帝國皇帝、反教宗，並與佛羅倫斯維持

並且說出誓言——「真是前所未聞的恐怖誓言」——違約者即使在臨終所聽到的最後安慰的話，都會轉變成對他的詛咒；而且日後如果有任何人敢違反誓約內容，將下地獄永遠不得翻身。但是這樣的毒誓其實更讓我們看出一個事實：這是調停者在和解實在無望的情況下，不得已想出來的辦法。因為如果真正有心和解，根本就不需要發這種毒誓。

高級知識份子與位居高位者也愛報私仇，這與有仇必報的民風息息相關。當然，他們報仇的伎倆更多；而且如小說家所言，這些人的報復之舉並不都能獲得社會輿論的支持。大家都同意當人遭到當時義大利司法無法管轄的羞辱或傷害時——尤其是當這樣的羞辱或傷害是過去所沒有、未來也無法可管時——受害人自己就要想辦法討回公道。因此他就要費心思量如何進行報復，並設法讓加害者實質上得到教訓、精神上也得到羞辱，藉此來平撫過去受害者在各方面所受到的創傷。對社會輿論而言，只是對傷害你的人還以一頓兇狠的拳打腳踢是不夠的；真正有種的人不會只靠拳頭討回公道，還會要回丟掉的面子、並狠狠地表示對冤家的不屑。

當時的義大利人為了達到特定目的，是很能偽裝自己的。但在有關原則的問題上，他們絕不會假惺惺地扭捏作態。他們很率直地承認報復是符合人性需求。至於頭腦冷靜的人之所以不會在情緒性衝動的情況下進行報復，是為了達到特定的目的——「藉此昭告天下：少惹我！」[14]因此他們也肯定報復是有必要的。但與其他各種報復行為相比，冷靜型的報復只限於少數；大部分的報復都是為了逞一時之快。當然，此處所言的這種報復與血債血還型的復仇又不一樣。血債血還型的復仇侷限於「以眼還眼、以牙還牙」（*ius talionis*），但前面所說的報復，則不只是為了討回應有的公

（續）————————————

友好關係。他們執政的時期是西耶納政治、經濟、文化發展相當昌盛的時期。在西耶納市政廳至今仍留下名畫家Ambrogio Lorenzetti在九人執政廳（Sala dei Nove）所繪製的壁畫，闡明當時的政治理想。

14　Guicciardini, *Ricordi*, l. c. N. 74.

道，還為了贏得大家的喝采，也為了讓對方難堪。

所以這也就是為何有些報復行動真的是所謂的「君子報仇三年不晚」。一場「把冤家修理到讓人爽斃了」的復仇行動（"bella vendetta"）的確需要靠大好時機來配合。小說家最喜歡在故事裡鋪排這種逐步成熟的大好機會。

當原告與判官同為一人時，他所採取的行為是否合乎道德法則，其實沒什麼好討論的。如果要為義大利人如此愛報復找個合理化的解釋，那就必須配合他們另一項特有的民族美德——感恩之情——來作說了。義大利人的想像力會把自己的創傷記憶一再翻新、而且擴大延伸；同樣地，當他們接受別人恩惠時，也會時時感念別人對他的好。當然，我們無法從義大利人實際的人生經驗裡採樣，以具體說明「報復心」與「感恩心」如何在相似的心理機制下運作，但從現代義大利人的民族性我們多少還是可以看出一些蛛絲馬跡。這方面我們可以從市井小民對謙沖溫和的招呼念念不忘清楚看出，就如同上流社會的人不會忘懷曾經享有過高雅溫馨的人際往來。

義大利人的想像力與德行特質的關係就是如此不斷地交互影響著。如果整體而論，義大利人還是比較精於冷靜盤算，而阿爾卑斯山北方的人屬於感情衝動型，這應與義大利人在個人主體性的發展上相較之下人數比較多、時間比較早、程度也比較深有關。在義大利以外的其他地區如果有同樣的環境，也會帶來同樣的結果。例如，提早離開原生家庭以及父親的權威自行獨立，這在義大利與北美青少年身上就可以看到同樣的結果。以後，血濃於水的親情自然會發展出一種比較自由、互相關愛的親子關係。

要對其他民族的情性進行精準的判讀，是一件非常困難的事。因為有可能它已發展得十分成熟穩定，但外來者卻因不熟悉，無法真正瞭解其中堂奧、或覺得看不懂其中的所以然。也許西歐各民族在這方面大家都要互相諒解吧！

§ 6.1.6　破壞婚姻

然而，行事舉止太任由想像力凌駕道德思維，就會發生不正當的兩性關係。眾所周知，中古時代並不禁止娼妓，直到梅毒出現為止。但本章並不想對當時各種賣春行為作綜合性的介紹。在兩性問題上，義大利文藝復興時代值得注意的現象是：義大利人可能比其他地方的人更積極、更有意識地對婚姻以及婚姻所保障的一切權利進行破壞。這與上流社會被父母嚴格管教的黃花大閨女無關，而是與已婚婦女會遇到外遇誘惑有關[15]。

值得注意的是，儘管女人會紅杏出牆，但文獻資料並沒有顯示結婚的數目減少、或是家庭生活受到嚴重破壞。類似的情形如果發生在阿爾卑斯山北方，結局一定比較悲慘。男人希望隨心所欲地過日子，但也希望不要因此失去家庭生活──即使他必須擔心這個家不一定就只屬於他一個人的。已婚婦女的不貞也沒有讓這個民族在體魄或心智上走下坡。十六世紀中葉以降，義大利人才智的表現明顯衰退，這可從政治與教會的因素來解釋（如果大家不願意承認文藝復興創造的鼎盛時期所曾有過的大好運勢已成明日黃花了）。儘管義大利人繼續過著放蕩不羈的生活，他們仍是歐洲數一數二身心最健康、血統最優良的民族。而且當他們後來更注重倫理道德時，他們更誇耀自己直到現代都還擁有傲人的健康安泰。

如果我們仔細探究文藝復興時代男女交往的道德尺度，我們就會驚訝地發現，自己面對許多互相矛盾的說法。小說家與喜劇詩人所寫的，好像愛情只要是兩情相悅，其他什麼都可以不放在眼裡。所以為了達到目的，不論什麼方法──悲劇的或荒謬的──不只可以在所不惜，而且是愈大膽、愈厚臉皮，愈是精彩刺激。

---

15 〔譯者注〕這個議題的現代史學研究參見：Gene Brucker (1986), *Giovanni and Lusanna. Love and Marriage in Renaissance Florence.*

如果我們讀抒情詩人或是對話錄作家所寫的作品，則可讀到最曲盡婉約的深情以及激情昇華後的美麗愛情，其極致之處便是將這種昇華後的愛情看作是古代哲思所言的「與神同在的靈魂」。不管是只求當下的兩情相悅、還是嚮往海枯石爛的不變真情，這兩種愛情觀在當時都廣被接受，而且也可能同時存在於一個人的思緒裡。雖然說起來不是什麼光彩的事，但事實的確如此，也就是近現代受過良好教育的知識份子之情感世界並非平靜無波，而是分成好幾個層次；而且他們會依當下的情況有意識地選擇最合適的角色來扮演。在這方面，近現代人與古人一樣，每一個個體都是一個小宇宙（Microcosm），這跟中世紀時候的人完全不同，也是他們難以想像的。

必須好好注意的是小說裡所闡述的道德觀。在這方面，不要忘了前面已提過，關係到的是「已婚婦女」（Ehefrauen）、以及由此而來的「婚姻破裂」（Ehebruch）問題。

§ 6.1.7　婦道與婦德

如上所述（參見§5.6），在婦道與婦德方面，最重要的想法是男女平等。受過良好教育、也深具個人意識的義大利婦女與阿爾卑斯山北方的女性相較起來，她們對自己生命獨立自主性（Souveränität）的掌握是後者難以望其項背的。而對婚姻的不忠並不會在義大利婦女的生命裡留下難以撫平的傷痕——只要她生存的外在條件沒有被剝奪。她的婚配伴侶並無絕對權利要求她守貞。在阿爾卑斯山北方，男性透過詩歌、熱烈的追求、與訂婚儀式贏得對妻子貞潔絕對的掌控權。在義大利，男女雙方卻只是匆匆經過介紹見個面，年輕的少女就從父母或修道院的監管下脫離出來，進入現實的人生。在現實生活裡，她很快將自己發展成一個具有獨立意志的個體。因此，丈夫所擁有的，只侷限在身家財物的外在「掌控權」（*ius quae-situm*），而非她的心。例如，老夫少妻婚姻裡的少婦婉拒了一位年輕男士

的禮物與書信，而且堅決表明自己將貞潔看得比什麼都重。「但是，她卻對這位少年郎表達的愛慕之意感到欣喜，因為他看起來是如此英才煥發。而且透過這樣一來一往，她也領會到，一位有德行的婦女如何不失貞潔地與一位傑出的男性默默傳情。」[16]從保持這種合乎禮教的矜持到意亂情迷的全心全意，這中間的距離是很短的啊！

　　妻子對婚姻不忠，如果剛好也碰上丈夫有外遇，這就兩相扯平了。有獨立自主意識的妻子對丈夫有外遇這件事的反應，並不僅止於感到椎心之痛，還會將之視為對她個人的嘲諷與羞辱，也就是故意進行的欺瞞。因此，她也會積極進行反制行動，讓丈夫得到應有的教訓。至於要報復到什麼地步，那要看她認為什麼是平撫自己創傷最好的懲處？有時——如果夫妻都不要宣張出去的話——最嚴重的傷害反而可以帶來重新和好的契機與未來又共同在一起平靜度日的良方。

　　小說家所寫的，如果不是根據傳聞真有其人其事，就是根據當時大家的興趣編造出來的——反正寫的都是妻子如何巧妙地報復。如果報復過程真是精彩絕倫、就像一件精雕細琢的藝術品那樣有著天衣無縫的安排，小說家又會大費筆墨加以讚賞。當然，為人夫者從來不會承認妻子擁有這樣的報復權；但也許是單純出於害怕、或出於明智的謹言慎行，「他們」也就默默接受了。如果不是因為如此，而是他因妻子不忠必須等她回頭、或因為妻子不忠必須親自料理家務，結果因此遭到別人訕笑，那時悲劇就躲也躲不掉了。這種情況往往會導致可怕的報復行動和謀殺。十分值得注意的是，引發這些行動背後真正的動機是：除了丈夫之外，連妻子的父兄[17]都有權懲處這個不貞的女性。這些男士相信這是他們該盡的義務。事情如

16　Giraldi, *Hecatommithi* III, Nov. 2；類似的故事參見：*Cortigiano*, L. IV, fol.180.

17　有關兄弟教訓自己不貞潔的姊妹的悲慘故事發生在 1455 年的 Perugia，參見：*Chronik des Graziani*, *Arch. stor.* XVI, I, p. 629.

果演變到這種地步，那就無關吃醋、無關道德感，主要的出發點其實是想藉自行處分自家女兒／姊妹來杜眾人悠悠之口，如邦德羅（Matteo Bandello）所言：

> 今天大家看到一個被情欲沖昏頭的婦人毒死自己的親夫，自以為成為寡婦後就可以為所欲為。另外又有一個女人因為害怕姦情被發現，所以叫男友謀害自己的丈夫。事發之後，這些婦女的父兄與丈夫都站出來痛斥她們的不是，祭出毒藥、刀劍等各種要她們自我了斷的東西，以免家族繼續蒙羞。但還是有許多女性繼續我行我素、不顧自己的性命與名節，只要內心的激情得到滿足就好 [18]。

在其他地方，邦德羅則用比較溫和的口吻呼籲：

> 真希望不要天天一直被迫聽到這種新聞：一個男的將自己太太殺了，因為他懷疑她紅杏出牆；另一個男人則掐死自己的女兒，因為她背著家人偷偷跟別人結婚；還有另一個男人找人把自己的妹妹殺了，因為她不願按照他的安排來嫁人！如果男人以為一切都要按照我們自己的意思，而不准女人有自己的意見，這真是太沒人性了。為什麼當女人作一些不合我們男人想法的事情，我們馬上拿出繩子、短刀、毒藥來伺候？如果我們以為自己的名譽以及整個家族的名譽全靠家裡女眷清心寡慾來維持，那我們男人也實在太沒出息了！

---

18 Bandello, Parte I, *Nov.* 9 and 26. 事跡之所以會洩漏，是因為聽女子告解的神父被其親夫收買，所以將事情宣揚了出去。

　　但是，小說裡，大家用肚臍想也猜得到這種故事的結局——女人外遇的男友性命常常危在旦夕。但現實生活裡，他們可是自在地隨處亂跑。有一位名叫安東尼・波隆那（Antonio Bologna）的醫生，他與馬爾菲（Malfi）守寡的公爵夫人秘密結婚，這件事被公爵夫人的娘家亞拉岡（Aragon）王室知道後，夫人的兄弟就將她與小孩擄走，然後在某個城堡裡將他們一起殺害。完全不知情的安東尼醫生還歡歡喜喜地期待與他們再相聚。當他來到米蘭時，亞拉岡王室找來的刺客已經埋伏等著他了。安東尼在依波麗塔・史佛薩（Ippolita Sforza）的沙龍聚會裡，談著弦琴說出自己這段不幸的遭遇。史佛薩家族一位朋友德立歐（Delio）「將這個故事至此的發展又轉述給雅特拉諾（Scipione Atellano）聽，並說，他要將這個故事寫成小說。因為他確信，安東尼總有一天會被殺害。」安東尼最後幾乎是在德立歐與雅特拉諾親眼目睹下被殺害，邦德羅對他慘死經過的描述讀來令人怵目驚心。

　　然而，文藝復興小說家在處理婚姻危機的題材上，還是對曲折懸疑、機巧幽默的故事比較偏好、同情，他們喜歡敘述有婚外情的人如何到處躲躲藏藏、描寫他們暗表愛意的眉目傳情與信箋、以及敘述可以幫助情夫藏身與脫困的大木箱如何在事前被鋪好墊子與藏好甜點，諸如此類種種細節。被戴綠帽子的男人則依故事劇情被冠上不同的角色：有些人天生就是沒用的傢伙、有些則是恐怖的復仇者；介於中間的角色是沒有的，除非這個紅杏出牆的女性生性邪惡，所以她的親夫或情夫才會被描寫成無辜的受害者。我們必須加上一句，第三種情況在小說裡其實不曾出現過，反而現實生活裡不乏這類真實、而且血淋淋的教訓[19]。

　　隨著十六世紀義大利社會文化愈來愈西班牙化，因為極度妒忌吃醋而

19　Bandello, Parte I, *Nov.* 4.

採取報復的情況可能也隨之增加。但是這種受西班牙文化影響而採取的報復，必須與之前在義大利文藝復興時代為了懲處不貞的女性而採取的報復手段切割開來看。隨著西班牙文化影響逐漸式微，十七世紀末對這種氾濫成災、沒完沒了的吃醋方式已經倒盡了胃口，所以情況就開始翻轉過來，大家對於女人有外遇這件事不再大驚小怪，也把已婚婦女另有對自己「獻殷勤的人」（cicisbeo）看作理所當然；至於已婚婦女還擁有一、二位「仰慕者」（patiti），也被視為無傷大雅。

　　誰能將上述情況顯示出來的違反道德現象拿來**與其他地區相比**呢？例如，有誰能說十五世紀法國的婚姻就比義大利的神聖？法國韻文故事與鬧劇所寫的內容，讓人對上述問題的答案大打問號。我們可以相信，阿爾卑斯山南北對婚姻不忠的情況一樣嚴重，只是說，在阿爾卑斯山北方結局比較不會染上那麼強烈的悲劇性，因為大家比較不會站在個人主體的立場來要求應得的權利。而有一個非常重要的文獻資料對日爾曼各民族極為有利——也就是婦女與少女享有相當大的社交自由，這讓在英格蘭與尼德蘭地區的義大利人感到開心極了。但在這裡我們不應太過強調這一點。因為在日爾曼地區對婚姻不忠的事也是屢見不鮮，而即使是受過良好教育、深具個體獨立意識的人遭遇到此事，也往往免不了一場悲劇。我們只須看看，當阿爾卑斯山北方的君侯對妻子的貞潔略感猜疑時會用什麼手段來處理，便可管窺一二。

§ 6.1.8　**精神上的戀愛**

　　逾越當時義大利人認知的禮教範圍的，不只是低下的肉慾與凡夫俗子的情慾，其實也存在於最高尚貴、最菁英人物之間的愛情。之所以會有這樣的愛情存在，不只是因為好人家未出閣的少女不准在外拋頭露臉，更因為經過婚姻洗禮而顯得成熟的女性對個性臻於圓熟的男人充滿強烈的吸引力——這些男人就是寫下許多令人為之鼻酸的抒情詩的作者，或者是藉著

論著與對話錄將自己飽受煎熬的熱情冠以「神聖愛情」（l'amor divino）之名的人。當他們在著作裡埋怨愛神的殘酷時，指的不只是他們愛慕的女性對他們硬心或蓄意矜持，其實也說出他們心裡很清楚，這樣的愛戀思慕是不合禮教規範的。他們試圖將這樣的愛情昇華成**精神上的戀愛**，以超越他們心中的痛苦。因為柏拉圖有關靈魂的學說就對這種精神戀愛有所探討，而班博（Pietro Bembo）就是著名的代表。

在**班博**所寫的《雅索拉尼人》（*Gli Asolani*）第三章、以及卡斯堤吉歐內（Baldassare Castiglione）在《朝臣》一書第四章最後結論裡間接

Cristoforo dell'Altissimo (c. 1525-1605)，《維多利亞・蔻隆納畫像》。
(*Portrait of Vittoria Colonna*)
Panel, 60 x 45 cm.
Casa Buonarroti, Florence.
©2004. Photo Scala, Florence.

藉著班博之名所說出的話，都讓我們看到班博對精神戀愛的看法。班博與卡斯堤吉歐內在生前都不算是斯多噶學派禁欲主義的信徒，但當時大家幾乎要這樣稱呼他們了──因為這兩個男人既是名人、卻又是難得一見的好男人。當時的人將他所說的話看成肺腑之言，所以我們也不要輕易將之視為打高空的虛言。要是有人願意再好好細讀卡斯堤吉歐內《朝臣》第四章最後的演說辭就會明白，只想憑一小段節錄的文字就對精神戀愛有清楚的認識，是不太可能的事。

當時義大利有一些貴婦因為成為別人精神戀愛的對象而相當知名，例如，茱利亞・龔查加（Giulia Gonzaga）、維若尼卡・柯瑞玖（Veronica da Coreggio）、以及深受眾人仰慕的維多利亞・蔻隆納（Vittoria Colonna）。

義大利本是浪蕩子與嬉笑怒罵者之鄉，卻對精神戀愛以及與其相關的貴婦懷有許多敬意——沒有比這種方式更能表達義大利人對精神戀愛的鼓勵與支持了。對這些貴婦而言，願意成為傑出男性精神戀愛的對象，是否也意謂著一些虛榮的成分？例如，維多利亞‧蔻隆納是不是很喜歡不時聽到義大利一些菁英、顯要因為無緣與她常相廝守而發出幽怨之聲？誰知道呢？如果精神戀愛多少算是當時的風尚，那維多利亞‧蔻隆納所造成的旋風實在不容小覷。因為她至少不曾被看成過氣，而且即使年華老去，還是經常讓人眼睛為之一亮。在她之後，其他歐洲國家究竟必須等上多久才等得到這種讓人驚為天人的女性呢？

由於義大利人比歐洲其他民族更富想像力，所以也造成他們熱情所至之處，往往如狂風暴雨；在某些情況下，他們也容易採取鋌而走險的手段。我們往往認為，性格暴烈是由於無法掌控自己的軟弱；但在這裡我們卻看到，性格暴烈是由於旺盛的心靈力量失控所致（eine Ausartung der Kraft）。在義大利，有時這種暴烈的情性會轉向去做出筆墨難以形容的豐功偉業（das Kolossale）。但是在另一方面，如果因這種暴烈的情性而容易做出犯罪的事情，則與個人性格特質有絕對的關係。

§ 6.1.9 普遍的違法亂紀

法律與道德的約束微乎其微。由於國家經常是透過不正當暴力手段建立起來的，因此一般人——即使是最下階層的民眾——都不禁對政府與象徵公權力的警察抱持不信任的態度，也對司法公正性普遍感到質疑。當謀殺案件發生時，在沒有搞清楚真相之前，大家常會不由自主地同情下手的人。當有人臨被吊死之前，還以男子漢的英姿出現在眾人面前時，這會讓大家大為激賞，以致於記錄這件事情的人都忘了說明這個人為何會被處死？任何地方只要老百姓心裡無視於司法的存在、互相仇殺卻不必受法律制裁，而在政治動盪時竟還能得到無罪開釋，這就意謂著這個國家與公民

社會不想繼續存在下去了。這種現象曾發生在拿波里的政權要從亞拉岡（Aragon）王室轉移到法國人手裡，以及後來由法國人手裡要轉到西班牙人手裡的那些時候；同樣情況也發生在米蘭經歷過好幾回史佛薩（Sforza）王室被驅逐、後來又回來復辟的時刻。這種時候就會出現那種完全不願意承認當前執政政府合法性的人，並任由自己巧取豪奪、霸道地草菅人命、到處張狂放肆。接下來讓我們從一小撮人的行徑來看看這種情況的真相究竟為何？

　　大約1480年米蘭在葛蕾阿佐・瑪莉亞・史佛薩（Galeazzo Maria Sforza）過世後，因內部鬥爭陷入動亂，米蘭邊境的一些城鎮治安就大大亮起紅燈了。例如在帕爾瑪（Parma），米蘭派駐的總督因幾次謀殺事件而心生恐懼，因此決定把幾名重刑犯釋放出來。自此，打家劫舍、砸毀房屋、公然逞兇便成為帕爾瑪地方的家常便飯。剛開始時，他們先是各人蒙上面具單獨行動，後來就變成以成群武裝的模樣在夜裡肆無忌憚地到處滋事。此外，他們還四處散發大膽挑釁的玩笑、諷刺文章、與恐嚇信。有一次他們還寫了一首十四行詩嘲諷當局，這首詩比當時紛亂騷動的局面還讓執政者火冒三丈。許多教堂存放聖體的聖體匣（Tabernakel）連同聖體（Hostien）[20]一起被搶走，這也讓人對這些喪盡天良的行徑有另一種層面的認識[21]。即使是在今天，世界上如果有任何一個國家的政府與警察完全發揮不了作用，而且還有一群人刻意阻撓臨時政權的成立，那這個地方究竟會變成什麼模樣，真是令人不敢想像。而當時在義大利之所以會發生這種情況，多少與熱衷於為個人恩怨報復的民族性脫離不了關係。

　　整體而言，文藝復興時代的義大利人讓人覺得，好像他們即使在承平

20　〔譯者注〕指聖餐時基督徒共享的聖餅。

21　〔譯者注〕此處的文意應是指：這些匪徒對這種行為可能引發上帝憤怒都不屑一顧了。

年代，發生重大犯罪事件的機率也比其他國家來得高。當然，之所以會讓
人有這樣的印象，可能也是出於一種錯覺，因為我們對義大利的情形探討
得比其他國家深入，因此我們會用放大鏡般的眼光去看義大利實際發生過
的許多犯罪行為；此外，也連帶對義大利不曾發生過的情況會產生許多臆
測。也許，歐洲其他地區的犯罪率跟義大利一樣。我們很難確定，1500
年左右在蓬勃發展、經濟又富庶的德意志地區，老百姓雖然飽受四處打家
劫舍的流浪漢、兇殘的乞丐、與攔路行搶的盜匪之威脅，日子真的就比義
大利人過得安穩？一般人身家性命所受到的保障也會比義大利人來得多？
可以確定的是，在義大利以預謀的方式雇用職業殺手來作奸犯科的犯罪行
為越來越普遍，而且成為人人自危的嚴重治安問題。

§ 6.1.10　盜匪

　　我們先來看看當時比較幸運、治安情況比較良好的區域，例如托斯卡
納地區　（Toscana），他們受到盜匪劫掠的威脅應該比阿爾卑斯山北方大部
分地區來得少。無論如何，在義大利，盜匪的確可以成為特立獨行、受人
矚目的人物。盜匪在義大利橫行的情況，在其他地方是很難想像的。例如
說，有人本來是教士，卻因天性狂放不羈，逐漸成為群盜的首腦。以下我
們就來看一個具體的實例：1495 年 8 月 12 日，斐拉拉（Ferrara）聖吉里雅
諾教堂（St. Giuliano）塔樓外有一個鐵籠，裡面關著一名來自費加若婁
（Figarolo）的教士尼可洛・佩雷加提（Don Niccolò de' Pelegati）。尼可洛
曾牧養過兩間教會。在牧養第一間教會的第一天，他就犯下殺人罪，後來
被羅馬赦罪；後來他又殺過四個人、並與兩名女子結婚，而且他還帶著這
兩名女子流亡天涯。此後，他又參與四次謀殺案，犯下強姦婦女、強行擄
掠婦女、結夥搶劫等罪行。之後還殺害更多無辜，並與一個組織性的犯罪
集團在斐拉拉地區到處作奸犯科，用種種謀殺與暴力行徑打家劫舍。如果
還要加上其他零零星星的事故，這位教士所犯的罪惡真是罄竹難書。

當時有許多神職人員與教士因為受到的管轄很少、享有的特權卻很多，因此到處犯下殺人越貨的勾當。但是像尼可洛・佩雷加提犯罪犯到令人聞之色變的地步，還真是絕無僅有。另外有一種類型，雖然也不是什麼光彩的事，就是當時教會竟然准許作奸犯科的人披上教士袍，以逃避司法懲處，就像馬蘇丘（Massuccio）在拿波里修道院認識的那位海盜一樣[22]。不知教宗若望二十三世（John XXIII）[23]對他的看法究竟如何？

在此之後，特立獨行的著名匪徒首腦要等到十七世紀才出現，當政治上的黨派對抗——例如教宗黨（Guelfen）與保皇黨（Ghibellinen）、或是西班牙人與法國人的對抗——不再能成為政治分贓的主導力量時，這時盜匪就會堂而皇之取代過去政黨黨員的所作所為與所享有的地位了。

義大利某些文化落後地區，當地人對落入他們手裡的外來客一向不輕易放過一命的。以此聞名的有拿波里王國一些偏僻的地區。在那裡，大概從古羅馬「大莊園」（Latifundia）經濟制度衍伸而來的野蠻行徑還不時蠢蠢欲動——不管有罪無罪，把「外人」（hospes）與「敵人」（hostis）等同視之。這些人並非沒有宗教信仰，因為文獻曾記載，有一個牧人因為滿心恐懼跑去告解。他為自己在齋戒期中，趁著製造乳酪時，偷偷將幾滴牛奶送進嘴裡懺悔認罪。而對當地民情風俗相當了解的告解神父當他更進一步追問這個告解者究竟發生什麼事時，他才說常與人合夥搶劫、並謀殺外來旅客，但他覺得這是本地人常做的事，真是沒什麼好覺得良心不安的。[24]在政局動盪的時候，別的地方的農民會犯下什麼罪過，上文已略略談過了

22　Massuccio. *Nov.* 29.

23　〔譯者注〕此處所指的John XXIII（pope 1410-15）是天主教史上的一位偽教宗（antipope）。Edward Gibbon 在 *The History of the Decline and Fall of the Roman Empire* 一書中，指控他犯下海盜、謀殺、強姦、亂倫等罪名。二十世紀另有一位正式的若望二十三世教宗（1958-63），在他任內所召開的第二屆梵蒂岡大公會議（1962-65）對天主教邁向現代化居功厥偉。

24　Poggio, *Facetiae* fol.164.

（參見§4.9.3）。

§6.1.11　花錢雇用殺手；下毒

除了殺人越貨外，當時民風不好的另一個特徵是經常花錢雇用黑道犯案。這方面尤以拿波里為甚。如彭塔諾（Giovanni Pontano）所言：「這裡沒有比人命更便宜的東西了。」[25] 但是其他地區也經常發生一連串類似這樣的可怕命案。我們很難將這些命案的犯罪動機加以歸類，因為其中包括政治謀殺、黨派嫌隙、個人恩怨、復仇與恐懼等等互為因果的因素。對佛羅倫斯人而言，這方面他們真是相當值得自豪，因為作為義大利文化最發達的地區，他們在犯罪謀殺方面的問題最少[26]。也許，因為他們想伸張正義時，還有一個大家願意共同信任的司法審判機制存在；或者，因為大家的文化教養程度高，因此對惡有惡報有不同層次的看法——也就是佛羅倫斯人懂得去思考：血債血還只有使仇恨沒完沒了，而且想靠唆使犯罪的方式來報復，唆使者其實無法真正從中得到一勞永逸的好處。當佛羅倫斯人喪失共和國公民自由後，暗殺——尤其是雇人行刺——的事件快速增加，直到柯西莫大公在位時（Cosimo I de'Medici, Grande Duke of Florence, 1519-74），政府的警力才有能力將這些犯罪行為壓制下去[27]。

義大利其他地區在雇人行凶方面，則視當地有勢力、而且付得起錢的人數目多寡而定。沒有人可以對這方面的情況做精準的統計估算，但只要一個地方的兇殺案被傳成行兇手法喪盡天良——即使最後證實只有一小部分傳言屬實——就已經夠讓人膽戰心驚了。而統治君侯與政府自己則做了最壞的榜樣——他們毫不顧忌地將謀殺當成維持絕對威權的手段之一。在

25　Jovian. Pontani, *Antonius*; 1534 年的情況參見：Benv. Cellini I, 70.

26　確切的史料筆者無法提供，但可以從與佛羅倫斯相關的文獻比較少提到謀殺案，以及承平時代佛羅倫斯作家的想像內容比較少以謀殺為主題看出。

27　Albèri, *Relazioni serie* II, vol. I, p. 353, s.

這方面，我們不必舉凱撒‧伯爾嘉（Cesare Borgia）為例，就連史佛薩（Sforza）與亞拉岡（Aragon）王室、以及後來神聖羅馬帝國皇帝查理五世的犬牙都可以為達到目的不擇手段。

　　整個義大利民族的想像最後竟淪落到大家會認為在上位者無法壽終正寢是理所當然之事。當然，大家也將當時毒藥可以具有的神效想得太張誇了。我們可以相信，當時凱撒‧伯爾嘉宣稱在一定時辰內會起作用的可怕白色粉末是真有其事（參見§1.11.14），因此這種粉末才會被當時人叫做「定時起作用的神奇毒藥」（venenum atterminatum）。當沙雷諾（Salerno）公爵將這種毒藥遞給亞拉岡樞機主教時，說了如下的話：「你幾天內就會斃命，因為你老爸──斐朗特（Ferrante）國王──想置我們大家於死地。」[28]但是，凱瑟琳‧理阿瑞歐（Caterina Riario）寄給教宗亞歷山大六世（Pope Alexander VI）那封塗了毒藥的信[29]，即使教宗真的打開來讀過，也還是沒能讓他一命嗚呼。而當拿波里「寬宏大量的亞豐索」被群醫警告不要去翻讀柯西莫‧梅迪西（Cosimo de'Medici）送給他的李維（Livius）著作時，他回答得真是有理：「別再提這些蠢事了!」[30]琵沁倪諾（Piccinino）的秘書塗在教宗教宗庇護二世（Pope Pius II）坐轎上的毒藥只能讓人變得有些焦慮不安而已[31]。

　　至於礦物性與植物性毒藥一般使用的情況則不詳。1541年佛羅倫斯畫家羅索（Rosso Fiorentino）拿來自盡的毒飲顯然是一種強酸[32]，他喝下這種東西時，不可能沒有人察覺他喝的東西含有劇毒。

28　Infessura, bei Eccard, *scriptores* II, Col.1956.

29　*Chron. venetum*, bei Murat. XXIV, Col. 131.

30　Petr. Crinitus, *De honesta disciplina*, L. XVIII, cap. 9.

31　*Pii II comment*. L. XI, p. 562; Jo. Ant. Campanus: *vita Pii* II, bei Murt. III, II, Col. 988.

32　Vasari, *Le Vite*, "Vita di Rosso".

在使用武器方面，尤其是在短刃使用上，很遺憾地，米蘭、拿波里與其他地方的大人物可說是人人都少了它。而他們的**武裝護衛**在閒蕩時也會隨興所至任意用刀殺人。如果這些權貴不要隨意使眼色讓他的手下幹下壞事，有些慘絕人寰的暴行應該不會發生。

其他殘害人的秘密手段——至少就動機來說——值得一提的還有「巫術」（Zauberei）。但巫術的使用並不常見。如果拉丁文文獻中有提到"maleficii"，或義大利文文獻有提到"malie"，通常指的就是施行巫術。這是對自己痛恨或憎惡的人用各種想得出來的嚇人方法來煩他。在十四、五世紀法國與英格蘭的宮廷使用傷風敗俗或置人於死的巫術的頻率遠高於義大利上層社會。

§ 6.1.12　喪盡天良的惡棍

最後我們來看看義大利一群自我中心至極的人——這是一群喪盡天良的人。他們犯罪只為了滿足自己的快感，而不是想藉著犯罪來達到特定的目的、或至少作為達到目的的手段之一。這種行徑已經大大違反人性可以忍受的極限了。

這些窮凶惡極的人首推雇傭軍統帥。例如，布拉丘・孟彤內（Braccio da Montone, 1368-1424）、提伯特・布朗多理諾（Tiberto Brandolino, 1365-1456）、或像維爾能・屋爾斯凌根（Werner von Urslingen, c. 1308-53）[33]在他銀製的胸章上刻著：「專與上帝、憐憫與慈悲作對」。無庸置疑的，這些人很早就丟開一切道德禮教規範，變成為所欲為、寡廉鮮恥的人。但

---

33 〔譯者注〕維爾能・屋爾斯凌根出身於今天德國史瓦本地區（Schwaben）。1342年以三千名德意志執長槍的騎士（barbute, Lanzenreiter）為核心組成「大軍團」（Grande Compagnia），協助Pisa與Florence爭奪Lucca。1342-3年又集結其他新加入的雇傭兵在義大利Siena, Perugia, Bologna與Romagna-Emilia等地燒殺劫掠，逼得這些地區的統治權貴組成聯盟，專門對付他們。

是，我們還是應該審慎地來評斷這些人。我們應該從史料記錄者所寫下的清楚看出，這些人在犯下滔天大罪時，完全不認為這是傷天害理、有什麼好顧忌的。因為不怕遭到上帝報應，所以他們敢肆無忌憚地任意妄為，整個人也因此散發出一股陰冷、令人不寒而慄的氣質。在布拉丘‧孟彤內身上，這種情況就讓人看得很清楚，例如，當他看到正在唱聖詩的修士，就忍不住怒火中燒，叫人把他們從塔樓上活活摔下去[34]；「但是，他卻對自己的手下非常照顧，他是他們心中偉大的統帥」。整個來說，雇傭軍統帥之所以會作惡，主要是為了得到好處，或為了滿足自己反社會的快感（也就是說，如果逗兒鬥狠都有所謂的「目的」，那麼只要能引起大家騷動不安，也會被這種人視為達到目的）。

如上所述（參見§1.5.1），亞拉岡家族之所以兇殘鬥狠，就因為他們喜歡報復和引起大家恐懼。而在西班牙人凱撒‧伯爾嘉（Cesare Borgia）身上，我們尤能看到一個嗜血成性、該下十八層地獄的極端惡例。他所用的犯罪手段與他想達到的目的比較起來，實在是兇狠得太過了（參見§1.11.10）。而在芮米尼（Rimini）雇傭兵統帥**西吉斯蒙多‧瑪拉帖斯塔**（Sigismondo Malatesta，參見§1.4.4;§3.6.7）身上，我們則可以看到另一種天性喜歡作惡多端的例子：不只是羅馬教廷[35]、就是後代的史論也都指責他一再犯下謀殺、強姦、破壞婚姻、亂倫、搶劫教堂、作偽證、與背叛種種罪行。其中最令人髮指的是，他企圖強暴自己的親生兒子羅伯特‧瑪拉帖斯塔（Roberto Malatesta），結果被兒子拔刀相向才宣告罷手[36]。他之所以犯下這種喪盡天倫之事，可能不僅出於德行敗壞至極，大概也與迷信占星術或巫術脫離不了關係。這樣的說法也被拿來解釋何以教宗保祿三

34　*Giornali napoletani*, bei Muratori XXI, 1092, ad a.1425.

35　*Pii II, comment*. L. VII, p. 338.

36　Jovian. Pontan. *De immanitate*.

世（Pope Paulus III）之子——帕爾瑪（Parma）公爵皮耶路易·法內澤（Pierluigi Farnese）——會強暴法諾（Fano）主教[37]。

§ 6.1.13　倫理道德與個人主義的關係

如果可以根據義大利上層社會生活相關的史料來對當時義大利人的性格作一綜合性概述，本文可以如下簡述之。

當時義大利人性格的基本缺點看來也是使他們偉大的先決條件：也就是發展成熟的個人主義（der entwickelte Individualismus）。這樣的個人主義首先肇始於內心抵制反抗君主專政、或非法取得政權的國家權威。而現在個人主義者之所思所為，不管大家理解得對、或理解得錯，反正都會被看成是叛變（Verrat）。看到別人因自私自利而占盡便宜（beim Anblick des siegreichen Egoismus），個人主義者也要挺身出來捍衛自己的權益，所以就會鋌而走險用報復的手段與陰狠的暴力，來讓自己的內心取得平衡。因此，他的愛情也頗容易與另一個充滿自我意識的個人——也就是鄰人之妻——產生暗通款曲的共鳴[38]。因為藉著擯斥客觀的倫理規範、禮教束縛、與法律限制，他獲得一種絕對自主的感覺（das Gefühl eigner Souveränetät），也因此要求在任何事上都要自己作主——看當時自己的腦袋是被榮譽感、利益考量、明智的深思熟慮、還是被激情、淡泊、或亟思報復的心念所主宰，並用這樣的思考所得作為當下行事的根據。

如果從廣義或狹義來看所謂的「自私自利」（Selbstsucht）是一切罪惡之源，那我們大概可以說，當時自我意識強烈的義大利人的確比其他族群的人更接近惡（das Böse）。

37　Varchi, *Storie fiorentine* 最後的部分。

38　〔譯者注〕不可與鄰人之妻有染是十誡的誡命之一，布氏藉此強調當時人對上帝信仰的崩解。

　　然而，這種個人主義的發展並非
由於個人的過失所致，而是人類史發
展的必然結果（durch einen welt-
geschichtlichen Ratschluß）；這也不
只發生在義大利人身上，而是藉義大
利文化為管道，傳播到歐洲其他地
區，並自此成為大家生存所仰賴的更
高層次的東西。個人主義本身無善無
惡，只是必然的發展；從個人主義出
發，才發展出近現代文化對善、惡的
定義，成為倫理道德規範新的判準，
與中世紀文化相較，這是本質上最大
的不同。

　　文藝復興時代的義大利人是通過
這波新世紀巨浪衝擊，且能挺立住的
人。他們以自己的才華與熱情，為這

Michelangelo，《摩西像》（*Moses*）。
**1513-16. Marble. Tomb of Julius II, San Pietro
in Vincoli, Rome.**
◎攝影／花亦芬（參見彩圖91）

個新時代煥發出最具時代意義的博大精深。在道德淪喪之外，人類的心靈
卻與光輝燦爛的藝術成就一起交織出最高貴的整體，並藉此更進一步彰
顯、歌頌了個人生命的成就，這是上古希羅文化或中古基督教文化不想、
也沒有辦法達到的輝煌境界。

第二章
日常生活裡的宗教信仰

....

　　一個民族的倫理道德與他們對形而上神祇的信仰密切相關，也就是與他們是否堅信這個世界除了人之外還有至高神在統領的信仰密切相關——不管這個信仰讓他們覺得活在世上究竟是幸福、是悲苦、還是世界末日就快要降臨了？文藝復興時代的義大利人不再有堅定的上帝信仰，這個壞名聲在當時是人盡皆知的。如果現在還有人想花心思找證據來證明這一點，要找出成堆可以佐證的言論或例證真是一點兒都不難。本章想要對不同的情況作更深入的探討。至於全面性的結論與評判則非筆者寫作本章的目的。

　　過去義大利人對神的信仰是建立在基督教的上帝信仰以及它外在力量的象徵——教會——之上的。當教會開始變質，照理說，信徒應該自己想辦法繼續過聖潔的屬靈生活，不要去理會外在世界的變化，而能決志堅守對基督的信仰。但世事總是說來容易做來難。並非所有民族都能看得開、或是愚蠢至極地一直忍受內在原則與外在表現不斷處於矛盾拉扯中。當時教會的沉淪已到基督教史上教會蒙受最多批判的時刻了：教會以各種手段將暴力合理化、也將繼續維護他們絕對威權的學說講成絕對真理。為了維持他們不可侵犯的尊嚴，他們做盡各種傷風敗俗之事。而且為了合理化他們的處境，不惜對老百姓的心靈感受以及良知予以致命一擊；並迫使許多受過良好教育、但與教會劃清界線的菁英最後只好選擇脫離基督信仰或因此絕望沮喪。

§ 6.2.1　未能走上宗教改革之路

當然，有人不禁會問：義大利人既然才識如此超卓，為何他們不強悍地與神職統治集團對抗？為何義大利不能與德意志同時、甚或更早掀起宗教改革的波瀾？

這裡有一個可以敷衍上述提問的答案：義大利當時的時代氣氛並無法締造反對教廷統治集團的契機，而德意志宗教改革成功的根源與勢不可擋的關鍵則在於正面提出「因信稱義」、「因信得救」的教義，並對「善功」的信仰棄於一旁。

當然，「因信稱義」、「因信得救」的教義一直要到很晚期才從德意志地區傳到義大利。但當這些教義正要開始對義大利產生影響時，西班牙的勢力卻大到足以壓制它。在另一方面，教廷也利用他們的方法來撲滅宗教改革的浪潮。如果我們看義大利自十三世紀起直到薩佛那羅拉（Girolamo Savonarola）時代許多密契主義者（Mystiker）帶起的修會改革運動其中充滿許多積極改革基督教會的思想，但不巧都因機緣不對而無法順利大刀闊斧地改革整個基督教會。就像胡格諾教派（Huguenot）[39] 的教義

巴黎聖母院（**Notre Dame de Paris**）
◎攝影／花亦芬

39　〔譯者注〕胡格諾教派：泛指十六、七世紀法國的新教徒。1598年法王在南特詔書（the Edict of Nantes）中承認信仰自由，但1685年法王 Louis XIV 取消詔書，新教徒擔心受到迫害，超過400,000人逃往英、美、荷蘭與普魯士，這些人在他們所前往的新國度裡，成為工商業發展重要的力量。

（huguenotisme）具有相當正面的意義，卻無法順利在法國成功一樣。所以像宗教改革這樣重大的事件，不論從細節、導火線、與發生的經過來看，都非歷史哲學可以推想得出的。然而，就整體來看，其發生的必然性卻是容易理解的。人類精神的活動在須臾之間爆發能量、向外擴散，其內在的強度不是我們用眼睛可以看得清的。這樣的謎團會一直存在下去，因為我們只能看到某些特定部分個別現象的活動，卻無法料想當所有因素一起作用、或迸發時，會產生何等難以想像的後果。

§6.2.2　義大利人對教會的看法

在文藝復興盛期，中上階層與教會隔隔不入的現象可說是由以下各種因素共同造成的：根深蒂固充滿鄙視的不滿，放任神職統治階層任行己意（尤其是與宗教禮儀形式相關的各種事務），對聖禮聖事（Sakramente）[40]、祝聖、祝禱等儀式的依賴感。在這其中，尤具義大利特色的還有一項，即偉大的佈道家個人散發出來的傳道魅力具有相當大的影響力。

§6.2.3　對教會統治高層與修士的憎惡

有關義大利人對教會統治高層的反感——尤其自但丁（Dante）以降在文學與歷史作品裡讀得到的記載——已有不少專門學術著作探討過。我們在前面的章節也或多或少提過大家對教宗制度以迄一般人對教會的看法（參見§1.11, §3.8.1）。如果讀者希望從最有份量的史料裡找到最具代表性的聲音，請讀馬基亞維里（Niccolò Machiavelli）的《史論集》（*Discorsi*）以及圭恰迪尼（Francesco Guicciardini）全集。有一些與羅馬教廷保持距離的主教以及神父多少都還因潔身自愛而享有好名聲；相反地，那些靠教

---

40 〔譯者注〕天主教有所謂的「七項聖禮聖事」（seven sacraments）：洗禮、堅信禮、聖餐禮、懺悔禮、臨終塗油禮、聖職禮與結婚典禮。

會吃飯的「吃教」之輩（Pfründner）、主教座堂參議（Chorherren，英文：canons）、與修士則幾乎難逃眾人的猜疑，往往人們在背後評論他們所說的最難聽的話，都會使他們所屬的團體跟著蒙羞。

§ 6.2.4　托缽教士

已經有人說，教士（Mönche）已成為整個基督教會的替罪羔羊，因為大家只敢大肆批評他們不怕惹來麻煩[41]。但這樣的說法一點都不正確。在小說與喜劇中，教士之所以常被嘲諷，是因為上述這兩種文學類型喜歡用大家耳熟能詳的角色人物，因為作家只須輕輕一點，不必太費唇舌，就能激起觀眾的想像力。此外，小說家也沒輕易饒過教區神父（或稱為在俗教士，Weltklerus）。第三，綜觀所有文學作品，我們可以讀到無數對教宗、教廷公開的討論與批判，這在文學的虛構世界裡是沒有的。第四，受到攻訐的教士有時也會採取可怕的報復行動。

當然，就大家對教士的反感是最深、也最常將之表達出來這一點來看，這是沒有什麼爭議的。而他們的確也被當成活生生的例子來具體說明修院生活並不如外界想像那樣聖潔；而整個神職界問題多多，整個信仰體系──也可以說整個基督教──的確到了必須好好重整的時候。因此大家就依各自的觀察所得或對或錯地任意撻伐教士的生活。在此，我們也可接受這樣的說法：義大利人對兩大托缽修會[42]的起源比歐洲其他地區保有更清楚的記憶。他們還清楚地記得，這兩大托缽修會原是十三世紀與異端對抗的主角，也就是與早期義大利強烈要求教會改革的精神活動對抗的主力。尤其是道明會在擔任宗教思想警察的職務上長期受教廷倚賴，所以他們讓一般人從直覺上就會產生的觀感一定就是大家不願意明說的仇恨與蔑

41　Foscolo, *Discorso sul testo del Decamerone.*

42　〔譯者注〕指方濟會與道明會。

視。

如果我們翻閱《十日談》（*Decameron*）與撒克提（Franco Sacchetti）所寫的短篇故事，我們大概會以為對教士、修女的冷嘲熱諷應該沒有比這些更厲害的了！但是，如果我們讀到宗教改革時期的文學，大家便會清楚看到，前人所罵的真是小巫見大巫！在此，我們對彼得・阿瑞提諾（Pietro Aretino）所寫的就略而不談，因為他所寫的《辯術》（*Ragionamenti*）其實是藉譏諷修院生活來對種種讓他感到不爽的事任意洩恨。

但有一個人我們務必要在此提出，那就是馬蘇丘（Massuccio）。他的《短篇故事集》一共收錄了五十篇故事，其中前十個故事是在極端憤怒下寫出來的，而且他希望藉著這些故事讓大家知道這些令人不齒的事情。他也將這些故事題獻給一些有身分名望的人，包括斐朗特（Ferrante）國王與拿波里的亞豐索（Alfonso）王儲。這些故事的一部分是以前就流傳下來的、有一些則是薄伽丘（Boccaccio）曾經寫過的。但還有一些則是根據拿波里真人真事的恐怖經歷寫出來的：教士用臆造的神蹟來迷惑群眾、並騙取他們信以為真的見證；再加上教士自己過著恬不知恥的生活，凡此種種，都讓稍有思辯能力的旁觀者看了絕望至極。

大家對到處托缽、自稱「小兄弟會士」（Minoriten）的方濟會修士的看法是：「他們到處行騙、搶劫、嫖妓，而當他們使盡所有伎倆、不知再怎麼繼續騙下去時，他們就把自己裝成可以行神蹟的聖徒──這個人穿著聖文森佐（St. Vincenzo）的黑色斗篷、另一位則拿出聖伯納丁諾（St. Bernardino）的手札、第三人又拿聖卡皮斯特拉諾（St. Capistrano）所騎驢子使用過的轡頭來招搖撞騙……」；另外則有人「帶著一夥人一起做欺世盜名的勾當，他們裝成瞎子或病入膏肓的人，藉著碰到佯裝成聖徒的教士所穿衣袍的邊緣、或是摸到聖徒遺骸，他們無藥可救的病就在人聲鼎沸裡突然一下子就被治癒了，於是眾人高喊『天父慈悲！』（misericordia!）教

堂的鐘聲馬上跟著響起，而這個神蹟就這樣被鉅細靡遺地記載了下來。」

　　也曾發生過教士正站在講道壇上傳道，卻冷不妨被站在下面的聽眾之一指控他是騙子。但霎時，這個指控的聽眾卻像著魔似地動也不動，而在講壇上的傳道者則趁機開導他、並醫治好他──但是，這一切說穿了都只是胡搞瞎搞出來的騙局。這個傳道者和他的幫兇藉機大撈的錢可以為他自己買下一個樞機主教的頭銜以及一個主教區的管轄權；而他的幫兇也可從此悠哉悠哉過著舒服的日子。

　　馬蘇丘（Massuccio）在故事的敘述裡並沒有將這些無恥教士區分為方濟會的、還是道明會的，因為他們真是一丘之貉。「但那些沒有見識的群眾還涉入他們彼此的仇恨與嫌隙中，當著大庭廣眾爭論孰是孰非[43]，並將自己分成方濟會派與道明會派。」修女則全部聽命於教士，如果她們與俗人有往來，就會被監禁起來或被跟蹤。但有些修女則與教士明目張膽地舉行正式結婚典禮，甚至還為此舉行彌撒、簽訂契約、並且大吃大喝一場。馬蘇丘自己寫道：「我自己就不只一次、而是好幾次參加過這種婚禮，親眼目睹這些事確確實實發生過。這些修女接著不是生下可愛的小修士，不然就是墮胎。如果有人硬要說，筆者所言不實，那就請他去看看女修道院裡的下水道。看裡面偷埋的嬰兒骨頭會不會比希律王時代伯利恆被屠殺的男嬰堆積出來的骨頭要少？」當時的修道院藏污納垢不少這樣的事。當然，這些修士藉著彼此互相告解來泯除良心不安。而當他們擺出神聖不可一世的架式，像是拒絕異端般拒絕信徒希望得到赦罪的懇求時，他們也覺得只要唸一下主禱文（Paternoster）就可清除自己瀆職的罪孽。──「唯願地大大地裂開，將這些惡棍及其靠山一併活活吞吃下去。」在其他段落馬蘇丘也寫道，教士之所以有權，正是因為大家害怕上帝的審判，所以他有一個特別的希望：「對這些教士最好的懲罰就是上帝趕快把

43　這兩個修會之間的競爭常是大家取笑的話題，見：Bandello III, Nov. 14.

煉獄之火熄掉。如此一來,他們就不能再靠慈善捐款度日,必須學會老老
實實拿起鋤頭來工作。」

能在斐朗特(Ferrante)國王治下像馬蘇丘這樣無所顧忌地寫作、而
且還能將作品題獻給他,這也許與斐朗特國王曾被為他特地假造的神蹟激
怒過有關[44]。教士們曾企圖唆使他學西班牙人那樣來迫害猶太人,因此假
稱在塔倫(Tarent)附近挖出一塊刻有銘文的鉛版。當他後來發覺這一切
都只是騙局時,教士便群起作亂。他也仿效父親「寬宏大量的亞豐索」派
人揭發教士假裝禁食的騙局。拿波里宮廷至少在盲目迷信上是不胡亂跟從
的[45]。

我們仔細探討了馬蘇丘所要傳達的訊息,因為他對這些事極其在意,
而且長久以來,他並不是唯一一位對這些事發出告誡之聲的人。對托缽修
會的譏嘲與指控真是滿山滿谷,可說充斥在所有文學作品裡。我們幾乎可
以放心地這麼說:如果沒有德意志宗教改革以及它所激起的反宗教改革運
動,文藝復興會在很短的時間內讓這些修會難以繼續立足。就算他們有深
具群眾魅力的佈道家與吸引許多信眾的聖徒,恐怕都難以挽救原來的頹
勢。要達成這個目的所需的方法其實就是與類似里奧十世(Leo X)這種
瞧不起托缽修會的教宗先達成默契、然後將時機安排得當就可以行事了。
但是,當時主流的看法(die Zeitgeist)只是覺得這些托缽修會荒謬可笑或
頗惹人嫌,所以對教廷而言,他們只是令人感到難堪、卻非務必除去的大
惡。更何況又有誰能說得清,如果不是宗教改革激起了教廷的危機感,教
廷最終會遭到什麼樣的命運?

---

44 這件事引發的後果見:Jovian. Pontan, *De sermone*, L. II and Bandello, Parte I,
   Nov. 32.
45 因此在「寬宏大量的亞豐索」身邊可以公開舉發這類的事,參見:Jovian.
   Pontan., *Antonius* and *Charon*.

§ 6.2.5　道明會的宗教審判

十五世紀末，道明會的宗教審判官在每一個城市擁有的權力大到足以讓知識份子咬牙切齒、渾身不自在，但沒有大到讓所有民眾一直活在恐懼與小心翼翼的一味屈從裡[46]。像過去那樣僅以思想就羅織人入罪的情況已不復見（參見§4.2.4），而那些恣意放言高論批評整個基督教會的人也可輕易擺脫異端邪說的罪名。如果背後沒有黨派刻意運作（像薩佛那羅拉Savonarola的例子）、或是遭到邪惡巫術的作法（像北義大利常發生的那樣），十五世紀末、十六世紀初已經不太有人會因為反對教會而受到火刑伺候。大部分情況都是讓宗教審判官來裁決，而且看來都是隨便找個膚淺的理由就將控訴撤銷；有時甚至還發生被判死刑的人走在去刑場的半路上，就被挾持走了。1452年在波隆那（Bologna）有一位神父尼可絡（Niccolò da Verona）因通亡靈亂發預言（Nekromant）、還與魔鬼為伍、而且還因褻瀆聖禮被判刑，他先是在聖道明教堂（San Domenico）前的木架舞台上被公開褫奪聖職，接著又被帶到廣場上等著接受火刑。但最後他是在半路上被人劫走給釋放了。救他的人是一位對異端行俠仗義、對修女百般羞辱的名人——也是醫院騎士團（Knights Hospitaller）[47]的成員——瑪爾維其（Achille Malvezzi）派來的。教宗的使節樞機主教貝撒里昂（Bessarion）只能抓到嫌犯中的一人，並將他處以絞刑；至於瑪爾維其本人則完全逍遙法外[48]。

46　Vasari, *Le Vite*, "Vita di Sandro Botticelli" 顯示人們有時還開宗教審判庭的玩笑。

47　〔譯者注〕醫院騎士團（又稱馬爾他騎士團Knights of Malta，德文：Johanniter-Ritter）為最古老的天主教軍事修會組織之一，成立於第一次十字軍東征後（約1100年後），本為本篤會在耶路撒冷為保護其醫護設施而設的軍事組織。最早的指揮部設於羅德島（Rhodes），後來又在馬爾他（Malta）設立分部。

48　Bursellis, *Ann. Bonon*. ap. Murat. XXIII, Col. 886. cf. 896.

§ 6.2.6　比較有格調的修會

　　值得注意的是，比較強調隱修的修會——也就是**本篤會**（die Benediktiner）——及其支會雖然靠著龐大的教產讓教士們都過著優渥的生活，但他們所受的嫌惡卻遠比上述兩個托缽修會少很多。在以「修士」（frati）為主題的十篇短篇小說裡，頂多只會有一篇是以「隱修士」（monaco）為調侃對象。由於本篤會歷史比較悠久，而且不以擔任思想警察為創立宗旨，又加上不干涉別人私生活，因此反而能遠離是非。本篤會有許多虔敬、學識淵博、而且深具思想內涵的神職人員，但一般本篤會修士的生活情況正如斐蘭佐拉（Agnolo Firenzuola, 1493-1543）[49]——他們其中的一份子——所言：

> 　　這些營養充足均衡的修士穿著寬鬆舒適的長袍，他們不用赤腳四處浪跡佈道，而是穿著手工精緻的皮拖鞋坐在用香柏樹木板隔好的舒適斗室裡，兩手交疊在肚子上。當他們出門時，他們可以舒服地騎著騾馬或肥壯的馬，像是去舒展一下身心。他們不讓自己的心神耗竭在過度鑽研苦讀上，以免知識讓人墮入撒旦式的狂傲（Lucifershochmut），折損了隱修人應有的謙卑簡樸[50]。

　　熟悉當時文學作品的人應知，上文所述只是將最基本的情況點出來而已。當許許多多教區神父與修院神父的壞名聲徹底粉碎大家對「神聖」（das Heilige）的信仰時，會產生的影響自然是值得大家注意了。

49　參見本書§4.8.2。

50　Agnolo Firenzuola, *Opere*, vol. II, p. 208. 本段話引自他寫的第十篇短篇故事。

　　對教士的整體評論有些聽起來相當令人驚駭！筆者在此只選出其中一人的說法，因為這是最近才被印行出來，只有極少數人知道它。這是圭恰迪尼（Francesco Guicciardini, 1483-1540）——為梅迪西家族出身的教宗服務並在教廷任職多年的歷史家——於1529年在《箴言錄》（*Aforismi*）寫下的一段話：

> 　　在我看來，沒有比神職人員更令我厭惡的人了，他們野心勃勃、貪婪縱欲。這不僅因為這些劣行本身令人厭惡，更因為這些劣行或單獨、或全部發生在那些宣誓凡事要以上帝意旨為依歸的人身上，所以讓人感到言行不一。尤其是有些神職人員做出的惡行本身就互相矛盾，讓人覺得只有性格非比尋常的人才作得出這種人格分裂的事來。要不是因為多年來為多位教宗服務的關係，我將這些神職人員所能成就出來的事看成與我個人的利害相關，我早就愛馬丁路德（Martin Luther）如同愛我自己一樣了。這不是為了讓我自己從一般人所理解的基督教律法的束縛解放出來，而是為了讓那一大群惡棍知道什麼叫做「做人要有節制」，希望他們能潔身自愛、不要再頤指氣使地過日子了[51]。

　　圭恰迪尼還認為，我們對超自然界發生的事還是一無所知，而哲學家與神學家對超自然現象的解釋都是一派胡言[52]。因為所有宗教都有各自的神蹟，這些神蹟並不能證明哪個宗教特別有力。所以歸根結底，這些神蹟只能歸為人的理性尚無法辨識的現象。薩佛那羅拉（Savonarola）認為應

51　*Ricordi*, N. 28, in : *Opere inedite*, Vol. I.
52　*Ricordi*, N. 1. 123. 125.

將信徒所信仰的「信心能夠移山」[53]這種教誨當成奇特現象，不應加以嚴詞抨擊。

§ 6.2.7　習慣依賴教會以及教士的祝禱

神職人員與教士有恃無恐地無視於這些批判的聲音，因為大家已經習慣依賴他們了，而且他們的存在與所有人的生活所需緊密交織在一起。這是自古以來所有歷史悠久、勢力龐大的事物佔到的好處。每個人都有親戚是穿教士袍的，每個人也都可以指望從教會得到某些蔭助、或未來可從教會的財庫裡撈到一些好處。而在義大利的中心還有羅馬教廷，只要能進入其中，人是可以在旦夕之間致富的。但我們還是要特別強調，儘管如此，這無法禁止有識之士用嘴、或用筆發出批判之聲。那些最口無遮攔的嬉笑怒罵文章往往是神職人員或領教會薪水的人所寫的——寫《詼諧集》（*Facetiae*）的柏丘（Poggio Bracciolini）本身就是神職人員；佛羅倫斯詩人柏尼（Francesco Berni）曾為主教座堂參議（canon）；佛蘭哥（Teofilo Folengo）是本篤會修士[54]；對自己所屬修會大加嘲諷的邦德羅（Matteo Bandello）出自道明會，而且還是一位道明總會長（General）的「姪子」（nepote）。他們對教會大肆批評是因為知道不會惹禍上身，所以有恃無恐嗎？還是他們想藉此與已經聲名狼籍的神職界劃清界限？或者，他們是以「我們還能繼續這樣死賴下去嗎？」這句座右銘自我警惕，因而選擇作出絕望的自利行為？也許上述三種可能都有。佛蘭哥的作品已經可以讓人清楚嗅出支持馬丁路德的意味了[55]。

53　〔譯者注〕出自馬太福音17: 20。

54　只是他並沒有成為固定在本篤會服事的修士。
　　〔譯者加注〕Teofilo Folengo 於1509年在本篤會成為修士，但後來又更換了許多服事的修會，直至1525年被驅逐出本篤會。1534年他才重新被本篤會接納。

55　參見他以 Limerno Pitocco 筆名所發表的 *Orlandino*, cap. VI, str. 40, s; cap. VII, str.

　　上文在討論教宗制度時已提過，當時義大利人對教會祝禱與聖禮聖事（Sacraments）的依賴。從普羅大眾的信仰行為上來看，這當然是可以理解的。但是思想已經解放的人如果還繼續依賴教會為他們作這些事，這只能證明，一個人年少時根深蒂固接受的教條如何牢不可破，而代代相傳的符號象徵具有何等神秘不可破除的魔力[56]。臨終的人──不管是誰──都會要求神父為他作最後的告解赦罪，這在在顯示，大家對地獄還是存有一些恐懼，就算維鐵羅佐・維鐵利（Vitellozzo Vitelli, 參照§ 1.11.1）這種天不怕地不怕的人，臨死前仍少不了這一套。比他更有啟發性的例子恐怕找不出第二人來。

　　教會所宣揚的教義「塗抹不掉的聖印」（character indelebilis），強調每位神父身上都有上帝的烙印，不管他個人品德如何，他還是能賜人以上帝的恩典。也就是說，不管你有多討厭那位神父，你還是可以透過他得到上帝的恩賜。當然也還是有一些誓死不從的人，像嘉蕾歐脫・米蘭多拉（Galeotto della Mirandola）[57]之流的，歷經了十六年被判「出教」（Exkommunikation）的歲月，於1499年過世。這十六年間，米蘭多拉這個城市也因他的關係遭到「禁制令」（Interdikt），[58]所有的彌撒與教會葬禮都不准舉行。

§ 6.2.8　勸人悔改佈道家

　　看了神職界這麼多引發爭議的事情後，現在我們終於要談談義大利與那些偉大的勸人悔改佈道家（Bußprediger）之間的關係。

（續）─────────────

　　57; cap. VIII, str. 3, s; esp. 75.

56　〔譯者注〕布氏雖然只用寥寥數語說出自己在這方面的見解，但是這個看法卻深深啟發了德國著名的猶太籍藝術史學者 Aby Warburg 開創藝術史上圖像學（iconography）的研究。

57　*Diario Ferrarese*, bei Murat. XXIV, Col. 362.

58　〔譯者注〕「禁制令」（Interdikt）：被褫奪教權，不准進行任何宗教活動的禁令。

西歐其他地區也會定期請一些聖潔的教士來佈道，說些感動信徒心靈、勸他們悔改向善的話。但是，這些勸人悔罪的佈道家卻時時穿梭在義大利各城各鄉之間，除了說些讓大家感到震驚的話之外，究竟還有什麼作用呢？讓我們看看十五世紀唯一一位在德意志地區造成同樣轟動的人——喬凡尼·卡皮斯特拉諾（Giovanni Capistrano）——他其實是個阿本儒城（Abruzzen）出身的義大利人[59]。這些勸人悔罪佈道家的性格有些相當嚴謹自持，有些則將佈道視為自己生命的職志。但整個來說，阿爾卑斯山北方的佈道家強調宗教直覺、與上帝產生直接密契的關係（mystisch）；阿爾卑斯山南方的佈道家則豪爽開朗、注重實務，而且因為義大利人講究修辭與口才，所以在這方面都有很高的造詣。阿爾卑斯山北方的基督教產生了影響「平信徒靈修運動」（Devotio Moderna）至鉅的經典——《活出基督的樣式》（*Imitatio Christi*），這本靈修書籍剛開始只是靜靜地在修道院間流傳，但幾世紀以來，卻形成了莫大的影響[60]。阿爾卑斯山南方的基督教則產生一些深具群眾魅力的佈道家，這些佈道家常在極短的時間內就讓信徒心裡為之澎湃不已。

這些佈道家之所以能讓信徒心底突然為之一振，主要是因為喚起了他們的良知。有些是道德勸說的佈道家，他們不尚空談，都是講一些可以身體力行的方法，加上他們本人一心服侍上帝、苦修禁欲，因而散發出的人格風采在群眾心底造成莫大的感動力，以致於群眾相信（雖然是他們所不樂見的）這些佈道家具有行神蹟的能力[61]。最令聽眾感到心生恐懼的講道

59　他身邊跟著德語以及斯拉夫語的口頭翻譯。同樣的做法亦可見於 S. Bernhard.

60　〔譯者注〕「平信徒靈修運動」（Devotio Moderna）強調基督徒個人化的靈修與讀經禱告，傳統上被看成為馬丁路德的宗教改革預鋪了道路。參見：Heiko A. Oberman (2003), *The Two Reformations: the Journey from the Last Days to the New World*, pp. 11-14.

61　例如，Capistrano 往往對來到他面前的大批病患手劃十字，並奉三位一體真神與他的老師 S. Bernardino 之名為他們禱告，結果往往有人真的因此得到醫治，

內容不是有關煉獄之火與地獄，而是「咒詛」（maledizione）──也就是充滿惡果的現世報。基督徒如果做出有辱耶穌基督與眾聖徒的事，會在活著的時候就嚐到上帝審判的滋味。也只有如此，才能將那些誤陷激情、復仇狂熱、與作惡多端的人帶回認罪悔改的正路，這是佈道者最希望達到的目的。

　　所以十五世紀出現了聖伯那丁諾‧西耶納（St. Bernardino da Siena, 1380-1444）、艾伯特‧撒查納（Alberto da Sarzana）、喬凡尼‧卡皮斯特拉諾（Giovanni Capistrano）、雅各‧馬爾卡（Jacopo della Marca）、羅伯特‧蕾權（Roberto da Lecce, 參見 § 5.8.5）以及其他著名的佈道家，最後當然還有薩佛那羅拉（Girolamo Savonarola）。當時人對托缽修士成見極深，上述幾位佈道家雖然都是托缽修士，卻沒有這些阻礙。狂傲的人文學者批判、嘲諷他們[62]，但當這些佈道家拉高分貝，就沒有人會去在意那些人文學者究竟說了些什麼？這樣的情況並非頭一次發生。佛羅倫斯人一向尖酸刻薄慣了，從十四世紀開始，只要誰站上講道壇，誰就必須忍受事後被大家當作挖苦取笑的對象[63]。但是當薩佛那羅拉開始站上佛羅倫斯的講道壇，大家卻被他深深吸引到沒兩三下就把他們自己最珍愛的文化與藝術傑作丟進火堆裡去，任由薩佛那羅拉點燃火苗，讓一切付之一炬。即使有一些忝不知恥的教士藉著共犯在群眾中間製造信徒想看的神蹟，而且大力宣傳自己的神力，讓基督教成為無恥斂財的器具，還是無法削弱偉大佈道家在群眾心裡可以激起的熱情。雖然大家持續對那些卑鄙的教士藉著假造的神蹟、拿出偽造的聖徒遺骸[64]來騙人的行徑嗤之以鼻，但這些並不會影響

（續）─────────────

　　　如我們在禱告醫治會常見到的情況一樣。Brescia 的年鑑記錄者對這種現象的
　　　解釋是：「他行了一些令人讚嘆的神蹟，但人們口耳相傳的事跡比實際發生的
　　　誇大不少。」

62　例如，Poggio, *De avaritia*, in: *Opera*, fol. 2.

63　Franco Sachetti, Nov. 72. 所有短篇故事作家都喜歡挖苦表現不好的佈道家。

大家去對真正偉大的勸人悔改佈道家致上最高的敬意。這是十五世紀義大利相當特殊的宗教現象。

　　一般人提到的「修會」就是指方濟會，尤其是指方濟會裡要嚴格遵守教規的嚴修會（Observant）——只要有人需要他們的地方，他們就到那裡去。這種情況通常發生在一個城市發生嚴重的公共、或私人爭端，或是治安不斷敗壞、民風愈來愈不淳樸的時候。在這種危急的時刻，受命過去整頓的神父聲望就會大增，因為大家都把希望放在他身上——即使不相干的人，也會對他敬重有加。這些神父只要接到命令一定義無反顧地前往。這種工作的另一特殊形式是到處為對抗土耳其人的十字軍宣講[65]，由於本節是要探討勸人悔過向善的佈道家，因此就省略這個話題。

　　如果我們仔細觀察這些佈道家如何組織講道內容的前後順序，就會發現，基本上他們是依照教會制訂的「七罪宗」[66]來講，但是在情況緊迫時，講道者就會直接切入主題。剛開始，他可能是在屬於修會名下的教堂或是主教座堂開講；但不久後，由於從四面八方湧來的群眾太多，連最大的廣場都塞不下，甚至連佈道者本人要動彈一下都必須冒生命危險[67]。通常佈道結束之後會緊接著一個盛大的遊行儀式。由於觀眾情緒高亢，即使是這個城鎮最高階的官員將這位佈道家圍在他們中間，也無法阻止群眾不斷湧向這位佈道家，希望能親吻他的手或腳，或能扯下他衣袍的一小片布料[68]。

　　當佈道家宣講反對高利貸、預購、不入流的時尚等主題，最容易產生

64　*Decamerone* VI, Nov. 10.

65　Malipiero, *Ann. venet. Arch.stor.* VII, I, p. 18; Chron. venetum, bei Murat. XXIV, Col.114; *Storia Bresciana*, bei Murat. XXI, Col. 898.

66　〔譯者注〕「七罪宗」（Sieben Todsünde）是指：驕傲、吝嗇、迷色、憤怒、嫉妒、貪饕、與懶惰。

67　*Stor. bresciana* bei Murat. XXI, Col. 865.

68　Allegretto, *Diarî sanesi*, bei Murat. XXIII, Col. 819.

的影響就是打開監獄大門（也就是說，將那些因貧困欠錢被關的人釋放出來），以及將奢侈品與一些危險或純粹為打發時間而製造的器具焚燬掉：例如骰子、紙牌、各種玩具、面具、樂器、歌譜、用文字記下來的巫術作法方式[69]、假髮等等。這些東西都被整整齊齊地排好，放到一個架子上，上面還綁著一個惡魔的像，然後放一把火通通燒掉。

接下來談談那些思想比較不容易被左右的人的情況：很久沒有告解的人現在開始告解了；霸道侵占得來的東西開始歸還了；詛咒人的惡言惡語也道歉收回了。聖伯那丁諾・西耶納[70]所講的道便孜孜矻矻地深入探究人們日常往來所運用的道德法則。我們這個時代的神學家幾乎不太有人會在一大早的講道裡努力去談「契約、賠償、退休金、女兒的嫁妝」等問題，像伯那丁諾・西耶納在佛羅倫斯主教座堂講過的那樣。搞不清楚狀況的講道者有時就很容易犯下錯誤，他們不加思索地劈頭就把特定階層、行業、或公務員罵得狗血淋頭，以致於被激怒的聽眾馬上捲起袖子上前只想打人[71]。像伯那丁諾・西耶納這樣的佈道家卻也曾於1424年在羅馬的講道中，呼籲大家把用來化妝打扮、以及行妖術的東西拿到卡彼多山丘（Capitoline Hill）去燒毀；此外，他的講道還引發另一個後果，就是「有一位名叫菲尼卻拉（Finicella）的女巫被活活燒死。因為她以妖術害死了許多小孩，而且對許多人施以巫術，所以全羅馬城的人都跑去看這個火刑。」

如上所述，佈道最重要的目標是平息爭端，讓雙方和解，並放棄繼續報復。但這樣的境界通常要在一系列的佈道達到尾聲時才有可能。當全城逐漸籠罩在認罪悔改的氛圍裡，而空氣中傳來一聲聲全城居民的呼求：

69　Infessura (bei Eccard, *scriptores* II, Col. 1874). 印刷術發明了以後，印刷出版的巫書被拿來焚燒也成為常見之事，參見：Bandello III, Nov. 10.

70　有關他的傳記參見：Vespasiano Fiorent.; Aen. Sylvius, *De viris illustr.*

71　Allegretto, l. c., Col. 823.

「天父慈悲！」（misericordia!）——接著便是彼此締結和平約定，並且互相擁抱，即使雙方過去已經砍砍殺殺好幾回合了。為了讓這麼神聖的場面更加圓滿，大家也刻意安排讓那些已被放逐出去的人重回家園。看起來這些和解的約定大致上都能被遵守，縱使當初那種高昂的宗教情緒已過。而且事後大家對這位造福眾人的佈道家還會世世代代感念下去。

但也有像1482年發生於羅馬的瓦雷（della Valle）與克羅齊（Croce）兩大家族間的兇狠恐怖危機，那是連羅伯特・蕾権（Roberto da Lecce）這樣的佈道家都擺不平的[72]。就在受難週前不久，羅伯特・蕾権還在米內娃（Minerva）神廟前的廣場對著成千上萬的群眾講道。但就在濯足節（der grüne Donnerstag）[73]前夕在猶太區（Ghetto）附近，也就是在瓦雷家族的豪宅前，發生了激烈巷戰。第二天一早，教宗西斯篤四世（Pope Sixtus IV）下令拆毀這座豪宅，接著才讓當天所有宗教儀式照常舉行。在耶穌受難日（Karfreitag）那天，羅伯特・蕾権雙手握著十字架繼續佈道，但是他與前往聽講的信眾都只能哀傷地哭泣。

在勸人悔改佈道家的感召下，不少性情暴烈、自責甚深的人下定決心進入修道院。這樣的人有各種大家想得出來的強盜與罪犯，也有三餐不繼的士兵。出於對佈道者道德風範的仰慕，他們至少希望能在外在生活形式與態度上盡力追隨他們所仰慕的人。

佈道結束的時候，佈道家便會大聲說出他的祝禱。祝禱詞是：「願平安與你們同在！」（La paceüsia con voi!）大批群眾陪伴佈道者走向下一個城鎮，將同樣的佈道內容重新再聽一遍。

---

72 Jac. Volaterran. bei Murat. XXIII, Col. 167.

73 〔譯者注〕即耶穌受難日（週五）的前一天，也就是復活節前的那個星期四。根據《約翰福音》13: 1-17記載，耶穌在被捉拿受難前，親自為門徒洗腳，以教導門徒彼此洗腳、互相服事的真諦。北京商務印書館出版的何新譯本翻成「洗足木曜日」，不知是否根據日譯本而來？

　　看到這些受人景仰的宗教家享有無上的號召力，不免讓神職界與各地
方政府私底下偷偷期盼，自己也能擁有如此影響力、或至少不要跟這些具
有群眾魅力的人過不去。要達到這樣的目的有一個方法，就是只讓有最基
本訓練的低階教士或神職人員上台去助講，這樣他們所屬的修會或教會就
多少能為他們助講的內容負一些責任。但是，明確的界線究竟何在，誰也
說不清。因為教堂以及講道壇長久以來已經開放給所有公共集會來使用，
也作為宣告法庭判決、研究成果發表、與授課等場所；而神父講道的時間
也往往讓給人文學者與平信徒上台演講（參見§3.8.3）。

　　此外，還有一種聖俗兩界都兼具的人，他們既非教士、也非神職人
員，但他們又過著棄絕塵俗的生活，這些人也就是在義大利為數不少的隱
修士（Einsiedler）[74]。他們有時不請自來，而且總能深深打動聽眾的心。
1516年米蘭第二次被法軍征服後就發生過一次這種狀況，當然這是發生在
一個社會嚴重失序的騷動時代。有一位來自托斯卡納（Toscana）的隱修
士——也許是薩佛那羅拉（Girolamo Savonarola）的跟隨者——連續好幾
個月都站上米蘭主教座堂的講道壇，以激烈的言詞大肆抨擊教會高層，並
捐給主教座堂新的燭台與祭壇。他還行了神蹟，並在激烈的抗爭後才離開
霸占了好久的講道壇[75]。

　　在影響義大利命運至鉅的那幾十年間，預言風氣特別盛行，而且發出
預言的人並不只限於特定階層。例如，大家都知道，在羅馬浩劫前就有隱
修士不顧一切攔阻發出預言（參見§1.11.21）。由於他們口才沒那麼好，
所以也讓人帶著有象徵意涵的道具一起來預言。例如，1429年西耶納
（Siena）附近就有一位禁欲苦修者派遣他的「小隱士」——也就是他的小

74　這類人在當時是相當有爭議性的，無論如何，要將他們與苦修教士清楚區分開
　　來。

75　Prato, *Arch. stor.* III, p. 357.

徒弟——手持一根木棍，上面放著一個骷髏頭，木棍上還繫著一張紙條，上面寫著聖經裡的警語，就這樣他們走進了那個人心惶惶的城市[76]。

即使是隱修教士也常對君侯、執政當局、在俗教士以及他們自己的階層發出批判之聲。雖然像十四世紀帕威亞（Pavia）的布索拉羅修士（Fra Jaccopo Biussolaro）在講道中直接號召群眾推翻某個專政掌權的家族之例後來不曾再有過[77]，但是還是有人敢在教宗專屬的小禮拜堂正直敢言地對教宗提出警誡、或是當著君侯的面對他的施政作為提出純正無欺的政治建言，雖然君侯覺得這些都是多說無益之言。

1494年在米蘭的城堡廣場（Kastellplatz）上有一個來自印科羅那塔（Incoronata）的盲人教士（奧古斯丁會士），他從講道壇上呼籲別號「摩爾人」的羅德維科・史佛薩（Lodovico Sforza il Moro）：「殿下！別讓法軍過境，否則你一定會後悔！」[78]有些隱修教士具有預言能力，他們也許不會直接說出與政局發展相關的事，但會說出未來會遭遇何等恐怖的下場，讓聽者聞之喪膽。在1513年選完教宗里奧十世（Pope Leo X）後不久，有十二個方濟會的分會組成一個這種講道預言的團體，他們互相分派工作，走遍義大利各城各鄉。負責在佛羅倫斯宣講的那位法蘭卻斯柯修士（Fra Francesco di Montepulciano）[79]讓所有聽眾聽了心頭為之一驚。他的聲調激昂熱切而非溫和，因此即使無法靠近他的聽眾，也可以遠遠聽到他的聲音。有一次在佈道後，他突然「因為胸部疼痛」而死。所有聽眾都圍了過來，親吻這位往生者的腳，所以最後當局只好利用夜深人靜之時，悄悄把他埋葬。但這股被激起的預言狂熱，就連婦道人家與鄉間的下里巴人也深受感染，執政者最後只好使盡一切辦法來降溫。「為了讓大家的心情

76　Allegretto, bei Murat. XXIII, Col. 855, s.

77　Matteo Villani VIII, I, s.

78　Prato, *Arch. stor*. III, p. 251.

79　Jac. Pitti, *Storia fior*. L. II, p. 112.

再度變得開朗一點，梅迪西家族的吉里雅諾・梅迪西（Giuliano de'Medici）與羅倫佐・梅迪西（Lorenzo de'Medici）便在1514年的施洗約翰紀念日舉行盛大隆重的慶典、狩獵比賽、遊行與馬上競技，羅馬許多貴冑名紳也都特地前來參加，其中也包括了六位樞機主教，雖然他們都是化了妝的。」

§ 6.2.9　薩佛那羅拉

最偉大的勸人悔改佈道家與預言先知卻在1498年被活活燒死於佛羅倫斯，他就是**薩佛那羅拉**（Girolamo Savonarola, 1452-98）[80]。在此，我們必須對他略加介紹。

1494至1498年，薩佛那羅拉用來改造、並統治佛羅倫斯的最大利器是他的演講。如果我們想藉他現存的講道辭來一窺他雄辯滔滔的神采，其實很難如願，因為這些講道辭都是在講道現場請人隨手記下來的，因此並不完整。他的講道之所以令人動容，並不在於他的外在條件很好，因為聲音、發音、修辭等項目其實反而是他比較弱的地方。如果有人喜歡那種獨具個人風格、演說技巧高超的講道，應該去聽他的對手馬理安諾修士（Fra Mariano da Ghinazzano）的講道。薩佛那羅拉的演講之所以吸引人，主要在於他個人散發出的氣勢，這大概只有後來的馬丁路德可與之

Fra Bartolomeo，《薩佛那羅拉畫像》（*Portrait of Girolamo Savonarola*）。
c. 1498. Oil on wood. 47 x 31 cm.
Museo di San Marco, Florence.
©1990. Photo Scala, Florence - courtesy of the Ministero Beni e Att. Culturali.

80　Perrens, *Jérôme Savonarole*, 2 vol. 在眾多專著中，這本應是在歷史方法學上寫得最好的一本。

相比。他自己將講道
看成對信徒的啟蒙教
育，因此毫不避諱地
將講道看得非常崇高
——在天堂的階層
裡，講道者只處於天
使之下。

佛羅倫斯聖馬可修道院（**San Marco, Florence**）
©攝影／花亦芬

這位全身充滿光
和熱的人最先成就的
偉大奇蹟是讓他自己
所屬的聖馬可（San
Marco）修院（屬於道明會）、以及後來托斯卡納地區（Toscana）所有的
道明會修院都願意遵循他的教誨自動自發從事大規模內造改革。如果我們
對當時修道院的情況略知一二，也能瞭解到，要求當時這些修道院的教士
進行最基本的改革其實比登天還難，我們便會對薩佛那羅拉能徹底翻轉這
些人的想法倍加驚嘆！當這些改革開始進行時，許多接受薩佛那羅拉想法

的人也群起加入道明會成為修士，
這讓改革運動更是力上加力。而許
多權貴名門之家的子弟也都到聖馬
可修院成為見習修士。

在一個國家內部進行這種修會
改革，這是邁向國家教會
（Nationalkirche）的第一步——如
果這個改革運動能不出差錯地持續
進行更長時間的話。薩佛那羅拉一
定也希望藉此帶起整個天主教會的

佛羅倫斯聖馬可修道院內部中庭（**San Marco,
Florence**）
©攝影／花亦芬

改革運動。因此在他仍有影響力的最後階段，他還寄敦促信函給所有在位掌權者，希望能召開大公會議。但只有他自己的修會與跟隨他的人願意成為托斯卡納地區推動這項改革事工的器皿——也就是說，願意根據基督教義的教導來作地上的「鹽」[81]；但是其他鄰近地區卻依然堅持守舊的路線。這讓佛羅倫斯愈來愈在禁欲自苦與想像中，將自己幻想為上帝國在塵世的化身。

　　薩佛那羅拉所說的預言有一些部分的確應驗了，這讓他享有超人般的威望（übermenschliches Ansehen），而且這些預言也讓義大利強大的想像力得到最佳倚仗；此外，他們敦厚和善的情性也透過這個途徑得到適度發揚。剛開始的時候，方濟會裡的嚴修會（Observant）認為他們有聖伯那丁諾・西耶納（St. Bernardino da Siena）遺留下來的赫赫聲望可與薩佛那羅拉打對台，他們認為這就足夠削弱這位偉大道明會教士帶來的威脅。所以，嚴修會的教士安排自己人登上主教座堂的講道壇，並且講出比薩佛那羅拉更可怕的預言，直到當時執政的彼得・梅迪西（Pietro de'Medici）勒令雙方閉嘴為止。沒多久，查理八世（Charles VIII）攻進義大利，趕走了梅迪西政權，這一切正如薩佛那羅拉曾清楚預言那樣，因此大家深信的，就只剩下薩佛那羅拉。

　　但這裡我們必須明確指出，薩佛那羅拉對自己感知到的與所見到的異象（vision）並不加以批判，但對別人預知與預見的異象卻嚴加撻伐。在喬凡尼・琵蔻・米蘭多拉（Giovanni Pico della Mirandola）的葬禮致詞上，他甚至講了一些對這位剛過世亡友不太友善的話。因為喬凡尼・琵蔻・米蘭多拉雖然在心裡聽到了上帝對他說話的聲音，卻不願意進修道院奉獻神職。為此，他自己向上帝禱告，請上帝管教他。他也不希望自己如

　81　〔譯者注〕〈馬太福音〉5: 13：「你們是世上的鹽。鹽若失了味，怎能叫它再鹹呢？」〈馬可福音〉9: 50：「你們裡頭應當有鹽，彼此和睦。」

此英年早逝，所以透過佈施與祈禱希望自己的靈魂在煉獄不要待太久。喬凡尼・琵蔻・米蘭多拉在病床上曾見到一個讓他感到安慰的異象，也就是聖母馬利亞向他顯現、並承諾他不會死。薩佛那羅拉說，一直以來他都認為喬凡尼・琵蔻・米蘭多拉所見的是撒旦的幻象，直到有一天他得到啟示，說聖母馬利亞向喬凡尼・琵蔻・米蘭多拉承諾他不會死指的是第二次死亡——也就是在最後審判時他將得到永生。如果這件事和其他類似的事顯示出薩佛那羅拉的狂傲，這位偉大的人物至少也因此受到所有可能的懲罰了。在他臨終前幾天，他認清自己擁有的預見與預言能力其實只是一場空，但他內心仍有足夠的平靜可以在虔敬的氣氛裡接受自己的死亡。但他的跟隨者卻除了他的教誨之外還謹守他所說過的預言達三十年之久。

為了重新改造佛羅倫斯共和國，薩佛那羅拉真是日以繼夜地工作，因為如果不這樣，敵對的一方會將政權往自己身上攬。如果要對他在1495年初所頒佈的半民主憲法加以批判，其實是不公平的。因為這部憲法雖然沒有比佛羅倫斯其他憲法好，但至少也沒有比較差。

大家可以想見，薩佛那羅拉其實是最不合適從事政府改造工作的人。他真正的理想是一個神權國（Theokratie），在這個國度裡，所有人都以蒙福的謙卑順服於不可見的上帝；而且從一開始，所有人性私欲可能引發的衝突就被擯斥於門外。他所有的思想都寫在市政廳的一個碑文上，這些文字自1495年起就成為他的座右銘；而1527年又被他的跟隨者翻新過一遍：「根據元老院與人民大會決議，推選耶穌基督為佛羅倫斯人民之主」（Jesus Christus Rex populi florentini S.P.Q. decreto creatus）。對塵俗生活及生活所需，薩佛那羅拉真是過著刻苦自厲的日子——在他的想法裡，人只能做與靈魂得救直接相關的事情。

他這樣的情性也明顯表現在他對古典文化的態度上。他在講道時說：

> 柏拉圖與亞理斯多德的成就裡，唯一值得嘉許的，就是他們

已為我們打擊異端的工作提供了許多論證。但是他們與其他
哲學家還都待在地獄裡。一個年邁的老婦對信仰的理解比柏
拉圖還多。如果許多乍看之下似乎是有用的書能夠被禁絕，
這對信仰是比較好的。當書籍還沒有這麼多、要求理性可驗
證的論據以及爭辯都還沒有這麼多時，信仰的成長比現在快
得多。

　　學校裡講授的古典文學讀物薩佛那羅拉只希望保留荷馬（Homer）、
維吉爾（Vergil）與西塞羅（Cicero）的作品，其餘的，就由聖哲羅
（Hieronymus/ St. Jerome）與聖奧古斯丁（St. Augustin）的作品來補充。在
薩佛那羅拉心目中，不只古羅馬詩人卡圖（Catull）與奧維德（Ovid）的
作品應被焚燬，連牟爾扎（Tibull. Mario Molsa）與特潤慈（Terence）的
作品也應丟到火裡燒掉。這裡所說的，可能只是出於道德情性上的神經
質；但在另一篇特別的文章裡，他卻大談特談所謂「學術研究」造成的危
害。薩佛那羅拉認為，應該只讓極少數人接受古典文化教育，以免人類的
知識淪喪失傳；尤其應訓練幾位「驍勇善戰」的辯士來與異端邪說的詭辯
家對抗。至於其他一般人所受的教育則不應超過文法、品德、以及宗教教
育。這樣一來，整個教育大權又重新落入教士手裡。由於他認為國家與帝
國也應交給「最有學識與最聖潔的人」來掌管，無疑的，這也落入教士的
掌控中。我們實在不想去追問，這位先生到底有沒有想過：這麼做的後果
會變成什麼樣子？
　　孩子氣的人是沒辦法跟他用講道理的。整個文藝復興透過對古典文化
的重新發掘，獲致非常開闊的視野與思想格局，而這些都對宗教產生極佳
的考驗。但在薩佛那羅拉這位先生單純的思維裡，這些文化衝擊好像一點
兒都不存在。他對無法克服的事，最喜歡用的辦法就是「禁止」。說穿
了，他是一個完全不開通的老頑固。例如，對於不信上帝的星象家他就準

備火刑伺候，就像他後來也被火刑伺候一般。

然而，這麼狹隘心靈裡的靈魂活動卻是多麼猛烈啊！對文化充滿熱情的佛羅倫斯人竟臣服在他的訓誨之下，薩佛那羅拉個人所爆發出來的烈火是何等難以想像的熾熱啊！

佛羅倫斯人樂意為薩佛那羅拉放棄多少藝術與世俗享樂，從他們甘心願意獻出不計其數的珍貴書籍與奢侈品來焚燒就可以清楚看出。與薩佛那羅拉所策動的焚燬藝術文化創造物的規模相比，聖伯那丁諾・西耶納與其他佈道家所帶起的焚燬行動（talami）實在是小巫見大巫。

但是，這一切如果沒有靠薩佛那羅拉的專制警察制度來落實，是不可能成形的。整體而言，他對義大利人極為看重的私生活進行了規模不小的干預與窺視。例如，為了貫徹他主導的道德生活改革，他要求侍僕必須監視自己主人的生活。然而，要像後來鐵腕的喀爾文（John Calvin, 1509-64）在日內瓦透過持續的戒嚴、費盡千辛萬苦終於達到改革公眾與私人生活道德規範那樣的境界，當時由薩佛那羅拉所主導的道德生活改革是無法與之相比的，而且最後還落得只成為一場實驗性質的嘗試，更把反對者逼到咬牙切齒的死角。激起大家反感的作法包括他將一群男童組織起來，突如其來就衝進別人家裡，用暴力要求他們交出必須拿出來焚燬的東西。由於這些男童常被拳頭相向地趕出去，所以後來就由成人充當他們的保鑣，讓這些小孩以為真有一種欣欣向榮的神聖國民新氣象在壯大中。

所以在1497年狂歡節最後一天、以及第二年的同一天，在執政廣場（Piazza della Signoria）上才會有大規模的「火刑」（Autodafé）。廣場上堆起了階梯狀的金字塔，像是焚燒古羅馬皇帝屍體的火堆（rogus）。放在最下面的是成堆的面具、假的鬍鬚、變裝用的衣服等等；上面再放著古羅馬以及義大利詩人的作品——例如，路易・蒲吉（Luigi Pulci）所寫的《大巨人摩爾剛特傳》（*Morgante maggiore*）、薄伽丘與佩托拉克的作品，其中包括用珍貴羊皮紙精印的書籍以及有精美繪圖的手抄本。此外還有婦女裝

飾與化妝的用品、香水、鏡子、面紗、假髮；再上一層有弦琴、豎琴、棋盤、西洋棋、撲克牌；最上面兩層還有繪畫，尤其是美女的畫像：有些是假借古代著名美女——例如露葵提雅（Lucretia）、埃及豔后（Cleopatra）、法烏斯緹娜（Faustina）——之名所畫的畫像；有些則是直接為一些美麗名媛所製的肖像，例如班琪娜（Bencina）、蕾娜‧茉瑞拉（Lena Morella）、比娜‧蘭奇（Bina de'Lenzi）與瑪麗亞‧蘭奇（Maria de'Lenzi）。

　　執行第一次「火刑」時，有一位剛好在場的威尼斯商人願意出價20,000金幣（Goldtaler）向執政當局買下金字塔上所有將要被焚燬的東西，但他得到的唯一答案是，剛剛當局已經找人將他的長相畫下來，現在這幅畫像也在等著被燒的行列中。當火燒起的那一刻，那些高官站在陽台上觀看，整個城市充滿了歌聲、鑼鼓喧嘩聲、與四處迴盪的鐘聲。火燒完畢之後，大家又聚集到聖馬可廣場（Piazza San Marco），薩佛那羅拉的跟隨者在那兒繞成三圈跳舞慶祝：最

Anonymous（15 th century），《薩佛那羅拉在佛羅倫斯執政廣場上被處以火刑的景象》。
(*Autodafé of Girolamo Savonarola*, May 23, 1498, in front of the Palazzo Vecchio, Florence).
1498. Tempera on panel. Museo di San Marco, Florence.
Photo credit: Nicolo Orsi Battaglini/ Art Resource, NY（參見彩圖92）

裡面一圈是聖馬可修院的教士與扮成天使的男童混雜組成，第二圈是年輕的神職人員與平信徒，最外一圈則是年長者、市民與戴著橄欖枝頭冠的神父。

最後將薩佛那羅拉擊敗的反對陣營儘管有一些確切的理由與才識可以對他冷嘲熱諷，卻無法泯除大家後來對他的懷念。當義大利的命運有著越來越多的苦難時，還在世的人對這位偉大修士與先知的懷念更是讓他的形象愈益清晰鮮明。他的預言雖然不是每一項都應驗，但他所宣稱的、將要四處釀成大災厄的苦難真的是以令人不忍卒睹的方式降臨在義大利各處。

雖然這些勸人悔改的佈道家所造成的旋風如此之大，而薩佛那羅拉的講道也證明了修士階層是力挽民心腐敗之狂瀾的最佳執行者，但教士階層仍難逃受到一般社會輿論鄙夷的批判。義大利讓大家看清楚，他們只對「個人」的傑出表現有興趣。

§ 6.2.10　民間信仰裡的異教成分

撇開神父與修士不談，如果我們要測試一下舊信仰的強度，依照不同的層面或角度來看，我們其實會發現，舊信仰的力量有時候很微弱、有時候卻又相當有影響力。上文已談過，對一般人而言，聖禮聖事（Sacramente）與祝禱（Segnungen）是不可或缺的（參見§6.2.7）；現在就讓我們綜覽一下信仰所具有的份量以及日常生活的宗教禮俗。這是根據一般民眾習以為常的習俗與有權有勢者根據他們的需要兩方面共同形塑出來的。

在農民與下階層人民各種相關習俗裡，所有想藉「善功」得到赦罪與恩典的想法與作法，大致與阿爾卑斯山北方無異；而知識份子也多少受此影響。民間信奉的天主教承接了古代異教信仰呼求神、奉獻、以及求神寬宥的習慣，並變成民間信仰傳統裡牢不可破的一環。

上文因其他緣由提到了巴提斯塔・曼圖瓦諾（Battista Mantovano）所

Donatello，《聖母抱子像與三個天使》
（*Madonna and Child with Three Angels*）
1457-8. Marble with green marble inlay. H. 89
cm, W. 95 cm.
Museo dell'Opera del Duomo, Siena.
©攝影／花亦芬（參見彩圖93）

寫的田園牧歌[82]，其中一首便包含一位農民向聖母馬利亞的禱告——他將聖母當成他在農村生活所遇到一切事物的主保神祇，呼求她保守一切。在一般人心目中，各式各樣的聖母形象可以幫助他們走出不同的急難災厄，聖母對普世眾生具有的意義何等廣大！有一位佛羅倫斯婦女[83]因為她的情夫——一位隱修士——趁她丈夫外出時，在她住處不經意將一小桶酒喝光，但事後丈夫並沒有察覺。為此，她特別在天使報喜節（Annunciation）[84]過後，獻上一小桶蠟給聖母，作為感恩獻禮（ex voto）。當她獻祭時，心裡究竟在想什麼？

　　當時也像現在一樣，每一項生活領域都有一位主保聖徒在掌管。已經有許多學者嘗試將天主教會許多基本的宗教禮俗溯源到異教宗教祭儀。而且大家也都承認，許多現在看來與教會節慶相關的民間宗教習俗，其實都是衍伸自歐洲不同的古老異教傳統。例如，在聖彼得建座節的前四天，也就是2月18日[85]，大家都會準備飯食祭拜死者，因為古時候這一天就是專門祭祀死者的節日（Feralia）[86]。說來也許很弔詭，只要與上古異教有關

82　Battista Mantovano, "De rusticorum religione".

83　Franco Sacchetti, *Nov.* 109.

84　〔譯者注〕3月25日，這也是佛羅倫斯曆的元旦。

85　Bapt. Mantuan. *De sacris diebus*, L. II.

86　〔譯者注〕此處語意不是很清楚。查古代羅馬城的Feralia應是每年的2月21日。

Pietro Perugino，《聖塞巴斯提安》
（*St. Sebastian*）
1493-7. Musée du Louvre, Paris.
（中古與文藝復興時代最受民間敬拜的瘟
疫主保聖徒）
◎攝影／花亦芬

的義大利民間信仰，似乎這個傳統就會變得十分根深蒂固。這樣的宗教信仰對上層社會影響有多深遠，我們只能在某個層次上加以深入剖析。如上文提到在俗教士時已提過，上層社會有他們自己習以為常的習俗與過去留傳下來的傳統，而且他們更重視在教會節慶時要有盛大的排場。但是，有時大家卻又一窩蜂趕著悔改認罪，即使是向來對基督教冷嘲熱諷或拒之於門外者，也很難抗拒這股潮流。

§ 6.2.11　聖徒遺骸崇拜

對這個問題的探討應小心，不要一下子就急著妄下結論。例如，我們應該將知識份子對聖徒遺骸的態度視為一把引領我們進入堂奧的鑰匙[87]，藉此至少可以讓我們略微管窺他們的宗教意識。事實上，對聖徒遺骸的信仰可以明確看出是有程度上的不同，但並不如大家長久以來所想的那樣，可以清楚區分開來[88]。

首先，我們可以從十五世紀威尼斯政府對當時橫掃歐洲的聖徒遺骸崇

---

87 〔譯者注〕布氏這句話雖然只是短短的一句話，卻深刻點出聖徒遺骸崇拜在歐洲普及開來最關鍵的因素──知識份子的提倡。現代學術研究有關聖徒崇拜與知識份子提倡的經典之作是 Peter Brown (1981), *The Cult of the Saints: Its Rise and Function in Latin Christianity*.

88 〔譯者注〕有關歐洲聖徒崇拜與聖徒遺骸崇拜之相關研究請參見：花亦芬，〈聖徒與醫治──從 St. Anthony 與 St. Sebastian 崇拜談西洋藝術史裡的「宗教與醫療」〉，《古今論衡》14（2006），頁 3-26。

安厝聖方濟遺骸的聖方濟教堂（**Basilica di San Francesco, Assisi**）
©攝影／花亦芬（參見彩圖94）

拜也熱衷投入的現象看出當時的情況（參見§1.7.9）；即使是居住在威尼斯的外地人也被捲入這股狂熱中[89]。如果我們根據麥可‧薩佛那羅拉（Michele Savonarola，參見§2.3.6）所寫的地方志來考察學風鼎盛的帕多瓦（Padova），則我們可以看到，這兒的情況與威尼斯幾無二致。麥可‧薩佛那羅拉以興高采烈與謹慎敬虔之心混雜的筆調寫下，當帕多瓦遭受重大危難時，夜裡整個城市都聽得到主保聖徒們嘆息的聲音，而在聖契雅拉教堂（S. Chiara）裡，一位女聖徒的遺體繼續長出指甲與頭髮，而對即將降臨的災厄她也用發出聲響、舉起雙手等等方式來警告大家[90]。而麥可‧

89　Sabellico, *De situ venetae urbis.*
90　*De laudibus Patavii*, bei Murat. XXIV, Col. 1149 bis 151.

559

薩佛那羅拉對於聖安東尼教堂（San Antonio）裡放置安東尼遺骸的禮拜堂之描述更是到了令人瞠目結舌、如癡如狂的地步。在米蘭，至少我們可以在一般百姓身上看到對聖徒遺骸崇拜的狂熱，而當1517年聖辛普利恰諾教堂（S. Simpliciano）的主祭壇翻修時，因為教士不慎將六位聖徒遺骸挖出，而使得整個米蘭地區連續遭受好幾回暴雨襲擊[91]。米蘭的老百姓認為原因就出在教士們犯了瀆聖罪（Sakrilegium），因此當他們在大街上碰到與此有關的教士時，便將他們痛打一頓。

　　義大利其他地區、或不同的教宗對聖徒遺骸崇拜的態度就顯得模稜兩可許多，所以很難找出一致的共識來。眾所周知，教宗庇護二世獲贈原先藏於希臘、後來又避難到聖茅拉教堂（S. Maura）的聖安得烈（St. Andreas）頭骨[92]，並於1462年盛大熱烈地將之迎回聖彼得大教堂安放，這在當時引起極大的轟動。但他之所以這樣做，完全是出於個人面子掛不住的原因，因為有許多君侯已經想盡辦法弄到聖徒遺骸來珍藏。教宗庇護二世現在才想到應將羅馬變成各處無法見容於原先教堂的聖徒遺骸之集中避難所[93]。在西斯篤四世（Pope Sixtus IV）時，羅馬居民對聖徒遺骸的狂熱比教宗還甚。1483年，當教宗想將羅馬主教座堂拉特拉諾教堂（Laterano）珍藏的部分聖徒遺骸送給垂死的法王路易十一世時，羅馬行政首長還站出來痛斥一番[94]。這個時期，在波隆那（Bologna）卻有相當勇敢的聲音提出，應將聖道明（S. Dominicus）的頭蓋骨賣給西班牙國王，以便將這筆錢用在對社會大眾有益的事情上[95]。

91　Prato, *Arch. Stor.* III, p. 408.
92　〔譯者注〕安得烈是聖彼得的兄弟，同列十二使徒之一。1461年Thomas Palaeologus將他的頭骨送給教宗庇護二世，自此成為聖彼得大教堂的鎮堂之寶之一，直至教宗保祿六世（Paulus VI）任內才重新歸還君士坦丁堡。
93　*Pii II. Comment.* L. VIII, p. 352, s. *Verebatur Pontifex*, ne in honore tanti apostoli diminute agere videretur etc.
94　Jac. Volaterran. bei Murat. XXIII, Col. 187.

Lorenzo Ghiberti，《聖贊諾比石棺》(*Cassa di S. Zenobio*)。
1435. Cathedral, Florence.
引自：Richard Krautheimer, *Lorenzo Ghiberti* (Princeton, N. J.: Princeton University Press, 1970), Plate 78a.

　　對聖徒遺骸最不熱衷的，是佛羅倫斯人。從佛羅倫斯市政府決議要為佛羅倫斯城的主保聖徒聖贊諾比（S. Zanobi）[96]重新打造一個新的石棺來榮耀他，以迄市政府真的與雕刻家吉柏提（Lorenzo Ghiberti）簽下委製合約，其中相隔十九年之久（1409-28）[97]。而這件作品也是在順帶的情況下被完成的，因為之前吉柏提已做過一個比較小型的類似之作。

　　也許佛羅倫斯人對聖徒遺骸感到有些嫌惡，因為1352年拿波里一位狡詐的女修道院長曾用木頭與石膏假造一截佛羅倫斯主教座堂主保女聖徒

95　Bursellis, *Annal. Bonon.*, bei Murat. XXIII, Col. 905.

96　〔譯者注〕聖贊諾比正確拼法應為St. Zenobius／義大利文：S. Zenobio（十 c. 390）。聖贊諾比曾為佛羅倫斯主教，據傳行過許多神蹟。聖贊諾比是佛羅倫斯的主保聖徒之一，但該城最重要的主保聖徒是施洗約翰（John the Baptist）。

97　〔譯者注〕布氏對此事的記載恐有誤。根據文獻記載，1428年7月15日，佛羅倫斯羊毛紡織行會（Arte della Lana）邀集Brunelleschi、Ghiberti以及其他專家商討為聖贊諾比興建一個禮拜堂以及打造一個上面刻有聖贊諾比雕像的新棺木（材質為大理石或青銅）。1432年2月22日，佛羅倫斯市政府特為此棺木的雕造舉行選拔比賽；同年3月3日，Ghiberti獲選；同年3月4日至23日，Ghiberti與主教座堂執事會（*Operai* of the Cathedral）商妥委製合約內容並簽約，Ghiberti同意於1435年4月完成。但實際上Ghiberti直到1442年8月才完工交件，現藏於佛羅倫斯主教座堂。參見：Richard Krautheimer (1982), *Lorenzo Ghiberti*, pp. 411-2 & 416-7.

聖瑞帕拉塔（S. Reparata）的手臂骨送給佛羅倫斯人，以致於他們有過被騙的負面經驗[98]。或者我們可以猜想，美感的需求在此起了關鍵作用，讓佛羅倫斯人選擇躲避被肢解的屍體、半腐爛的衣袍與用具。或者，也可能受到近現代文化對世俗聲譽重視的影響，也許佛羅倫斯人希望得到但丁與佩托拉克的遺骸更甚於十二位使徒遺骸全部加在一起？也許除了威尼斯與羅馬部分特殊區域外，整個義大利對聖徒遺骸崇拜的熱潮早就比歐洲其他地區來得早被聖母信仰所取代。從這個現象也許可以看出——雖然不是那麼明顯——形式美感很早便在義大利起著相當重要的影響力。

§ 6.2.12　民間聖母崇拜

　　有人會問：在阿爾卑斯山北方巨大巍峨的主教座堂都是獻給聖母的，而他們不論用拉丁文或自己母語所寫的詩也有許多是為榮耀聖母而寫，是否這也意謂著，在阿爾卑斯山北方，聖母崇拜其實比義大利更加為甚？

　　然而，如果我們將義大利繪製有關聖母顯靈的畫拿來與阿爾卑斯山北方獻給聖母的作品相比，我們就會發現，義大利的顯靈聖母像在數量上多得多，而且這些顯靈聖母像都直接與一般人的日常生活領域息息相關，因此

法國夏特爾主教座堂（*Chartres Cathedral*），1194-1260。
©攝影／花亦芬

98　Matteo Villani III, 15 and 16.

也影響了他們的行為思想。每一個稍具
規模的城鎮都有一系列有關聖母的畫
作。從時代相當早遠、或甚至時代久遠
到是傳說中所謂由路加（St. Lucas）所
繪的聖母聖像[99]，一直到當代，畫家還
經常根據自己親身經歷到的聖母顯靈神
蹟來繪製聖母像。這些畫作並不像巴提
斯塔・曼圖瓦諾（Battista Mantovano）
所相信的那樣完全沒有負面作用。因為
有時情況不好，這些顯靈像是會突然帶
來具有神力的負面傷害。一般人都對神
蹟深感興趣，尤其是婦女，可能因為聖
母畫像完全滿足了他們在這方面的需
求，所以不太會去想有關聖徒遺骸的

中世紀拜占庭聖母抱子聖像
Mosaic. Byzantine and Christian Museum,
Athens.
◎攝影／花亦芬（參見彩圖95）

事。而在多大程度上，小說家對冒牌聖徒遺骸的嘲諷果真影響了貨真價實
聖髑的吸引力，就不是我們有能力深究的了。

　　知識份子對聖母崇拜的態度比對聖徒遺骸的態度清楚些。首先值得一
提的是，但丁的詩作以及《神曲》的〈天堂篇〉[100]可說是義大利文學獻給
聖母最後的重量級傑作。相反地，民間為榮耀聖母而作的宗教歌謠則持續
到今天不斷有新作產生。也許有人會認為珊那札若（Jacopo Sannazaro）、
撒貝里蔻（M. Antonio Sabellico）以及其他用拉文寫作的詩人還有相當份
量。但光從他們創作的目的是為了文學本身來看，就讓他們的作品在「為
宗教而宗教」的說服力上減弱了不少。

99　〔譯者注〕路加是四福音書的作者之一，相傳他最早為聖母畫像。
100　尤其是 *Paradiso* XXXIII, 1.

十五世紀與十六世紀初用義大利文寫的詩雖然充滿感人的宗教性，大部分卻像是新教徒所寫的一樣，例如，「輝煌者羅倫佐・梅迪西」所寫的讚美詩，維多利亞・蔻隆納（Vittoria Colonna）、米開朗基羅、與斯坦帕（Gaspara Stampa, c. 1523-54）[101] 等人寫的十四行詩都可見一般。除了用詩來表明自己對獨一真神的信仰（Theismus）外，上述這些人寫的詩大部分談的就是對「罪性」的覺知，清楚意識到我們的靈魂因基督的死而獲得拯救，以及對一個更完美世界的渴慕；然而他們卻很少提到請聖母代求這類的事 [102]。同樣的情況也發生在法國文化界，在路易十四時代的文學作品裡，我們也可以看見上述情形再一次發生。直到反宗教改革（Gegenreformation, Counter-reformation）時代，義大利精緻文學裡的詩歌創作才又開始以聖母崇拜為主題。當然，造形藝術創作也在這個時期朝向卯盡全力創作榮耀聖母的藝術品。而對知識份子而言，聖徒崇拜最後也常被染上一層異教信仰的色彩（參見§ 3.12.8）。

§ 6.2.13 宗教禮儀的淪喪

我們還可以從許多不同層面對當時義大利天主教信仰的情況加以深入探討，例如，從當時知識份子的宗教信仰與民間信仰可能存在的關係一路細膩探討到可能確實存在的關係。但是，就算我們真的這麼做，我們還是得不出一個可以放之四海而皆準的結論。因為有不少矛盾現象實在很難完全釐清，例如，一方面我們看到建築師、雕刻家與畫家不斷在興建、增建

---

101 〔譯者注〕Gaspara Stampa: 義大利女詩人，出生於帕多瓦（Padova），自 1531 年起定居於威尼斯。她所主持的沙龍聚集了當時最負盛名的藝文界菁英。有些人臆測她是一名上流社會的交際花。她過世後出版的詩集題獻給 Giovanni della Casa, 主要內容是寫她與 Treviso 男爵 Collaltino di Collalt 之間的情愫，雖然後者最後遺棄了她。

102 尤其值得注意的是 Vittoria Colonna 所寫的十四行詩（N. 85 etc.）。

教堂，並以許多藝術創作來增麗其輝煌；但是，十六世紀初的文獻卻又告訴我們，宗教禮儀在敗壞淪喪，而教堂因大家的忽視在傾圯毀壞：

> 教堂塌毀，處處可見祭壇髒分分，教堂的儀式慢慢失去了神聖性！
> （Templa ruunt, passim sordent altaria, cultus paulatim divinus abit!）[103]

大家都知道，當馬丁路德在羅馬看到神父在主持彌撒時舉止不恭敬而大發雷霆。此外，他還見到教會節慶講究的只是華麗和品味，這是阿爾卑斯山北方的信徒難以想像的。然而，我們必須瞭解，義大利這個充滿想像力的民族寧可不重視一般生活細節，卻對特別節日充滿令人驚嘆的新鮮事物具有無與倫比的好奇心與接受力。

也是因為這樣的想像力在作用，讓義大利人有時一窩蜂趕著作悔罪、贖罪的工作。有關這一點我們還要繼續討論。這個現象與著名的勸人悔改佈道家所發揮的影響力應該要區分開來看。因為這種認

Andrea Sansovino，《為耶穌施洗》（*Baptist of Christ*）。
1502-05. Marble. Height 260 cm.
（相傳為達文西所設計，原為佛羅倫斯洗禮教堂而作，現藏於 Museo dell'Opera del Duomo, Florence）
©攝影／花亦芬

103　Bapt. Mantuan. *De sacris diebus*, L. V.

罪悔改運動往往是因到處蔓延的大災難或對大災難的恐懼所引起的。

§ 6.2.14　大規模的悔罪熱潮

　　中古時代，這樣的認罪悔改運動在歐洲不時以大規模的方式進行，甚至會有成千上萬民眾狂熱地參與，例如十字軍東征與自笞派教徒的朝聖之行。上述兩者都在義大利發生過。首批嚴厲的自笞團體就是當愛澤林諾（Ezzelino）及其家族垮台後，在佩魯加（Perugia）[104]——上文已提過，這是勸人悔改佈道家活動的重鎮——產生的。後來又有1310年與1334年的自笞派運動[105]。接著是可利歐（Corio）於1399年記載的大規模悔罪朝聖之行[106]，但是參與者並不自笞。可以想見，教廷之所以要設計許多「禧年」（Jubiläum）的活動，有一部分原因正是希望盡可能將這些大規模在外行腳的狂熱信徒拉回正信的軌道，而且不要讓他們受到傷害。義大利新近成名的朝聖地——例如羅瑞特（Loreto）——也將部分狂熱的信眾吸引了過去。

　　即使時代相隔甚久，在文藝復興時代危急存亡的時刻，中古認罪悔改的熱潮又會再度復燃。滿心焦慮的民眾——尤其當他們看到異象顯現——更會以自我鞭笞與大聲哭喊的方式來請求上帝悲憫。例如，1457年波隆那（Bologna）發生瘟疫[107]、 1496年西耶納（Siena）發生內亂[108]、 以及其他無數的例子，都會使民眾有上述的行為反應。

　　但真正讓人驚心動魄的是1529年在米蘭發生的。當時戰爭、飢饉、瘟疫、與西班牙的橫徵暴斂一起無情地蹂躪當地居民，使全地百姓墜入絕

104　Monach. *Paduani chron.* L. Ⅲ.

105　Giov. Villani VIII, 122. XI, 23.

106　Corio, fol. 281.

107　Bursellis, *Annal.* Bon. bei Murat. XXIII, Col. 890.

108　Allegretto, bei Murat. XXIII, Col. 855, s.

望的深淵[109]。恰巧那時有一位名叫尼耶特（Tommaso Nieto）的西班牙籍修士，他說的話大家還聽得進去。在老老少少都以赤腳參與的遊行裡，他讓大家用新的方式來抬基督聖體（sacrament）。也就是說，他將基督聖體固定在一個由四位穿著麻紗外袍的神父所扛的擔架上，取法舊約猶太人扛起約櫃圍攻迦南名城耶利哥（Jericho）的景象。藉此來提醒這些在水深火熱中受苦的民眾想起上帝和祂選民之間的約定，而當遊行行列再次回到主教座堂時，大家一起哀求「天父慈悲！」（misericordia!）的聲浪幾乎要將這座巍峨的建築震垮，此時大概真有一些人相信，上帝一定會以救贖的神蹟來介入自然律與人間世的運作了。

§ 6.2.15　斐拉拉對宗教活動的政治操控

面對民間祈求上帝憐憫的聲浪已經排山倒海時，義大利卻也有一個政府還故意煽風點火將氣氛炒得更熱，並以警力介入來規範大家願意悔罪自新的期望——這個執政者就是斐拉拉（Ferrara）公爵艾爾柯雷一世（Ercole I）[110]。當薩佛那羅拉（Girolamo Savonarola）在佛羅倫斯權力如日中天、他所說的預言以及所主導的認罪悔改運動不斷擴展，甚至越過雅本寧山（Apennin）得到其他地區民眾熱烈回應時，1496年初，在斐拉拉也有一位民眾自動發起大規模的禁食運動。有一位文生會士[111]站到講道壇宣布不久後世界就要面臨恐怖的戰爭與飢荒，誰現在參與禁食，就可以躲過災厄，因為這是聖母啟示給一對虔誠的夫妻的。面對這樣的局面，斐拉拉宮廷也只好跟著禁食，但卻趁機將這場宗教活動的主導權徹底抓在自己

109　Burigozzo, *Arch. stor.* III, p. 486.

110　*Diario Ferrarese*, bei Murat. XXIV, Col. 317, 322, 323, 326, 386, 401.

111　〔譯者注〕文生會士（Lazarist），又翻成遣使會士、味增爵會士。St. Lazarus 原是修道院，後來該院成立了遣使會。中文翻譯多根據其會祖聖文生（St. Vicent de Paul）而定名。

手裡。4月3日復活節那天，政府公布有關倫理道德與宗教禱求相關的法令，禁止人民做出有辱上帝與聖母的事，並禁止娛樂、雞姦（Sodomie）、男女非法同居、租房子給妓女及娼家等事；除了麵包店與蔬菜店外，教會節日一律不准營業等等。由西班牙逃難到斐拉拉的猶太籍猶太教信徒（德文：Juden／英文：Jews）與被迫改信基督教的猶太人（德文：Marranen）[112]必須將他們以前被迫縫在衣服上的黃色"O"字再縫上去[113]。反抗法令不願意合作的人就受到威脅恫嚇，說他們不僅將受到現有法律的刑罰懲處，還會「以公爵覺得合適的、更嚴厲的刑罰伺候」。接著，艾爾柯雷一世與其宮廷眾臣以前後接力的方式連續講道好幾天。4月10日的那場佈道甚至斐拉拉所有猶太人都必須參加。5月3日那天，斐拉拉警政署長——上文談過的張潘德（Gregorio Zampante，參見§1.5.12）——還派人宣布，若有人為了不要被告發為「瀆神者」而行賄，應該要自首，這樣他可以將賄款連同補償金一併贖回。因為有些不知羞恥的警官藉著威脅無辜百姓要告發他們，向民眾強行勒索二至三枚杜卡金幣；但後來因為發生警官彼此互揭瘡疤，所以最後這些人通通被抓進了監獄。這些被勒索的百姓當初之所以付這些錢，就是不希望跟張潘德有任何瓜葛，所以儘管他開出優渥的條件，還是沒人理睬他。

1500年，當「摩爾人」羅德維科‧史佛薩（Lodovico Sforza il Moro）垮台後，類似的宗教氣氛又起。艾爾柯雷一世自行安排了一連串宗教遊行，其中也包括穿著白袍的幼童拿著畫有耶穌像的旗幟。艾爾柯雷一世本人騎馬跟在遊行隊伍當中，因為他本人不良於行。接著他又頒佈一條與

112　〔譯者注〕Marranen是十五、六世紀被逼改信天主教的西班牙猶太人，參見卷一注121。

113　〔譯者注〕布氏在這一段對專制政府如何利用人民的宗教狂熱以遂行其高壓統治之目的，有極為深入的觀察。對猶太人受到迫害情況的描寫似乎預警了當時德意志國族主義的發展可能導致的悲劇。

1496年相似的命令。他任內興建許多教堂與修道院，都成為著名的建築。
1502年，他的兒子亞豐索一世（Alfonso I）與露葵琪雅‧伯爾嘉
（Lucrezia Borgia）[114]結婚前不久，他特別派人去請一位活聖徒科隆芭修女
（Suor Colomba）[115]前來斐拉拉。所有內閣官員在維特波 （Viterbo）恭候
科隆芭修女及其他十五位修女蒞臨，而當她們抵達斐拉拉時，艾爾柯雷一
世親自帶她們到一個已經準備好接待她們的修道院。如果我們用強烈政治
化的眼光來看艾爾柯雷一世所做的一切，是不是太不公平了？如上文曾言
（參見§1.5.8），對艾斯特（Este）王室來說，為了政治統治的需要，順帶
利用宗教帶來的便利性以及使宗教具有這種可資利用的價值 （eine solche
Mitbenützung und Dienstbarmachung des Religiösen），對他們來說，真可說
是理所當然之事[116]。

---

114 〔譯者注〕Lucrezia Borgia 是 Cesare Borgia 之女。

115 可能是§1.4.1提到的那位 Suor Colomba da Rieti（1467-1501）。

116 〔譯者注〕在上面一整段的論述裡，布氏對「國家」與「宗教」之間的關係如果
　　太緊密可能導致的後果與危機提出他的批判與警告。

第三章
文藝復興時代的宗教與精神

．．．

　　如果要問：什麼關鍵因素影響了文藝復興時代的人對於虔敬信仰
（Religiösität）的看法，我們必須從其他方面下手才能找到答案。文藝復興
時代人物的精神風貌可以讓我們清楚看到，他們對當時國境內一統的宗教
（Landesreligion）所持的態度、以及他們如何認知跟「神」有關的事物
（die Idee des Göttlichen）。

　　具有近現代性格的人──也就是當時義大利文化素養的代表性人物
──他們是在充滿宗教氣氛的環境裡成長起來的，一如中古時代所有的歐
洲人一樣。但是他們旺盛的個人主義（Individualismus），卻讓他們在有關
宗教以及其他事物上，完全**以個人主體意識**（*subjektiv*）**為依歸**[117]；而外
在世界與內心精神世界的發掘，對他們而言，充滿了吸引力，也因此讓他
們積極朝向**現世主義**（*weltlich*）的方向前進。在歐洲其他地區，宗教直到
很晚近的時候，還保持一個只能理所當然接受的「客觀存在事實」（ein
objektiv Gegebenes）。而人的一生就是在自私自利、耽溺感官享樂、與虔
思默想（Andacht）、認罪悔改的拉扯中度過。尤其對虔思默想與認罪悔改
的強調與追求上，歐洲沒有任何地區可與義大利相提並論；即使是有，也
是在很微不足道的方面。

117　〔譯者注〕本章以斜體字（*italics*）標出的英文專有名詞是配合布氏特別標明的
　　　關鍵字而行。

此外，義大利長久以來與拜占庭人及回教徒緊密且近距離的接觸，讓他們養成一種態度中立的**寬容**（*Toleranz*）。因為這種寬容的認知，人種學強調歐洲基督徒具有的優勢特質就被淡化了一些。而當上古古典文化、人物與典章制度成為文藝復興時代的人所追求的理想時——因為這些是義大利所擁有的最偉大歷史記憶——古典文化強調的思辯（*Spekulation*）與**懷疑**（*Skepsis*）便深深地影響了義大利人的精神意態。

更進一步說，由於義大利人是最先具有新時代精神的歐洲人，他們不受任何拘束，全力思索自由的意義及其必要性。而他們之所以如此做，正因為他們處於專制暴力與沒有法治的政治動盪中。在這樣的時局裡，惡的力量（das Böse）長久以來都是站在輝煌勝利的那一邊，所以人們對上帝的信仰就受到動搖，而對人世的看法有時就顯出**宿命論取向**（*fatalistisch*）。由於他們不希望自己探索的熱情受到時局無常這種不確定因素阻撓，所以有些人就索性把古代希臘羅馬、東方與中古的迷信（Aberglauben）湊合起來，當作另一種參考指標：這些人就變成了星象家與術士。

然而，精神意志強健的人——也就是文藝復興真正的代表性人物——卻常在與宗教相關的事物上表現出青春年少的特質：能敏銳地分別善惡，對「罪性」（Sünde）卻一無所知。每當他們內心的和諧受到攪擾時，他們總是能用自己的生命力重新使之平和如初，所以也沒什麼好感到悔恨的，因此也不太需要去追求靈魂的救贖。另一方面，每天生活裡懷有的雄心壯志與全心付出的心智努力都強過對天堂彼岸（das Jenseits）的想望，所以後者不是全然消失、就是以一種相當詩意的形象出現，而非以教條化的方式出現。

上述情況之所以成為如此，與影響義大利人最鉅的**想像力**（*Phantasie*）密切相關。如果不是想像力導致的結果、就是因想像力作祟而心生迷惘。如果我們可以瞭解這一點，就多多少少能對當時人的精神與心態（Geistesbild）有比較貼近實情的瞭解，而非以不著邊際的方式一味斥責近

現代文化被異教文化污染（modernes Heidentum）。而且當我們越深入探討當時人之所思所想，我們愈能清楚看到，隱藏在當時歷史表象下的，其實是一股更旺盛強烈的活力想要追尋真正的宗教虔敬（echte Religiosität）。

§ 6.3.1　宗教認知勢必邁向個人主觀化

對上述所言之進一步闡述，我們必須以幾項最基本的例證來說明。

當教會的教誨變得愈來愈荒腔走板、而且專制獨裁時，宗教不可避免再度被轉化為個人主觀意識所能感受到的情狀，而且每個人都有他自己對宗教的看法。這樣的現象也顯示出，歐洲人的精神活動並沒有枯竭衰萎。當然，上述的情況以各種不同的面貌呈現出來：阿爾卑斯山北方的密契主義（mystisch）者與苦修者很快地為他們新的感知世界與思維方式建立了新的規範；但義大利人卻各走各的路，並讓成千上萬的人因為對宗教變得淡漠而迷失在人生險惡的波濤洶湧裡。而在比較高的層次上，我們不要忘記，還有一些人不斷探尋個人化的宗教（eine individuelle Religion），並且畢生謹守不渝。他們無法再認同傳統的教會過去所行之一切、以及強迫大家要接受的一切，這不能說他們有什麼過失；而要求他們應全力參與像德意志宗教改革運動這樣大規模的宗教改造事工，其實也不公允。一般而言，這些菁英份子在個人化的宗教裡究竟希望追尋到什麼，這個問題我們將

Michelangelo，《聖母哀子像》（*Pietà*）。
1498-9. Marble. St. Peter's, Vatican, Rome.
©攝影／花亦芬（參見彩圖96）

留到本書的結尾來討論。

§ 6.3.2　現世性

　　文藝復興與中古最明顯的差異——**現世性**（Weltlichkeit）——首先肇因於在自然科學與人類心靈世界的探討上，大量出現了新的觀視方式、思維方法以及探索的企圖心。現世主義對宗教產生的威脅並不比當時宗教的替代物——對文化涵養的高度重視（Bildungsinteresse）——來得強烈；而當時的文化從各方面如何透過許多偉大的新事物對人們產生刺激，也像我們現代的情形一樣，很難具體勾勒出明確的輪廓。然而，因為詩歌與藝術認真地探討與現世有關的種種課題，所以獲得廣泛的注意與崇高的地位。對具有近現代性格的人而言，不受任何阻擋去研究人與世間萬物，並將此視為畢生職志，這是崇高、不可放棄的使命。至於這些研究要花多長時間、會以什麼方式重新歸向上帝、以及這些研究與個人化的宗教信仰如何產生關聯，都是無法以制式的規定來解決的。整體而言，中古時代不鼓勵透過經驗求得知識（Empirie），而自由研究的作法也已經讓教條化的作風無法在上述重大問題的解決上再產生關鍵影響了。

§ 6.3.3　對伊斯蘭的寬容

　　隨著對人類自身的研究愈多、以及對其他事物更深入的瞭解，對伊斯蘭的「寬容」（Toleranz）與「不在乎」（Indifferenz）同時並生。從十字軍東征以來，對伊斯蘭民族之文化精髓的認識與欣賞——尤其在蒙古人入侵歐亞前創造出來的伊斯蘭文化——是義大利人特有的。這種情況也隨著義大利某些專政君侯採用半穆罕默德式的統治方式、對當時教會默默存著反感（甚至鄙視）、以及義大利人持續往東方旅行、與地中海東岸及南岸的港口有貿易往來而不斷地加強[118]。十三世紀史料便可證明，當時義大利人已公開讚賞回教對高貴、尊嚴與自豪的理想，並且很喜歡將某一位蘇丹與

這些理想的化身等同起來。大家一般認為這位蘇丹應該就是埃及的愛由比德王朝（the Ayyubid Dynasty, 1169-1250）或馬麥路克王朝（the Mameluke Dynasty, 1254-1517）的蘇丹。如果真要講出一個人名，最有可能的就是撒拉丁（Saladin, 1171-93）[119]。至於鄂圖曼土耳其人，如上所述（參見§1.9.5），他們窮兵黷武的模樣人盡皆知。儘管如此，這並沒有讓義大利人完全聞之喪膽，所以全義大利人對於與他們和平共處的想法是十分坦然接受的。

至於上文談到對伊斯蘭教的「不在乎」（Indifferenz）最貼切、最有代表性的作品就是三枚戒指的故事。這是德意志文學家萊辛（Gotthold Ephraim Lessing, 1729-1781）藉著智者納坦（*Nathan der Weise*, 1779）之口所說的故事。之前，在《古代傳說故事百則》（*Cento novelle antiche*）第72、或第73篇曾記載過這個故事，到了薄伽丘（Boccaccio）手裡，這個故事更毫無顧忌地被繼續加油添醋[120]。到底這個故事最先在地中海岸哪個角落、用什麼語言開始被傳述，已不可考。很可能最早的版本比後來用義大利文寫下的這兩個版本更加露骨。因為這個故事隱含的基本前提就是「自然神論」（Deismus）。對自然神論的闡釋我們稍後再進行。粗略淺陋地用一句名言來概括這個故事的主旨——雖然也可能會有些誤導——這個故事就是有關「那三個欺騙天下的騙子」——指的就是摩西、耶穌基督、與穆罕默德。據說，這句話源自腓特烈二世（Friedrich II.）。如果他真的這麼想，他應該會說得更漂亮才是。類似的話也出現在當時的伊斯蘭世界。

---

118 同樣地，在當時阿拉伯人身上也可見到對基督徒同樣的寬容或淡漠以對。

119 見Boccaccio之敘述。沒有具體提到蘇丹之名的敘述見Massuccio, Nov. 46, 48, 49.

120 *Decamerone* I, Nov. 3.

§ 6.3.4　打破基督教獨尊的局面

在文藝復興盛期，也就是大約十五世紀末期，類似的思維也出現在路易・蒲吉（Luigi Pulci）所寫的《大巨人摩爾剛特傳》（*Morgante maggiore*）[121]。他的故事就像所有浪漫英雄史詩一樣，在兩個思維想像的極端之間擺盪：一邊是基督教英雄陣營，另一邊是伊斯蘭英雄陣營。按照中古思維邏輯，基督徒戰勝後，雙方真正的和解要透過戰敗的伊斯蘭教徒願意受洗才算達成。在蒲吉著手寫這些故事之前，許多即興詩人在創作這個題材時，應該常常使用這種方式來收場。然而，蒲吉寫作此書的目的正想揶揄過去的作家這種作法，尤其是諷刺其中的下下者。所以他在每個故事的開頭都以歌頌上帝、基督與聖母的讚美詩開始。而他真正厲害的揶揄之處便是，戰爭才一開始，伊斯蘭教徒就急著要改信上帝、接受洗禮，這種急急忙忙的進行速度會讓讀者或聽者覺得荒謬可笑。透過這樣的嘲諷一路發展下去，路易・蒲吉最後坦言，他相信所有宗教都具有相當程度的良善[122]，而這種信仰的本質其實是有神論，雖然他所告白的信仰是正統的天主教[123]。

此外，在另外一件事上，路易・蒲吉也遠遠超越中古的所思所為，往另一個前人不敢想像的方向邁進。也就是說，過去中古時代將世界上的人簡單分成正信者與異端──如果不是基督徒，那就是異教徒或伊斯蘭教徒。但是，路易・蒲吉塑造了一個只有一半的巨人瑪爾固特（Margutte）[124]，他漠視所有宗教，只知耽溺在感官享樂的自私自利之中；除了從不出賣人這項優點以外，他爽快地坦承自己無惡不作。也許路易・蒲吉想藉著這個

121　〔譯者注〕參見卷二注80。

122　當然，這是透過惡魔Astarotte嘴裡說出來的，參見：Ges. XXV, Str. 231 & ff. Cf. Str. 141 & ff.

123　Ges. XXVIII, Str. 38 &. ff.

124　Ges. XVIII, Str. 112 bis zu Ende.

誠實的壞蛋之所以成為自己來寫出偉大的創作，也有可能是希望透過大巨人摩爾剛特（Morgante）對瑪爾固特的感化，使他返回正途。可惜路易・蒲吉沒寫多久就對深入剖析瑪爾固特的工作失去了興味，所以很快就以喜劇收場。無論如何，瑪爾固特已成為蒲吉筆下成功塑造的痞子（Frivolität）典範。在十五世紀世界文學史上，瑪爾固特是不可或缺的要角之一。路易・蒲吉花費許多筆墨描寫瑪爾固特無視於他人存在的自私自利，這正顯示出這種類型的人對當時道德教條之蔑視，而榮譽感也只殘留一丁點兒而已。在其他詩作裡，也有藉巨人、惡魔、異教徒、與伊斯蘭教徒嘴裡說一些聽起來離經叛道的話，這些是基督教騎士所不敢講的。

§ 6.3.5 　上古文化帶來的影響

在這方面，上古古典文化帶來的衝擊與伊斯蘭文化帶來的衝擊不一

前景是古代雅典市集所在地，過去是蘇格拉底與人討論哲學之處；殘破的列柱（stoa）是斯多噶學派（Stoicism）的發源地。遠景山丘是有許多著名古希臘神廟的雅典衛城（Acropolis）。中景是一座十一世紀興建的「聖使徒教堂」（Church of Holy Apostles）。
©攝影／花亦芬（參見彩圖97）

樣，因為上古文化不是從宗教層面對文藝復興產生影響。畢竟對當時天主教而言，上古希羅宗教已與天主教融合到水乳交融的地步，因此是古典哲學帶來的衝擊值得我們注意。當時大家奉為神明的古代著作裡充滿了哲學對各種神祇信仰的駁斥，因此，義大利人的心靈被許多哲學思辨的理論系統、或其斷簡殘篇所塞滿；又加上他們不只將這些哲學思辨當作新奇好玩之物、更不是將之視為異端邪說，而是將它們尊奉為如同新教義一般神聖的信條（Dogmen）。大家努力的，不是將這些新的信條與原有的基督教教義釐清分別，反而是希望調和二者，使之兼容並蓄。其實，單獨來看這些哲學見解或哲學命題，它們或多或少都隱含了對神的信仰；但是整個來看，卻與基督教一統世界的教義明顯相違背。其中最關鍵的問題是中古神學沒有好好解決的，也是大家現在渴望能從古典哲學裡找到答案的——也就是上帝的旨意與人類自由意志之間的關係究竟為何？其必然性的基礎奠基何處？如果我們要從十四世紀起對這個問題進行深入的探索了解，我們必須用另一本專書來闡述；所以以下只略談其梗概。

§ 6.3.6　所謂「伊比鳩魯學派」

如果我們讀但丁（Dante）及其同時代之人所寫的著作就會發現，古代哲學是以它與基督教最扞格不入之處來與義大利人的生命產生撞擊的。這個與天主教教義水火不容的哲學就是伊比鳩魯學派（Epikureer）的學說。伊比鳩魯學派的典籍在但丁時代已經失傳，而且在古羅馬時代末期，大家對此學派的認知大概也只剩下相當片面的瞭解而已。然而，大家覺得能夠藉著讀祿達提烏斯（Lucretius）、尤其是西塞羅（Cicero）的作品來揣摩所謂的伊比鳩魯主義（德文：Epikureismus，英文：Epicureanism），並藉此瞭解一個完全排斥神祇信仰的世界（eine völlig entgötterte Welt）究竟為何，對此已經感到十分滿足。

在多大程度上，伊比鳩魯主義只是從字面意義上被當作教條來信奉？

而這位謎樣的希臘智者的名字是否只是被許多人拿來當擋箭牌？這些都是難以回答的問題。也很可能是道明會的宗教裁判所使用這個專有名詞來打擊他們所反對的享樂主義者——因為他們也想不出其他名詞來對付這些教會的眼中釘。這些教會的眼中釘主要是一些很早就清楚表明自己鄙視教會的人，但教會卻找不出特定異端邪說的罪名以及理由來指控他們。但光憑這些人過著節制中庸的舒適生活，就足以讓某些衛道人士想跟他們過不去了。例如，當喬凡尼・維朗尼（Giovanni Villani）記載1115年與1117年佛羅倫斯的大火其實是上帝對異端的懲處時，他就以傳統對伊比鳩魯主義片面的認知寫道：「這些異端還包括那些放蕩、縱情享樂的伊比鳩魯學派門徒」[125]。談到霍恩斯陶芬王朝（Hohenstaufen）的亡國之君曼弗雷德（Manfred, 十1126）時，喬凡尼・維朗尼又寫道：「他過著伊比鳩魯式的生活，所以他完全不相信上帝、不相信聖徒，只沈溺於肉體享樂中。」

但丁在〈地獄篇〉第九章與第十章講得更清楚。被駭人熊熊烈火延燒的墳場上，有許多石棺的棺蓋都被打開，石棺裡傳出淒厲的哀嚎，因為裡面躺著十三世紀被教會擊敗或放逐的人。這些人分為兩大類，第一類是異端，他們故意散佈特定的邪說來迷惑眾人，公然和教會唱反調；第二類是伊比鳩魯學說的信徒，教會認為他們所犯的罪惡在於他們整個思維認知，一言以蔽之，就是靈魂會隨著肉體的滅沒而消失。教會深知，如果讓這種觀念繼續生根發展，產生腐化人心的影響將比摩尼教[126]與帕塔林教派[127]更甚，因為它對個人身後將會面臨命運的解釋與教會末世論（Eschaltology）

125　Gio. Villani III, 29, VI, 46.

126　〔譯者注〕摩尼教（Manichaeism）乃綜合祆教、基督教、佛教而成的宗教，由波斯人摩尼（Manes）所創，於3-7世紀最盛。

127　〔譯者注〕帕塔林教派（Patarine）亦拼為Patarene（義大利文：Patarino，複數Patarini）是中世紀由手工業者、商人與農人組成的平信徒團體，領導人是米蘭教會的助祭Arialdus。1058年，他們在米蘭公開反對神職人員包養妾室與結婚，之後又抨擊教廷腐敗與貪戀世俗權勢。

所提倡的價值觀大不相同。至於教會是用什麼手段來打擊他們眼裡的這些異端邪說，結果反而逼得最有才識的人對教會徹底絕望、並且放棄信仰，這些問題當然是教會不願意承認的。

　　但丁之所以厭惡伊比鳩魯、或是厭惡他所認知到的伊比鳩魯學說，是有他坦率正直的理由的。因為這位對永生充滿嚮往的詩人當然會憎惡這種不相信有「不朽」的學說；而伊比鳩魯哲學體系強調的論點，例如，這個世界既非神所創造、亦非神所主宰，以及人類的生存可以容許低下的存在目的，都與但丁的本性大相扞格。但是，如果更仔細鑽研但丁的思想，我們仍會發現，古代哲學一些命題還是對但丁產生了影響。在這個部分，聖經說世界的一切都在上帝主宰下的教義也必須有所退讓。或者我們必須思考，但丁之所以放棄去相信世間一切都是上帝在統管這樣的信仰，究竟是出於他個人思維之所得？受到流行見解的影響？或是因為一直見到世上充滿不義之事而產生的驚懼？[128]〈地獄篇〉裡的上帝將掌管世事所有細節的工作交給一位具有超自然能力的命運之神（Fortuna）。命運之神唯一感興趣的就是「變遷」。他只管讓世間萬事一直在變化流轉，而且可以用淡漠怡然的態度置人類的呻吟哀嚎於不顧。但是，但丁認為人應負起的道德責任是責無旁貸的：他相信每個人都有自由意志。

§ 6.3.7　有關自由意志的學說

　　自古以來歐洲就普遍存在著對自由意志的信仰。也就是說，所有時代的人都相信，每個人應為自己所做的事情負責，並認為這是理所當然的。然而，在另一方面，宗教與哲學如何思考人類自由意志的本質問題應與更寬闊、更超越的普世法則（Weltgesetzen）互相協調，這是另一個層次的問題。這裡牽涉到的是，當我們在做道德判斷時，個人意志到底要運用到

128　Inferno, VII, 67 bis 96.

什麼層次？雖然但丁不免受到當時占星家對這個世界謬誤詮釋的虛妄見解
之影響，但是他仍竭盡一切力量思索出對人性尊嚴的高度肯定。在〈煉獄
篇〉裡，他藉隆巴底人馬可（Marco Lombardo）之口說出如下之言：

> 天體運行促使你們有所行動，
> 我不說出所有會發生的事，就算我都說出來，
> 也會有光照賜給你們，教你們懂得分別善惡；
> 而且你們也被賜與自由意志，如果它奮力
> 與天體可能對你們產生的不良影響爭戰，
> 它將會贏得勝利──如果你們願意好好涵養它[129]。

　　其他人可能從與星象不同的潛在力量上探討自由意志還可能被什麼對
立的力量湮沒？因為這是一個長久以來大家公開討論的問題，我們也無以
迴避。如果這個問題只是不同哲學派別、或者只是個別思想家在探索的問
題，我們只要請讀者去查閱哲學史就好。但因為這個問題已是大家廣泛討
論的問題了，所以我們應該好好處理它。

　　十四世紀主要是受到西塞羅（Cicero）在哲學方面著作的啟發。雖然
西塞羅是眾所周知的折衷主義者（Eklektiker），但他卻以懷疑主義者的姿
態影響了十四世紀的思維。因為他的論著介紹了各家不同的哲學觀點，卻
沒有得出足以超越各家的結論，幫助人可以在更高層次上看清各家學說的
良窳得失。西塞羅之外，產生影響的，還有塞內卡（Seneca）以及用拉丁
文翻譯出來的亞里斯多德著作。十四世紀對這些人著作的鑽研所產生的直
接影響就是在教會教導的教義之外對形而上的事物具有獨立思辨能力──

129　Purgatorio XVI, 73.
　　〔譯者加注〕本詩節翻譯依照義大利原文，而非布氏德文譯文。

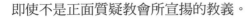

即使不是正面質疑教會所宣揚的教義。

§6.3.8　虔敬信仰上帝的人文學者

　　如上文所見，十五世紀發掘出來的古典文獻數量驚人，傳播速度也非常快，所以現存的希臘哲學經典全集最起碼便以拉丁文譯本的形式在民間流傳開來。只是有一個現象非常值得注意，也就是贊助這些古典哲學譯本大量流通的人，有些竟然是最虔敬的基督徒，有些甚至於是苦修禁欲者。我們就不提卡瑪修會（Camaldolesi Order）的盎博修士（Fra Ambrogio），因為他提倡的都是翻譯希臘教父的著作；而對於老柯西莫・梅迪西（Cosimo de'Medici il Vecchio）要求他將迪奧金尼士・拉耶提烏斯（Diogenes Laertius）的著作翻成拉丁文，他總是在奮力推辭不成的情況下才勉強去作。但是與他同時代的尼可羅（Niccolò Niccoli）、瑪內提（Gianozzo Manetti）、阿恰悠歐里（Donato Acciajuoli）、教宗尼古拉五世（Pope Nicholas V，在位1447-55）卻將力量凝聚起來[130]，並與具備各項專長的人文學者合作，一齊發展出具有學術深度的聖經研究（Bibelkunde）以及有信仰深度的宗教靈修。

　　在維特林諾（Vittorino da Feltre）身上，我們也看過類似的作法（參見§3.5.3）。而為維吉爾史詩《伊尼亞德》（*Aeneid*）增補第十三卷續篇的斐丘（Maffeo Vegio, 1407-1458），十分熱衷提倡對聖奧古斯丁（St. Augustin）及其母親莫妮卡（Monica）的崇拜——如果斐丘不曾在更高精神層次上被聖奧古斯丁母子的事蹟感動，是不可能這樣做的。上述這些努力所造成的直接果效與影響最明顯表現於佛羅倫斯的「柏拉圖學會」（Accademia Platonica），他們正式的宗旨就是希望將古代哲學精神與基督教融匯起來，這是當時只知一味歌頌希羅古典文化的氛圍裡一個難得一見

130　Vespasiano fiorent. p. 26, 320, 435, 626, 651; Murat. XX, Col. 532.

的綠洲。

§ 6.3.9　人文學者的中庸之道

　　整體而言，希羅古典文化其實是世俗性（profan）走向的文化，而且隨著十五世紀人對此廣泛的鑽研，其世俗化的趨向更加被強調出來。文藝復興時代大力提倡希羅古典文化的代表性人物，上文我們將十五世紀這些文化菁英評為樹立不受禮教成規拘束的個人主義先驅，他們通常開展出的人格特質會讓我們覺得，他們已經完全不在乎當時宗教信仰仍強調的一些仍必須謹守的老掉牙禮教規範了。如果他們對教會是完全冷漠、甚或他們提筆為文攻擊教會，其實很容易招致無神論者（Atheisten）之名；然而，並沒有人是真正透過堅實細膩的哲學思辨而得到完全令人信服的無神論，也沒有人膽敢提出這樣的主張。

　　影響十五世紀人的主要思想毋寧說是一種粗淺的理性主義。這種粗淺的理性主義是透過生吞活剝一些古人互相矛盾的見解所形成。而他們之所以會去碰這些思想內涵互不相容的哲學觀念，一則是為了實際工作上的需要，所以多少必須有些瞭解；二則是出於鄙視教會及所傳的教義。這樣粗淺的理性主義論證差點讓馬提烏斯（Galeottus Martius）[131] 上了火刑台，還好他以前的學生——教宗西斯篤四世（Pope Sixtus IV）——趕緊將他從宗教審判官手裡救了出來。馬提烏斯之所以惹麻煩的地方正在於他寫了：一個人只要正直行事，依照自己天生的道德法則過活，不管他是哪一個民族的人，都可以上天堂。

　　讓我們從芸芸眾生裡選一個不太起眼的人物來探討他的宗教信仰態度——這個人就是巫爾卻烏斯（Codrus Urceus）[132]：他是佛利（Forlì）最

131　*Paul. Jovii Elogia lit.*
132　*Codri Urcei opera.*

後一任公爵歐德拉福（Ordelaffo）的第一位家庭教師，其後長年擔任波隆那大學教授。他常不假辭色全力攻訐教會神職統治以及教士的惡行，口氣已到非常褻瀆神明了；而且他本人還常常介入當地各種事端以及惡作劇裡。然而，他也可以很虔敬地談耶穌作為神之子的真諦，並寫信給一位虔誠的神父請求為他代禱。有一次，當他歷數異教的種種荒謬之處後，他接著說：

> 我們的神學家也經常為一些無聊至極的小事（de lana caprina）爭論不休，對聖母無染原罪懷孕、敵基督者（Antichrist）、聖餐禮、預定論、以及其他問題，大家與其拿出來大講特講，不如閉嘴。

有一次，當他外出時，他的房間遭到火災，所有手稿全部付之一炬。當他正走在一條小巷得知這個消息時，他立刻站到巷子牆上一個聖母像前，高聲呼喊：

> 仔細聽我對你所說的話！我沒有神智不清楚，我是特別在此對你說話。如果我臨終時會向你呼求佑助，你可以不要理我，也不必把我接到你那邊去！因為我想永生永世與魔鬼在一起。

講完這番他自覺非常滿意的話後，他覺得自己有必要在一個柴夫家躲六個月。此外，他是一個非常迷信的人，朕兆與異象常讓他驚惶不已，他就只是不相信靈魂不死。他曾用下面的話回答聽眾的問題：

> 人死了以後，這個人會變成怎樣？他的靈魂、他的精魄會變

成怎樣？都沒有人知道。所有有關永生的談論，都只是拿來
嚇嚇老嫗的鬼話。

然而當他垂死之際，他卻在遺囑內將他的靈魂或魂魄交給全能的上
帝，告誡他哭泣的學生要敬畏上帝，尤其要相信永生以及死後的審判，並
以極虔敬的心來領受聖餐、聖禮。我們不能保證與他同領域卻比他更有名
的人——雖然他們發表過更有份量的思想見解——會比巫爾卻烏斯更言行
一致。大部分人的內心其實都是在完全的精神自由以及自幼根深蒂固所接
受的某些天主教教義思想殘留之間擺盪；而在外在表現上，他們則聰明地
與教會保持某種程度的關係。

§ 6.3.10　開啟對至高者的歷史批判

隨著理性主義與剛萌芽的歷史批判法（die historische Kritik）匯流合
一，有時就開始出現對聖經故事一些小小的批判。教宗庇護二世（Pope
Pius II）講過一句流傳甚廣的話，似乎就是為這類的聖經批判研究預舖了
道路：「如果基督教無法以神蹟來證明自身，也應以其道德性被大家所接
受。」[133]聖經裡記載了許多關於神蹟的傳奇故事（Legenden）常被大家拿
來當作嘲笑的對象[134]，這當然也會激起衛道人士的反擊。而當猶太人被當
成異端來談論，主要是因為他們拒絕承認耶穌具有神性。也許諾瓦拉
（Giorgio da Novara）就是因為這個原因所以才在1500年在波隆那
（Bologna）被活活燒死。但是1497年同樣在波隆那，道明會的宗教審判官
卻只讓後台夠硬的醫生加布里耶（Gabrielle da Salò）寫一篇悔改聲明就草
草結案[135]，雖然這位老兄很喜歡發表如下的言論：

133　Platina, *Vitae pontiff.*, p. 311.
134　Firenzuola, *opere*, vol. II, p. 208 (10. Novelle).

耶穌基督並非上帝，而是約瑟與馬利亞依正常受孕方式所生
的兒子。他詭詐多端欺矇世人、腐化世界，他之所以被釘十
字架是因犯下罪行。他所創立的宗教馬上就要歸於烏有。所
謂的聖餐禮並非真正是他的肉體。他所行的神蹟並非因上帝
與他同在而產生，而是透過他行妖術影響天體運行的結果。

最後一句話尤其具有時代特色：信仰（Glaube）已經銷聲匿跡，但大家對
巫術（Magie）卻深信不移。

§ 6.3.11　人文學者的宿命論

在到處都是暴力與政治腐敗的時局裡，有關人文學者對塵世政權職掌
（Weltregierung）的看法，大抵不超過一種冷靜中帶著絕望的省視。在這樣
的時代氛圍裡，有許多《論命運》或名稱略微不同的相關書籍吸引了大家
的注意力。這些書主要都在探討命運的巨輪如何不停地轉動，世事變化無
常，尤其是政治權力的遞嬗。在解釋命運無常的原因時，作者往往會用上
帝的旨意來作牽強附會的詮釋。之所以會這樣，其實只因大家羞於赤裸裸
地談宿命論，也就是覺得仍應討論一下命運無常的原因及其影響；此外，
作者也不好意思只是發牢騷，對只能受命運擺佈感到不滿。

彭塔諾（Giovanni Pontano）以文思豐富的筆調就一百樁經歷──大部
分是他自己親身遇上的[136]──討論命運之神那個超自然的存有在人世所創
造出的歷史。而伊尼亞思・西維烏斯・琺科羅米尼（Aeneas Sylvius
Piccolomini, Pope Pius II）更以詼諧的筆調藉一個夢境所經歷到的故事來
闡述命運究竟為何物？[137]而柏丘（Poggio Bracciolini）在晚年所寫的一篇

135　Bursellis, *Ann. Bonon.*, bei Murat. XXIII, Col. 915.

136　Jov. Pontanus, *De fortuna.*

著作 [138] 則從不同方向出發，將這個塵世形容為流淚谷（Jammertal），也把各階層的人可以享受到的快樂盡可能以微不足道的筆法來刻劃。這樣的看法後來廣為大家所接受。有許多傑出的才識之士將他們一生遭遇到的幸運與困厄仔細估算得失，最後得出的結論都是——人生苦多於樂。卡拉喬羅（Tristan Caracciolo）以極為莊嚴的筆調——幾乎可說是哀歌式的（elegisch）——為我們描述義大利與義大利人在1510年前後的命運 [139]。稍後，人文學者瓦蕾利安（Pierius Valerianus）則抓住這種引起大家廣泛共鳴的想法寫出他著名的論文〈論學者之不幸〉（*De infelicitate literatorum*，參見§ 3.13.2）。

關於命運這個主題的探討也有人專門針對特別具有啟發性的題材來作文章，例如，討論教宗里奧十世（Pope Leo X）幸運的事蹟。有關里奧十世在政治上好運連連的故事，維多利（Francesco Vettori）已用生花妙筆敘述得淋漓盡致；而喬維歐（Paolo Giovio）及一位無名氏 [140] 為里奧十世所寫的傳記，也詳述他如何享盡人間榮華富貴。至於大家看不到他含著金湯匙出生這種富貴命背後的種種黑暗面（好像命運之神無端作弄所顯示的），則在瓦蕾利安的著作裡有相當入骨的描寫。

另外一方面，也有人到處樹立拉丁文碑銘公開宣揚自己多麼好運，讓人讀來都快起雞皮疙瘩了。例如，波隆那統治者喬凡尼二世（Giovanni II. Bentivoglio）便在自己被放逐前幾年於新落成宮殿前的塔樓上請人刻了一塊石碑，上面寫著，他的功業與幸運讓自己所祈願之事都能順順利利地實現 [141]。老一輩的人即使要這麼志得意滿地談這種事，也都要小心免得招致

137　*Aen. Sylvii opera*, p. 611.

138　Poggius, *De miseriis humanae conditionis*.

139　Caracciolo, *De varietate fortuae*, bei Murat. XXII.

140　*Leonis X. Vita anonyma*, bei Roscoe, ed. Bossi, XII, p. 153.

141　Bursellis, *Ann. Bonon.*, bei Murat. XXII, Col. 909.

眾神嫉妒。而義大利人敢這麼大聲張揚自己深受命運之神的眷顧，應是源於雇傭軍統帥帶來的習慣（參見§ 1.3.7）。

　　古代文化的復興在宗教上造成最強烈的影響不是來自特定的哲學思辨系統、或哪一位哲人的學說見解，而是在於古代哲學都會強調的思辨判斷能力。與中古文化相較起來，大家寧可選擇跟隨古代哲人以及部分古代典章制度，希望盡量仿效他們，而對各宗教間存在的歧異卻絲毫不以為意。一切都以讚賞歷史上偉大人物的成就為導向（參見§ 2.3.5, § 6.1.2）。

§ 6.3.12　披著異教外衣的基督教

　　人文學者還有一些愚蠢的作法，並以此吸引眾人注意。例如，教宗保祿二世（Pope Paulus II）到底憑什麼要求他的文書官及其友人為古典文化的盛行負起責任，這真是相當惹人議論的。一如他的傳記作家、也是受他迫害最多的普拉提納（Platina，參見§ 3.7.1, § 4.6.3）清楚洞察到的，他將保祿二世描寫為一個報復心強而且言行怪誕的可笑人物。他說，保祿二世之所以會對被逮捕的嫌疑犯控以不信上帝、提倡異教文化、拒絕承認靈魂不朽等罪名，其實是因為他想用謀反罪控告他們不成，才會想出這些點子來。如果普拉提納所言屬實，保祿二世根本不是什麼知書達禮的人，因為正是他告誡羅馬的父母，除了讀和寫之外，不要讓小孩再受什麼教育。他就像薩佛那羅拉（Girolamo Savonarola）一樣，靠著教士偏狹的知見（priesterliche Beschränktheit）在為人處事（參見§ 6.2.9）。

　　其實當時的人可以反駁保祿二世，如果文化涵養（Bildung）使人與宗教疏遠，那他以及跟他一樣見識的同黨應該負起最大的責任。無可置疑地，保祿二世的確對他週遭充斥的古典文化氣息感到憂心忡忡。看看那位不信上帝、聲名狼籍的西吉斯蒙多·瑪拉帖斯塔（Sigismondo Malatesta），在他的宮廷裡，人文學者什麼事情不能作？這些不受任何禮教規範的人究竟會張狂到什麼程度，就要看他週遭的人願意忍受他們到什麼程度？因

587

為，他們總會想辦法將基督教可以產生影響的地方馬上加以異教化（參見§3.12.3, §3.12..8）。我們必須看清楚，像彭塔諾（Giovanni Pontano）如何努力將二者混合起來：他不用divus（具有神性的、被賦予神性的）稱呼聖徒，而用deus（神，上帝）；他也直接將天使等同於希羅宗教信仰裡的守護精靈（genius）；而他對靈魂不朽的看法也與陰曹地府有關。在比附上古文化與基督教兩者的關係上，有時候真是可以扯到很離譜的地步。

1526年，當西耶納（Siena）遭到先前被放逐的黨派攻擊時[142]，根據當時主教座堂參議（德文：Domherr，英文：canon）提其歐（Tizio）之講述，他於7月22日起床後，腦中突然想起馬克羅比（Macrobius, active c. 430）在《農神節》（Saturnalia）[143]一書第三卷所寫的，於是在彌撒時將之宣讀出來；接著他談到如何用書中記載的禱求咒語來擊退敵人，只是他將原本的「懇求大地慈母以及你啊，天神朱比特」（Tellus mater teque Jupiter obtestor）改為「懇求大地以及你啊，天主基督」（Tellus teque Christe Deus obtestor）。當他第二天繼續念這樣的咒語後，敵人就撤退了。這件事一方面看來像是無傷大雅的流行風尚；但從另一方面來看，真是宗教的墮落。

---

142 Della Valle, *Lettere sanesi*, Ⅲ, 18.
143 Macrob. *Saturnal*. Ⅲ, 9.
　　〔譯者注〕農神節是古羅馬類似狂歡節的節慶，從12月17日開始，連續數日。在這段期間，大家互贈禮物，並讓奴隸有言論自由，而且主人請奴隸上桌吃飯。《農神節》一書是以對話錄體裁寫成的書，共分七卷，主要是評判Vergil的文學成就，兼及其他作家。

第四章
古代與近代迷信的緊密結合

在另一方面，上古文化也以非常教條的方式對文藝復興產生具有危險性的影響：也就是文藝復興時代接收了古代希羅宗教裡迷信的方式。過去在中古的信仰裡，上古流傳下來的迷信有些是藉著個別滲透的方式被保存下來；但是，到了文藝復興時代，整個上古的迷信卻很容易以完整的面貌重新進入大家的生活裡。尤其再加上義大利人豐富的想像力在旁煽風點火，其可能產生的效力可想而知。光憑這樣活躍的想像力就足以使義大利人的探究精神受到阻礙，而無法得到健康的發展。

如上文所述，由於到處都可見到不公不義的悲劇在發生，因此動搖了大家對上帝統管世界（die göttliche Weltregierung）的信仰。另外有些人像但丁一樣，坦承塵世的生命是被偶然所支配，因此充滿了不幸。像他們這樣的人如果還保有堅定的信仰，那是因為他們對於人在永生裡的地位有更崇高的信念。但如果這樣的信念一朝也受到動搖，那就只剩下宿命論了。或者也可以反過來說，如果宿命論占了上風，那麼人對應追求更高尚的精神境界之信仰就會受到動搖。

§ 6.4.1　占星術

介於宿命論與昇華個人精神境界之間的空隙，首先趁虛而入的是上古的占星術（Astrologie）以及阿拉伯人的占星術。占星術是從星象之間的變化關係以及黃道十二宮的徵候，算出未來會發生的事、以及一個人一生

的運勢，並依此推算出在最重要的事情上應採取什麼樣的對策。在許多情形下，透過占星術推算出來的行事方式未必比不信占星術而採取的行事方式來得不道德；但經過占星術推算出來的決定，卻往往要付上龐大的代價，因為再也顧不得良心及榮譽感直覺發出的正直之聲了。每一個時代的歷史都有豐富的教訓擺在我們眼前，讓我們看到何以人文涵養（Bildung）及思想啟蒙（Aufklärung）總是無法與迷信占星術相抗衡──因為後者有大家熱切的想像力作為後盾：大家都急著想預知未來會發生什麼事，希望能預先採取必要的行動；加上古代希臘羅馬人也是這樣做，更給大家合理化自己行為的理由。

十三世紀時，占星術突然在義大利大盛。神聖羅馬帝國皇帝腓特烈二世（Friedrich II.）只要出門，一定帶著他的占星家提歐多魯斯（Theodorus）。而腓特烈二世的女婿兼攝政王愛澤林諾（Ezzelino da Romano）則以高薪聘請了一大群占星家在他宮廷裡[144]，其中還包括著名的波那特（Guido Bonatto）與蓄著長鬍子的巴格達的保羅（Paul da Bagdad）──一位阿拉伯伊斯蘭教徒撒拉翠人（Sarazenen）。這些占星家最重要的工作就是為他決定每天、每一時辰他該作些什麼；而他派人犯下的無數暴行，應有不少的部分也是出於這些占星家依照各種徵兆推算出來應該採取的行動。自此以後，大家都拼命求問占星術。

§ 6.4.2　占星術盛行及其影響

不只是統治君侯，連一般城鎮的教區都會定期聘請占星家前來預言。[145]十四至十六世紀，甚至連大學都會特別聘請教授來講授這門荒唐

---

144 Monachus Paduan. L. II, bei *Urstisius, scriptores* I, p. 598, 599, 602, 607.

145 例如 Bonatto 有一段時間便是佛羅倫斯城聘請的占星家。參見：Matteo Villani XI, 3.

的學問[146]；有時專門講占星的教授（Astrologen）還與講天文的教授（Astronomen）分開聘請呢！大部分的教宗也都坦承，經常求問有關星象的問題[147]——除了庇護二世（Pius II）是個令人激賞的例外不算以外[148]。因為庇護二世也鄙視解夢、預兆、以及各種巫術。但里奧十世（Leo X）在位期間卻又以十分相信這些東西著名，因此當時占星術發展得十分蓬勃[149]。而保祿三世（Paulus III）則是沒有看好時辰，絕不開樞機主教會議[150]。

在人格比較高尚的人身上，我們則可以確信，星象對他們行事舉止的影響不會超過一個限度，因為他的宗教情感與道德良知會禁止他這麼作。但在另一方面，傑出而虔敬的人不僅推波助瀾了熱衷占星術的風潮，他們甚至還以代言人的姿態出現。像佛羅倫斯的帕格羅先生（Maestro Pagolo, 1415-74）[151]，他幾乎有想要將占星術道德化的明顯企圖，如同羅馬帝國晚期的馬特努斯（Firmicus Maternus）一般[152]。帕格羅過著聖潔的苦修禁欲生活，他可說是放棄了一切享受，鄙視塵世的財寶，只是一心奉獻於收藏書籍。作為一位學識豐富的醫生，他只為朋友看病；但如果要找他看病，有一個條件，就是必須作告解。他只和一小群人來往，但都是極為知名的人士；他們聚會的地方就在卡瑪修會（Camaldolesi Order）的盎博修士（Fra Ambrogio，參見§ 6.3.8）所住的天使修院。此外，他也經常充當

146　Liber, *Hist. d. sciences math.* II, 52. 193.

147　Giov. Villani, VI, 81.

148　De dictis etc. Alphonsi, opera, p. 493.

149　Pier. Valeriano, *De infelic. literat.*

150　Ranke, *Päpste*, I, p. 247.

151　Vespas. Fiorentino p. 660.
　　〔譯者加注〕有關布氏此處所提到的Maestro Pagolo，可參見英譯本：Vespasiano da Bisticci, *The Vespasiano Memoirs. Lives of Illustrious Men of the XVth Century*, tr. William George and Emily Waters (1963), pp. 423-424.

152　Firmicus Maternus, *Matheseon Libri* VIII，第二卷末。

老柯西莫·梅迪西（Cosimo de'Medici）的顧問，尤其在老柯西莫·梅迪西晚年的時候。因為老柯西莫·梅迪西也頗信占星術的，所以也會根據占星術所言行事，即便只是運用在特定的、比較不重要的事上。帕格羅只為最親密的好友作星象運勢分析。但是，即使不像他那樣過著嚴謹苦修的生活，占星專家一樣可以成為受人敬重的人，而且到處受人歡迎。當然，在義大利他們出現的頻率比在歐洲其他地方高，因為在其他地方大概只有重要的宮廷才會聘請他們，而且也不是長期聘請。

在義大利，當占星術正風行時，家裡只要是住屋夠寬敞，也會聘請一位占星家來住，雖然不一定能按時付得出薪水[153]。由於占星術方面的書籍在印刷術盛行之前便流傳得相當廣泛，因此形成業餘研究熱潮。這樣的業餘研究主要是以緊隨某幾位專業大師的見解為依歸。但最糟糕的占星家只是藉著占星術來行魔法、或在眾人之前行欺瞞之術。

即使撇開後者不談，占星術在當時義大利的社會文化裡也是一個可悲的現象。對那些天賦甚高、多才多藝、充滿個人想法的人，這種盲目想知道未來會發生什麼事、甚至進一步想預先去左右未來之事發展的念頭，對他們旺盛的個人意志與決心會產生多大的斲傷啊！而當星象顯示給他們的是不祥的徵兆，他們又振作起來、獨自奮力打拼，並說：「智者才是星辰之主宰」（Vir sapiens dominabitur astris）。但事過境遷，他又重新掉入過去盲目的瘋狂裡。

而有頭有臉人家的小孩，都曾被占星家算過命。搞得這些人一輩子有一半的光陰是耗費在等待一些根本不會被兌現的事情何時要發生之上。大人物要作重大決定時——尤其是何時可以開工（張）大吉——都要先問星辰的意見。君侯之家的人何時可以出門、何時適宜接待外國使節[154]、大型

153　Bandello III, Nov. 60.
154　Lodovico Sforza il Moro 便是如此，參見：Senarega, bei Muratori XXIV, Col.

建築物的奠基時辰，都要以占星之所得為準。上文所言的波那特（Guido Bonatto）透過為人占星卜運以及寫下一大本系統性的占星論著，可說是十三世紀復興占星術的代表性人物。在他身上我們就可清楚看出，他們多講究透過占星術來找出好時辰做事：為了幫助調停佛利（Forlì）教宗黨與保皇黨的黨爭，他說服佛利的居民建造新的城牆，並依他觀象所得的好時辰舉行盛大開工典禮。當這個時辰一到，雙方黨派成員同時將奠基石丟出，佛利就永遠不會再有黨派之分了。大家根據他的建議，要求教宗黨與保皇黨各推派一位代表來執行此事。當那神聖的時刻來到，雙方代表手裡各拿一塊石頭，工人們也都拿著工具在等候。接下來就等波那特發號施令了！結果保皇黨代表一下子就把石頭丟出去，教宗黨代表卻猶疑了一下，然後竟然拒絕配合做出任何事情。因為波那特本人是教宗黨的，因此暗中策劃了對保皇黨不利的事。波那特便對教宗黨的代表說：「上帝將要懲罰你以及你的教宗黨，因你們所做了背信的惡行！這樣美好的星象將會五百年之久不再出現在我們佛利城的上空！」的確，沒多久上帝就懲罰了佛利的教宗黨，而根據年鑑作者於1480年的記載，後來佛利這兩個黨派果真和解了，大家再也聽不到他們原先各自的黨名了。

　　依賴占星術的還有在戰爭時所下的決定。上一段提到的波那特（Guido Bonatto）透過占星術幫忙，幫他算出進軍的吉時良辰，所以為保皇黨首領圭多・蒙特斐特（Guido da Montefeltro）建立很多戰功。但是當波那特沒有繼續在他身邊服侍後[155]，圭多・蒙特斐特就喪失一切勇氣繼續專政，而遁入方濟會的小兄弟修會（Minoritenkloster）裡去，在當了很長一段時間的隱修教士後才過世。

　　1362年，佛羅倫斯要進攻比薩時，也是先請占星家算過進軍的時

（續）————

　　518. 524.

155　Ann. foroliv. l. c.; Filippo Villani, *Vite*; Macchiavelli, *Stor. fior*. L. I.

辰[156]。當時,因為突然有命令要求軍隊在城裡改道行進,差一點誤了吉時。因為過去打比薩都是走聖使徒區路(Via di Borgo S. Apostolo)出發的,結果都吃了敗仗;顯然如果要跟比薩打仗,走這條路出征本身就是一個不祥的預兆。所以這次軍隊改由通過「紅門」(Porta Rossa)出征。但沒想到有許多帳棚正擺在那裡曬太陽,來不及取走,只好把軍旗垂低著拿——這又是另一個新的不祥之兆。就光從大部分雇傭兵統帥都信占星家之言這一點來看,我們就可看清當時戰爭與占星術之間緊密的關係。雅各·卡多拉(Jacopo Caldora)即使患了重病,也是一派怡然自得的樣子。因為他知道,他如果會死,是死在戰場上;後來果真應驗[157]。亞維阿諾(Bartolommeo Alviano)則堅信,他頭部的創傷與他之所以擁有發號施令的軍權,同樣都是星象運行造成的影響[158]。歐熙尼─皮提吉雅諾(Niccolò Orsini-Pitigliano)請求他的醫生與占星家亞歷山大·班尼迪特(Alessandro Benedetto)為他擇定1495年與威尼斯簽訂軍事協定的吉時[159]。 1498年6月1日當佛羅倫斯人為他們新的雇傭兵統帥維鐵利(Paolo Vitelli)舉行盛大就職典禮時,他所接過來的統帥權杖上刻有特定的星象圖[160],這是依照他自己的要求刻上去的。

我們從文獻資料上很難斷定,是否所有的重要政治決策事先都先以占星術卜算過?或者只是占星家以後知之明、純粹出於好奇的心態來算當時的星象會造成的影響?當姜葛蕾阿佐·威士孔提(Gian Galeazzo Visconti,參見§1.2.5)巧妙地以迅雷不及掩耳的計謀逮捕他的叔父貝恩那博(Bernabò)一家時,根據時人的說法[161],那時正是木星、土星、火星都排

156　Matteo Villani XI, 3.

157　Jovian. Pontan. *De fortitudine*, L. I.

158　*Paul. Jov. Elog.*, sub. v. Livianus.

159　Benedictus, bei Eccard II, Col.1617.

160　Jac. Nardi, *Vita d'Ant. Giacomini*, p. 65.

列在雙子座上。但我們找不到文獻資料證明當時的緝拿行動是否真是先算過時辰才動手的。而且有不少的政治決策也是跟著占星家對星座運勢的詮釋而行，並非只是依據星座運行來看[162]。

　　整個中世紀末期，全歐各地——從法國的巴黎到西班牙的忒雷多（Toledo）——都飽受星象預言即將會有各種瘟疫、戰爭、地震、洪水等大災難而感到驚惶不安，義大利的情況當然也沒好到哪裡去。1494年是一個災厄之年，從這一年開始，義大利飽受外敵入侵之苦，此後永無寧日。不可否認的，這樣的災難被很多人預言到[163]。但是，我們不要忘記，自古以來像這樣的預言會應驗並不足為奇：因為每一位占星家預言自己所認定的災難年代總會有被一些人說中的一年。

　　這樣的思維方式如果全面地、完全依照上古社會文化的方式而行，最後終會侵入我們意想不到的領域裡去。如果每一個個人不論外在生活或內心思維完全被自己出生時的星象所支配，則不同的民族與宗教——各種不同人群的大單位——也都會受制於不同星象之影響。當影響各民族與宗教的星象產生變化時，這些民族與宗教也會受到影響。認為每一種宗教都有它在塵世興旺的時運這樣的想法，也進入義大利的知識圈。例如，當木星與土星接近時，興起了猶太教[164]；與火星接近時，產生了迦勒底（Chaldean）的宗教；太陽接近時，產生埃及的宗教；與金星接近時，產生了伊斯蘭教；與水星接近時，產生了基督教；與月亮接近時，則一度產生了被稱為敵基督（Antichrist）的宗教。卻柯·阿斯可利（Cecco d'Ascoli）曾大言不慚推算過基督降生時與釘上十字架時的星象，因此在1327年在佛羅倫斯被送上火刑台[165]。這樣的學說如果推到極致，是將人類與超自然

161　Azario, bei Corio, Fol. 258.

162　*Magn. chron. belgicum*, p. 358; Juvénal des Ursins ad a.1396.

163　Benedictus, bei Eccard II, Col.1579.

164　Bapt. Mantuan. *De patienia*, L. III, cap. 12.

界（das Übersinnliche）的關係全然帶向黑暗之境。

§ 6.4.3　占星術在義大利

　　頭腦清楚的義大利智識份子為對抗這種毫無理性可言的狂熱所掀起的反制行動真是值得嘉許。儘管有不少歌頌占星術的宏偉藝術創作——例如，帕多瓦（Padova）法庭大樓（Palazzo della Ragione）內的大廳（Salone）壁畫[166]以及斐拉拉（Ferrara）伯爾索公爵（Borso d'Este）的夏宮——詩凡諾雅宮（Palazzo Schifanoja）——的壁畫。對此，除了有像老貝婁阿篤斯（Beroaldus the Elder）[167]寫的馬屁頌詞外，也一直有不願意平白受擺佈以及有思辨力的人所寫的反對文字。在對抗迷信的事情上，古典文化亦有足資效法的楷模。但在這方面，文藝復興時代反對盲目迷信的人並不是跟隨古希臘羅馬人的腳步，而是打從他們自己健康的心智、成熟的理智以及對事情的詳盡觀察所發出來的。

　　佩托拉克（Petrarca）從他週遭所見的情況發出反對占星術的聲音，充滿老實不客氣的嘲諷[168]；他也戳穿占星家那套欺哄人的把戲。我們也可看到，自從有人用短篇故事（novella）體裁寫作以來，例如，從《古代傳說故事百則》（*Cento novelle antiche*）開始，對占星家的描述都是負面的[169]。佛羅倫斯的年鑑史家也發揮極大的道德勇氣，拒絕接受占星術這種迷信——儘管占星術的狂熱是緊緊地與傳統相結合，因此成為歷史記載必定要記述的內容之一。喬凡尼‧維朗尼（Giovanni Villani）不只一次寫下：

165　Giov. Villani, X, 39. 40.

166　這是Miretto於十五世紀初所畫的。

167　*Orationes*, fol. 35, *in nuptias*. 這個時代另一個狂熱者所寫的參見：Jo. Garzonius, *De dignitate urbis Bononiae*, bei Murat.XXI, Col.1163.

168　Petrarca, *epp. seniles* III, 1（p. 765）.

169　例如，Franco Sacchetti 在 Nov. 151 便對占星家的智慧加以嘲諷。

「縱使在急難中，沒有任何星象可以逼迫人改變他的自由意志或讓上帝改變祂的計畫。」馬太歐・維朗尼（Matteo Villani）更說，占星術與其他迷信是佛羅倫斯人從他們老祖宗——異教的古羅馬人——繼承到的罪惡[170]。但是，對這個問題的討論並不只停留在文字論述的層面，而已經形成論戰的陣營，雙方公開辯論。當1333年與1345年洪水大大為患時，占星家與神學家就曾經針對星象對運勢的影響、上帝的旨意、與懲罰的公義性進行鞭辟入裡的辯論[171]。而這樣的論辯在整個文藝復興時代不曾間斷過[172]。在這一點上，我們必須稱讚那些反對占星術的人相當有風骨。因為要為占星術辯護其實要比跟它對抗更討當權者的歡心。

§ 6.4.4　喬凡尼・琵蔻・米蘭多拉駁斥的文章及其影響

圍繞在「輝煌者羅倫佐・梅迪西」身邊那群著名的柏拉圖學者對占星術的看法也是兩極的。斐契諾（Marsilio Ficino）支持占星術，並為梅迪西家族所有子嗣推算過星象命盤。據說他就正確地斷言喬凡尼・梅迪西（Giovanni de'Medici）會當上教宗，後來他果真成為教宗里奧十世（Pope Leo X）[173]。反之，喬凡尼・琵蔻・米蘭多拉（Giovanni Pico della Mirandola）則針對這個問題寫下聲名遠播的駁斥文章[174]，留下具有時代里程碑意義的經典鉅著。喬凡尼・琵蔻・米蘭多拉指出，迷信占星術其實正是無神論的根源，而且也讓人愈來愈悖離良知道德。如果占星家想要有什麼信仰，他們最好去相信天上的星辰，因為星辰帶給人們所有的幸運與災厄。同樣地，占星術也為其他迷信提供方便法門，因為土占

170　Gio. Villani III, 1. X, 39.

171　Gio. Villani, XI, 2; XII, 4.

172　*Annales Placentini* (bei Murat.XX, Col. 931), p. 160.

173　Paul. Jov. *Vita Leonis* X. L. III.

174　Jo. Pici Mirand. *Adversus astrologos* libri XII.

（Geomantie）[175]、 手相（Chiromantie）、以及各種巫術如果要尋找好時辰，也是透過占星術來尋找。在有關倫理道德方面，喬凡尼·琵蔻·米蘭多拉認為，沒有比占星術更加深罪惡的孳長了。因為人做壞事可以將原因歸為不得不依天上星象的安排而行，這會完全破除大家對天堂與地獄的信仰。

喬凡尼·琵蔻·米蘭多拉甚至花費心力用實證的方法指出占星家之言的謬誤：他指出，他們在一個月之內，對氣象的預報有四分之三是錯誤的。但他最大的成就更在於，在該書的第四卷他從極具建設性的神學角度闡釋了上帝在統管世界萬物（Weltregierung）與人的自由意志之間的關係，這在當時義大利知識圈造成廣泛深遠的影響。比起當時勸人悔改的佈道對知識份子所能產生的影響，喬凡尼·琵蔻·米蘭多拉學說的影響力真是強烈許多。因為知識份子對那些佈道不會太在乎的。

尤其值得注意的是，喬凡尼·琵蔻·米蘭多拉的著作讓占星家不敢再繼續出版他們的學說[176]。因為過去也是著作等身的占星家現在或多或少開始感到羞恥，不敢再公開發表像過去那樣的言論——例如，彭塔諾（Giovanni Pontano）曾在他〈論命運〉（"De fortuna"）一文中承認過占星術這種完全沒有理性的學問；並在〈天體論〉（"De rebus coelestibus", 1494）這篇重要著作裡仿效老費米庫斯（Firmicus the Elder），企圖為占星術建立學理根據。然而，在彭塔諾後來所寫的對話錄《愛吉迪烏斯》（Aegidius）一書中，他雖然沒有否定占星術，卻對占星家懷有很大的質疑。他盛讚人類的自由意志，並認為星體對人類的影響僅止於血肉之軀的部分。雖然後來占星術依然盛行，但對人們心靈的箝制不再像以前那樣得勢。

過去十五世紀繪畫也曾盲目歌頌過占星術的神效，現在也開始表現出

---

175 〔譯者注〕以沙灑地，從所形成的圖象來斷吉凶。
176 Paul. Jov. *Elog. lit., sub tit. Jo. Picus.*

另一種新思維：拉斐爾在為羅馬契吉小禮拜堂（Capella Chigi, S. Maria del popolo）穹窿頂所繪的壁畫上畫滿了掌管各種星辰的神祇以及佈滿恆星的天空，但這一切受到看守天使的統管引導，天父則從最高處賜福給大家。另一個阻礙義大利占星術發展的因素是西班牙人對占星術沒興趣，連他們的軍事將領都對它不感興趣。因此，如果要得到他們的寵信，最好公開宣稱自己與這門西班牙人眼中半異端──也就是半伊斯蘭──的學問為敵。1529年，圭恰迪尼（Guicciardini）曾說，占星家真是幸運至極的人，他們撒一百次謊，如果有一次剛好言中，大家就拼命相信他；別人卻是講一百次真話，如果有一次撒謊，所有信譽便要破產了[177]。但是對占星術的鄙視卻不一定會把人帶回正信的上帝信仰，也有可能讓人落入一種廣為流行、一切都在變化中的宿命論信仰。

　　在這方面以及其他方面，義大利沒有辦法讓文藝復興文化原有的創造動力繼續往健康明朗的方向持續發展下去，因為外國勢力的入侵以及反宗教改革在此時開始產生影響了。如果沒有這兩項因素，也許義大利人早就可以超越占星術這種充滿想像力的愚蠢信仰。如果有人相信，外國勢力的入侵與天主教對宗教改革的反制行動是必要的，而且這一切都是義大利人罪有應得，這些人真該想想，如此一來在精神文明發展上得到的損失是否也算作公義的懲罰？更可惜的是，歐洲也因此跟著思想淪喪。

§ 6.4.5　各種迷信

　　更廣泛地來看，除了占星術之外，還有對預兆（Vorzeichen）的信仰[178]，但這造成的戕害比較沒有那麼大。整個中世紀從過去異教信仰裡

177　*Ricordi*, l. c. N. 57.

178　有關 Visconti 家族最後幾位在任者所相信的眾多迷信參見：Decembrio, Murat. XX, Col. 1016, s.

繼承到許許多多對預兆的倚賴。義大利在這方面尤有甚之。義大利在預兆信仰上別具特色的是，正是透過人文學者的加持，對預兆的迷信才會散播成這麼普遍的地步。因為透過鑽研古典文獻、傳布相關知識，人文學者也成為預兆信仰的傳播者。

在義大利廣為流傳的迷信最主要的便是從預兆得到感應與結論，而且這又經常與無傷大雅的巫術連結在一起。當然，也有有學問的人文學者正直地對迷信預兆加以嘲諷，而他們的嘲諷也在歷史上留下了一些紀錄。上面提到的寫下鉅著的彭塔諾，在他所寫的《卡農渡神》（*Charon*）[179]一書裡，以充滿同情的筆調細數所有在拿波里可以看得到的迷信：當雞或鵝得了咽喉炎，主婦會悲傷痛哭；當獵鷹外出未歸、馬扭傷了腳，他們有頭有臉的主人會陷入極度憂慮之中；如果有瘋狗在附近搞得人心惶惶，雅普理安（Apulian）鄉間的農民會連續三個週六晚上唸咒語等等。就像在上古時代，動物在不祥之兆的顯示上占有相當重要的份量，所以以國家公帑豢養的獅、豹等大型動物（參見§4.2.6）牠們所表現出來的行為舉止也憑添大家更多想像的空間——因為大家會不自覺地將牠們視為國運的活象徵[180]。

當佛羅倫斯在1529年被包圍時，有一隻被擊傷的老鷹飛進城裡，執政官賞了報信人四個金幣，因為這被看成一個好朕兆。此外，對特定事物而言，某些時辰、某些地方也被看成特別有利、或特別不利。就像瓦爾齊（Benedetto Varchi）所記載的，佛羅倫斯人相信週末是決定他們命運的日子，因為不論好事或壞事，通常都是在這一天發生。如上所述，他們偏執地認為，戰士出征時要走特定的小路出城。佩魯加（Perugia）人則認為，特定的城門——象牙門（Porta Eburnea）——是帶來好運的，所以巴吉歐

---

179 〔譯者注〕Charon是希臘神話裡在冥河Styx上渡載亡魂往冥府的神。
180 Varchi, *Stor. Fior*. L. IV, p.174.

尼家族（Baglioni）都是從這個城門出去征戰的（參見§6.4.2）[181]。就像在中古時代，流星與天象常被視為有預示性的，而天空裡雲的形狀也常讓人聯想到作戰激烈的大軍，甚至有人可以聽到高空傳來的廝殺聲[182]。

令人頗生疑慮的是與神聖事物相關的迷信：例如，有人看到聖母馬利亞的眼睛會動[183]、或是在流淚；或是有些遍佈全國的災厄與特定的惡行被連結在一起，而要求所有的小老百姓為此贖罪（參見§6.2.11）。1478年，當琵雅全查（Piacenza）連續很長一段時間被暴雨所襲擊，就有人說，不久前有一個放高利貸者的人被埋葬在方濟會的教堂裡，如果不把他從那麼神聖的地方挖出來另葬他處，雨是不會停的。但主教拒絕這麼做，希望能以悲憫之心讓死者得到安息。年輕力壯的少年人就施展蠻力，自己動手開挖，在喧騰騷動中將屍體硬拖到大街上，然後丟到波河（Po）裡[184]。波里祈安諾（Angelo Poliziano）也不能免俗地持相同的看法。1478年帕齊（Pazzi）家族在佛羅倫斯發動陰謀政變時的主角嘉可莫·帕齊（Giacomo Pazzi）被處絞刑時，他曾說出可怕的話將自己的靈魂交給撒旦。所以，佛羅倫斯也跟著下起暴雨，雨大到要毀壞莊稼。所以一大群人（大部分是農民）也將嘉可莫·帕齊的屍體從教堂裡挖出來，結果沒多久烏雲果真慢慢散開，陽光露出笑臉來了。波里祈安諾便對此事說了這麼一句話：「依民之所欲而行便能亨通」。剛開始民眾將嘉可莫·帕齊的屍體草草埋在一個沒有經過祝聖的地方，過了幾天又挖出來，舉行一個令人怵目驚心的遊行繞境儀式後，就將屍體丟到亞諾河（Arno）裡去。

181　Matarazzo, *Arch. stor.* XVI, II, p. 208.

182　Prato, *Arch. stor.* III, p. 324 （1514年）。

183　如1515年發生在米蘭主教座堂那尊「喬木聖母」（Madonna dell'arbore）身上的事，參見：Prato, l. c., p. 327.

184　*Diarium Parmense* bei Murat. XXII, Col. 280.

§ 6.4.6　人文學者的迷信

　　同樣的、或類似的事情經常發生在民間，而且十世紀的情形與十六世紀的情形並無二致。但是，十六世紀還是受到古典著作所帶來的文化影響。對於人文學者我們可以明確地說，他們特別容易感受到靈異現象（Prodigien）與預兆（Augurien）。相關例子我們在上文已談過。如果此處還需要一個明證，我們可以用柏丘（Poggio Bracciolini）為例來說明。柏丘這位拒絕用出身血緣來判定人高貴與否、以及拒絕接受人生而不平等之說的激進思想家（參見§ 5.1.3）竟然相信中古流傳下來的各種鬼魂、惡魔，以及上古宗教流傳下來的各種靈異現象。例如，在教宗友真四世（Pope Eugenius IV，在位1431-47）最後一次訪問佛羅倫斯時，他便留下如下的記載：

> 傍晚的時候，在科摩（Como）附近有人看到有4000隻狗往德意志方向走去。後面還跟著一大群牛；接著是一大隊武裝步兵與騎兵，有些沒有頭、有些人的頭幾乎看不見。最後還跟著一個巨人般的騎士，在他後面又跟著一大群牛[185]。

此外，柏丘也相信喜鵲與寒鴉曾經打過架。他可能常不自覺地說了許多完整流傳下來的古代神話故事。例如，在達瑪提亞（Dalmatia）海邊出現了一個半人半魚的海神（Triton），長著鬍子和小犄角，下半身有鰭與魚身，是真正的海怪。這個海怪專門在岸邊獵捕小孩與婦女，直到有五個勇敢的洗衣婦用石塊與棍棒將他打死[186]。斐拉拉（Ferrara）用木雕為這個大怪物

185　*Poggii facetiae*, fol. 174.
186　*Poggii facetiae*, fol.160, cf. Pausanias IX, 20.

塑造了一個像，柏丘也用生花妙筆將這個故事寫得讓人信以為真。

雖然不再有神喻（Orakel），也沒有眾神可供大家求問，但是以隨意翻閱維吉爾（Vergil）的詩作，並將映入眼簾的那一段當作預兆來解讀——也就是所謂的「維吉爾占卜法」（sortes vergilianae）——再度成為流行風潮[187]。此外，自上古晚期起盛行的惡靈信仰對文藝復興亦造成一些影響。楊伯利庫斯（Jamblichus）或阿巴蒙（Abammon）有關埃及神秘主義的著作，對惡靈信仰也產生一些推波助瀾之力，在十五世紀末也以拉丁文譯本的形式印行了出來。而佛羅倫斯的「柏拉圖學會」（Accademia Platonica）甚至也不能免俗地受到羅馬帝國衰頹時代新柏拉圖狂熱作風的影響。有關惡靈信仰與相關巫術，下文將進一步詳細探討。

§ 6.4.7 死者的亡魂

民間對於所謂鬼神世界（die Geisterwelt）的信仰在義大利的情況與歐洲其他地區差不多。首先，義大利人相信有所謂的鬼魂（Gespenster）——也就是死者的亡魂；儘管義大利與阿爾卑斯山北方對鬼魂的認知略有不同，但差別也只在於義大利人對鬼魂的認知與上古所稱的「幽魂」（ombra）有關。如果現今還有人看到這樣的陰影，只要請神父為它獻上幾台彌撒，讓它的靈魂安息便可。惡人的靈魂會以恐怖嚇人的形象顯現，是理所當然的；但也還另有一種特別的見解認為所有亡魂都是不懷好意的。邦德羅（Matteo Bandello）所寫的故事裡，小禮拜堂的神父說，亡者會殺害小孩子[188]。 很可能這位神父的腦子裡還將靈魂細分出一種會害人的幽魂。因為靈魂在煉獄中懺悔贖罪，當它現形，就只會以禱求與哀訴的模樣出現[189]。

---

187 Varchi III, p. 195.

188 Bandello II, Nov. 1.

其他時候如果有幽魂出現，那就不光是某個特定人物的陰影，還會有過去發生過的事一齊伴隨出現。就如同米蘭威士孔提家族舊宅邊的聖約翰教堂（S. Giovanni）附近居民提到惡鬼出現時的情形便是這樣。過去，暴君貝恩那博・威士孔提（Bernabò Visconti）曾讓無數受害者在這裡慘遭嚴刑拷打與絞刑，所以會有冤魂出現，真是一點都不足為奇[190]。有一天晚上，有一位不清廉的貧戶救濟院管理員正在數錢，突然有一大群窮人變成的鬼出現。他們手上拿著蠟燭，圍著他跳舞。有一個巨大的形象出現在他面前，為這些窮人的鬼說出威嚇他的話。此巨大形象就是聖阿婁（S. Alò）——這個貧戶救濟院的主保聖徒——之化身[191]。這樣的認知方式是再自然也不過的了，連文學家都可以在其中找到許多可以引起廣泛共鳴的寫作材料。例如，卡斯堤吉歐內（Baldassare Castiglione）便以生花妙筆敘述被槍斃的羅德維科・琵蔻（Lodovico Pico）如何出現在被圍困的米蘭多拉（Mirandola）城下[192]。正因文學家已超越鬼魂信仰，不受其轄制，所以他們才這麼喜歡以此為題來寫作。

§ 6.4.8 惡魔信仰

義大利民間也與中古各民族一樣，相信惡魔（Dämonen）的存在。大家都相信，上帝有時允許各種階層的惡靈對世界某些地方或人類的生活發揮強大的破壞力。但是，上帝至少特別賜與人類自由意志，當惡魔以試探者身分接近我們時，我們可以運用自己的自由意志與之對抗。在義大利，一般民眾尤其喜歡將惡魔在大自然災變裡所扮演的角色繪聲繪影地加以渲

---

189 〔譯者注〕根據羅漁的翻譯，這是請求大家為之代禱與獻彌撒。參見羅譯本頁 467。

190 Bandello III, Nov. 20.

191 Graziani, *Arch. stor.* XVI, p. 640, ad a.1467.

192 Balth. Castilionii carmina. Prosopopeja Lud. Pici.

染。1333年，當亞諾河（Arno）河谷發生大水災前夕，一位虔敬的隱修士在瓦隆布羅撒（Vallombrosa）山上的小屋裡聽見惡魔發出隆隆巨響。他在胸前畫十字，想走到門邊看看究竟發生什麼事？結果他看到一群穿黑衣、面目猙獰的武裝騎士一路追趕著往前。在他懇求下，這些騎士停下來，說了這些話：「佛羅倫斯有罪，我們正要去溺斃這個城市——如果上帝允許的話。」[193] 這段話幾乎與同時代（1340年）發生於威尼斯的情形類似。曾有一位威尼斯畫派的健將——可能是玖玖內（Giorgione）——就將當時威尼斯的情形畫成一幅畫：有一大艘船上坐滿了惡魔，船以飛鳥般的疾速要駛向風狂雨驟的潟湖，以摧毀那兒一座罪惡島城。直到有三位聖徒趁大家不注意時登上一艘窮人所乘的小舟，經過一番作法（Beschwörung），才將惡魔與其所乘的大船推向洪水滔滔的深淵裡去。

　　這樣的事也顯示出，大家沒有理性地相信，透過法術我們是可以與惡魔親近；可以驅使惡魔幫助我們來滿足貪欲、權力欲、與肉欲的需求。在許多人真正以此犯下惡行時，已有不少人被控與魔鬼打交道了。當大家開始動手燒死所謂的術士與巫婆時，正是大家開始與惡魔以及特定巫術打交道打得最火熱的時候。大家將有嫌疑的人丟進火刑堆裡所冒出的屢屢濃煙中，最先竄起的是麻醉人理智思辨的煙霧，這些煙霧蠱惑了一大群喪失理智的人去相信巫術。接著還會有一些聽起來信誓旦旦的謊言將他們更緊密地綑綁在一起。

§ 6.4.9　義大利的女巫

　　大概自羅馬時代開始，有一種迷信便以民間信仰與原始信仰的形態持續成為社會生活的一部分——這也就是巫婆的法術。巫婆如果只是說說預言，其實是無傷大雅的。只要她不要從口頭說說變成去作一些表面上沒人

193　Gio. Villani XI, 2.

察覺、但實際上會產生不良影響的催化動作，其實都還過得去。大家會去請託巫婆做出可以產生具體實效的巫術，主要在於催化男女之間的愛恨情仇。此外，人們還會出於惡意的動機，請巫婆作些邪惡法術，最著名的就是讓小孩久病不起——雖然小孩會久病不起，很明顯地也是因為父母親疏忽或不明智的照護所致。

撇開藥方和毒藥不談（因為它們的藥效巫婆十分清楚），另外還有一個重要問題——那就是巫婆的咒語、法術、讓人摸不著頭腦的處方、或是直接召喚惡魔的能力到底有多強？這的確值得好好檢驗。彭塔諾（Giovanni Pontano）曾介紹一種比較不傷風害俗的方式，是托缽修會的修士拿來與佳也塔（Gaeta）地方的巫婆對抗用的[194]。有一位名叫蘇巴提烏斯（Suppatius）的旅客進入一個女巫家裡，當時這名女巫正在接見一位少女及其女僕。這兩個女孩帶來一隻黑母雞、九個在星期五下的蛋、一隻鴨子和一捆白線，因為這一天剛好是新月以來的第三天。她們隨後就被打發走了，並被告知黃昏時再來。希望這兩個女孩來此只是來占卜。因為這位女僕伺候的小姐跟一位修士懷了身孕，但情郎拋棄了她，隱遁到修道院裡去。這位女巫抱怨說：「自從我先生過世後，我就靠此為生。所幸日子也還過得不錯，因為在我們佳也塔這個地方的女孩都很相信我，只要這些修士不要來擋我的財路就好。因為這些修士幫女孩們解夢，平息聖徒對她們的怒氣，想嫁人的幫她們找丈夫，懷孕的包她們生兒子，不孕的保證一定生。而當夜幕低垂，有些婦女的先生外出捕魚時，他們就依照白天在教堂約定好的，修士會偷偷去找這些獨守空閨的婦女。」蘇巴提烏斯警告這個巫婆別引起修道院的憤慨，但巫婆毫無所懼，因為修道院的監護人是她的老相好。

然而，毫無理性的迷信卻創造了另一種為患更深的女巫類型。這些女

194　Jovian. Pontan. *Antonius*.

巫用邪惡法術奪走人的健康與生命。如果她們兇惡的眼神不足以解釋她們具有邪惡法力，那大家一定會相信是有能力的神靈在幫助她們。如上文提到女巫菲尼卻拉（Finicella，參見§6.2.8）時提過，這些女巫會遭受火刑懲處，但反對女巫的狂熱有時也是可以加以調停和解的。例如，佩魯加（Perugia）的法律便規定，她們只要繳交400鎊就可以無罪脫身了[195]。當時對女巫的懲治還不到一點兒轉圜空間都沒有的地步。

§6.4.10　諾爾恰的女巫老巢

在教宗統領的疆域內，也就是在上亞平寧山區（Hochapennin）——即聖本篤修會的發源地諾爾恰（Norcia）——據說有一個女巫與術士的老巢。事情爆發開來後，人盡皆知。我們從伊尼亞斯‧西維烏斯‧琵科羅米尼（Aeneas Sylvius Piccolomini）早期一封很特別信函中，可以得到許多啟示。這是從他寫給自己兄弟的信裡摘錄出來的[196]：

> 傳信人來到我這裡，問我知不知道義大利有一座維納斯山？在這座山裡有人傳授魔法，而他的主人——一位撒克遜的知名天文家——熱切希望能學到這些魔法。我說，我知道離卡拉拉（Carrara）不遠處，在利古理亞（Liguria）山區的岸邊有一個維納斯港（Porto Venere），我曾在去瑞士巴塞爾（Basel）途中在那兒住過三夜。我也知道，在西西里有一座獻給維納斯的愛瑞克斯山（Eryx），但不清楚那兒是否有人在傳授魔法？在交談中，我又突然想到，在翁布理安（Umbria）舊的公爵領區斯波雷托（Spoleto），離努西亞城

195　Graziani, *Arch .stor.* XVI, I, p. 565, ad a.1445.
196　Lib. I, ep. 46. *Opera*, p. 531, s.

（Nursia）不遠處也有一個地方的陡峭山壁上有一個岩窟，水泉從那兒汩汩流出。就我記憶所及，那兒過去就是女巫、惡魔與黑夜的幽靈活動之地。誰要是膽子夠大，還可以看到靈界來的東西（spiritus），並與之對談；也可以在那兒學巫術。但我什麼也沒看到，也不曾試著去看到這些。因為，如果必須犯下罪孽才學得到的東西，最好碰都別碰。

但是，伊尼亞斯・西維烏斯・琵科羅米尼卻說出是誰告訴他這個訊息，並請求他的兄弟帶那位傳信人去找告訴他那個岩窟訊息的人——如果他還活著。在此，伊尼亞斯・西維烏斯・琵科羅米尼真是竭盡一切所能在討上位者的歡心。雖然他自己跟同時代人相較起來，不只是一點都不受迷信誘惑（參見§6.2.11, §6.4.2），而且他還通過了一項可能今天的知識份子都不一定通得過的考驗：在巴塞爾（Basel）大公會議期間，他因發燒在米蘭臥病七十五天之久，但沒有人說得動他聽從具有法力的醫師之建議，趕快讓病好起來——儘管已經有一位不久前在琵沁倪諾（Piccinino）才以法力醫好2000名發燒士兵的人就站在他床前。伊尼亞斯・西維烏斯・琵科羅米尼最後帶著病身上路，穿過阿爾卑斯山的崇山峻嶺來到瑞士巴塞爾。在路上，他的病就慢慢好起來了[197]。

我們也從與通靈的人相關的文獻得知，在聖本篤修會的發源地諾爾恰一帶的情況。這個通靈的人還試圖用巫術操控過著名雕刻家卻里尼（Benvenuto Cellini）呢！這是有關這個通靈的人想要為一本新的魔法書祝聖[198]，而最適合的地點就是在諾爾恰的高山上。這位通靈人的老師曾在法爾法修院（Abbazia di Farfa, Abbey of Farfa）附近為一本書舉行過祝聖儀

197　*Pii comment.* L. I, p. 10.
198　Benv. Cellini, L. I, cap. 65.

式，沒想到卻遇到在諾爾恰沒有料想到會遇上的困難。此外，努西亞地區（Nursia）的農民也相當可靠，對祝聖儀式有些經驗，在緊急時刻可以好好仰賴他們幫忙。但這項外出計畫最後卻告吹，不然，卻里尼就可能有機會認識這名騙子的助手了。當時，諾爾恰真是名聞遐邇。阿瑞提諾（Aretino）也曾在某處提到過有一口被下咒的井：那兒住著諾爾恰姊妹先知與她們的姑姑法塔（Fata Morgana）。大約在這個時代，翠其諾（Trissino）還在他偉大的敘事詩裡[199]，以各種詩與寓意手法將諾爾恰描寫為真正的預言中心。

§ 6.4.11　北方女巫的影響

眾所周知，1484年隨著教宗英諾森八世（Pope Innocent VIII）頒佈那個惡名昭彰的訓諭[200]，迫害巫術與女巫成為一個龐大且令人憎惡的制度。由於負責執行此計畫的是德意志道明會神職人員，所以德意志地區也在迫害女巫上蒙受最大災難；而義大利受害最深的地區就是在最靠近德意志的地方。例如，各個教宗的敕令與訓諭[201]都牽涉到道明會管轄的隆巴底地區（Lombardia）、布蕾恰（Brescia）主教區、貝加蒙（Bergamo）、與克里蒙納（Cremona）。

此外，大家從史普瑞格（Jacob Sprenger）著名的理論與實務指南《邪法之鎚》（*Malleus Maleficarum*）也可以得知，在教宗頒佈訓諭的第一年，光是科摩（Como）地區就有41位女巫活活被燒死。成群義大利人逃難到西吉斯蒙底大公（Erzherzog Sigismund）的領地，至少在那兒他們覺得比較安全。最後，很不幸地，巫術便在阿爾卑斯山區——尤其是在卡莫

199　*L'Italia liberata da'Goti*, canto XXIV.
200　Septimo Decretal. Lib. V. Tit. XII.
201　Alexanders VI., Leos X., Hadrians VI.

Hans Baldung Grien，《女巫的安息日》
（*Hexensabbat/ Witches Sabbath*）。
1510. Woodcut with tone block, 379 x 260 mm.

妮卡山谷（Val Camonica）——根深蒂固地落地生根了。迫害巫術的制度最後反而讓具有迷信傾向的一般民眾永遠受巫術迷信的蠱惑。我們從米蘭與波隆那等地的歷史與故事可以看到德意志巫術基本樣態的旁支發展[202]。為何這些旁支沒有繼續向南擴展，可能與義大利本身就有發展得相當成熟的巫術有關。而義大利的巫術所講究的，與德意志地區不同。對義大利女巫來講，巫術是一種行業，所以要收費，也要用腦袋來爭取顧客。而阿爾卑斯山北方的巫術則看重陷入歇斯底里的夢囈、神遊到遠處、侵襲入睡之人的惡魔（incubus）、以及與睡夢中男人交合的女妖（succubus）——這些都是義大利巫術不談的。

　　義大利女巫主要是為了讓人開心而作法。如果有人願意信任她，她可以化身為各種不同的形貌，她也可以立刻神奇地移動到另一個遙遠的地方，反正就是盡可能讓尋求她幫助的人感到稱心滿意，以提高自己的聲望。但是，從另一方面來看，當大家對她的邪術與報復——尤其是對她可以施巫術在小孩、牲畜、農作物上——感到恐懼時，女巫就面臨極大的危險。因為，宗教裁判官與地方官員就會樂得順應民意，將她活活燒死。

202　Bandello Ⅲ, Nov. 29.52. Prato, *Arch. stor.* Ⅲ, p. 408,

§ 6.4.12　巫師與蠱惑師

　　如上文已述，最盛行用巫術作法的領域就是在男女情愛方面：不管是要激起愛意或恨意、充滿復仇意志的亂點鴛鴦譜、或是打掉腹中的愛情結晶、或視情況不同用巫術或「巫婆鍋」（Giftküche, Hexenküche, Hexenkessel）[203] 熬煮出毒藥來謀害自己心目中的負心人，巫術都派得上用場。由於大家不太喜歡與女巫這類人打交道，所以興起一種業餘玩家的作法：這些業餘女巫從正職女巫那兒偷偷學來一招半式，就另立門戶為人作法了。例如，羅馬的交際花就曾仿效賀拉茲（Horace）詩裡的坎妮迪雅（Canidia），以巫術增加個人魅力。彼得‧阿瑞提諾（Pietro Aretino）[204] 不只對此知之甚詳，也作了相當翔實的記載。他細數那些嚇死人的化妝道具：頭髮、頭顱、肋骨、牙齒、死人的眼睛、人皮、小孩的肚臍、從墳墓挖出來的鞋跟與墳墓壁上的牆塊等等。她們還親自從教堂墳地挖出死人的腐肉，趁她們的情郎不注意時，偷偷讓他吃進肚裡（摻雜其他更令人噁心咋舌的東西）。情郎的頭髮、鞋帶、剪下來的指甲，她們通通用從教堂長明燈偷來的油煎來吃。她們所作的法術裡最無傷的一種是用燒燙的灰燼堆成一個心形，然後一邊往裡刺、一邊唱著：

> 在這把火熄滅之前，
> 讓他來到我門前。
> 我的愛情如此這般刺痛你，
> 我就是你這顆心。

203　有關「巫婆鍋」的詳情參見 *Macaroneide, Phant.* XVI, XXI.

204　在 *Ragionamento del Zoppino* 中他談到有些老鴇從猶太婦女那裡學到一些聰明，尤其在如何獲得致命的魅力（malie）這方面的知識。

（Prima che'l fuoco spenghi

Fa ch'a mia porta venghi;

Tal ti punga il mio amore

Quale io fo questo cuore.）

　　或者她們會在月明之時，在月光下念咒語，在地上畫圖、用蠟或銅鑄造人像——當然一定是自己情郎的像，然後依照她們希望發生的情況施以巫術。

　　如果那些既無美貌、也不再年輕的女性對男人仍舊充滿吸引力，大家一定會認為她鐵定是行了妖術。教宗克萊門七世（Pope Clement VII）的秘書桑格（Sanga）的母親就因為有這種想法，所以把他的女友毒死了。不幸的卻是，她的兒子與一群朋友也因吃了同樣的毒沙拉而一起被毒死。

§ 6.4.13　術士與巫師

　　還有一種人不是女巫的助手，而是她的競爭者。他們是那種通曉巫術裡危險項目的術士或巫師，也就是所謂的蠱惑師（incantatore）。通常他們更應被稱為占星家而非巫師，因為他們喜歡以占星家的姿態出現，以免因巫師身分遭到迫害。而且，反正巫師也免不了要為人算算黃道吉辰（參見§ 6.4.2, § 6.4.3）。再加上有不少鬼神是善鬼[205]或並不傷人的鬼，所以他們所行的法術多少也還能為自己掙得一些好名聲。1474年，教宗西斯篤四世（Pope Sixtus IV）還明明白白地發出通諭[206]，對波隆那一些嘉爾默羅聖衣會（Carmelite Order）教士的言行進行干預。因為他們在講道時

205　在當時會特別強調有善鬼這件事，參見Corn. Agrippa, *De occulta philosophia*, cap. 39.

206　Septimo Decretal. l. c.

說，從惡魔那裡得知一些消息並沒有什麼罪。很明顯地，很多人相信這種
事是可能的。我們可以間接從以下的事實得到明證：最敬虔的人相信他們
在禱告中所見到的異象（Vision）是善良的神靈所顯示的。薩佛那羅拉
（Girolamo Savonarola）心裡充滿了這類的事，佛羅倫斯的柏拉圖學者也喜
歡談論與上帝密契的經驗（eine mystische Vereinigung mit Gott），而斐拉拉
人帕寧傑尼烏斯（Marcellus Palingenius，參見§3.12.6）也清楚表明，他
與教會祝聖過的靈有所往來[207]。與此相對的，帕寧傑尼烏斯也談到一系列
惡靈的存在。這些惡靈住在月亮下面，蟄伏著等待騷擾大自然與人類的生
活[208]。帕寧傑尼烏斯說，他與這些惡靈也熟識。由於本書無法對當時所有
神靈信仰作完整、有系統的介紹，所以，我們就以帕寧傑尼烏斯之所言作
為個案來研究，以對當時信仰狀況略做說明[209]。

§6.4.14　在前往羅馬路上遇到的惡靈

在梭拉克特山（Soracte）的聖西威斯特（S. Silvestro）修院，一位虔
敬的隱修人曾教導帕寧傑尼烏斯瞭悟塵世鏡花水月與人生到頭一場空的道
理，直到夜幕低垂，他才踏上返回羅馬的歸程。在滿月的皎潔月光下，帕
寧傑尼烏斯在路上遇到三位男子伴隨他行，其中有一人就直呼他的名，並
問他打從哪條路下來？他回答說，從山上那位智者那邊下來。問他話的人
回了他以下的話：

> 你這個愚痴的人，你真的相信世上有智者？只有更高的存在
> （即聖者divi）才有真正的智慧，就像我們三位——雖然我

207　*Zodiacus vitae*, XII, 363 bis 539. cf. X, 393, s.
208　Ibid. IX, 291, s.
209　Ibid. X, 770, s.

們是以人的形象出現。我叫撒拉其（Saracil），這兩位是撒提耶（Sathiel）與亞那（Jana）。我們的國度主要在月亮附近，在那兒住著許多介於神與人之間的造物，陸地和海洋都歸我們掌管。

帕寧傑尼烏斯忐忑地問他們要去羅馬做什麼？回答是：

我們一個同伴阿蒙（Ammon）被一個來自納尼（Narni）的少年人——也就是樞機主教歐熙尼（Orsini）的一個隨從——用巫術囚禁起來。啊！人類！你們要記住，如果你們有辦法綑綁住我們其中一個，這就是此時此刻要顯現給你們的一個明證，這是要你們知道，你們是有不朽的靈魂。我自己也曾被囚禁在一顆水晶裡，被迫聽從一個德意志人使喚，直到有一個留著鬍鬚的小教士將我釋放出來。現在我們也要試著到羅馬營救我們的同伴，順便趁今夜抓幾個羅馬仕紳到冥府去。

當這個惡靈說完話，就輕輕颳起一陣風。另一位撒提耶（Sathiel）接著說：「聽！幫我們跑腿的人從羅馬回來了，這陣微風就是訊號。」接著又出現了一個惡靈，前三位高興地迎接他，並詢問有關羅馬的事。他所說的是極力反對教宗的：

教宗克萊門七世（Pope Clement VII）再度與西班牙人結盟，希望不必再透過教義論辯來與馬丁路德（Martin Luther）的學說對抗，而是用西班牙人的劍將之一舉滅盡。這對我們惡靈來說，會是大豐收的好時機。因為在不久的將來，就會

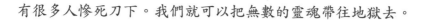

有很多人慘死刀下。我們就可以把無數的靈魂帶往地獄去。

他又將羅馬形容成一個已因罪貫滿盈而被邪惡掌權的城市。講完這些話後，這幾個惡靈就消失無蹤，留下帕寧傑尼烏斯自己悲傷地往前走[210]。

如大家所見，雖然有《邪法之鎚》（*Malleus Maleficarum*）這樣的書在威嚇人心，但公開坦承自己與惡靈有來往仍是被允許的，所以，如果有讀者想要對當時人與惡靈來往的情況有更清楚的認識，那應去讀德意志神學家阿格利帕（Agrippa von Nettesheim, 1486-1535）所寫的《論神秘哲學》（*Von der geheimen Philosophie*）。阿格利帕在本書獻給翠特米烏斯（Trithemius）的題獻辭上雖然引用了重要的義大利文資料，但這本書應是作者在去義大利之前就寫好的；而與他用其他語言所引用的資料相較，他對引用的義大利文資料貶抑的味道較多。像內特斯海這種思想與性格相當兩極的人，或是像大部分我們可以稱之為騙子與笨蛋的人，他們全然接受的信仰、所使用的儀式用語、薰香、油膏、神秘圖形、死人骨頭等[211]，真是不值得細說。但不可忽視的是，他們的信仰裡充滿了古代迷信的殘留，而這些迷信的遺緒深深滲入義大利民間生活，以及他們舉辦各種相關活動的熱情之中，這是非常重要而且影響深遠的。

我們可能會認為，具有雄心壯志的大人物只有當他開始沉淪腐敗時，才會接受這些迷信與巫術。但是，光是強烈的期盼與欲求就會讓各種具有才幹與創造力的人尋求術士的幫助。而相信巫術是可以助人如願，則會削弱人對人世道德秩序的信仰，即使對跟巫術保持遙遠距離的人亦然。用一些錢和冒一些險似乎就可以不受懲罰地推翻人類普遍的理性與倫理道德，

---

210 對當時文學家而言，巫師的神秘典型是Malagigi，有關Malagigi以及惡靈法術的極限參見 *Morgante*, canto XXIV, Str. 106, s.

211 但謀殺很少被當成是目的，更不曾被用作手段（參見§ 6.1.11）。像1440年左右Gilles de Retz用100個孩童獻祭給惡靈這種可怕的事在義大利幾乎不曾聽說。

而且還可以用三級跳的方式一下子就達到合理合法、或不合理不合法的目
的。

§ 6.4.15　鎮邪物

　　現在我們來看一種古代遺存下來、幾乎就要消失的迷信殘留。從黑暗
的中古時代、也可以說從上古時代以來，某些義大利城市一直保有一種歷
史記憶——也就是城市的命運與特定的建築、雕像等等緊密相關。上古時
代的人清楚告訴我們，過去有所謂的祝聖祭司（Weihepriester）或稱為
「祝聖師」（Telesten），他們專門出席各城市盛大的奠基典禮，並以特定的
紀念碑、或偷偷埋下特定的鎮邪物（Telesmata）[212]，以巫術來保守這個城
鎮一切平安、風調雨順。自古羅馬時代起，像這類的傳統比其他任何傳統
都容易以口傳或民間信仰形式流傳下來。只是，祝聖祭司隨著時代遞嬗就
由術士來接續此角色，因為大家已經搞不清楚祝聖祭司在古代宗教裡原先
擔任的職務究竟是什麼了？

　　在拿波里一些地方，透過「維吉爾占卜」[213]經驗到的神蹟喚起我們對
一位祝聖師的遙遠記憶，他的名字隨著時代遷移，逐漸被維吉爾的鼎鼎大
名所取代。當時，他們將一幅有關拿波里命運、極為神秘的圖畫密封在一
個罐子裡，就如同名符其實的古代鎮邪物一般。而維吉爾之所以被稱為拿
波里城牆的奠基者，其實是因他後來被誤以為就是拿波里建城時的祝聖
師。隨著一般百姓對此事的漫天遐想無限擴張，維吉爾甚至還被說成是拿
波里一匹銅馬、或是諾拉城門（Nolaner Tor）上的頭像、另一座城門上的

212　〔譯者注〕此處布氏原文所寫的Telesmata依照德文正確拼法應為Talismans
　　（複數形）。與上面提到的「祝聖師」（Telesten）相同，布氏是根據希臘文
　　telein（祝聖）與中古希臘文télesma（被祝聖過的東西）衍生出來的拼法。

213　參考一篇重要的論文：Roth, "Über den Zauberer Virgilius," 收錄於Pfeiffer,
　　Germania, IV.

銅鑄蒼蠅、甚至是波希利（Posilipp）岩洞的創作者──這些都是個別與拿波里命運帶有關聯的重要象徵物，尤其是前兩者對拿波里的天命似乎曾經起過決定性的影響。到了中古時代，羅馬城還充斥著這樣混淆不清的歷史記憶。在米蘭的聖盎博教堂（S. Ambrogio）有一尊上古時代留下來的大理石赫丘理斯（Hercules）雕像。據說，只要這尊赫丘理斯雕像留在原位，帝國就會繼續安然存在。所謂的帝國，應該是德意志皇帝所統管的神聖羅馬帝國，因為他們是在聖盎博教堂舉行加冕典禮的[214]。

佛羅倫斯人堅信[215]，他們的戰神馬爾斯（Mars）神殿（後來改為洗禮教堂Baptistery）將會挺立到最後審判那一天。而從星象來估算，這座神殿是在古羅馬皇帝奧古斯都（Augustus）在位時所建的。但當佛羅倫斯接受基督信仰後，人們還是將那尊大理石戰神雕像移走，否則，它被砸毀的碎塊如果散得滿城都是，反而會為大家帶來大災難──這也是占星術算出來的。所以，大家就把這尊大理石戰神雕像放到亞諾河（Arno）邊一個塔上面。當透提拉（Totila）摧毀佛羅倫斯城時，這尊雕像自己摔落到河裡，直到查理曼大帝（Karl der Große）重新建立佛羅倫斯時，大家才又打撈到這尊戰神雕像。自此，這尊雕像便立在老橋（Ponte Vecchio）入口的一根柱子上──1215年，邦德孟特（Bondelmonte）在這個地方被殺；而教宗黨與保皇黨的黨爭之所以會日益熾烈，也與這尊令人害怕的偶像有關。1333年，大洪水在佛羅倫斯為患肆虐時，這尊雕像終於隨著洪水被沖走了。

這樣的鎮邪物也出現在其他地方。上文提過的波那特（Guido Bonatto）在佛利（Forlì）新的城牆奠基典禮上，無法順利藉著象徵性的儀式讓該城

214　Uberti, *Dittamondo*, L. Ⅲ, cap. 4.

215　以下所述根據 Gio. Villani I, 42. 60; II, 1; Ⅲ,1; V, 38; XI, 1. Giovanni Villani 本人並不相信這些對上帝不敬虔的事情。參照 Dante, *Inferno* XIII, 146.

佛羅倫斯「老橋」（**Ponte Vecchio, Florence**）
©攝影／花亦芬

兩個黨派和解（參見§6.4.2）。所以，他透過占星術或巫術伎倆的幫助，弄來一尊銅鑄或石雕的騎士像，把它埋在地下[216]。他相信，透過這個方式，可以保護佛利城免遭摧毀，甚至可以庇佑該城免遭劫掠或進攻。大約六十年後，當樞機主教阿爾柏諾茲（Albornoz，參見§1.11）統治羅馬尼阿（Romagna）時，有人不經意挖出這尊騎士像，就將它公開展示出來。此舉可能是依樞機主教的命令而行，因為他希望老百姓能藉此明白，殘暴的蒙特斐特（Montefeltro）過去是怎樣與羅馬教廷作對。但又過了半世紀之後，也就是在1410年，當一件惡意奇襲佛利的陰謀沒有成功，大家才又想起這尊被保存下來、後來又被埋在土裡的騎士像所具有的特殊力量。這應是最後一次大家為此覺得高興。因為次年佛利就被征服了。

216　*Annal. Foroliviens.* ap. Muratori XXII. Col. 207, 238.

§ 6.4.16　奠基典禮上行的巫術

整個十五世紀，建築物要舉行奠基儀式時，不僅要用占星術先問過（參見§6.4.2），也要用巫術問過。這讓大家想起教宗保祿二世（Pope Paulus II）在他所興建的建築物的奠基石上，還會放一大堆金幣與銀幣；[217] 而寫《教宗史》的普拉提納（Platina）之所以認為這些錢幣就如同古代的避邪物，並非是出於惡意才這麼想的。不管是保祿二世或是他的傳記作者幾乎都沒有對這種奉獻方式所具有的中古[218]宗教意涵作任何反思。

但是這種在公開儀式上所行的巫術，絕大部分都是人云亦云的隨俗行為，比起私人為了達到個人目的而行的秘密法術，相較之下，實在無關緊要。

§ 6.4.17　文學家筆下的通靈者

雅瑞歐斯特（Ariosto）在他所寫的《通靈者》（*Il Negromante*）一書中，將巫術會出現在一般人日常生活裡的情形作了綜合性的描述。書中的主角是一位被西班牙人逐出的猶太人，雖然他不斷化身為希臘人、埃及人、非洲人，也不斷更改名姓和變裝。他也可以藉著召喚鬼神將白天變為黑夜、或將黑夜變為白天，也可以撼動大地，將自己隱身不見，或是將人變成動物等等。但是這些夸夸之詞都只是他欺哄人的手段，他真正的目的是要榨乾那些婚姻不幸或是充滿激情的夫妻。他沿途留下蝸牛的口涎、或更常是讓釀成大災難的冰雹來襲擊人。為了達到他的目的，他總會努力讓大家相信，他那藏著情人的箱子裡滿是鬼魂，或是他能讓死人醒來說話等

217　Platina, *Vitae Pontiff.*, p. 320.

218　〔譯者注〕布氏在此處所謂的「中古」（mittelalterlich）應是價值判斷意味較高的用法，而非真正指時間排序上的中古時代。也就是說，保祿二世這樣的作法是不自覺地受傳統迷信影響所致，但他自己卻毫不覺察。

等。詩人與小說家被允許用自己的文筆來嘲笑這些人，並相信能得到讀者的迴響，這至少是一件好事。邦德羅（Bandello）除了將一位隆巴底教士所行的法術描寫為彆腳差勁、而且說他的法術帶來的後果其實只是是嚇人的騙局外[219]，他更義憤填膺地寫下，這些法術對那些相信其神效的傻子帶來許許多多無邊無際的災難：

> 有一個這樣的傻子希望能藉所羅門王的鑰匙與其他魔法書的幫助來發掘藏在地心的寶藏，也希望藉此迫使他的妻子臣服在他的意志之下，並能探知君侯的秘密，或是在轉瞬間能從米蘭飛到羅馬等等。當他愈是沉迷於這樣的妄想，他就愈堅持這些都是可能的。卡羅先生（Signor Carlo），您想想當時我倆一個朋友為了想得到情人的歡心，在自己房間裡擺滿死人頭顱與骨骸，活像是教堂的墓園一樣[220]。

這些巫術也要求人作一些噁心至極的事，例如從死人屍體上拔出三顆牙齒、或從死者手指拔出指甲等等。有時，在召喚鬼神念咒之際，不幸的參與者已經因驚嚇過度死亡了。

§ 6.4.18　卻里尼碰上的巫術

卻里尼（Benvenuto Cellini）曾於1532年在羅馬競技場參加過一場盛大的招魂驅魔儀式[221]，但並沒有因此喪命，雖然他與同伴都深深受到驚嚇。那位西西里神父可能希望卻里尼成為自己未來的得力助手，所以在歸

219　Bandello III, Nov. 52.
220　Bandello III, Nov. 29.
221　Benv. Cellini, I, cap. 64.

途上還大大地恭維他，說自己從未見過這麼有堅定勇氣的人。這種儀式的過程讀者可以憑各人的理解來想像。關鍵重點是薰起了令人迷醉的香，而且從一開始就先給大家的想像力灌輸一個恐怖至極的景象，所以跟著去參加的男孩一則受此影響甚深、另一方面也比其他參加的人看到的要多。但由於神父的目標是在拉攏卻里尼，所以我們大概可以想像，他一開始危言聳聽所擺佈的一切除了想激起卻里尼的好奇心外，並沒有其他目的。由於卻里尼在法會上心裡最先想的都是那位美麗的安潔麗卡（Angelica），所以這位術士事後告訴他，與找到財寶相較起來，愛情真是虛妄的蠢事。最後，我們別忘了，卻里尼為了誇耀自己的虛榮心，說出這樣的話：「惡靈信守對我的承諾，安潔麗卡真的是在一個月之後——如當時我所得到的預告——回到我身邊」（68章）。即使卻里尼對這段經歷的敘述到了後面愈來愈加油添醋，他的記載仍可視為當時流行見解的一個範例。

　　除了卻里尼之外，一般義大利的藝術家，就算是那些脾氣古怪的、任性隨意的、或偏執有怪癖的，都不輕易與巫術接觸。有人曾利用解剖人體的機會想用死者的皮為自己作一件短外套，但在聽告解神父勸阻後，他又將那張人皮放回墳墓裡[222]。的確，經常研究人體解剖相當有助於徹底推翻人體各部分具有獨特魔力的迷信。而當藝術家不停地觀察人體、刻劃人體，這卻也開啟他們認識另一種奇幻領域（Magie）的可能[223]。

§ 6.4.19　巫術狂熱的消退

　　雖然有如上事例，但整體而言，十六世紀初對巫術的狂熱已經開始明顯退燒。此時，巫術才在義大利以外的地區方興未艾。所以，義大利的術士與占星家便開始遊走阿爾卑斯山北部各地，因為在自己家鄉他們已經不

222　Vasari, *Le Vite*, "Vita di Andrea da Fiesole".
223　〔譯者注〕布氏在此所指之Magie為何，不詳。

太吃得開了。十四世紀時，大家認為有必要好好防守斯卡芮歐特
（Scariotto）附近皮拉圖斯山（Mt. Pilatus）下的湖，免得術士在那兒為他
們的魔法書舉行祝聖儀式[224]。十五世紀時，這類事情還是發生了。例如，
就有術士獻計可以用作法的方式引發傾盆大雨趕走圍城的軍隊。當時這座
被圍困的卡斯鐵羅城池（Città di Castello）之統治者尼可洛・維鐵利
（Niccolò Vitelli）卻理智地認為，這些術士都是一些心中無神之輩，而將
他們攆走[225]。十六世紀時，公開讓術士作法已不可見，雖然私領域裡還是
充滿各式各樣的巫術。這個時代就是德意志巫術最具代表性人物——浮士
德博士（Dr. Faustus）——活躍的時代。相較之下，義大利在這方面的典
型代表性人物——波那特（Guido Bonatto）——在十三世紀便已出現。

　　當然在此我們要補充說明，仰賴通靈、招魂等巫術的信仰開始退燒，
並不意謂相信人類生活有道德秩序的正信信仰就開始興盛。因為大部分人
可能落入一種灰澀的宿命論，就像褪色的星象信仰一般。

§ 6.4.20　次要的巫術類型；煉金術

　　隨著巫術與占星術不再風行，有一些比較次要的迷信——例如火占術
或手相——就逐漸獲得大家青睞，這些我們在此略而不談。新興的面相術
（Physiognomik）也不如它表面誘人的名稱所示，因此並不值得我們探
討。因為面相術並無法成為造形藝術與實用心理學的姊妹及好友，它基本
上只是沒有理性可言的宿命論之新興衍伸物，被人拿來與星座專家搶生意
而已，就像在阿拉伯社會的情形一樣。例如，蔻克雷（Bartolommeo Cocle）
——一本面相術教科書的作者——自稱為「頭額觀相師」（metoposco-
pus）。根據喬維歐（Giovio）的描述，蔻克雷所講的學說看起來很像非常

224　Uberti, *Il Dittamondo*, III, cap. 1.
225　De obsidione Tiphernatium 1474. (Rerum ital. scriptt. ex florent. codicibus, Tom. II.)

高超的博雅教育。蔻克雷並不滿足於每天幫各種才識之士算命占卜，而是寫下一張頗啟人疑慮的〈將會面臨各種不同生命危險之人明細表〉。雖然喬維歐長久以來受到羅馬城人文精神的啟蒙——「在當時羅馬光輝的照耀下」（in hac luce romana!）——卻覺得蔻克雷在這張明細表上所預言的非常值得重視。當然，對同樣的事我們也看到，被這個預言家說到的人卻對這個預言家採取報復行動（在其他預言家身上也發生過類似情況）。喬凡尼二世（Giovanni II. Bentivoglio）將高瑞庫斯（Lucas Gauricus）綁在一根從很高的迴旋梯上垂下來的繩子，來回讓他撞牆五次，因為高瑞庫斯預言喬凡尼二世將會失去權位[226]。愛門斯·班提佛吉歐（Ermes Bentivoglio）則派人去行刺蔻克雷，因為這位不幸的頭額觀相師說了讓他非常不悅的預言，認為他將在戰爭中成為流放者而亡。謀殺蔻克雷的人似乎在他臨死前還當面嘲笑他：「這個人可是算出自己馬上就要犯下一樁無恥的兇殺案！」

　　另一樁悲慘的結局發生在手相振興者提伯特（Antioco Tiberto da Cesena）[227]身上。這是他為威尼斯雇傭兵統帥潘多佛·瑪拉帖斯塔（Pandolfo Malatesta da Rimini）看手相，卻引起他不悅而招來的厄運。如同很多暴君都會面對的下場一樣，提伯特算出他將在流亡中因極度窮困潦倒而亡。提伯特是一個心思細膩、深獲大家信賴的人。與其說他是透過手相在幫人算命，不如說他是透過對人深刻的洞見說出他的看法。連許多學者雖然不信他看手相的那一套，卻也因他學養深厚而敬重他。

　　接著我們要談**煉金術**（Alchemie）。在上古文化裡，煉金術直到很晚期，也就是在迪歐克里提安皇帝（Diocletian）時才被提及。而在文藝復興

226　這是根據星象做的預言，因為Gauricus不懂面相術。Gauricus個人的命運則仰賴Cocle根據面相術來判斷，因為他的父親忘了將他出生時辰記下來。

227　Paul. Jov. l. c., s. v. Tibertus.

盛期文化裡，煉金術占有的份量並不顯眼[228]。義大利人在十四世紀就經歷過對煉金術的狂熱了。佩托拉克（Petrarca）在駁斥煉金術的論戰文章就承認，煉金在當時廣為流行。此後，在義大利，因為煉金術要求有特定信仰、心力要往特定方向集中、又要過與世隔絕的生活，所以越來越不流行。這時，便是義大利以及其他煉金術士開始大賺阿爾卑斯山北部王侯貴族錢財的時候了[229]。在教宗里奧十世（Pope Leo X）時，那些僅存的義大利煉金術士被稱為「怪才」（ingenia curiosa）；而當奧古瑞利（Aurelio Augurelli）將一首教人如何煉金的詩題獻給不把錢當錢的里奧十世時，他所得到的回贈禮物是一個外觀極其精美、裡面卻空空如也的錢袋。除了煉金秘術外，還希望找出古代智者擅長的點石成金術，這是後來阿爾卑斯山北部才發展出的，也就是根據帕拉卻蘇斯（Paracelsus）等人的理論才新興起的秘術。

228　Libri, *Hist. des sciences mathem.* II, p. 122.
229　Trithem. *Ann. Hirsaug.* II, p. 286, s.

第五章
信仰體系全面鬆動

　　與上述巫術迷信與古代思維方式帶來的影響緊密相關聯的是靈魂不朽信仰開始鬆動。這個問題也深遠影響到近現代心靈全面發展的方向。

　　讓大家對靈魂不朽信仰產生質疑的最主要動機來自於，不少人打從內心深處希望藉此與眾人憎惡、卻又無力使之改善的教會不再有任何關聯。我們在上文已看到，教會稱有這樣思想的人為伊比鳩魯門徒（Epikureer，參見§6.3.6）。有些人在臨終那一刻卻又會回頭希望領受聖禮；但有無數的人在他們活著的時候——尤其在他們事業最活躍的期間——立身行事的態度是反對教會的。有這麼多人普遍對宗教抱持不信任的態度，這個現象本身非常明顯，而且在歷史上可以從各個角度找到明證。雅瑞歐斯特（Ariosto）稱呼這些人為「那些對屋頂以上發生的事情不相信的人」（non creder sopra il tetto）[230]。在義大利，尤其在佛羅倫斯，只要不直接與教會作對，是被允許當一名人盡皆知的不信上帝的人。例如，當一位告解神父去為一名政治犯準備臨終塗油禮時，他就先問清楚，這個人信不信上帝？「因為有不好的風聲說他沒有宗教信仰。」[231]

230　Ariosto, Sonetto 34.
231　Narrazione del caso del Boscoli, *Arch. stor*. I, p. 273, s. Cf. Vasari, *Le Vite*, "Vita di Piero di Cosimo".

§ 6.5.1　伯斯科立的告解

　　上面提到的那位不幸的政治犯就是§1.6.6提到的伯斯科立（Pietro Paolo Boscoli）。他在1513年參與了刺殺剛復辟的梅迪西家族成員之行動。他在這件事上的表現就是明顯的例子，可以讓我們看出當時宗教信仰陷入混亂的狀況。伯斯科立的家庭背景讓他成為薩佛那羅拉（Girolamo Savonarola）的追隨者，但後來他又醉心於上古文化追求自由的理想以及其他異教信仰。在伯斯科立被囚禁時，他過去的朋友又依他們所認定的信仰讓他回到幼時信仰的宗教，安息於上帝懷裡。見證這整個經過的證人與記錄人是那位虔敬、有學問的人文學者（Philologe）路卡・羅比雅（Luca della Robbia），他出身佛羅倫斯著名的藝術世家。伯斯科立嘆息著說：「唉！把布魯土斯（Brutus）[232]從我腦袋裡拿開，好讓我像耶穌基督那樣走上受難之路。」路卡・羅比雅說：「如果您願意，這一點都不難。您知道，所有關於古羅馬人的英勇事蹟其實並非一五一十按照當時實情流傳下來給我們，而是被理想化了（被加油添醋了con arte accresciute）。」所以，伯斯科立就勉強自己的理性重新接受舊有的信仰，但另一方面卻又悲歎自己無法依照自由意志來面對信仰問題。如果他有機會繼續跟隨一位好的修士生活一個月，他會成為一位相當屬靈的人。

　　在伯斯科立身上大家還會發現，薩佛那羅拉的跟隨者對聖經的認識很少。伯斯科立就只會用主禱文與聖母經祈禱。所以他懇切地請求路卡・羅比雅告訴他的友人，一定要好好讀聖經。因為只有在生前真正內化到自己生命裡的知識，死的時候才派得上用場。聽完這些話，路卡・羅比雅便為他講說〈約翰福音〉裡記載的耶穌受難經過。讓人驚訝的是，這傢伙毫不質疑地接受耶穌具有神性這件事，但他卻要費好大周章才能瞭解耶穌道成

232　〔譯者注〕參見卷一注189。

肉身、具有人性的教義。伯斯科立多麼希望能親眼見到耶穌肉身的形象，「就像在樹林裡耶穌迎面對他走來」。聽說他有這樣的想法，他的朋友勸他要保持謙卑的心，因為這可能是撒旦故意為他擺下的疑陣。過不久，伯斯科立突然想起自己年輕時曾到佛羅倫斯附近的茵普魯內塔（Impruneta）朝聖，當時許了願、至今還未還願。他的朋友便答應他，一定為他還願。這時，來了告解神父，是依照他的要求從薩佛那羅拉修道院請來的教士。因他犯下殺戮暴君的罪名，所以神父一開始先就從阿奎那（Thomas Aquinas）對此的神學見解說起，然後勸他勇敢面對自己的死亡。伯斯科立回答說：「神父，不用再浪費時間了，這個問題哲學家已經跟我談很多了。幫助我，靠著對基督的愛來迎接我自己的死亡。」接下來，他怎樣領聖餐、與眾人告別、以及被處決，都以非常令人感動的方式被記錄下來。尤其值得一提的是，當他將自己的頭放在斷頭臺上時，他還要求那位劊子手，再稍待片刻才下手：「他說自從被判死刑以來，他就一直努力希望與天父有緊密的契合，但一直未能如願。現在，在這最後一刻，他竭盡所有心力將自己全然交託給上帝。」很明顯地，這樣的口氣是從薩佛那羅拉那裡學來的。但因為他只是領悟了一半，所以反而被這樣的想法困住了。

§ 6.5.2　信仰混淆與普遍的質疑

　　如果我們對這類的懺悔知道的更多，我們就會對當時人的心靈世界具有的重要特質得到更清楚的認識。這方面的資訊是我們從當時的論著或詩文無法得知的。如果我們能對這方面知道更多，我們就能更清楚看到，當時的人具有的宗教情感是多麼強烈，但個人跟宗教之間的關係又是多麼主觀與搖擺不定！此外，我們也可看清，當時的宗教必須面對哪些強勁的敵手[233]？不可否認地，如此這般情性的人並不適合建立新的教會[234]。 但如

---

233 〔譯者注〕這段重要且精彩的文字德文原文為："Wir würden noch besser sehen,

果我們對義大利當時那個沸沸揚揚的年代認識不夠，我們對歐洲人走過的
心路歷程其實認識就不完全。至於在這方面的思想形塑沒有貢獻的民族我
們大可省略不談。現在讓我們重新回到有關靈魂不朽問題的討論上。

在靈魂不朽的問題上，文化素養較高的人之所以排斥宗教信仰的情況
相當嚴重，其實是與另一個因素相關：也就是用文字與圖像的方式來描
述、重現我們對自己存在世界新的發現與認識，這被當時所有才識之士視
為他們活在世上的重要使命。他們奉獻了巨大心力在這方面，文藝復興文
化也因此不可避免走向對現世性（Weltlichkeit）的探索，這個問題在上文
已闡述過（參見§6.3.2）。但是，這樣的研究與藝術表達，勢必又會帶起
普遍的懷疑精神與質問。如果這樣的質疑在文學裡不太看得出來，只見於
對個別聖經故事批判性的研究裡（參見§6.3.8），我們就必須接受這樣的
質疑是存在的。這些質疑的聲音只是被上述各領域急著想要描述、重現這
個世界真實模樣的聲音——也就是那股積極的表現慾——遮蓋住了。此
外，這些具有懷疑精神的聲音只要有人想透過理論論述方式來表達時，也
會被當時的教會強勢壓制下去。這樣的懷疑精神無可避免地（理由太清
楚，所以不需討論）首先會讓人去探討人死後會遇到什麼情況這類的問
題。

§6.5.3　有關靈魂不朽的爭論

當然，希羅古典文化對此也產生了影響，而且可從兩方面來看。首
先，大家努力讓自己浸淫在古人的心靈狀態裡，希望能從對亞里斯多德

（續）————————

　　wie stark der angeborene religiöse Trieb, wie sujektiv und auch wie schwankend das
　　Verhältnis des einzelnen zum Religiösen war und was für gewaltige Feinde dem let-
　　ztern gegenüberstanden.”

234　〔譯者注〕這裡指的是宗教改革所產生的基督新教／更正教／改革宗（reformed
　　churches）。

（Aristotle）著作字字句句的推敲裡，找到明確的答案。在文藝復興時代一篇模仿魯其昂（Lucian）的對話錄中[235]，卡農渡神（Charon）告訴眾神的使者麥邱里（Mercury），當亞里斯多德死後搭乘他的渡船時，他曾問起亞氏自己對靈魂不朽信仰的看法。這位謹慎的哲學家雖然肉體已經死亡，但靈魂還繼續活著，卻不想在此時硬擠出一個明確的答案來湊數。所以，過了幾百年之後，我們又怎能希望從對他著作的詮釋裡得到答案呢？現在大家卻對亞氏以及其他古人著作裡有關靈魂真正的性質、起源、前世、在全體人類裡的統一性、絕對的不朽性、以及各種轉化等問題，愈發激烈地爭辯著。有人甚至將這些問題搬到講道壇去談論[236]。這些論戰在十五世紀就已經相當白熱化了。有人提出證據，聲稱亞氏哲學是贊同靈魂不朽的[237]。另外有些人則指責不承認靈魂不朽的人是硬心腸的人，他們如果不看到靈魂坐在他們面前的位子上，是不會承認有靈魂存在的[238]。

　　菲雷豐（Filelfo）在米蘭公爵法蘭卻斯柯・史佛薩（Francesco Sforza）葬禮上致詞時，洋洋灑灑列舉了上古以及阿拉伯哲學家如何相信靈魂是不朽的，他用以下的話語來結束密密麻麻占滿一頁半對開印刷折頁的眾賢名言大彙編：「此外，我們還有超越一切真理的新舊約聖經可以作為印證」[239]。接著，佛羅倫斯新柏拉圖學者對柏拉圖靈魂學說的探討也支持靈魂不朽的看法。例如，喬凡尼・琵蔻・米蘭多拉（Giovanni Pico della Mirandola）也以基督教教義對柏拉圖的靈魂學說作了許多本質上的補充。但是，基本上，知識界的看法是持相反態度的。十六世紀初，知識界這種唱反調的作風終於讓教會覺得忍無可忍，因此，教宗里奧十世（Pope Leo

---

235　Jovian. Pontan. *Charon*.

236　Faustini Terdocei triumphus stultitiae, L. II.

237　例如 Borbone Morosini (ca. 1460), cf. Sansovino, *Venezia*, L. XIII, p. 243.

238　Vespas. Fiorentin., p. 260.

239　*Orationes Philelphi*, fol. 8.

X）便於1513年拉特拉諾（Lateran）大公會議宣布一項諭令[240]，以確保
靈魂不朽以及個人靈魂的主體性。他之所以要強調每個人的靈魂都具有主
體性是為了對抗那些認為所有人的靈魂都是一樣的說法。幾年之後，彭波
納佐（Pomponazzo） 出版了他的著作，認為靈魂不朽不是哲學思辨可以
證明的。由此又展開另一波的論戰與攻防，直到天主教反動勢力將一切壓
制下去為止。

靈魂在降臨人體之前是先與上帝同在（die Präexistenz der Seelen in
Gott）這樣的想法多少是從柏拉圖觀念論（Ideenlehre）來的。有很長一段
時間，這是一個廣為大家接受的想法，所以也被詩人吸收，寫進他們的詩
句裡[241]。至於人死後靈魂會以什麼樣式繼續存在，大家卻沒有多加思量。

§ 6.5.4 異教的天空

古代文化造成影響的第二種方式，主要是受到西塞羅（Cicero）《論共
和國》（ De Republica, 55 B.C. ）那本獨特之書的殘卷——尤其是第六卷
〈西庇阿之夢〉（ "Somnium Scipionis" ）——的影響。如果沒有馬克羅比
（Macrobius, 活躍於西元 430 年左右）的注釋，〈西庇阿之夢〉可能像這
本書的後半段一樣，早就佚失無蹤了。過去〈西庇阿之夢〉是以各種手抄
本形式流傳下來；有了印刷術以後，更以印本形式廣為流傳，而且經過好
幾次重新評註。這一卷是在描述那些歷史上的偉人過世後，他們所去的極
樂之境。西塞羅所寫的文句裡迴盪著天體之間和諧的聲音。後來大家逐漸
在其他古人著作裡找到支持這個異教天堂的論點，因而相信其存在。隨著
大家將追求歷史上偉大的地位與聲譽視為人生的理想，基督徒應追求的境
界越來越被捨棄，這個異教天堂便逐漸取代基督徒原本對天國的信仰。接

240　Septimo Decretal. Lib. V. Tit. III, cap. 8.

241　Ariosto, *Orlando*, canto VII, Str. 61.

下來，大家對異教學說所言，人死後個體的位格（Persönlichkeit）也會完全消失的說法，也不覺得有什麼不對勁。

　　早自佩托拉克（Petrarca）起，他便將身後的希望寄託在〈西庇阿之夢〉、西塞羅其他論著、以及柏拉圖《對話錄》的〈斐多篇〉（Phaedo）所談論的人世；對聖經所強調的天堂，他卻提都不提一下[242]。佩托拉克在其他地方曾寫道：「作為一位基督徒，為何我無份於自己在異教文化裡所確信看到的身後希望？」稍後，撒路塔提（Coluccio Salutati）在寫作《赫丘理斯完成的艱困任務》（*De laboribus Herculis*）時（手稿仍流傳至今），他也在結尾處論說，那些充滿活力、在塵世生命裡不懼險阻完成各種任務的人，是有份於居住在各星辰之間的居所[243]。儘管但丁（Dante）對此事的態度比較保留，認為即使是有資格進天堂的異教聖人也要先到地獄的入口「靈泊所」（Limbo）[244]等候救贖[245]。但後來的詩人都熱烈擁抱對永生彼岸新式的、自由的想望。從蒲吉（Bernardo Pulci）為老柯西莫・梅迪西（Cosimo de'Medici il Vecchio）之死所寫的詩來看，西塞羅將在天上迎接老柯西莫・梅迪西，因為他們兩人都被尊為「國父」（Pater Patriae）；此外，出來迎接老柯西莫的還有法比烏斯（Fabius）家族的成員、庫理烏斯（Curius）、法布利奇烏斯（Fabricius）以及其他許多人。在這些人陪伴下，老柯西莫・梅迪西將為這團天堂聖歌隊增添光彩，因為在那兒都是一些無瑕的靈魂在詠唱與頌讚。

§ 6.5.5　荷馬史詩對永生的描述

　　在上古著作裡也可看到一種令人比較感到不安的永生（Jenseits）想

242　Petrarca, *epp. fam.* IV, 3 (p. 629); IV, 6 (p. 632).

243　Fil. Villani, *Vite*, p. 15.

244　〔譯者注〕參見卷三注230。

245　*Inferno*, IV, 24, s; cf. *Purgatorio* VII, 28; XXII, 100.

像。這是出自荷馬（Homer）史詩所描述的陰暗國度，或是有些詩人因為
不願意只說好聽話、或只從人文角度來臆測而寫下的陰鬱死後光景。對具
有同樣性情傾向的人而言，這樣的說法就會對他們產生影響。彭塔諾
（Giovanni Pontano）[246]曾藉珊那札若（Jacopo Sannazaro）之口說了一個故
事，這是他從某個清晨自己在半夢半醒間所見之異象（Vision）改編來
的。在異象中，有一位已經過世的友人雅努阿麗烏斯（Ferrandus Januarius）
出現在他面前。過去他們常在一起討論有關靈魂不朽的問題。所以，他便
問雅努阿麗烏斯是否靈魂不朽與地獄可怕的懲罰都是真的？經過一陣子沉
默後，那個鬼魂以類似阿基利士（Achilles）回答奧狄賽（Odyssey）提問
一樣的口氣說：「我只能這樣告訴你，並向你保證，我們這些已經脫離肉
身存在的，非常非常想要重回我們原先的血肉之軀。」接下來，他向珊那
札若問候致意，隨後就消失了。

§ 6.5.6　基督教義動搖

我們必須承認，上述這些對死後靈魂往何處去的見解部分決定了、也
部分引發了基督教基本教義的解體，基督教對「罪」與「救贖」的觀念幾
乎要因此徹底失去意義。在此，我們不要被上文所述那些勸人悔改佈道家
造成的一時風潮、或大家瘋狂懺悔的舉動所迷惑（參見§ 6.2.8，§
6.2.14），而認為情況沒有這麼嚴重。因為那些個人主體意識發展成熟的人
也承認，即使他們也像一般人那樣，曾經被懺悔的熱潮所吸引；然而，他
們之所以會加入，主要是一時之間情緒被大家的舉動所感染，希望藉此發
洩一下激烈緊繃的心緒；再加上對遍地災厄感到驚駭無助，因此忍不住要
大聲呼求上天庇佑。良知覺醒並不必然表示對「罪」深有覺悟、以及對
「救贖」有所渴求。因為即使是一個非常激烈的外在悔罪舉動（Buße），並

246　Giovanni Pontano, *Actius*.

不表示悔罪者真如基督教義所要求的那樣，願意打從內心深處悔改認罪（Reue）。文藝復興時代那些主體意識強健的人如果告訴我們：「沒有什麼事好悔恨的」[247]，他們有可能是為了一些與道德無關、但卻針對某些保守人士錙銖必較的蠢事與食古不化的想法所發的議論。但是，照道理講，這種對悔罪的蔑視也會延伸到道德領域來，因為兩者的根源是一樣的，也就是對個人究竟具有多少主體性的體認。過去基督教比較傾向沉思默想的教義以及強調個人與另一個更高存在的永恆關係，對這些人而言，這些想法已經沒有什麼約束力了，所以，馬基亞維里（Machiavelli）才敢更進一步說：「基督教已無法作為國家安全以及自由的屏障了。」[248]

§ 6.5.7　義大利的有神論

對於那些深具宗教感的人而言，到底當前的宗教該以何種形式出現呢？有神論（Theismus）？或是自然神論（Deismus）？或者隨人喜愛另創名稱。自然神論可以代表一種思考方向，也就是把基督信仰去掉、而保留基督教其他成分，所以不必另尋其它信仰來滿足人們的宗教情感。有神論則是以中古時代不曾想像過的境界，對「神是存在的」這個觀點保有崇高而堅定的信念。它不排除基督信仰，也可以將基督教義所強調的「罪」、「救贖」、「靈魂不朽」等概念囊括進來，但也可以不需要這些元素而存在。

有時候這些新興的信仰形式以一種童稚天真、帶著半異教色彩的樣態出現。對他們而言，上帝是一位全能、可以滿足他們願望的存有。安尼歐羅・潘都爾菲尼（Agnolo Pandolfini，亡於1446年）曾寫下[249]，婚禮結束

247　Cardanus, *De propria vita*, cap.13.

248　*Discorsi*, L. II, cap. 2.

249　*Del governo della famiglia*, p. 114.

後，他與新婚的妻子一起閉門禱告。他們一起跪在家裡祭壇的聖母像前，但不是對聖母、而是對上帝祈求。他祈求天父幫助他正當地使用家中產業、兩人能在喜樂和諧裡白頭偕老、而且可以生下許多壯丁：「為我自己，我懇求天父賜給我財富、友誼與榮譽；為我的新娘，我祈求天父賜給她賢淑、好名聲、並成為好的女主人。」如果禱告詞聽起來頗為古雅，那就很難辨別其中是否包含異教信仰與有神論的信仰了。

從人在不幸遭遇裡所說出的禱詞，有時也可清楚看出他的信仰傾向。斐蘭佐拉（Agnolo Firenzuola, 1493-1543）晚年連續好幾年發燒臥病在床，他寫下一些向上帝禱告的話。在這些禱告辭裡，他有時很強調自己是一名虔誠的基督徒，但還是明白表現出有神論的信仰態度[250]。他認為自己會得這樣的病並非是因為有「罪過」，也不認為這是上帝給他的試煉、或為進入另一個世界作準備。反正生這種病就是他跟上帝之間的一件事情，上帝在人與其絕望之間放進了對生命強烈的熱愛。「我詛咒，但只詛咒大自然。因為祢的偉大不准我提到祢的名姓。……讓我死吧！主啊！我求祢！現在就將死亡賜給我！」

在這樣的話或類似的措辭裡，我們找不到絲毫成熟的、刻意說出的有神論思維。因為說這些話的人有部分相信他們仍是基督徒，而且還因各種不同的原因對教會現行的教義表示尊重之意。但在宗教改革時期，當人被迫對自己的信仰立場作出告白時，就必須對這樣的思維方式作清楚的交代了。有不少義大利新教徒表明自己是反對三位一體的，而索契尼教派的信徒（Sozzini）[251]即使被放逐到遙遠的地方，也仍然盡心盡力依照自己認定的教義來建立所屬的教會。從以上所述我們可以清楚看出，除了人文學提

250　Firenzuola, *opera*, vol. IV, p. 147, s.

251　〔譯者注〕由義大利神學 Socinus Lelio Sozzini（1525-1562）與其姪 Fausto Sozzini（1539-1604）所創之教派（英文：Socinianism），否認基督具有神性。

倡的理性主義（der humanistische Rationalismus）外，也有其他精神力量在推波助瀾這個發展。

　　佛羅倫斯的「柏拉圖學會」（Accademia Platonica）是有神論的思想重鎮之一，尤其是「**輝煌者羅倫佐‧梅迪西**」本人更是重要領導人。這些新柏拉圖學者所寫的理論著述與書信只顯露出他們一半真實的面目。沒錯，「輝煌者羅倫佐‧梅迪西」自年幼直至終老，行為舉止看起來都符合教會教導的規範（彩圖98）[252]，而喬凡尼‧琵蔻‧米蘭多拉甚至還在薩佛那羅拉（Girolamo Savonarola）神權統治期間依照修士苦修的戒律度日[253]。但是，我們從「輝煌者羅倫佐‧梅迪西」所寫的讚美詩[254]——這些都被我們視為新柏拉圖主義最高的精神成就——卻可以看出，他如何義無反顧地提倡有神論。也就是說，「輝煌者羅倫佐‧梅迪西」努力闡述一種思想，應該把整個世界看成一個巨大的道德性與物理性宇宙。

Michelangelo，《聖母哀子像》（*Florentine Pietà*）。
c. 1547-1555. Museo dell'Opera del Duomo, Florence.
©攝影／花亦芬（參見彩圖99）

252　Nic. Valori, *Vita di Lorenz*, passim.；他對其子Cardinal Giovanni 的教誨參見 Fabroni, *Laurentius*, Adnot.178 以及 *Roscoe, Leben des Lorenzo* 的附錄。

253　Jo. Pici vita, auct. Jo. Franc. Pico.

254　例如：“Orazione” (»Magno Dio, per al cui costante legge etc.«, in: Roscoe, *Leone X.*, ed. Bossi, VIII, p.120); “Hymnus” (»Oda il sacro inno tutta la natura etc.«, in: Fabroni, *Laurentius*, Adnot. 9); “L'altercazione” (*Poesie di Lorenzo magn*. I, p. 265.)

　　中古時代的人將這個世界看成流淚谷，大家之所以要維護教宗與神聖羅馬帝國皇帝的尊位是為了防止「敵基督者」（Antichrist）的出現。而文藝復興時代的宿命論者則擺盪於有時奮發昂揚、有時沮喪絕望、或乾脆任由迷信來操縱他的命運。這些情況最後讓一群秀異之士領悟出一個道理，也就是，這個有形可見的世界是上帝用祂的愛創造出來的，是根據已預存於上帝那兒的理想形式所塑造出來的形象，而上帝也永遠會是這個世界的撼動者與使之繼續前進的推手。個體的靈魂可以先透過認識上帝而將祂安置於個人有限的軀體內；同時我們又會透過對上帝的愛，把自己擴展到神的無盡境界裡。如此一來，上帝國的恩慈就會降臨在塵世裡。

　　中世紀的密契主義[255]在此與新柏拉圖主義學說以及典型的近現代精神產生了共鳴。在此，我們大概可以說，一個對世界與對人類有極深刻認識的果實成熟了。就光憑這樣的成就，義大利文藝復興便值得被尊為近現代文化的先驅。

255　〔譯者注〕密契主義（德文 Mystik／英文 Mysticism）：有時譯為「神秘主義」，在基督教信仰中，指的是透過個人靈修、冥想達到與上帝緊密結合的超自然境界，並在其中感受上帝無盡的悲憫與慈愛，亦能曉悟上帝引領個人生命在塵世生活的深邃意旨。

附錄

布克哈特生平大事紀

年代	布克哈特個人生平	歐洲歷史／文化
1804		哲學家康德（Immanuel Kant, 1724-1804）過世。
1810		Wilhelm von Humboldt 創立柏林大學。
1817		歷史學家 Theodor Mommsen（1817-1903）出生。
1818. 5. 25	・生於瑞士巴塞爾（Basel），父親亦名為 Jacob Burckhardt，母親 Susanna Maria Schorndorff (1782-1830)。	馬克思（Karl Marx, 1818-1883）生。
1821-1824	入小學	
1826-1833	・入文科中學（Gynasium）。 ・1830. 3. 17 布克哈特之母過世。	・1827 樂聖貝多芬（Ludwig van Beetho-ven, 1770-1827）過世。 ・1830 比利時獨立。 ・1831 哲學家黑格爾（ Friedrich Hegel, 1770-1831）過世。

年代	布克哈特個人生平	歐洲歷史／文化
		・1832 文豪歌德（Johann Wolfgang Goethe, 1749-1832）過世。
1833-1836	入大學預科（Pädagogium）。	
1837-1839	1837入巴塞爾大學（University of Basel）主修神學。但逐漸明瞭自己並不適合走奉獻神職之路。	
1839-1843	・1839秋，轉學到柏林大學，改讀歷史與藝術史。 在柏林共求學四年，其中1841年夏季學期在波昂（Bonn）大學讀書，在波昂大學結識Gottfried Kinkel。 ・在柏林大學跟隨的名師：Leopold von Ranke, Jacob Grimm, Johann Gustav Droysen, Franz Kugler. ・與Franz Kugler建立亦師亦友的終生情誼。	・1840 紐倫堡（Nürnberg）樹立Albrecht Dürer的銅像於市中心（Milkmarkt），這是歐洲第一位藝術家的銅像被立在市中心。 ・同年，比利時人在Antwerp豎立十七世紀法蘭德斯大畫家魯本斯（Rubens）雕像，作為比利時國族文化的象徵。
1843	・5月19日獲得巴塞爾大學博士學位。 ・12月通過巴塞爾大學授課資格審定（Habilitation）。 ・開始在巴塞爾大學教授歷史與藝術史。當時巴塞爾大學的學生總數是27人。	
1844.6 -1845.12	任《巴塞爾日報》（*Basler Zeitung*）編輯與《科隆日報》（*Kölnische Zeitung*）通訊撰稿人。	

年代	布克哈特個人生平	歐洲歷史／文化
1845	3月起在巴塞爾大學歷史系任教（不支薪）。	
1846	・義大利之旅。 ・藉由幫 Franz Kugler 修訂《繪畫史辭典》（*Handbuch der Geschichte der Malerei*, ¹1842, ²1847）的機會重回柏林。 ・構想利用普魯士政府提供的藝文經費在柏林編輯一套普及國民知識的「文化史文庫」（Bibliothek der Kulturgeschichte）。	
1847	10月，再赴義大利。	馬克思與恩格斯合草《共產黨宣言》。
1848	2月，由於無法在柏林獲得專任之職缺，決定結束義大利之旅後，返回故鄉巴塞爾，在即將開幕之市立美術館工作，並在文科中學任教，同時在巴塞爾大學以不支薪方式擔任教職。	・歐洲各地發生革命活動：巴黎、維也納、柏林、威尼斯、米蘭、羅馬等。 ・根據新憲法，瑞士成立聯邦政府（federal union）。
1852	7月，與文科中學發生一些摩擦，被解聘。	Amsterdam 豎立十七世紀荷蘭畫家 Rembrandt 之雕像，作為荷蘭國族文化的象徵。
1853	・出版《君士坦丁大帝的時代》（*Die Zeit Constantins des Großen*）。 ・再遊義大利。	
1854	夏季學期以約聘方式在巴塞爾大學任教。	

年代	布克哈特個人生平	歐洲歷史／文化
1855	・出版《義大利藝術鑑賞導覽》(*Der Cicerone*)。 ・10月獲聘於蘇黎世聯邦工科大學(Polytechnikum in Zurich),教授藝術史與考古學。這是瑞士的大學第一個正式的藝術史專任教職。 ・比起巴塞爾來,蘇黎世——瑞士第一大城——比較開放、工商經濟比較繁榮、藝文氣息也濃厚許多。1848年革命失敗後,蘇黎世也成為德意志藝術家與知識份子避難之地,如:Richard Wargner與Theodor Mommsen。當時的蘇黎世聯邦工科大學便聚集不少文化菁英。	
1856		精神分析學創始者佛洛伊德(Sigmund Freud, 1856- 1939)出生。
1858	在Johann Jacob Bachofen力邀下,布克哈特回到巴塞爾大學,擔任歷史學教席,自此終生在故鄉定居。	
1860	・出版《義大利文藝復興時代的文化》,這是布克哈特生前出版的最後一本書。自此,他專注於教學。有感於巴塞爾閉塞、淺薄的文化風氣,布氏認為與其只是傳授專業知識,建立自己的學術勢力範圍,不如啟發學生培養具有歷史感的世界觀。這個想法也促使他不以建立學術權威為尚,與學術界也沒有太多往來,卻以教育「人」、深耕巴塞爾的文化修養為志業。 ・布克哈特的其他重要著作,是在他	

年代	布克哈特個人生平	歐洲歷史／文化
	身後才根據他上課所寫的講課札記編纂而成，如：《追憶魯本斯》（*Erinnerungen aus Rubens*, 1897）；《希臘文化史》（*Griechische Kulturgeschichte*, 1898-1902）；《歷史的省思》（*Weltgeschichtliche Betrachtungen*, 1905）。	
1867	Franz Kugler所編的《建築史叢書》（*Geschichte der Baukunst*, 1867）第四冊《近現代建築史》（*Geschichte der neueren Baukunst*）由布氏與Wilhelm Lübke（1826-1893）合寫出版。布氏負責撰寫義大利文藝復興的建築與建築裝飾。1878年，布氏將他所寫的部分重新修訂出版，書名為《義大利文藝復興建築史》（*Baukunst der Renaissance in Italien*）。	馬克思出版《資本論》（*Das Kapital*）第一卷。
1869	・1868/69冬季學期開設「歷史學研究導論」（*Über das Studium der Geschichte*）演講課（接下來兩年的冬季學期亦繼續開設）。布氏的外甥Jacob Oeri後來將其上課內容整理成《歷史的省思》（*Weltgeschichtliche Betrachtungen*），於1905年出版。 ・布氏親自修訂的《義大利文藝復興時代的文化》第二版出版。 ・《義大利藝術鑑賞導覽》第二版（由Albert von Zahn負責修訂）。	尼采（Friedrich Nietzsche）以24歲之齡（沒有正式取得博士學位與在大學任教資格）接受巴塞爾大學古典希臘語文教席。當時巴塞爾大學的學生總數介於150-200人。在巴塞爾，尼采與布克哈特成為好友。
1871		俾斯麥打造下的德意志帝國正式成立。

年代	布克哈特個人生平	歐洲歷史／文化
1872	・回絕古典語文學家 Ernst Curtius 邀請至柏林大學歷史系接任 Leopold von Ranke 的教席。 ・夏季學期開始講授希臘文化史。	
1880	《君士坦丁大帝的時代》第二版。	
1885		荷蘭國立美術館（Rijksmuseum）開幕，作為展示荷蘭偉大藝術傳統的國家級機構。
1886	自巴塞爾大學歷史學教席退休，但仍繼續在巴塞爾大學講授藝術史直至 1893 年。	
1890		Julius Langbehn 在其所著的暢銷書《林布蘭特：藝術家作為教育者》（*Rembrandt als Erzieher*）中，將十七世紀荷蘭畫家林布蘭特比擬為日爾曼藝術的典範，帶動了追求純粹日爾曼藝術精神的浪潮。
1893	自巴塞爾大學退休。	
1896	《義大利文藝復興時代的文化》第五版。	
1897. 8. 8	過世。布克哈特終身未婚。	

布克哈特身後著作出版狀況

1898 《追憶魯本斯》（*Erinnerungen aus Rubens*）、與《義大利藝術史論文集》（*Beiträge zur Kunstgeschichte von Italien*）出版。
〔1880年代，布克哈特共寫下了四篇有關藝術史的論文，這四篇也成了他最後的著述：〈收藏家〉（Die Sammler），〈祭壇畫〉(Altarbild)，〈肖像畫〉（Porträt），〈追憶魯本斯〉（"*Erinnerungen aus Rubens*"）。由於布氏認為這些文章不具備商業價值，難以被出版商接受，所以在生前並沒有出版的打算。〕

1898-1902 《希臘文化史》（*Griechische Culturgeschichte*）由 Jacob Oeri 編輯整理出版，共四冊。

1905

  由 Jacob Oeri 將布氏「歷史學研究導論」（*Über das Studium der Geschichte*）授課手稿編輯整理成《歷史的省思》（*Weltgeschichtliche Betrachtungen*）出版。

參考書目

（一）布氏經常引用書目

（根據 Jacob Burckhardt, *Gesammelte Werke* III, *Die Kultur der Renaissance in Italien* 書末所列書目）

Archivio storico italiano, nebst Appendice. Firenze, Viesseux.

Muratori, *Scriptores rerum Italicarum*.

Fabroni, *Magni Cosmi Medicei vita*.

Desselben, *Laurentii Med. Magnifici vita*.

Roscoe, *Leben des Lorenzo Medici*.

Poesie del magnifico Lorenzo de' Medici, Londra 1801.

Roscoe, *Vita e pontificato di Leone X*, trad. Da Luigi Bossi, Milano 1816, s., 12 voll. in 8., mit vielen Beilagen, die dem englischen Original fehlen.

Petrarca, *Gesamtausgabe seiner lateinischer opera*, Basileae 1518, fol.

Poggii opera, Straßburger Ausgabe von 1513, fol.

Philelphi orationes, ed. Venet. 1492, fol.

M. Anton. Sabellici opera, ed. Venet. 1502, fol.

Pii II. P. M. commentarii, ed. Romana 1584.

Aeneas Silvii opera, ed. Basil. I55I, fol.

Platina, *De vitis pontificum romanor.*, Coloniae Agrippinae 1626.

Anecdota literaria e mss. codd. eruta, herausg. von Amaduzzi und Bianconi, Rom 1773 bis 1783, vier Bande in 8.

Corio, *Historia di Milano*, ed. Venet. 1554.

Macchiavelli, Opere minori, Firenze, Lemonnier, 1852.

Varchi, Storia fiorentina, Milano 1803, 5 voll. in 8.

Tommaso Gar, *Relazioni della corte di Roma* (der dritte Band der zweiten Serie der *Relazioni degli ambasciatori veneti*, raccolte da Eug. Alberi, Firenze).

Boccaccio, *Opere volgari*, Firenze I829, s., presso Ign. Moutier, 17 voll. in 8.

Filippo Villani, *Le vite d'uomini illustri fiorentini*, Firenze 1826.

Agnolo Pandolfini, *Trattato del governo della famiglia*, Torino, Pomba, 1829.

Trucchi, *Poesie italiane inedite*, Prato 1846, 4 voll. in 8.

Raccolta di Poesie satiriche, Milano 1808. 1 vol.

Firenzuola, *Opere*, Milano 1802. in 8.

Castiglione, *Il cortigiano*, Venezia, 1549.

Vespasiano fiorentino, außer der hier benutzten Ausgabe von Mai, im X. Bände des *Spicilegium romanum* ist eine neuere von Bartoli, Firenze 1859, zu erwähnen.

Vasari, *Le vite de' più eccellenti pittori, scultori e architetti*, Firenze, Lemonnier, seit 1846, dreizehn Bande.

（二）布克哈特著作與譯本

◎縮寫

Briefe Jacob Burckhardt. *Jacob Burckhardt Briefe*. 10 vols. with Gesamtregister. Vollständige und kritische Ausgabe von Max Burckhardt. Basel & Stuttgart: Schwabe, 1949-1986.

GW　Jacob Burckhardt. *Jacob Burckhardt Gesammelte Werke*. 10 vols. Basel/ Stuttgart: Schwabe, 1978.

JBW　Jacob Burckhardt. *Kritische Gesamtausgabe*. 27 vols. Basel/ Stuttgart: Schwabe, 2000ff.（陸續出版中）

Kaegi　Werner Kaegi. *Jacob Burckhardt. Eine Biographie*. 7 vols. Basel/ Stuttgart: Schwabe: 1949-1982.

◎中英文譯本

Jacob Burckhardt. *The Civilization of the Renaissance in Italy*, tr. Samuel G. C. Middlemore (first edition 1878 in 2 vols.). London: Phaidon Press, 1945, 1995.

布克哈特，《義大利的文藝復興》，羅漁譯。台北：黎明文化事業股份有限公司，1979年。

布克哈特，《義大利的文藝復興》，何新譯。北京：商務印書館，1979年。

◎參考工具書

Paul F. Grendler (ed). *Encyclopedia of the Renaissance*, 6 vols. New York: Charles Scribner's Sons, 1999.

Simon Hornblower and Antony Spawforth (eds). *The Oxford Classical Dictionary*. Oxford: Oxford University Press, 1996.

Joseph R. Strayer (ed). *Dictionary of the Middle Ages*, 13 vols. New York: Charles Scribner's Sons, 1982.

Jane Turner (ed). *Encyclopedia of Italian Renaissance and Mannerist Art*, 2 vols. (London: Macmilian Reference Ltd.).

Konrat Ziegler, Walther Sontheimer, August Fr. Pauly (eds). *Der Kleine Pauly*.

Lexicon der Antike. Munchen: Deutscher Taschenbuch Verlag, 1979.

Levin, Carole et al. (eds). *Extraordinary Women of the Medieval and Renaissance World: A Biographical Dictionary.* Westport, Connecticut: Greenwood Press, 2000.

Lexikon der Heiligen und Heiligenverehrung. Freiburgim Breisgau: Verlag Herder, 2003.

Dtv-Lexikon, 20 vols. Munchen: Deutscher Taschenbuch Verlag, 1990.

（三）緒論與譯注所引用書目

◎中文

花亦芬，〈細觀的雙眼，探索的心靈：文藝復興畫家達文西〉，《歷史文物月刊》10, 4期（2000年4月），頁10-16；亦刊載於國立歷史博物館展覽目錄《達文西：科學家、發明家、藝術家》（2000年3月），頁20-23。

──，〈文藝復興時代歐洲女性感情生活的枷鎖〉，《歷史月刊》151期（2000年8月），頁49-55。

──，〈跨越文藝復興女性畫像的格局──《蒙娜麗莎》的圖像源流與創新〉，《臺大文史哲學報》第55期（2001），頁77-130。

──〈「殘軀」──藝術創作的源頭活水：*Torso Belvedere* 對米開朗基羅的啟發與影響〉，《人文學報》第26期（2002年12月），頁143-211。

──，〈瓦撒利如何書寫喬托時代的雕刻史？──以《比薩諾父子傳》為中心的考察〉，《新史學》15, 2期（2004年6月），頁1-54。

──，〈受挫的文化使命感？──從德意志十九世紀藝術談國族文化建構的問題〉，《故宮文物月刊》第256期（2004），頁54-76。

──，〈對耶穌不離不棄的女人──從《抹大拉的馬利亞》談女性身體與

宗教圖像觀視之間的問題〉,《婦研縱橫》第74期（2005年4月）,頁15-30。

──,〈聖徒與醫治──從St. Anthony與St. Sebestian崇拜談西洋藝術史裡的「宗教與醫療」〉,《古今論衡》第14期,頁3-26。

郭恆鈺,《德意志帝國史話》,台北,三民書局,1992年。

黃進興,〈「歷史若文學」的再思考──海頓‧懷特與歷史語藝論〉,《新史學》 14, 3（2003）,頁81-121。

錢永祥編譯,《韋伯選集（I）學術與政治》,台北:遠流出版公司,1991年。

Machiavelli,《君王論》,何欣譯,台北:台灣中華書局,1982年。

Machiavelli,《君主論》,閻克文譯,台北:台灣商務印書館,1998年。

◎外文

Alberti, Leon Battista. *On Painting and On Sculpture* (the Latin Text of *De Pictura* and *De Scultura*), ed. and tr. Cecil Grayson. London: Phaidon Press, 1972.

──. *On the Art of Building in Ten Books (De re aedificatoria),* tr. Joseph Rykwert, Neil Leach, Robert Tavernor. Cambridge, Mass.: the MIT Press, 1988.

Barnes, Bernadine (1998). *Michelangelo's "Last Judgment": The Renaissance Response*. Berkley, L. A.: University of California Press.

Barth Karl (1961). *Die protestantische Theologie im 19. Jahrhundert*, 3rd edition (1st edition 1946). Berlin: Evangelische Verlagsanstalt.

Baxandall, Michael (1987). *Giotto and the Orators: Humanist Observers of Painting in Italy and the Discovery of Pictorial Composition, 1350-1450*. Oxford: Oxford University Press.

Bober, Phyllis Pray and Ruth Rubinstein (eds). *Renaissance Artists & Antique Sculpture: A Handbook of Sources*. London: Harvey Miller Publishers, 1986.

Brand, Peter and Lino Pertile (eds). *The Cambridge History of Italian Literature*. Revised edition. Cambridge: Cambridge University Press, 1999.

Brown, David Alan et al. (2001). *Virtue & Beauty: Leonardo's Genevra de'Benci and Renaissance Portraits of Women*. Princeton, N.J.: Princeton University Press.

Brown, Peter (1981). *The Cult of the Saints: Its Rise and Function in Latin Christianity*. Chicago: the University of Chicago Press.

Brucker, Gene (1986). *Giovanni and Lusanna. Love and Marriage in Renaissance Florence*. University of California Press.

—— (ed). *Two Memoirs of Renaissance Florence: the Diaries of Buonaccorso Pitti and Gregorio Dati*. Illinois: Waveland Press, 1991.

Burckhardt, Paul (1942). *Die Geschichte der Stadt Basel von der Trennung des Kantons bis zur neuen Bundesverfassung*. Basel: Helbing & Lichtenhahn.

Burke, Peter (1986). *The Italian Renaissance: Culture and Society in Italy*. Cambridge: Polity Press.

—— (1993). *The Art of Conversation*. Ithaca: Cornell University Press.

—— (1995). *The Fortunes of the Courtier: the European Reception of Castiglione's Cortegiano*. Pennsylvania: Pennsylvania State University Press.

Cassirer, Ernst, Paul Oskar Kristeller, John Herman Randall, J. (eds). *The Renaissance Philosophy of Man*. Chicago: the University of Chicago Press, 1948.

Cellini, Benvenuto. *Autobiography*, tr. George Bull. London: Penguin, 1998.

Cennino Cenini. *The Craftsman's Handbook "Il libro dell'arte"*, tr. Daniel V. Thompson, Jr. New York: Dover Publications, 1960.

Cochrane Eric (1981). *Historians and Historiography in the Italian Renaissance*. Chicago and London: the University of Chicago Press.

Cole, Alison (1995). *Art of the Italian Renaissance Courts*. London: Calmann and King Ltd.

Davies Tony (1997). *Humanism*. London and New York: Routledge .

Eliade Mircea (1957). *The Sacred and the Profane: The Nature of Religion*, tr. Willard R. Trask. New York: Harcourt, Inc., 1959.

Elias, Norbert (2000). *The Civilizing Process: Sociogenetic and Psychogenetic Investigations*, tr. Edmund Jephcott, revised edition. Oxford: Blackwell Publishers Ltd.).

Febvre, Lucien (1992). *Michelet et la Renaissance*. Paris: Flammarion.

Gantner, Joseph (ed). *Jacob Burckhardt und Heinrich Wölfflin Briefwechsel und andere Dokumente ihrer Begegnung 1882-1897*. Leipzig: Koehler & Amelang, 1988.

Ganz, Peter (1994a). "Jacob Burckhardt: Wissenschaft-Geschichte-Literatur," in *Umgang mit Jacob Burckhardt*, ed. Hans R. Guggisberg, pp. 11-35.

—— (1994b). "Jacob Burckhardts *Kultur der Renaissance in Italien*: Handwerk und Methode," in *Umgang mit Jacob Burckhardt*, ed. Hans R. Guggisberg, pp. 37-78.

Gay, Peter (2002). *Schnitzler's Century: the Making of Middle-Class Culture, 1815-1914*. New York: W. W. Norton & Company. 中譯：《史尼茨勒的世紀：布爾喬亞經驗一百年，一個階級的傳記1815-1914》，梁永安譯。台北：立緒文化出版，2004年。

Gilbert, Felix (1990). *History: Politics or Culture?—Reflections on Ranke and Burckhardt*. Princeton, N.J.: Princeton University Press.

Gombrich, Ernst H. (1976a). "Grotesque Heads" in idem., *The Heritage of Apelles* (London: Phaidon Press), pp. 57-75.

—— (1976b). "From the Revival of letters to the Reform of the Arts: Niccolò Niccoli and Filippo Brunelleschi" in T*he Heritage of Apelles* (London: Phaidon Press), pp. 93-110.

—— (1979). "In Search of Cultural History," in idem., *Ideals and Idols: Essays on values in history and in art* (London: Phaidon Press), pp. 24-59.

Gossman, Lionel (1984). "Basle, Bachofen and the Critique of Modernity in the Second Half of the Nineteenth Century," *Journal of Warburg and Courtauld Institute*s XLVII: 136-185.

—— (2000). *Basel in the Age of Burckhardt: A Study in Unseasonable Ideas*. Chicago and London: the University of Chicago Press.

Grafton, Anthony (2000). *Leon Battista Alberti: Master Builder of the Italian Renaissance*. New York: Hill and Wang.

Greenblatt, Stephan (1983). *Renaissance Self-Fashioning: from More to Shakespeare*. Chicago: University of Chicago Press.

Guggisberg, Hans R. (1994). U*mgang mit Jacob Burckhardt: Zwölf Studien*. Basel/ Stuttgart: Schwabe.

Guicciardini, Luigi. *The Sack of Rome*, tr. James H. McGregor. New York, Italica Press, 1993.

Hardtwig, Wolfgang (1974). *Geschichtsschreibung zwischen Alteuropa und modernen Welt*. Göttingen: Vandenhoeck & Ruprecht.

—— (1988). "Jacob Burckhardt. Trieb und Geist—die neue Konzeption von Kultur," in *Deutsche Geschichtswissenschaft um 1900*, ed. Notker

Hammerstein, Stuttgart: F. Steiner Verlag.

—— (ed). *Geschichtskultur und Wissenschaft*. Munich: Deutscher Taschenbuch-Verlag, 1990.

—— (1994a). *Nationalismus und Bürgerkultur in Deutschland 1500-1914*. Göttingen: Vandenhoeck & Ruprecht.

—— (1994b). "Jacob Burckhardt und Max Weber: Zur Genese und Pathologie der modernen Welt," in *Umgang mit Jacob Burckhardt*, ed. Hans R. Guggisberg, pp. 159-190.

Haskell, Francis & Nicholas Penny (1981). *Taste and the Antique: the Lure of Classical Sculpture 1500-1900*. New Haven and London: Yale University Press.

Heller, Agnes (1978). *Renaissance Man*, tr. Richard E. Ellen. London: Routledge & Kegan Paul Ltd.

Hoffmann, David Marc (ed). *Jacob Burckhardt 1818-1897. Geschichte · Kunst · Kultur*. Katalog zur Ausstellung aus Anlass des 100. Todestages. Basel: Schwabe & Co. AG Verlag, 1997.

Howard, Thomas Albert (2000). *Religion and the Rise of Historicism: W. M. L. de Wette, Jacob Burckhardt and the Theological Origins of Ninteenth-Century Historical Consciousness*. Cambridge: Cambridge University Press.

Huizinga, Johan (1920). "The Problem of the Renaissance," reprinted in *Men and Ideas: History, the Middle Ages, the Renaissance*, tr. James S. Holmes and Hans van Marle. Princeton, N. J.: Princeton University Press, 1959.

James, William (1902). *The Varieties of Religious Experience: A Study in Human Nature*. London and New York: Routledge, 2002.

Jordan Constance (1990). *Renaissance Feminism: Literary Texts and Political*

Models. Ithaca and London: Cornell University Press.

Kelly, Joan (1977). "Did Women have a Renaissance?" in *Becoming Visible: Women in European History*, ed. Renate Bridenthal and Claudia Koonz, pp. 137-164. Boston: Houghton Mifflin.

King Margaret L. (1991). *Women of the Renaissance*. Chicago and London: The University Chicago Press.

Krautheimer, Richard (1982). *Lorenzo Ghiberti*. Princeton, N. J.: Princeton University Press.

Kraye, Jill (ed). The *Cambridge Companion to Renaissance Humanism*. Cambridge: Cambridge University press, 1996.

Kristeller, Paul Oskar (1964). *Eight Philosopher of the Italian Renaissance*. Stanford, California: Stanford University Press.

—— (1990a). "The Modern System of the Arts," reprinted in *Renaissance Thought and the Arts* (Princeton, New Jersey: Princeton University Press), pp. 163-227.

—— (1990b). "Rhetoric in Medieval and Renaissance Culture," reprinted in *Renaissance Thought and the Arts*, pp. 228-246.

—— (1990c). "The Platonic Academy of Florence," reprinted in *Renaissance Thought and the Arts*, pp. 89-101.

Lewis, C. S. (1936). *The Allegory of Love: A Study in Medieval Tradition*. Oxford: Oxford University Press.

Machiavelli, Niccolò. *Discourses*. London: Penguin Books, 1998.

——. *Il Principe e alter opera politiche*. Garzanti Libri s.p.a., 1999.

Masters, Roger D. (1999). *Fortune is a River: Leonardo da Vinci and Niccolò Machiavelli's Magnificent Dream to Change the Course of Florentine History*. Harmondsworth: Plume Books Ltd.

Nauert, Charles G. Jr. (1995). *Humanism and the Culture of Renaissance Europe*. Cambridge: Cambridge University Press.

Noll, Thomas (1997). *Vom Glück des Gelehrten: Versuch über Jacob Burckhardt*. Göttingen: Wallstein Verlag.

Oberman, Heiko A. (2003). *The Two Reformations: the Journey from the Last Days to the New World*. New Haven and London: Yale University Press.

Pico della Mirandola, Giovanni. *Oration on the Dignity of Man*, tr. A. Robert Caponigri. Washington, D. C.: Regnery Publishing, Inc., 1956.

Poliziano, Angelo. *The Stanze of Angelo Poliziano*, tr. David Quint. Pennsylvania: the Pennsylvania State University Press, 1993.

Ranke, Leopold von (1824). *Geschichten der romanischen und germanischen Völker von 1494 bis 1514*. Leipzig.

Rosenberg, Hans (1972). "Theologischer Rationalismus und vormärzlicher Vulgärliberalismus," in *Politische Denkströmungen im deutschen Vormärz* (Göttingen: Vandenhoeck & Ruprecht), pp. 18-50.

Roth Paul (ed). *Aktenstücke zur Laufbahn Jacob Burckhardt, in Basler Zeitschrft für Geschichte und Altertumskunde* 1935.

Rubin, Patricia Lee (1995). *Giorgio Vasari: Art and History*. New Haven and London: Yale University Press.

Schulin Ernst (1994). "Kulturgeschichte und die Lehre von den Potenzen: Bemerkungen zu zwei Konzepten Burckhardts und ihrer Weiterentwicklung im 20. Jahrhundert," in *Umgang mit Jacob Burckhardt*, ed. Hans R. Guggisberg, pp. 87-100.

Staehelin Ernst (ed). *Dewettiana: Forschungen und Texte zu Wilhelm Martin Leberecht de Wette*. Basel: Helbing & Lichtenhahn, 1956.

Strong, Roy (1984). *Art and Power: Renaissance Festivals 1450-1650*.

Woodbridge: Boydell & Brewer.

Tacitus, Publius Cornelius. *De origine et ssitu Germanorum.*

Vasari, Giorgio. *Le Vite de' più eccellenti pittori, scultori e architettori nelle redazioni del 1550 e 1568*, ed. Rosanna Bettarini and Paola Barrochi, 6 vols. Florence: Sansoni, 1966-1987.

Vespassiano da Bisticci. *Le Vite di uomini illustri del secolo XV*, ed. Aulo Greco. Florence: Istituto Nazionale di Studi sul Rinascimento, 1976.

——. *The Vespasiano Memoirs: Lives of Illustrious Men of the XVth Century*, tr. William George and Emily Waters. Toronto: University of Toronto Press, 1997.

Vossler, O. (1954). "Humboldts Idee der Universität," *Historische Zeitschrift* 178: 251-268.

Wette, Wilhelm Martin Leberecht de (1815). *Über Religion und Theologie: Erläuterungen zu seinem Lehrbuche der Dogmatik*. Berlin: Realschulbuchhandlung.

White, Hayden (1973). *Metahistory: The Historical Imagination in Nineteenth-Century Europe*. Baltimore and London: Johns Hopkins University Press.

Zimmermann, T. C. Price (2001). *Paolo Giovio: the Historian and the Crisis of Sixteenth-Century Italy*. Princeton, New Jersey: Princeton University Press.

義大利文藝復興重要家族世系表

··

THE ESTE FAMILY

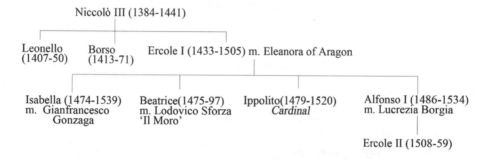

Niccolò III (1384-1441)

Leonello (1407-50)　　Borso (1413-71)　　Ercole I (1433-1505) m. Eleanora of Aragon

Isabella (1474-1539) m. Gianfrancesco Gonzaga　　Beatrice(1475-97) m. Lodovico Sforza 'Il Moro'　　Ippolito(1479-1520) *Cardinal*　　Alfonso I (1486-1534) m. Lucrezia Borgia

Ercole II (1508-59)

THE GONZAGA FAMILY

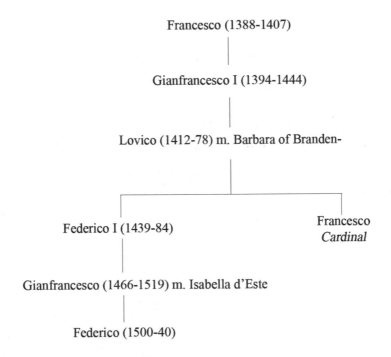

Francesco (1388-1407)

Gianfrancesco I (1394-1444)

Lovico (1412-78) m. Barbara of Branden-

Federico I (1439-84)

Francesco
Cardinal

Gianfrancesco (1466-1519) m. Isabella d'Este

Federico (1500-40)

THE HABSBURGS

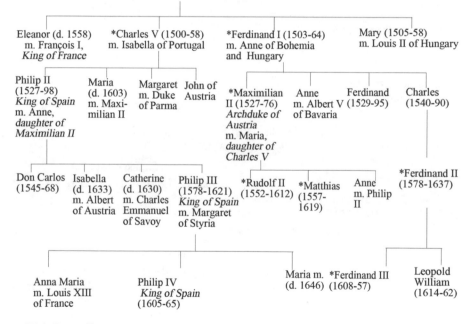

*Frederick III (1415-93)

*Maximilian I (1459-1519) m. Maria of Burgundy

Philip I (1478-1506)
Duke of Burgundy m. Joanna, *daughter of Ferdinand and Isabella*

Eleanor (d. 1558)
m. François I,
King of France

*Charles V (1500-58)
m. Isabella of Portugal

*Ferdinand I (1503-64)
m. Anne of Bohemia
and Hungary

Mary (1505-58)
m. Louis II of Hungary

Philip II
(1527-98)
King of Spain
m. Anne,
*daughter of
Maximilian II*

Maria
(d. 1603)
m. Maxi-
milian II

Margaret
m. Duke
of Parma

John of
Austria

*Maximilian
II (1527-76)
*Archduke of
Austria*
m. Maria,
*daughter of
Charles V*

Anne
m. Albert V
of Bavaria

Ferdinand
(1529-95)

Charles
(1540-90)

Don Carlos
(1545-68)

Isabella
(d. 1633)
m. Albert
of Austria

Catherine
(d. 1630)
m. Charles
Emmanuel
of Savoy

Philip III
(1578-1621)
King of Spain
m. Margaret
of Styria

*Rudolf II
(1552-1612)

*Matthias
(1557-
1619)

Anne
m. Philip
II

*Ferdinand II
(1578-1637)

Anna Maria
m. Louis XIII
of France

Philip IV
King of Spain
(1605-65)

Maria m.
(d. 1646)

*Ferdinand III
(1608-57)

Leopold
William
(1614-62)

*Holy Roman Emperors

659

THE MEDICI

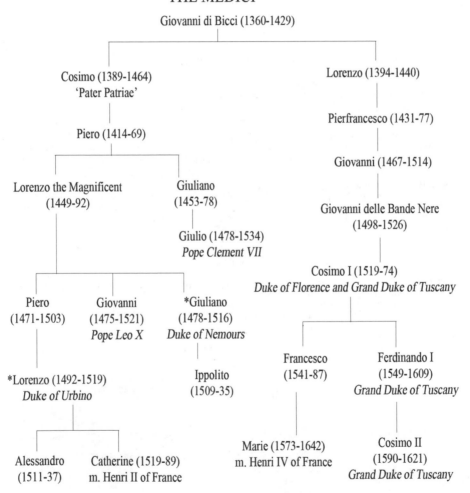

Giovanni di Bicci (1360-1429)

Cosimo (1389-1464)
'Pater Patriae'

Lorenzo (1394-1440)

Piero (1414-69)

Pierfrancesco (1431-77)

Giovanni (1467-1514)

Lorenzo the Magnificent
(1449-92)

Giuliano
(1453-78)

Giovanni delle Bande Nere
(1498-1526)

Giulio (1478-1534)
Pope Clement VII

Cosimo I (1519-74)
Duke of Florence and Grand Duke of Tuscany

Piero
(1471-1503)

Giovanni
(1475-1521)
Pope Leo X

*Giuliano
(1478-1516)
Duke of Nemours

Francesco
(1541-87)

Ferdinando I
(1549-1609)
Grand Duke of Tuscany

*Lorenzo (1492-1519)
Duke of Urbino

Ippolito
(1509-35)

Alessandro
(1511-37)

Catherine (1519-89)
m. Henri II of France

Marie (1573-1642)
m. Henri IV of France

Cosimo II
(1590-1621)
Grand Duke of Tuscany

*Tombs in Michelangelo's Medici Chapel

660

THE SFORZA FAMILY

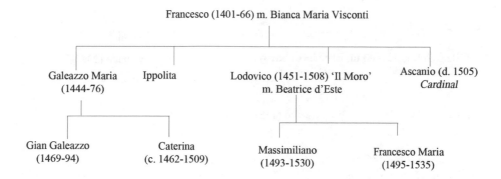

Francesco (1401-66) m. Bianca Maria Visconti

Galeazzo Maria (1444-76)　Ippolita　　Lodovico (1451-1508) 'Il Moro' m. Beatrice d'Este　　Ascanio (d. 1505) *Cardinal*

Gian Galeazzo (1469-94)　　Caterina (c. 1462-1509)　　Massimiliano (1493-1530)　　Francesco Maria (1495-1535)

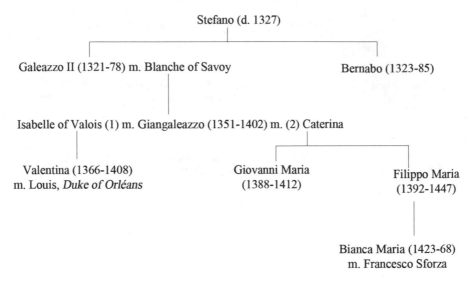

THE VISCONTI FAMILY

Stefano (d. 1327)

Galeazzo II (1321-78) m. Blanche of Savoy

Bernabo (1323-85)

Isabelle of Valois (1) m. Giangaleazzo (1351-1402) m. (2) Caterina

Valentina (1366-1408)
m. Louis, *Duke of Orléans*

Giovanni Maria
(1388-1412)

Filippo Maria
(1392-1447)

Bianca Maria (1423-68)
m. Francesco Sforza

中外譯名對照表

尼古拉五世（教宗）Nicholas V (pope)

尼古拉・屋扎諾 Niccolò da Uzzano

尼采 Friedrich Wilhelm Nietzsche

尼耶特 Tommaso Nieto

布其耶羅 Burchiello

布拉曼帖 Bramante

布拉瑪其 Francesco Burlamacchi

布朗特梅 Brantome

布索拉羅修士 Fra Jacopo Bussolaro

布隆篤斯 Flavius Blondus

布魯土斯 Brutus

布魯內斯其 Filippo Brunelleschi

布魯儂若 Brunoro

布藍卡雷歐內 Brancaleone

布蘭卡 Blanca of Savoy

瓦拉 Lorenzo Valla

瓦倫亭安一世 Valentinian I (emperor)

瓦雷家族 della Valle, Family

瓦爾齊 Benedetto Varchi

瓦撒利 Giorgio Vasari

瓦蕾利安 Pierio Valeriano

瓦羅 Varro

立理歐・吉拉蒂 Lilio Gregorio Giraldi

六劃

伊比鳩魯主義 Epicureanism

伊尼亞斯・西維梧斯 Aeneas Sylvius

伊拉斯膜斯 Erasmus

伊曼紐一世（葡萄牙國王）
　　Emanuel (King of Portugal)

伊撒貝拉・魯納 Isabella de Luna

伏爾泰 Voltaire

「全才型」人物
　　l'uomo universale

　　(der "allseitige" Mensch)

吉朋 Edward Gibbon

吉拉篤斯 Lilius Gregorius Gyraldus

吉柏提 Lorenzo Ghiberti

吉羅拉摩・歐佳提 Girolamo Olgiati

因斐蘇拉 Stefano Infessura

地多利買 Ptolemais

圭尼吉家族 Guinigi Family

圭多內 Paladin Guidone

圭多・瑪佐尼 Guido Mazzoni

圭恰迪尼 Francesco Guicciardini

多米提安 Domitian (emperor)

多其貝內 Dolcibene

多雀 Dolce

多義森 Johann Gustav Droysen

宇貝特・艾克 Hubert van Eyck

約翰・艾克 Jan van Eyck

安尼耶羅 Agnello da Pisa

安尼歐羅・潘都爾菲尼
　　Agnolo Pandolfini

安那斯塔西烏斯 Anastasius

安東尼・羅塔 Antonio Rota

安特諾 Antenor

安茹王朝 House of Anjou

　　瑪格麗特 - Margarete of Anjou

　　羅伯特 - Robert of Anjou

安得烈・蒙嘉猶
　　Andrea Mongajo da Belluno

安德瑞亞・多利亞 Andrea Doria

安德瑞亞・桑頌維諾 Andrea Sansovino

法蘭卻斯柯・桑頌維諾
　　- Francesco Sansovino

托勒密王朝 Ptolemaic Dynasty

托爾斯泰 Leo Tolstoy

阿奎那 Thomas Aquinas

阿格利帕 Agrippa von Nettesheim

阿雀里 Filippo Arcelli

阿提拉 Attila

阿普魯斯 Guilielmus Appulus

阿達塔努斯 Prosper Aquitanus

阿達摩 Adamo da Genua

阿爾吉羅樸婁斯

　　Johannes Argyropoulos

阿爾貝提 Leon Battista Alberti

阿爾柏諾茲 Egidio d'Albornoz

阿爾菲耶利 Vittorio Alfieri

阿維卻納 Avicenna

阿維羅斯 Averroes

阿摩尼歐 Armonio

青年義大利黨 Giovine Italia

「非洲人西庇阿」 Scipio Africanus

九劃

保祿二世（教宗）Paulus II (pope)

保祿三世（教宗）Paulus III (pope)

保祿四世 （教宗）Paulus IV (pope)

保羅 Paul da Bagdad

保羅‧卡佩羅 Paolo Capello

保羅‧托斯卡內拉 Paolo Toscanella

保羅‧帕多瓦 Paolo Padovano

保羅‧維內托 Paolo Veneto

勃根底 Burgundy

卻里尼 Benvenuto Cellini

卻契里雅‧佳蕾拉納 Cecilia Gallerana

卻柯‧阿斯可利 Cecco d'Ascoli

卻爾蘇斯 Aulus Cornelius Celsus

品達 Pindar

城邦 city-state

威廉‧洪堡 Wilhelm von Humboldt

威廉‧蒙梅伯斯伯利

　　William of Malmesbury

威達 Marco Girolamo Vida

封多羅 Gabrino Fondolo

施靈 Diebold Schilling

柯西莫‧汝雀萊伊 Cosimo Ruccellai

柯祿美拉 Columella

查理八世 Charles VIII

查理五世 Charles V（即Karl V.）

查理四世 Charles IV（即Karl IV.）

查理曼大帝

　　Karl der Große (Charlemagne)

枸德哈得 Godehard

柏丘 Poggio Bracciolini

柏尼 Francesco Berni

柏里克里斯 Pericles

柏拉圖 Plato

柏納科索‧琵提 Buonaccorso Pitti

柏雅多 Bojardo

珊那札若 Sannazaro

科卡悠思 Merlinus Coccajus

科那羅家族 Cornaro Family

科波拉 Coppola Francesco

科隆 Köln（Cologne）

科隆芭修女 Suor Colomba da Rieti

科羅契烏斯 Angelus Coloccius

約翰二世（葡萄牙國王）

　　John II of Aviz (King of Portugal)

約翰‧葛理茲

　　Ianus Corycius（即Johann Goritz）

約翰‧霍克武德 John Hawkwood

若望二十二世（教宗）

　　John XXII (pope)

669

(St. Francis of Assisi)

聖伯那丁諾・西耶納
　　Bernardino da Siena

聖哲羅
　　St. Jerome （即德文 Hieronymus）

聖奧古斯丁　St. Augustin

葛拉器阿尼　Graziani

路卡・羅比雅　Luca della Robbia

路易・柯那羅　Luigi Cornaro

路易・蓋格　Ludwig Geiger

路康　Lucan

達文西　Leonardo da Vinci

達爾文　Charles Darwin

十四劃

維鐵利　Vitelli

嘉可莫・佛泰拉　Giacomo da Volterra

嘉可莫・琵沁倪諾　Giacomo Piccinino

榷卡　Cecca

歌德　Johann Wolfgang Goethe

漢尼拔　Hannibal

瑪內提　Giannozzo Manetti

瑪西穆斯　Quintus Fabius Maximus

瑪利尼歐里　Curzio Marignolli

瑪拉帖斯塔家族　Malatesta Family
　　卡羅 - Carlo
　　西吉斯蒙多 - Sigismondo
　　潘多佛 - Pandolfo
　　羅伯特 - Roberto

瑪卻立努斯　Ammianus Marcellinus

瑪塔拉佐　Matarazzo

瑪爾提雅　Martial

瑪爾維其　Achille Malvezzi

福拉庫斯　Valerius Flaccus

維吉爾　Vergil

維多利　Francesco Vettori

維思帕西亞諾・畢斯提契
　　Vespasiano da Bisticci
　　（亦稱為 Vespasiano Fiorentino）

維若尼卡・柯瑞玖
　　Veronica da Coreggio

維特林諾　Vittorino da Feltre

維特魯主義　Vitruvianism

維斯普齊　Amerigo Vespucci

維爾能・屋爾斯凌根
　　Werner von Urslingen

翠其諾　Gian Giorgio Trissino

翠特米烏斯　Johannes Trithemius

蒙特斐特家族　da Montefeltro Family
　　圭多巴多 – Guidobaldo
　　圭多 - Guido
　　菲德里高 - Federigo

蒙特賽科　Montesecco

蒙提　Vincenzo Monti

蒙塔尼　Cola de’ Montani

蒲吉　Pulci
　　路卡 - Luca
　　路易 - Luigi

蒲其歐　C. Porzio

蒲勞土思　Plautus

十五劃

劉特普藍　Liutprand

德全布理歐　Pier Candido Decembrio

德韋特
　　Wilhelm Martin Leberecht de Wette

慕撒托　Albertino Mussato

撒克提　Franco Sacchetti

索引

683

義大利文藝復興時代的文化：一本嘗試之作

2007年2月初版　　　　　　　　　　　　　　　　定價：新臺幣950元
2013年2月修訂二版
2021年5月二版五刷
有著作權・翻印必究
Printed in Taiwan.

著　　　者	Jacob Burckhardt
譯 注 者	花　亦　芬
叢 書 主 編	簡　淨　璞
校　　　對	羅　月　美
封 面 設 計	翁　國　鈞

國科會經典譯注計畫

出　版　者	聯經出版事業股份有限公司	副 總 編 輯	陳　逸　華
地　　　址	新北市汐止區大同路一段369號1樓	總 編 輯	涂　豐　恩
叢書主編電話	(0 2) 8 6 9 2 5 5 8 8 轉 5 3 0 5	總 經 理	陳　芝　宇
台北聯經書房	台 北 市 新 生 南 路 三 段 9 4 號	社　　　長	羅　國　俊
電　　　話	(0 2) 2 3 6 2 0 3 0 8	發 行 人	林　載　爵
台 中 分 公 司	台 中 市 北 區 崇 德 路 一 段 1 9 8 號		
暨 門 市 電 話	(0 4) 2 2 3 1 2 0 2 3		
郵 政 劃 撥 帳 戶 第 0 1 0 0 5 5 9 - 3 號			
郵 撥 電 話	(0 2) 2 3 6 2 0 3 0 8		
印　刷　者	世 和 印 製 企 業 有 限 公 司		
總 經 銷	聯 合 發 行 股 份 有 限 公 司		
發　行　所	新北市新店區寶橋路235巷6弄6號2F		
電　　　話	(0 2) 2 9 1 7 8 0 2 2		

行政院新聞局出版事業登記證局版臺業字第0130號

本書如有缺頁，破損，倒裝請寄回台北聯經書房更換。　　ISBN　978-957-08-3093-4 (精裝)
聯經網址 http://www.linkingbooks.com.tw
電子信箱 e-mail:linking@udngroup.com

國家圖書館出版品預行編目資料

義大利文藝復興時代的文化：一本
嘗試之作 / Jacob Burckhardt著 . 花亦芬譯注 .
(translated and annotated by Yih-Fen Hua)
初版 . 新北市 . 聯經 . 2007年(民96)
872面；17×23公分 .
譯自：Die Kultur der Renaissance in Italien:
　　　Ein Versuch
ISBN　978-957-08-3093-4（精裝）
[2021年5月二版五刷]

1.文藝復興　2.文化史-義大利

745.25　　　　　　　　　　　　95023174